芝浦工業大学柏高等学校

〈収録内容〉

2024 年度 ………… 前期第１回(数・英・理・社・国)
前期第２回(数・英・理・社・国)

2023 年度 ………… 前期第１回(数・英・理・社・国)
前期第２回(数・英・理・社・国)

2022 年度 ………… 前期第１回(数・英・理・社・国)
前期第２回(数・英・理・社・国)

DL 2021 年度 ………… 前期第１回(数・英・理・社)

DL 2020 年度 ………… 前期第１回(数・英・理・社)

便利な DL コンテンツは右の QR コードから

⇒

※データのダウンロードは 2025 年３月末日まで。
※データへのアクセスには、右記のパスワードの入力が必要となります。 ⇒ 300984

〈合格最低点〉

	前期　第１回	前期　第２回
2024年度	399点／224点	396点／211点
2023年度	399点／200点	390点／190点
2022年度	391点／191点	401点／208点
2021年度	404点／209点	383点／200点
2020年度	359点／184点	375点／178点

※グローバルサイエンス(500点満点)／ジェネラルラーニング(300点満点)

本書の特長

実戦力がつく入試過去問題集

- ▶ 問題 ………… 実際の入試問題を見やすく再編集。
- ▶ 解答用紙 …… 実戦対応仕様で収録。
- ▶ 解答解説 …… 詳しくわかりやすい解説には、難易度の目安がわかる「基本・重要・やや難」の分類マークつき（下記参照）。各科末尾には合格へと導く「ワンポイントアドバイス」を配置。採点に便利な配点つき。

入試に役立つ分類マーク

基本 確実な得点源！
受験生の 90%以上が正解できるような基礎的、かつ平易な問題。
何度もくり返して学習し、ケアレスミスも防げるようにしておこう。

重要 受験生なら何としても正解したい！
入試では典型的な問題で、長年にわたり、多くの学校でよく出題される問題。
各単元の内容理解を深めるのにも役立てよう。

やや難 これが解ければ合格に近づく！
受験生にとっては、かなり手ごたえのある問題。
合格者の正解率が低い場合もあるので、あきらめずにじっくりと取り組んでみよう。

合格への対策、実力錬成のための内容が充実

- ▶ 各科目の出題傾向の分析、合否を分けた問題の確認で、入試対策を強化！
- ▶ その他、学校紹介、過去問の効果的な使い方など、学習意欲を高める要素が満載！

解答用紙ダウンロード 解答用紙はプリントアウトしてご利用いただけます。弊社ＨＰの商品詳細ページよりダウンロードしてください。トビラのＱＲコードからアクセス可。

見やすく読みまちがえにくいユニバーサルデザインフォントを採用しています。

芝浦工業大学柏高等学校

普通科
生徒数　861名
〒277-0033
千葉県柏市増尾700
☎04-7174-3100
東武アーバンパークライン新柏駅
スクールバス5分
常磐線・東武アーバンパークライン柏駅
スクールバス15分

理科系大学の付属校だが
難関大学へ高い進学実績
夢と理想を実現する中高一貫教育

URL	https://www.shibaura-it.ac.jp/kashiwa/

SSH指定校

「創造性の開発と個性の発揮」を建学の精神とし、2015年度より新たにグローバル・サイエンスとジェネラルラーニングの2コースで高校のカリキュラムを編成している。グローバルの取り組みとして、高校2年次の海外研修や希望者によるオーストラリア、イギリスへのホームステイ、サイエンスの取り組みとして、環境学習や芝浦サイエンスの実践がある。グローバル・サイエンスクラスでは文理に関わらず、最難関国公立を目指し、課題解決力や表現力を意識した、知識を運用する授業を行う。ジェネラルラーニングクラスは、5教科7科目をまんべんなく学びながら千葉大、筑波大や難関私大の進学を目指す。2018年度よりスーパーサイエンスハイスクールに再指定された。

充実したマルチメディア設備

校地は緑に囲まれた好環境で、冷暖房完備の教室をはじめ、情報教室、大画面のプロジェクターが設置されたグリーンホール、カフェテリアなど、施設・設備も充実している。体育施設として、ソーラーハウスプール、体育館、クラブハウス、屋内クラブ室、小体育館、弓道場、人工芝グラウンドなどを完備し、2015年5月には第3グラウンドが完成、2017年度には人工芝グラウンドにLED照明を完備。

少人数の演習や授業きめ細かな指導

タブレットPCは生徒一人に1台

東大進学に特化したグローバル・サイエンスクラスと国公立大・難関私大を目指すジェネラルラーニングクラスの2コース制。1・2年次は主要教科の単位数を充実させ、国・数・英を中心に基礎学力を養成する。ジェネラルラーニングクラスは、2年次から文系・理系のコースに分かれ、英数では1クラスを2分割し、習熟度、進度別にきめ細かい授業を展開している。3年次にはさらに、演習と選択科目を増やし、各自が進路に合わせたカリキュラムを選択できるように工夫されており、充実した進学指導が行われている。グローバル・サイエンスクラスは、研究を中心とした理数の他、アウトプットを意識した英語教育や論文指導を行い、2年次からグローバルコース(文系)とサイエンスコース(理系)に分かれる。

また、既成の教科を統合、応用し、思考力を錬成する「総合学習」では、「自分史作成」と、情報・コンピュータ・環境・芸術などについて幅広く考える力を身につける。そのほか、1年次の現代社会の授業では「ディベート」を行い、論理的な思考力を養っている。

多くの生徒がクラブに所属

学校行事は生徒が中心に作り上げているのが特徴だ。特に球技大会、増穂祭（文化祭)、合唱祭は盛り上がるイベントとなっている。他にも2年次に行われるオーストラリアへの海外研修は、モートン島での地質学講義等や姉妹校との学校交流を通じ、一味違った英語コミュニケーションの場を形成している。

クラブは、多くの生徒が所属しており、充実した施設の中、元気に活動している。

[体育系クラブ]　ラグビー、バレーボール(女子)、サッカー、バスケットボール、野球、ソフトテニス、水泳（競泳・水球)、弓道、剣道、陸上競技、バドミントン、ハンドボール、卓球、ダンス（女子）

[文化系クラブ]　軽音楽、吹奏楽、演劇、コンピュータ、美術、現代史、科学、英語、囲碁将棋、茶道、鉄道サークル、数学研究サークル、文芸サークル、模型サークル

クラブ活動も盛ん

高い現役合格率難関校にも強い

2023年3月の現役の合格実績は、東京大1、千葉大14、筑波大13、九州大1、東京工業大4、一橋大2、東京医科歯科大1。国公立大学計72名合格。早慶上理GMARCHの合格率も高い。

芝浦工業大学の併設校だが、内部推薦で進学する生徒は10％強となっている。芝浦工業大学は就職もよく非常に評価の高い大学だが、「工学」を中心とした大学なので、それぞれの個性に合う進路を開発する本校では、生徒達が多様な進路を開拓していく。芝浦工大に内部推薦で進学する場合にも、一般入試で合格する学力が必要となるので、推薦クラスは最後まで編成されず、推薦を希望する場合でも、一般入試を突破する学力をつけていく。

2024年度入試要項

試験日　1/18（第1回）　1/19（第2回）
試験科目　国・数・英または国・数・英・社・理

（第1回：1月18日・第2回：1月19日実施）
〈男女約120名募集〉

2024年度	募集定員	受験者数	合格者数	競争率
グローバル	約120	518/654	90	—
ジェネラル		431/567	288	—

※人数は第1回／第2回
※定員は帰国生若干名含む
※第一志望・帰国生は面接あり

過去問の効果的な使い方

① **はじめに**　入学試験対策に的を絞った学習をする場合に効果的に活用したいのが「過去問」です。なぜならば，志望校別の出題傾向や出題構成，出題数などを知ることによって学習計画が立てやすくなるからです。入学試験に合格するという目的を達成するためには，各教科ともに「何を」「いつまでに」やるかを決めて計画的に学習することが必要です。目標を定めて効率よく学習を進めるために過去問を大いに活用してください。また，塾に通われていたり，家庭教師のもとで学習されていたりする場合は，それぞれのカリキュラムによって，どの段階で，どのように過去問を活用するのかが異なるので，その先生方の指示にしたがって「過去問」を活用してください。

② **目的**　過去問学習の目的は，言うまでもなく，志望校に合格することです。どのような分野の問題が出題されているか，どのレベルか，出題の数は多めか，といった概要をまず把握し，それを基に学習計画を立ててください。また，近年の出題傾向を把握することによって，入学試験に対する自分なりの感触をつかむこともできます。

過去問に取り組むことで，実際の試験をイメージすることもできます。制限時間内にどの程度までできるか，今の段階でどのくらいの得点を得られるかということも確かめられます。それによって必要な学習量も見えてきますし，過去問に取り組む体験は試験当日の緊張を和らげることにも役立つでしょう。

③ **開始時期**　過去問への取り組みは，全分野の学習に目安のつく時期，つまり，9月以降に始めるのが一般的です。しかし，全体的な傾向をつかみたい場合や，学習進度が早くて，夏前におおよその学習を終えている場合には，7月，8月頃から始めてもかまいません。もちろん，受験間際に模擬テストのつもりでやってみるのもよいでしょう。ただ，どの時期に行うにせよ，取り組むときには，集中的に徹底して取り組むようにしましょう。

④ **活用法**　各年度の入試問題を全問マスターしようと思う必要はありません。できる限り多くの問題にあたって自信をつけることは必要ですが，重要なのは，志望校に合格するためには，どの問題が解けなければいけないのかを知ることです。問題を制限時間内にやってみる。解答で答え合わせをしてみる。間違えたりできなかったりしたところについては，解説をじっくり読んでみる。そうすることによって，本校の入試問題に取り組むことが今の自分にとって適当かどうかが，はっきりします。出題傾向を研究し，合否のポイントとなる重要な部分を見極めて，入学試験に必要な力を効率よく身につけてください。

数学

各都道府県の公立高校の入学試験問題は，中学数学のすべての分野から幅広く出題されます。内容的にも，基本的・典型的なものから思考力・応用力を必要とするものまでバランスよく構成されています。私立・国立高校では，中学数学のすべての分野から出題されることには変わりはありませんが，出題形式，難易度などに差があり，また，年度によっての出題分野の偏りもあります。公立高校を含め，ほとんどの学校で，前半は広い範囲からの基本的な小問群，後半はあるテーマに沿っての数問の小問を集めた大問という形での出題となっています。

まずは，単年度の問題を制限時間内にやってみてください。その後で，解答の答え合わせ，解説での研究に時間をかけて取り組んでください。前半の小問群，後半の大問の一部を合わせて50％以上の正解が得られそうなら多年度のものにも順次挑戦してみるとよいでしょう。

英語

英語の志望校対策としては，まず志望校の出題形式をしっかり把握しておくことが重要です。英語の問題は，大きく分けて，リスニング，発音・アクセント，文法，読解，英作文の5種類に分けられます。リスニング問題の有無(出題されるならば，どのような形式で出題されるか)，発音・アクセント問題の形式，文法問題の形式(語句補充，語句整序，正誤問題など)，英作文の有無(出題されるならば，和文英訳か，条件作文か，自由作文か）など，細かく具体的につかみましょう。読解問題では，物語文，エッセイ，論理的な文章，会話文などのジャンルのほかに，文章の長さも知っておきましょう。また，読解問題でも，文法を問う問題が多いか，内容を問う問題が多く出題されるか，といった傾向をおさえておくことも重要です。志望校で出題される問題の形式に慣れておけば，本番ですんなり問題に対応することができますし，読解問題で出題される文章の内容や量をつかんでおけば，読解問題対策の勉強として，どのような読解問題を多くこなせばよいかの指針になります。

最後に，英語の入試問題では，なんと言っても読解問題でどれだけ得点できるかが最大のポイントとなります。初めて見る長い文章をすらすらと読み解くのはたいへんなことですが，そのような力を身につけるには，リスニングも含めて，総合的に英語に慣れていくことが必要です。「急がば回れ」ということわざの通り，志望校対策を進める一方で，英語という言語の基本的な学習を地道に続けることも忘れないでください。

国語

国語は，出題文の種類，解答形式をまず確認しましょう。論理的な文章と文学的な文章のどちらが中心となっているか，あるいは，どちらも同じ比重で出題されているか，韻文(和歌・短歌・俳句・詩・漢詩)は出題されているか，独立問題として古文の出題はあるか，といった，文章の種類を確認し，学習の方向性を決めましょう。また，解答形式は，記号選択のみか，記述解答はどの程度あるか，記述は書き抜き程度か，要約や説明はあるか，といった点を確認し，記述力重視の傾向にある場合は，文章力に磨きをかけることを意識するとよいでしょう。さらに，知識問題はどの程度出題されているか，語句(ことわざ・慣用句など)，文法，文学史など，特に出題頻度の高い分野はないか，といったことを確認しましょう。出題頻度の高い分野については，集中的に学習することが必要です。読解問題の出題傾向については，脱語補充問題が多い，書き抜きで解答する言い換えの問題が多い，自分の言葉で説明する問題が多い，選択肢がよく練られている，といった傾向を把握したうえで，これらを意識して取り組むと解答力を高めることができます。「漢字」「語句・文法」「文学史」「現代文の読解問題」「古文」「韻文」と，出題ジャンルを分類して取り組むとよいでしょう。毎年出題されているジャンルがあるとわかった場合は，必ず正解できる力をつけられるよう意識して取り組み，得点力を高めましょう。

出題傾向の分析と合格への対策

●出題傾向と内容

本年度の出題数は，前期第1回，第2回ともに，大問が5題，小問は20題で例年通りであった。

出題形式について，1は前期第1回が平方根，連立方程式，平方数，三平方の定理，前期第2回が平方根，二次方程式，数の性質，角度などの独立した小問群，2は図形と関数・グラフの融合問題，3は統計と確率，4は平面図形の計量問題，5は空間図形の計量問題になっている。前期第1回，第2回ともに1は基本的な問題で2～5は思考力を試す問題となっている。

学習のポイント

小問形式の誘導問題については，前の小問の結果を利用して，後の小問を効率よく解く演習をしておこう！

●2025年度の予想と対策

本校では例年，中学数学の全分野にわたって基本的な問題，思考力を試す問題がバランスよく出題されている。来年度もこの傾向に沿って出題されるものと思われる。

本校に合格できる学力をつけるためには，まず基本的事項を徹底的に習得することが必要である。その際，単に問題を解くだけでなく，いかにしたらより早く，より正確に解けるかを工夫しながら練習するとよい。これができるようになったら応用問題で思考力を訓練し，実力をつけよう。

最後に過去問を利用して時間配分をうまくできるようにしておくことが大事である。

▼年度別出題内容分類表 ……

※前期第1回をA，第2回をBとする。

出題内容			2020年	2021年	2022年	2023年	2024年
数と式		数の性質	B	A	B	B	B
		数・式の計算	A				
		因数分解					
		平方根	AB	AB	AB	AB	AB
方程式・不等式		一次方程式	A	B	B	B	A
		二次方程式	B	A	A	AB	B
		不等式					
		方程式・不等式の応用					
関数		一次関数	AB	AB	AB	AB	AB
		二乗に比例する関数	AB	AB	AB	AB	AB
		比例関数	A				A
		関数とグラフ	AB	AB	AB	AB	AB
		グラフの作成					
図形	平面図形	角度	AB	AB	A	A	AB
		合同・相似	A	AB	AB	AB	AB
		三平方の定理	AB	AB	AB	AB	A
		円の性質	AB	AB	AB	A	AB
	空間図形	合同・相似	AB	AB	AB	A	
		三平方の定理	AB	AB	AB	AB	AB
		切断	A	A	AB		B
	計量	長さ	AB	AB	AB	AB	AB
		面積	AB	AB	AB	AB	AB
		体積	AB	AB	AB	AB	AB
	証明						
	作図						
	動点						
統計		場合の数			B	A	
		確率	AB	AB	AB	AB	AB
		統計・標本調査	B	B	A	AB	AB
融合問題		図形と関数・グラフ	AB	AB	AB	AB	AB
		図形と確率	A	B	B		
		関数・グラフと確率	A				
		その他					
その他							

芝浦工業大学柏高等学校

出題傾向の分析と 合格への対策

●出題傾向と内容

前期第1回，第2回とも，3つの長文問題が出題された。いずれも，例年出題されていた語句を補充する問題や並べ替えなど文法の力を問う問題がなくなり，本文の内容を問う問題の出題となっている。

また，本年度もリスニング問題が出されたため，よりすばやく長文を処理する力が必要とされた。例年同様，リスニング問題は3題であった。今後も同様の出題となるだろう。

全体的に本文の内容を問う問題が目立つので，内容を正確にすばやく読み取る英語力が持てるように学習しておくことが望まれる。

学習のポイント

・文法は幅広い分野を学習しておこう。
・時間を測って長文を読む練習を重ねておこう。

●2025年度の予想と対策

文法対策としては，まず教科書範囲の事項をよく理解し，問題集で演習を積み重ねよう。熟語や慣用表現の知識も豊かにしておくことも必要である。

長文対策としては，まず教科書レベルの問題集でなるべく多くの英文に慣れること。その際，話の流れをつかんでいくようにすることが大切で，キーセンテンスを見つける，段落ごとに要旨をまとめる，などの練習も効果的である。

問題量が多いので，時間配分に注意が必要である。最初に設問を確認してから，効率よく読んでいく練習も積んでおこう。

▼年度別出題内容分類表 ……

※前期第1回をA，第2回をBとする。

	出題内容	2020年	2021年	2022年	2023年	2024年
話し方・聞き方	単語の発音					
	アクセント					
	くぎり・強勢・抑揚					
	聞き取り・書き取り	AB	AB	B	AB	AB
語い	単語・熟語・慣用句		B			
	同意語・反意語					
	同音異義語					
読解	英文和訳(記述・選択)					
	内容吟味	AB	AB			AB
	要旨把握		AB	AB	AB	AB
	語句解釈	AB	AB	AB	AB	B
	語句補充・選択	AB	AB	AB	AB	
	段落・文整序					A
	指示語	AB	B	AB	AB	
	会話文					
文法・作文	和文英訳					
	語句補充・選択					
	語句整序	AB	AB	AB	AB	
	正誤問題					
	言い換え・書き換え					
	英問英答					
	自由・条件英作文					
文法事項	間接疑問文	B		B	AB	
	進行形					
	助動詞				A	
	付加疑問文					
	感嘆文		A			
	不定詞	AB	AB	AB	B	
	分詞・動名詞				AB	
	比較	AB				
	受動態					
	現在完了		B	B		
	前置詞					
	接続詞	A				
	関係代名詞	B	A	AB	B	

出題傾向の分析と合格への対策

●出題傾向と内容

本年度の出題数は，前期第1回，第2回ともに大問8題，解答はマークシート方式で小問数は40題前後であった。試験時間50分に対する問題量としては，計算問題を含むことを考えるとやや多めだと思われる。

物理・化学・生物・地学の各分野から，学年を問わず，偏りなく出題されている。また，物理・化学分野だけでなく，生物・地学分野においても計算問題が出題されている。

教科書内容が中心ではあるが，発展内容からの出題も見られる。教科書知識だけでなく，問題文をよく読み，正確な把握が必要な問題も見られる。

✔学習のポイント

教科書内容の細かなところまでていねいに学習しておこう。また，計算問題についてはいろいろなパターンに慣れておこう。

●2025年度の予想と対策

学年を問わず，各分野から出題されることが予想される。

マークシート方式であるため，短文記述の出題はないが，語句の意味や原理もふくめた正確な理解は必要である。各分野において計算を必要とする問題が出題されることが予想されるので，分野を問わず多くの計算問題の練習を重ねておきたい。

実験や観察についての問題が中心に出題されることが予想されるので，教科書の実験の内容について意図や考察等まで理解し，公立高校入試レベルを中心に多くの問題に当たっておくとよい。

▼年度別出題内容分類表 ••••••

※前期第1回をA，第2回をBとする。

	出題内容	2020年	2021年	2022年	2023年	2024年
第一分野	物質とその変化		AB		B	
	気体の発生とその性質					B
	光と音の性質	A		B	B	B
	熱と温度					
	力・圧力		A		B	
	化学変化と質量	A	A	AB	B	
	原子と分子					
	電流と電圧	AB	B	B		AB
	電力と熱	AB	B	B	A	
	溶液とその性質	B		A	A	
	電気分解とイオン	B	B	B	A	A
	酸とアルカリ・中和	A		B		AB
	仕事		B		A	
	磁界とその変化			A		A
	運動とエネルギー	B	A	A		A
	その他					
第二分野	植物の種類とその生活		B			B
	動物の種類とその生活		A		A	
	植物の体のしくみ	B	B	B		AB
	動物の体のしくみ		A			
	ヒトの体のしくみ	A	B	A	B	B
	生殖と遺伝	AB	A	B	AB	A
	生物の類縁関係と進化					
	生物どうしのつながり			A		
	地球と太陽系	A	B	AB	B	B
	天気の変化	B	AB	B	A	A
	地層と岩石		A		A	AB
	大地の動き・地震	AB		A	B	A
	その他					

芝浦工業大学柏高等学校

社会 出題傾向の分析と合格への対策

●出題傾向と内容

前期第1回・2回とも大問7題で小問数は40問。分野別では各分野ほぼ均等の出題といってよいであろう。解答形式はすべてマークシートで記述問題は一切見られない。

地理は日本地理と世界地理の各1題ずつで，今年度も地形図の読み取りや都道府県や地域の特徴，気候，産業などからの出題。

歴史は近世以前と近現代の2題で年表やカードを用いた問題となっている。

公民は憲法や政治，経済のしくみなどが取り上げられている。

学習のポイント

地理：地形図や各種資料などには要注意

歴史：時代の並び替えも必ずチェック

公民：経済問題にはニュースなどを利用しよう

●2025年度の予想と対策

各分野ともバランスよく出題されており，マークシート方式であるので文章の正誤を問う問題が多い。各分野基本問題が中心であるが発展的な内容まで踏み込んで学習することも必要となる。地理は地図帳の知識を完璧にすることと資料の読み取り問題に慣れておく必要がある。歴史は何よりも時代の流れをつかむことが肝心である。受験生が苦手の並べ替え問題も歴史の流れを把握できて初めて可能となることを肝に銘じておくべきである。公民は普段あまり触れることのない経済問題も忘れないでほしい。また，時事問題も含め世の中の動きには注意を払って生活することも大切である。

▼年度別出題内容分類表 ……

※前期第1回をA，第2回をBとする。

出題内容			2020年	2021年	2022年	2023年	2024年
地理的分野	（日本）	地形図	AB	AB	AB	AB	AB
		地形・気候・人口	AB	AB	AB	AB	AB
		諸地域の特色		AB	AB	AB	AB
		産業	AB	AB	AB	AB	AB
		交通・貿易		A			
	（世界）	人々の生活と環境		AB	A	AB	AB
		地形・気候・人口	AB	AB	AB	AB	AB
		諸地域の特色	B	AB	AB	AB	AB
		産業	AB	AB	AB	AB	AB
		交通・貿易	A	A	B		
	地理総合						
歴史的分野	（日本史）	各時代の特色					
		政治・外交史	AB	AB	AB	AB	AB
		社会・経済史	AB	AB	AB	AB	AB
		文化史	AB	B	AB	AB	AB
		日本史総合					
	（世界史）	政治・社会・経済史	AB	AB	AB	AB	AB
		文化史			AB		
		世界史総合					
	日本史と世界史の関連		AB	AB	AB	AB	AB
	歴史総合						
公民的分野	家族と社会生活		AB	A	AB	AB	AB
	経済生活		AB	AB	AB	AB	A
	日本経済		A	A			
	憲法（日本）		AB	AB	AB	AB	AB
	政治のしくみ		AB	AB	AB	AB	AB
	国際経済		A				
	国際政治		B	AB	AB	AB	B
	その他						
	公民総合						
各分野総合問題							

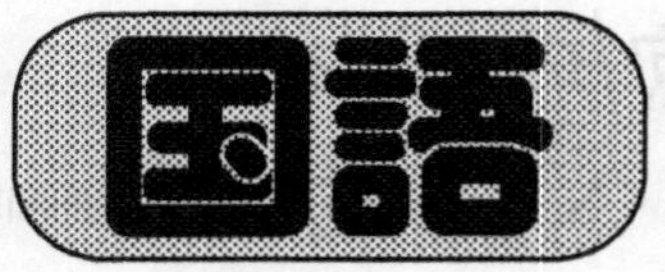

出題傾向の分析と 合格への対策

●出題傾向と内容

前期第1回，第2回とも論理的文章，文学的文章，古文の3題構成であった。

論理的文章はやや難しい内容で，筆者の主張や考え，要旨の的確な読み取りが要求される。漢字も組み込まれる形で出題された。

文学的文章では第1回，第2回とも小説が出題され，読みやすいものだが，細部に至る的確な読み取りが必要だ。現代文はいずれも本文を踏まえた意見についても出題されている。

古文も内容に関した読解問題が出題され，現代文～古文まで，広い分野での読解力を問われる内容になっている。解答はいずれもマークシート方式である。

✔学習のポイント

読解力をしっかりつけておこう！
古語や動作主など古文の基礎知識もたくわえておこう！

●2025年度の予想と対策

本年度のような論理的文章，文学的文章，古文の問題構成は今後も続くと見られる。

論説的文章は内容の的確な読解が問われるので，新聞の社説や短い論説文の要約などで読解力・要約力をつけておきたい。

文学的文章では随筆文(エッセイ)を中心に，短編小説なども読んで心情を的確に捉えられるようにしよう。

様々な種類の文章を読み，どのような形の現代文にも慣れておこう。

古文は基本的な古語の意味や文法などを少しずつ積み上げ，内容を正確に把握できるようにしておこう。

▼年度別出題内容分類表 ••••••

※前期第1回をA，第2回をBとする。

		出題内容	2020年	2021年	2022年	2023年	2024年
内容の分類	読解	主題・表題	AB		B		
		大意・要旨	AB	AB	AB	AB	AB
		情景・心情	AB	AB	AB	AB	AB
		内容吟味	AB	AB	AB	AB	AB
		文脈把握	AB	AB	AB	AB	AB
		段落・文章構成	A	A	AB	AB	AB
		指示語の問題	AB				B
		接続語の問題			AB	AB	AB
		脱文・脱語補充	AB	A	AB	AB	
	漢字・語句	漢字の読み書き	AB	AB	AB	AB	AB
		筆順・画数・部首					
		語句の意味	B		AB	AB	
		同義語・対義語					
		熟語					
		ことわざ・慣用句					
	表現	短文作成					
		作文(自由・課題)					
		その他					
	文法	文と文節					
		品詞・用法					
		仮名遣い					
		敬語・その他					
	古文の口語訳		AB	AB	AB	AB	AB
	表現技法		A		AB	AB	
	文学史						
問題文の種類	散文	論説文・説明文	AB	AB	AB	AB	AB
		記録文・報告文					
		小説・物語・伝記	AB	AB	AB	AB	AB
		随筆・紀行・日記					
	韻文	詩					
		和歌(短歌)					
		俳句・川柳					
	古文		AB	AB	AB	AB	AB
	漢文・漢詩						

芝浦工業大学柏高等学校

2024年度 合否の鍵はこの問題だ!!

(前期第1回)

数学　2

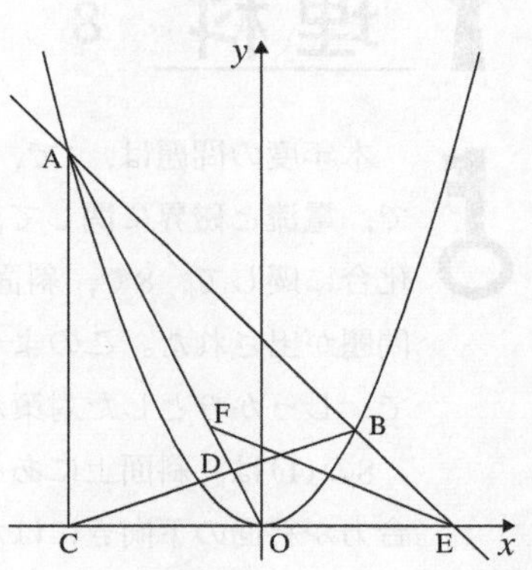

(1)　$y=-x+6$…①　①に$x=-6$を代入して，$y=-(-6)+6=12$　よって，A$(-6,\ 12)$　$y=ax^2$に点Aの座標を代入して，$12=a\times(-6)^2$，$a=\dfrac{1}{3}$

(2)　$y=\dfrac{1}{3}x^2$…②　①と②からyを消去して，$\dfrac{1}{3}x^2=-x+6$，$x^2=-3x+18$，$x^2+3x-18=0$，$(x+6)(x-3)=0$，$x=-6,\ 3$　①に$x=3$を代入して，$y=-3+6=3$　よって，B$(3,\ 3)$　C$(-6,\ 0)$

直線BCの傾きは，$\dfrac{3-0}{3-(-6)}=\dfrac{1}{3}$　直線BCの式を$y=\dfrac{1}{3}x+b$として，点Cの座標を代入すると，$0=\dfrac{1}{3}\times(-6)+b$，$b=2$　よって，直線BCの式は，$y=\dfrac{1}{3}x+2$

(3)　$y=\dfrac{1}{3}x+2$…③　直線AOの式は，$y=-2x$…④　③と④からyを消去すると，$\dfrac{1}{3}x+2=-2x$，$x=-\dfrac{6}{7}$　よって，点Dのx座標は$-\dfrac{6}{7}$　△ABD：△ACD＝BD：CD＝$\left\{3-\left(-\dfrac{6}{7}\right)\right\}:\left\{\left(-\dfrac{6}{7}-(-6)\right\}\right.=3:4$　したがって，△ABDの面積は△ACDの面積の$\dfrac{3}{4}$倍

(4)　①に$y=0$を代入して，$0=-x+6$，$x=6$　よって，E$(6,\ 0)$　AB：AE＝$\{3-(-6)\}:\{6-(-6)\}=3:4$　△ABD∽△AEFから，AD：AF＝4：3，AD＝$\dfrac{4}{3}$AF…(ⅰ)　AD：AO＝$\left\{-\dfrac{6}{7}-(-6)\right\}:6=6:7$，AO＝$\dfrac{7}{6}$AD…(ⅱ)　(ⅰ)，(ⅱ)より，AO＝$\dfrac{7}{6}$AD＝$\dfrac{7}{6}\times\dfrac{4}{3}$AF＝$\dfrac{14}{9}$AF　よって，AOはAFの$\dfrac{14}{9}$倍

◎(3)と(4)のように，辺の比は，x座標の差で求める。しっかりコツをつかんで，最短で解答を導けるようにしておこう。

英語　4

3つの長文読解問題があるが，例年出題されていた語句整序問題や語句補充のような英文法に関する問題がなくなり，英文内容に関する設問だけになった。その中でも4の文章は比較的長い問題であった。また，下線部や空欄に関する問題の出題はなかったため，事前に設問に目を通しておかないと，時間がかかってしまったかもしれない。

長文読解問題を解く際には，以下の点に注意をして取り組もう。

①設問に目を通し，英文は事前に日本語訳しておく。
②段落ごとに読み進める。
③英文を読むときには，きちんと日本語訳をしながら読む。
④その段落に問題となる部分があれば，その場で読んで解く。

使われている英文自体に難しい構文はない。したがって，素早く読める訓練をしておくと，短時間で処理できるようになる。教科書レベルにとどまらず，さまざまな問題集や過去問を用いて読解のスピードを早くする練習を重ねよう。

理科　8

本年度の問題は，1で，光合成と呼吸に関して，3で，電解質と非電解質や酸とアルカリに関して，4で，電流と磁界に関して，5で，植物の生殖に関して，6で，天気と天気図に関して，7で，鉄と硫黄の化合に関して，8で，斜面上の小球の運動やふりこの運動に関して，それぞれ思考力を試す問題や計算問題が出された。このように，本校においては，多くの分野において，思考力を試す問題が出されるので，しっかりとした対策が必要である。

8の(1)は，斜面上にある小球にはたらく力に関する問題であった。この場合は，小球にはたらく力の合力が斜面の下向きにはたらくことを理解しておく必要がある。

(2)では，木片を動かすのに必要な小球の高さを求める計算問題であった。この場合，木片が動く距離は，小球の質量と高さの両方に比例することを理解しておく必要があった。

(3)～(5)では，ふりこの運動に関する問題であった。この場合は，位置エネルギーと運動エネルギーの関係をしっかり理解しておく必要があった。

社会　6（5）

本校では，基本的な知識事項の丸暗記だけでは対応できない「思考力」や「読み取り力」が試される問題が出題される。自分自身で持っている知識を活用したり，まとまった分量のリード文や資料データを読解することが求められている。このような力は一朝一夕では身につかないものなので，日々の継続的なトレーニングの積み重ねが不可欠となってくる。設問が変わってもしっかり対応できるような汎用性の高い力をつけることができるかが大切になってくる。

6(5)の設問は，以上のような出題傾向を象徴している問題であり，過去問演習等で対策してきた受験生とそうでない受験生とではっきり差がつくことが予想される。形式に慣れていないと試験本番で焦ってしまう可能性がある。この設問は，「収入別の家計の内訳」に関する問題であるが，一定時間内に正確にできるかどうかがポイントとなってくる。「スピード」と「慎重さ」がともに求められる設問となる。本校の社会の問題は全体的に設問数が多く，この問題に必要以上に時間を割いてしまうと，制限時間切れになってしまう危険性もある。

この設問の配点自体が他の設問と比べて著しく高いということはないが，合格ラインに到達するためにはこのような問題で確実に得点することが求められ，「合否を左右する設問」といっても過言ではない。

国語 一(8)

★なぜこの問題が合否を分けるのか

本問は，本文に書かれている内容のまとめにあたる。選択肢一つ一つをしっかりと読み，どの部分が誤りであるかを判断し，内容が全て適当なものを選ばなければならない。

★こう答えると合格できない

本入試は全て選択問題であるので，一定の確率で正解することはできるが，それでは到底合格点に至ることはできない。選択問題だからこそ，なぜその選択肢を選んだのか，という明確な理由をもって解答していこう。

★これで合格！

本文の内容に合致するもの，合致しないものを正確に判断する必要がある。イ　利益を独占する者の行為と，他人の者を盗んだりすぐに暴力をふるったりするような行為を同じ程度のものとは，本文と直接関係がないので，誤り。　ウ　人間と動物の感情の違いは，不正に対する怒りがあるかどうかである。チーターとハイエナの例を出して，「進化論的に考えると，チーターがハイエナに対して不正を感じる感性が進化する余地はありません」とあることから，現況，不正を感じる感情が動物にはなく，またその感情が現れる可能性についても本文では指摘されていないので，誤り。　エ　チスイコウモリの例を出しているように，餌にありつけなかった仲間に対して血を分け与えることはある。しかし，見返りをくれなかった場合はそれを覚えており，二度と分け与えることはない。つまり，見返りを期待して，血を分けているので，誤り。　オ　段落⑯に，意識的に見返りを求める人はかえって評判を落とすこともあり「無条件に喜びを感じるような感性こそが，進化してくる」とあり，また「人間には，人を見たらわけもなく親切にしたいと思う傾向がある」と人間の利他的行動について説明している。すなわち，人間の利他的行動が子孫の繁栄を促してきたとするので，誤り。

大切なことはメモしておこうネ！

T.G

2024年度

★★★★★★★★★★★★★★★★★★★★★★★★★

入　試　問　題

2024年度

芝浦工業大学柏高等学校入試問題（前期第１回）

【数　学】（50分）　＜満点：100点＞

1　次の問いに答えよ。

(1)　$\frac{16}{7}\times\left(\frac{\sqrt{7}}{2}-\frac{\sqrt{21}}{4}\right)^2=$ ア － イ $\sqrt{\text{ウ}}$

(2)　x，y についての連立方程式 $\begin{cases} ax-(b-5)y=-5 \\ \frac{by}{2}-\frac{bx-ay}{3}=14 \end{cases}$ の解が $x=-2$，$y=3$ のとき，
$a=$ エ ，$b=$ オ

(3)　n を自然数とする。$\sqrt{\frac{200-n}{11}}$ が自然数となるとき，もっとも小さい n の値は カキ

(4)　右の図の△ABCで，∠ABC＝60°，AB＝８cmである。
辺ABの中点をMとし，辺BC上にBC⊥MHとなる点Hをとる。
BH：HC＝１：２のとき，AC＝ ク $\sqrt{\text{ケコ}}$ cm

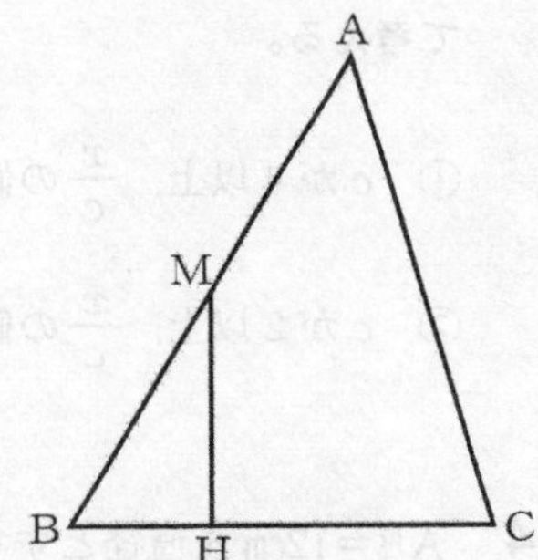

2　２点A，Bは，放物線 $y=ax^2$ と直線 $y=-x+6$ の交点で，点Aの x 座標は－６である。
点Aを通り y 軸に平行な直線と x 軸との交点をC，線分AOと線分BCとの交点をD，
直線 $y=-x+6$ と x 軸との交点をEとする。
線分AD上に点Fを，△AEFの面積が△ABDの面積と等しくなるようにとる。

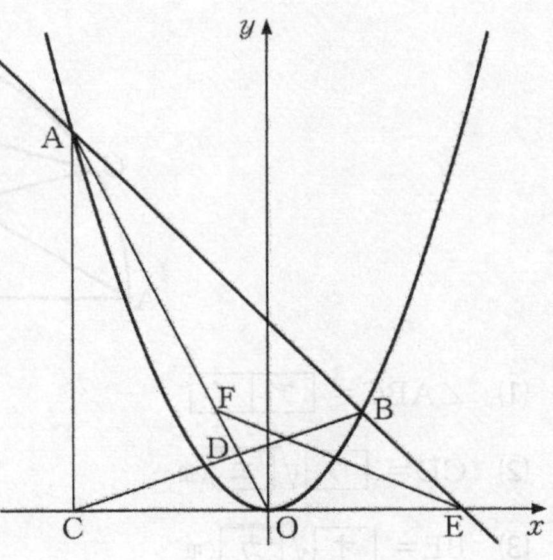

(1)　$a=\frac{\text{ア}}{\text{イ}}$

(2)　直線BCの式は $y=\frac{\text{ウ}}{\text{エ}}x+$ オ

(3)　△ABDの面積は△ACDの面積の $\frac{\text{カ}}{\text{キ}}$ 倍

(4)　線分AOの長さは線分AFの長さの $\frac{\text{クケ}}{\text{コ}}$ 倍

3 次の問いに答えよ。

⑴ x 人の生徒を対象に，平日１日の学習時間について調査を行った。

表は，この調査結果を階級の幅を40分としてまとめたときの，各階級の相対度数を示したものである。

学習時間が２時間以上であった生徒は26人であった。

階級（分） 以上　　未満	相対度数
0 ～ 40	0.04
40 ～ 80	0.12
80 ～ 120	0.32
120 ～ 160	0.38
160 ～ 200	0.14
計	1.00

① $x=$ □ア□イ

② この調査結果の中央値を含む階級の階級値は □ウ□エ□オ 分

⑵ 図のように，縦横６マスずつの表に１から36までの数字が１つずつ書かれている。１から６までの目が出るさいころを３回投げ，１回目に出た目の数を a，２回目に出た目の数を b，３回目に出た目の数を c とする。

表の上から a 段目の左から b 番目の数を x とし，$\frac{x}{c}$ の値について考える。

1	2	3	4	5	6
7	8	9	10	11	12
13	14	15	16	17	18
19	20	21	22	23	24
25	26	27	28	29	30
31	32	33	34	35	36

① c が４以上，$\frac{x}{c}$ の値が整数，の両方が成り立つ確率は $\frac{\text{□カ□キ}}{\text{□ク□ケ□コ}}$

② c が２以上，$\frac{x}{c}$ の値が素数，の両方が成り立つ確率は $\frac{\text{□サ□シ}}{\text{□ス□セ□ソ}}$

4 AB＝12cm を直径とする半円Oの $\overset{\frown}{AB}$ 上に $\overset{\frown}{AC}:\overset{\frown}{CD}:\overset{\frown}{BD}=1:3:2$ となる点C，Dがある。線分ADと線分BCとの交点をEとする。

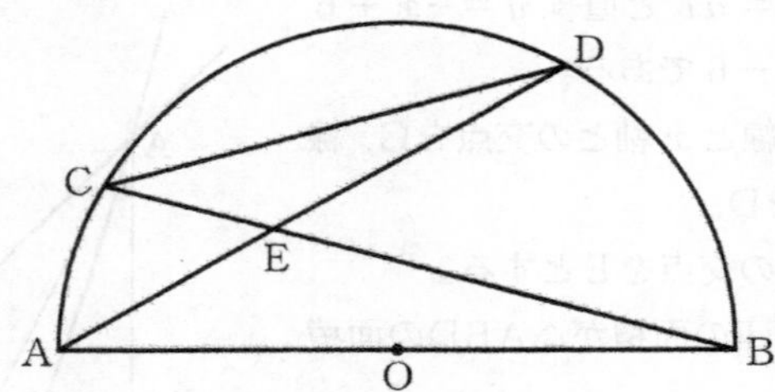

⑴ ∠ABC＝ □ア□イ °

⑵ CD＝ □ウ $\sqrt{\text{□エ}}$ cm

⑶ BE＝ □オ $\sqrt{\text{□カ}}$ cm

⑷ △CDEの面積は（□キ $\sqrt{\text{□ク}}$ － □ケ）cm²

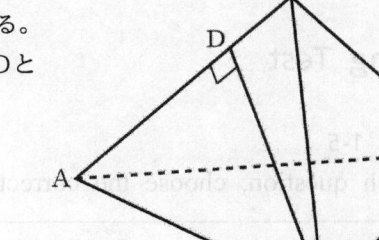

5　１辺の長さが６㎝の正三角形ABCを底面とし，OA＝OB＝OC＝５㎝である正三角すいO－ABCがある。頂点Bから辺OAにひいた垂線と辺OAとの交点をDとする。

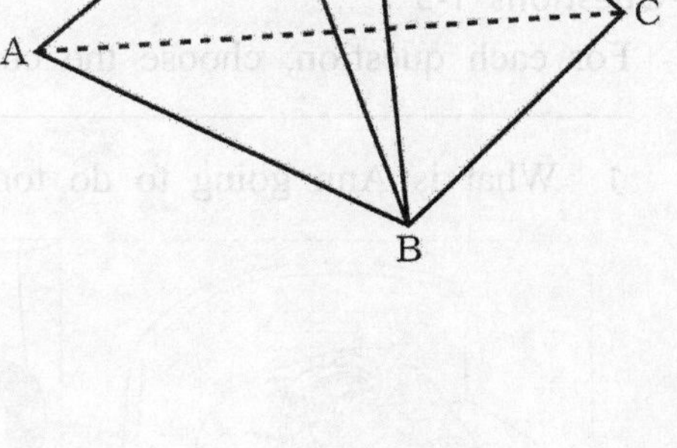

(1)　△OABの面積は　ア イ ㎝²

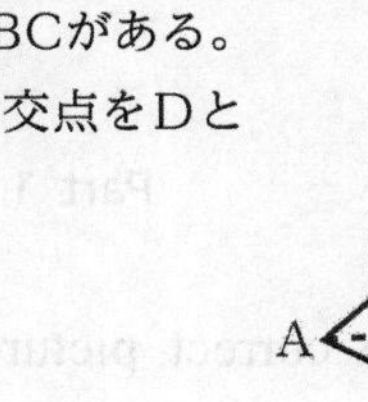

(2)　BD＝$\frac{\text{ウエ}}{\text{オ}}$㎝

(3)　△BCDの面積は　$\frac{\text{カ}\sqrt{\text{キク}}}{\text{ケ}}$㎝²

(4)　正三角すいO－ABCの体積は　コ$\sqrt{\text{サシ}}$㎝³

【英　語】（50分）　＜満点：100点＞

Listening Test

Part 1

Questions 1-5

For each question, choose the correct picture.

1　What is Ann going to do tonight?

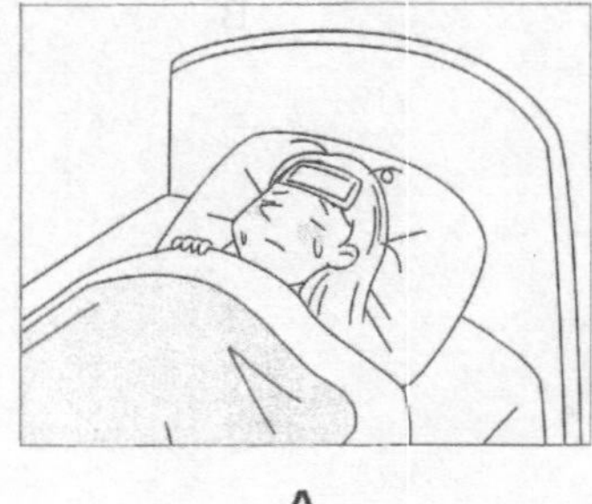

A

B

C

2　What time does the woman need to be at her company?

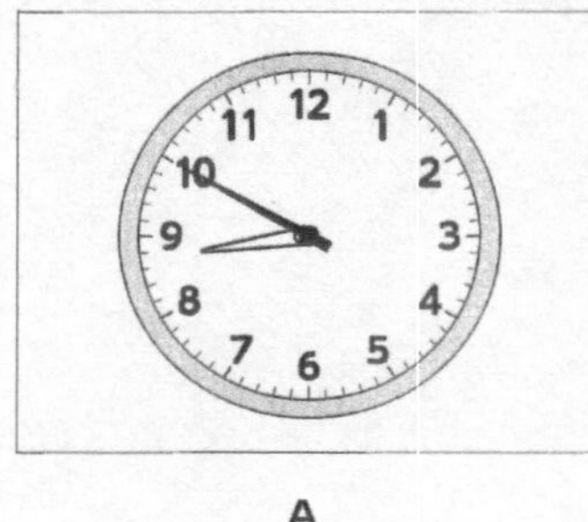

A

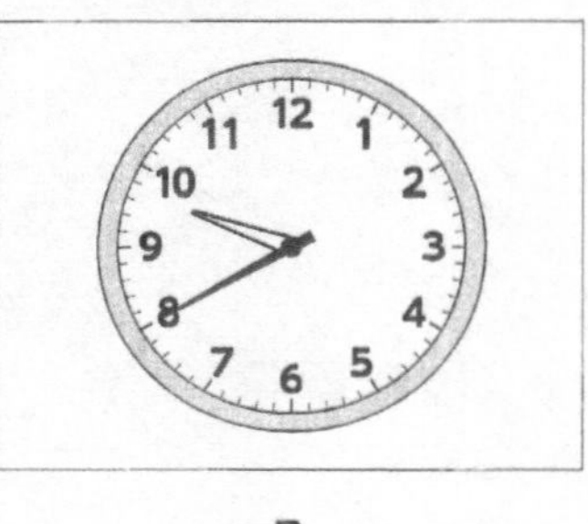

B

C

3　What does the boy want to do now?

A

B

C

4 Where are the man and woman talking now?

A

B

C

5 Which shows the correct change in numbers of birds in the park?

A

Number of Birds	
2021	130
2022	100
2023	110

B

Number of Birds	
2021	100
2022	130
2023	120

C

Number of Birds	
2021	100
2022	130
2023	140

Part 2

Questions 1-5

For each question, choose the correct answer.

1 You will hear a teacher talking to her students about their behavior in class.
What will make the students listen more in class?
- A ask more in class
- B make the lessons more interesting
- C talk more in class

2 You will hear a woman talking to a man.
What did the man think the woman should do?
- A call her brother
- B wait for a message
- C help other people

3 You will hear two friends talking about school.
Who was absent from Mr. Smith's class on Friday?
- A Meg
- B David
- C both David and Meg

4 You will hear two friends talking about clubs.
What club did the boy decide to join this year?
A baseball club
B tennis club
C volunteer club

5 You will hear a girl, Beth, talking to a boy called Taku.
How will they probably go to school?
A by train
B by bus
C by taxi

Part 3

Questions 1-5

For each question, choose the correct answer.

You will hear Mary talking to her friend, Taro, about using smartphones.

1 Mary asked all the students in her class
A the number of smartphones they have.
B many things.
C one question.

2 Students in Taro's class checked their smartphones
A less than twelve times a day.
B more than ten times a day.
C eleven times a day.

3 Taro thinks smartphones are
A useful for students.
B not necessary for him.
C important for face-to-face communication.

4 According to Taro, one important part of communication is
A using face masks.
B showing your face.
C talking on the smartphone.

5 Mary and Taro decided to talk about the problem about using smartphones with other students
A today.
B after school.
C the next day.

※リスニングテストの音声は，学校のHPをご確認ください。

4 次の英文を読んで，あとの(1)～(5)の問いに答えなさい。

What are Robotics Engineers?

Who makes robots? Robotics engineers make them! What kind of people become good robotics engineers?

They need to be not only creative but also patient. New problems come up all the time. It takes a long time to build a good robot.

Robotics engineers make robots for all kinds of different jobs. They make robots to do hard work. Strong robots can move heavy things easily.

Robotics engineers make robots to build things. Some things have very small parts. Robots can put the pieces together very carefully. Robots make fewer mistakes than people.

Robotics engineers make robots to help people. Some robots work in hospitals. Doctors use them to help sick people. These robots must be carefully made so that they will be clean and safe.

Robotics engineers make robots which play with people. Today, robots can easily win at chess against people. So robots play against each other to see which is the best in the world!

How to be a Robotics Engineer

What do robotics engineers study? Some students study robots in special programs. They often join robotics summer camps. At these camps, they learn about robots and practice making robots of their own. Some students join contests for making robots. They can win money for school in these contests.

In university they can study many things. They can study computers, science, math and engineering. Any degree in one of these fields is useful for robotics engineers.

A four-year degree is enough to start work as a robotics engineer. But with more study, you can start with a better job. Some robotics engineers have masters degrees. Other robotics engineers have Ph.D.s.

The Job of Robotics Engineers

After university, a robotics engineer will usually begin as an assistant engineer in a company. An older, more experienced engineer will work with him or her.

Robotics engineers need to learn how to work on teams. The people on the team listen to each other.

On a big team, some people work on only one part of the robot. Other parts of the team work on different parts. In the end, all parts of the team put their ideas together to make one robot.

Some robotics engineers work in universities. These engineers teach students about robots. A few universities now have degree programs called robotics engineering. More and more universities will have these kinds of programs in the future.

Robotics engineers in universities do not just teach. They also study new ways to make better robots. These engineering teachers do experiments to learn more about robots.

Students often help with these experiments. This is a good way for students to learn about robots.

Robots at Work

Many robots work in companies, such as car companies. In fact, most robots today are found in the factories of car companies. The robots in factories look like machines. Most people never see or work with those robots.

But in other places, people may see robots every day. Those robots need to look nice. They need to look easy to use. Then people will like to have them around.

In the future, robots might look more like people. Then anyone will feel fine working with them.

Robots not only work. They also explore. Some robots explore dangerous places where people can't go. They explore in space or under the water. They help scientists learn about these places.

Looking to the Future

Robots are being used in more places every year. Stores, hotels, museums, and farms are using them. More and more robotics engineers are needed to make the kinds of robots these places want.

Does this job look interesting to you? Maybe you can be a robotics engineer in the future!

（注） degree （大学卒業）学位　Ph.D.s.　博士号

【出典】Kelly Daniels, *Robotics Engineers*, 2018

問　次の⑴～⑷がそれぞれ本文の内容に合う英文になるように，（　）に入る最も適当なものを，下のア～エのうちから一つずつ選びなさい。

⑴ Robotics engineers make robots（　）

ア　to make light things heavy.

イ　to break some parts into small pieces.

ウ　to help patients in hospitals.

エ　to correct people's mistakes.

⑵ Some students who want to be robotics engineers（　）

ア　practice building their own robots at the camp.

イ join contests for making robots in order to get money.
ウ should study as many subjects as they can.
エ work for a company and receive training.

(3) Robotics engineering teachers in university (　　)
ア work to find better universities for students.
イ make new robots to develop degree programs of robotics engineering.
ウ work with companies to get money for research.
エ do experiments and try to find new ways to improve robots.

(4) Some robots (　　)
ア look like people, so there is no difference.
イ examine places people can't go to and they help scientists with their research.
ウ work in universities and teach students how to make robots.
エ are made by the best robotics engineers and work best.

(5) 本文の内容に一致するものを，次のア～カのうちから二つ選びなさい。
ア Good robotics engineers should not give up even if they face new problems.
イ It costs a lot of money to be a good robotics engineer because robots are expensive.
ウ After university, robotics engineers will work for companies as professional engineers.
エ Robotics engineers need to work together on teams to create one robot.
オ Most robots that work in car factories are the same types of robots that work in hotels.
カ People who are interested in robotics engineering can become professors.

5 次の英文を読んで，あとの(1)～(7)の問いに答えなさい。

Sharks are already in serious trouble worldwide, mainly because of overfishing. But a recent study shows ①<u>they're even worse off than we thought</u>. In research on 371 reefs in 58 nations, from the middle of the Pacific to the Bahamas, researchers found out that around 20 percent of sharks disappeared. In the worst case, almost no sharks were found in some reefs, such as in Colombia and Sri Lanka. The reefs there are closer to the places where people live.

②<u>The study</u> was published in the magazine, "Nature" in 2020. This study was also part of the Global FinPrint project. Enric Sala, a researcher at National Geographic, said it's the biggest study ever about sharks in reefs. Aaron MacNeil, who studied together with Sala, set out more than 15,000 cameras. He said the snapshots showed that species such as grey reef sharks and blacktip reef sharks were often missing from the reefs. They historically lived there. Sala says, "There were no sharks in a fifth of the reefs we studied. Even in some areas where reef sharks are still found, there are much fewer of them now.

Because of this, ③they no longer play the same ecological roles as hunters."

Nick Graham, a marine biologist at Lancaster University in the U.K., who did not take part in the research, says that although the study with cameras was done on a local scale, this study can be used globally.

One-third of the world's more than 500 shark species are in danger of extinction by overfishing for shark meat and fins. Graham agrees that sharks are easily overfished, so it is a rare case to meet sharks when people dive in many countries.

Sharks will not come back just by creating spaces for them. Working with fishers is also key, such as setting catch limits and reducing fishing tools that harm sharks. Graham says the study shows the importance of ④these approaches. He also says, "By more carefully controlling how sharks are fished and reducing the number of sharks killed accidentally, populations will have a better chance to recover."

⑤"Communication and understanding also have big roles to play," says Carlee Jackson, a shark researcher. "People in many countries often eat shark meat, but it's never okay to tell them that they're doing something 'wrong.' Instead, it is important that people around the world understand how important sharks are to the health of the oceans. Then, some people may stop fishing and start ⑥eco-tourism to save sharks and the reefs they call home," Jackson says.

"This is good for local people too because they can show sharks to diving tourists many times over. You can sell a dead shark only once if you want," Sala said.

（注） reef(s) サンゴ礁　fin(s) ヒレ

【出典】*National Geographic: Sharks — Rulers of the Deep —*

⑴ 本文中の下線部①の内容として最も適当なものを，次のア～エのうちから一つ選びなさい。

ア The reefs in some countries have been damaged because of human activities.

イ Around 20 percent of sharks were still found in the reefs in some countries.

ウ Almost no sharks could be seen in the reefs in some areas.

エ The population of sharks is reducing more than that of humans.

⑵ 本文中の下線部②からわかったこととして最も適当なものを，次のア～エのうちから一つ選びなさい。

ア Sharks can be seen everywhere though the total number is smaller.

イ Sharks are disappearing from the reefs which they used to live in.

ウ The sizes of sharks are getting bigger and bigger.

エ Sharks are eaten more than before.

⑶ 本文中の下線部③の理由として最も適当なものを，次のア～エのうちから一つ選びなさい。

ア Shark populations have decreased.

イ Sharks are the most common species in the ocean.

ウ The number of sharks is increasing.
エ Sharks are not endangered species.

(4) 本文中の下線部④の内容として適当でないものを，次のア～エのうちから一つ選びなさい。
ア Controlling how sharks are fished
イ Setting fishing limits
ウ Reducing fishing tools that harm sharks
エ Eating more shark meat

(5) 本文中の下線部⑤の発言の目的として最も適当なものを，次のア～エのうちから一つ選びなさい。
ア To tell people to try to eat shark meat
イ To make people understand the importance of sharks
ウ To make people notice sharks as dangerous animals in the ocean
エ To raise money to protect shark habitats

(6) 本文中の下線部⑥の具体例として最も適当なものを，次のア～エのうちから一つ選びなさい。
ア To reduce the number of sharks
イ To overfish sharks
ウ To promote the culture of eating sharks
エ To show sharks to diving tourists many times

(7) 本文のタイトルとして最も適当なものを，次のア～エのうちから一つ選びなさい。
ア How Global Study Locally Succeeds
イ Eco-tourism Kills Sharks?
ウ A World without Sharks?
エ The Joy of Diving with Sharks

6 次の英文を読んで，あとの(1)～(7)の問いに答えなさい。

I am an Ainu living at the mouth of the Ishikari River. One fall day, I went upstream to catch salmon for the long winter. However, somehow, I did not feel like fishing and went on farther upstream. The sun almost set, so I asked to stay in a big house. There lived a middle-aged married couple and their son. Their faces showed sadness though I didn't know why. They sometimes shed tears, and the son soon lay down on a young couple's bed. That night I felt like going along the river again for no reason and that kept me awake. As the sky became lighter, I started walking along the river.

Like someone was pulling me forward, I kept on running to a small house in the deep forest. The house was so quiet that I carefully walked toward it and looked inside. To my surprise, a beautiful woman was crying sadly with her child in her arms. I asked the woman, "Why are you living alone with your child in such a remote place?"

She answered, "I am from the middle reach of the Ishikari River. The only son of a rich family asked me to marry him, and I did. We lived happily and were having a baby. My job was gathering firewood. One day my father-in-law told me to find another spot for collecting firewood. So, he took me to the forest while my husband was out. However, after I finished the job, he disappeared. I couldn't find him, or remember the way home. So, I had to give birth to my son here." Her eyes were full of tears. "Another fearful thing is that every night a bear comes to our house. I sit still holding my son tight in my arms. Then a dog always comes out from nowhere and chases the bear away. I feel like I am waiting for the moment of death. I always wear a small wooden dog my brother made. When I got married, he told me to wear this all the time for protection. It is gone while the dog is fighting with the bear outside and it comes back to me when the fighting is over. This protects us. I have waited day and night for someone to rescue us."

My heart was full of pity. I realized that she was from the family I had visited the day before. Then a terrible noise came close to the house, and a dog dashed out from nowhere and attacked the bear. The howling and barking continued for a while and became distant. Saying to the woman, "Stay here," I followed the bear's tracks with my bow and arrows. The bear was lying still under some fallen trees. I got closer, took an arrow and shot it to death. Then I found the wooden dog covered in blood nearby. I picked it up and returned it to the woman.

That night I had a dream. A young man appeared and said, "I am the Bear God. I've done something wrong. I fell in love with the woman the wooden dog protected. I could never forget her. I wanted her so badly that I used my power on her father-in-law and made him bring her here. So, he wasn't wrong at all. However, the spirit of the wooden dog kept me away from her. I am also sorry that she had to give birth alone." I woke to find that she and I had the same dream. We thanked the God of Dogs for saving her and her son. After breakfast, we left there and safely returned to their home. All the family cried with joy. They lived happily ever after.

【出典】*The Romance of the Bear God*

問　次の⑴～⑶がそれぞれ本文の内容に合う英文になるように，（　）に入る最も適当なものを，下のア～エのうちから一つずつ選びなさい。

⑴ The Ainu decided to ask to stay overnight because (　)

ア he couldn't catch any salmon.

イ it was too late to return home.

ウ he was tired and hungry.

エ he was worried about the family.

(2) The Ainu left the big house in the morning because (　　)
ア he wanted to know why the family was sad.
イ he liked to run under the morning sun.
ウ he felt he should go without knowing why.
エ he kept on pulling someone forward.

(3) After the Ainu heard what was happening to the woman, (　　)
ア he was moved by her courage to live by themselves.
イ he was angry at her father-in-law for what he did.
ウ he took the woman and her son to their home right away.
エ he guessed that she could be the wife of the young man he met the day before.

問　本文の内容に関する次の(4)～(6)の質問に対する最も適当な答えを，下のア～エのうちから一つずつ選びなさい。

(4) Which is NOT TRUE for the woman living in the deep forest?
ア She was lost in the deep forest and wanted to go home.
イ She fell in love with the Bear God though she was married.
ウ She gave birth and raised her son all by herself.
エ She was sure that she was protected by the wooden dog.

(5) Which is NOT TRUE for the wooden dog?
ア It was so strong that it finally killed the Bear God.
イ Its spirit kept the Bear God from getting closer to the woman.
ウ The beautiful woman was told by her brother to always wear it.
エ It fought against the Bear God to protect the woman and her son.

(6) What did the Bear God want to do with his power?
ア to make the beautiful woman his
イ to find a beautiful woman
ウ to become an Ainu man
エ to hold a better spirit

(7) 次の六つの文を本文の流れに合う英文にするとき，A～Dを出来事が起こった順に並べ替えたものとして最も適当な組み合わせを，下のア～エのうちから一つ選びなさい。

第一文　An Ainu went fishing in the Ishikari River.
A　The bear was killed with an arrow.
B　The Bear God appeared in the Ainu's dream.
C　The Ainu found a woman and her son living in the forest.
D　The Ainu saw a dog and a bear fighting.
第六文　The woman and her son returned to their family.

ア B→D→A→C　イ C→A→D→B
ウ C→D→A→B　エ D→B→A→C

【理　科】（50分）　＜満点：100点＞

1　Sさんは，植物のはたらきについて調べるため，次の**実験１**，**２**を行いました。これに関して，あとの(1)～(5)の問いに答えなさい。

実験１

①　ふ（白色の部分）入りの葉をもつアサガオを，光が当たらない暗室に１日置いておいた。

②　①のアサガオがもつふ入りの葉の一部を，図１のようにアルミニウムはくでおおい，光を十分に当てた。

③　②の葉を切り取り，アルミニウムはくをはずして，熱湯につけたあと，あたためたエタノールにひたした。

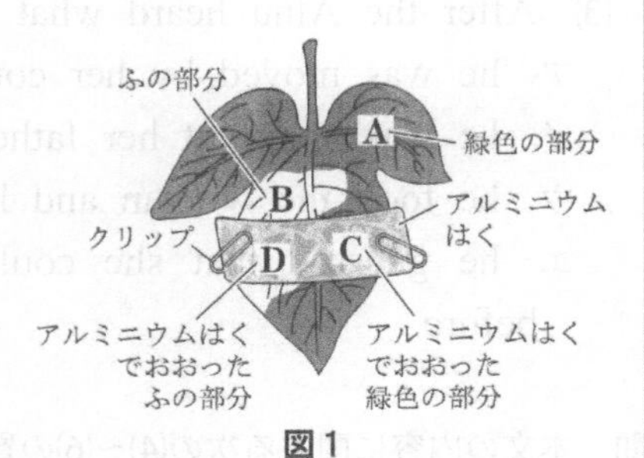

図１

④　③の葉をエタノールから取り出して水洗いしたあと，ヨウ素液につけて，図１の葉のA～Dの部分の色の変化を調べた。**表１**は，その結果をまとめたものである。

表１

	A	B	C	D
色の変化	青紫色になった	変化なし	変化なし	変化なし

実験２

①　青色のBTB溶液に息を吹きこみ，緑色にしたものを用意した。

②　４本の試験管P～Sを①の緑色のBTB溶液で満たしたあと，図２のように，PとQには同じ大きさのオオカナダモを入れ，RとSには何も入れず，それぞれの試験管にゴム栓をした。

③　PとRはそのまま，QとSはアルミニウムはくでおおい，光を十分に当てたあと，試験管内の溶液の色の変化を調べた。**表２**は，その結果をまとめたものである。

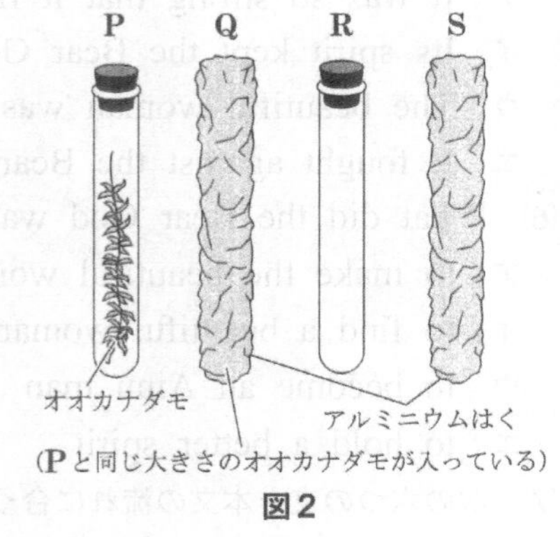

図２

表２

	P	Q	R	S
試験管内の溶液の色	青色	黄色	緑色	緑色

(1)　アサガオのように，網目状の葉脈をもつ植物の根のつくりと，同様の特徴をもつ植物の例の組み合わせとして最も適当なものを，次のア～エのうちから一つ選びなさい。

ア　根のつくり：主根と側根　　例：ユリ　　イ　根のつくり：主根と側根　　例：ツツジ

ウ　根のつくり：ひげ根　　例：ユリ　　エ　根のつくり：ひげ根　　例：ツツジ

(2) **実験１**の①では，アサガオを暗室に１日置いておくことで，葉にあった養分が移動して葉からなくなりました。養分が茎の中を移動するときに通る管について述べた文として最も適当なものを，次のア～エのうちから一つ選びなさい。

ア　維管束のうち，茎の中心に近い側にある道管を通って移動していった。

イ　維管束のうち，茎の中心に近い側にある師管を通って移動していった。

ウ　維管束のうち，茎の表面に近い側にある道管を通って移動していった。

エ　維管束のうち，茎の表面に近い側にある師管を通って移動していった。

(3) 次の文章は，**実験１**からわかることについて述べたものです。1，2にあてはまるものを，あとのア～カのうちからそれぞれ一つずつ選びなさい。

> **図１**（前のページ）の葉の1の部分の結果を比べることで，光合成には光が必要であることがわかる。また，**図１**の葉の2の部分の結果を比べることで，光合成は葉緑体のある場所で行われることがわかる。

ア　AとB　　イ　AとC　　ウ　AとD　　エ　BとC　　オ　BとD　　カ　CとD

(4) **実験２**で，PとQの試験管内の溶液の色が変化した理由について述べた文として最も適当なものを，次のア～エのうちから一つ選びなさい。

ア　Pでは溶液中の二酸化炭素の量が増加し，Qでは溶液中の二酸化炭素の量が減少したから。

イ　Pでは溶液中の二酸化炭素の量が増加し，Qでは溶液中の酸素の量が増加したから。

ウ　Pでは溶液中の二酸化炭素の量が減少し，Qでは溶液中の二酸化炭素の量が増加したから。

エ　Pでは溶液中の二酸化炭素の量が減少し，Qでは溶液中の酸素の量が増加したから。

(5) 次の文章は，光の強さと植物の光合成の関係を調べる実験について述べたものです。1にあてはまるものを１群のア，イのうちから，2にあてはまるものを２群のア，イのうちから，3にあてはまるものを３群のア，イのうちから，最も適当なものをそれぞれ一つずつ選びなさい。

> 息を吹きこんで1にしたBTB溶液で試験管を満たし，その中に**実験２**で使用したものと同じ大きさのオオカナダモを入れる。この試験管を2，**実験２**と同じ時間だけ光を当て，実験後の溶液の色を**実験２**の3と比較する。

【１群】　ア　緑色　　　　　　　　　　　イ　黄色

【２群】　ア　アルミニウムはくでおおい　イ　うすいガーゼでおおい

【３群】　ア　P　　　　　　　　　　　　イ　R

2　火山についてのSさんと先生との会話文を読んで，あとの(1)～(5)の問いに答えなさい。

先　生：火山の種類は，火山の形によって**図１**のA～Cのように分けられます。$_a$これらの火山をつくるマグマの性質はそれぞれ異なっており，噴火のようすも異なっています。

A

B

C

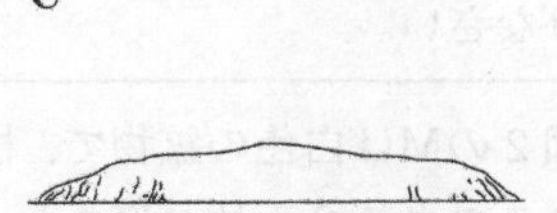

図１

Ｓさん：鉱物や岩石にも，さまざまな種類のものがあるのでしょうか。

先　生：はい。図２は，Ａ～Ｃの火山のいずれかから噴出した火山灰を示したもので，さまざまな鉱物が見られます。このような鉱物は，マグマが冷え固まってできる岩石の中にも見られます。実際に，ある火山から採集した２種類の岩石ＸとＹを，双眼実体顕微鏡を使って観察してみましょう。

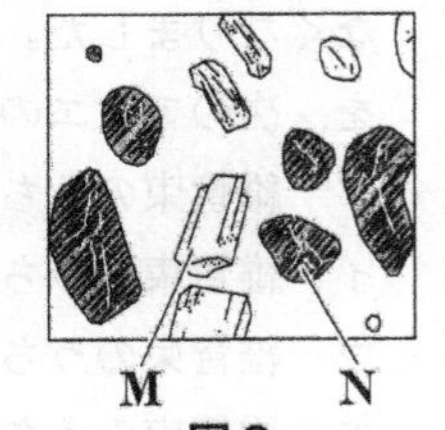

図２

Ｓさん：岩石ＸとＹを観察すると，図３のようなつくりが見られました。岩石Ｘは，同じくらいの大きさの鉱物の結晶が組み合わさっており，岩石Ｙは，目に見えない粒が集まったＰの部分に，比較的大きな鉱物の結晶であるＱの部分が散らばっていました。

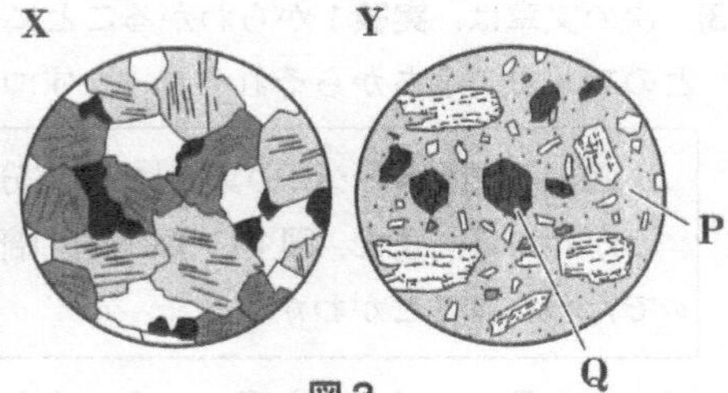

図３

先　生：図３のようなつくりの違いは，これらの岩石のでき方の違いによるものです。岩石Ｘはマグマが［１］冷え固まってできます。また，岩石Ｙの［２］といいます。他に，ｂ火山灰が押し固められてできる堆積岩もあります。

⑴　図４のような双眼実体顕微鏡を使って火山灰などを観察をするときの操作を，左から順に並べたとき，［１］～［４］にあてはまる最も適当なものを，あとのア～エのうちからそれぞれ一つずつ選びなさい。

［１］→［２］→［３］→［４］

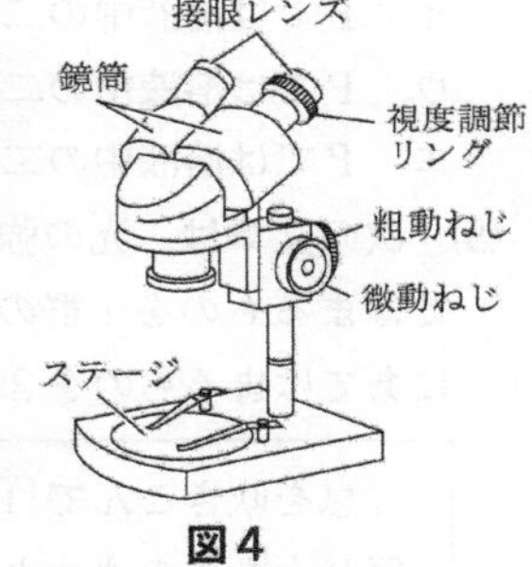

図４

ア　右目で接眼レンズをのぞき，微動ねじでピントを合わせる。

イ　左目で接眼レンズをのぞき，視度調節リングでピントを合わせる。

ウ　鏡筒を支えながら粗動ねじをゆるめ，鏡筒を上下させてから粗動ねじをしめて固定する。

エ　鏡筒を調節して，接眼レンズを自分の目のはばに合わせる。

⑵　下線部ａで，図１の火山ＡとＣを比較したときのマグマの性質や噴火のようすについて述べた文として最も適当なものを，次のア～エのうちから一つ選びなさい。

ア　ＡよりもＣの方がマグマのねばりけが強く，噴火のようすは激しい。

イ　ＡよりもＣの方がマグマのねばりけが強く，噴火のようすはおだやかである。

ウ　ＡよりもＣの方がマグマのねばりけが弱く，噴火のようすは激しい。

エ　ＡよりもＣの方がマグマのねばりけが弱く，噴火のようすはおだやかである。

⑶　次の文章は，図２の火山灰について述べたものです。［１］にあてはまることばを１群のア，イのうちから，［２］にあてはまることばを２群のア～ウのうちから，最も適当なものをそれぞれ一つずつ選びなさい。

> 図２のＭは白色の鉱物で，柱状の形をしている［１］である。また，Ｎは黄緑色の鉱物で，やや丸みのある多面体の形をしている［２］である。

【１群】 ア　セキエイ　　　イ　チョウ石

【２群】 ア　クロウンモ　　イ　カンラン石　　ウ　カクセン石

(4)　会話文中の[1]にあてはまるものを１群のア，イのうちから，[2]にあてはまるものを２群のア，イのうちから，最も適当なものをそれぞれ一つずつ選びなさい。

【１群】 ア　地表付近で急速に冷え固まってでき，岩石Ｙはマグマが地下深くでゆっくりと

　　　　 イ　地下深くでゆっくりと冷え固まってでき，岩石Ｙはマグマが地表付近で急速に

【２群】 ア　Ｐの部分を石基，Ｑの部分を斑晶

　　　　 イ　Ｐの部分を斑晶，Ｑの部分を石基

(5)　下線部ｂで，火山灰が押し固められてできる堆積岩について述べた文として最も適当なものを，次のア～エのうちから一つ選びなさい。

ア　石灰岩といい，岩石に含まれる粒は丸みを帯びている。

イ　石灰岩といい，岩石に含まれる粒は角ばっている。

ウ　凝灰岩といい，岩石に含まれる粒は丸みを帯びている。

エ　凝灰岩といい，岩石に含まれる粒は角ばっている。

3　酸とアルカリについてのＳさんと先生との会話文を読んで，あとの(1)～(5)の問いに答えなさい。

Ｓさん：酸性やアルカリ性といった，水溶液の性質を決めているものは何なのでしょうか。

先　生：水溶液の性質には，その水溶液中に含まれるイオンが関わっています。

Ｓさん：イオンは，ａ<u>電解質が水にとけて電離する</u>とできるのですよね。

先　生：そうですね。電離して生じるイオンのうち，どのようなものが水溶液の酸性やアルカリ性を決めているのか調べてみましょう。まず，硝酸カリウム水溶液をろ紙にしみこませてスライドガラスにのせ，その上に赤色リトマス紙と青色リトマス紙をのせます。次に，スライドガラスの中央にｂうすい塩酸をしみこませた糸をのせ，両端をクリップＸとＹではさみ，図１のように電源装置につないで電圧を加えます。

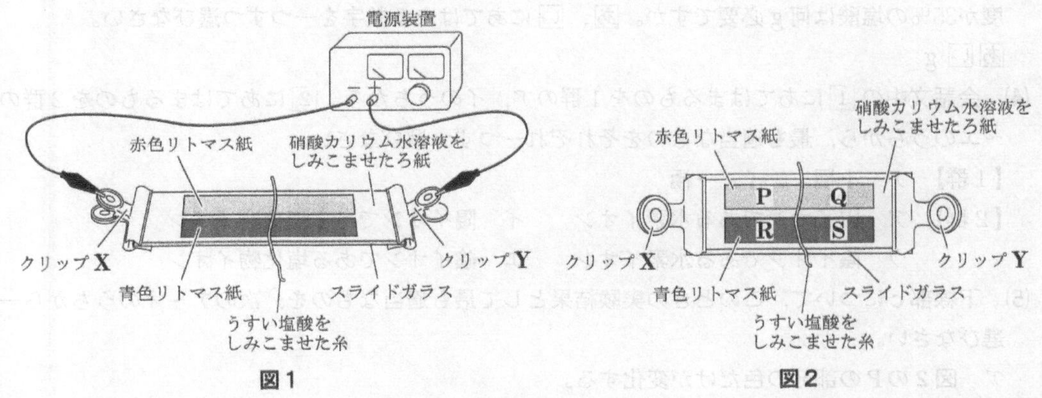

図１　　　　　図２

Ｓさん：実験の結果，図２のＰ～ＳのうちのＲの部分だけ色が変わりました。これは，水溶液中のイオンが移動したことでこのように色が変わったということでしょうか。

先　生：そのとおりです。水溶液中のイオンは電気を帯びているため，電圧を加えると移動し

ていきます。この結果から，どのようなことが考えられますか。

Ｓさん：クリップＸにつないでいた電極は［１］だったので，水溶液中の［２］によってリトマス紙の色が変わったと考えられます。

先　生：はい，そうです。理解できたようですね。

Ｓさん：実験ではうすい塩酸をしみこませた糸を使いましたが，c うすい水酸化ナトリウム水溶液をしみこませた糸を使って実験を行うと，結果は変わるのでしょうか。

先　生：よい疑問ですね。その場合についても，実際に実験を行って調べてみましょう。

⑴　下線部ａについて，次のＡ～Ｃの水溶液は，電解質の水溶液と非電解質の水溶液のどちらですか。最も適当なものを，あとのア～カのうちから一つ選びなさい。

Ａ　食塩水　　Ｂ　砂糖水　　Ｃ　エタノール水溶液

ア　Ａは電解質，ＢとＣは非電解質の水溶液である。
イ　Ｂは電解質，ＡとＣは非電解質の水溶液である。
ウ　Ｃは電解質，ＡとＢは非電解質の水溶液である。
エ　ＡとＢは電解質，Ｃは非電解質の水溶液である。
オ　ＡとＣは電解質，Ｂは非電解質の水溶液である。
カ　ＢとＣは電解質，Ａは非電解質の水溶液である。

⑵　下線部ａについて，塩化銅も電解質です。塩化銅が電離するようすを化学反応式で表すとどのようになりますか。最も適当なものを，次のア～エのうちから一つ選びなさい。

ア　$CuCl \rightarrow Cu^{+} + Cl^{-}$
イ　$CuCl \rightarrow Cu^{2+} + Cl^{2-}$
ウ　$CuCl_2 \rightarrow Cu^{2+} + 2Cl^{-}$
エ　$CuCl_2 \rightarrow Cu^{2+} + 2Cl^{2-}$

⑶　下線部ｂのうすい塩酸の質量パーセント濃度は2.5％でした。質量パーセント濃度が35％の塩酸に水を加えて質量パーセント濃度が2.5％のうすい塩酸を210ｇつくるとき，質量パーセント濃度が35％の塩酸は何ｇ必要ですか。［あ］，［い］にあてはまる数字を一つずつ選びなさい。

［あ］［い］ｇ

⑷　会話文中の［１］にあてはまるものを１群のア，イのうちから，［２］にあてはまるものを２群のア～エのうちから，最も適当なものをそれぞれ一つずつ選びなさい。

【１群】　ア　＋極　　　イ　－極
【２群】　ア　陽イオンである水素イオン　　イ　陽イオンである塩化物イオン
　　　　　ウ　陰イオンである水素イオン　　エ　陰イオンである塩化物イオン

⑸　下線部ｃについて，このときの実験結果として最も適当なものを，次のア～オのうちから一つ選びなさい。

ア　図２のＰの部分の色だけが変化する。
イ　図２のＱの部分の色だけが変化する。
ウ　図２のＲの部分の色だけが変化する。
エ　図２のＳの部分の色だけが変化する。
オ　図２のＰ～Ｓのどの部分の色も変化しない。

4　Ｓさんは，電流と磁界の関係について調べるため，次の**実験１**，**２**を行いました。これに関して，あとの(1)～(5)の問いに答えなさい。ただし，地球の磁場の影響はなく，導線やコイルの抵抗は考えないものとします。

実験１

透明なプラスチックの板と導線を使って，**図１**のような装置をつくり，導線に矢印の向きに電流を流した。このとき，点Ｘに方位磁針を置くと，方位磁針は西を指して静止した。この方位磁針を，点Ｙまで点線に沿って動かしていき，方位磁針の針が指す方位がどのように変化するかを調べた。

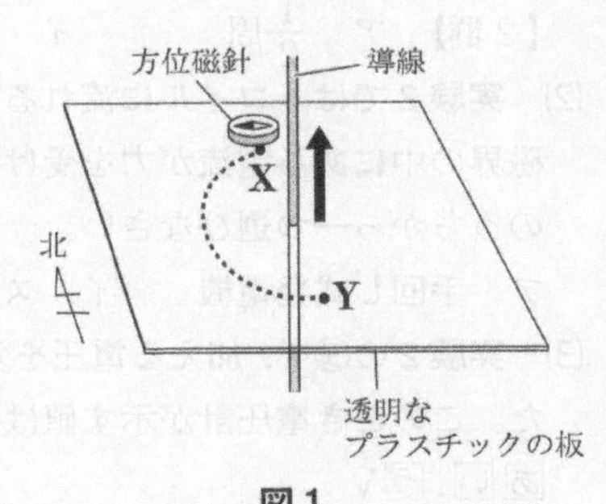

図１

実験２

①　抵抗の大きさが異なる３つの抵抗器Ｐ～Ｒを用意した。

②　コイル，Ｕ字形磁石，電源装置，電圧計，電流計，抵抗器Ｐを使って，**図２**のような装置をつくった。

③　電圧計が示す値が9.0Ｖになるように，電源装置で回路に電圧を加え，コイルの振れ方と，電流計が示す値を調べた。

④　**図２**の抵抗器Ｐを抵抗器Ｑにかえ，電圧計が示す値が9.0Ｖになるように，電源装置で回路に電圧を加え，コイルの振れ方と，電流計が示す値を調べた。

⑤　**図２**の抵抗器Ｐを抵抗器ＱとＲを並列につないだものにかえ，電圧計が示す値が3.0Ｖになるように，電源装置で回路に電圧を加え，コイルの振れ方と，電流計が示す値を調べた。

表は，**実験２**の結果をまとめたものである。

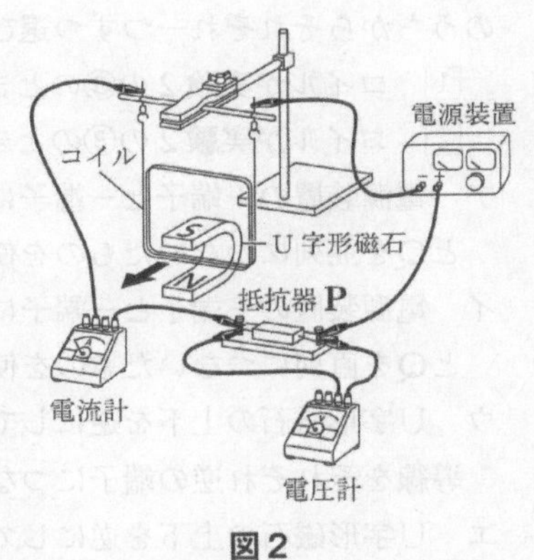

図２

表

	実験２の③	**実験２の④**	**実験２の⑤**
電圧計の示す値	9.0 V	9.0 V	3.0 V
電流計の示す値	500 mA	600 mA	500 mA
コイルの振れ方	**図２**の矢印の向きに振れた。	**実験２**の③のときと同じ向きに，大きく振れた。	**実験２**の③のときと同じ向きに，同じ振れはばで振れた。

(1)　次のページの文は，**実験１**について述べたものです。1 にあてはまるものを１群のア，イのうちから，2 にあてはまるものを２群のア～ウのうちから，最も適当なものをそれぞれ一つずつ選びなさい。

方位磁針を点Ｘから点Ｙまで点線に沿って動かしていくと，方位磁針の針は，真上から見て 1 に回り，点Ｙに到達するまでに 2 する。

【１群】 ア 時計回り　　イ 反時計回り

【２群】 ア $\frac{1}{2}$周　　イ １周　　ウ ２周

⑵ **実験２**では，コイルに流れる電流が磁界から力を受けて，コイルが動きました。このように，磁界の中にある電流が力を受ける現象を利用したものの例として最も適当なものを，次のア～エのうちから一つ選びなさい。

ア 手回し式発電機　　イ スピーカー　　ウ 光ファイバー　　エ ＩＨ調理器

⑶ **実験２**の③で，加える電圧を変えて実験を行ったところ，電流計の示す値が600ｍＡになりました。このとき電圧計が示す値は何Ｖですか。あ ～ う にあてはまる数字を一つずつ選びなさい。

あ い．う Ｖ

⑷ **実験２**で，電圧計が示す値は9.0Ｖのまま，いくつかの条件を変えたところ，次の 1 ， 2 のような結果になりました。これらのような結果になる条件として最も適当なものを，あとのア～エのうちからそれぞれ一つずつ選びなさい。

1 コイルが**実験２**の③のときと反対向きに，**実験２**の③のときより小さく動いた。

2 コイルが**実験２**の③のときと同じ向きに，**実験２**の③のときより大きく動いた。

ア 電源装置の＋端子と－端子につないだ導線をそれぞれ逆の端子につなぎかえ，抵抗器にはＰとＱを並列につないだものを使った。

イ 電源装置の＋端子と－端子につないだ導線をそれぞれ逆の端子につなぎかえ，抵抗器にはＰとＱを直列につないだものを使った。

ウ Ｕ字形磁石の上下を逆にしてＮ極とＳ極を入れかえ，電源装置の＋端子と－端子につないだ導線をそれぞれ逆の端子につなぎかえ，抵抗器にはＰとＱを並列につないだものを使った。

エ Ｕ字形磁石の上下を逆にしてＮ極とＳ極を入れかえ，電源装置の＋端子と－端子につないだ導線をそれぞれ逆の端子につなぎかえ，抵抗器にはＰとＱを直列につないだものを使った。

⑸ 抵抗器Ｒの抵抗の大きさは何Ωですか。あ ～ う にあてはまる数字を一つずつ選びなさい。

あ い．う Ω

5 生殖についてのＳさんと先生との会話文を読んで，あとの⑴～⑸の問いに答えなさい。

先　生：植物も動物も，生殖には細胞分裂が関わっています。細胞と生殖について整理してみましょう。図１はある細胞を模式的に表したものですが，この細胞は植物の細胞と動物の細胞のどちらであるかわかりますか。

Ｓさん：ａ<u>植物の細胞にだけ見られ，動物の細胞には見られないつくり</u>があるので，図１は植物の細胞です。

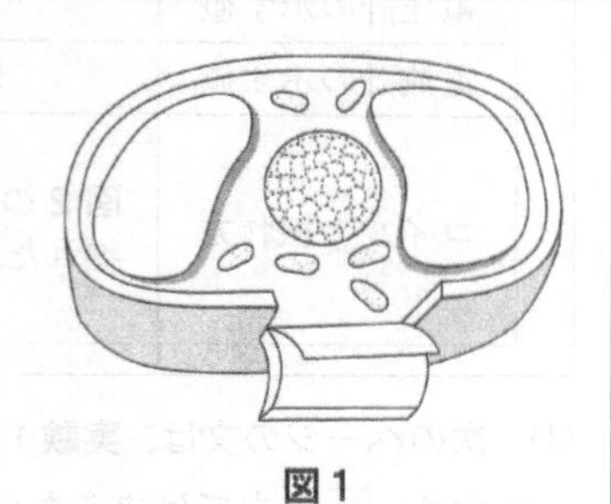

図１

先　生：そのとおりです。では，植物の細胞と動物の細胞に共通したつくりには何がありますか。

Ｓさん：核です。核の中には染色体があり，染色体には生物の形質を表すもととなる遺伝子が含まれています。無性生殖の場合も有性生殖の場合も，細胞分裂によってこの遺伝子を受けついだ新しい細胞がつくられますが，そのようすは無性生殖と有性生殖で異なります。

先　生：無性生殖の場合の細胞分裂はどのようなものですか。

Ｓさん：無性生殖では，体細胞分裂が行われます。ｂ体細胞分裂は，植物の根が伸びるときなどのように，生物が成長するときにも行われています。

先　生：しっかり勉強できていますね。では，有性生殖について理解するための実験をしてみましょう。図２のように，スライドガラスに砂糖水をたらし，その上にホウセンカの花粉を落としたものをペトリ皿に入れ，乾燥しないように水を入れてふたをしておきます。このスライドガラスを一定時間ごとにペトリ皿からとり出し，顕微鏡で観察します。

Ｓさん：図３のように，花粉管が伸びているようすが観察できました。また，染色液で染色すると，花粉管の中に，図３のＸのような小さな細胞があるのがわかりました。

先　生：このＸが，有性生殖のための細胞分裂によってつくられる生殖細胞です。

Ｓさん：では，このＸが別の生殖細胞と受精することで有性生殖が行われるのですね。

先　生：そうです。有性生殖では，このような生殖細胞のはたらきによって新しい個体がつくられます。

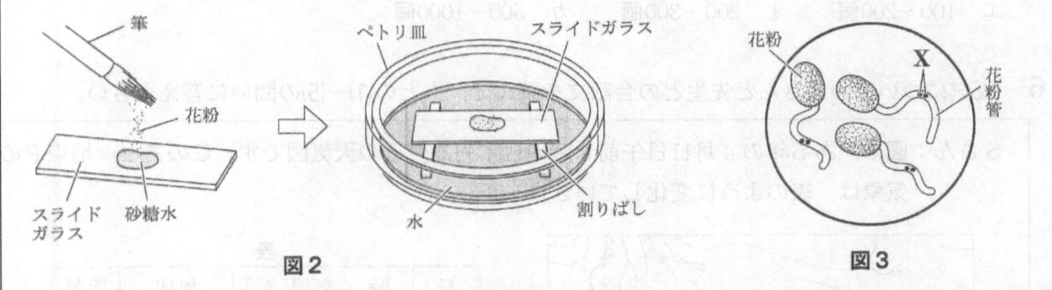

図２　図３

⑴　下線部ａについて，植物細胞にだけ見られるつくりとして**誤っているもの**を，次のア～エのうちから一つ選びなさい。

ア　発達した液胞　　イ　細胞壁　　ウ　細胞膜　　エ　葉緑体

⑵　下線部ｂについて，図４は，体細胞分裂の過程にある細胞のようすを示したものです。図４の[1]～[4]にあてはまる最も適当なものを，次のア～エのうちからそれぞれ一つずつ選びなさい。

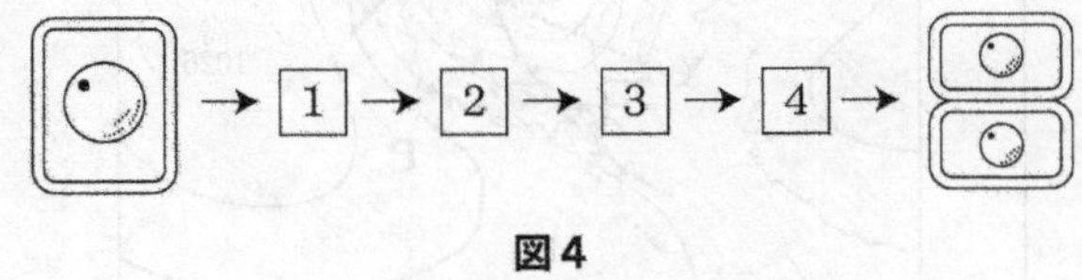

図４

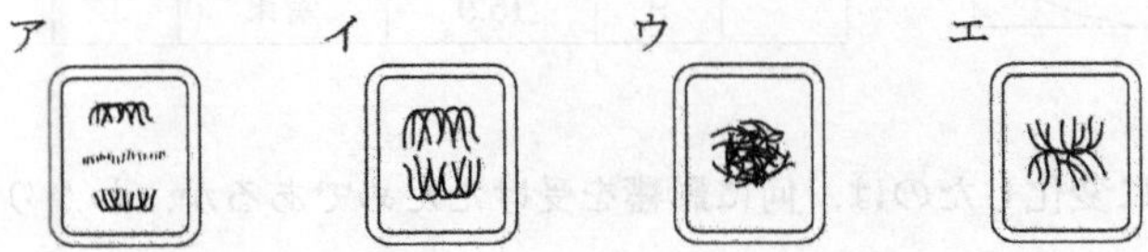

⑶　次の文章は，図３について述べたものです。1，2にあてはまることばの組み合わせとして最も適当なものを，あとのア～エのうちから一つ選びなさい。

> 花粉が1につくと，図３のように花粉から花粉管が伸びていく。図３のＸは，2とよばれる生殖細胞である。

ア　１：子房　２：卵細胞　イ　１：子房　２：精細胞
ウ　１：柱頭　２：卵細胞　エ　１：柱頭　２：精細胞

⑷　次のＡ～Ｄのうち，有性生殖によって新しい個体や子ができる例であるものの組み合わせとして最も適当なものを，あとのア～カのうちから一つ選びなさい。

Ａ　ジャガイモのいもから芽や根が出て新しい個体ができる。
Ｂ　マツのまつかさにできた種子から芽が出て，新しい個体ができる。
Ｃ　オランダイチゴの伸びた茎の先で葉や根が成長し，茎がちぎれて新しい個体ができる。
Ｄ　カエルが生んだたまごから，オタマジャクシがかえる。

ア　ＡとＢ　イ　ＡとＣ　ウ　ＡとＤ　エ　ＢとＣ　オ　ＢとＤ　カ　ＣとＤ

⑸　ある生物の生殖細胞の核が合体してできた受精卵が，1.5時間ごとに１回細胞分裂をくり返していくとすると，生殖細胞が合体してから12時間後の細胞の数はおよそ何個になりますか。最も適当なものを，次のア～カのうちから一つ選びなさい。

ア　10～20個　イ　20～30個　ウ　50～100個
エ　100～200個　オ　200～300個　カ　500～1000個

6　天気についてのＳさんと先生との会話文を読んで，あとの⑴～⑸の問いに答えなさい。

Ｓさん：図は，ある年の４月11日午前９時の日本列島付近の天気図です。このあと，地点Ｐの気象は，表のように変化していきました。

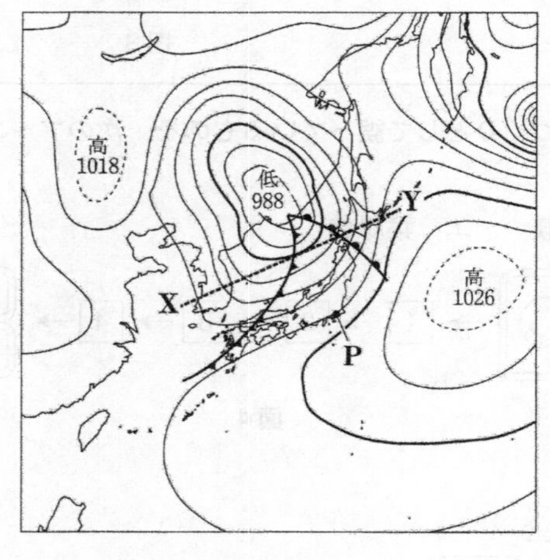

図

表

日	時	気温〔℃〕	風向	天気
11	9	13.4	南東	◎
	12	16.2	南	◎
	15	17.2	南南西	◎
	18	14.2	北北西	●
	21	14.5	北西	●
	24	13.2	西北西	◎
12	3	11.9	南南西	⦶
	6	10.7	南南東	⦶
	9	15.9	南東	⦶

先　生：地点Ｐの気象が表のように変化したのは，何に影響を受けたためであるか，わかりますか。

Ｓさん：図で，地点Ｐの北西には低気圧があります。日本付近では，偏西風によって低気圧は西から東へ移動していきます。地点Ｐの気象は，この低気圧の動きに影響を受けて変化したのだと思います。

先　生：そうですね。a低気圧付近では特徴的な大気の動きがあるので，この動きによっても気象が変化します。

Ｓさん：低気圧の中心から伸びている前線も，気象に影響したのでしょうか。

先　生：はい，そうです。b前線は寒気と暖気がぶつかり合う境目にできるので，その付近では雲ができやすく，前線が通過するときに気温が大きく変化したり，雨が降ったりします。

Ｓさん：気圧や前線について考えることは，気象について調べる上で重要なのですね。気圧の変化は見た目ではわからないので，日常生活ではなかなか意識しにくいです。

先　生：気圧の変化によって，身のまわりの物体に加わる力がどのくらい変わるか考えてみましょう。cここにある机の上面の面積は0.3m^{2}です。気圧が高いときと低いときで，大気圧によってこの机の上面に加わる力の大きさはどのくらい変わるか，計算してみましょう。

⑴　下線部ａについて，日本付近に見られる低気圧付近の大気の動きを矢印で表すとどのようになりますか。最も適当なものを，次のア～エのうちから一つ選びなさい。

ア
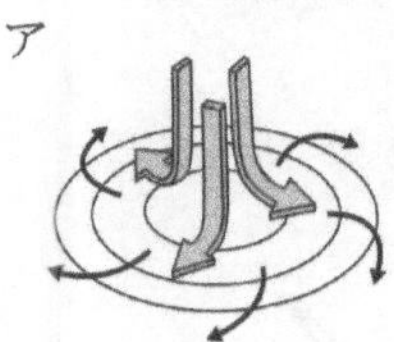
イ
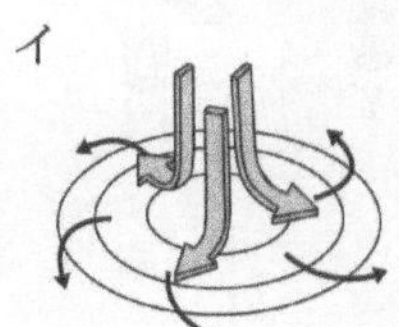
ウ
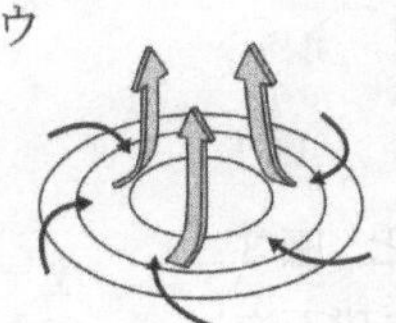
エ
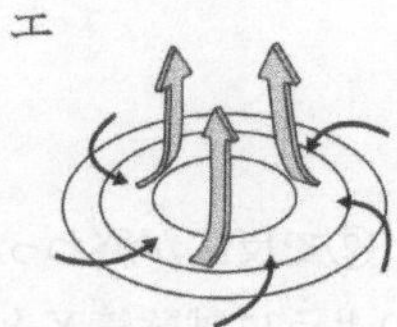

⑵　下線部ｂについて，図の２本の前線付近を，破線Ｘ—Ｙで切って南側から見たときの大気の動きや雲のようすとして最も適当なものを，次のア～エのうちから一つ選びなさい。なお，矢印は暖気の動きを表しています。

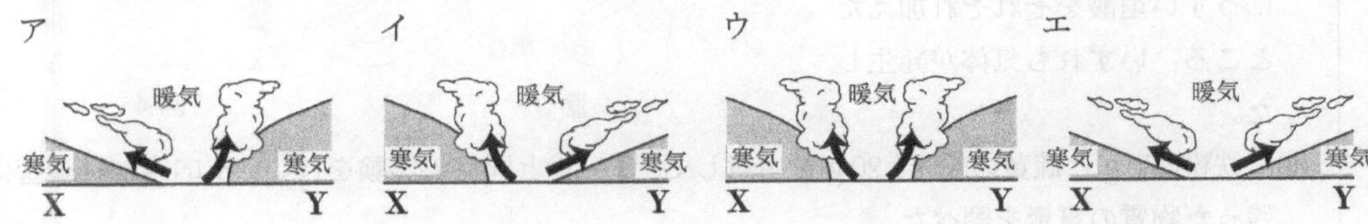

⑶　図の地点Ｐの大気圧は何hPaですか。あ～えにあてはまる数字を一つずつ選びなさい。

あいうえhPa

⑷　地点Ｐを寒冷前線が通過したと考えられる時刻は，何日の何時から何時の間ですか。最も適当なものを，次のア～エのうちから一つ選びなさい。

ア　11日の12時から15時の間
イ　11日の15時から18時の間
ウ　11日の24時から12日の３時の間
エ　12日の６時から９時の間

⑸　下線部ｃについて，気圧が1026hPaのときと気圧が990hPaのときを比べて，大気圧によって机の上面に加わる力の大きさの差は何Nですか。[あ]～[え]にあてはまる数字を一つずつ選びなさい。なお，１hPaは100Paです。

[あ][い][う][え]N

7　Ｓさんは，鉄と硫黄の反応について調べるため，次の**実験**を行いました。これに関して，あとの⑴～⑸の問いに答えなさい。

実験

①　鉄粉3.50ｇと硫黄の粉末2.00ｇを用意して，**図１**のように，乳鉢と乳棒を使って混合した。この混合物を試験管ＸとＹに半分ずつ分けて入れた。

②　試験管Ｘの口に脱脂綿をゆるく詰め，ガスバーナーを使って**図２**のように混合物の上部を加熱した。このとき，混合物の上部が赤色になりはじめたらすぐに加熱をやめたが，その後も反応が続いて，混合物はすべて過不足なく反応した。

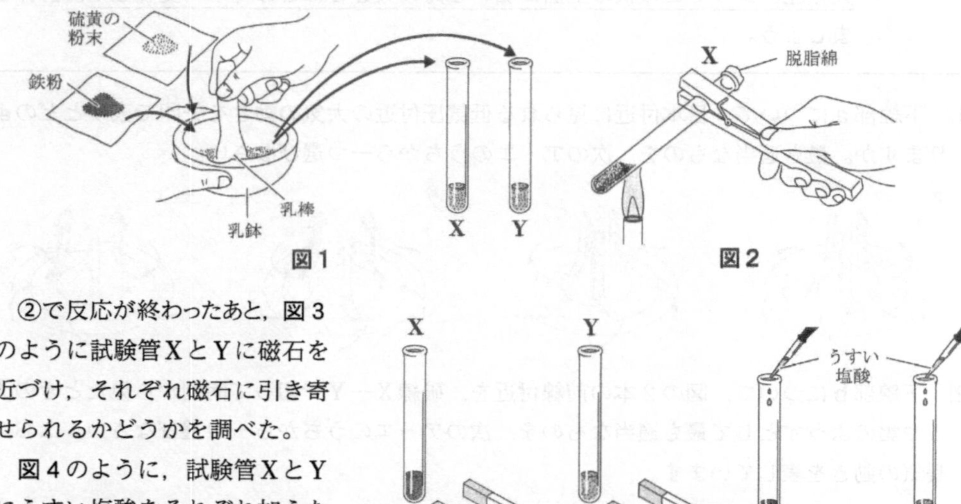

図１　**図２**

③　②で反応が終わったあと，**図３**のように試験管ＸとＹに磁石を近づけ，それぞれ磁石に引き寄せられるかどうかを調べた。

④　**図４**のように，試験管ＸとＹにうすい塩酸をそれぞれ加えたところ，いずれも気体が発生した。

図３　**図４**

⑤　鉄粉2.50ｇと硫黄の粉末1.20ｇを用意して，①，②と同様の実験を行い，反応後に試験管に残った物質の質量を調べた。

⑴　あとのア～エを，ガスバーナーに火をつける操作の順に並べるとどのようになりますか。[1]～[4]にあてはまる最も適当なものを，あとのア～エのうちからそれぞれ一つずつ選びなさい。

元栓を開ける。→[1]→[2]→[3]→[4]

ア　マッチに火をつけ，ガス調節ねじを開いて火をつける。

イ　コックを開ける。

ウ　ガス調節ねじを動かないようにおさえ，空気調節ねじを開いて炎の色を調節する。

エ　ガス調節ねじで炎の大きさを調節する。

(2)　次の文章は，**実験**の②の下線部について述べたものです。1，2にあてはまるものの組み合わせとして最も適当なものを，あとのア～エのうちから一つ選びなさい。

> **実験**の②で，加熱をやめても反応が続いたのは，この実験で起こったのが，1反応だからである。1反応には，ほかに2ときの反応などがある。

ア　１：周囲から熱を奪う　　２：酸化カルシウムに水を加えた
イ　１：周囲から熱を奪う　　２：水酸化バリウムと塩化アンモニウムに水を加えた
ウ　１：周囲に熱を与える　　２：酸化カルシウムに水を加えた
エ　１：周囲に熱を与える　　２：水酸化バリウムと塩化アンモニウムに水を加えた

(3)　**実験**の②で起きた反応を化学反応式で表すとどのようになりますか。最も適当なものを，次のア～エのうちから一つ選びなさい。

ア　$Fe+S \rightarrow FeS$　　イ　$2Fe+S \rightarrow Fe_2S$
ウ　$Fe+2S \rightarrow FeS_2$　　エ　$2Fe+S_2 \rightarrow 2FeS$

(4)　**実験**の③，④の結果について述べた文として最も適当なものを，次のア～エのうちから一つ選びなさい。

ア　**実験**の③では**X**が磁石に引き寄せられ，**実験**の④では**X**から発生した気体ににおいがあった。
イ　**実験**の③では**X**が磁石に引き寄せられ，**実験**の④では**Y**から発生した気体ににおいがあった。
ウ　**実験**の③では**Y**が磁石に引き寄せられ，**実験**の④では**X**から発生した気体ににおいがあった。
エ　**実験**の③では**Y**が磁石に引き寄せられ，**実験**の④では**Y**から発生した気体ににおいがあった。

(5)　次の文章は，**実験**の⑤の結果について述べたものです。1にあてはまるものを１群のア，イのうちから，2にあてはまるものを２群のア～カのうちから，最も適当なものをそれぞれ一つずつ選びなさい。

> **実験**の⑤で，加熱後の試験管には，反応せずに残った1が含まれている。このとき，鉄と硫黄の反応によってできる物質の質量は2である。

【１群】　ア　鉄　　イ　硫黄
【２群】　ア　1.50 g　　イ　1.80 g　　ウ　2.20 g
　　　　　エ　2.90 g　　オ　3.30 g　　カ　3.50 g

8　Ｓさんは，仕事とエネルギーについて調べるため，次の**実験１**，**２**を行いました。これに関して，あとの(1)～(5)の問いに答えなさい。ただし，糸の伸び縮みや質量，空気抵抗や，カーテンレールと小球の間の摩擦は考えないものとします。

実験１
①　カーテンレールとスタンドを使って，**図１**（次のページ）のような装置をつくった。
②　カーテンレールの水平部分に木片を置き，カーテンレールの斜面上のある高さに質量80 gの小球**X**を置いて，静かに手をはなしたところ，小球はカーテンレール上をなめらかに移動し，点**P**で木片に衝突した。このとき，木片が移動した距離を調べた。
③　小球をはなす高さを変えながら，②と同様の実験をくり返した。

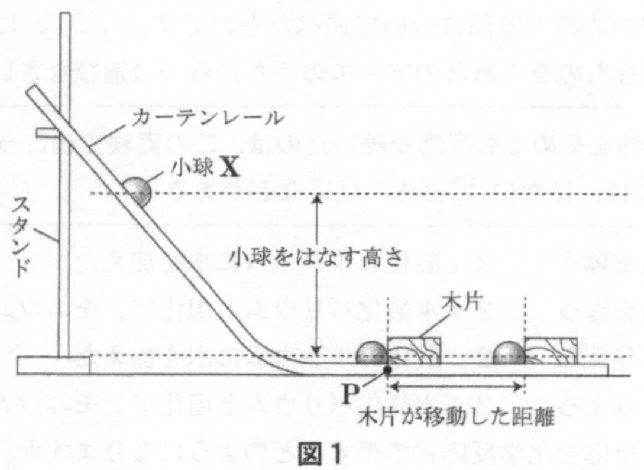

図１

④　小球Xのかわりに，質量40ｇの小球Yを用いて，②，③と同様の実験を行った。

表は，実験１の結果をまとめたものである。

表

小球をはなす高さ〔cm〕	3.0	6.0	9.0	12.0
小球Xによって木片が移動した距離〔cm〕	3.0	6.0	9.0	12.0
小球Yによって木片が移動した距離〔cm〕	1.5	3.0	4.5	6.0

実験２

①　図２のように，おもりを天井の点Oから糸でつるした。

②　おもりが最も低くなる点Cから，糸がたるまないようにして点Aまでおもりを持ち上げて静止させ，静かに手をはなすと，おもりは点B，C，Dを通過して点Eまで運動した。

③　図３のように，点OとCのちょうど中間の点Xにくぎを打ち，糸がたるまないようにして点Aまでおもりを持ち上げて静止させ，静かに手をはなして運動させた。

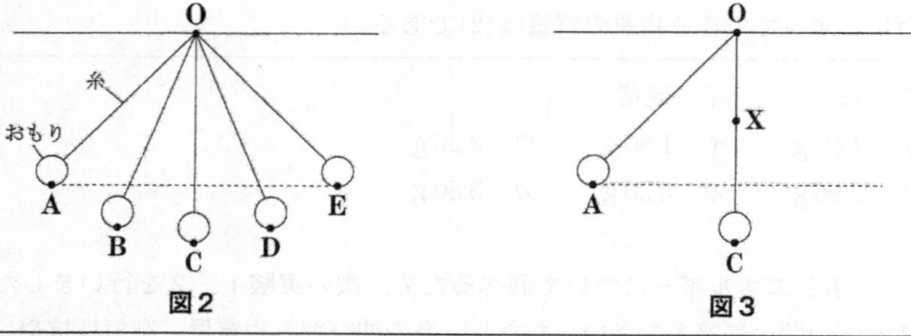

図２　図３

⑴　図１で，小球が斜面上を運動しているとき，小球にはたらく力（分力を除く）を矢印で示すとどのようになりますか。最も適当なものを，次のア～エのうちから一つ選びなさい。

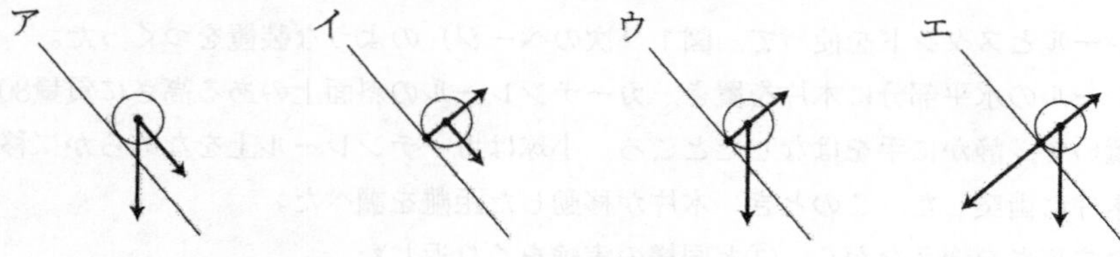

(2) 実験１で，小球X，Yを衝突させて木片を15.5㎝動かすためには，小球をはなす高さをそれぞれ何㎝にすればよいと考えられますか。あ～か にあてはまる数字を一つずつ選びなさい。

X：あい.う㎝

Y：えお.か㎝

(3) 実験２の②で，おもりが図２（前のページ）の点Eで静止した瞬間に糸を切った場合，おもりはどのような向きに運動しますか。最も適当なものを，図４のア～エのうちから一つ選びなさい。

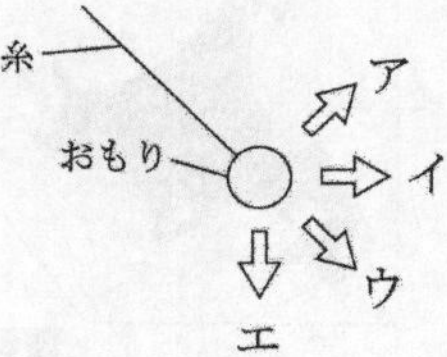

図４

(4) 図２で，点Cでおもりがもつ位置エネルギーを０としたとき，点Aでおもりがもつ位置エネルギーは，点Bでおもりがもつ位置エネルギーの３倍でした。小球が点Bを通過するときにもつ運動エネルギーをb，点Cを通過するときにもつ運動エネルギーをcとしたとき，b：cを最も簡単な整数の比で表すとどのようになりますか。あ，い にあてはまる数字を一つずつ選びなさい。

b：c＝あ：い

(5) 次の文章は，実験２の③について述べたものです。１ にあてはまるものを１群のア～ウのうちから，２ にあてはまるものを２群のア～ウのうちから，最も適当なものをそれぞれ一つずつ選びなさい。

> 実験２の③で，点Aからおもりを運動させたとき，糸が点Xの位置に打ったくぎにかかったあと，おもりはある点Fまで上がった。この点Fの高さは，１。また，このとき，おもりが点Cから点Fまで移動するのにかかった時間は，実験２の②でおもりが点Cから点Eまで移動するのにかかった時間と比べて，２。

【１群】 ア 点Aと同じだった　イ 点Aより低かった　ウ 点Aより高かった

【２群】 ア 同じだった　イ 短かった　ウ 長かった

【社　会】（50分）　＜満点：100点＞

1　次の図を見て，あとの⑴～⑸の問いに答えなさい。

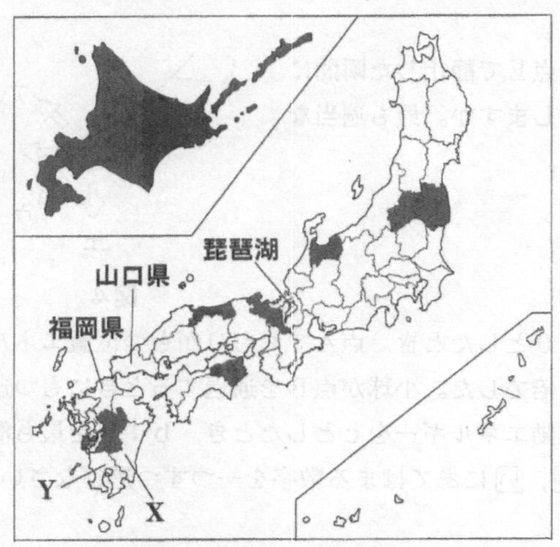

⑴　図中に ■ で示した七つの道府県についての説明として最も適当なものを，次のア～エのうちから一つ選びなさい。

ア　七つの道府県のうち，道府県名に「島」が使われている道府県は，全部で三つある。
イ　七つの道府県のうち，道府県名と道府県庁所在地名が異なる県は，全部で三つある。
ウ　日本の七つの地方区分のうち，七つの道府県がいずれも属していない地方が一つある。
エ　七つの道府県はいずれも，道府県内に新幹線の駅がある。

⑵　次の文章は，図中の琵琶湖について述べたものである。文章中の［Ⅰ］・［Ⅱ］にあてはまるものの組み合わせとして最も適当なものを，あとのア～エのうちから一つ選びなさい。

> 琵琶湖は日本で最大の面積を有する湖であり，琵琶湖が位置する滋賀県の面積全体の約6分の1を占めている。琵琶湖は［Ⅰ］を通じて［Ⅱ］に流れ込んでおり，周辺地域の生活・産業用水の重要な水源となっている。

ア　Ⅰ：利根川　　Ⅱ：伊勢湾
イ　Ⅰ：利根川　　Ⅱ：大阪湾
ウ　Ⅰ：淀川　　Ⅱ：伊勢湾
エ　Ⅰ：淀川　　Ⅱ：大阪湾

⑶　次の**資料**は，四つの工業地帯・工業地域及び全国の製造品出荷額と，そのうちの金属，機械，化学，食料品の出荷額割合を示したものである。**資料**から読み取れることとして最も適当なものを，あとのア～エのうちから一つ選びなさい。

資料　四つの工業地帯・工業地域と全国の製造品出荷額（2019年）

	製造品出荷額（億円）	金属（%）	機械（%）	化学（%）	食料品（%）
京浜工業地帯	252,929	9.4	47.0	18.7	11.6
中京工業地帯	589,550	9.5	68.6	6.6	4.7
阪神工業地帯	336,597	20.9	37.9	15.9	11.1
瀬戸内工業地域	311,899	18.1	35.1	22.3	7.8
全国計	3,253,459	13.5	45.3	13.3	12.2

（「日本国勢図会 2022/23」より作成）

ア　機械，金属，化学の順に出荷額が多い工業地帯・工業地域は一つある。

イ　金属と化学の割合の合計が製造品出荷額の３割をこえている工業地帯･工業地域は三つある。

ウ　京浜工業地帯の機械の出荷額は，阪神工業地帯の機械の出荷額より少ない。

エ　全国の製造品出荷額に占める，四つの工業地帯・工業地域の製造品出荷額の合計の割合は，50％を上回っている。

(4)　次の文は，前ページの図中のXとYの県について述べたものである。文中の □ にあてはまる内容として最も適当なものを，あとのア～エのうちから一つ選びなさい。

> 図中のXの県の南部からYの県にかけての地域には，火山からの噴出物が積もったシラス（シラス台地）が広がっており，この土地は □ の農業が行われている。

ア　水を通しにくいため，稲作中心

イ　水を通しにくいため，畜産や畑作中心

ウ　水を通しやすいため，稲作中心

エ　水を通しやすいため，畜産や畑作中心

(5)　次の地形図は，前ページの図中の山口県と福岡県を結ぶ橋の周囲の地域を示したものである。これを見て，あとの①，②の問いに答えなさい。

※編集の都合で86％に縮小してあります。

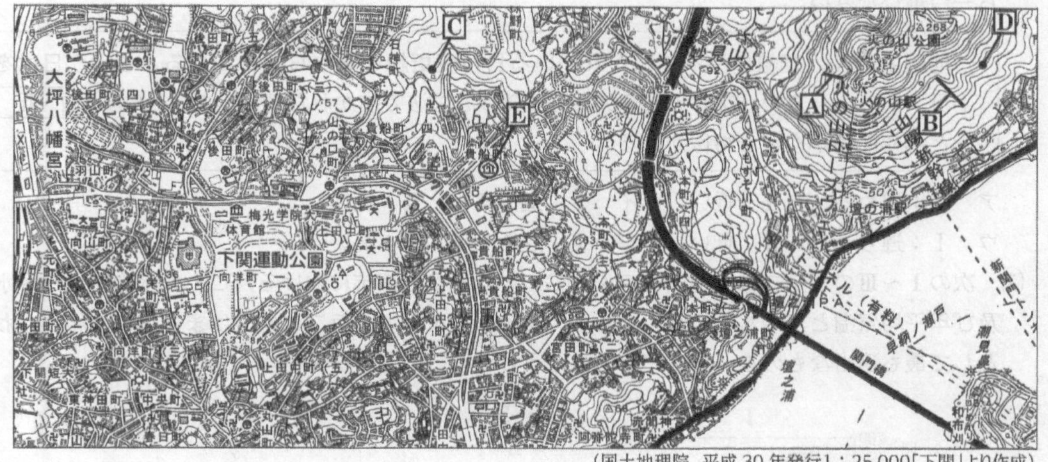

（国土地理院　平成30年発行1：25,000「下関」より作成）

①　実際の距離が２㎞ある経路は，この地形図上では何㎝で表されるか。最も適当なものを，次のア～エのうちから一つ選びなさい。

ア　2.5㎝　　イ　５㎝　　ウ　6.25㎝　　エ　８㎝

②　この地形図について述べた文として最も適当なものを，次のア～エのうちから一つ選びなさい。

ア　Aの斜面とBの斜面では，Aの斜面のほうが傾斜がゆるやかである。

イ　C地点の標高は，D地点の標高より高い。

ウ　「下関運動公園」から見て，「大坪八幡宮」はおおよそ北西の方角にある。

エ　Eで示した 血 の地図記号は，博物館（美術館）を示している。

2　さゆりさんたちは，緯線と経線が直角に交わる図法で描かれた次の地図を使って，世界の国々の様子について学習した。これに関して，あとの⑴～⑺の問いに答えなさい。

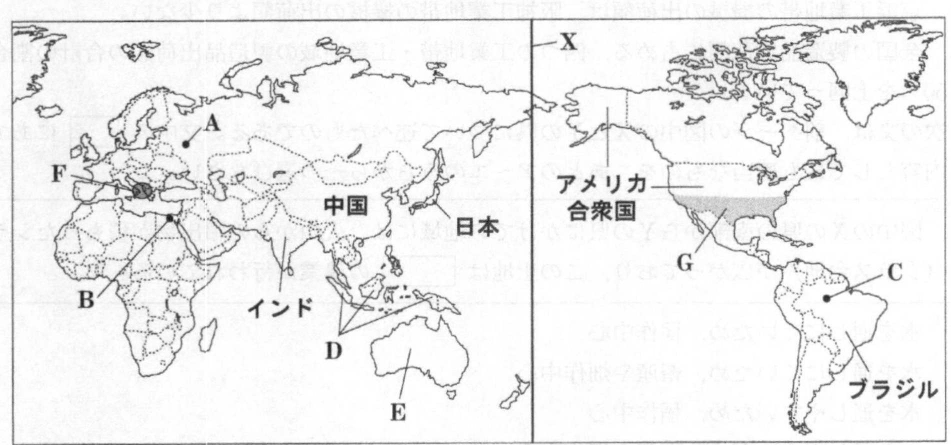

⑴　次の文章は，さゆりさんが，上の地図の特徴についてまとめたレポートの一部である。文章中の［Ⅰ］，［Ⅱ］にあてはまる語の組み合わせとして最も適当なものを，あとのア～エのうちから一つ選びなさい。

> 地図中のXの経線に沿って引かれている日付変更線を東から西にこえるときは，日付を1日［Ⅰ］。また，緯線と経線が直角に交わる図法で描かれた地図上では，緯度が［Ⅱ］ほど形や面積がゆがむ特徴がある。

ア　Ⅰ：進める　Ⅱ：低い　　イ　Ⅰ：進める　Ⅱ：高い
ウ　Ⅰ：遅らせる　Ⅱ：低い　　エ　Ⅰ：遅らせる　Ⅱ：高い

⑵　次のⅠ～Ⅲのグラフは，地図中のA～Cのいずれかの都市における月ごとの平均気温と降水量及び年平均気温と年降水量を示したものである。Ⅰ～Ⅲのグラフにあてはまる都市の組み合わせとして最も適当なものを，あとのア～カのうちから一つ選びなさい。

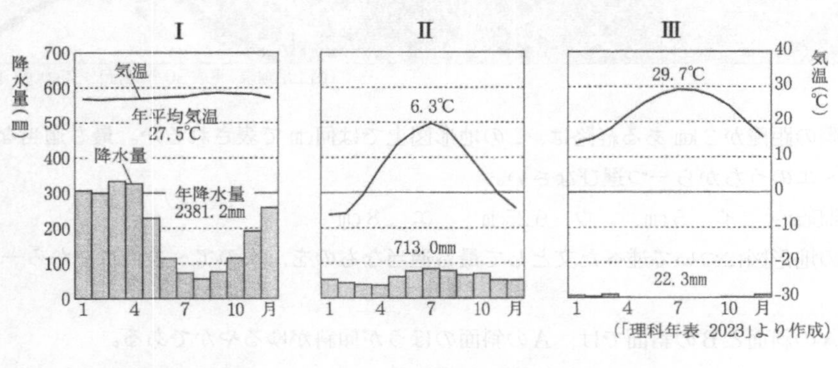

（「理科年表 2023」より作成）

ア　Ⅰ：A　Ⅱ：B　Ⅲ：C　　イ　Ⅰ：A　Ⅱ：C　Ⅲ：B
ウ　Ⅰ：B　Ⅱ：A　Ⅲ：C　　エ　Ⅰ：B　Ⅱ：C　Ⅲ：A
オ　Ⅰ：C　Ⅱ：A　Ⅲ：B　　カ　Ⅰ：C　Ⅱ：B　Ⅲ：A

⑶　次のⅠ，Ⅱの文は，前ページの地図中のＤの国について述べたものである。Ⅰ，Ⅱの文の正誤の組み合わせとして最も適当なものを，あとのア～エのうちから一つ選びなさい。

Ⅰ　国土が北半球と南半球にまたがっており，国民の大多数は仏教を信仰している。

Ⅱ　アジアを細かく分けたとき東南アジアに属しており，ASEANの加盟国である。

ア　Ⅰ：正　Ⅱ：正　　イ　Ⅰ：正　Ⅱ：誤

ウ　Ⅰ：誤　Ⅱ：正　　エ　Ⅰ：誤　Ⅱ：誤

⑷　次の文章は，地図中のＥの国で産出量が多いある鉱産資源について述べたものである。この鉱産資源として最も適当なものを，あとのア～オのうちから一つ選びなさい。

この鉱産資源は，かつて日本では筑豊地域などをはじめ，多く国内で産出されていたが，1960年代のエネルギー革命を機に，国内の産出地の多くは閉鎖に追いこまれた。そのため，現在この鉱産資源の日本の自給率は低く，国内消費量のほとんどを海外からの輸入に依存している。

ア　石油　　イ　天然ガス　　ウ　ボーキサイト　　エ　石炭　　オ　鉄鉱石

⑸　地図中のＦの地域でさかんに行われている農業について述べた文として最も適当なものを，次のア～エのうちから一つ選びなさい。

ア　乳牛を飼い，生乳やチーズを生産する。　　イ　小麦の栽培と家畜の飼育を組み合わせる。

ウ　夏はオリーブなど，冬は小麦を栽培する。　　エ　森林を焼いた灰を肥料に農作物をつくる。

⑹　地図中のＧの地域は，産業の中心がICT産業などの新しい産業に変化する中で，産業が発達した地域である。この地域の名称として最も適当なものを，次のア～エのうちから一つ選びなさい。

ア　サンベルト　　イ　プレーリー　　ウ　シリコンバレー　　エ　パンパ

⑺　次の資料は，さゆりさんが，地図中の中国，インド，アメリカ合衆国，ブラジル及び日本の農業などの統計についてまとめたものである。あとのⅠ～Ⅳの文のうち，資料から読み取れることについて正しく述べた文はいくつあるか。最も適当なものを，下のア～エのうちから一つ選びなさい。

資料　５か国の農業などの統計（2019 年）

国　名	農地面積（千 ha）	農林水産業就業人口（千人）	穀物生産量（千ｔ）	穀物輸入量（千ｔ）
中　国	527,714	194,382	612,913	19,570
インド	179,578	199,809	324,331	739
アメリカ合衆国	405,811	2,189	421,810	11,444
ブラジル	236,879	8,564	121,240	11,681
日　本	4,397	2,279	11,832	25,029

（「世界国勢図会 2022/23」より作成）

Ⅰ　５か国中で農地面積が最も大きい国は，農林水産業就業人口と穀物生産量が最も多い。

Ⅱ　５か国中で農林水産業就業者１人あたりの農地面積が最も大きい国はアメリカ合衆国である。

Ⅲ　５か国中で農林水産業就業人口が1000万人未満の国は，いずれも穀物輸入量が1000万ｔ以上ある。

Ⅳ　５か国中で穀物輸入量が最も多い国は，１haあたりの穀物生産量が２ｔ以下である。

ア　一つ　　イ　二つ　　ウ　三つ　　エ　四つ

3 たつきさんたちが作成した次のパネルＡ～Ｄに関して，あとの(1)～(7)の問いに答えなさい。

Ａ：打製石器

相沢忠洋が群馬県岩宿で打製石器を発見したことをきっかけとして，1949 年には日本に a 旧石器時代が存在していたことが判明した。

Ｂ：琵琶

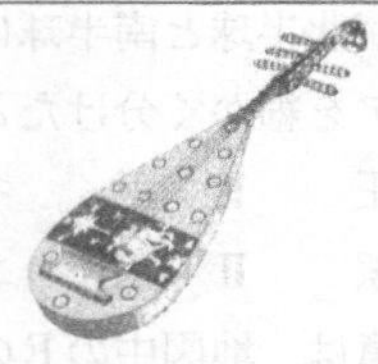

b 平安時代以降，琵琶を使って音楽を演奏する琵琶法師が現れ，c 中世には，『 Ⅰ 』などの軍記物の弾き語りが行われた。

Ｃ：太閤検地

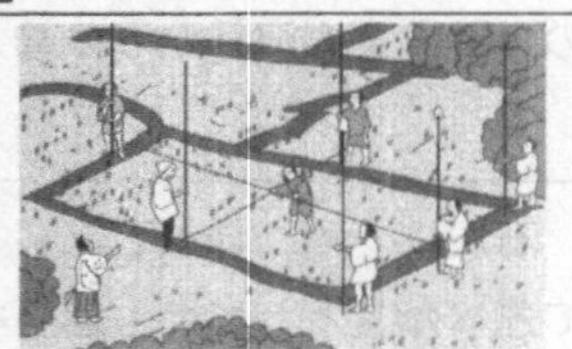

Ⅱ は土地の石高を調べるため，太閤検地を行った。検地に伴い，d 律令制以来使われていた面積などが変更された。

Ｄ：新しい農具

Ⅲ ために使われる千歯こきは，e 江戸時代に発明された。新しい農具の発明などにより，江戸時代には農業生産力が向上した。

(1) パネルＢ，Ｃの Ⅰ ， Ⅱ にあてはまるものの組み合わせとして最も適当なものを，次のア～エのうちから一つ選びなさい。

ア Ⅰ：源氏物語　Ⅱ：豊臣秀吉　　イ Ⅰ：源氏物語　Ⅱ：織田信長
ウ Ⅰ：平家物語　Ⅱ：豊臣秀吉　　エ Ⅰ：平家物語　Ⅱ：織田信長

(2) パネルＡの下線部ａの日本列島の様子について説明したものとして最も適当なものを，次のア～エのうちから一つ選びなさい。

ア　当時は気温が高く海水面が現在より高かったため，日本列島は大陸から切り離されていた。
イ　当時は気温が高く海水面が現在より低かったため，日本列島は大陸と地続きになっていた。
ウ　当時は気温が低く海水面が現在より高かったため，日本列島は大陸から切り離されていた。
エ　当時は気温が低く海水面が現在より低かったため，日本列島は大陸と地続きになっていた。

(3) 次のⅠ～Ⅳの文のうち，パネルＢの下線部ｂの時期に起こった世界のできごとについて正しく述べた文はいくつあるか。あとのア～エのうちから一つ選びなさい。

Ⅰ　カトリック教会が免罪符を販売したことに抗議して，ルターがドイツで宗教改革を始めた。
Ⅱ　ローマ教皇の呼びかけに応じて，聖地エルサレムの奪還をめざし十字軍が初めて派遣された。
Ⅲ　東西の交易路としてシルクロードが開かれ，馬や絹織物などがやり取りされるようになった。
Ⅳ　反乱などにより唐が衰退して滅亡し，やがて宋が中国を統一した。

ア　一つ　イ　二つ　ウ　三つ　エ　四つ

(4) 次のⅠ～Ⅲの文は，パネルＢの下線部ｃのころに起こったできごとについて述べたものである。Ⅰ～Ⅲの文を年代の古いものから順に並べたものを，あとのア～カのうちから一つ選びなさい。

Ⅰ　京都に六波羅探題を置き，朝廷を監視した。
Ⅱ　北朝と南朝が，約60年間戦いを続けた。
Ⅲ　後白河上皇（法皇）の皇子が，平氏打倒の命令を出した。

ア　Ⅰ→Ⅱ→Ⅲ　　イ　Ⅰ→Ⅲ→Ⅱ　　ウ　Ⅱ→Ⅰ→Ⅲ
エ　Ⅱ→Ⅲ→Ⅰ　　オ　Ⅲ→Ⅰ→Ⅱ　　カ　Ⅲ→Ⅱ→Ⅰ

(5) パネルＣの下線部ｄに関連して，律令制の下で都から地方に派遣され，地方豪族の中から任命された役人を指揮して国内を治めた役職として最も適当なものを，次のア～エのうちから一つ選びなさい。

ア　大名　　イ　国司　　ウ　里長　　エ　守護

(6) パネルＤの［Ⅲ］にあてはまる内容として最も適当なものを，次のア～エのうちから一つ選びなさい。

ア　稲の穂からもみを取りはずす　　イ　米ともみ殻などとを選別する
ウ　土地を深く耕す　　エ　米などを粒の大きさにより選別する

(7) パネルＤの下線部ｅに関連して，次の**資料１**は，江戸時代に起こった百姓一揆の発生件数の推移を示したものである。**資料２**は，江戸時代に政治を行った主な人物についてまとめたものである。**資料１**，**資料２**から読み取れることとして最も適当なものを，あとのア～エのうちから一つ選びなさい。

資料１

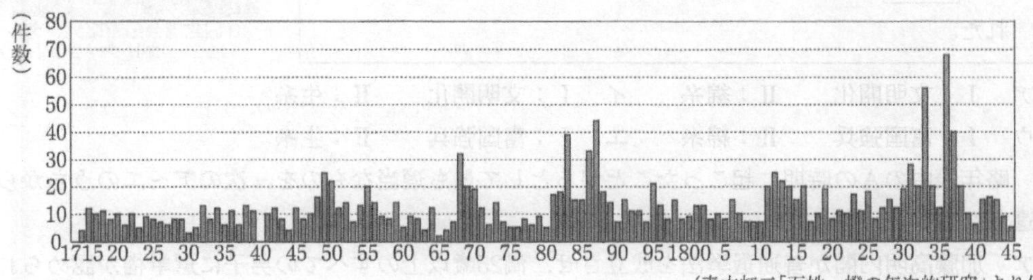

（青木虹二「百姓一揆の年次的研究」より作成）

資料２

人物	政治を行った期間	人物	政治を行った期間
徳川吉宗	1716～1745年	田沼意次	1772～1786年
松平定信	1787～1793年	水野忠邦	1841～1843年

ア　徳川吉宗が政治を行った期間のどの年も，百姓一揆の件数は10件未満である。
イ　田沼意次が政治を行った期間に天保のききんが起こり，百姓一揆が増加している。
ウ　**資料１**中で最も百姓一揆の件数が多かった年には，**資料２**中の４人とも政治を行っていない。
エ　水野忠邦が政治を行った期間，百姓一揆の件数は増加し続けている。

4 次の略年表は，ゆかりさんが，19世紀後半以降の日本の主なできごとを調べ，まとめたものである。これに関して，あとの(1)～(6)の問いに答えなさい。

年 代	主なできごと	
1868	明治政府がa新しい政治の方針として五箇条の御誓文を発表する	
1889	ドイツ(プロイセン)の憲法を手本とした大日本帝国憲法が発布される	↑
1894	朝鮮をめぐって対立していた日本と中国がb日清戦争を始める	A
1902	ロシアの南下政策をともに警戒していた日本とイギリスが同盟を結ぶ	↓
1914	日本がイギリスとの同盟を理由に連合国側で第一次世界大戦に参戦する	↑ B
1919	日本が戦勝国の一員としてベルサイユ条約に調印する	↓
1941	日本がc太平洋戦争を始める	
1945	日本がポツダム宣言を受諾して無条件降伏し，d連合国軍による占領が始まる	

(1) 略年表中の下線部aに関連して，次の文章は，明治政府が進めた政策について述べたものである。文章中の Ⅰ ， Ⅱ にあてはまる語の組み合わせとして最も適当なものを，あとのア～エのうちから一つ選びなさい。

> 明治政府は欧米列強に対抗し， Ⅰ のスローガンの下，さまざまな近代化政策を進めた。資料１の官営模範工場では， Ⅱ の生産が行われるなど，殖産興業の政策がとられた。

資料１

（「国立国会図書館デジタルコレクション」より作成）

ア Ⅰ：文明開化 Ⅱ：綿糸 イ Ⅰ：文明開化 Ⅱ：生糸
ウ Ⅰ：富国強兵 Ⅱ：綿糸 エ Ⅰ：富国強兵 Ⅱ：生糸

(2) 略年表中のAの時期に起こったことがらとして最も適当なものを，次のア～エのうちから一つ選びなさい。

ア 加藤高明内閣が普通選挙法を成立させ，満25歳以上のすべての男子に選挙権が認められた。
イ 小村寿太郎外務大臣がアメリカと交渉して，長年求めていた関税自主権の完全な回復に成功した。
ウ 田中正造の活動をきっかけに，足尾銅山の鉱毒による水質汚染が社会問題となった。
エ 板垣退助らを中心として自由民権運動が全国に広がり，国民の政治参加を求める声が高まった。

(3) 次のⅠ，Ⅱの文は，略年表中の下線部bについて述べたものである。Ⅰ，Ⅱの文の正誤の組み合わせとして最も適当なものを，あとのア～エのうちから一つ選びなさい。

Ⅰ 日本は日清戦争で得た領土の一部を，ロシア，ドイツ，フランスの干渉により返還した。
Ⅱ 日清戦争は，朝鮮で起こった甲午農民戦争に対し，両国が朝鮮に出兵したことから始まった。

ア Ⅰ：正 Ⅱ：正 イ Ⅰ：正 Ⅱ：誤
ウ Ⅰ：誤 Ⅱ：正 エ Ⅰ：誤 Ⅱ：誤

(4) 次のⅠ～Ⅳの文のうち，略年表中のＢの時期における国内外の動きについて正しく述べた文はいくつあるか。あとのア～エのうちから一つ選びなさい。

Ⅰ 日本は好景気となったが米の価格が高騰したため，米の安売りを求める運動が広がった。
Ⅱ 日本が賠償金を得られなかったことに反発した民衆が，日比谷焼き打ち事件を起こした。
Ⅲ 戦争の長期化や食料などの不足に反発した民衆が立ち上がり，ロシア革命を起こした。
Ⅳ パリ講和会議の内容に反発し反日感情を高めた中国の民衆が，三・一独立運動を起こした。

ア 一つ　イ 二つ　ウ 三つ　エ 四つ

(5) 略年表中の下線部ｃに関連して，次の文章は，ゆかりさんがまとめたレポートの一部である。文章中の下線部ア～エのうち，誤っているものを一つ選びなさい。

> ニューヨークでの株価暴落を機に世界恐慌が広がると，アメリカは$_{ア}$計画経済を実施するなどの対策を実行した。日本では企業の倒産に農村部での大凶作が加わり，深刻な不況が広がった。こうした事態を打開するため軍部が$_{イ}$満州事変を起こすと，日本は国際連盟を脱退して国際的な孤立を深めた。日中戦争が長期化する中，日本は資源を求めて$_{ウ}$東南アジア地域に進出したが，これに対し連合国は日本への石油・鉄の輸出を禁止するなどABCD包囲陣を敷いた。これを受けて，東条英機内閣は$_{エ}$アメリカ，イギリスとの開戦もやむなしとして，太平洋戦争を始めた。

(6) 略年表中の下線部ｄに関連して，右下の資料２は，ゆかりさんが，第二次世界大戦後の日本の外交についてまとめたレポートの一部である。資料２中の［　　］にあてはまる内容として最も適当なものを，次のア～エのうちから一つ選びなさい。

ア 日本の国際社会への復帰が実現するとともに，北方領土がすべて日本に返還されることが決まった
イ アメリカは東側陣営に対抗するため日本を西側陣営の一員にしようと考え，日本との講和を急いだ
ウ それまで日本の国連への加盟に拒否権を行使して反対してきたソ連が賛成に回ったため，日本の国連への加盟が実現した
エ 国際社会を二分していた冷戦が終わりをむかえることとなり，国際的な緊張が緩和されるとともに国際協調の動きが強まった

資料２

日ソ共同宣言に調印する鳩山一郎首相とソ連のブルガーニン連邦大臣会議議長（1956 年）

日本がソビエト連邦との間で日ソ共同宣言を結んで国交を回復すると，［　　］。

5 次の文章を読み，あとの(1)～(5)の問いに答えなさい。

日本の政治権力は立法権・行政権・司法権の三つに分けられている。

$_{a}$国会は国権の最高機関として，国民にとって重要なさまざまな問題を話し合い，法律を定める。国会が定めた法律や予算にもとづき政治を行うのが$_{b}$内閣で，内閣は国会の信任のもとに成立し，

国会に対し連帯して責任を負っている。c政治が多様化し複雑化する中で，内閣に求められる役割は変化してきた。そして，法にもとづいて対立や争い，事件を裁き，解決に導くのはd裁判所である。

現代社会では日々新しい技術が開発され，社会の仕組みが大きく変化している。私たちが望む要求が多岐にわたるようになればなるほど，私たちが暮らす地方公共団体の役割が大切になってくる。なぜなら，e地方公共団体は私たちの要求を真っ先に届けやすい身近な政治の場だからである。地方自治とは，私たちにとって「民主主義の学校」である。

⑴　下線部ａに関連して，次のⅠ，Ⅱの文は，国会のはたらきについて述べたものである。Ⅰ，Ⅱの文の正誤の組み合わせとして最も適当なものを，あとのア～エのうちから一つ選びなさい。

Ⅰ　参議院議員は衆議院議員に比べて議員定数は少ないが任期は長く，解散がないため，解散によって任期途中で資格を失うことがない。

Ⅱ　予算案の審議で衆議院が予算案を議決したあと，参議院が衆議院と異なった議決をした場合，衆議院が出席議員の３分の２以上の多数で再可決した場合は予算が成立する。

ア　Ⅰ：正　Ⅱ：正　　イ　Ⅰ：正　Ⅱ：誤　　ウ　Ⅰ：誤　Ⅱ：正　　エ　Ⅰ：誤　Ⅱ：誤

⑵　下線部ｂに関連して，右のⅠ～Ⅲの文は，衆議院が解散されてから新しい内閣総理大臣が指名されるまでの動きを順不同に並べたものである。Ⅰ～Ⅲの文を正しい順に並べたものを，次のア～カのうちから一つ選びなさい。

Ⅰ　総選挙が行われる。
Ⅱ　特別国会が召集される。
Ⅲ　内閣が総辞職する。

ア　Ⅰ→Ⅱ→Ⅲ　　イ　Ⅰ→Ⅲ→Ⅱ　　ウ　Ⅱ→Ⅰ→Ⅲ
エ　Ⅱ→Ⅲ→Ⅰ　　オ　Ⅲ→Ⅰ→Ⅱ　　カ　Ⅲ→Ⅱ→Ⅰ

⑶　下線部ｃに関連して，次のⅠ～Ⅳの文のうち，現代の政治に関連することがらについて正しく述べた文はいくつあるか。最も適当なものを，あとのア～エのうちから一つ選びなさい。

Ⅰ　日本の衆議院議員選挙は，一つの都道府県から１人が当選する小選挙区制と，全国を11のブロックに分けた比例代表制の並立制で行われている。

Ⅱ　アメリカの大統領と議会の議員はいずれも国民による直接選挙で選出され，現在の大統領は民主党のスナクである。

Ⅲ　日本では現在，インターネットを使った選挙活動や選挙運動が行われているが，国や地方の選挙におけるインターネット投票は実現していない。

Ⅳ　日本では，これまで連立内閣が組織されたことは一度もなく，現在の内閣総理大臣は自由民主党の岸田文雄である。

ア　一つ　　イ　二つ　　ウ　三つ　　エ　四つ

⑷　下線部ｄに関連して，右の資料１は，ある法廷の中の様子を模式的に表したものである。このような法廷で行われる裁判について述べた文として最も適当なものを，次のア～エのうちから一つ選びなさい。

ア　この裁判は地方裁判所で行われる刑事裁判のうちの裁判員裁判であり，有罪か無罪か，また有罪の場合はどのような刑罰にするかは，裁判官と裁判員で話し合って決め

資料１

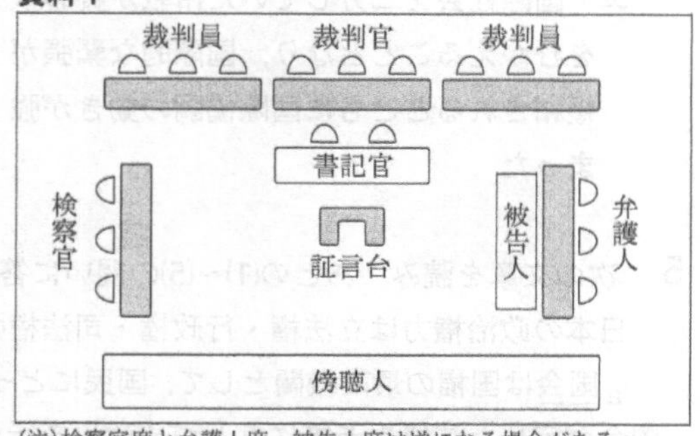

(注)検察官席と弁護人席・被告人席は逆になる場合がある。

る。

イ　この裁判は地方裁判所で行われる刑事裁判のうちの裁判員裁判であり，有罪か無罪かは裁判員のみで決め，また有罪の場合はどのような刑罰にするかは，裁判官のみで決める。

ウ　この裁判は最高裁判所で行われる刑事裁判のうちの裁判員裁判であり，有罪か無罪か，また有罪の場合はどのような刑罰にするかは，裁判官と裁判員で話し合って決める。

エ　この裁判は最高裁判所で行われる刑事裁判のうちの裁判員裁判であり，有罪か無罪かは裁判員のみで決め，また有罪の場合はどのような刑罰にするかは，裁判官のみで決める。

(5)　下線部ｅに関連して，次の**資料２**は，2020年の福島県と東京都の歳入の内訳を示したものである。**資料２**中の［Ⅰ］～［Ⅲ］にあてはまるものの組み合わせとして最も適当なものを，あとのア～カのうちから一つ選びなさい。

資料２

	福島県（百万円）	東京都（百万円）
Ⅰ	355	1,221
Ⅱ	291	0
Ⅲ	284	5,293
その他	579	2,541
歳入総額	1,509	9,055

（総務省「令和２年度地方財政統計年報」より作成）

ア　Ⅰ：地方税　Ⅱ：地方交付税交付金　Ⅲ：国庫支出金
イ　Ⅰ：地方税　Ⅱ：国庫支出金　Ⅲ：地方交付税交付金
ウ　Ⅰ：地方交付税交付金　Ⅱ：地方税　Ⅲ：国庫支出金
エ　Ⅰ：地方交付税交付金　Ⅱ：国庫支出金　Ⅲ：地方税
オ　Ⅰ：国庫支出金　Ⅱ：地方税　Ⅲ：地方交付税交付金
カ　Ⅰ：国庫支出金　Ⅱ：地方交付税交付金　Ⅲ：地方税

6　次の文章を読み，あとの(1)～(5)の問いに答えなさい。

家計では，ａ働くことで所得を得て，消費活動を行い生活している。企業は，さまざまな手段を通じてｂ資金を集めて生産活動を行っており，企業が生産した商品は市場の原理でｃ価格が変動し，一定ではない。現在，私たちは商品を購入する際にｄ消費税を支払っている。税のあり方にはさまざまな議論がある。昨今は物価が上昇してｅ食料品が値上がりし，電気・ガス料金も上がったこともあり，政府は生活支援のための政策を実施してきた。

(1)　下線部ａに関連して，次のⅠ，Ⅱの文は，労働をめぐる動きについて述べたものである。Ⅰ，Ⅱの文の正誤の組み合わせとして最も適当なものを，あとのア～エのうちから一つ選びなさい。

Ⅰ　労働者が失業したとき給付金を受けられるのは，社会保障制度のうち公衆衛生である。
Ⅱ　非正規雇用（非正規労働者）は立場が不安定であるが，一般に正規雇用より賃金が高い。

ア　Ⅰ：正　Ⅱ：正　　イ　Ⅰ：正　Ⅱ：誤
ウ　Ⅰ：誤　Ⅱ：正　　エ　Ⅰ：誤　Ⅱ：誤

⑵　下線部ｂに関連して，次の文章は，金融の仕組みと分類について述べたものである。文章中の［Ⅰ］，［Ⅱ］にあてはまる語の組み合わせとして最も適当なものを，次のア～エのうちから一つ選びなさい。

> 個人や企業が資金の貸し借りを行うことを「金融」といい，大きく直接金融と間接金融に分けられる。このうち，個人や企業が銀行などから資金を借り入れるのは［Ⅰ］金融であり，銀行は預金金利を貸し出し金利より［Ⅱ］設定することにより，その差額を利益としている。

ア　Ⅰ：直接　Ⅱ：低く　　イ　Ⅰ：直接　Ⅱ：高く
ウ　Ⅰ：間接　Ⅱ：低く　　エ　Ⅰ：間接　Ⅱ：高く

⑶　下線部ｃに関連して，右のグラフは，ある商品の需要量と供給量と価格の関係を示したものである。ある商品の価格が400円であるとき，その後どのように価格が変動すると考えられるか。最も適当なものを，次のア～エのうちから一つ選びなさい。

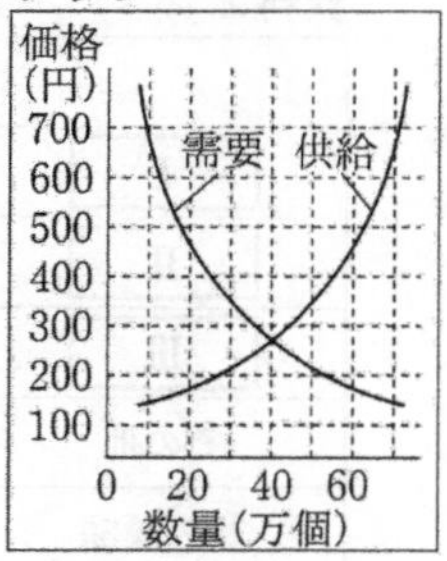

ア　需要量が供給量より多いので，このあと価格は上がる。
イ　需要量が供給量より多いので，このあと価格は下がる。
ウ　需要量が供給量より少ないので，このあと価格は上がる。
エ　需要量が供給量より少ないので，このあと価格は下がる。

グラフ

⑷　下線部ｄに関連して，消費税について述べた文として最も適当なものを，次のア～エのうちから一つ選びなさい。

ア　納税者と負担（担税）者が異なり，所得が少ない人ほど所得に占める税の割合が高くなる。
イ　納税者と負担（担税）者が異なり，所得が多い人ほど所得に占める税の割合が高くなる。
ウ　納税者と負担（担税）者が同じで，所得が少ない人ほど所得に占める税の割合が高くなる。
エ　納税者と負担（担税）者が同じで，所得が多い人ほど所得に占める税の割合が高くなる。

⑸　下線部ｅに関連して，次の**資料１**，２（次のページ）は，社会科の授業でけいたさんたちが調べたもので，**資料１**は，2022年における二人以上の世帯（勤労者世帯）の年間収入階級別の［Ａ］～［Ｄ］の支出項目の支出額を示したものであり，ⅠからⅤにいくほど年間収入が多い。**資料２**は，2018年から2022年までの消費支出に占める［Ａ］～［Ｄ］の支出項目の割合の推移を示したものである。**資料３**は，**資料１**，２の各項目について述べたものである。**資料１**と**資料２**の［Ａ］～［Ｄ］にはそれぞれ共通した支出の項目があてはまる。［Ａ］～［Ｄ］にあてはまる項目の組み合わせとして最も適当なものを，あとのア～カのうちから一つ選びなさい。

資料１　年間収入階級別の支出額（2022年）

	Ⅰ	Ⅱ	Ⅲ	Ⅳ	Ⅴ
Ａ	22,859	17,820	16,706	21,963	21,225
Ｂ	34,373	40,414	46,507	58,101	74,046
Ｃ	22,071	23,216	24,544	25,248	27,028
Ｄ	63,621	71,101	78,343	87,315	102,130

資料２　2018 年から 2022 年までの消費支出に占める割合の推移（%）

	2018 年	2019 年	2020 年	2021 年	2022 年
A	5.8	6.0	6.2	6.4	6.3
B	16.3	17.0	16.2	16.0	15.8
C	6.9	6.7	7.1	6.9	7.6
D	24.1	23.9	26.0	25.4	25.1

（資料１，２とも，総務省「家計調査（家計収支編）」より作成）

資料３

・「交通・通信費」の消費支出に占める割合は，いずれの年も20%をこえたことがなく，年間収入が増えるほど支出額も大きくなっている。
・「住居費」の消費支出に占める割合は，いずれの年も「光熱・水道費」を上回ったことがないが，年間収入階級では「住居費」の支出額が「光熱・水道費」を上回っている階級が一つだけある。
・2020年から2022年にかけて消費支出に占める割合が低下し続けているのは，「食費」と「交通・通信費」のみである。

ア　A：光熱・水道費　B：交通・通信費　C：住居費　D：食費
イ　A：交通・通信費　B：光熱・水道費　C：食費　D：住居費
ウ　A：食費　B：交通・通信費　C：住居費　D：光熱・水道費
エ　A：光熱・水道費　B：住居費　C：交通・通信費　D：食費
オ　A：住居費　B：交通・通信費　C：光熱・水道費　D：食費
カ　A：住居費　B：食費　C：光熱・水道費　D：交通・通信費

7　次の文章を読み，あとの(1)～(4)の問いに答えなさい。

戦後成立した a 日本国憲法は，戦争への反省の上に立ち，平和で b 民主的な仕組みをつくるための柱としてつくられた。そこでは，私たちが人間らしく生きるために必要な権利が c 基本的人権として明記され，永久にして不可侵のものと高らかに宣言された。現在，私たちが生きる現代社会は大きく変化し，さまざまな d 国境をこえた問題も起こっている。憲法でうたわれた精神をどう現実の世界で生かしていくのかが問われている。

(1)　下線部aに関連して，次の文章は，日本国憲法における天皇の地位について述べたものである。文章中の Ⅰ ， Ⅱ にあてはまる語の組み合わせとして最も適当なものを，あとのア～エのうちから一つ選びなさい。

日本国憲法において，天皇は日本国及び日本国民統合の Ⅰ としての地位が明記されており，一切の政治的権限を持っていない。そして， Ⅱ の助言と承認の下で国事行為のみを行う。

ア　Ⅰ：代表　Ⅱ：国会　イ　Ⅰ：代表　Ⅱ：内閣
ウ　Ⅰ：象徴　Ⅱ：国会　エ　Ⅰ：象徴　Ⅱ：内閣

⑵　下線部ｂに関連して，あさひさんは，政治の仕組みについて調べる中で，次の文章を見つけた。文章中で述べている内容が実現した政治体制を表した図として最も適当なものを，あとのア～エのうちから一つ選びなさい。

> 国家は国民の自由や安全を守るための強大な権力を持っている一方で，誤って権力を用いると国民の生命や自由を奪いかねない。そこで，よりよい民主政治を実現するためには，私たちが生きていく上で大切にすべき原則を憲法として定め，それに政府を従わせる立憲主義という考え方が生まれた。

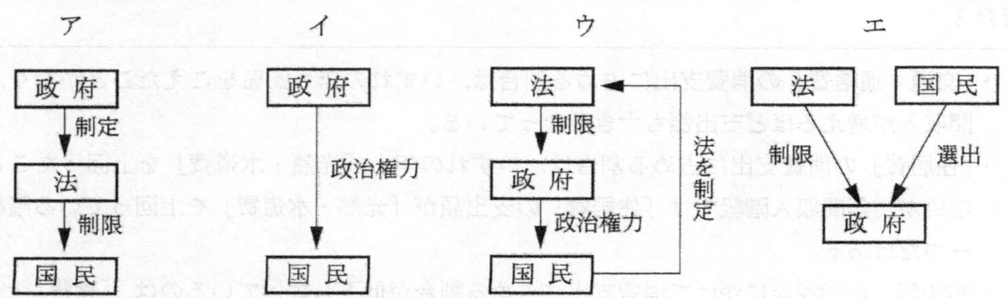

⑶　下線部ｃに関連して，次の**表**は，あさひさんが，基本的人権とその主な内容をまとめたものの一部である。Ⅰ～Ⅲのそれぞれの基本的人権について，その主な内容の正誤の組み合わせとして最も適当なものを，あとのア～カのうちから一つ選びなさい。

表

	基本的人権	主な内容
Ⅰ	自由権	・つきたい職業について，住みたい場所に住むことができる。 ・私たちはみな個人として尊重され，性別などで差別されない。
Ⅱ	社会権	・戦争に反対する集会やデモ行進に，友人と参加することができる。 ・健康で文化的な最低限度の生活を営むことができる。
Ⅲ	請求権	・裁判所で，法にもとづいた公正な裁判を受けることができる。 ・国会議員や地方議会議員，首長を選挙することができる。

ア　Ⅰ，Ⅱ，Ⅲともに正しい。　　　　イ　Ⅰは正しいがⅡ，Ⅲは誤っている。
ウ　Ⅱは正しいが，Ⅰ，Ⅲは誤っている。　エ　Ⅲは正しいが，Ⅰ，Ⅱは誤っている。
オ　Ⅰ，Ⅱは正しいが，Ⅲは誤っている。　カ　Ⅰ，Ⅱ，Ⅲともに誤っている。

⑷　下線部ｄに関連して，次のページの**資料１**中のＡ～Ｄは，持続可能な社会をつくるために国際連合で示された，具体的な17の目標のうちの四つを示したものである。**資料２**中の①～④は，Ａ～Ｄのいずれかの目標を達成するためのことがらの例をあげたものである。Ａ～Ｄと①～④の組合わせとして最も適当なものを，あとのア～エのうちから一つ選びなさい。

資料１

A	B	C	D
1 貧困をなくそう	10 人や国の不平等をなくそう	12 つくる責任 つかう責任	13 気候変動に具体的な対策を

資料２

① マイバッグを使ったり，食べられるのに廃棄してしまう食品ロスを出さないようにしたりする。
② 障がいのある社員がさまざまな職種に就労できるような制度を導入する。
③ エアコンを適切な温度にしたり，外出するときに自動車を使わないで自転車を使ったりする。
④ 募金活動に参加したり，難民の子どもたちを支援する団体に対し，着なくなった服を寄付したりする。

ア A－①　イ B－②　ウ C－③　エ D－④

ないかのように描かれていて、絵師によって見えているものが異なるようであったから。

エ　絵師たちが持ってきた絵を見ると、三人とも、この世では見ることのできない宝志和尚がさまざまな仏者と顔を合わせて拝んでいる様子を描いていたから。

オ　絵師たちの持ってきた絵は、背景とともに宝志和尚の姿を描いているのは共通していたが、背景にある仏の姿は、三人それぞれ異なったものであったから。

(5)　本文の宝志和尚についての説明として最も適当なものを、次のア～オのうちから一つ選びなさい。

ア　宝志和尚は、絵師たちが訪問したときもしっかり法服に着替え、信心深い様子を見せたので、肖像画が世間に出回ると、和尚は人間ではなく神仏なのだと語られ始めた。

イ　絵師たちが訪れたとき、宝志和尚は何者かに襲われて姿が見えなくなり、御門の使いが探しても見つからず、世間では和尚を襲った者は普通の人間ではないといううわさが流れた。

ウ　宝志和尚は御門にも尊敬されるほど徳の高い人物であったが、絵師たちに本当の姿を見られたことを気に病み、御門に顔を合わせることはできないと、人前から姿を消した。

エ　絵師たちが肖像画を描いたあと、御門の使いが宝志和尚を訪ねてもその姿はなく、こういった出来事を受けて世間では宝志和尚は普通の人間ではなかったのだと語られ始めた。

オ　宝志和尚はすばらしく尊い人物であったが、自分の肖像画を描かれることは嫌がっていたため、絵師たちの前から姿を消して、その後も人前に現れることがなかった。

ずして、聖の御顔を見れば、大指の爪にて額の皮をさし切りて、皮を左右へ引き退けてあるより、金色の菩薩(注8)の顔をカさし出でたり。一人の絵師は十一面観音(注9)と見る。一人の絵師は聖観音(注10)と拝み奉りける。おのおの見るままに写し奉りて持ちて参りたりければ、C御門驚き給ひて、別の使を給ひて問はせ給ふに、かい消つやうにして失せ給ひぬ。それよりぞ「ただ人にてはおはせざりけり」と申し合へりける。

（『宇治拾遺物語』による）

（注1）唐＝中国。
（注2）宝志和尚＝中国の宋・梁代の禅僧。
（注3）御門＝梁の武帝。
（注4）影＝肖像画。
（注5）宣旨＝帝から下された命令。
（注6）蒙りて＝お受けして。
（注7）絹＝絵を描く布として絹を使った。
（注8）菩薩＝仏教で、「仏」の次に高い地位にある仏者。
（注9）十一面観音＝「観音」は、「菩薩」の一つ。十一の顔を持つ観音。
（注10）聖観音＝「観音」の一つ。

(1) 文章中の二重傍線部ア～カのうちから、動作主が「宝志和尚」では**ないものを二つ**選びなさい。

(2) 文章中のA三人して面々に写すべき由とあるが、絵師たちがこのように命じられたのはなぜか。最も適当なものを、次のア～オのうちから一つ選びなさい。

ア　宝志和尚の姿を一人で描くと負担が大きいために間違えやすくなるので、三人で分担しながら描いた方がよいから。
イ　宝志和尚に御門の言葉を正しく伝えるためには、絵師一人で行くより言葉を写した何人かで行く方が安心できるから。
ウ　宝志和尚の姿を描くのが一人だけだと手を抜いてしまう恐れがあるので、三人で描いて互いを監視したほうがよいから。
エ　宝志和尚に対して間違いのない対応をして機嫌をとるには、一人だけで行くよりもなるべく多くで行った方がよいから。
オ　宝志和尚の姿を、一人ではなく三人それぞれが描けば、正しく描けているかどうかをあとから確かめやすくなるから。

(3) 文章中のB左右なくのここでの意味として最も適当なものを、次のア～オのうちから一つ選びなさい。

ア　すばらしく　　イ　すぐに　　ウ　はっきりと
エ　大げさに　　オ　つまらなく

(4) 文章中にC御門驚き給ひてとあるが、御門が驚いたのはなぜか。その理由の説明として最も適当なものを、次のア～オのうちから一つ選びなさい。

ア　三人の絵師が持ってきた絵は、どれも宝志和尚の姿ではなく、宝志和尚が額から皮を断ち切って仏者の姿に変化するという非現実的な様子を描いていたから。
イ　絵師の三人とも異なる絵を描いており、その絵が宝志和尚の姿だけではなく、和尚が自らの皮を切る様子や菩薩の姿など不思議なものが多かったから。
ウ　絵師たちが持って来た絵を見ると、宝志和尚が人間の姿をしていきかどうかで苦悩するような、野球に対する真剣さを感じさせる存在。

イ　心配したり困ったりする様子がなく、自分の立場に対する拘りがないと公言し、気にかけて親切にする必要がないと思われている存在。

ウ　いつもふざけたような発言ばかりしているが、その人柄は誰からも一目置かれていて、周囲にいる人たちを晴れやかにしてくれる存在。

エ　怒ったり厳しく振るまったりすることがなく、自由で温和な性格で好かれるだけでなく、上級生として尊重され気づかわれている存在。

オ　誰かをねたんだり自分を卑下したりする様子がなく、気さくで調子が良いところもあるため、気兼ねなく付き合える親しみやすい存在。

(7)　この文章の表現についてクラスで話し合いをしている。本文の内容をふまえて最も適当な発言をしているものを、次のア～オのうちから一つ選びなさい。

ア　場面の中の風景について比喩を取り入れて印象的に描いているところが特徴的です。これらの情景描写は、登場人物の心情が変化したことや物語が新たな展開を見せることを暗示しています。

イ　短文を重ねることや、倒置法を多用することによって登場人物の心情が軽やかに描かれています。このような詩的な表現により、人物の思いやその背景が深刻になり過ぎずに伝わる効果が生まれます。

ウ　直登の心情を描写する部分と佐倉の視点から場面を描写する部分が入れ替わりながら話が進んでいきます。こうすることで、直登と佐倉の違いや互いに対する心情がわかりやすく伝わっています。

エ　直登の言動や心情の描写を中心にして、過去の回想も挿入しながら描かれている文章です。過去の回想では、起きた出来事や人物の心情を淡々と説明するように描くことで現実味を持たせています。

オ　直登の視点を通して、過去の出来事を差しはさみながら物語が展開しています。登場人物の性格の直接的な説明や言動の丁寧な描写によって、心情や人物像が真に迫って伝わってきます。

三　次の文章を読み、あとの(1)～(5)の問いに答えなさい。

昔、唐(もろこし)(注1)に宝志和尚(ほうしくわしやう)(注2)といふ聖(ひじり)あり。いみじく貴(たふと)くアおはしければ、御門(みかど)(注3)「かの聖の姿を影(えい)(注4)に書きとらん」とて、絵師三人を遣(つか)はして、「もし、一人しては、書き違(たが)ゆる事もあり」とて、A三人して面々(めんめん)に写すべき由仰(よしおほ)せ含められて、イ遣はさせ給(たま)ふに、三人の絵師聖のもとへ参りて、かく宣旨(せんじ)(注5)をウ蒙(かうぶ)り(注6)てまうでたる由申しければ、「しばし」とエいひて、法服(注7)の装束(さうぞく)してオ出(い)であひ給へるを、三人の絵師、おのおの書くべき絹を広げて、三人並びて筆を下(くだ)さんとするに、聖、「しばらく。我がまことの影あり。それを見て書き写すべし」とありければ、絵師B左右(さう)なく書か

オ　自分たちの実力でつかみとった甲子園出場ではないという捉え方をされることに、海藤高校の野球部員はやり切れない思いを感じていること。

(4)　文章中に D心は重石をつけられたかのように、なかなか浮き上がってこない とあるが、このときの直登の心情の説明として最も適当なものを、次のア～オのうちから一つ選びなさい。

ア　世間が想像している感動的な物語と自分自身がこれまで抱いてきた目標や思いを比べると大きな隔たりがあり、世間の想像のほうが現実よりも価値があるように感じることで、意欲を失いつつある。

イ　自分の夢がかなう大切な出来事について、世間が勝手な想像で物語を作り上げてつまらないものにしてしまったので、目の前の現実や自分の夢も価値が失われたように思えて、悲しみを感じている。

ウ　自分が長年大切にしてきた夢のかなう特別な出来事が、世間の人々の満足する物語に仕立て上げられて、その雰囲気に飲み込まれてしまいかねない自分の気持ちに気づき、くじけそうになっている。

エ　自分たち野球部に対して、世間が思い描いている物語にうまく加わる自信がなく、これまで特別だと思って大切にしてきた目標や思いが、手の届かないものになりつつあるように感じ、苦しんでいる。

オ　世間の人々が自分たちの野球部に対して抱いている思いを認識していくなかで、その通りの存在であろうとしてしまいそうになる自分がいることを感じて情けなくなり、気分が晴れなくなっている。

(5)　文章中に E一人、俯いていた佐倉一歩を見てしまったのだ とあるが、このとき直登が佐倉についてどう考えていたのかというテーマで、クラスで話し合いをしている。本文の内容をふまえて**適当でない**発言をしているものを、次のア～オのうちから一つ選びなさい。

ア　守備要員及び控え選手としてベンチに座っても鬱屈した姿を見せない佐倉の、部室での表情が歪んでいます。これを見た直登は、佐倉が控え選手として部にい続けてよいか考えているのだと思っています。

イ　部室を覗いた直登は、佐倉の暗い表情に注目しました。堅実にプレーをこなしているのにレギュラーから外れたことを、やむを得ないと無理に思い込もうとしているのではないかと直登は考えています。

ウ　いつもは剽軽で調子良く、何事にも深く拘らない佐倉が、部室で苦痛に耐えるかのような様子を見せています。野球部における自分のあり方を考えているのだろうと、このとき直登は推測しています。

エ　佐倉は部室の中で、光を浴びながら足元に視線を落としています。それを見て、野球部をやめたほうがいいのだろうかという自分への問いに答えを出せない状態だと、直登はとらえています。

オ　部室にいた佐倉の表情は、光に縁取られて暗く歪んでいたように見えました。レギュラーから外れなければならなかったことを、理解できるからこそ苦しんでいるのだろうと直登は感じています。

(6)　文章中の佐倉が野球部の中ではどのような存在であるかを説明したものとして最も適当なものを、次のア～オのうちから一つ選びなさい。

ア　日頃から冗談で笑わせてくれるが、控え選手でも甲子園に行くべ

ウ　甲子園出場に対する佐倉のふざけた発言に、強い不快感を示している直登になだめられれば、自身のいらだちも落ち着くだろうと思っている。

エ　甲子園出場を将来の名声や評判のために利用するという佐倉の発言が、たとえ冗談でも度を越したものだと思われ、不快に感じている。

オ　甲子園出場を将来は笑いの対象にするという佐倉の発言は部員や野球に対する敬意がないのはもちろん悪意も感じるため、憤っている。

(2)　文章中にB佐倉、けっこう周りに気を配ってんぞとあるが、ここで直登は佐倉についてどういうことを言おうとしているのか。その説明として最も適当なものを、次のア～オのうちから一つ選びなさい。

ア　佐倉は、他人を笑わせてはいるがその場を楽しんでいるわけではなく、緊張や落ち込みを感じることの多い野球部員たちのことを思いやり、気持ちが晴れるにはどうすればいいか苦悩しているということ。

イ　佐倉は、その場にいる人たちの様子を見て、自分の冗談や態度がどのように受け取られるかを充分配慮しており、問題が起きている状況では笑わせるだけではなく解決のために行動もしているということ。

ウ　佐倉はどんな状況だろうと他人に笑ってもらおうと冗談を言っているのではなく、周囲の人たちが深刻だったり真剣だったりするときには、迷惑がかからないように控えめな態度になっているということ。

エ　佐倉は、場の雰囲気に配慮しないで気ままに冗談を言っているのではなく、暗く張りつめた雰囲気のときに、周囲の人たちの気持ちがほぐれるように自分が中心になって明るく振るまっているということ。

オ　佐倉は、他人を笑わせることに一生懸命だが、何でもおもしろく扱うのではなく、周囲の人たちが腹を立てたり傷ついたりすることがないように考え、刺激的になりすぎない冗談を言っているということ。

(3)　文章中にC人は甲子園に物語を求めるとあるが、文章中から読み取れる「物語」とはどういうことか。その説明として最も適当なものを、次のア～オのうちから一つ選びなさい。

ア　甲子園の出場を手にしかけていた東祥学園が不祥事を起こして辞退せざるを得ず、甲子園で勝つどころか試合をすることすらかなわないこと。

イ　東祥学園の不祥事による辞退で、代わりに出場する海藤高校はさまざまなプレッシャーを感じるが、それよりも何倍も多い激励も受けること。

ウ　不祥事によって夢を絶たれた東祥学園の野球部員の思いを引き継いで、代わりに甲子園に出場した海藤高校が快進撃を見せて盛り上げること。

エ　出場することになったのはいいが、本来なら東祥学園が出場するはずだった大会なのだという思いを、海藤高校の野球部員は感じていること。

軽で調子良くて、いいかげんで、何事にも深く拘らない。そういうキャラだということだ。

けれど、直登は見てしまった。

部室の中、窓から差し込む光の中でE一人、俯いていた佐倉一歩を見てしまったのだ。

二年生の秋の初めだったと思う。日差しが日に日に澄んで、赤味を濃くする季節だった。どういう用事だったか忘れたけれど、練習が始まる前にふと覗いた部室で、佐倉は光を浴びながら視線を足元に落としていた。西向きに取り付けられた窓は大きく開け放され、風と光がもつれるように部室に入り込んでいた。その光に縁取られながら、佐倉の表情は暗く翳っていた。耐え難い苦痛にそれでも耐えているかのように、歪んでいた。

その後どうしたのか、よく覚えていない。佐倉と言葉を交わしたのか、慌ててドアを閉めて退散したのか。

覚えていない。

光に縁取られた暗く歪んだ横顔だけを覚えている。

あのときもしかして……もしかしてだけど、佐倉は野球部をやめようかと悩んでいたのではないか。

三年生の引退を機に二年生を中心とした新チームが作られる。佐倉は新チームのレギュラーから外れた。守備は堅実にこなせるけれど、打率が一割台とあってはやむを得ない。誰より佐倉自身が理解しているだろう。

理解できることは、痛い。理解したうえで、自分の居場所を見据えなければならないことは、辛い。屈辱とか落胆ではなく、野球部という場所に自分の居場所があるのかと自問する、その疼きに佐倉は項垂れていたのではないか。

推察にすぎない。佐倉の胸の内は、本人以外誰にもわからない。ただ、佐倉は野球部をやめなかった。控え選手のまま、甲子園にやってきた。

佐倉一歩という選手の物語に誰も着目などしない。わかり易い感動も悲劇もないからだ。でもと、直登は考える。

でもいつか、佐倉がお笑い芸人として、「おれ、これでも元甲子園球児ですから。え？　ポジション？　まぁ、ベンチの右隅かな」なんてトークを繰り広げていたら、笑うより、その言葉の裏にある深い物語に、一人、頷いてしまうだろう。

（あさのあつこ『敗者たちの季節』による）

（注１）マウンド＝野球でピッチャーが投球を行う際に立つ、土を盛り上げた場所。

（注２）バッテリー＝ピッチャーとそのピッチャーのボールを受けるキャッチャーを一組にした言葉。

(1)　文章中にAったく、一歩のやつチョーシ乗りなんだからよ　とあるが、このように言ったときの郷田の心情の説明として最も適当なものを、次のア～オのうちから一つ選びなさい。

ア　甲子園に出場が決まったことにより自分の将来の目標が定まったと思っている佐倉の考え方があまりにも安直で、いらだちを覚えている。

イ　甲子園にやってきたのに他の部員をまきこみながら冗談をくり返している佐倉の真剣さを感じられない態度が気に障り、失望している。

しりぴしりと決まってくるのだ。笑いのツボをこれでもかと刺激され、涙が出るほど笑わされてしまう。そして、ふと気がつくと、何が解決したわけでもないのに心持ちが晴れやかに、軽やかになっていたりする。

東祥学園の不祥事による辞退で、海藤高校の甲子園出場が決まった直後、一時の高揚感が去った後は、さまざまな方面から押し寄せてくるプレッシャーに耐えなければならない日々が続いた。「拾いものの甲子園出場か」と露骨な一言を口にする輩に、唇を噛んだことも、こぶしを握ったこともある。けれど、そんな底の浅い悪態より、「東祥の分まで頑張れよ」「東祥のためにも、必ず一勝をあげてやれ」との激励の方が、何倍も重くのしかかって来た。

C人は甲子園に物語を求める。

それを知った。

わかり易く感動的な、あるいは悲劇的な物語を求めて止まない。部員の不祥事のために甲子園への道を閉ざされた東祥ナインの悲劇も、甲子園への切符とひきかえに微かな負い目を背負ってしまった海藤の選手たちも、甲子園の物語としては、これ以上ないほど相応しいのかもしれない。

これで海藤が快進撃でもしてくれたら、申し分のない物語となる。

単純な期待とは異質の、暗黙の気配を感じるたびに、直登は憂鬱になる。大好きで小さいころから続けてきた野球が、大なる目標であった甲子園が、実に矮小な物語に取り囲まれていると知るたびに、その物語たちに搦め捕られそうな自分を感じるたびに、気持ちが重く沈んでしまうのだ。

馬鹿野郎。おれがへこんでて、どうすんだよ。

自分を叱咤するのだが、D心は重石をつけられたかのように、なかなか浮き上がってこない。

エースの自覚と沈む心の間で、直登は幾度も歯軋りを繰り返す。

そういうときに限って、佐倉は実に切れのいい冗談を連発して、笑わせてくれるのだ。人の心とは不思議なもので、本気で笑い、口を開け、空気をたっぷりと吸い込めば、その空気を浮力にして浮かび上がることができる。

まぁ、いいか。

なんて、呟ける。どんな物語に塗れていても、甲子園が憧れの球場であることはかわらない。その球場のマウンドで投げられることもかわらない。だったら、いいじゃないか。

そんな気分になれるのだ。

佐倉はそれほど巧みに、豪快に、心底から笑わせてくれる。

こいつ、本当にお笑いの天才かも。

直登は密かに思っていた。

三年生で、守備要員及び控え選手として、常にベンチに座っている。二年生の石鞍や水渡がグラウンドに立つのを見ていなければならない。その鬱屈を佐倉はちらりとも見せなかった。何の拘りも、翳りも無いように振る舞う。同じようにレギュラー入りできなかったキャプテン尾上守伸に対しては、チームの誰もがキャプテンとしての資質というかその人柄に一目置いているし、重んじてもいるのに、佐倉に関しては、けっこうぞんざいに接する。

「まぁ、一歩はああいうやつだから」

なんて一言で済ませてしまう。ああいうやつというのは、つまり、剽

二　次の文章を読み、あとの(1)～(7)の問いに答えなさい。

直登は海藤高校の野球部で投手として活躍し、甲子園球場で開催される夏の全国大会を目指していた。海藤高校野球部は地方大会の決勝戦で東祥学園高校に敗れたが、東祥学園高校が不祥事で出場を辞退し、海藤高校が夏の甲子園に出場することになった。甲子園での海藤高校の一回戦の試合の直前、直登たちはダッグアウト（ベンチ）に向かってグラウンドを歩いている。

「暑いな」

頬を伝う汗を手の甲で拭う。

「これから、まだ暑くなるぞ」

佐倉も額に浮かぶ汗を、タオルで拭き取っている。

「でも、まっ、かんかん照りよりマシかもな。こんだけ雲があれば、マ(注1)ウンドで干からびるってことには、なんねえよ。直登の干物なんて、絶対、食う気しねえからな」

佐倉の冗談に、直登はわざとらしく顔を顰めて見せた。

「つまんねえな。いまいち、笑えない」

「座布団一枚って、ダメ？」

「ダメダメ、あきまへん」

直登は胸の前で両手を×の形に重ねる。

「おーぅ、世の中、厳しいでーす」

へんな抑揚をつけて、佐倉が肩を竦め、首を振る。大仰で滑稽な仕草だった。本気なのか戯言なのか、佐倉は「将来の目標は、売れっ子のお笑い芸人」と公言している。

「元甲子園球児の芸人とか、けっこう、うけそうじゃね。おれの将来、案外、イケてるかも」

甲子園出場が決まったとき、一番はしゃいでいたのが、この佐倉一歩だった。

「Aったく、一歩のやつチョーシ乗りなんだからよ」

直登とバッテリー(注2)を組むキャッチャー郷田恭司が、舌打ちしていた。郷田は大らかで闊達な性質でありながら、妙に生真面目な一面も持ち合わせている。その生真面目な質が、甲子園出場を売り物にするという佐倉の一言に、引っ掛かったらしい。

「ふざけ過ぎだよな、あいつ」

「そうか？」

「そうだよ。おまえ、むかつかないのかよ」

意外だという口調だった。

「むかつくとこまで、いかないけど。おまえだって、言うほどむかついているわけじゃないだろうが」

「……まぁな」

「それにB佐倉、けっこう周りに気を配ってんぞ」

「……わかってるけど」

郷田は唇を突き出して、横を向いた。

佐倉一歩は、確かに調子乗りで軽率ではあったけれど、他人を笑わせるのが上手くて、郷田も直登も佐倉の一言や仕草に、噴き出したことが、腹を抱えて笑ったことが、何度もあるのだ。それはたいてい、直登たちが落ち込んだり、憂鬱な気分に陥ったりしているときだった。そういう負の空気を感じとると、佐倉はがぜん、張り切りだす。普段はやたら滑って苦笑するか、しらけるかだけのダジャレや冗談が妙に冴えて、ぴく個体に対し怒りを向けて攻撃し返すことで、危機的な状況で個体どうしが利益を分け合って生き残っていく関係性が保たれるということ。

ウ　恩恵をもたらさない個体を群れに受け入れることを不正だと感じ、その個体に報復しないことに怒って状況を改善することで、群れの中で恩恵を与え合い、互いの生命を守る関係が継続していくということ。

エ　一方的に他の個体から利益を奪うことを不正と感じて怒り、そうした行動を取る個体を群れから排除することで、困難な状況で生き残るために個体どうしが恩恵を与え合う協力関係が保たれるということ。

オ　相手の利益を奪って苦しめることを不正だと感じて怒り、そうした行動を取る個体を群れから駆逐することで、他の個体に利益を分けることができなくても思いやりを持つあり方が継続できるということ。

(7)　文章中に E アレグザンダーの間接互恵の理論 とあるが、本文の内容をふまえて、「アレグザンダーの間接互恵の理論」の具体例を述べているものとして最も適当なものを、次のア～オのうちから一つ選びなさい。

ア　数人の学生が車道にはみ出して歩いていたので注意したところ、気をつけて歩く学生が増え、町全体の事故の危険性が減った。

イ　ある音楽家の寄付活動が報道されたことで、その音楽家への関心が高まり、多くの人がその人の演奏会に訪れるようになった。

ウ　ボランティア活動をしている人が活動の重要性を訴えると、その意見に多くの人が賛同し、活動に参加するようになった。

エ　あるスポーツ教室が、教室の利用者を増やそうと料金を下げたところ、申し込みが急激に増加して教室の人気が高まった。

オ　ある人が道に迷っている観光客を案内したところ、その観光客と親しくなり、観光客の家族から謝礼を受けることになった。

(8)　本文全体の論旨として最も適当なものを、次のア～オのうちから一つ選びなさい。

ア　間接互恵の理論では人間の利他的行動はよい評判を得ることにつながるが、よい評判を意識的に求めることはかえって不利益につながるため、他人に親切にすることをただ心地よく感じる感性が進化した。

イ　人間は利益を独占する者の行為を、他人の物を盗んだりすぐに暴力をふるったりするような行為と同じ程度のものとして捉え、それを罰したいと感じるようになる。

ウ　人間が不正を感じ取り、多少の不利益を被ってでも報復しようとする感情が進化した前例をふまえると、あらゆる動物に不正を感じる感性が芽生える可能性があると考えられる。

エ　群れで生き、仲間の個体識別ができる程度の知能がある動物は互恵的な行動を取ることが確認されていて、見返りが期待できるかどうかにかかわらず、相手に対して親切にしていることが明らかになった。

オ　互恵的な行動はすばらしい性質だと言えるが、それを持つことによって他の個体よりもたくさんの子どもを残せなくなるという可能性があるため、進化論に照らすと矛盾することになってしまう。

を奪われるという不利益に耐えることにつながるので、本来は進化しないはずだということだと思います。

イ　不正について怒って相手を攻撃しても利益が得られるわけではなく、不利益が生じることすらあります。進化論では敵と闘争するのは利益を得るためだと考えられているので、このような不正への怒りは進化論に反しているということではないでしょうか。

ウ　不正に怒ることは、不正を働いた他者に対して攻撃することにつながります。進化論では、種の存続を脅かす感情は進化しないと考えられているので、他者への攻撃を引き起こす感情が進化するのはおかしいということではないでしょうか。

エ　動物の例から、周囲を疑い闘争を引き起こすような感情は進化しないと考えられます。つまり、不正への怒りがあると、不正を働いているつもりのない相手を無差別に糾弾して争うことになるので、本当は進化しないものだということだと思います。

オ　多くの動物の場合、生き残って子どもを多く残すことにつながる感情でなければ進化しません。ですから、筆者は、不正への怒りのように自らの生命を危険にさらす可能性のある感情は、本来進化しないはずだということを言いたいのだと思います。

カ　進化論では、不利益を我慢するのは自分の生存を脅かす相手に報復する場合だけだと考えられています。しかし、不正への怒りは、報復する行動だけではなく不正を意識させる行動にもつながるので、進化するのは不自然だと言いたいのだと思います。

(5)　文章中の段落[7]～[11]までの段落相互の関係の説明として最も適当なものを、次のア～オのうちから一つ選びなさい。

ア　段落[7]～[9]では「互恵」と「不正への怒り」の具体例を示しながら論じ、段落[10]では段落[9]の内容の矛盾点を指摘して、段落[11]で段落[7]～[10]の要点をまとめながら新たな話題を提示している。

イ　段落[7]～[9]では「互恵」について他の理論と比較しながらその特徴を説明し、段落[10]では段落[7]～[9]の内容からわかる事実を考察して、段落[11]では段落[10]の内容を簡潔に言い換えてまとめている。

ウ　段落[7]～[9]では「互恵」について代表例を挙げながらその詳細を説明し、段落[10]では段落[9]で取り上げた考え方を補足して、段落[11]では段落[7]～[10]の要点を簡潔に指摘して考察を述べている。

エ　段落[7]～[9]では「互恵」の一般的な考え方と筆者の見解を実例を複数挙げて論じ、段落[10]では段落[7]～[9]の説明で注意すべき点を示して、段落[11]では段落[10]を踏まえて新しい話題へ転換している。

オ　段落[7]～[9]では「互恵」の例を踏まえながら「不正への怒り」の重要な点を主張し、段落[10]では段落[9]に関連する説明を加えて、段落[11]で段落[7]～[10]の内容の疑問点を簡潔に指摘している。

(6)　文章中にD不正への怒りは、こうした助け合いの行動が維持されるために必要な感情ですとあるが、不正への怒りによって助け合いの行動が維持されるとは具体的にどういうことか。その説明として最も適当なものを、次のア～オのうちから一つ選びなさい。

ア　群れから利益を得るばかりで返さないことを不正だと感じて怒り、そうした行動を取る個体に対し他の個体が関係を断つことで、自分の子どもが生き残ることができるように群れの秩序を守るということ。

イ　親切な行動をした個体に攻撃することを不正だと感じ、不正を働

エ 会議は来週にエンキされた。
オ あっという間にフンエンが広がった。

⑤ ハンジョウ
ア 庭は草木がハンモして緑一色だ。
イ 後に続く人々のモハンとなる行動をする。
ウ シハンの薬を購入する。
エ 小学生のハンガ作品が展示されている。
オ 美術館に絵画をハンニュウする。

(2) 文章中に A感情 とあるが、人間や動物にとって感情とはどのようなものだと筆者は述べているか。その説明として最も適当なものを、次のア～オのうちから一つ選びなさい。

ア 生存していくために有害なのか有益なのかについて、周囲の状況や対象を高速で分析する人間や動物の意識によって生み出されるもの。
イ 状況に対する適切な行動へ人間や動物を導くために、状況や対象が自分にどんな意味を持つのか、意識的な思考によって分析するもの。
ウ 自分の存在にとっての周囲の状況や対象が持つ意味について、生物種の条件に照らしつつ分析する過程を、人間や動物に認識させるもの。
エ 脳が状況や対象と自分との関係性を、自覚のないまま即座に分析した後、適切に行動して適切に生きられるように人間や動物を導くもの。
オ 周囲の状況や対象に高速で反応し、自分の生物種にとって有害なものなのか有益なものなのかを分析するように、人間や動物を促すもの。

(3) 文章中の B ・ F に入れる語句の組み合わせとして最も適当なものを、次のア～オのうちから一つ選びなさい。

ア B そのため　F または
イ B ちなみに　F こうして
ウ B けれども　F ただし
エ B もちろん　F なぜなら
オ B たとえば　F むしろ

(4) 文章中に C人間における利他的行動（善の起源）と不正への怒り（悪の起源）のいずれもが、通常の進化論では説明しにくいのです とあるが、この部分についてクラスで話し合いが行われた。次の先生の発言を受けて、本文で筆者が説明する内容に沿って述べている意見として適当なものを、あとのア～カから**二つ**選びなさい。

> 先生　文章中では、特に「不正への怒り」に注目して、多くの動物には不正を感じる感性はないけれど、人間には不正を感じる感性があり、不正への怒りが進化してきたということが述べられています。筆者は、動物と比較して人間の感情の特徴を説明しているのですね。では、この不正への怒りの感情が「通常の進化論では説明しにくい」とはどういうことなのでしょうか。考えていきましょう。

ア 進化論では、生存につながる感情であれば進化すると考えられているようです。しかし、不正への怒りは、生きるために必要なものえ、見返りを求めずに誰にでも親切にする人は、多くの人と助け合いの関係を結んでもらえることになります。その結果、大きな利益を得るのです。身近な例で考えてみれば、「誰にでもサービスがよい」と評判のお店は注⑤ハンジョウするということです（なお、相手がずるいやつかどうかの見極めが重要なので、よい評判よりも悪い評判の方が数も多く広がるのも急速です）。

15 なんだか詭弁的な（注3）こじつけの議論のように思われるかもしれませんし、私自身も「なんかしょうもない話やな〜」と思わないわけでもないですが、どんなにすばらしい性質であっても、それを持つことで他の個体よりもたくさんの子どもを残せないのであれば進化のしようがないので、進化論的な説明がこのような形になるのはいたしかたありません。

16 付言すると、見返りを求めない利他的行動が評判によって利益になるということは、そのような行動を取ろうと思う本人に自覚されていることではありません。［F］、「よい評判を広めるために親切にしよう」と思っている人は、たいていの場合、そう思っていることが見抜かれてしまい、かえって評判を落とすものです。それゆえ、他人に親切にすることに無条件に喜びを感じるような感性こそが、進化してくるのです。人間には、人を見たらわけもなく親切にしたいと思う傾向があるということです。

（山口裕之『「みんな違ってみんないい」のか？』による）

（注1） 先ほど見たように＝出典書籍の引用部分の直前の内容を指している。

（注2） 最後通牒ゲーム＝実験経済学においてのゲーム。利己的な個人が、どこまで利他的な行動をできるかを測る目的で行われる。

（注3） 詭弁＝相手を無理やり納得させるための議論。

(1) 文章中の①〜⑤に相当する漢字を含むものを、次の各群のア〜オのうちから、それぞれ一つずつ選びなさい。

① おセイボ
ア チョウボに予算を書き込む。
イ 恋人へのボジョウを歌った曲を聴く。
ウ 前国王のボショを訪れる。
エ 交通安全ポスターをコウボする。
オ ハクボの時間になり、街灯の光も目立つ。

② ハき
ア イベント開催のイトを説明する。
イ この本はトチュウまで読んだ。
ウ 兄が練習の苦しさをトロした。
エ シュト機能移転について議論する。
オ 理科の授業でホクト七星を習う。

③ コウケン
ア これについてはまだケントウの余地がある。
イ 政治家がゴケンの立場を表明する。
ウ 資産家が高額なケンキンをする。
エ 他人の自由を奪うケンゲンはない。
オ ホウケン社会について調べる。

④ シエン
ア 桜の下にエンセキを設ける。
イ ランナーにセイエンがおくられる。
ウ エンテン下でのスポーツは控える。

Rutledge, 1987)。

7　まず、「間接互恵」でない通常の「互恵（reciprocity）」から説明しましょう。互恵とは、相手がよいことをしてくれたらよいことを返してあげ、悪い相手には悪いことを返すということです。私たちの日常生活でも、これは当たり前のことでしょう。おセイ①ボやお中元をくれた相手にはちゃんとお返しをしなくてはなりません。以前、授業中に鉛筆を貸してくれなかった相手が、今度は自分に何か頼みごとをしてきたら、当然断る（あるいは、頼みを聞いてやるにしても嫌みの一つも言う）でしょう。

8　こうした互恵的な行動は、群れで生きていて、仲間の個体識別ができる程度の知能があれば、進化論的に十分に説明がつきます。仲間と助け合う個体は、そうしない個体よりも生き残りやすく、子どもをたくさん残せるからです。そして実際、チスイコウモリなど、群れを作って生きるいくつかの動物では互恵的な行動が観察されるそうです。チスイコウモリは、餌にありつけなかった仲間に自分が吸ってきた血を②ハき戻して与えます。もらった方は、誰がくれたのかを覚えていて、くれた相手には次回その相手が空腹で自分が満腹の時には血を分けますが、以前くれなかった相手にはやらないそうです。

9　D不正への怒りは、こうした助け合いの行動が維持されるために必要な感情です。助け合いの行動はお互いの利益になりますが、もしも親切にしてやった相手がずるいやつで、お返しをせずに逃げてしまったら、こちらは大損です。単に親切なだけの動物の群れは、親切にタダ乗りして自分は何のコウ③ケンもしない個体の食い物にされてしまいます。なので、そうした相手には報復しなくてはなりません。不正への怒りという感情は、タダ乗りする個体を群れから追い出すことが利益になることから進化してきたわけです。

10　なお、不正な個体を暴力によって攻撃すると自分がケガをするかもしれないので、次からは親切にしないという対応の方が合理的なことが多いです。人間でも、不正な相手を攻撃することはそれほど多くなく、次からは付き合いをやめるという人がほとんどでしょう。

11　このように、通常の互恵的な行動は人間以外の動物でも観察されるし、そうした行動を取る動物は不正への怒りも感じているのではないかと思われます。

12　しかし、人間の場合には、行きずりの人を助けたり、見も知らぬ遠い国の難民をシ④エンしたりなど、見返りが期待できない相手に対しても親切にすることがあります。これは、他の動物にはまず見られない行動です。そして、これこそが真の意味で利他的行動でしょう。見返りを期待して親切にするのは、結局のところ自分の利益である見返りが目的なのですから、利他的ではありません。

13　Eアレグザンダーの間接互恵の理論は、こうした見返りを求めない利他的行動を説明しようとするものです。要点を一言でいうと、直接的な見返りが期待できない相手に親切にすることで、社会の中での評判がよくなるので、結局のところその人の利益になるというのです。

14　先ほども書きましたが、助け合いの行動はお互いの利益になりますが、もしも相手がずるいやつで、お返しをせずに逃げてしまったら、こちらは大損です。なので、親切にしてやる前に、相手がずるいやつでないかどうか、しっかりと見極めなければなりません。「利他的な人だ」という評判は、そうした見極めを行うときの判断材料になります。それゆ

【国語】（五〇分）〈満点：一〇〇点〉

一　次の文章を読み、あとの(1)～(8)の問いに答えなさい。なお、1～16は段落番号である。

1　人間には、他の動物にはあまり見られないＡ感情があるようです。
それは、不正に対する怒りです。先ほど(注1)見たように、人間は利益を独占するなどの行為を不正だと感じ、それを罰したいと感じます。利益を独占する以外にも、たとえば他人の物を盗んだり、すぐに暴力をふるったりする者にはさらに大きな怒りを感じるものです。こうした不正に対する感情が、道徳における悪の背景にあります。

2　もちろん、犬や猫を飼っている人には明らかでしょうが、人間以外の動物であっても喜びや怒り、恐怖や嫌悪(けんお)といった感情は感じているようです。感情とは、周囲の状況や対象に対する反射的な（つまり、意識的な思考に先立つ高速の）反応です。脳は、周囲の状況や対象が自分の生存にとってどのような意味を持つのか、有害なのか有益なのかを、主に自分の生物種としての条件に照らして高速で分析しますが、そのプロセスは意識されません。意識は、そうした分析のあとで、分析結果に応じた感情を感じます。そして感情が、周囲の状況に対する適切な行動へと動物を導きます。［Ｂ］怒りとは、自分より弱そうな相手に攻撃されたときに反撃を引き起こす感情です。攻撃してきた相手が自分より強そうであれば恐怖を感じます。恐怖は逃走を引き起こす感情です。このように動物は、感情に従って行動することで、状況に対応して適切に生きています。

3　しかし、多くの動物には不正を感じる感性はありません。よくテレビの動物番組で、チーターが倒した獲物をハイエナが奪うシーンが放送されます。それを見た人間は、「ハイエナはずるい」と思いますが、おそらく当のチーターは、獲物を奪われて怒るかもしれませんが、ハイエナが不正を行ったとは思わないでしょう。ハイエナにしても、手に入れやすい餌を手に入れただけで、不正を働いているつもりはないに違いありません。

4　進化論的に考えると、チーターがハイエナに対して不正を感じる感性が進化する余地はありません。ハイエナに不正を感じるチーターが、感じないチーターよりも多くの子どもを残すとは考えられないからです。(注2)最後通牒(つうちょう)ゲームで見たように、不正を感じるということは、多少の不利益を我慢してでも報復しようとするということです。それはハイエナと、餌を得られるわけでもないのにわざわざ闘争するということですから、ハイエナに対して不正を感じる個体は、感じない個体よりもケガをするリスクが高く、短命で子どもを残さない可能性の方が高いのです。

5　このように考えると、人間は不正を感じ取ってそれに怒り、多少の不利益を被ってでも報復しようとすることが、どうして進化できたのかが謎だということになります。

6　このように、Ｃ人間における利他的行動（善の起源）と不正への怒り（悪の起源）のいずれもが、通常の進化論では説明しにくいのです。進化倫理学では、この謎についての説明を、人間が社会の中で生きているという点に求めます。よく知られている理論は、アメリカの進化生物学者リチャード・アレグザンダー（一九二九～二〇一八）の間接互恵の理論です（Richard D. Alexander, *The Biology of Moral Systems,*

MEMO

2024年度

芝浦工業大学柏高等学校入試問題（前期第２回）

【数　学】（50分）　＜満点：100点＞

1　次の問いに答えよ。

(1)　$(\sqrt{2}+2\sqrt{5})(\sqrt{6}-\sqrt{15})\div(-\sqrt{3})=$ [ア] $-\sqrt{\text{[イ][ウ]}}$

(2)　２次方程式 $x^2+3x+a=0$ の２つの解を s，t とする。$(s-t)^2=37$ のとき，$a=-$ [エ]

(3)　a，b を素数（$a<b$）とする。積 ab の値が40以下の自然数となるような a，b の組み合わせは，[オ][カ] 通りある。

(4)　右の図のように，線分ＡＢを直径とする円Ｏの周上に点Ｃがあり，点Ｃを含まない $\overset{\frown}{AB}$ 上に点Ｄがある。
点Ｅは点Ｄを含まない $\overset{\frown}{AC}$ 上の点で，$\overset{\frown}{AE}:\overset{\frown}{EC}=1:1$ である。
点Ｆは点Ｄを含まない $\overset{\frown}{BC}$ 上の点で，$\overset{\frown}{BF}:\overset{\frown}{FC}=1:1$ である。
線分ＡＦと線分ＤＥとの交点をＧとする。
$\angle AFD=52^\circ$ のとき，$\angle AGE=$ [キ][ク]°

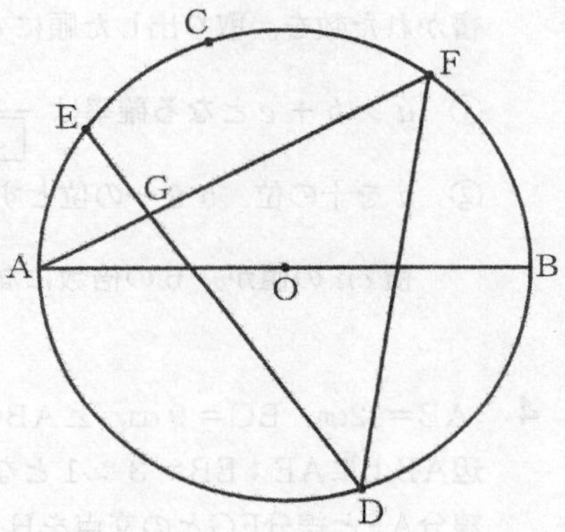

2　放物線 $y=\frac{1}{2}x^2$ 上に３点Ａ，Ｂ，Ｃがあり，x 座標はそれぞれ -5，-3，4 である。
点Ｄは x 軸上の点で，AC // BDである。
点Ｅは x 軸上の点で，x 座標は -2 である。

(1)　直線ACの式は $y=-\frac{\text{[ア]}}{\text{[イ]}}x+$ [ウ][エ]

(2)　四角形ABDCの面積は [オ][カ]

(3)　点Ｅを通り，四角形ABDCの面積を２等分する直線の式は $y=\frac{\text{[キ]}}{\text{[ク]}}x+$ [ケ]

(4)　放物線 $y=\frac{1}{2}x^2$ 上を原点Ｏから点Ｃまで動く点をＰとする。

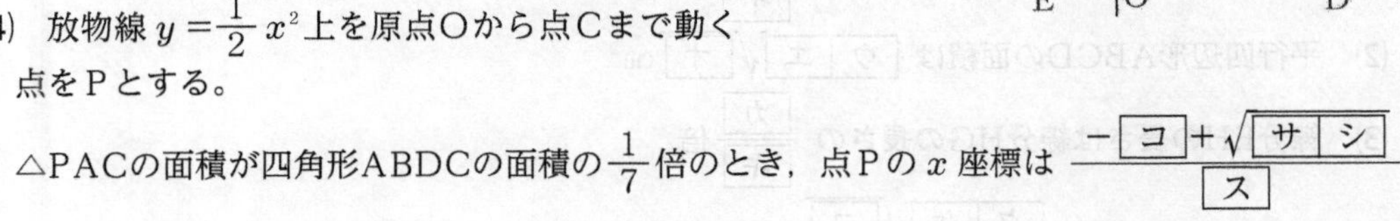

△PACの面積が四角形ABDCの面積の $\frac{1}{7}$ 倍のとき，点Ｐの x 座標は $\frac{-\text{[コ]}+\sqrt{\text{[サ][シ]}}}{\text{[ス]}}$

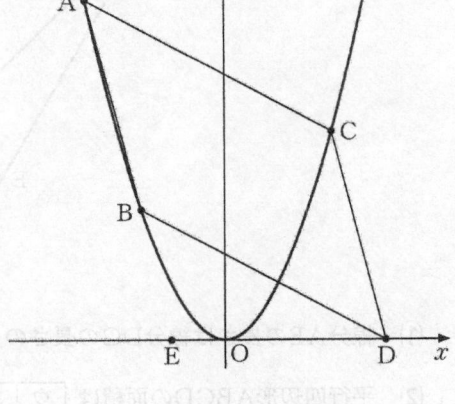

3 次の問いに答えよ。

⑴ 生徒36人がある期間に図書室で借りた本の冊数について調査を行い，箱ひげ図を作成した。

また，本を４冊借りた生徒と５冊借りた生徒はそれぞれ３人，６冊借りた生徒と７冊借りた生徒はそれぞれ２人であった。

0　1　2　3　4　5　6　7　8　9　10（冊）

① 最頻値は［ア］冊

② 本を３冊借りた生徒は［イ］人

⑵ １から５までの数字が１つずつ書かれた５枚のカードが袋の中に入っている。
この袋の中から３枚のカードを，途中で元に戻すことなく続けて取り出し，取り出したカードに書かれた数を，取り出した順に a，b，c とする。

① $a > b + c$ となる確率は $\dfrac{\text{ウ}}{\text{エオ}}$

② a を十の位，b を一の位とする２けたの整数を n とする。

積 cn の値が，６の倍数になる確率は $\dfrac{\text{カ}}{\text{キ}}$

4 AB＝12㎝，BC＝９㎝，∠ABC＝120° の平行四辺形ABCDがある。
辺AB上にAE：EB＝３：１となる点Eをとり，辺BC，CDの中点をそれぞれF，Gとする。
線分AFと線分EGとの交点をHとする。

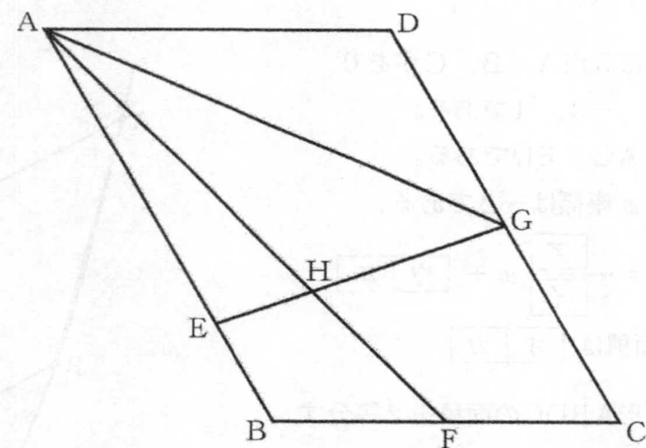

⑴ 線分AEの長さは線分DGの長さの $\dfrac{\text{ア}}{\text{イ}}$ 倍

⑵ 平行四辺形ABCDの面積は $\text{ウエ}\sqrt{\text{オ}}$ cm²

⑶ 線分EHの長さは線分HGの長さの $\dfrac{\text{カ}}{\text{キ}}$ 倍

⑷ △AHGの面積は $\dfrac{\text{クケ}\sqrt{\text{コ}}}{\text{サ}}$ cm²

5　中心O，直径12㎝の球Oがあり，線分AB，CDは垂直に交わる球Oの直径である。
中心Oを通り直線CDに垂直な平面で球Oを切断したときの切断面の円について，その円の周上に，$\overset{\frown}{AE}:\overset{\frown}{EF}:\overset{\frown}{FB}=5:4:3$となる点E，Fをとる。

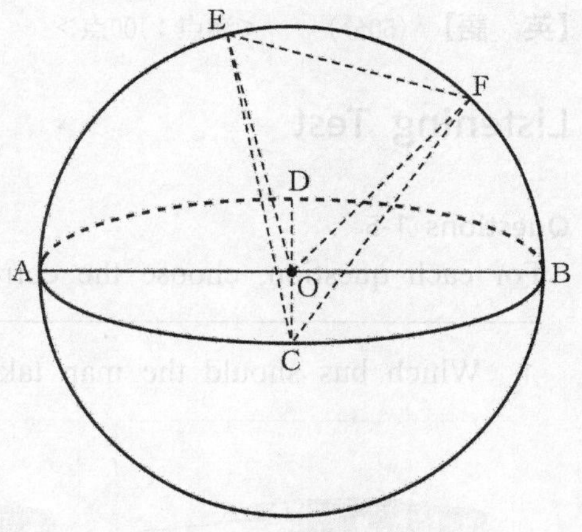

(1)　$\angle AOE = \boxed{\text{ア}\,\text{イ}}^\circ$

(2)　四面体OCEFの体積は $\boxed{\text{ウ}\,\text{エ}}\sqrt{\boxed{\text{オ}}}$ cm^3

(3)　△CEFの面積は $\boxed{\text{カ}}\sqrt{\boxed{\text{キ}}}$ cm^2

(4)　点Oと面CEFとの距離は $\dfrac{\boxed{\text{ク}}\sqrt{\boxed{\text{ケ}\,\text{コ}}}}{\boxed{\text{サ}}}$ cm

【英　語】（50分）　＜満点：100点＞

Listening Test

Part 1

Questions 1-5

For each question, choose the correct picture.

1 Which bus should the man take?

A

B

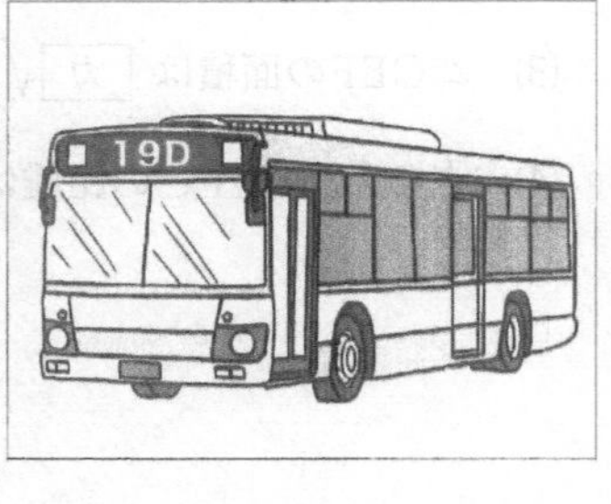

C

2 When will the girl have an important game?

A

B

C

3 Which are the man and the woman looking at?

到　着

出発地	便名	定刻	変更	状況
ニューヨーク	UA543	14 : 52	14 : 58	到着済み
パリ	FA235	15 : 03		
ロンドン	BA54	15 : 20	16 : 35	
シドニー	AU22	15 : 30	16 : 35	
シカゴ	UA35	17 : 46		

A

到　着

出発地	便名	定刻	変更	状況
ニューヨーク	UA543	14 : 52		到着済み
パリ	FA235	15 : 03	15 : 30	
シドニー	AU22	15 : 30	17 : 00	
ロンドン	BA54	17 : 13		
シカゴ	UA35	17 : 46	17 : 55	

B

到　着

出発地	便名	定刻	変更	状況
ニューヨーク	UA543	14 : 52		到着済み
パリ	FA235	15 : 03		
シカゴ	UA35	15 : 30	17 : 00	
ロンドン	BA54	16 : 00	16 : 20	
シドニー	AU22	17 : 00	17 : 30	

C

4 What does the woman like doing on weekends?

5 Which map shows the way to ABC Hospital?

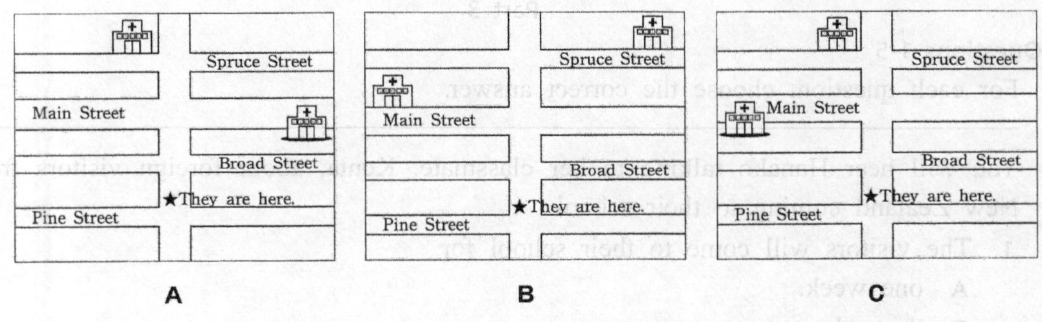

Part 2

Questions 1-5

For each question, choose the correct answer.

---

1 You will hear a teacher talking to his class about smartphone use.
What will happen when students use smartphones in the classroom?
A Students will not listen to the teacher.
B Students will concentrate more on class activities.
C Students will get better at sending messages.

2 You will hear a girl, Saki, talking to a boy called Matt.
What was the hardest thing for Matt when he first came to Japan?
A many old things
B reading and writing Japanese
C eating *sashimi*

3 You will hear a girl, Alice, talking to a boy called James.
What can be said about the boy's new pet?
A quiet with very soft hair
B cute with brown hair
C tiny with white hair

4 You will hear two people talking in a doctor's office.
What does the doctor think about the man's health?
A He has a headache.
B He is good.
C He has a cold.

5 You will hear a student talking with a friend about his future.
What type of job does the boy want to do after graduation?
A police officer
B teacher
C engineer

Part 3

Questions 1-5

For each question, choose the correct answer.

You will hear Hanako talking to her classmate, Kenta, about foreign visitors from New Zealand coming to their school.

1 The visitors will come to their school for
A one week.
B three days.
C one day.

2 Hanako and Kenta decided to use the gym because
A the library cannot be used.
B it was the only room with enough space.
C the main hall is too small.

3 Each group will have
A seven students.
B fourteen students.
C twenty-one students.

4 When they visit the school, foreign students will be able to
A learn how to write *kanji*.
B use brushes to write *manga*.
C make some culture rooms.

5 In the *anime* room, foreign students will watch part of an *anime* movie before
A making *anime*.
B listening to *anime* songs.
C talking about the *anime* story.

※リスニングテストの音声は，学校のHPをご確認ください。

4 次の英文を読んで，あとの(1)～(5)の問いに答えなさい。

Music can be used as a tool for sales and can create an environment to help customers raise their motivation to buy things. It can also influence how our food tastes, how we feel about waiting in line, and what wine we buy in a store. Then how are the tempo, genre (types of music) and volume of music connected to customers' buying behavior?

The tempo of music playing can be an important part of the atmosphere in shops and restaurants. It has been widely believed that when the music becomes faster, the customers' actions also become faster.

A study showed that 'fast' tempo and 'slow' tempo music had different influences on the behavior of people in a restaurant, and a lot of studies support this. For example, restaurant customers listening to slow music spent an average of 11 minutes longer at their table than those who were listening to fast music (56 vs 45 minutes).

A similar study examined the effects of music tempo on supermarket shoppers. It found that slow-tempo background music made the customers walk more slowly in a store than fast music. The tempo of music had a great influence on how customers spent their time in the store. As customers move more slowly through stores, they are likely to buy more. In this case, 38% more.

Researchers say that the genre also has a strong link with the customers' way of thinking, as their behavior is likely to change according to music. For example, types of music such as classical and jazz are known as high-class because they are connected with elegance and richness. When they are played in places such as bars, restaurants and stores, these types of music have increased a customer's motivation to spend more and buy more expensive and high-quality products.

Another study found that customers listening to classical music instead of Top 40 music in a wine store spent much more money. This was not because customers bought more wines, but because they bought much more expensive wines. The conclusion here was that "music must fit the environment in order to increase sales."

There is not enough research to suggest that the volume of background music directly influences customers' spending. However, researchers also found that the loudness of music can influence how long a customer stays. One study tested the influence of 'loud' and 'soft' music on customers. According to the study, people spent less time in the stores when music was loud compared to when it was soft. So, we can say that playing music at a volume that helps customers to stay longer would likely lead to higher spending.

(1) 本文の内容に合うものを，次のア～エのうちから一つ選びなさい。

ア
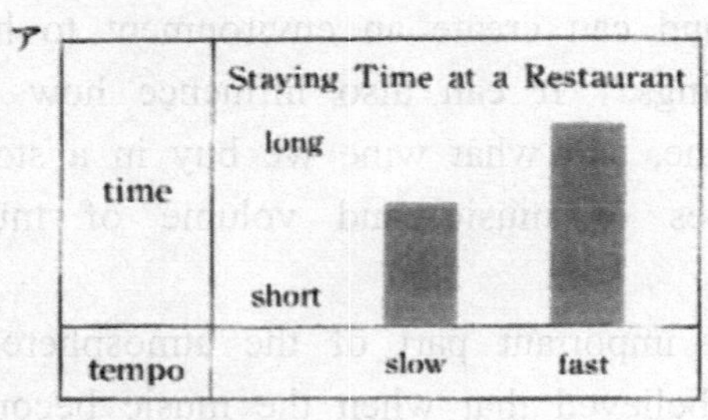

イ
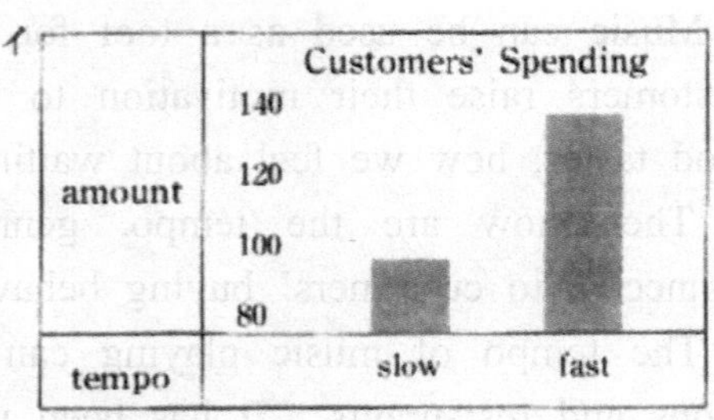

ウ
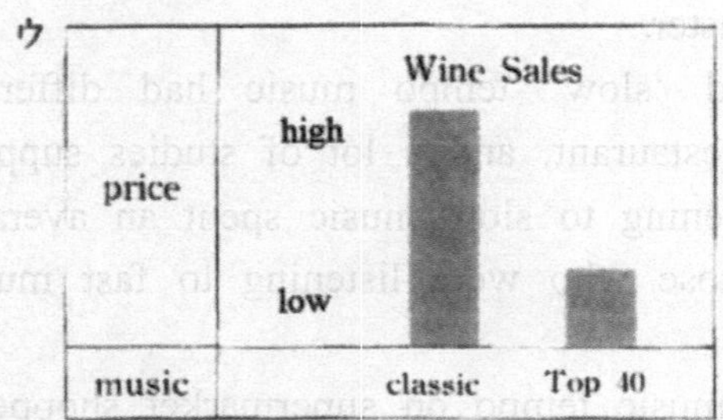

エ
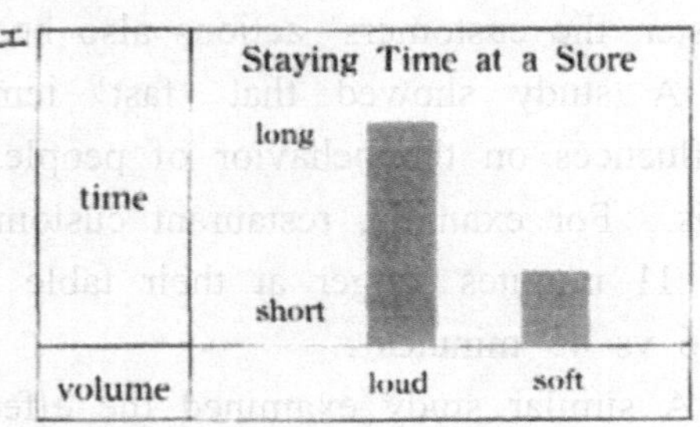

(2) 本文のタイトルとして最も適当なものを，次のア～エのうちから一つ選びなさい。

ア Why is the Tempo of Music Important?
イ How can Music Influence our Buying Behavior?
ウ The Power of Top 40 Music
エ The Importance of Walking Speed

(3) 本文の内容と一致するものを，次のア～エのうちから一つ選びなさい。

ア Customers who listened to slow music stayed at a restaurant for eleven minutes on average.
イ Slow-tempo music helped to increase the sales of products in a store.
ウ Customers tend to buy more bottles of wine when listening to classical music.
エ Loud music helped to increase the sales in a store.

(4) 本文によると，客の回転率を上げるためにはどのようなことをすればいいと考えられるか。最も適当なものを，次のア～エのうちから一つ選びなさい。

ア using slow tempo music　　イ using classical music
ウ using Top 40 music　　エ using loud and up-tempo music

(5) 本文から考えられることを，次のア～オのうちから二つ選びなさい。

ア High class restaurants should use classical or jazz music to increase sales.
イ Supermarkets should use fast tempo music to help customers buy more products.
ウ Fast food restaurants should use classical music to increase their sales.
エ Department stores may increase sales if they use soft music as background music.
オ Hotels should use classical and soft music for customers to feel good.

5　次の英文を読んで，あとの(1)～(7)の問いに答えなさい。

The Lost City of Pompeii

A ①deafening boom can be heard through Pompeii's crowded marketplace. The ground shakes violently, throwing midday shoppers off balance and destroying stands of fish and meat. People scream and point toward Mount Vesuvius, a huge volcano that rises above them.

Nearly 2,000 years ago, Pompeii was an active city which is now southern Italy. But in the summer of A.D. 79, the nearby Mount Vesuvius volcano erupted. Smoke and deadly gas flowed 20 miles into the air, which soon spread to the town. Almost overnight, Pompeii — and many of its 10,000 people — ②vanished under a blanket of ash.

Pompeii was basically lost and forgotten until it was rediscovered in 1748. Thanks to ③the excavations, which are still going on today, scientists have been able to figure out almost exactly what happened on that terrible day.

The Sky is Falling

After the volcano first erupted shortly after noon, the thick ash turned everything black, and people couldn't even see the sun. Some people escaped the city, while others took shelter in their homes. But the ash kept falling. Piles grew as deep as nine feet in some places, blocking doorways and breaking roofs.

Around midnight, the first of four burning-hot clouds of ash, rock, and deadly gas (also called surges) rushed down the volcano. ④Traveling toward Pompeii at about 180 miles an hour, the surge burned everything in its path. Around 7 a.m., nearly 19 hours after the early eruption, the city was completely covered in a deadly mix of ash and rock.

Lost and Found

Visiting Pompeii is like going back in time. ⑤The layers of ash actually helped to preserve buildings, artwork, and even the forms of bodies as they decayed and left holes in the ash. That allowed experts to fill in the details that might not have survived at many other Roman sites.

Based on the findings they uncovered, scientists believe that Pompeii was a ⑥prosperous town popular with rich vacationing Romans. Well-paved streets had high sidewalks and stepping-stones to keep walkers out of the mud. To relax, people took public baths, watched gladiators or chariot races at an amphitheater, and enjoyed plays in two theaters.

Pompeii may be ancient history, but ⑦scientists are pretty sure Mount Vesuvius is overdue for another major eruption. Luckily the people living near the volcano today will likely receive evacuation warnings before it blows.

（注） ash 灰　gladiators 剣闘士　chariot races 古代の軽二輪戦車のレース
amphitheater 円形劇場

【出典】*National Geographic Kids*

⑴ 本文中の下線部①の原因として最も適当なものを，次のア～エのうちから一つ選びなさい。
ア rocks　イ scream　ウ eruption　エ warnings

⑵ 本文中の下線部②の内容として最も適当なものを，次のア～エのうちから一つ選びなさい。
ア disappeared under the thick ash　イ escaped from the thick ash
ウ dug under the thick ash　エ ran away from the thick ash

⑶ 本文中の下線部③はどのような行為か。次のア～エのうちから一つ選びなさい。
ア thinking　イ bathing　ウ building　エ digging

⑷ 本文中の下線部④の内容として最も適当なものを，次のア～エのうちから一つ選びなさい。
ア People drove toward Pompeii so fast that they couldn't see anything burning.
イ The gas spread toward Pompeii so fast and it burned everything in the way.
ウ The gas disappeared before reaching Pompeii, so everything in the way was not burned out.
エ People took public buses before reaching Pompeii and it took nearly 19 hours after the early eruption.

⑸ 本文中の下線部⑤の内容として最も適当なものを，次のア～エのうちから一つ選びなさい。
ア The body parts could be found in the falls of the mountain.
イ The layers of ash actually came from the hall and destroyed buildings.
ウ The body parts disappeared, and left holes of the body shapes in the ash.
エ The layers of ash allowed people to draw pictures of many other Roman sites.

⑹ 本文中の下線部⑥と同じ意味のものを，次のア～エのうちから一つ選びなさい。
ア wealthy　イ dangerous　ウ deep　エ terrible

⑺ 本文中の下線部⑦の内容として最も適当なものを，次のア～エのうちから一つ選びなさい。
ア Scientists are sure that Mount Vesuvius is a dead volcano.
イ Scientists are sure that Mount Vesuvius is going to erupt sometime.
ウ People are sure that Mount Vesuvius is too old to erupt.
エ People are sure that Mount Vesuvius is getting bigger.

6 次の英文を読んで，あとの⑴～⑺の問いに答えなさい。

At the age of 14, Manjiro Nakahama, a fisherman, was lost while fishing and arrived on a deserted island. He was saved by an American ship and lived in the U.S.A. for about 10 years, and returned to Japan before Perry's arrival.

Long after all the other family members went to bed, Manjiro stood at the door of the house. The moon made a path of light leading to the ocean and beyond — perhaps to America.

It was silent. He could hear the sound of waves on the beach. The voice of an owl rolled down the mountainside.

It was hard to imagine any change in this remote village, but the waves of change were coming and Japan would have to change in many ways. His beloved country remained almost the same for many years while the West developed science, transportation and strong armies. There were hundreds of ways Japan would get better from the coming changes. And hundreds of ways it would not. Perhaps one day even this quiet peaceful village would be broken by the noise of steam engines and the voices of business people.

Nothing stayed the same like the nature of life. Originally Japanese people admired the beauty of cherry blossoms and the colorful autumn leaves. Manjiro thought it was funny that his country's people still held on to the past so strongly. Now they were like the last delicate blossoms on the branch while the wind blew at them.

Manjiro sighed and went inside, lay down on his futon, and joined his family in sleep.

Manjiro opened his eyes and wondered what had awakened him. He heard an unknown voice of a messenger. His mother went to talk to the messenger while he was still on his futon.

"The outsider, Manjiro, must go to Kochi right now," the messenger said.

"Excuse me," said Manjiro's mother, "he is not an outsider; he is just as Japanese as you or I. Why must he go right away?"

"The great lord of Tosa has ordered it," the man said.

"But why?" she asked.

"I don't know," he said. "I am just a messenger!"

Manjiro's sister offered the man tea and a rice ball, and he began to talk more.

"Some people say he is a foreign spy," he said, "so perhaps he will be arrested."

Manjiro's mother took a breath deeply.

"But others say," the messenger continued, "that Lord Yamauchi wants him to teach young samurai the foreign language." The man lowered his voice to a whisper. "They even say that Manjiro would be a samurai." He clicked his tongue. "Imagine a simple fisherman becoming a samurai!"

Manjiro smiled on his futon and remembered what he told his friends in the fishing boat when they thought they were going to die. He said he wanted to be a samurai. He didn't know why he said that but it just came out. But this impossible idea helped to keep him alive.

The messenger drank his tea, then laughed. "Well, since he is not from a samurai family, I hope at least he has the heart of a samurai!"

Manjiro felt his heart beating. It was washed and broken by waves. It would always be the simple heart of a fisherman, but perhaps it was also becoming the brave heart of a samurai.

（注） deserted 人が住んでいない messenger 使者 lord 藩主

【出典】Margi Preus, *Heart of a SAMURAI*, 2010

問 次の(1)～(5)がそれぞれ本文の内容に合う英文になるように，（ ）に入る最も適当なものを，下のア～エのうちから一つずつ選びなさい。

(1) After his family went to bed, Manjiro didn't sleep as（ ）

ア he wanted to follow the moonlight back to the United States.

イ he was impressed to see how the quiet village had changed.

ウ he was worried about Japan's future.

エ he was glad that Japan was like the last delicate blossoms on the branch.

(2) The West was developing in many ways when Japan（ ）

ア was just passing the time.

イ was trying hard to catch up.

ウ loved the changes in society.

エ was hearing the sound of steam engines.

(3) Manjiro found it funny that（ ）

ア Japanese people saw the changing of nature.

イ Japanese people loved the cherry blossoms.

ウ Japanese people enjoyed the beauty of flowers.

エ Japanese people were afraid of change.

(4) The messenger clicked his tongue because（ ）

ア it was rare for a non-samurai to be a samurai.

イ he did not want to be heard by a spy.

ウ Manjiro spoke the foreign language.

エ Manjiro's mother took a deep breath.

(5) The messenger thought（ ）

ア because Manjiro did not have the heart of a samurai, he needed to train in swords.

イ he would be happy if Manjiro could be a samurai from a non-samurai family.

ウ Manjiro did not have the heart of a samurai, so he could be a samurai.

エ if Manjiro would be a samurai he should at least have the heart of a samurai.

(6) 本文の内容に関して，Manjiroのことを説明したものとして最も適当なものを，次のア～エのうちから一つ選びなさい。

ア When he returned from the U.S.A., he was happy to become an English teacher.

イ His hope to be a samurai kept him alive.

ウ He thought it was difficult to become a samurai because of his mother's words.

エ After he came back from the U.S.A., he began to feel sorry that Japanese people loved the change of nature.

(7) 本文の内容に一致するものを，次のア～エのうちから一つ選びなさい。

ア The Japanese sense of beauty, such as the love of cherry blossoms, was changed by Western culture.

イ In the time of this story, being a foreigner was an honor in Japan.

ウ In the time of this story, the family tradition was valued in Japan.

エ In the time of this story, people often asked questions to the lord.

【理　科】（50分）　＜満点：100点＞

1　植物のつくりについてのＳさんと先生との会話文を読んで，あとの(1)～(5)の問いに答えなさい。

Ｓさん：自然界にはさまざまな種類の植物が存在していますが，そのつくりにはそれぞれどのような特徴があるのでしょうか。

先　生：まず，ツツジとマツの花のつくりについて調べてみましょう。

Ｓさん：ツツジの花を分解して，そのつくりごとに分けると，図１のようになりました。aツツジの花弁は，もとの部分で１つにつながっていました。また，マツの雄花と雌花のいずれかからはがしたりん片をそれぞれ表したものが図２です。

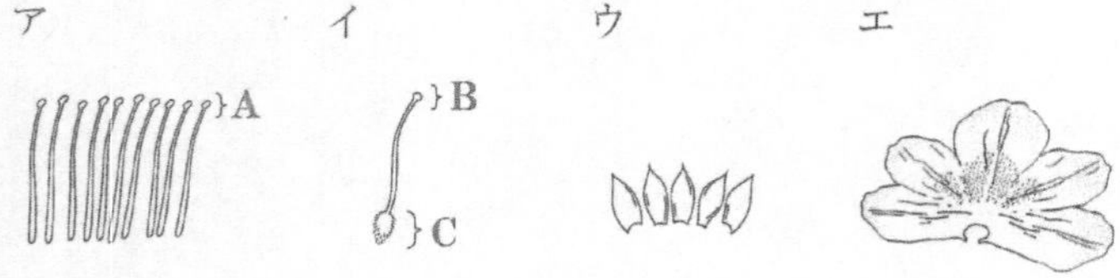

図１

先　生：ツツジとマツはともに種子植物で，bどちらの花にも花粉を出す部分と，受粉後に種子になる部分があります。その一方で，ツツジは受粉後に果実ができ，マツは受粉後に果実ができないという違いがあります。

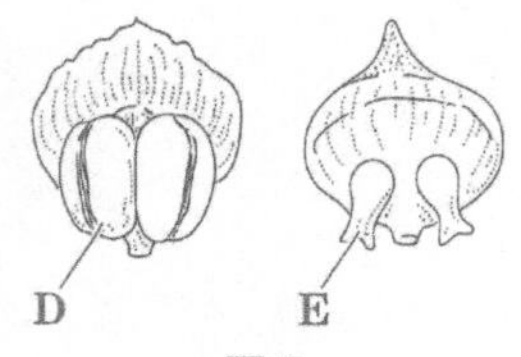

図２

Ｓさん：花のつくりについてはわかりました。植物の葉や茎のつくりには，どのような特徴があるのでしょうか。

先　生：図３は，cある植物の葉の断面を表したものです。また，図４は，同じ植物の茎の横断面を模式的に表したものです。

Ｓさん：葉ではＰとＱ，茎ではＲとＳの部分がまとまって維管束となっているのですね。また，この植物では茎の横断面に維管束が輪の形に並んでいることがわかります。どの植物も同じようなつくりになっているのでしょうか。

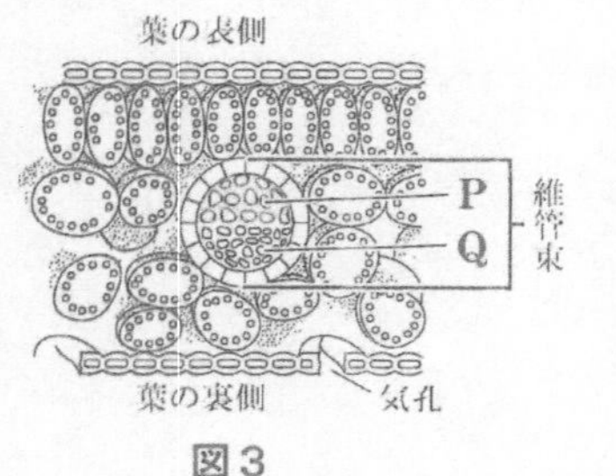

図３

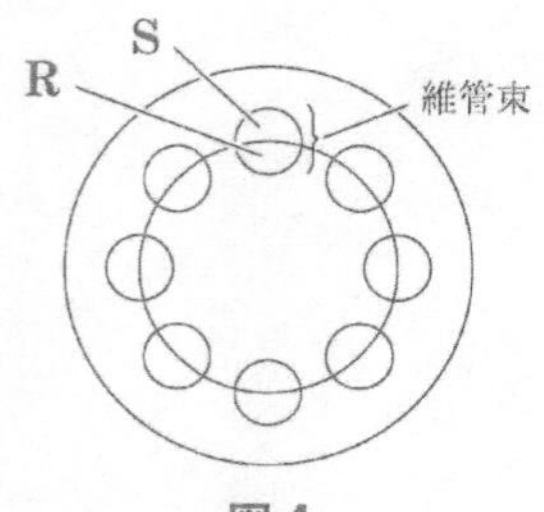

図４

先　生：いいえ。茎の横断面における維管束の並び方は，同じものもあれば異なるものもあります。また，維管束をもつ植物ともたない植物があり，dたとえば，ゼニゴケは維管束をもたない植物です。また，ゼニゴケには，種子ではなく胞子でふえるという特徴もあります。

Ｓさん：なるほど。植物は種類によってさまざまな特徴があるのですね。

(1) 図１のア～エを，花の外側から中心に向かってついている順に並べるとどのようになりますか。[1]～[4]にあてはまる最も適当なものを，図１のア～エのうちからそれぞれ一つずつ選びなさい。

（外側）[1]→[2]→[3]→[4]（中心）

(2) 下線部ａについて，ツツジと同じように，花弁のもとの部分が１つにつながっている植物はどれですか。最も適当なものを，次のア～エのうちから一つ選びなさい。

ア　エンドウ　　イ　アサガオ　　ウ　ホウセンカ　　エ　サクラ

(3) 下線部ｂについて述べた文として最も適当なものを，次のア～カのうちから一つ選びなさい。

ア　ツツジはＡ，マツはＤの部分から花粉を出し，ツツジはＢの一部，マツはＥの部分が種子になる。

イ　ツツジはＡ，マツはＤの部分から花粉を出し，ツツジはＣの一部，マツはＥの部分が種子になる。

ウ　ツツジはＡ，マツはＥの部分から花粉を出し，ツツジはＣの一部，マツはＤの部分が種子になる。

エ　ツツジはＢ，マツはＤの部分から花粉を出し，ツツジはＡの一部，マツはＥの部分が種子になる。

オ　ツツジはＢ，マツはＤの部分から花粉を出し，ツツジはＣの一部，マツはＥの部分が種子になる。

カ　ツツジはＢ，マツはＥの部分から花粉を出し，ツツジはＣの一部，マツはＤの部分が種子になる。

(4) 下線部ｃについて述べた文として最も適当なものを，次のア～エのうちから一つ選びなさい。

ア　この植物の葉脈は網目状で，図３のＰの部分とつながっているのは，図４のＲの部分である。

イ　この植物の葉脈は網目状で，図３のＰの部分とつながっているのは，図４のＳの部分である。

ウ　この植物の葉脈は平行で，図３のＰの部分とつながっているのは，図４のＲの部分である。

エ　この植物の葉脈は平行で，図３のＰの部分とつながっているのは，図４のＳの部分である。

(5) 次の文章は，下線部ｄについて述べたものです。[1]にあてはまるものを１群のア，イのうちから，[2]にあてはまるものを２群のア，イのうちから，最も適当なものをそれぞれ一つずつ選びなさい。

> 維管束をもつ植物には，[1]。ゼニゴケには雄株と雌株があり，そのうち，胞子を出す部分のあるものは[2]である。

【１群】ア　胞子でふえるものはない　　イ　胞子でふえるものもある

【２群】ア　　イ

2 星座についてのＳさんと先生との会話文を読んで，あとの(1)~(5)の問いに答えなさい。

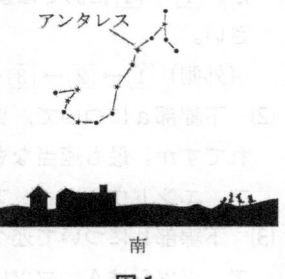

Ｓさん：図１は，７月10日の21時に，ある地点から南の空を観察したときに見られたさそり座のようすです。このとき，アンタレスが南中していました。

アンタレス

南

図１

先　生：では，観察する時刻を変えたり，日にちを変えたりして，南の空を観察したときの，アンタレスの見える位置は，図１と比較してどのようになっていましたか。

Ｓさん：観察する時刻や日にちを変えると，アンタレスが図１とは異なる位置に見えました。このようになるのは，a太陽が天球上を移動していく見かけの運動が起きる理由と同様で，地球が運動しているためだと考えられます。

先　生：そのとおりです。星座の見え方について考えるときは，太陽の見え方と関連付けて理解していくとよいでしょう。図２は，黄道とその近くに見える12の星座を示したもので，星座の下には，地球から見て太陽がその星座の方向にある月を示しています。ここから，それぞれの星座と地球の位置関係を考えてみましょう。

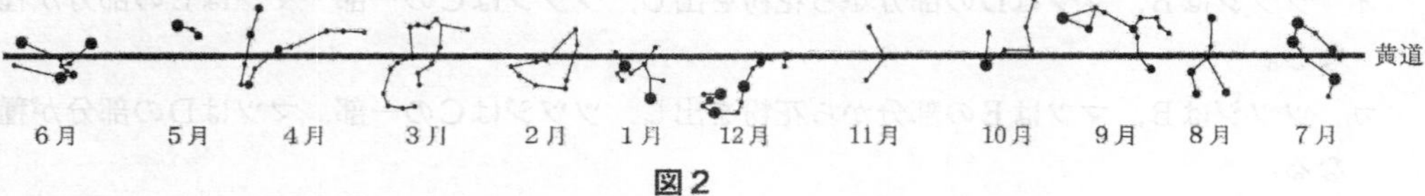

図２

Ｓさん：太陽，地球，各星座の位置関係を，図３のように模式的に表してみました。地球の移動していく向きは[1]で，地球がＡの位置にあるとき，日本の季節は[2]です。

先　生：よくまとまっていますね。ここでは黄道の近くに見える12の星座について考えていますが，他の星座についても同じように考えることができます。図４は，b12月15日の22時に，ある地点から南の空を観察したときに見られたオリオン座のようすです。このオリオン座の位置がどのように変わっていくかについても考えてみましょう。

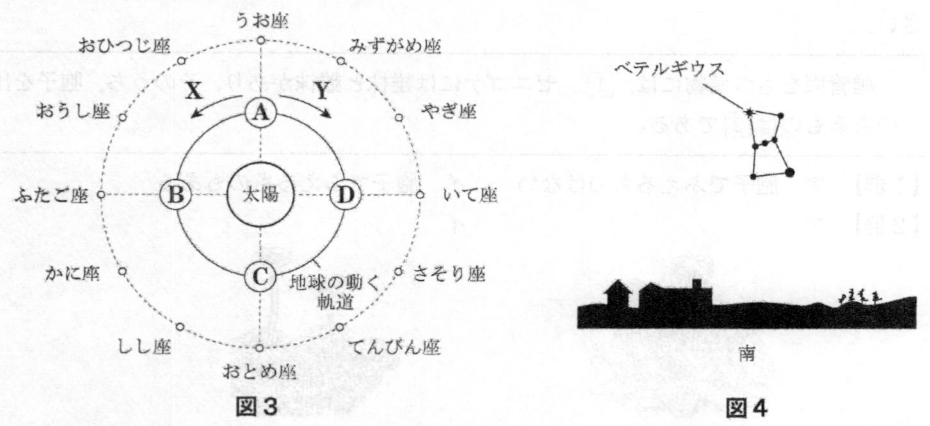

図３

図４

⑴　下線部ａについて，太陽や星座が天球上を移動していく見かけの運動と，地球の運動について述べた文として最も適当なものを，次のア～エのうちから一つ選びなさい。

ア　太陽や星座の見かけの運動について，日周運動は地球が地軸を中心として公転しているために起こり，年周運動は地球が太陽のまわりを自転しているために起こる。

イ　太陽や星座の見かけの運動について，日周運動は地球が地軸を中心として自転しているために起こり，年周運動は地球が太陽のまわりを公転しているために起こる。

ウ　太陽や星座の見かけの運動について，日周運動は地球が太陽のまわりを公転しているために起こり，年周運動は地球が地軸を中心として自転しているために起こる。

エ　太陽や星座の見かけの運動について，日周運動は地球が太陽のまわりを自転しているために起こり，年周運動は地球が地軸を中心として公転しているために起こる。

⑵　９月10日の21時に，図１と同じ地点から南の空を観察すると，アンタレスは図１よりも西に移動して見えました。このとき，アンタレスは図１と比べて何度西に移動して見えますか。あ，い にあてはまる数字を一つずつ選びなさい。

あい度

⑶　会話文中の 1 にあてはまるものを１群のア，イのうちから，2 にあてはまるものを２群のア～エのうちから，最も適当なものをそれぞれ一つずつ選びなさい。

【１群】　ア　X　　イ　Y

【２群】　ア　春　　イ　夏　　ウ　秋　　エ　冬

⑷　次の文章は，図３について述べたものです。1，2 にあてはまるものを，あとのア～エのうちからそれぞれ一つずつ選びなさい。

> ふたご座が真夜中に南中して見えるのは，地球が図３の 1 の位置にあるときである。また，おとめ座が日没頃に南中して見えるのは，地球が図３の 2 の位置にあるときである。

ア　A　　イ　B　　ウ　C　　エ　D

⑸　下線部ｂについて，図４と同じ位置にオリオン座が見える日時として最も適当なものを，次のア～エのうちから一つ選びなさい。

ア　11月１日の３時　　イ　12月１日の21時

ウ　１月１日の22時　　エ　２月１日の19時

3　Ｓさんは，気体の性質について調べるため，次の実験を行いました。これに関して，あとの⑴～⑸の問いに答えなさい。

> **実験**
>
> ①　図１（次のページ）のように，５本のペットボトルＡ～Ｅを用意した。ペットボトルＡには空気を入れ，Ｂ～Ｅには，いろいろな方法で発生させた，水素，酸素，二酸化炭素，アンモニアのいずれかを入れた。また，これらの気体は，いずれも温度と圧力が同じになるようにした。
>
> ②　ペットボトルＡ～Ｅの質量を調べたところ，Ａと比べて質量が小さいのはＣとＤで，Ａと比べて質量が大きいのはＢとＥだった。

③ ペットボトルＢ～Ｅのふたを開け，少量の水を入れてすぐにふたを閉めて，ペットボトルを振ったところ，Ｂは少しへこみ，Ｃは大きくへこんだ。ＤとＥには変化が見られなかった。

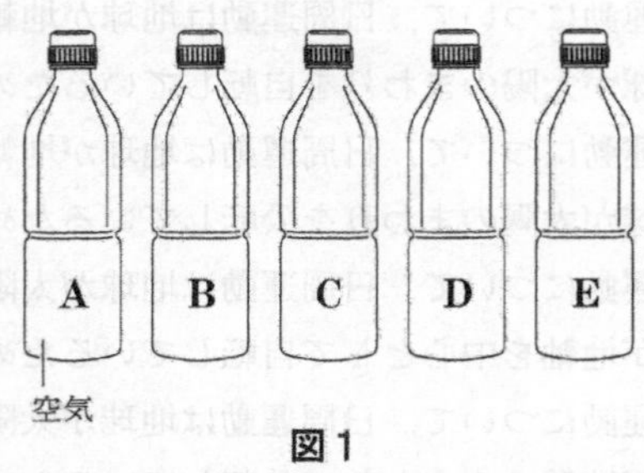

図１

(1) 実験で使った酸素は，図２のような装置を使って液体と固体を反応させることで発生させました。図２の 1 にあてはまる固体を１群のア～ウのうちから，2 にあてはまる液体を２群のア～ウのうちから，最も適当なものをそれぞれ一つずつ選びなさい。

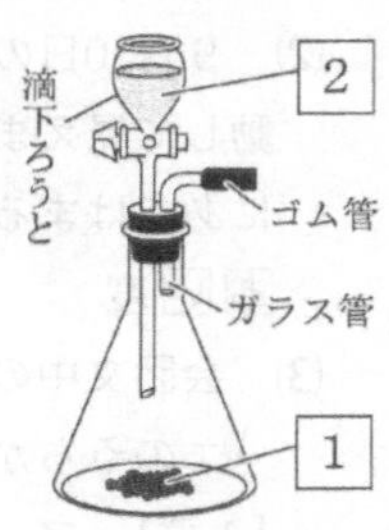

図２

【１群】 ア 亜鉛　イ 石灰石　ウ 二酸化マンガン

【２群】 ア うすい塩酸

イ うすい過酸化水素水（オキシドール）

ウ うすい水酸化ナトリウム水溶液

(2) ペットボトルＣの気体を発生させたとき，水上置換法，上方置換法，下方置換法のうちのどの方法で集めることが適当ですか。次のア～オのうちから一つ選びなさい。

ア 水上置換法のみ　イ 上方置換法のみ　ウ 下方置換法のみ

エ 水上置換法または上方置換法　オ 水上置換法または下方置換法

(3) ペットボトルＤの気体は何ですか。最も適当なものを，次のア～エのうちから一つ選びなさい。

ア 水素　イ 酸素　ウ 二酸化炭素　エ アンモニア

(4) ペットボトルＥの気体の性質として最も適当なものを，次のア～エのうちから一つ選びなさい。

ア 漂白作用がある。　イ 強いにおいがある。

ウ ものが燃えるのを助ける。　エ 石灰水を白くにごらせる。

(5) 乾いたポリエチレンの袋に，水素40㎝^{3}と酸素20㎝^{3}を入れ，図３のように，点火装置を使って電気の火花で気体に点火したところ，水素と酸素が過不足なく反応し，袋の中に水ができました。次のページの文章は，図３と同様の装置を使い，使用する気体をかえて実験を行った結果について述べたものです。1 にあてはまる気体を１群のア，イのうちから，2 にあてはまる値を２群のア～エのうちから，最も適当なものをそれぞれ一つずつ選びなさい。ただし，空気中に水素は含まれておらず，酸素は体積比で20％含まれているものとします。

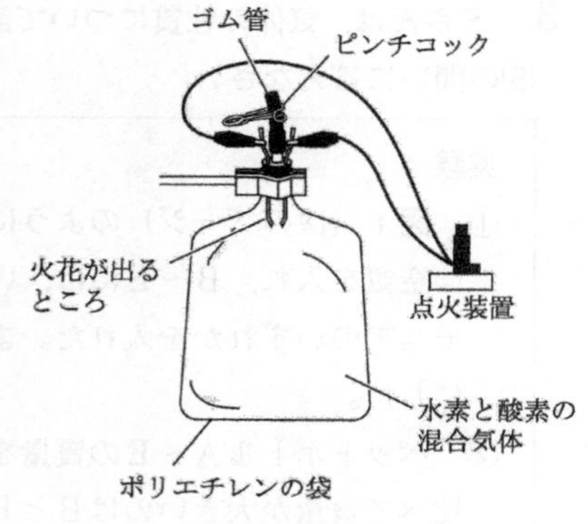

図３

水素50㎤，酸素15㎤，空気40㎤を混合した気体を使って実験を行ったところ，水素と酸素が反応したあと，袋の中には気体が残った。この残った気体には[1]が含まれており，その体積は[2]㎤である。

【１群】 ア 水素　イ 酸素

【２群】 ア ２　イ ４　ウ ６　エ ８

4 Ｓさんは，光の性質について調べるため，次の**実験１，２**を行いました。これに関して，あとの(1)～(5)の問いに答えなさい。

実験１

① 記録用紙に点Ｏを中心とした円をかいた。さらに，点Ｏを通り，そのまわりを30°ごとに区切る直線を引き，これらの直線と円との交点をＡ～Ｌとした。この記録用紙の円に合わせて，半円形レンズを置いた。**図１**は，この装置を真上から見たようすである。

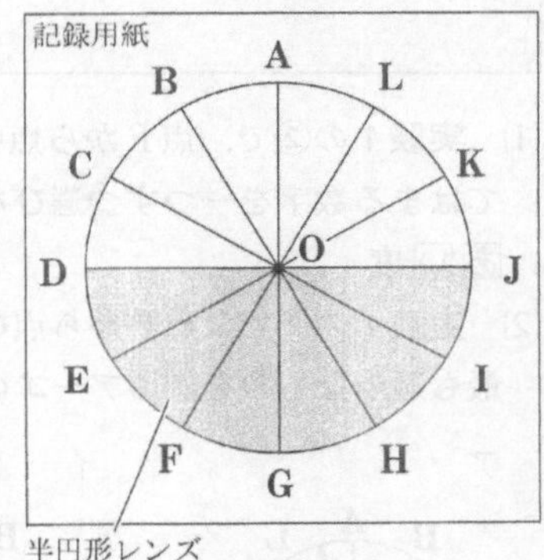

図１

② **図２**のように，光源装置を使って，①の装置の点Ｆから点Ｏに向けて光を入射させたところ，光は点Ｏでガラスと空気の２方向に分かれ，一方は屈折して空気側に進み，もう一方は反射して半円形レンズ側に進んだ。なお，**図２**に点Ｏから先の光の道すじは示されていない。

③ **図３**のように，光源装置を使って，①の装置の点Ｅから点Ｏに向けて光を入射させたところ，光は点Ｏで反射して半円形レンズ側に進み，空気側には進まなかった。

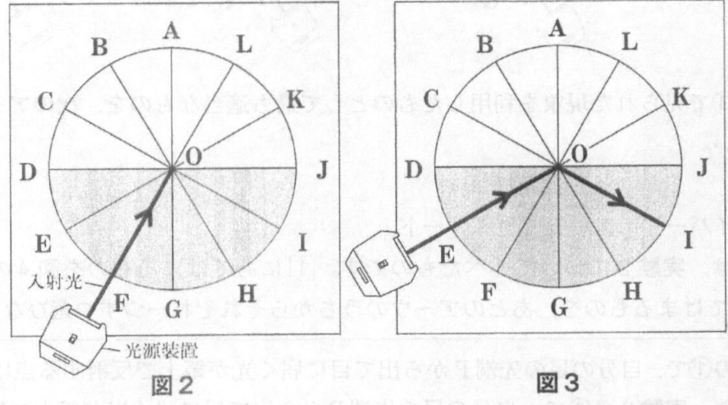

図２　　**図３**

実験２

① **図４**（次のページ）のように，床に垂直な壁にとりつけられた鏡から100cm離れたところに，身長155cmのＳさんが立ち，鏡にうつる自分の像を見た。このとき，自分の足の先端Ｐから出て目に届く光が鏡上で反射する点がどの位置になるかを調べた。

② Ｓさんは，鏡と自分との距離を200cmに変えて，鏡にうつる自分の像を見た。このとき，自

分の足の先端Ｐから出て目に届く光が鏡上で反射する点がどの位置になるかを調べた。

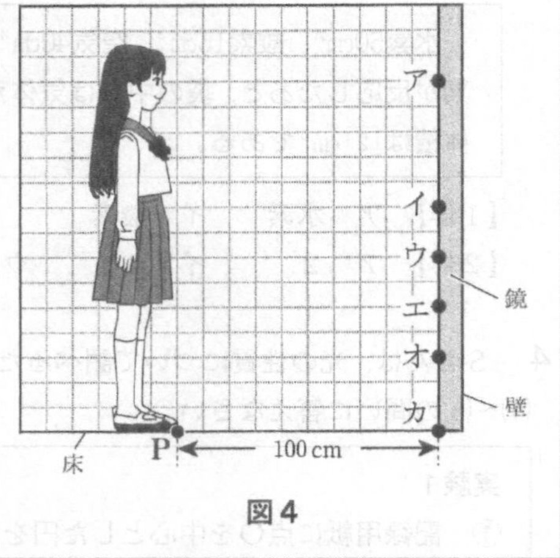

図４

⑴　**実験１**の②で，点Ｆから点Ｏに光を入射させたときの光の入射角は何度ですか。あ，い にあてはまる数字を一つずつ選びなさい。
あい度

⑵　**実験１**の②で，点Ｆから点Ｏに光を入射させたときの光の道すじはどのようになりましたか。最も適当なものを次のア～エのうちから一つ選びなさい。

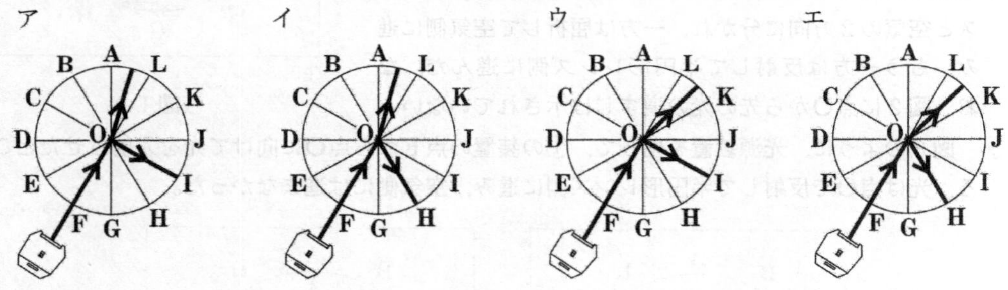

⑶　**実験１**の③で見られた現象を利用したものとして最も適当なものを，次のア～エのうちから一つ選びなさい。

ア　ルーペ　　　　　イ　蛍光灯
ウ　光ファイバー　　エ　発光ダイオード

⑷　次の文章は，**実験２**について述べたものです。１ にあてはまるものを図４のア～カのうちから，２ にあてはまるものを，あとのア～ウのうちからそれぞれ一つずつ選びなさい。

> **実験２**の①で，自分の足の先端Ｐから出て目に届く光が鏡上で反射する点は，１ の位置である。また，**実験２**の②で，自分の足の先端Ｐから出て目に届く光が鏡上で反射する点は，２ 位置である。

ア　**実験２**の①と同じ
イ　**実験２**の①よりも高い
ウ　**実験２**の①よりも低い

(5) 身長150cmのＴさんが，鏡から150cm離れたところに立ち，壁にとりつけた鏡に自分の像をうつして見るとき，Ｔさんの全身をうつすために必要な鏡の縦の長さは最短で何cmですか。最も適当なものを，次のア～カのうちから一つ選びなさい。

ア　50cm　　イ　75cm　　ウ　100cm
エ　125cm　　オ　150cm　　カ　この条件だけでは求められない。

5　Ｓさんたちは，刺激と反応について興味をもち，調べたことをまとめ，次の実験を行いました。これに関して，あとの(1)～(5)の問いに答えなさい。

調べたこと

①　図１は，ヒトの目のつくりを表したものである。ヒトの目では，光の刺激を受けとり，その刺激が変換された信号が神経を伝わっていき，それによってものが見えたと感じられる。

②　図２は，うでの筋肉を表したものである。筋肉ＡとＢがそれぞれゆるんだり縮んだりすることで，ヒトはうでを曲げたり伸ばしたりすることができる。

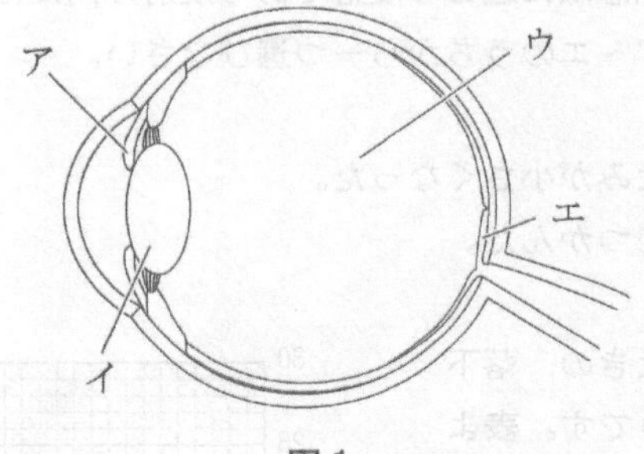

図１

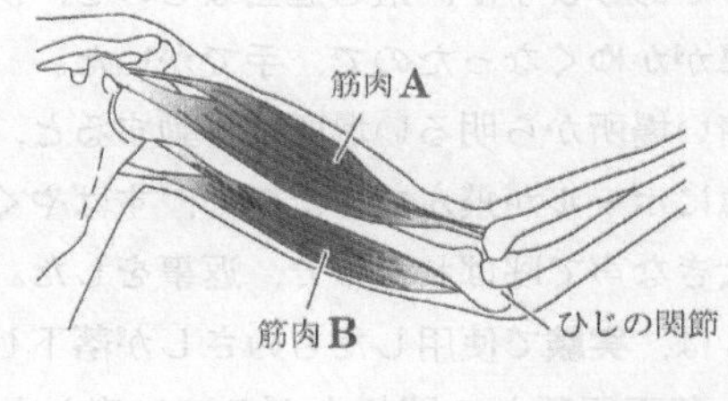

図２

実験

①　図３のように，Ｓさんは30cmのものさしの上端を持ち，Ｔさんはものさしの目もりの０の位置に手をそえた。さらに，ＳさんとＴさんは空いている手をつないだ。

②　Ｔさんが目を閉じた状態で，ＳさんはＴさんとつないだ手をにぎると同時に，ものさしをはなした。Ｔさんは，Ｓさんに手をにぎられたのを感じたら，すぐにもう一方の手をにぎり，ものさしをつかんだ。このときのものさしをつかんだ位置から，図４のようにものさしの落下距離を調べた。

③　②を合計５回行い，その結果を表にまとめた。

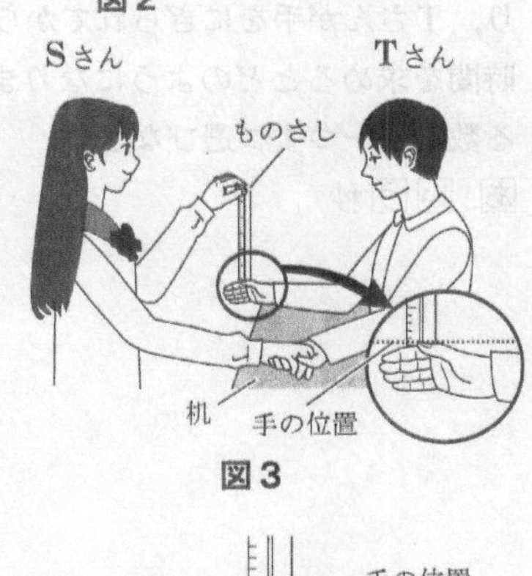

図３

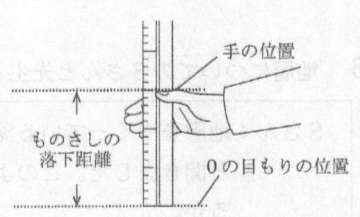

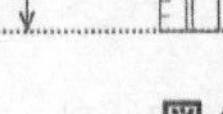

図４

表

	１回目	２回目	３回目	４回目	５回目
ものさしの落下距離〔cm〕	18.9	17.7	18.1	17.3	18.0

⑴　図１で，光の刺激を受けとる場所はどこですか。最も適当なものを，図１のア～エのうちから一つ選びなさい。

⑵　図２で，うでをひじの関節で曲げるときの筋肉ＡとＢのようすとして最も適当なものを，次のア～エのうちから一つ選びなさい。

ア　筋肉ＡとＢはともにゆるむ。　　イ　筋肉ＡとＢはともに縮む。

ウ　筋肉Ａは縮み，筋肉Ｂはゆるむ。　　エ　筋肉Ａはゆるみ，筋肉Ｂは縮む。

⑶　図５は，ヒトの神経のつながりを模式的に表したものです。ＴさんがＳさんに手をにぎられたとき，にぎられた手で受けとった刺激が変換された信号と，それに対する反応の信号が，もう一方の手の筋肉に伝わるまでの道すじはどのようになりますか。最も適当なものを，次のア～エのうちから一つ選びなさい。

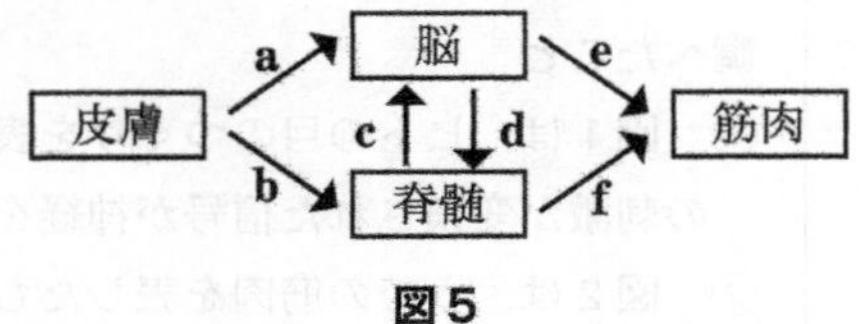

図５

ア　a→d→f　　イ　a→d→c→e

ウ　b→c→e　　エ　b→c→d→f

⑷　実験のように意識して起こす反応に対して，無意識に起こる反応である反射の例にはどのようなものがありますか。最も適当なものを，次のア～エのうちから一つ選びなさい。

ア　鼻がかゆくなったので，手でかいた。

イ　暗い場所から明るい場所に移動すると，ひとみが小さくなった。

ウ　急にボールが飛んできたので，すばやく手でつかんだ。

エ　大きな声で呼ばれたので，返事をした。

⑸　図６は，実験で使用したものさしが落下したときの，落下時間と落下距離との関係をグラフに表したものです。表より，Ｔさんが手をにぎられてから，ものさしをつかむまでの時間を求めるとどのようになりますか。あ～うにあてはまる数字を一つずつ選びなさい。

あ．いう秒

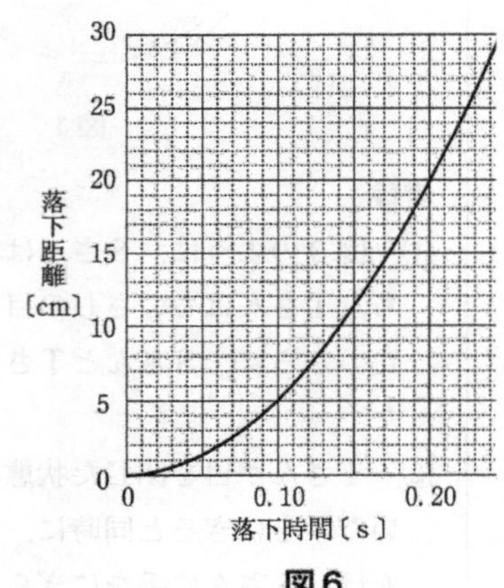

図６

6　地層についてのＳさんと先生との会話文を読んで，あとの⑴～⑸の問いに答えなさい。

Ｓさん：地層をつくっている泥岩，砂岩，れき岩のような岩石は，粒の大きさが異なっていると聞きました。このような粒の大きさの違いから，どのようなことがわかるのでしょうか。

先　生：では，泥，砂，れきを含む土砂を使った実験をしてみましょう。水が入った容器を傾けて置き，次のページの図１のように土砂を入れます。この土砂の上から洗浄びんを使って水をかけて，土砂の流され方を調べてみてください。

Ｓさん：実験の結果，泥，砂，れきが分かれて堆積しました。図２はこのときのようすを真上から見たものです。実際に河口から海に流れこんだ土砂も，このように分かれて堆積するということでしょうか。

先　生：はい。ですから，ある地点の地層に，泥岩，砂岩，れき岩の層が見られる場合，それぞれの層が堆積したとき，その地点が河口からどのような距離にあったかを推測することができます。その他にも，地層からはさまざまなことがわかります。

図１

図２

Ｓさん：なるほど。図３は，ある露頭で見られた地層のようすなのですが，ここでは泥岩，砂岩，れき岩の他に凝灰岩や石灰岩の層も見られます。また，石灰岩の層からはフズリナの化石が見つかっています。

先　生：フズリナは，a 層が堆積した地質年代を知る手がかりとなる化石です。また，シジミなどのように，b 層が堆積した環境を知る手がかりとなる化石もあります。

Ｓさん：図３では，Ｘ－Ｙのようなずれが見られます。これは，大地に強い力が加わったために生じた断層ですよね。

先　生：そのとおりです。このように，地層を観察することによって，過去にこの地域でどのようなことが起きたかを推測することができます。

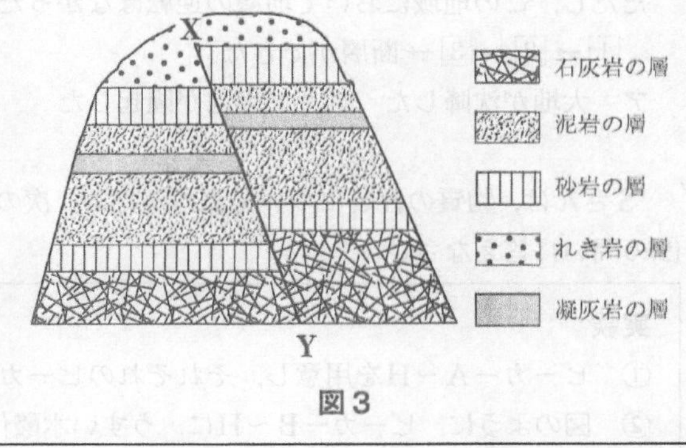

図３

(1)　図２から，土砂が河口から海に流れこんだときの泥，砂，れきの堆積するようすはどのようになると考えられますか。最も適当なものを，次のア～エのうちから一つ選びなさい。

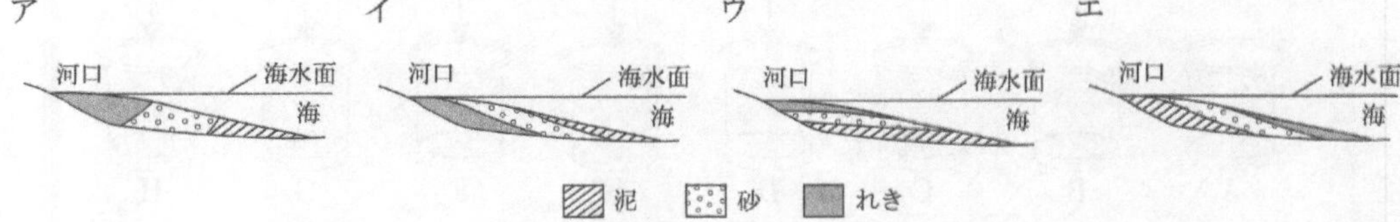

(2)　次のページの文章は，下線部ａについて述べたものです。[1] にあてはまるものを１群のア，イのうちから，[2] にあてはまるものを２群のア，イのうちから，[3] にあてはまるものを３群のア，イのうちから，最も適当なものをそれぞれ一つずつ選びなさい。

> 下線部ａのような化石を［1］という。このような化石になる条件は，その生物が［2］繁栄し，生息していた地域が［3］ことである。

【１群】　ア　示相化石　　　　イ　示準化石
【２群】　ア　ある限られた時代のみに　　　　イ　いくつもの時代にわたって
【３群】　ア　狭い　　　　イ　広い

(3)　下線部ｂについて，ある層からシジミの化石が見つかった場合，その層はどのような環境で堆積したと考えられますか。最も適当なものを，次のア～エのうちから一つ選びなさい。
ア　冷たくて深い海　　イ　あたたかくて浅い海　　ウ　川の上流　　エ　湖や河口

(4)　図３の断層Ｘ－Ｙができたときに地層に加わった力の向きを ⇨ で，地層のずれた向きを → で表すと，どのようになりますか。最も適当なものを，次のア～エのうちから一つ選びなさい。

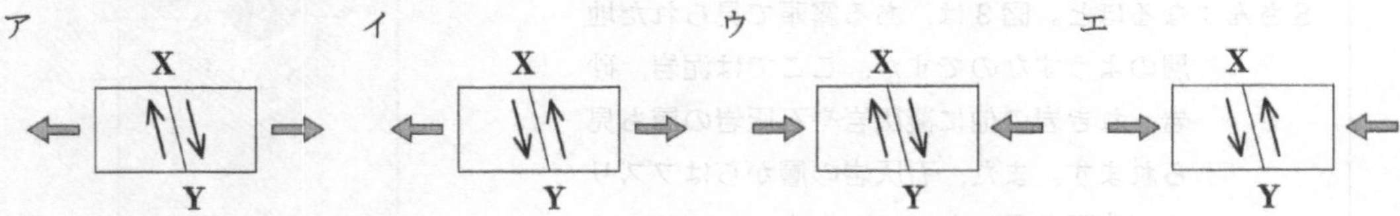

(5)　図３の露頭が見られた地域で起こったことを，左から順に並べるとどのようになりますか。［1］～［3］にあてはまる最も適当なものを，あとのア～ウのうちからそれぞれ一つずつ選びなさい。ただし，この地域において地層の逆転はなかったものとします。
［1］→［2］→［3］→ 断層ができた
ア　大地が沈降した　　イ　大地が隆起した　　ウ　火山活動があった

7　Ｓさんは，物質の性質について調べるため，次の**実験**を行いました。これに関して，あとの(1)～(5)の問いに答えなさい。

実験
①　ビーカーＡ～Ｈを用意し，それぞれのビーカーにうすい塩酸を10cm^3ずつ入れた。
②　図のように，ビーカーＢ～Ｈに，うすい水酸化ナトリウム水溶液をそれぞれ２cm^3，４cm^3，６cm^3，８cm^3，10cm^3，12cm^3，14cm^3加え，ガラス棒でよくかき混ぜた。

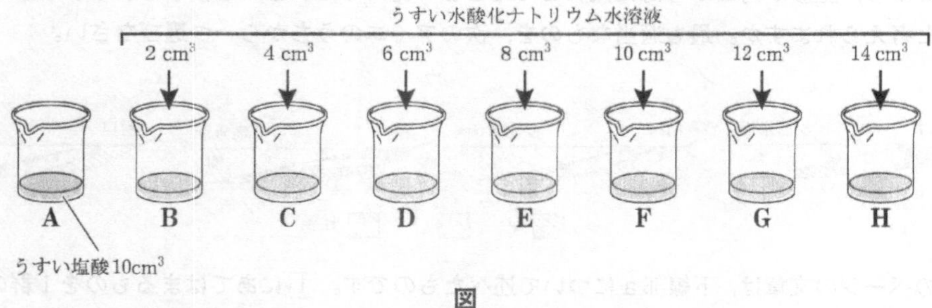

図

③　ビーカーＡ～Ｈに緑色のＢＴＢ溶液を数滴ずつ加え，ガラス棒でよくかき混ぜて，水溶液の色の変化を調べた。次のページの表１は，その結果をまとめたものである。

表１

ビーカー	A	B	C	D	E	F	G	H
うすい塩酸〔cm^3〕	10	10	10	10	10	10	10	10
うすい水酸化ナトリウム水溶液〔cm^3〕	0	2	4	6	8	10	12	14
緑色のBTB溶液を加えた水溶液の色	黄	黄	黄	黄	緑	青	青	青

④　ビーカーEの水溶液をスライドガラスに１滴とり，水を蒸発させたところ，スライドガラス上に白い結晶が残った。

⑤　①と同じ濃度のうすい塩酸を，ビーカーIとJにそれぞれ15cm^3ずつ入れた。次に，ビーカーIとJに，②と同じ濃度のうすい水酸化ナトリウム水溶液を加え，ガラス棒でよくかき混ぜた。さらに，ビーカーIとJに緑色のBTB溶液を数滴ずつ加え，ガラス棒でよくかき混ぜて，水溶液の色の変化を調べた。**表２**は，その結果をまとめたものである。

表２

ビーカー	I	J
うすい塩酸〔cm^3〕	15	15
うすい水酸化ナトリウム水溶液〔cm^3〕	[1]	9
緑色のBTB溶液を加えた水溶液の色	緑	[2]

(1)　次の文は，**実験**で起きた反応について述べたものです。[1]～[3]にあてはまる化学式を，あとのア～エのうちからそれぞれ一つずつ選びなさい。

> **実験**では，酸である[1]と，アルカリである[2]が反応して，塩である[3]ができる。

ア　NaCl　　イ　HCl　　ウ　NaOH　　エ　H_2O

(2)　**実験**後のビーカーA～Hの水溶液に含まれるイオンの総数をグラフで表すと，どのようになりますか。最も適当なものを，次のア～エのうちから一つ選びなさい。

ア

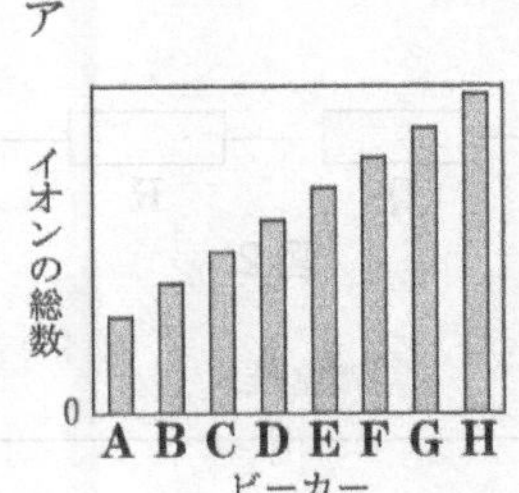

イ

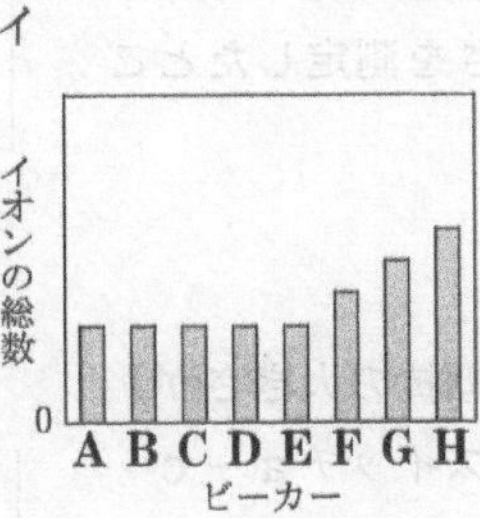

ウ

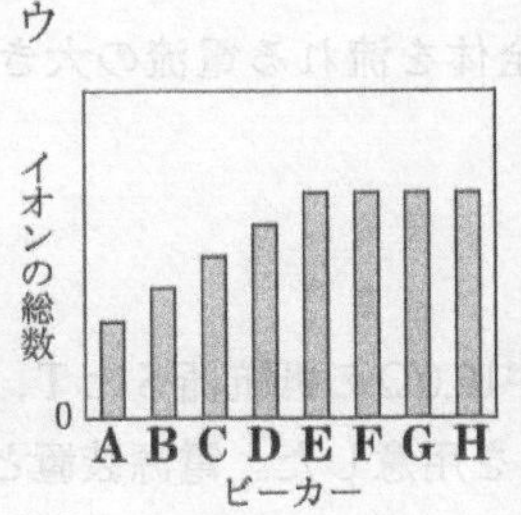

エ

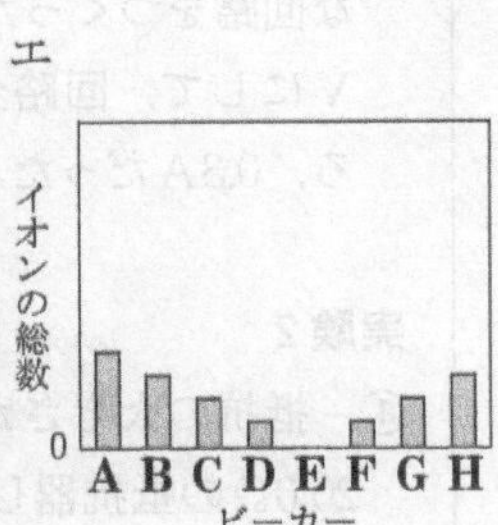

(3)　**実験**の④で，スライドガラス上に残った白い結晶を顕微鏡で観察すると，どのような形をしていますか。最も適当なものを，次のア～エのうちから一つ選びなさい。

ア

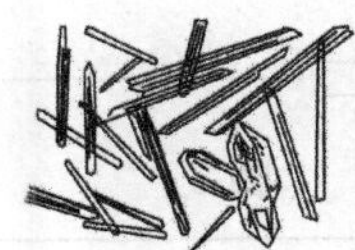

イ

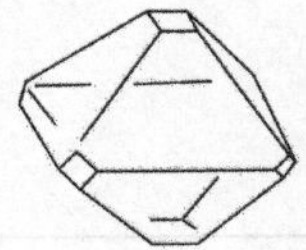

ウ

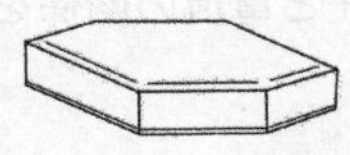

エ

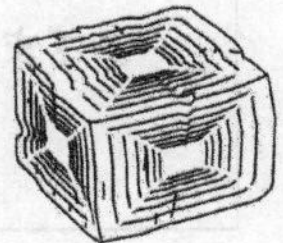

(4)　表２の[1]にあてはまる値を１群のア～エのうちから，[2]にあてはまることばを２群のア～ウのうちから，最も適当なものをそれぞれ一つずつ選びなさい。

【１群】　ア　8　　イ　10　　ウ　12　　エ　14

【２群】　ア　黄　　イ　緑　　ウ　青

(5)　実験後のビーカーＡとＢの水溶液をよく混ぜ合わせたところ，水溶液の色は黄色でした。この水溶液に，実験の②と同じ濃度のうすい水酸化ナトリウム水溶液をあらたに少しずつ加えていくと，水溶液の色は緑色になりました。このとき，あらたに加えたうすい水酸化ナトリウム水溶液の体積は何cm³ですか。[あ]，[い]にあてはまる数字を一つずつ選びなさい。

[あ][い]cm³

8　電流と電圧について調べるため，次の**実験１，２**を行いました。これに関して，あとの(1)～(5)の問いに答えなさい。

実験１

①　抵抗の大きさが異なる抵抗器Ｐ～Ｒを用意した。

②　抵抗器ＰまたはＱと，電源装置，スイッチを使って，図１のような回路をつくった。スイッチを入れ，抵抗器に加わる電圧の大きさが9.0Ｖになるようにしたときの，抵抗器に流れる電流の大きさを測定した。表は，その結果をまとめたものである。

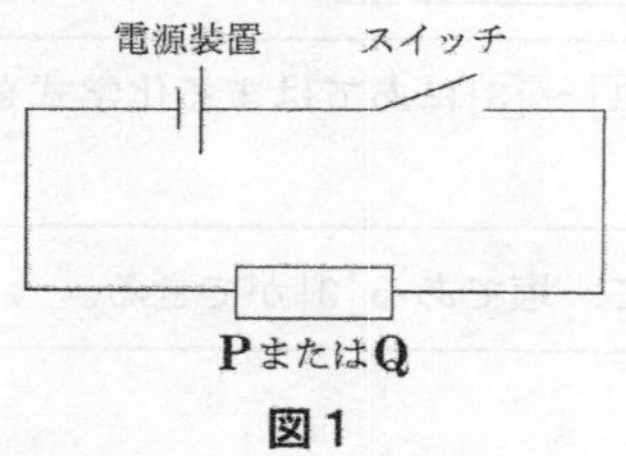

図１

表

抵抗器	P	Q
抵抗器に加わる電圧〔Ｖ〕	9.0	9.0
抵抗器に流れる電流〔Ａ〕	1.5	0.6

③　抵抗器ＱとＲ，電源装置，スイッチを使って，図２のような回路をつくった。スイッチを入れ，電源装置の電圧を13.5Ｖにして，回路全体を流れる電流の大きさを測定したところ，0.3Ａだった。

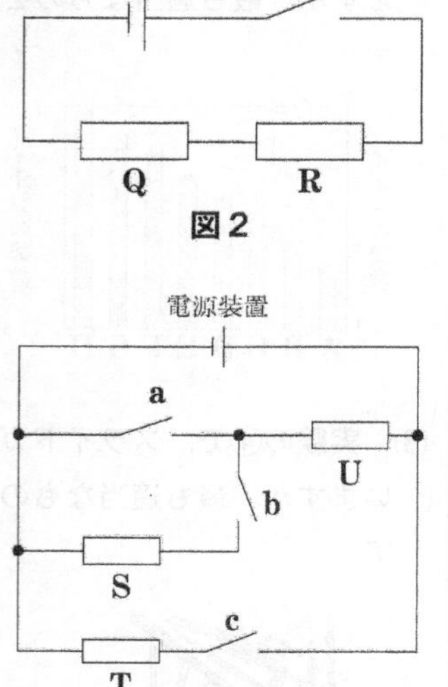

実験２

①　抵抗の大きさが16.0Ωの抵抗器ＳとＴ，抵抗の大きさが20.0Ωの抵抗器Ｕを用意した。電源装置とスイッチａ～ｃを使って，図３のような回路をつくった。

②　電源装置の電圧を12.0Ｖにして，スイッチｂとｃだけを入れたところ，抵抗器Ｓ～Ｕのすべてに電流が流れた。

③　電源装置の電圧は12.0Ｖのまま，スイッチの入れ方をさまざまに変え，電圧と電流の関係を調べた。

(1)　表から，抵抗器Ｐの抵抗の大きさは何Ωですか。あ，い にあてはまる数字を一つずつ選びなさい。

あ．い Ω

(2)　図２の回路で，抵抗器Ｒに加わる電圧と，抵抗器Ｒに流れる電流を調べるときの，電圧計と電流計のつなぎ方として最も適当なものを，次のア～エのうちから一つ選びなさい。

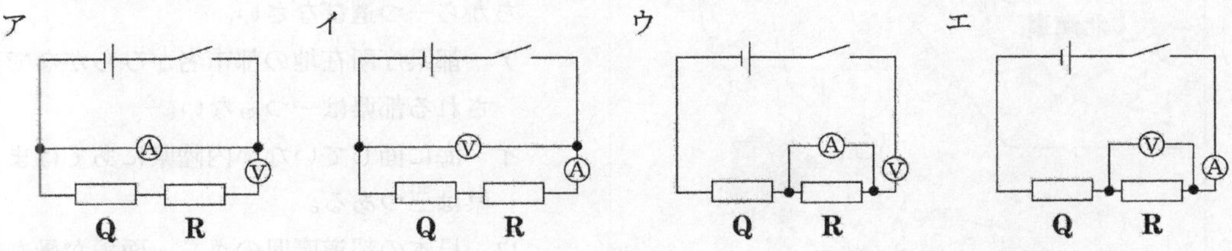

(3)　図２の回路で，電源装置の電圧を12.0Ｖにしたとき，抵抗器Ｒに加わる電圧は何Ｖですか。あ，い にあてはまる数字を一つずつ選びなさい。

あ．い Ｖ

(4)　実験２の②で，スイッチｂとｃだけを入れたとき，最も大きな電流が流れた抵抗器には，何mAの電流が流れましたか。あ～う にあてはまる数字を一つずつ選びなさい。

あいう mA

(5)　実験２で，３つのスイッチのうち１つまたは２つを入れたとき，回路全体に流れる電流が最も大きくなるのはどの場合ですか。最も適当なものを，次のア～オのうちから一つ選びなさい。

ア　スイッチａだけを入れる。
イ　スイッチｂだけを入れる。
ウ　スイッチｃだけを入れる。
エ　スイッチａとｃだけを入れる。
オ　スイッチｂとｃだけを入れる。

【社　会】（50分）＜満点：100点＞

1　次の図を見て，あとの(1)～(5)の問いに答えなさい。

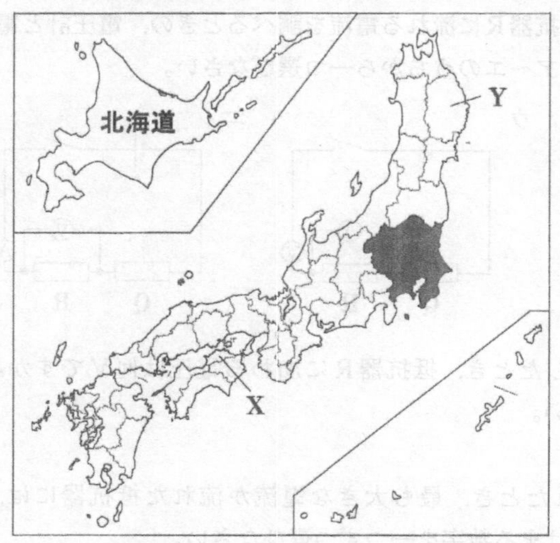

(1)　図中に■■■で示した地方についての説明として最も適当なものを，次のア～エのうちから一つ選びなさい。

ア　都県庁所在地の都市名がひらがなで表記される都県は一つもない。

イ　海に面していない内陸県にあてはまる都県は三つある。

ウ　日本の都道府県のうち，面積が最も小さい都県がある。

エ　日本を七つの地方に区分したとき，この地方は，全部で三つの地方と陸上で接している。

(2)　次の文章は，図中の北海道で行われている農業について述べたものである。文章中の［Ⅰ］，［Ⅱ］にあてはまるものの組み合わせとして最も適当なものを，あとのア～エのうちから一つ選びなさい。

> 図中の北海道では，［Ⅰ］平野などで，**資料１**のような大規模な畑作がさかんに行われている。**資料２**から，北海道の販売農家１戸あたりの耕地面積は，都府県の約［Ⅱ］倍であることがわかる。

ア　Ⅰ：庄内　　Ⅱ：3
イ　Ⅰ：庄内　　Ⅱ：11
ウ　Ⅰ：十勝　　Ⅱ：3
エ　Ⅰ：十勝　　Ⅱ：11

資料１　北海道の農業の様子

資料２　北海道と都府県の農業（2020 年）

	販売農家数（千戸）	耕地面積（千 ha）
北海道	32.2	1,143
都府県	995.7	3,229

（「日本統計年鑑」より作成）

(3)　れいこさんは，1965年度と2018年度における，日本の国内輸送量の輸送機関別割合を貨物と旅客に分けて示した次のページの**資料３**を見つけた。次のページのⅠ～Ⅳのうち，**資料３**から読み取れることについて正しく述べた文はいくつあるか。最も適当なものを，あとのア～エのうちから一つ選びなさい。

資料３

国内貨物輸送量の割合

航空 0.0　鉄道 30.7%　船舶 43.3　自動車 26.0　1965 年度 1,863億トンキロ

鉄道 4.3%　航空 0.2　船舶 39.9　自動車 55.5　2018 年度 4,115億トンキロ

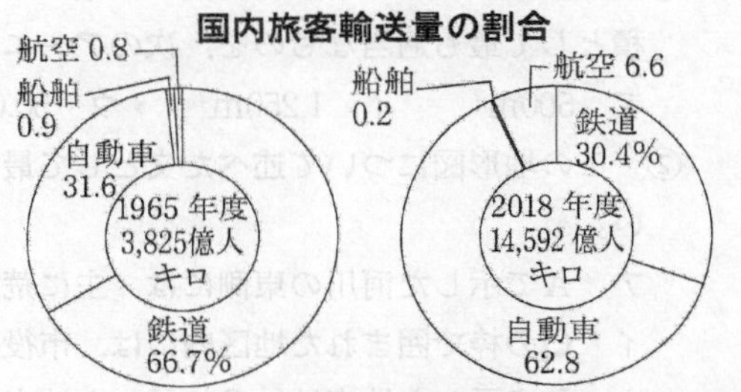

（注）四捨五入の関係で，合計が 100％にならない場合がある。　（「日本国勢図会 2022/23」などより作成）

Ⅰ　1965年度の船舶の旅客輸送の割合は１割程度だが，貨物輸送では４割をこえていた。

Ⅱ　1965年度から2018年度にかけて，全体の輸送量は貨物は２倍以上，旅客は５倍以上に増加した。

Ⅲ　鉄道と自動車の旅客輸送量の割合の合計は，1965年度から2018年度にかけて低下している。

Ⅳ　2018年度の鉄道の旅客輸送は5000億人キロを下回り，1965年度の約２分の１に減少した。

ア　一つ　　イ　二つ　　ウ　三つ　　エ　四つ

(4)　次の文章は，図中のＸの県について述べたものである。文章中の □ にあてはまる内容として最も適当なものを，あとのア～エのうちから一つ選びなさい。

> 図中のＸの県は，一年を通して南北に位置する山地をこえて □ の被害に遭いやすい。そのため，古くから県内にはため池が数多くつくられてきた。

ア　かわいた風が吹き込むため，水害

イ　かわいた風が吹き込むため，干害

ウ　しめった風が吹き込むため，水害

エ　しめった風が吹き込むため，干害

(5)　次の地形図は，図中のＹの県のある地域を示したものである。これを見て，あとの①，②の問いに答えなさい。　　（編集の都合で90％に縮小してあります。）

（国土地理院　平成 27 年発行1：25,000「平泉」より作成）

① 地形図中にＰで示した範囲は，縦１㎝，横２㎝の長方形である。Ｐで示した範囲の実際の面積として最も適当なものを，次のア～エのうちから一つ選びなさい。

ア 500m² イ 1,250m² ウ 50,000m² エ 125,000m²

② この地形図について述べた文として最も適当なものを，次のア～エのうちから一つ選びなさい。

ア Ａで示した河川の東側には，主に荒れ地と畑が見られる。

イ Ｑの枠で囲まれた地区内には，市役所と図書館が見られる。

ウ Ｂで示した地点は，Ｃで示した地点より標高が高い場所にある。

エ 「平泉駅」から見て，ほぼ南東の方角に「高館橋」がある。

2 みなこさんたちは，緯線と経線が直角に交わる次の地図１を使って，世界の国々の様子について学習した。これに関して，あとの⑴～⑺の問いに答えなさい。

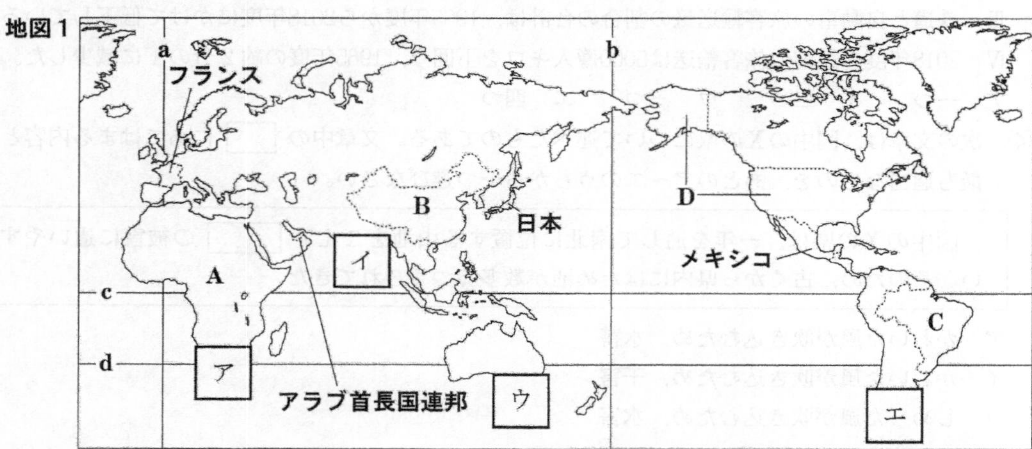

⑴ 右の地図２は，地図１中の一部を切り取ったものである。地図２があてはまる場所を，地図１中のア～エのうちから一つ選びなさい。

地図２

（注）地図１と地図２の縮尺は異なる。

⑵ 次のⅠ～Ⅳの文のうち，地図１中のａ～ｄの経線と緯線について正しく述べた文はいくつあるか。あとのア～エのうちから一つ選びなさい。

Ⅰ ａの経線は本初子午線であり，ポルトガルの首都リスボンを通っている。

Ⅱ ｂは180度の経線を表しており，この経線のすぐ東側の地域は，日本より時刻が先に進んでいる。

Ⅲ ｃは赤道で，ナイル川の河口周辺部やギニア湾，タイなどを通っている。

Ⅳ ｄの緯線の実際の長さはｃの緯線よりも短く，ｄの緯線はチリやオーストラリアを通っている。

ア 一つ イ 二つ ウ 三つ エ 四つ

⑶ 次のページの文章は，みなこさんが，地図１中のＡの大陸の特徴についてまとめたレポートの一部である。文章中の Ⅰ ， Ⅱ にあてはまる語の組み合わせとして最も適当なものを，あとのア～エのうちから一つ選びなさい。

Aの大陸には，植民地だったころに設定された［ Ⅰ ］国境線を持つ国が多い。また，特定の鉱産資源の輸出に依存し，経済が国際価格などに［ Ⅱ ］モノカルチャー経済の国が多い。

ア　Ⅰ：曲線的な　Ⅱ：影響されにくい　イ　Ⅰ：曲線的な　Ⅱ：影響されやすい
ウ　Ⅰ：直線的な　Ⅱ：影響されにくい　エ　Ⅰ：直線的な　Ⅱ：影響されやすい

(4)　次の文章は，ゆうたさんが，世界各国の人口政策についてまとめたレポートの一部である。文章中の［　］にあてはまる内容として最も適当なものを，あとのア～エのうちから一つ選びなさい。

地図１中のＢの国では，1979年から2015年まで「一人っ子政策」とよばれる政策を行っていた。この政策は［　　］ことを目的に行われていた。

ア　他国からの移民を制限する　イ　人口増加をおさえる
ウ　人口増加をすすめる　エ　国内の民族を多様化させる

(5)　次のⅠ，Ⅱの文は，地図１中のＣの国について述べたものである。Ⅰ，Ⅱの文の正誤の組み合わせとして最も適当なものを，あとのア～エのうちから一つ選びなさい。

Ⅰ　この国は，日本から見て地球のほぼ反対側に位置し，日本との時差は６時間で，季節が逆である。

Ⅱ　この国では，さとうきびなどを原料とするバイオ燃料（バイオエタノール）の生産がさかんである。

ア　Ⅰ：正　Ⅱ：正　イ　Ⅰ：正　Ⅱ：誤
ウ　Ⅰ：誤　Ⅱ：正　エ　Ⅰ：誤　Ⅱ：誤

(6)　地図中のＤの国でさかんな，各地の気候や自然環境に合わせて行われる農業の名称を，次のア～エのうちから一つ選びなさい。

ア　地産地消　イ　適地適作　ウ　多角経営　エ　企業的農業

(7)　次の資料は，もえさんが，地図中のフランス，アラブ首長国連邦，メキシコ及び日本の経済や社会の様子についてまとめたものである。資料から読み取れることとして最も適当なものを，あとのア～エのうちから一つ選びなさい。

資料　４か国の経済や社会の様子

国　名	人口（2019年）（万人）	１人あたりの国民総所得（ドル）			一次エネルギー生産量（万ｔ）			人口100人あたりの自動車保有台数（台）
		2000年	2010年	2019年	2000年	2010年	2019年	
フランス	6,440	22,732	41,627	41,386	13,064	13,565	13,119	62.5
アラブ首長国連邦	921	34,404	33,884	42,912	15,721	18,589	23,754	32.2
メキシコ	12,509	6,547	9,161	9,660	22,931	22,254	14,928	35.9
日　本	12,579	38,874	45,490	41,403	10,448	10,108	4,983	62.3

(注)一次エネルギー生産量は石油換算。また，人口100人あたりの自動車保有台数は，アラブ首長国連邦のみ2017年，ほかは2019年。
（「世界国勢図会 2022/23年版」より作成）

ア　2000年，2010年，2019年の三つの年において，一次エネルギー生産量が増加し続けている国は一つもなく，減少し続けている国が一つだけある。

イ　2000年，2010年，2019年の三つの年において，アラブ首長国連邦はフランスに対して，１人あたりの国民総所得が上回ったことは一度もないが，一次エネルギー生産量は常に上回っている。

ウ　フランスはメキシコよりも2019年の人口100人あたりの自動車保有台数は上回っているが，国内の自動車保有台数の総数は下回っている。

エ　2019年の人口が４か国のうちで最も多い国は，2019年の一次エネルギー生産量が４か国のうちで最も多い。

3　次のＡ～Ｄのパネルは，社会科の授業で，そらさんたちが，「古代から近世までの歴史」をテーマに作成したものの一部である。これに関して，あとの(1)～(7)の問いに答えなさい。

Ａ：弥生土器

歴史の区分で，ａ古代とは，弥生土器などが使われた弥生時代から，摂関政治を行っていたｂ藤原氏が権力を強めた11世紀半ばまでをさすことがある。

Ｂ：勘合

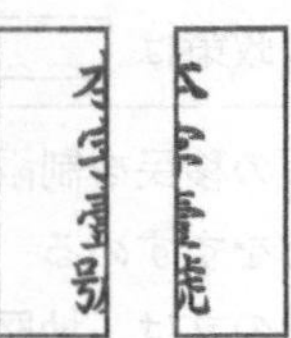

室町幕府３代将軍の足利義満によって，日本と明との間で貿易が始まった。勘合は，大陸沿岸で海賊行為をはたらく［　Ⅰ　］の船と正式な貿易船とを区別するために用いられた。

Ｃ：鉄砲

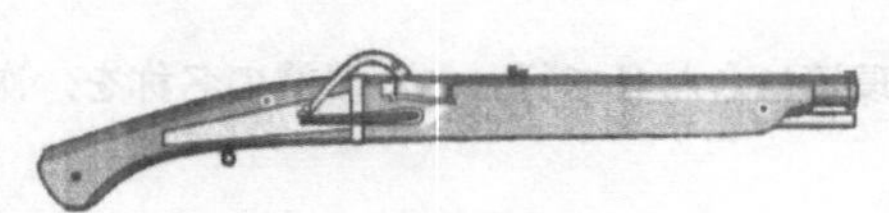

江戸幕府がｃ「鎖国」を行う以前，鉄砲の伝来後に，［　Ⅱ　］との間で南蛮貿易が始まった。当時，世界はｄ大航海時代にあり，ｅ海外進出の動きが強まっていた。

Ｄ：「解体新書」

ｆ江戸時代中期に，漢訳された洋書の輸入が緩和されたことで，蘭学が発達した。杉田玄白や前野良沢らは，ヨーロッパの解剖学書を翻訳した『解体新書』を出版した。

(1)　パネルＢ，Ｃの［　Ⅰ　］，［　Ⅱ　］にあてはまるものの組み合わせとして最も適当なものを，次のア～エのうちから一つ選びなさい。

ア　Ⅰ：倭寇　　Ⅱ：イギリスとオランダ　　イ　Ⅰ：倭寇　　Ⅱ：ポルトガルとスペイン

ウ　Ⅰ：悪党　　Ⅱ：イギリスとオランダ　　エ　Ⅰ：悪党　　Ⅱ：ポルトガルとスペイン

(2)　次のⅠ～Ⅲは，パネルＡの下線部ａの時期に起こったできごとについて述べたものである。Ⅰ～Ⅲの文を年代の古いものから順に並べたものを，あとのア～カのうちから一つ選びなさい。

Ⅰ　坂上田村麻呂が征夷大将軍に任命され，蝦夷を攻撃し，東北地方で勢力を拡大した。

Ⅱ　天智天皇の弟は壬申の乱に勝利して，その後，天武天皇として即位した。

Ⅲ　６年ごとに戸籍がつくられ，戸籍に登録された６歳以上の人々に口分田が与えられた。

ア　Ⅰ→Ⅱ→Ⅲ　　イ　Ⅰ→Ⅲ→Ⅱ　　ウ　Ⅱ→Ⅰ→Ⅲ
エ　Ⅱ→Ⅲ→Ⅰ　　オ　Ⅲ→Ⅰ→Ⅱ　　カ　Ⅲ→Ⅱ→Ⅰ

(3)　パネルＡの下線部ｂに関連して，次の図は，藤原氏をめぐる系図を示したものである。次のⅠ～Ⅳの文のうち，図から読み取れることについて正しく述べた文はいくつあるか。最も適当なものを，あとのア～エのうちから一つ選びなさい。

図

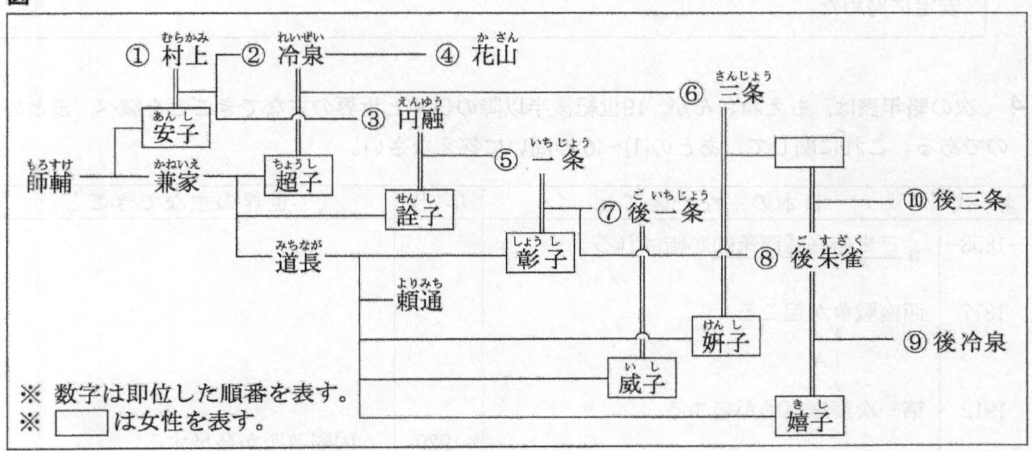

Ⅰ　後朱雀天皇は，後一条天皇の子である。
Ⅱ　藤原道長は，あわせて３人の娘を天皇にとつがせた。
Ⅲ　三条天皇の母方の祖父（母の父親）は天皇になったことがない。
Ⅳ　円融天皇にとついだ詮子は，藤原頼通の姉にあたる。

ア　一つ　　イ　二つ　　ウ　三つ　　エ　四つ

(4)　パネルＣの下線部ｃに関連して，「鎖国」を確立した将軍が行ったこととして最も適当なものを，次のア～エのうちから一つ選びなさい。
ア　大阪の陣で中心となり，豊臣氏を滅ぼした。
イ　株仲間の結成を奨励した。
ウ　参勤交代の制度を整えた。
エ　公事方御定書を定めた。

(5)　パネルＣの下線部ｄに関連して，大航海時代が始まった15世紀から16世紀にかけて海外で起こったことがらとして最も適当なものを，次のア～エのうちから一つ選びなさい。
ア　チンギス・ハンが遊牧民の諸部族を統一してモンゴル帝国を築き，西方に勢力を拡大した。
イ　活字を組んで印刷をする活版印刷術が発明された。
ウ　蒸気機関が新たな動力源として発明されたことにより，産業革命が始まった。
エ　ムハンマドがアラビア半島で，アッラー（アラー）を唯一神とするイスラム教を開いた。

(6)　パネルＣの下線部ｅに関連して，日本が７世紀に朝鮮半島に大軍を送って救援しようとした国（王朝）として最も適当なものを，次のア～エのうちから一つ選びなさい。
ア　新羅（しらぎ／シルラ）　　イ　高句麗（こうくり／コグリョ）　　ウ　高麗（こうらい／コリョ）　　エ　百済（くだら／ペクチェ）

(7)　パネルＤの下線部ｆに関連して，次の文章は，そらさんがまとめたレポートの一部である。文章中の下線部ア～エのうち，内容が**誤っているもの**を一つ選びなさい。

> 江戸時代には米価の変動が武士や百姓，町人を悩ませた。新田開発や農具の改良により全国の石高（石）が$_{ア}$増加したため，米価は$_{イ}$上がった。また，ききんが起こった際には凶作となり，米価は$_{ウ}$上がった。これを受け，８代将軍$_{エ}$徳川吉宗は様々な政策を通じて米価の安定に努めた。

4　次の略年表は，もえねさんが，19世紀後半以降の日本と世界の主なできごとを調べ，まとめたものである。これに関して，あとの(1)～(6)の問いに答えなさい。

年　代	日本の主なできごと	年　代	世界の主なできごと
1858	$_{a}$日米修好通商条約が結ばれる		
1877	西南戦争が起こる		
	↕ A		
1912	第一次護憲運動が起こる		
		1920	$_{b}$国際連盟が発足する
1945	日本の$_{c}$民主化政策が始まる	1945	第二次世界大戦が終結する
			↕ B
		1989	ベルリンの壁が崩壊する

(1)　略年表中の下線部ａに関連して，右の地図中のＡ～Ｄのうち，この条約で開港することが決められた港として正しいものはいくつあるか。次のア～エのうちから一つ選びなさい。

ア　一つ　　イ　二つ　　ウ　三つ　　エ　四つ

地図

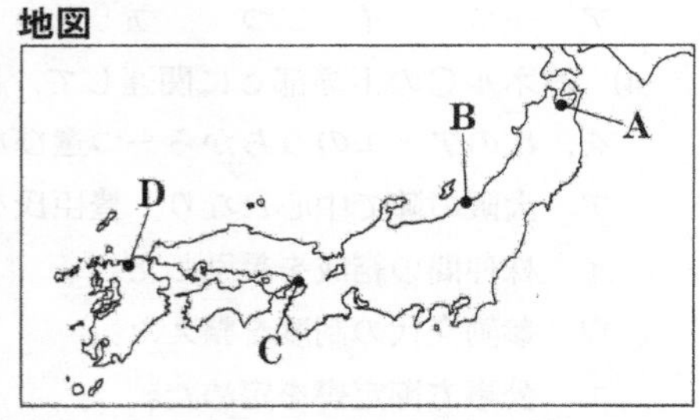

(2)　次のⅠ，Ⅱの文は，略年表中の下線部ｂについて述べたものである。Ⅰ，Ⅱの文の正誤の組み合わせとして最も適当なものを，あとのア～エのうちから一つ選びなさい。

Ⅰ　第一次世界大戦に参戦しなかった日本は，国会の反対で国際連盟に加盟しなかった。
Ⅱ　第一次世界大戦の敗戦国であるドイツは，当初国際連盟への加盟が認められなかった。

ア　Ⅰ：正　Ⅱ：正　　イ　Ⅰ：正　Ⅱ：誤
ウ　Ⅰ：誤　Ⅱ：正　　エ　Ⅰ：誤　Ⅱ：誤

(3)　略年表中の下線部ｃに関連して，次のページの文章は，日本の民主化政策の一つについて述べたものである。文章中の Ⅰ ～ Ⅲ にあてはまる語の組み合わせとして最も適当なものを，あとのア～カのうちから一つ選びなさい。

日本の民主化政策の中でも，農村の民主化は重要なテーマの一つであった。そこで，政府が［Ⅰ］の土地を強制的に買い上げ，［Ⅱ］に安く売り渡した。その結果，［Ⅲ］が大幅に増加した。

ア　Ⅰ：自作農　Ⅱ：地主　Ⅲ：小作人
イ　Ⅰ：自作農　Ⅱ：小作人　Ⅲ：地主
ウ　Ⅰ：地主　Ⅱ：自作農　Ⅲ：小作人
エ　Ⅰ：地主　Ⅱ：小作人　Ⅲ：自作農
オ　Ⅰ：小作人　Ⅱ：地主　Ⅲ：自作農
カ　Ⅰ：小作人　Ⅱ：自作農　Ⅲ：地主

(4)　略年表中のＡの時期に起こったことがらとして最も適当なものを，次のア～エのうちから一つ選びなさい。

ア　天皇の暗殺をくわだてたとして，幸徳秋水をはじめとする社会主義者たちを処刑した。
イ　部落差別からの解放をめざして，全国水平社が結成された。
ウ　関東大震災が起こり多数の死者が出る中，朝鮮人・中国人が殺される事件が起こった。
エ　学制が発布され，６歳以上の子どもに学校教育を受けさせることとした。

(5)　次のⅠ～Ⅲの文は，略年表中のＢの時期に起こったできごとについて述べたものである。Ⅰ～Ⅲの文を年代の古いものから順に並べたものを，あとのア～カのうちから一つ選びなさい。

Ⅰ　日米安全保障条約の改定をめぐって，大規模なデモ隊が国会議事堂を連日取り囲んだ。
Ⅱ　本土復帰を粘り強く求めてきた沖縄の人々の願いがかない，沖縄が日本に返還された。
Ⅲ　福田赳夫内閣が中国との間で日中平和友好条約を結び，両国の交流関係の促進がうたわれた。

ア　Ⅰ→Ⅱ→Ⅲ　イ　Ⅰ→Ⅲ→Ⅱ　ウ　Ⅱ→Ⅰ→Ⅲ
エ　Ⅱ→Ⅲ→Ⅰ　オ　Ⅲ→Ⅰ→Ⅱ　カ　Ⅲ→Ⅱ→Ⅰ

(6)　略年表中のＢの時期に関連して，右の**資料**は，たつやさんが，この時期に含まれる1973年の日本の経済についてまとめたレポートの一部である。**資料**中の［　］にあてはまる内容として最も適当なものを，次のア～エのうちから一つ選びなさい。

ア　朝鮮戦争を機に起こった特需景気により，人々の生活が豊かになった
イ　中東での戦争を機に石油価格が高騰して，生活用品が品不足になるという噂（うわさ）が広がった
ウ　感染症が世界中に広がり，輸入品が大幅に減少した
エ　バブル経済（バブル景気）によって地価や物価が上昇したため，人々が安く販売した生活用品を買い占めようとした

資料　たつやさんのレポートの一部

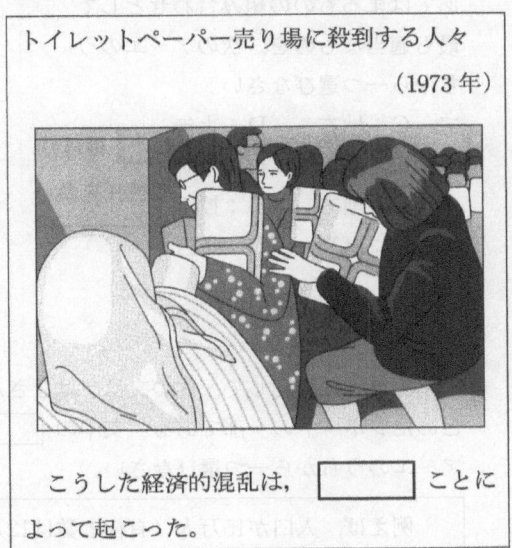

トイレットペーパー売り場に殺到する人々

（1973年）

こうした経済的混乱は，［　］ことによって起こった。

5 次の文章を読み，あとの⑴～⑸の問いに答えなさい。

日本では国の政治権力を $_a$国会，$_b$内閣，$_c$裁判所に分散させ，それぞれ互いの抑制と均衡を図ることで，権力の暴走を防いでいる。一方，地方自治では国政にはない $_d$独自の政治の仕組みも設けられており，住民にとって最も身近な政治の場が地方自治であることがわかる。国であれ地方であれ，政治を進める代表者はみな国民（住民）の $_e$選挙によって選ばれる。言い換えれば，政治の代表者は本来，私たちの願いをかなえるために政治を行っていると言ってもよいだろう。

⑴ 下線部ａに関連して，次のⅠ～Ⅳの文のうち，衆議院（衆議院議員）のみに認められている権限について正しく述べた文はいくつあるか。あとのア～エのうちから一つ選びなさい。

Ⅰ 憲法改正の発議を行う。
Ⅱ 内閣不信任の決議案を議決する。
Ⅲ 内閣総理大臣を指名する。
Ⅳ 予算案の審議を先に行う。

ア 一つ　イ 二つ　ウ 三つ　エ 四つ

⑵ 下線部ｂに関連して，次の文は，日本国憲法における内閣のあり方について述べたものである。文中の Ⅰ ， Ⅱ にあてはまる語の組み合わせとして最も適当なものを，あとのア～エのうちから一つ選びなさい。

> 日本国憲法では， Ⅰ 権は内閣に属しており，内閣は Ⅰ 権の行使について， Ⅱ に対して連帯して責任を負っていると定められている。

ア Ⅰ：立法　Ⅱ：国会　イ Ⅰ：行政　Ⅱ：国会
ウ Ⅰ：立法　Ⅱ：国民　エ Ⅰ：行政　Ⅱ：国民

⑶ 下線部ｃに関連して，右の図は，三審制の仕組みを模式的に示したものである。図中の Ｃ ， Ｄ にあてはまるものの組み合わせとして最も適当なものを，次のア～エのうちから一つ選びなさい。

ア Ｃ：地方　Ｄ：上告
イ Ｃ：高等　Ｄ：控訴
ウ Ｃ：地方　Ｄ：控訴
エ Ｃ：高等　Ｄ：上告

図

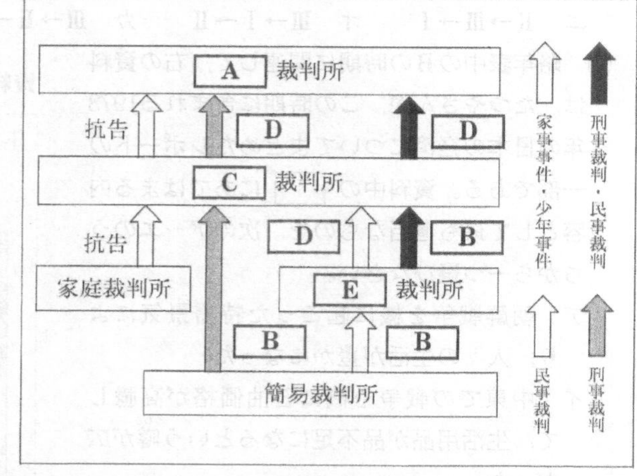

⑷ 下線部ｄに関連して，次の文は，はなさんが，地方自治における直接請求の仕組みについてまとめたレポートの一部である。文中の □ にあてはまる数字として最も適当なものを，あとのア～エのうちから一つ選びなさい。

> 例えば，人口が15万人（有権者数は12万人）のＸ市で，Ｘ市議会の解散を請求するには， □ 人以上のＸ市の有権者の署名を集めて，選挙管理委員会に提出する必要がある。

ア　24,000　　イ　40,000　　ウ　50,000　　エ　60,000

(5)　下線部ｅに関連して，次の文章は，ある候補者が行った選挙演説の一部を示したものである。この候補者が立候補している選挙として最も適当なものを，あとのア～エのうちから一つ選びなさい。

> 私は現在37歳で，前回31歳のときに初当選しました。１期目の任期が終わり，このたび引き続き２期目に挑戦します。どうか皆様の一票を私にお寄せください。

ア　県知事選挙　　　　イ　衆議院議員選挙
ウ　参議院議員選挙　　エ　県議会議員選挙

6　次の文章を読み，あとの(1)～(5)の問いに答えなさい。

私たちの生活に必要な$_{a}$商品の生産，流通，消費の仕組み全体を$_{b}$経済という。市場には貿易を通じて様々な$_{c}$海外の商品も並び，ますます私たちの生活を豊かにしている。一方，市場の$_{d}$景気は長い期間をかけて循環し，好景気になったり不景気になったりする。そこで，$_{e}$政府は景気を安定させるための政策を日本銀行とともに行っている。

(1)　下線部ａに関連して，右の資料１は，ある商品を購入した消費者が作成した通知書を示したものである。この消費者が利用している制度について述べた文として最も適当なものを，次のア～エのうちから一つ選びなさい。

資料１

> 通知書
> 次の契約を解除します。
> 契約年月日　令和〇〇年〇月〇日
> 商品名　×××
> 商品金額　〇〇〇〇〇円
> 販売会社　株式会社×××　●●営業所
> 担当者　△△　△△
>
> 支払った代金〇〇〇〇〇円を返金し，商品を引き取って下さい。
>
> 平成〇〇年〇月〇日
> 〇〇県〇市〇町〇丁目〇番〇号
> 氏名　××　××

ア　通信販売で商品を購入した場合，自分の好みに合わないとき一定の期間内であれば返品できる。

イ　商品に欠陥があった場合，企業は商品の回収や無償の修理，交換，返金などを行わなければならない。

ウ　訪問販売で商品を購入した場合，一定の期間内であれば無条件で契約を取り消すことができる。

エ　商品の欠陥によって消費者が被害を受けた場合，企業は消費者救済のため損害賠償の義務がある。

(2)　下線部ｂに関連して，次のⅠ～Ⅳの文のうち，経済の仕組みについて正しく述べた文はいくつあるか。最も適当なものを，あとのア～エのうちから一つ選びなさい。

Ⅰ　企業の自由な競争を促進するため独占禁止法が制定されており，経済産業省が運用している。
Ⅱ　一般に，証券取引所で取り引きされる株式の価格は，需要と供給の関係で日々変動する。
Ⅲ　家計において，食品や衣類への支出は消費支出にあたる。
Ⅳ　一般に，小売業者が生産者から直接商品を仕入れると，より安い価格で消費者に販売できる。

ア　一つ　　イ　二つ　　ウ　三つ　　エ　四つ

⑶　下線部ｃに関連して，次の**資料２**は，円とドルの為替相場の推移を示したものである。次の文章は，ようこさんが**資料２**の為替の動きについてまとめたレポートの一部である。文章中の［　　］にあてはまる内容として最も適当なものを，あとのア～エのうちから一つ選びなさい。

資料２

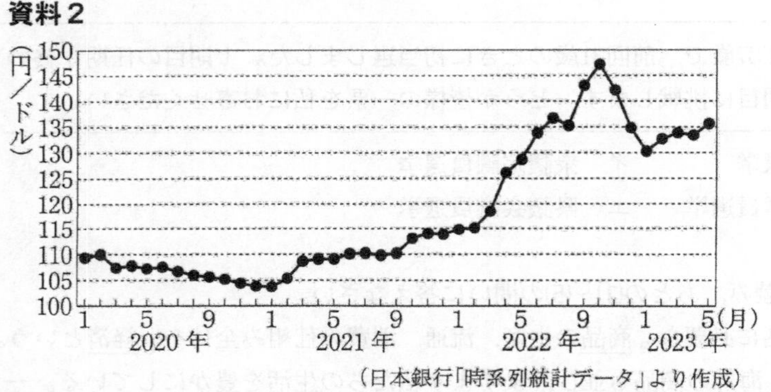

（日本銀行「時系列統計データ」より作成）

> 為替相場は世界経済の動向を反映して変化し，輸出や輸入の動きに大きな影響を与えます。そして，その結果私たちの生活を左右することとなります。**資料２**中の2022年２月から10月にかけて［　　］ことが，消費者物価が高騰した一因になっていると考えられます。

ア　円高が進んだため，輸入品の価格が上がった
イ　円高が進んだため，輸出品の価格が上がった
ウ　円安が進んだため，輸入品の価格が上がった
エ　円安が進んだため，輸出品の価格が上がった

⑷　下線部ｄに関連して，次の文は，国のある時期の景気の動きについて述べたものである。この文で述べられている時期に，一般に中央銀行と国が行う政策として最も適当なものを，あとのア～エのうちから一つ選びなさい。

> 物価や地価，株価などが下落し，失業率が増加する。

ア　国債を買い，公共事業を減らす　　イ　国債を買い，公共事業を増やす
ウ　国債を売り，公共事業を減らす　　エ　国債を売り，公共事業を増やす

⑸　下線部ｅに関連して，次の**資料３**は，国（政府）のあり方について述べたものである。**資料３**中で述べられている小さな政府と大きな政府を，次のページの**資料４**中のＡ～Ｄに位置づけるとしたらどうなるか。その組み合わせとして最も適当なものを，あとのア～カのうちから一つ選びなさい。

資料３

> 国（政府）のあり方は小さな政府と大きな政府の大きく二つに分けられる。小さな政府とは，社会保障や公共サービスを最低限におさえ，政府の役割をできるだけ小さくするような政府であり，代表的な国家としてはアメリカがあげられる。大きな政府とは，国が充実した社会保障や公共サービスを提供するような政府であり，北ヨーロッパの国々などに多く見られる。

資料４

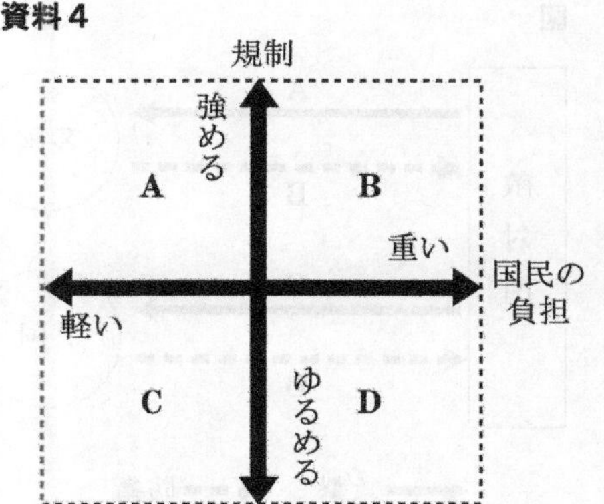

ア　小さな政府：A　　大きな政府：C
イ　小さな政府：A　　大きな政府：D
ウ　小さな政府：B　　大きな政府：D
エ　小さな政府：C　　大きな政府：A
オ　小さな政府：C　　大きな政府：B
カ　小さな政府：D　　大きな政府：B

7　次の文章を読み，あとの(1)～(4)の問いに答えなさい。

日本国憲法は戦前の反省を踏まえ，かつ近代市民革命以降の人権思想の発達の成果を反映して a <u>基本的人権</u>を広く保障するとともに，厳粛な平和主義をうたっている。しかし，日本を取り巻く国際環境の変化の中で，b <u>平和主義</u>の形は変化している。

一方，社会集団には様々な価値観を持った人々が存在しており，そこで生じた対立を合意に導くための判断基準として，「効率」と「公正」という二つの考え方がある。c <u>グローバル化</u>と d <u>情報化</u>の進展や少子高齢化の急速な進行など，私たちが暮らす社会が大きく変化している今，憲法を現代の情勢に合わせて改正すべきであると主張する声がある一方，憲法の改正に反対する声もある。

(1)　下線部ａに関連して，次の文章は，基本的人権の制限についてまとめたレポートの一部である。文章中の［Ⅰ］，［Ⅱ］にあてはまる語の組み合わせとして最も適当なものを，あとのア～エのうちから一つ選びなさい。

> 基本的人権は，17世紀から18世紀にかけて広がった市民革命の中で主張されるようになり，各国の憲法で明記されるようになりました。日本国憲法では，国民の権利については「国政の上で，最大の尊重を必要とする」としながらも，［Ⅰ］の福祉による制限を受けることがあるとしています。例えば，2020年以降世界でパンデミック（大流行）を引き起こした，新型コロナウイルス感染症に感染した患者を強制的に入院させることは，［Ⅱ］の制限に含まれます。

ア　Ⅰ：社会　　Ⅱ：平等権
イ　Ⅰ：社会　　Ⅱ：自由権
ウ　Ⅰ：公共　　Ⅱ：平等権
エ　Ⅰ：公共　　Ⅱ：自由権

(2)　下線部ｂに関連して，次の文章は，ゆうこさんが集団的自衛権などについて調べてまとめたレポートの一部である。文章中の［Ⅰ］，［Ⅱ］にあてはまる記号の組み合わせとして最も適当なものを，あとのア～エのうちから一つ選びなさい。

> 図中のX国がY国と同盟関係にあるとき，X国が集団的自衛権を行使するということは，［Ⅰ］が起こった際に［Ⅱ］を行うことである。一方，個別的自衛権とは，反撃を受けた

国が直接防衛をすることである。日本においても，自衛権のあり方は，平和主義と深く関わっている。

図

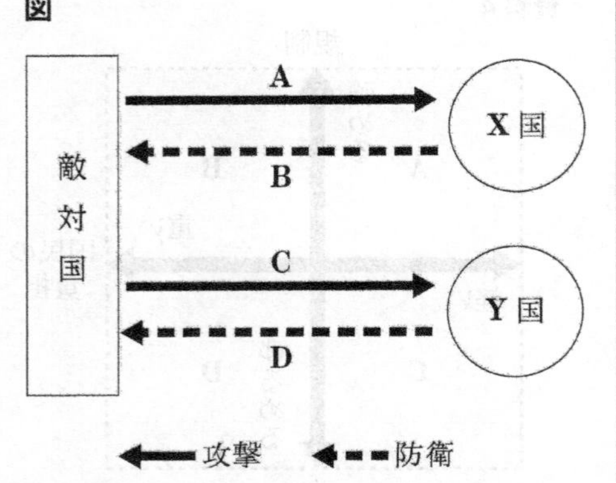

ア　Ⅰ：A　Ⅱ：B　　イ　Ⅰ：C　Ⅱ：D
ウ　Ⅰ：A　Ⅱ：D　　エ　Ⅰ：C　Ⅱ：B

⑶　下線部ｃに関連して，次の文章は，国際連合について述べたものである。文章中の［Ⅰ］，［Ⅱ］にあてはまるものの組み合わせとして最も適当なものを，あとのア～エのうちから一つ選びなさい。

国際連合は1945年に創設され，現在は世界の多くの国々が加盟し，本部は［Ⅰ］に置かれている。主要機関として六つの機関があり，そのうち［Ⅱ］は，毎年９月から開かれ，１国が１票をもち，軍縮，開発と環境，人権，平和維持など世界の様々な問題を話し合い，決定している。

ア　Ⅰ：ジュネーブ　Ⅱ：総会　　イ　Ⅰ：ニューヨーク　Ⅱ：総会
ウ　Ⅰ：ジュネーブ　Ⅱ：安全保障理事会　　エ　Ⅰ：ニューヨーク　Ⅱ：安全保障理事会

⑷　下線部ｄに関連して，ゆうきさんは，メディアの利用というテーマで調べて，次の資料１～資料３を作成した。資料１と資料２は，年代別の１日あたりメディア平均利用時間を，平日と休日に分けてまとめたものである。また，資料３は，全年代の平日メディア利用者率（そのメディアを利用した人の割合）の推移をまとめたものである。あとの文章は，ゆうきさんたちの班が，資料１～資料３から読み取れることをそれぞれ発表している場面の一部である。４人のうち，正しく発表している人は何人いるか。最も適当なものを，あとのア～エのうちから一つ選びなさい。

資料１　年代別の平日の平均利用時間（2021年度）（分）

	テレビ	ラジオ	新聞	インターネット
10代	57.3	3.3	0.4	191.5
20代	71.2	7.0	0.9	275.0
30代	107.4	4.8	1.5	188.2
40代	132.8	12.9	4.3	176.8
50代	187.7	23.6	9.1	153.6
60代	254.6	14.4	22.0	107.4

資料２　年代別の休日の平均利用時間（2021年度）（分）

	テレビ	ラジオ	新聞	インターネット
10代	73.9	0.0	0.0	253.8
20代	90.8	1.8	0.7	303.1
30代	147.6	3.2	1.5	212.3
40代	191.1	6.3	4.9	155.7
50代	242.6	14.2	9.2	119.0
60代	326.1	11.2	22.3	92.7

資料３　全年代の平日メディア利用者率の推移（％）

	2015年	2016年	2017年	2018年	2019年	2020年	2021年
テレビ	85.9	82.6	80.8	79.3	81.6	81.8	74.4
ラジオ	7.8	8.3	6.2	6.5	7.2	7.7	6.2
新聞	33.1	28.5	30.8	26.6	26.1	25.5	22.1
インターネット	75.7	73.2	78.0	82.0	85.5	87.8	89.6

（注）テレビの利用時間・利用者率は，録画を除いたものである。

（**資料１**～**資料３**とも，総務省「令和３年度情報通信メディアの利用時間と情報行動に関する調査報告書」より作成）

ゆうきさん	休日に平日よりも利用時間が１時間以上多い年代は，テレビでは一つしかありませんが，インターネットでは二つあります。
ことねさん	2015年には約３人に１人が新聞を利用していましたが，2020年には約４人に１人に減少しました。また，2021年のラジオの利用者は新聞の利用者の３分の１以下です。
はるとさん	2015年に最も平日の利用者率が高かったのはテレビですが，2018年に初めてテレビがインターネットに抜かれて以降は，テレビの利用者率が低下し続けています。
ゆいなさん	平日に３時間以上テレビまたはインターネットのどちらかを利用している年代は全部で五つありますが，休日には六つのすべての年代に増えています。

ア　１人　　イ　２人　　ウ　３人　　エ　４人

て、飛んできた矢を鮮やかな身のこなしで切り落とし、敵味方関係なく感嘆させたことから、「矢切りの但馬」と呼ばれ評判を高くした。

エ　平家方の弓の名手たちと、自らが得意とする長刀で技術を見せ合うことになったが、平家方の者から突然攻撃され、それにさっと対応したことから「矢切りの但馬」と呼ばれ尊敬を集めた。

オ　平家方の弓の名手たちに一斉に矢を放たれて、けがを負いながらも冷静に戦略を立て、力をふりしぼって応戦したことで、敵味方問わず感動させ、「矢切りの但馬」と呼ばれ称賛された。

（注１）長絹＝絹織物の一種で、美しいつやがある。
（注２）鎧直垂＝鎧の下に着る直垂。「直垂」は男性用の衣服。
（注３）科皮縅＝シダの葉の模様をあい色の皮に白く染めた縅。「縅」は、鎧の材料を糸で結び合わせること。
（注４）嫡子＝跡取りの息子。
（注５）伊豆守仲綱＝源仲綱。
（注６）はづいて＝はずして。
（注７）究竟の＝大変すぐれている。

(1) 文章中の二重傍線部ア～カのうちから、動作主に「五智院の但馬」が含まれるものを**二つ**選びなさい。

(2) 文章中にＡたまらずとあるが、ここでの「たまる」の意味として最も適当なものを、次のア～オのうちから一つ選びなさい。

ア　集まる　イ　かぶせる　ウ　とどまる
エ　携える　オ　積み上がる

(3) 文章中のＢわざと甲は着給はずとあるが、この行動には源三位入道のどのような心情が読み取れるか。最も適当なものを、次のア～オのうちから一つ選びなさい。

ア　この日が最後の合戦になるとはとうてい思えないので、油断している心情。
イ　このような大げさな装束を着る日はこれで最後にしたいと、うんざりする心情。
ウ　このような立派な装束を着ることができる日は最後になるだろうと残念がる心情。
エ　この日が最後の合戦になるかもしれないと思い、覚悟を決めている心情。
オ　この日で合戦を最後にしなくてはいけないと考えて、自信がわいてくる心情。

(4) 文章中のＣこれが指しているのは何か。その説明として最も適当なものを、次のア～オのうちから一つ選びなさい。

ア　源三位入道とその息子が甲を装着せずに、長刀の名手である但馬を伴って橋へ向かう様子。
イ　長刀を抱えた但馬が、平家方がどこにいるか探るように、橋の上へひっそりと向かう様子。
ウ　源三位入道とその息子が甲も装着せずに、平家方にすきを見せている様子。
エ　但馬が長刀を持ち平家の軍勢と戦う準備を整えた様子で、橋の上に向かっていく様子。
オ　源仲綱は弓を引く構えをして、但馬は橋へ向かいながら長刀のさやをはずして橋を渡ろうとしている様子。

(5) 文章中の「五智院の但馬」についての説明として最も適当なものを、次のア～オのうちから一つ選びなさい。

ア　平家方の軍勢に狙われていることにも気づかずにいて、矢が飛んでくるとあわてておかしな動きをしながらその攻撃を受けたことから、「矢切の但馬」と呼ばれからかわれることになった。
イ　長刀の名手として名高く、平家方の弓の名手と直接競い合うことになり、すばらしい技術で勝利したのを、敵も味方も見ていたことから、「矢切りの但馬」として有名になった。
ウ　平家方の軍勢から容赦なく激しい攻撃を受けても平然としてい

エ　駿馬を自分と対等に星の話ができる存在だと感じているものの、人付き合いが苦手であるため話す気は起きず、あえて距離を置いている。

オ　駿馬は自分の好きなことを話しやすい存在だと思い世話を焼いているが、それ以上の関心や好意も感じないのでそっけない態度でいる。

(7)　この文章の表現についてクラスで話し合いをしている。本文の内容をふまえて最も適当な発言をしているものを、次のア～オのうちから一つ選びなさい。

ア　途中や最後の部分で過去の出来事の回想を挿入することで、過去と現在の登場人物の状況や心情の違いを比べやすくしています。そのため、人物像がよりはっきりと伝わるように感じます。

イ　後半で物語の時間を大きく進めて場面の雰囲気も変えています。直前まで書かれていた出来事や登場人物の心情が、期待とは異なる思わぬ展開になったことを暗示しているのです。

ウ　登場人物の心情描写の余韻を残しながら、最後に突然大きく場面を転換させています。これによって、直前までの出来事や人物の関係性がどう展開していくかについて関心が高まります。

エ　最後の部分で登場人物の心情描写を突然断ち切り、次の場面へと移っています。直前までの出来事が現実なのか想像なのか区別しづらくして、物語に奥深さを与える意図があります。

オ　現在の時間と過去の時間が交互に入れ替わるように展開し、最後にさらに時間を進める形になっています。物語に躍動感を与えながらそれぞれの場面を簡潔に引き締まったものにしているのです。

三　次の文章を読み、あとの(1)～(5)の問いに答えなさい。

源氏方に平家討伐の命令を下した高倉宮（以仁王）は、源三位入道（源頼政）とともに京都から奈良へ向かっていた。その途中、宇治橋の周辺で、高倉宮を追ってきた平家方の軍勢と合戦となった。高倉宮と源氏方の軍には大矢俊長、五智院の但馬、渡辺の省、授、続の源太ら三井寺の僧兵たちも参加している。

宮の御方には、大矢の俊長、五智院の但馬、渡辺の省、授、続の源太がア射ける矢ぞ、鎧もかけず、楯もＡたまらずイ通りける。源三位入道は、長絹[注1]の鎧直垂[注2]に、科皮縅[注3]の鎧なり。その日を最後とや思はれけん、Ｂわざと甲は着給はず。嫡子[注4]伊豆守仲綱[注5]は、赤地の錦の直垂に、黒糸縅の鎧なり。弓を強う引かんとて、これも甲は着ざりけり。ここに、五智院但馬、大長刀のさやをはづいて[注6]、ただ一人、橋の上にぞ進んだる。平家の方にはＣこれを見て、「あれ射取れや、者ども。」とて、究竟[注7]の弓の上手どもが矢先をウそろへて、差しつめエ引きつめさんざんに射る。但馬少しも騒がず、上がる矢をばついくぐり、下がる矢をばオをどり越え、カ向かつてくるをば長刀で切つて落とす。敵も味方も見物す。それよりしてこそ、矢切りの但馬とはいはれけれ。

（『平家物語』による）

(4) 文章中に D ばっかじゃねーの、と駿馬は心の中でつぶやいた とあるが、このときの駿馬の心情の説明として**適当でないもの**を、次のア～オのうちから一つ選びなさい。

ア 夢をかなえることの大変さなど気にしないという自信に満ちたすばるの発言が、現実を見ていない幼稚なものに感じられあきれている。

イ すばるが、駿馬の言われたくないことを率直に指摘してきたので動揺し、またその態度が見下すものだったので腹立たしく感じている。

ウ 夜空の果てしない数の星の中からただ一つの小惑星を見つけるというすばるの目標があまりにも壮大なものだったので、圧倒されている。

エ すばるが誰も思いつきもしないような大きな夢を抱き、恥ずかしがるそぶりもないことが内心うらやましく、劣等感を持ち始めている。

オ すばるが自分の夢ばかりを語って、駿馬の夢や考えには関心を持つこともなく存在を無視していることが情けなく、悔しく思っている。

(5) 文章中に E ああ、だからか、と思う とあるが、このときの駿馬についての説明として最も適当なものを、次のア～オのうちから一つ選びなさい。

ア すばるに対して悪意を持って宇宙人だという三年生の言葉は認めないが、独特の雰囲気のあるすばるやそんなすばるを頼りにして新しい目標を見つけようとする自分は、実際に宇宙人みたいだと感じている。

イ 自分もすばると同じで未知の世界の存在について関心を持っていて、その意味ではすでに宇宙人のようであるため、すばるのようになってはいけないという三年生の言葉を思い出して反発を覚えている。

ウ すばると一緒にいることを悪く言っていた三年生の言葉は許せないと感じるものの、自宅ですら人と交わろうとしないすばるの孤独な様子を見ると、確かに宇宙にいるような遠い存在だと感じている。

エ 避けるべき対象としてすばるのことを三年生は宇宙人と表現しているが、自分に新しい世界を見せてくれる不思議な力を持つ存在という意味では、すばるは本当に宇宙人のようだと感じている。

オ 三年生がすばるの星に対する情熱や秘められた才能を知りもしないで、すばるにひどい態度を取って宇宙人あつかいしたことが許せないから、自分は三年生に腹が立ったのだと思い返している。

(6) 文章中のすばるの駿馬に対する心情や態度として最も適当なものを、次のア～オのうちから一つ選びなさい。

ア 星に関して駿馬にさまざまな話をしているものの、駿馬が自分をどう思うかということは気にとめず、愛想がない態度をとっている。

イ 駿馬からからかわれたことにむっとして、わざと傷つけるようなことを言っているが、内心ではこれからも交流したいと思っている。

ウ 共に天体観測をした駿馬なら自分の夢を理解するはずだと思っていたが、冗談のように思われたことに傷つき、怒りをぶつけている。

イ　それまでは自分にとってなじみあるものだった空の星を、すばるが人間のように感じて必死に見ていることに反感を覚え、星のつらなりさえもいつもと違って親しみにくいものだと感じている。

ウ　星に夢中になり人間のように接しているすばるの様子を初めて見て、その人柄を好ましく感じたため、星のつらなりは二人の関係が強くなったことを象徴するものに見えて、大切に感じている。

エ　星を見るまでに長い間待ち続け、その間にはすばるの長い話や突飛な行動に付き合って、疲れ切った状態で星を見上げたため、今までよりも星が美しく見え価値がとても高いものに感じている。

オ　すばるが星を切実な様子で見つめ、生きているかのように扱う様子を見て、あっけにとられながらも、そのようにすばるを引き付ける星のつらなりには深い意味や価値があるのだろうと感じている。

⑵　文章中に B星を見ることができたのは、十五分くらいの短い間だった とあるが、このことに対するすばるの心情の説明として最も適当なものを、次のア～オのうちから一つ選びなさい。

ア　長く待っただけの成果はあったが、予想よりも短い時間で最高のタイミングを失ったかもしれないという点について悲しく思っている。

イ　少しでも撮影できたのはよかったが、貴重な天体を撮影する時間が短かったことを考えると、来る日は変えるべきだったと思っている。

ウ　十五分であっても撮影できたのはありがたいことだし、今日だけの星の姿を見ることができただけでも貴重な体験だったと感じている。

エ　いつどのような天体を撮影できるかはわからないから、この日たった十五分であっても撮影できたことは無駄ではないととらえている。

オ　この十五分の間にこれまで探し求めていた星を撮影できている可能性が高いと思われるので、非常に幸運な時間だったと満足している。

⑶　文章中に C思いっきりビンタされたときみたいな熱いびりびりが胸に広がる とあるが、この部分の駿馬の心情や表現についての説明として最も適当なものを、次のア～オのうちから一つ選びなさい。

ア　駿馬がすばるの言動によって大きく傷ついたことを擬態語によってそれとなく示しており、同じ擬態語を別の場面でも繰り返して用いることで駿馬の傷心の深さを表現している。

イ　星に対するすばるの真剣さに触れて、駿馬が強く打ちのめされる様子を表現しており、文章中で再び同じ擬態語を用いることでその気持ちが心にずっと引っかかっていたことを印象的に示している。

ウ　駿馬がすばるから強い衝撃を受け、心が大きく動かされたと自覚したことを表現しており、そのあとにもう一度、似たような表現を用いながら、気持ちが落ち着き始めたことを示している。

エ　すばると星を見たことで駿馬が言葉にできないような苦しさを感じていることを表現しており、あとの場面で同じ擬態語を用いることでその苦しさが喜びや安堵に変わったことを示している。

オ　すばるの厳しい態度や発言によって駿馬が打ちのめされつつあることを示しており、後の場面でもう一度同じ表現を用いて、駿馬がすばるへのいらだちを抱え続けていることを強調している。

い。

「ありゃあ、星だけ、たよりにしちょるような子でねえ……。あんた、えかったら、すばると仲ようしちくれんさい」

どこか悲しそうな、おだやかな笑みを浮かべる。

（星がたより、って何だよ。仲よくしてあげてねってキャラか、あれ）

駿馬は内心、首をかしげる。

当のすばるはといえば、家にたどり着くなり、駿馬にもばあちゃんにも何も言わずに自分の部屋に閉じこもったきりだ。いったい何をやっているのだろう。

脳裏には、すばるの部屋の星のポスターが思い浮かんでいた。「アポロ13」に出てくるみたいな宇宙飛行士のポスター。

『こんな宇宙人とつるんじょったら、おまえまで宇宙人あつかいされるけぇ』

すばるをカツアゲしていた三年が吐き捨てたせりふ。Eああ、だからか、と思う。

たしかに。すばるは宇宙人だ。

ほかのだれともちがう。何かを秘めている。この山には駿馬の知らなかった景色がある。すばるが見上げていたあの空で、何かが駿馬を待っている――。

耳元で、ぱちっと音が聞こえたような気がした。

草原の冬の寒い朝。トラックでウランバートルの学校まで送ってもらう。外はマイナス十度。フロントガラスには霜が降り、車内は凍てついている。エンジンをかけても、水温計の針は最低すれすれからピクリとも動かない。父親は、すぐにあったまるからなと言って、霜落としのワイパーとラジオをオンにし、吐く息で曇ったガラスの向こうを見ている。駿馬は、どんだけ待てばいいんだよ、と文句を言う。

やがて、少しあたたまってきたエンジンに火を入れなおすとき、ばちっと、ほんの小さな音が鳴る。冷えきった内燃機関(注9)に火花が散るような、そんな音……。

（黒川裕子『天を掃け』による）

（注1）アルコル＝おおぐま座の恒星の名前。ミザールのすぐ近くに位置する。
（注2）ミザール＝北斗七星の、ひしゃくの柄の先端から二番目の星の名前。
（注3）連星＝二つの星が互いに引き付け合い、それぞれの重心のまわりを軌道運動している星。
（注4）ラメ＝ここではキラキラと光る微細な金属の粉のこと。
（注5）ランタン＝持ち運ぶことのできる照明器具。電球などを囲いで保護している。
（注6）シーイング＝星の見え方。
（注7）ジャブなしの右ストレート＝ボクシングで、ジャブ（次の動作につなげるための力を入れないパンチ）のないまま右手で打ち込むこと。
（注8）三角飛びドロップキック＝プロレスの蹴り技。
（注9）内燃機関＝ガソリンエンジンなど燃料の燃焼が行われる内部の機関。

(1) 文章中にA何のへんてつもない星のつらなりが、急に特別なもののように思えるとあるが、このときの駿馬の心情の説明として最も適当なものを、次のア～オのうちから一つ選びなさい。

ア　すばるから星の歴史や疑惑を詳しく説明されたことやすばるが楽しそうに星を見ている様子に影響されて、星に対する興味が高まったことで、星のつらなりを見ることができる喜びに浸っている。

軌道の間に帯状に集まっている、ほとんどが岩石のかたまりという小天体だ。それぞれが異なる軌道を持ち、地球と同じように、太陽のまわりを公転している」

「それは、わかったけどさあ。だから、その、小惑星なんて撮ってどうすんだよ」

すばるはピタリと足を止めた。

「おれは、ある小惑星を捜索しているんだ。オトさんがやっていたように」

駿馬はぽかんとして、曇り空を見上げる。その上に広がる、無数の星の中から、ただ一つの星を探そうというのか。冗談だろ、という気分だ。

「ソーサクって、探すってこと？　あの中から？」

「……どうやって探すんだ、そんなん」

「望遠鏡に接続できる特殊なカメラで、さっきみたいに、夜空を撮影する。何枚も、何十枚もだ。簡単にいうと、写真の中から、未発見の星を探す。見つけたら、アメリカにある小惑星センターってところに報告する。いろんな条件をクリアしてそれが認められたら、番号登録。はれて、正式な小惑星発見者になれるってわけだ」

「星を見つけるのが、おまえのやりたいこと？」

無言でうなずいたすばるに、駿馬は息をのむ。

「……わかんないけど、その夢、ハードル高すぎね？　むずかしいんじゃないの」

「ハードルの高さは関係ない。あんたはむずかしかったから、あきらめたのか？……夢」

ビー玉みたいな目が駿馬を射貫(いぬ)く。浮かべた笑みは、挑発、いや、嘲(ちょう)笑(しょう)だ。

駿馬はぽかんと口を開けた。

ジャブ(注7)なしの右ストレート、またはロープにふらない三角飛び(注8)ドロップキック。

——強烈。

小惑星って、つまり宇宙にあるものだろう。あの、空に浮かんでいる、ギラギラの仲間だ。これまでだれも見つけていない星を探して、見つける。すばるは、そういう話をしている。

Dばっかじゃねーの、と駿馬は心の中でつぶやいた。

そんなの、中学生が言うせりふだろうか。腹が熱くなる。ちくしょう、なぜか悪口を言いたくなる。根拠もないのに、負けたという気がする。

星に話しかけるわ、だいたいのやつに笑い飛ばされそうな夢をはっきりと口にするわ。

すばるは変わりすぎている。無愛想だし、やたらえらそうだし、ムカつくし、理解できなさすぎる——。正直、ちっともお近づきになりたいタイプじゃない。

なのに、すばるから食らった不愉快寸前のびりびりはずっと駿馬の胸にわだかまり、結局、土間のテーブルで、すばるのばあちゃんに焼きそばを食わせてもらうまで続いた。

「山で望遠鏡をのぞきにいくのに、すばるがほかの人を連れちったんは、あんたがはじめてよ。あの子はちっと、むずかしゅうてね。あのとおり、ずっと学校にも行けんでねぇ」

テーブルの向かい側に座って、ときどきお茶をついでくれながら、ばあちゃんはそんなことを言った。おだやかな山口ことばが耳に気持ちいれとも、やっぱり見かけだけの連星なのか」
駿馬はふきだすのをすんでのところで我慢した。
（まじか。星に命令とか何者だよ。しかもなぜかちょっとキレぎみ）
ばっかじゃねーの、と笑い飛ばすところだけど、耳に届いたすばるのささやき声は、怖いくらいに真剣なのだった。
もし星から返事が聞こえたなら、当たり前のように喜ぶのだろう、きっと。
——こんなやつ、見たことない。
駿馬は北天に輝くミザール、アルコルをもう一度見上げた。すばるはいったい、空の何を見ている？　そこに何があるというのか。ガキのころからさんざん見てきた、A何のへんてつもない星のつらなりが、急に特別なもののように思える。
やがて西から厚い雲が流れてきて、すっかり空が覆われてしまった。
結局、B星を見ることができたのは、十五分くらいの短い間だった。
たかが十五分。でも、長さは関係ないのかもしれない。
すばるは、かならず星が見られると信じて、あれだけの機材をかついで山を登って、この場所でたった一人で——駿馬なんて視界にも入ってなかったから一人だ——空をにらんでいた。たとえ待ち時間が二時間でもたぶんすばるは待っただろう。ラメ（注4）入りのビー玉みたいな両目に、10センチのレンズに、星が映るまで……。
そう考えると、理解できねえとあきれると同時に、C思いっきりビンタされたときみたいな熱いびりびりが胸に広がる。
とまどう駿馬をよそに、すばるは、機材をケースとリュックに要領よくつめている。
「撤収する」
「えっ、もう終わり？」
短く告げたすばるに、思わず叫んでしまう。
「もたもたしてると、雨がふるぞ」
大判ハンカチを外したランタン（注5）を腰につるして、すばるは、いまきた道をさっさと下りだした。あわててあとを追う。
「あれだけ待って、星が見えたのがたった十五分って……」
「たとえ数枚でも、撮影できただけで上等。最高の条件で観測できるタイミングなんて一年にそうそうないし、どの天域であっても、未知の天体が写る可能性はゼロじゃないんだ。たまたま望遠鏡を出さなかったその日が、最高のシーイング（注6）になるかもしれない。待ちに待った追跡のチャンスかもしれない。だったら、待たない理由はないだろ」
……未知の天体？
「待てって！　撮影って言うけど、いったい何を撮ってたわけ？」
すばるはふり返りもせず、質問に質問で答えた。
「……あんた、小惑星って知ってるか？」
「しょーわくせぇ？」
駿馬はすっとんきょうな声をあげてしまった。聞いたことはある。この間も、テレビで小惑星の特集をやっていた。はやぶさ2という探査機がもうじき何とかという小惑星に到着していろいろ調査するとか、そんな感じの特集だった。けっこう天文好きらしい六郎（ろくろう）が、かじりついていたっけ。
「小惑星……アステロイド、マイナー・プラネット、太陽系小天体。呼びかたはいろいろあるが、通称メインベルトと呼ばれる火星軌道と木星で、環境が人間の認知を助ける必要はないと考えられる。

イ　自分の身体を通して環境を変化させて、その環境を身体によって知覚して認知を行うという関係になっていることから、認知と環境は身体的行為を通したサイクルやループの関係だといえる。

ウ　手を入れるという身体的行為によって、人間が風呂の水という環境に働きかけることで、温度に関する情報を風呂の水から提供されることになり、認知することが可能になる。

エ　環境は人間の記憶を代替することがあるため、人間は正確な知識がない場合でも、ある環境を実際に見たり動いたりして情報を得ることで、環境に助けられ自然と目的を果たせることがある。

オ　実際にある環境の中で行為することで理解できることを事前に覚えたり予測したりする必要のないことから、環境は人間にとって認知や知識の一つとして扱われ、利用されていると考えられる。

(8)　本文全体の論旨の説明として最も適当なものを、次のア～オのうちから一つ選びなさい。

ア　人間は環境に変化を加えようとすることで、直接経験していないことであっても知識を得られるが、コトバによって実際に経験していない感覚を知識としてたくわえることは難しい。

イ　人間の認知や知識は、脳の思考によってのみ行われているのではなく、身体を通してさまざまな感覚を得ることで作られており、その過程では人間の身体の形状が大きく影響している。

ウ　人間がコトバを通して頭の中で行う認知と、身体を使い実際に環境を利用して行う認知とはまったく別のものであり、頭の中で行う認知には、それが脳内で完結するという性質がある。

エ　人間の認知や知識の構築には、感覚の言語化とそれを可能にする高度な身体の機能が必要であり、感覚を言語化した知識や認知は環境によって大きく変わることはない。

オ　人間の認知、知識は、人間特有の高度な操作を可能にする身体とそれを受け止める環境によって構築されるものであり、その際に脳によって思考することはそれらから切り離されている。

二　次の文章を読み、あとの(1)～(7)の問いに答えなさい。

駿馬（しゅま）は家族とともに八年間モンゴルの首都・ウランバートルで暮らしていたが、母親の仕事の都合で日本に帰国することになった。陸上部で活躍していたものの怪我（けが）で走れなくなった駿馬は、同級生のすばると出会う。父親を亡（な）くしたすばるは、祖母と二人で暮らしており、学校にも通っていない。初夏のある夜、二人は天体観測をしていた。

「北天、４・０等星のアルコル(注1)。いまみたいな視力検査がなかった昔は、アルコルが見えるかどうかで、視力の良し悪（あ）しをはかることもあった。ミザール(注2)とアルコルの距離は３光年から４光年。互いにあまりに近いせいで、ぱっと見には分離せず、重なって見える。疑惑つきの連星(注3)なんだよ。星が答えてくれたらいいのに」

人間じゃあるまいし。駿馬はからかった。

「質問があるなら、お星様にきいてみれば」

すると、すばるは、びっくりしたように目を見開いた。それから空に視線をもどして小さくささやいた。

「……ミザール、アルコル。返事をしろ。互いの重力を感じるか？　そ

ア　コトバは全体性のある対象や直感的な理解を表現するものとしては不適当です。また、時代によって変化する概念を表現することも難しいです。ここから考えると、一時的な出来事を知識として言語化し、時代を超えて伝えていくのは困難であるとわかります。

イ　自分のさまざまな感覚のネットワークを構成しているものについて、すべてコトバで表現したことがある人は少ないはずです。言語で知識を伝達する以前に、まず感覚のネットワークのつながりを強弱も含めて表現できるようにしないと、正確なものにならないのです。

ウ　同じものでも上から見るか横から見るかで言語表現が変わる可能性があると指摘しています。伝達する側が横から見ていて受け取る側が上から見ている状況では、伝達する側の表現に受け取る側が違和感を覚え、意味することが理解できないということが起きます。

エ　コトバの解釈は聞き手や状況によって異なるため、必ずしも発した人の意図した通りに認識されるとは限りません。何かを名付けた人の置かれた状況について、時代を超えて正確に把握することは不可能なので、名付ける際には状況を反映せずに表現するべきです。

オ　私たちは多くの感覚を経験し、多くの知識を取り込んでいます。それらについて、感覚なのか知識なのかをすぐに区別することは難しいため、伝達するときに知識として整理して伝えていない場合が多く、受け取る側も知識ではなく感覚だと判断してしまうのです。

カ　一つのコトバには、五感で感じ取るさまざまな要素が含まれます。また、そこにはコトバを使う側にも意識できない要素もあります。コトバによる表現が難しいものやそもそも意識していないものは伝達できないため、完璧な知識や情報にならないということです。

(6)　文章中の段落[9]～[12]までの段落相互の関係の説明として最も適当なものを、次のア～オのうちから一つ選びなさい。

ア　段落[9]・[10]では筆者の主張とその主張の根拠となる事実を説明し、段落[11]では段落[9]・[10]で述べた事実を補足する内容を述べ、段落[12]で結論として先に述べた主張を繰り返している。

イ　段落[9]・[10]では取り上げている話題に関する複数の仮説を紹介し、段落[11]では段落[9]・[10]で述べた説から筆者が支持するものとその理由を述べ、段落[12]で段落[11]の内容をまとめている。

ウ　段落[9]・[10]では取り上げている話題に関する筆者の体験を列挙して、段落[11]では段落[9]・[10]の具体例についての考察を述べて要点をまとめ、段落[12]で段落[9]～[11]の内容について結論を述べている。

エ　段落[9]・[10]では取り上げている話題に関して客観的事実を詳細に説明し、段落[11]では段落[9]・[10]の内容をまとめて推測できることを述べ、それをもとに段落[12]で重要な点を再度指摘している。

オ　段落[9]・[10]では筆者の考えとそれに関連する事実を複数紹介し、段落[11]では段落[9]・[10]の内容に反する考えを指摘してそれを否定し、段落[12]では段落[9]～[11]を根拠に仮説を立てている。

(7)　文章中にF私たちはある状況、環境の中で認知を行うとあるが、状況や環境と認知の関係について説明したものとして**適当でないもの**を、次のア～オのうちから一つ選びなさい。

ア　認知と環境の関係をつないでいるのは、人間の身体が生み出す行為であり、身体の構造によって高度な操作が可能になっているの

エ　Ａ　なお　Ｄ　ただし
オ　Ａ　また　Ｄ　けれども

(3)　文章中に B日本の学校で学ぶ英語は身体化されていないのだ とあるが、これはどういうことか。その説明として最も適当なものを、次のア～オのうちから一つ選びなさい。

ア　英語の文字を日本語と結びつけるだけで終わり、言語を使って過ごすことで構成される、感覚との結びつきができていないということ。

イ　英語を文字として認識しているだけで、日常で流暢（りゅうちょう）に発声したり身振り手振りを伴って使ったりすることができていないということ。

ウ　日常的に役立てる機会がないため、日本語との記号的な結びつきを理解しても、英語を独立した記号として認識できていないということ。

エ　学習で文字としての単語を短期的に記憶するだけで、英語を使う感覚を身体で知って長期間記憶に残すことはできていないということ。

オ　英語を日本語で覚えるただの知識ととらえていて実用化しないので、英語における独特の身体感覚までは認識できていないということ。

(4)　文章中に Cそのビデオに出ていた人物の顔の特徴をできるだけ詳しく記述させた とあるが、人物の顔の特徴を詳しく記述した人はどのような状態になるか。その説明として最も適当なものを、次のア～オのうちから一つ選びなさい。

ア　顔の特徴を言語化することで余計な情報を認識しなくなったため、直感でとらえたままにしておいたときよりも、思い出しやすくなる。

イ　直感で理解した顔の特徴を言語化することで記憶の精度が高まったため、言語化しないときよりも同じ顔の識別がしやすくなる。

ウ　直感的にとらえた顔の特徴を言語で表現しようとしたことが、正しい認識の妨げになって、次に同じ顔を見ても識別が難しくなる。

エ　顔全体を見て特徴を覚えるべき時間を、無理やり言語化するための時間として使ったことで記憶が曖昧になり、思い出せなくなる。

オ　顔の特徴を言語化することで細かく認識することが可能になったため、次に顔を見ると違和感があり、識別しにくくなる。

(5)　文章中に Eその領域で経験の豊かな人が、経験のない人にコトバで何かを伝えるときは、齟齬が生み出される可能性はとても高いと考えなければならない とあるが、これについてクラスで話し合いが行われた。次の先生の発言を受けて、本文で筆者が説明する内容に沿って述べている意見として適当なものを、あとのア～カのうちから二つ選びなさい。

> 先生　コトバによる伝達は人間に進歩をもたらしましたが、そうではないところもあると筆者は主張していますね。コトバのいくつかの特徴を取り上げて、「コトバで何かを伝えるときは、齟齬が生み出される可能性はとても高い」と指摘しており、コトバによる伝達が難しいと述べています。では、コトバのこういった特徴について考えていきましょう。

12 だからすべてを頭の中にえておく必要はない。テキ⑤ギ環境に働きかけることで、環境が変化し、大事な情報を伝えてくれるからだ。

（鈴木宏昭『私たちはどう学んでいるのか』による）

（注１）凌駕＝他をしのいでそれ以上のものになること。
（注２）可塑性＝固体に強く力を加えて変形させると、力を取りのぞいても元に戻らなくなる性質。
（注３）臨界期＝人間の脳の発達において、あることを学習すると最もよく効果が出る、限られた期間。
（注４）齟齬＝うまくかみ合わないこと。行き違い。
（注５）ロダンの考える人＝ロダンは十九世紀フランスの彫刻家。「考える人」はロダンの作品で、右ひじをついた姿勢で、沈思する青年の像。

(1) 文章中の①～⑤に相当する漢字を含むものを、次の各群のア～オのうちから、それぞれ一つずつ選びなさい。

① フれる
ア 自動車と自転車がセッショクする。
イ この地域はカキのヨウショクがさかんである。
ウ 前年度のフンショク決算を指摘する。
エ 書籍にゴショクを見つける。
オ 銀行にシュウショクする。

② チツジョ
ア このマスコットはトツジョ注目された。
イ この道路ではジョコウ運転を心がける。
ウ 何を優先すべきかジョレツをつける。
エ 水中の汚れをジョキョする。
オ 歴史的な出来事をジョジュツする。

③ イデンシ
ア この人物は、音楽界のケンイである。
イ 食物センイを多く含んでいる野菜をとる。
ウ アンケート調査をイライする。
エ このランナーは、イダイな記録を残した。
オ イシツ物を係員に届ける。

④ ジョウショウ
ア ここはあるスポーツのハッショウの地である。
イ ショウライの目標を真剣に考える。
ウ 固体のショウカついて復習する。
エ 伝統を次世代にケイショウする。
オ サークルの歓迎会にショウタイされた。

⑤ テキギ
ア よい契約ができるようベンギをはかる。
イ しっかりレイギを尽くす。
ウ ギキョク作品を上演する。
エ 紙幣のギゾウを見破る。
オ サギ事件について注意喚起が行われる。

(2) 文章中の A ・ D に入れる語句の組み合わせとして最も適当なものを、次のア～オのうちから一つ選びなさい。

ア A しかし　D そのうえ
イ A だから　D たとえば
ウ A 一方で　D つまり

でいる。こうした情報は本人自身が意識できないので、それを伝えることはもちろんできない。

[7] またコトバはそもそも多義的である。だから発したコトバがどのように解釈されるかは聞き手や状況によって大きく変化する。昔は仁徳(にんとく)天皇陵、今は大仙陵古墳と呼ばれるものは前方後円墳と言われている。私ももう半世紀も前に学校でそのことを教わり、何も考えずに覚えていた。しかし数年前に、突然「逆じゃないか」と気づいた。前方後円墳ならば、前が方形で、後ろが円形になっているはずだが、ふつうに写った写真を見れば円形部が上、方形部が下になっている。多くの人にとって、これの自然な解釈は「前円後方墳」になるのではないだろうか。どうも最初にこのように名づけた人が、このお墓を横から見て、牛車に似ていると思い、方形の部分を牛が引いている様、円形の部分を人が乗っているところと解釈したためという。そもそも昔の人は上から見ることはできなかったわけだから、別にこの命名が間違いということにはならないだろう。[D] 名付けた人の置かれた状況と言語表現は切り離せないということなのだ。

[8] このように聞き手の視点の取り方、状況によって、コトバはその意味を大きく変える。だからEその領域で経験の豊かな人が、経験のない人にコトバで何かを伝えるときは、齟齬(そご)(注4)が生み出される可能性はとても高いと考えなければならない。

[9] 認知、知識などというと沈思黙考、ロダン(注5)の考える人のようなイメージがあるかもしれない。しかし思考も含めた人の認知というのは頭の中で完結しているわけではない。F私たちはある状況、環境の中で認知を行う。また行為を通して環境に働きかけ、環境を変化させ、それを知覚して情報を取得し、また認知を行う。環境はさまざまな情報を提供してくれるだけでなく、記憶の代替をしてくれたり、取り組む課題を簡単にしてくれたりする。別の本にも書いたのだが、風呂を沸かす時に、どの時点で止めればよいかは、水の容積、沸かす前の水の温度、気温、風呂の火力などから計算できるが、それをやる人はいない。手を入れてみればわかるからだ。家から学校までの正確な地図のような知識は誰も持っていない。なぜなら歩き始めればどこで曲がるか、どの程度直進するかは環境が教えてくれるからだ。

[10] また実行可能な行為は身体の形状と深く関係している。私たちは４本の長めの突起物（手足のことだが）を持ち、そのうちの２本を用いて直立して生活をしている。すると首から下の身体の前面はほぼすべて見ることができる。つまり自分がどんなさまをしているのかがかなりの程度理解できる。これは自己というものの成立に深く関係している。また手が自由に動き、かつほどほどの長さの指があり、親指は他の指と対面の位置に置ける。これはかなり高度な操作を可能にしている。こうした手の構造を持たない動物たちは高度な石器などを作ることは不可能だ。

[11] つまり認知と環境は特定の形状をした身体が生み出す行為を通したサイクル、ループの関係になっている。だとすれば認知、そこで構築され、利用される知識は、環境や状況の提供する情報を前提としている可能性がある。見ればわかることをわざわざ覚えておく必要はないし、やれば見えることを見る前に予測する必要もないはずだ。つまり環境は認知、知識の中に組み込まれており、それを支えとして構築、利用されているのだ。

【国語】（五〇分）〈満点：一〇〇点〉

一 次の文章を読み、あとの(1)~(8)の問いに答えなさい。なお、1~12は段落番号である。

1 学校で英語を何年学んでもさっぱり英語が話せない、聞き取れないというような話はよく聞く。 A 、外国に住んだことのある日本の子供たちは親を凌駕（りょうが）（注1）するような英語能力を身につけると言われる。これがなぜかは、子供の脳の可塑（かそ）性（注2）とか、臨界期（注3）などと言われたりもしている。しかしこれまでのことからすれば、説明は簡単だ。B日本の学校で学ぶ英語は身体化されていないのだ。英語の時間に文字として①フれるだけであり、それを使って生活することがない。そこでは「apple→リンゴ」という記号同士のつながりができるだけだ。一方、英語圏で育つ日本の子供たちは幼稚園、学校に放り込まれ、起きている時間の1／3から1／4くらいをそこで英語を使って過ごす。彼らの英語は自分の経験を構成するさまざまな感覚と結びつき、身体化されている。これが子供たちのすばやい英語習得を支えている。

2 人はコトバおよびそれに対応した概念を持つことにより、世界を組織化し、チツ②ジョ立った形で他者にそれを伝達することが可能になった。またそれを受け取る人は自らが経験していないことを知識としてたくわえ、まさに人の肩に乗って生活をしていくことが可能になった。これによって人は③イデンシや直接の経験からの学習の呪縛（じゅばく）を超えて、文化的学習（cultural learning）が可能になり、その進歩のスピードを飛躍的にジョウ④ショウさせたと言われている。

3 その一方、学校、大学、職場、社会において、学習がいかに遅々たるものか、そこにどれだけの誤解が生じているかは多くの人がいやというほど経験済みのことだろう。つまり何か一定以上複雑なことがコトバだけで伝わったり、学ばれたりすることは稀（まれ）といっても過言ではない。

4 それは、前節で述べたようにして作り出される感覚、知識のネットワークは言語では語り尽くせないような豊かな内容を含んでいるからなのだ。リンゴが何かを教える場面において、自分のさまざまな感覚のネットワークの構成要素、そしてその間のつながりを強弱も含めてすべてコトバで表現できる人などいるはずがない。だから言語的に知識を伝達しようとしてうまくいかないのだ。

5 またコトバは万能選手ではない、得手不得手があるのだ。コトバは、全体性を持つような場面や対象、また直感的な理解を表現するには適していない。そうしたものをコトバで表現すると、認識が阻害されることもある。たとえば人の顔や声はコトバで表すことは難しい。これを無理にさせるとどのようなことが起きるかといえば、それらの認識の低下なのである。言語隠蔽（いんぺい）効果（verbal overshadowing）と呼ばれる現象はまさにこうしたことを示している。ある実験では、被験者にビデオを見せ、Cそのビデオに出ていた人物の顔の特徴をできるだけ詳しく記述させた。その後、その人物を含む複数人の顔写真から、どれがビデオに出ていた人かを指摘させる。すると言語的な記述をした人たちの正答率は、それを行わずにまったく別の作業をその間行っていた人よりも低下してしまうのだ。

6 さらに私たちの感覚のネットワークは意識できないものも含んでいる。私たちは無意識的な情報も取り込んでいるし、その影響を受けている。だから身体化された知識の構成要素にはそれらが確実に入り込んでいる。

MEMO

大切なことはメモしておこうネ！

前期第1回

2024年度

解 答 と 解 説

《2024年度の配点は解答欄に掲載してあります。》

<数学解答>

1 (1) ア 7 イ 4 ウ 3 (2) エ 1 オ 6 (3) カ 2 キ 4
(4) ク 2 ケ 1 コ 3

2 (1) ア 1 イ 3 (2) ウ 1 エ 3 オ 2 (3) カ 3 キ 4
(4) ク 1 ケ 4 コ 9

3 (1) ① ア 5 イ 0 ② ウ 1 エ 4 オ 0
(2) ① カ 1 キ 1 ク 1 ケ 0 コ 8
② サ 2 シ 3 ス 2 セ 1 ソ 6

4 (1) ア 1 イ 5 (2) ウ 6 エ 2 (3) オ 6 カ 2
(4) キ 9 ク 3 ケ 9

5 (1) ア 1 イ 2 (2) ウ 2 エ 4 オ 5
(3) カ 9 キ 3 ク 9 ケ 5 (4) コ 3 サ 3 シ 9

○配点○

各5点×20　　計100点

<数学解説>

基本 1 (平方根の計算，連立方程式，平方数，三平方の定理)

(1) $\frac{16}{7}\times\left(\frac{\sqrt{7}}{2}-\frac{\sqrt{21}}{4}\right)^2=\frac{16}{7}\times\left(\frac{7}{4}-2\times\frac{\sqrt{7}}{2}\times\frac{\sqrt{21}}{4}+\frac{21}{16}\right)=\frac{16}{7}\times\left(\frac{49}{16}-\frac{7\sqrt{3}}{4}\right)=7-4\sqrt{3}$

(2) $ax-(b-5)y=-5$，$-2a-(b-5)\times3=-5$，$-2a-3b=-20$，$2a+3b=20$…①　$\frac{by}{2}-\frac{bx-ay}{3}=14$，$\frac{3b}{2}-\frac{-2b-3a}{3}=14$，$9b-2(-2b-3a)=84$，$6a+13b=84$…②　②−①×3から，$4b=24$，$b=6$　①に$b=6$を代入して，$2a+3\times6=20$，$2a=2$，$a=1$

(3) $200-n=11\times k^2$(kは自然数)のとき，$\sqrt{\frac{200-n}{11}}$は自然数となる。$k=1$のとき，$200-n=11\times1^2=11$，$n=189$　$k=2$のとき，$200-n=11\times2^2=44$，$n=156$，$k=3$のとき，$200-n=11\times3^2=99$，$n=101$　$k=4$のとき，$200-n=11\times4^2=176$，$n=24$，$k=5$のとき，$200-n=11\times5^2=275$，$n=-75$　nは自然数なので，$k\geqq5$のときは，適さない。よって，もっとも小さいnの値は，24

(4) MB＝8÷2＝4　△MBHは∠MBH＝60°の直角三角形だから，BH＝4÷2＝2　BH：HC＝1：2から，HC＝2×2＝4　点AからBCへ垂線AIをひくと，BI＝8÷2＝4，AI＝$4\sqrt{3}$　IC＝BC−BI＝(2+4)−4＝2　△ACIにおいて三平方の定理を用いると，AC＝$\sqrt{(4\sqrt{3})^2+2^2}=\sqrt{52}=2\sqrt{13}$ (cm)

2 (図形と関数・グラフの融合問題)

基本 (1) $y=-x+6$…①　①に$x=-6$を代入して，$y=-(-6)+6=12$　よって，A(−6, 12)　$y=ax^2$に点Aの座標を代入して，$12=a\times(-6)^2$，$36a=12$，$a=\frac{12}{36}=\frac{1}{3}$

基本 (2)　$y=\frac{1}{3}x^2$…②　①と②からyを消去して，$\frac{1}{3}x^2=-x+6$，$x^2=-3x+18$，$x^2+3x-18=0$，$(x+6)(x-3)=0$，$x=-6$，3　①に$x=3$を代入して，$y=-3+6=3$　よって，B(3，3)　C(−6，0)　直線BCの傾きは，$\frac{3-0}{3-(-6)}=\frac{3}{9}=\frac{1}{3}$　直線BCの式を$y=\frac{1}{3}x+b$として，点Cの座標を代入すると，$0=\frac{1}{3}\times(-6)+b$，$b=2$　よって，直線BCの式は，$y=\frac{1}{3}x+2$

(3)　$y=\frac{1}{3}x+2$…③　直線AOの式は，$y=-2x$…④　③と④からyを消去すると，$\frac{1}{3}x+2=-2x$，$\frac{7}{3}x=-2$，$x=-2\times\frac{3}{7}=-\frac{6}{7}$　よって，点Dのx座標は$-\frac{6}{7}$　△ABD：△ACD＝BD：CD＝$\left\{3-\left(-\frac{6}{7}\right)\right\}:\left\{\left(-\frac{6}{7}-(-6)\right)\right\}=\frac{27}{7}:\frac{36}{7}=3:4$　したがって，△ABDの面積は△ACDの面積の$\frac{3}{4}$倍

重要 (4)　①に$y=0$を代入して，$0=-x+6$，$x=6$　よって，E(6，0)　AB：AE＝$\{3-(-6)\}:\{6-(-6)\}=9:12=3:4$　△ABD∽△AEFから，AD：AF＝4：3，AD＝$\frac{4}{3}$AF…（i）　AD：AO＝$\left\{-\frac{6}{7}-(-6)\right\}:6=\frac{36}{7}:6=36:42=6:7$，AO＝$\frac{7}{6}$AD…（ii）　（i），（ii）より，AO＝$\frac{7}{6}$AD＝$\frac{7}{6}\times\frac{4}{3}$AF＝$\frac{14}{9}$AF　よって，AOはAFの$\frac{14}{9}$倍

3 （統計，確率）

基本 (1)　①　2時間以上の生徒が26人より，0.38＋0.14＝0.52，$\frac{26}{x}=0.52$，$x=26\div0.52=50$

②　0.04＋0.12＋0.32＝0.48，0.48＋0.38＝0.86　累積相対度数が0.5を超えるのは120分以上160分未満の階級だから，求める階級値は，$\frac{120+160}{2}=140$(分)

(2)　①　3回のさいころの目の出かたは全部で，6×6×6＝216(通り)　$c=4$のとき，xが4の倍数になるのは，36÷4＝9(通り)　$c=5$のとき，xが5の倍数になるのは，36÷5＝7あまり1より7通り　$c=6$のとき，xが6の倍数になるのは，36÷6＝6(通り)　よって，全部で9＋7＋6＝22(通り)　したがって，求める確率は，$\frac{22}{216}=\frac{11}{108}$

重要 ②　$c=2$のとき，$\frac{x}{2}$が素数になる場合は，$x=4$，6，10，14，22，26，34の7通り　$c=3$のとき，$\frac{x}{3}$が素数になる場合は，$x=6$，9，15，21，33の5通り　$c=4$のとき，$\frac{x}{4}$が素数になる場合は，$x=8$，12，20，28の4通り　$x=5$のとき，$\frac{x}{5}$が素数になる場合は，$x=10$，15，25，35の4通り　$c=6$のとき，$\frac{x}{6}$が素数になる場合は，$x=12$，18，30の3通り　よって，全部で，7＋5＋4＋4＋3＝23(通り)　したがって，求める確率は，$\frac{23}{216}$

4 （平面図形の計量問題一円の性質，角度，三角形の相似，面積）

基本 (1)　$\angle AOC=180^\circ\times\frac{1}{6}=30^\circ$　円周角の定理から，$\angle ABC=30^\circ\div2=15^\circ$

基本 (2)　OC＝OD＝12÷2＝6，$\angle COD=180^\circ\times\frac{3}{6}=90^\circ$　よって，△CODは直角二等辺三角形になる

から，CD$=6\times\sqrt{2}=6\sqrt{2}$(cm)

(3)　ABは直径だから，$\angle$ACB$=\angle$ADB$=90°$　　$\angle$CAD$=\frac{1}{2}\angle$COD$=45°$　よって，△ACEは直角二等辺三角形になるから，△BDEも直角二等辺三角形になる。$\angle$BOD$=180°\times\frac{2}{6}=60°$，$\angle$BAD$=60°\div2=30°$　　△ABDは$\angle$BAD$=30°$の直角三角形だから，BD$=12\div2=6$　したがって，BE$=6\times\sqrt{2}=6\sqrt{2}$(cm)

重要　(4)　AE$=$AD$-$ED$=6\sqrt{3}-6$　　点EからABへ垂線EHをひくと，△AEHは$\angle$EAH$=30°$の直角三角形だから，EH$=(6\sqrt{3}-6)\div2=3\sqrt{3}-3$，△ABE$=\frac{1}{2}\times12\times(3\sqrt{3}-3)=18\sqrt{3}-18$　　△CDE∽△ABEで相似比は，DE：BE$=6：6\sqrt{2}=1：\sqrt{2}$　　よって，面積比は，△CDE：△ABE$=1^2：(\sqrt{2})^2=1：2$　　したがって，△CDE$=(18\sqrt{3}-18)\div2=9\sqrt{3}-9$

5　(空間図形の計量問題―三平方の定理，面積，体積)

基本　(1)　頂点OからABへ垂線OHをひくと，△OABは二等辺三角形だから，AH$=6\div2=3$　　△OAHにおいて三平方の定理を用いると，OH$=\sqrt{5^2-3^2}=\sqrt{16}=4$　　よって，△OAB$=\frac{1}{2}\times6\times4=12$(cm^2)

基本　(2)　△OABの面積から，$\frac{1}{2}\times5\times$BD$=12$，BD$=12\times\frac{2}{5}=\frac{24}{5}$(cm)

(3)　CD$=$BD$=\frac{24}{5}$　　点DからBCへ垂線DIをひくと，BI$=6\div2=3$　　△BDIにおいて三平方の定理を用いると，DI$=\sqrt{\left(\frac{24}{5}\right)^2-3^2}=\sqrt{\frac{576}{25}-\frac{225}{25}}=\sqrt{\frac{351}{25}}=\frac{3\sqrt{39}}{5}$　　よって，△BCD$=\frac{1}{2}\times6\times\frac{3\sqrt{39}}{5}=\frac{9\sqrt{39}}{5}$(cm^2)

重要　(4)　AD$=a$とおくと，OD$=(5-a)$　　(正三角すいO－ABC)$=$(三角すいA－BCD)$+$(三角すいO－BCD)$=\frac{1}{3}\times\frac{9\sqrt{39}}{5}\times a+\frac{1}{3}\times\frac{9\sqrt{39}}{5}\times(5-a)=\frac{3\sqrt{39}}{5}\times(a+5-a)=\frac{3\sqrt{39}}{5}\times5=3\sqrt{39}$(cm^3)

★ワンポイントアドバイス★

5(4)で，正三角すいO－ABCの体積は，$\frac{1}{3}\times$△BCD×ADで求めることができる。

＜英語解答＞

1　(1)　C　(2)　B　(3)　C　(4)　A　(5)　B

2　(1)　B　(2)　A　(3)　C　(4)　A　(5)　C

3　(1)　C　(2)　B　(3)　A　(4)　B　(5)　C

4　(1)　ウ　(2)　ア　(3)　エ　(4)　イ　(5)　ア，エ

5　(1)　ウ　(2)　イ　(3)　ア　(4)　エ　(5)　イ　(6)　エ　(7)　ウ

6　(1)　イ　(2)　ウ　(3)　エ　(4)　イ　(5)　ア　(6)　ア　(7)　ウ

○配点○

1・2・3　各2点×15　　4(1)，(2)，(4)，5(2)～(5)，6(1)，(2)，(6)　各3点×10

他　各4点×10　　計100点

＜英語解説＞

1～3 リスニング問題解説省略。

重要 **4** **(長文読解問題・説明文：要旨把握，内容吟味)**

(大意) ロボットエンジニアとは何か？

ロボットを作るのは誰か？ロボットエンジニアがそれを行う！どのような人が優れたロボティクスエンジニアになるのか？

彼らは創造的であるだけでなく，忍耐強くもなければならない。常に新しい問題が出てくる。良いロボットを作るには長い時間がかかる。

ロボットエンジニアは，さまざまな仕事のためにロボットを作る。困難な作業を行うロボットを作る。ロボットは，重いものを簡単に動かすことができる。

ロボットエンジニアは，物を作るロボットを作る。一部の物は小さい部品を持つ。ロボットは慎重に部品を組み立てることができる。ロボットはミスが少ない。

ロボットエンジニアは，人々を助けるロボットを作る。一部のロボットは病院で働く。医者は病気の人を助けるために，ロボットを使う。これらは，清潔で安全であるように慎重に作られなければならない。

ロボットエンジニアは，人々と遊ぶロボットを作る。ロボットは人間にチェスで簡単に勝つことができる。したがって，世界で最も優れているのはどれかを見るために，互いに対戦する！

ロボットエンジニアになる方法

ロボットエンジニアは何を勉強するか？一部の学生は特別なプログラムでロボットについて勉強する。彼らはロボット工学のサマーキャンプに参加する。これらのキャンプでは，ロボットについて学び，ロボットを作る練習をする。一部の学生はロボット作りコンテストに参加する。コンテストで彼らは学費を勝ち取ることができる。

大学では，多くのことを勉強することができる。コンピューター，科学，数学，工学を勉強することができる。これらの分野の学位はロボットエンジニアにとって有用だ。

4年制の学位があれば，ロボットエンジニアとして十分だ。しかし，さらに勉強すれば，より良い仕事から始めることができる。一部のロボットエンジニアは修士号を持っている。他のロボティクスエンジニアは博士号を持っている。

ロボットエンジニアの仕事

大学を卒業後，ロボットエンジニアは通常，会社でアシスタントエンジニアとして始める。年上で経験豊富なエンジニアと一緒に働く。

ロボットエンジニアは，チームで働く方法を学ぶ必要がある。チームの人々はお互いに耳を傾ける。

大きなチームでは，一部の人々はロボットの一部分だけに取り組む。チームの他の人々は異なる部分に取り組む。最終的に，チームのすべての人々がアイデアを一つにまとめてロボットを作る。

一部のロボットエンジニアは大学で働く。これらのエンジニアはロボットについて教える。いくつかの大学には現在，ロボットエンジニアリングと呼ばれる学位プログラムがある。将来，ますます多くの大学がこれらのプログラムを持つだろう。

大学のロボットエンジニアは教えるだけでない。良いロボットを作る新しい方法を研究する。これらの工学の教員は，ロボットについてもっと学ぶために実験を行う。

学生はこれらの実験を手伝う。これは，学生がロボットについて学ぶ良い方法だ。

ロボットの仕事

多くのロボットは，自動車会社のような会社で働いている。今日のほとんどのロボットは自動車会社の工場にある。工場のロボットは機械のように見える。ほとんどの人はこれらのロボットを見たり，それらと一緒に働いたりすることはない。

しかし，他の場所では，人々は毎日ロボットを見るかもしれない。これらのロボットは，見た目がいい必要がある。使いやすく見える必要がある。すると，人々はそれらを周りに置きたいと思うだろう。

将来，ロボットは人間のように見えるかもしれない。それなら，それらと一緒に働くことに問題を感じないだろう。

ロボットは仕事をするだけでない。探検もする。一部は，人々が行けない危険な場所を探検する。彼らは宇宙や水中を探検する。彼らは科学者がこれらの場所について学ぶのを助ける。

未来を見据えて

ロボットは毎年より多くの場所で使用されている。店舗，ホテル，博物館，農場がそれらを使用している。ロボットを作るために，ますます多くのロボットエンジニアが必要になる。

この仕事はあなたにとって興味深いものか？多分あなたは将来ロボットエンジニアになれるかもしれない！

(1) 第5段落参照。ロボットエンジニアは病院で働くロボットを作り，医者が病気の人を助けるためにこれらのロボットを使用すると述べている。

(2) 第7段落参照。一部の学生がロボット工学のサマーキャンプに参加し，ロボットについて学び，自分たちのロボットを作る練習をすること，そして一部の学生がロボット作りのコンテストに参加し，これらのコンテストで学費を勝ち取ることができると述べている。

(3) 第14段落参照。大学のロボットエンジニアが教えるだけでなく，より良いロボットを作る新しい方法を研究し，ロボットについてもっと学ぶために実験を行うことが述べられている。

(4) 第19段落参照。一部のロボットは人々が行けない危険な場所を探検し，科学者がこれらの場所について学ぶのを助けると述べられている。

(5) ア「優れたロボットエンジニアは新しい問題に直面しても諦めるべきではない」 第2段落参照。ロボットエンジニアが創造的で忍耐強くなければならないと述べており，新しい問題に直面しても諦めるべきではないと判断できるので適切。 イ「優れたロボットエンジニアになるには，ロボットが高価だから多額の費用がかかる」 本文にはロボットエンジニアになるための費用や，ロボットの価格について言及されていないので不適切。 ウ「大学を卒業した後，ロボットエンジニアはプロのエンジニアとして企業で働く」 第13段落第1文参照。ロボットエンジニアの中には，大学で働く人もいるので不適切。 エ「ロボットエンジニアはチームで協力して1台のロボットを作る必要がある」 第11段落参照。ロボットエンジニアはチームでロボットを作るので適切。 オ「自動車工場で働くロボットは，ホテルで働くロボットと同じ種類のものがほとんどである」 第16，17段落参照。自動車工場のロボットは機械のように見え，他の場所では見た目がいい必要があるので不適切。 カ「ロボットエンジニアリングに興味がある人は，教授になることができる」 最終段落最終文参照。ロボットエンジニアリングに興味のある人は，将来ロボットエンジニアになるかもしれないので不適切。

5 (長文読解問題・説明文：要旨把握)

(大意) 世界中でサメは過剰な漁獲のせいで，深刻な問題に直面している。しかし，最近の研究により，①我々が考えていたよりもさらに悪い状況にあることが示された。58ヵ国371のサンゴ礁における研究で，研究者たちは20%のサメが消えたことを発見した。最悪のケースでは，一部のサンゴ礁ではほとんどサメが見つからなかった。人々が住む場所に近いサンゴ礁だ。

②この研究は2020年に「Nature」誌に掲載された。この研究はグローバルフィンプリントプロジ

ェクトの一部でもある。ナショナルジオグラフィックの研究者であるエンリック・サラは，これがサンゴ礁におけるサメについての最大の研究であると述べた。アーロン・マクニールは，15,000台以上のカメラを設置した。彼は，スナップショットがグレーリーフシャークやブラックチップリーフシャークなどの種がサンゴ礁からいないことを示したと述べた。それらは歴史的にそこに生息していた。サラは「私たちが研究したサンゴ礁の5分の1にはサメがいなかった。リーフシャークが見られる一部の地域でも，今は少なくなっている。これにより，③彼らはもはや捕食者と同じ生態学的役割を果たしていない」と言う。

ランカスター大学の海洋生物学者で，この研究に参加していないニック・グラハムは，カメラを使った研究が局地的規模で行われたけれども，この研究は世界的に使用できると言う。

世界の500種類以上のサメのうちの3分の1が，過剰な漁獲によって絶滅の危機に瀕している。グラハムは，サメが簡単に過漁に遭うため，ダイビングをしてサメに会うのは珍しいケースであると同意する。

サメのためのスペースを作っただけでは，サメは戻ってこない。漁獲量の制限の設定やサメに害を及ぼす漁具の削減など，漁師との協力も鍵となる。グラハムは，この研究が④これらのアプローチの重要性を示していると言う。彼はまた「漁獲方法や偶発的に殺されるサメの数を減らすことを慎重に管理することにより，個体群は回復するよりよい機会を持つことになる」と言う。

⑤「コミュニケーションと理解もまた，大きな役割を果たす」と研究者のカーリー・ジャクソンは言う。「多くの国の人々はサメの肉を食べるが，彼らが何か『間違ったこと』をしていると言うのは決して許されることではない。代わりに，世界中の人々がサメは海洋の健全さにとってどれほど重要であるかを理解することが重要だ。そして，一部の人々は漁業をやめて，サメとサンゴ礁を救うために⑥エコツーリズムを始めるかもしれない」とジャクソンは言う。

「これは地元の人々にとっても良いことだ。彼らはダイビングの観光客に何度もサメを見せることができるからだ。死んだサメは一度しか売ることはできない」とサラは言った。

基本 (1)　第1段落第4文参照。一部のサンゴ礁ではほとんどサメが見つからなかったことが述べられている。

(2)　一部のサメの種がサンゴ礁からしばしばいなくなっていることを示したスナップショットについて述べられている。

基本 (3)　サメが以前に比べてはるかに少なくなっているため，もはや捕食者としての生態学的役割を果たしていないと述べられている。

(4)　第4段落にこれらのアプローチについての具体例が述べられている。その中には「より多くのサメの肉を食べる」は挙げられていない。

(5)　第6段落第3文参照。発言の目的は，サメが海洋の健全さにとって重要であることを人々が理解することを促すことである。

(6)　最終段落参照。エコツーリズムの具体例として，サメを保護するために地元の人々がダイビングツーリストに何度もサメを見せることが述べられている。

重要 (7)　本文全体を通して，サメが直面している問題とそれらを保護するための取り組みに焦点を当てている。ここから「A World without Sharks?」(サメのいない世界？)が最も適当なタイトルである。

6 (長文読解問題・物語文：要旨把握，文整序)

(大意)　私は石狩川の河口に住むアイヌだ。ある秋の日，サケを捕まえるために上流へ向かった。しかし，釣りをする気になれず，さらに上流へと進んだ。日がほぼ沈んでしまったので，私は大きな家に一晩泊めてもらえるよう頼んだ。中年の夫婦とその息子が住んでいた。彼らの顔は悲しそうであった。時折涙を流し，息子はすぐにベッドに横になった。川沿いを歩きたくなり，目が覚めたままだった。空が明るくなるにつれて，私は川沿いを歩き始めた。

誰かに引き寄せられるように，私は深い森の中の小さな家へと走り続けた。その家はとても静かだったので，慎重に近づき中を覗いた。美しい女性が子供を抱いて悲しそうに泣いていた。私は「なぜこんなに遠く離れた場所でお子さんと二人きりで住んでいるのですか？」と尋ねた。

彼女は「私は石狩川の中流域出身です。裕福な家の息子が私と結婚したいと言いました。幸せに暮らし，赤ちゃんを授かりました。私の仕事は薪集めでした。義父が薪を集める新しい場所を見つけるように言いました。夫が外出中に彼は私を森へ連れて行きました。仕事を終えた後，彼は姿を消しました。私は彼を見つけることも，道を思い出すこともできませんでした。ここで出産するしかありませんでした」と答えた。彼女の目は涙でいっぱいだった。「もう一つ恐ろしいことは，毎晩熊が家にやって来ることです。息子を抱きしめてじっとしています。すると，犬が現れて熊を追い払います。私は死の瞬間を待っているように感じます。私は兄が作ってくれた木製の犬を身につけています。結婚するとき，彼はこれを身につけるよう言ってくれました。犬が外で熊と戦っている間はいなくなりますが，戦いが終わると戻ってきます。これが守ってくれています。私は誰かが私たちを救いに来てくれるのを待っていました」

私の心は同情でいっぱいだった。彼女が前日訪れた家族であることに気づいた。それから，近くで恐ろしい音が聞こえ，犬が熊に襲いかかった。遠吠えと吠え声がしばらく続き，遠くへと消えていった。「ここにいなさい」と女性に言い，私は弓矢を持って熊の足跡を追った。熊は倒れた木の下でじっとしていた。私は近づき，矢を放って殺した。その後，血まみれの木製の犬を近くで見つけた。私はそれを拾い，女性に返した。

その夜，私は夢を見た。若い男が現れて「私は熊の神だ。私は間違ったことをした。木製の犬が守る女性に恋をしたのだ。彼女を忘れることができなかった。彼女を強く望んだので，義父に力を使って彼女をここへ連れてこさせた。だから，彼は全く悪くない。しかし，木製の犬の精神が彼女から私を遠ざけた。彼女が一人で出産しなければならなかったことも申し訳なく思っている」と言った。私は目覚めて，彼女と私が同じ夢を見たことに気づいた。私たちは彼女と息子を救った犬の神に感謝した。朝食後，無事に彼らの家に帰った。家族全員が喜びで涙を流した。彼らはその後，幸せに暮らした。

基本 (1)　第1段落第4文参照。一晩泊まることを決めたのは，日がほぼ沈んでしまったからである。

基本 (2)　第1段落第8文参照。アイヌが大きな家を朝に出たのは，理由なく川沿いに行きたくなったからである。

(3)　第4段落第2文参照。女性の話を聞いた後，アイヌは彼女が前日に会った若い男の妻であるとわかったのである。

(4)　森の奥に住む女性について，熊の神が彼女に恋をしたのであり，彼女が熊の神と恋に落ちたというのは事実ではない。

(5)　木製の犬について，それが最終的に熊の神を殺したというのは事実ではない。アイヌが矢を放って殺したのである。

(6)　熊の神が自分の力を使いたかったのは，美しい女性を自分のものにするためである。

重要 (7)　出来事が起こった順番は，アイヌがサケを釣りに行く→(C)アイヌが女性と彼女の息子を森で見つける→(D)犬と熊が戦うのを見る→(A)熊を矢で殺す→(B)熊の神が夢に現れる→女性とその息子が家族のもとに戻る　となる。

★ワンポイントアドバイス★

長文3題と分量が多く，かつ全問が英文の内容に関する問題なので，正確に内容を把握する必要がある。多くの読解問題に触れ，素早く正確に読める練習をしたい。

＜理科解答＞

1 (1) イ (2) エ (3) 1 イ 2 ア (4) ウ
(5) 1群 ア 2群 イ 3群 ア

2 (1) 1 エ 2 ウ 3 ア 4 イ (2) エ (3) 1群 イ 2群 イ
(4) 1群 イ 2群 ア (5) エ

3 (1) ア (2) ウ (3) あ 1 い 5 (4) 1群 イ 2群 ア (5) イ

4 (1) 1群 イ 2群 ア (2) イ (3) あ 1 い 0 う 8
(4) 1 イ 2 ウ (5) あ 1 い 0 う 0

5 (1) ウ (2) 1 ウ 2 エ 3 イ 4 ア (3) エ (4) オ (5) オ

6 (1) エ (2) イ (3) あ 1 い 0 う 1 え 6 (4) イ
(5) あ 1 い 0 う 8 え 0

7 (1) 1 イ 2 ア 3 エ 4 ウ (2) ウ (3) ア (4) ウ
(5) 1群 ア 2群 オ

8 (1) ウ (2) あ 1 い 5 う 5 え 3 お 1 か 0 (3) エ
(4) あ 2 い 3 (5) 1群 ア 2群 イ

○配点○

1 (5) 4点 他 各2点×4((3)・(4)各完答) 2 (3) 4点(完答)
他 各2点×4((1)・(4)各完答) 3 (1)・(2)・(4)・(5) 各2点×4((1)・(4)各完答)
(3) 4点(完答) 4 (3)・(5) 各4点×2(各完答) 他 各2点×3((1)・(4)各完答)
5 (4)・(5) 各4点×2 他 各2点×3((2)完答) 6 (5) 4点 他 各2点×4
7 (5) 4点(完答) 他 各2点×4((1)完答) 8 (4) 4点(完答)
他 各2点×4((2)・(5)各完答) 計100点

＜理科解説＞

基本 1 (植物の体のしくみ―光合成)

(1) アサガオとツツジは双子葉類の仲間であり，網目状の葉脈をもち，根は主根と側根でできている。

(2) 光合成によって葉にできたデンプンは，暗くなると糖に変わり，茎の表面に近い側にある師管を通って体中に運ばれる。

(3) 光合成は，二酸化炭素と水を材料として，葉緑体で日光のエネルギーを利用して，デンプンと酸素をつくる働きである。

(4) 試験管Pには日光が当たり，光合成が行われるので，二酸化炭素が減少してBTB溶液が青色になる。一方，試験管Qには日光が当たらないので，光合成が行われず，呼吸だけが行われるので，二酸化炭素が増加してBTB溶液は黄色になる。

(5) 試験管をうすいガーゼでおおい日光を当てると，植物に当たる光の量が弱くなり，光合成と呼吸の働きが等しくなった場合，BTB溶液は緑色のまま変わらない。

2 (大地の動き・地震―マグマと火山)

(1) 双眼実体顕微鏡は，次の①～④の順序で使う。

① 接眼レンズを自分の目の幅に合わせることで，左右の視野が重なって見えるようにする。

② 鏡筒を上下に動かしておよそのピントを合わせる。

③ 右目をのぞきながら，微動ねじを回してピントを合わせる。

④ 左目をのぞきながら，視度調節リングを回してピントを合わせる。

基本 (2) Aの火山は白色鉱物の割合が多く，マグマのねばりけが強く，噴火のようすは激しい。一方，Cの火山は有色鉱物の割合が多く，マグマのねばりけが弱く，噴火のようすはおだやかである。

重要 (3) 白色で柱状の形をしている鉱物Mはチョウ石である。同じ白色鉱物のセキエイは無色で六角柱の形をしている。また，黄緑色でやや丸みのある多面体をしている鉱物Nはカンラン石である。同じ有色鉱物のクロウンモは黒色で，板状にうすくはがれる。

重要 (4) 等粒状組織である岩石Xは，マグマが地下深くでゆっくり冷え固まった深成岩である。一方，斑状組織である岩石Yは，マグマが地表付近で急に冷え固まってできた火山岩である。

重要 (5) 火山灰が押し固められてできた凝灰岩に含まれる粒は，流水の働きを受けてないので，粒は角ばっている。

重要 3 (酸とアルカリ・中和―電解質と非電解質，酸とアルカリ)

(1) 砂糖とエタノールの分子は水に溶けても電離しないが，食塩$NaCl$は水に溶けるとナトリウムイオンNa^+と塩化物イオンCl^-に電離する。

(2) 塩化銅$CuCl_2$は水に溶けると，銅イオンCu^{2+}と塩化物イオンCl^-に電離する。

(3) 2.5%のうすい塩酸210gに含まれている塩化水素は，210(g)×0.025＝5.25(g)である。したがって，35%の塩酸は，5.25(g)÷0.35＝15(g)必要である。

(4) 塩酸HClは水素イオンH^+と塩化物イオンCl^-に電離する。また，酸性を示す水素イオンは陰極に引きつけられるので，青色リトマス紙のRの部分が赤色に変わる。

(5) 水酸化ナトリウム$NaOH$はナトリウムイオンNa^+と水酸化物イオンOH^-に電離する。また，アルカリ性を示す水酸化物イオンは陽極に引かれるので，赤色リトマス紙のQの部分が青色に変わる。

4 (磁界とその変化―電流と磁界)

重要 (1) 導線のまわりには，板の上側から見て反時計回りに磁力線ができる。

(2) スピーカーは，コイルによる磁力によって振動板をふるえさせて音を出している。

(3) 実験2の③から，抵抗器Pの抵抗の大きさは，9.0(V)÷0.5(A)＝18(Ω)である。したがって，0.6Aの電流が流れるときの電圧は，18(Ω)×0.6(A)＝10.8(V)である。

(4) 1 コイルが反対向きに小さく動いたので，コイルに流れる電流の向きが反対になり，コイルに流れる電流の大きさは小さくなる。したがって，抵抗器PとQは直列につないだことがわかる。
2 コイルが同じ向きに大きく動いたので，コイルに流れる電流の向きが同じで，コイルに流れる電流の大きさは大きくなる。したがって，抵抗器PとQは並列につないだことがわかる。

やや難 (5) 実験2の④から，抵抗器Qの抵抗の大きさは，9.0(V)÷0.6(A)＝15(Ω)である。また，実験2の⑤から，並列につながっている抵抗器Qと抵抗器Rの合成抵抗の大きさは，3.0(V)÷0.5(A)＝6(Ω)である。したがって，抵抗器Rの抵抗の大きさをxΩとすると，$\frac{1}{15(\Omega)}+\frac{1}{x(\Omega)}=\frac{1}{6(\Omega)}$より，$x$＝10(Ω)である。

5 (生殖と遺伝一植物の生殖)

基本 (1) 核や細胞質は植物や動物の細胞に共通したつくりである。

重要 (2) 細胞分裂が始まると，核膜が消え，染色体が現れる。その後，染色体は細胞の中央に並んだ後，二つに分かれる。

重要 (3) 花粉管の中にある精細胞が胚珠の中にある卵細胞と合体して受精が行われる。

重要 (4) マツもカエルも受精によってふえる。一方，ジャガイモやオランダイチゴは無性生殖によって増える。

やや難 (5) 1.5時間に1回細胞分裂するので，12時間に分裂する回数は，12(時間)÷1.5(時間)＝8(回)である。したがって，細胞の数は，2×2×2×2×2×2×2×2＝256(個)になる。

6 (天気の変化一天気と天気図)

基本 (1) 地上付近では，低気圧の中心に向かって左回りに風が吹きこむ。また，低気圧の中心付近では上昇気流が生じる。

重要 (2) 低気圧の西側にできる寒冷前線付近では，寒気が暖気を押し上げるので積乱雲が発生して狭い範囲に激しい雨が降る。一方，低気圧の東側にできる温暖前線付近では，暖気が寒気を押し戻すので乱層雲が発生して広い範囲におだやかな雨が降る。

(3) 地点Pの大気圧は，1020(hPa)－4(hPa)＝1016(hPa)である。

(4) 11日の15時から18時にかけて，風向が南寄りから北寄りに変わり，気温も急に下がっていることから，寒冷前線が通過したことがわかる。

やや難 (5) 気圧の差が，1026(hPa)－990(hPa)＝36(hPa)＝3600(Pa)＝3600(N/m²)である。したがって，大気圧の差によって0.3m²の机の上面に加わる力の大きさの差は，3600(N/m²)×0.3(m²)＝1080(N)である。

重要 7 (化学変化と質量一鉄と硫黄の化合)

(1) ガスバーナーを点火するときは，ガスが通る順に開けていく必要がある。

(2)・(3) 鉄Feと硫黄Sが化合して硫化鉄FeSが生じる反応は発熱反応なので，加熱をやめても反応は続く。また，酸化カルシウムに水を加えたときに水酸化カルシウムが生じるときの反応も発熱反応である。

(4) 鉄と硫黄の混合物を入れた試験管Xに磁石を近づけると鉄が引きつけられる。また，塩酸を加えると，鉄と塩酸が反応して水素が発生する。また，硫化鉄が入っている試験管Yに磁石を近づけても鉄は引きつけられず，塩酸を加えると，硫化鉄と塩酸が反応して腐卵臭(ふらんしゅう)がする硫化水素が発生する。

やや難 (5) 鉄と硫黄は質量の比が，3.50：2.00＝7：4で化合するので，1.20gの硫黄と反応する鉄の質量は，1.20(g)×$\frac{7}{4}$＝2.10(g)である。したがって，2.50gの鉄の一部は反応しないで残るので，生じる硫化鉄は，1.20(g)＋2.10(g)＝3.30(g)である。

8 (運動とエネルギー一斜面上の小球の運動，ふりこ)

重要 (1) 斜面上の鉄球には，重力と斜面からの抗力の二つの力がはたらく。

(2) 実験①の結果から，小球によって木片が移動した距離は小球をはなす高さに比例していることがわかる。したがって，80gの小球Xを衝突させたときに木片を15.5cm動かすためには小球Xを15.5cmの高さから手をはなせばよい。また，40gの小球Yを衝突させたときに木片を15.5cm動かすためには小球Yを15.5(cm)×2＝31.0(cm)の高さから手をはなせばよい。

重要 (3) おもりは点Eで一瞬静止するので，糸を切ると，真下に落下する。

重要 (4) おもりがもつ位置エネルギーと運動エネルギーの合計である力学的エネルギーは一定である。したがって，右の図のように，点Aでおもりがもつ位置エネルギーを3，点Bでおもりがもつ位置エネルギーを1とすると，点Bでおもりがもつ運動エネルギーは，3－1＝2となり，点Cでおもりがもつ運動エネルギーは3となる。

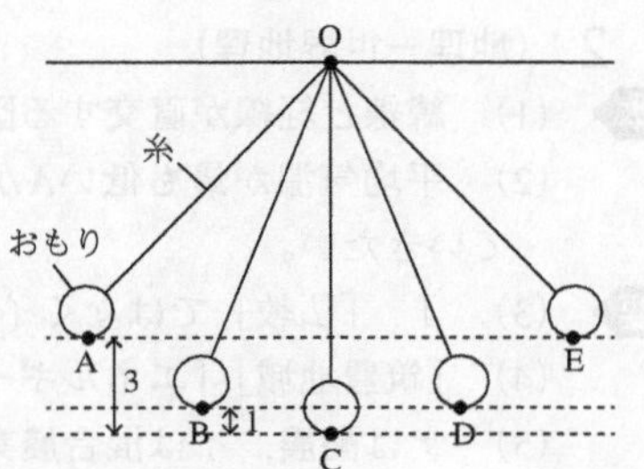

(5) 中間の点Xにくぎを打っても，おもりは点Aと同じ高さまで上がる。ただし，くぎに引っかかってからのふりこの長さは短くなるので，ふりこの周期は短くなる。

★ワンポイントアドバイス★
教科書に基づいた基本問題をすべての分野でしっかり練習しておくこと。その上で，計算問題や思考力を試す問題についてもしっかり練習しておこう。

＜社会解答＞

1 (1) ウ (2) エ (3) ウ (4) エ (5) ① エ ② ウ
2 (1) イ (2) オ (3) ウ (4) エ (5) ウ (6) ア (7) イ
3 (1) ウ (2) エ (3) イ (4) オ (5) イ (6) ア (7) ウ
4 (1) エ (2) ウ (3) ア (4) イ (5) ア (6) ウ
5 (1) イ (2) ア (3) ア (4) ア (5) カ
6 (1) エ (2) ウ (3) エ (4) ア (5) オ
7 (1) エ (2) ウ (3) カ (4) イ

○配点○
1 (1)・(3)・(5)② 各3点×3 他 各2点×3 2 (1)・(4)・(5) 各2点×3
他 各3点×4 3 (1)・(5)・(6) 各2点×3 他 各3点×4
4 (1)・(2)・(5) 各2点×3 他 各3点×3 5 (1)・(5) 各3点×2 他 各2点×3
6 (1)・(5) 各3点×2 他 各2点×3 7 (1)・(4) 各2点×2 他 各3点×2
計100点

＜社会解説＞

1 (日本の地理－日本の国土・産業・地形図)

基本 (1) ア 「三つ」ではなく，二つである。 イ 「三つ」ではなく，一つである。
エ 「いずれも」が不適。

重要 (2) 利根川は関東地方の河川で，伊勢湾は三重県と愛知県に囲まれた湾である。

(3) ア 「一つ」ではなく，二つである。 イ 「三つ」ではなく，二つである。
エ 「上回っている」が不適。

(4) 水を通しやすい土地は稲作に向いている。

(5) ① 2(km)×100000÷25000＝8(cm)となる。 ② ア 傾斜がゆるやかなのはBである。
イ D地点の方が標高が高い。 エ 「博物館」ではなく老人ホームである。

2 (地理—世界地理)

基本 (1) 緯線と経線が直交する図法をメルカトル図法という。

(2) 平均気温が最も低いAがⅡ, ほとんど雨が降らないBがⅢ, 残ったCがⅠという流れで特定していきたい。

重要 (3) Ⅰ 「仏教」ではなくイスラム教である。

(4) 「筑豊地域」「エネルギー革命」といった文言を手がかりにしたい。

(5) アは酪農, イは混合農業, ウは地中海式農業, エは焼畑農業の説明となる。

(6) アはアメリカ合衆国の北緯37度以南の温暖な地域, イは北米大陸の中西部に広がる草原, ウは, グーグルやヤフーといった世界的な巨大IT企業やMIT等の教育研究機関の拠点となっている。エはテキサス州北部の都市である。

重要 (7) Ⅰは「農林水産業就業人口」が不適。 Ⅳ 「2t以下」が不適。

3 (日本と世界の歴史—前近代)

基本 (1) それぞれの空欄直後の「軍記物」「太閤検地」といった文言に注目したい。

(2) 旧石器時代は氷河期であった。

(3) Ⅰは16世紀, Ⅲは紀元前2世紀の出来事である。

重要 (4) Ⅰは鎌倉時代, Ⅱは室町時代, Ⅲは平安時代の出来事である。

(5) ア・エは律令制下ではない。ウは地方の有力者が務めた。

(6) 千歯こきは脱穀のために用いられた農具である。

基本 (7) ア 「どの年も」が不適。 イ 「天保のききん」が不適。 エ 「増加し続けている」が不適。

4 (日本と世界の歴史—近現代)

(1) 文明開化は西洋崇拝の風潮を意味し, 資料1は富岡製糸場である。

(2) アは1925年, イは1911年, エは1870年代の出来事である。

基本 (3) 三国干渉により日本は遼東半島を中国に返還した。

重要 (4) Ⅱは1905年の出来事で, Ⅳは「三・一独立運動」ではなく, 五・四運動の説明となる。

(5) ア 計画経済が行われたのはソ連である。

(6) ア 「北方領土~」が不適。 イ 「日本を~」が不適。 エ 「冷戦が終わり」が不適。

5 (公民—日本の政治のしくみ)

基本 (1) Ⅱ 「衆議院が出席議員の~」が不適。

重要 (2) 解散の日から40日以内に総選挙を行い, 選挙の日から30日以内に特別国会を召集しなければならない。

(3) Ⅰ 「都道府県」が不適。 Ⅱ 「スナク」ではなく「バイデン」である。 Ⅳ 「一度もなく」が不適。

(4) イ 「裁判員のみ」が不適。 ウ・エ 「最高裁判所」が不適。

(5) 東京都が「0」であるⅡが地方交付税交付金, 東京都が圧倒的に多いⅢが地方税, 残ったⅠが国庫支出金という流れで特定していきたい。

6 (公民—経済のしくみ)

(1) Ⅰ 「公衆衛生」ではなく社会保険である。Ⅱ 「高い」ではなく「低い」である。

基本 (2) 証券市場等を通して直接に資金が供与されることを直接金融という。

重要 (3) 需要曲線と供給曲線の交点の均衡価格に落ち着く。

(4) イ 「所得が多い人ほど」が不適。 ウ・エ 「同じ」が不適。

重要 (5) 「交通・通信費」は資料3の一つ目・三つ目の内容と資料1・2の照らし合わせ,「住居費」と「光熱・水道費」は資料3の二つ目の内容と資料1・2の照らし合わせ,「食費」は資料3の三つ目と資料1・2の照らし合わせをそれぞれ軸に特定していきたい。

7 (公民―「日本国憲法」を起点とした問題)

基本 (1) 天皇は大日本帝国憲法下では,「主権者」であった。

重要 (2)「強大な権力」「立憲主義」といった文言を手がかりにしたい。

(3) Ⅰ「私たちは～」の項目は平等権である。 Ⅱ「戦争に～」の項目は自由権である。
Ⅲ「国会議員や～」の項目は参政権である。

(4) ①はC, ③はD, ④はAに該当する。

★ワンポイントアドバイス★
本校の問題には単純な知識だけでは対応できない設問もあるので,日頃から思考力も併せて鍛えておこう。

＜国語解答＞

一 (1) ① オ ② ウ ③ ウ ④ イ ⑤ ア (2) エ (3) オ
(4) イ・オ (5) ウ (6) エ (7) イ (8) ア

二 (1) エ (2) エ (3) ウ (4) ウ (5) イ (6) オ (7) オ

三 (1) イ・ウ (2) オ (3) イ (4) ウ (5) エ

○配点○

一 (1) 各2点×5 (3) 4点 (4) 各3点×2 他 各6点×5

二 (5)・(7) 各5点×2 他 各4点×5 三 (1) 各2点×2 他 各4点×4

計100点

＜国語解説＞

一 (論説文―漢字の書き取り,内容吟味,接続語の問題,段落構成,大意)

(1) ①「お歳暮」とは,1年お世話になった人に対して,感謝の気持ちを込めて渡す贈り物のこと。「薄暮」とは,日が暮れようとする頃。他はア「帳簿」,イ「慕情」,ウ「墓所」,エ「公募」である。 ②「吐き」とは,胃の内容物が逆流して外に出ること。「吐露」とは,心に思っていることを,隠さずうちあけること。他はア「意図」,イ「途中」,エ「首都」,オ「北斗七星」である。 ③「貢献」とは,ある物事や社会のために役立つように尽力すること,貢ぎ物を奉ること。「献金」とは,ある目的に使ってもらうために金銭を差し出すこと。他はア「検討」,イ「護憲」,エ「権限」,オ「封建」である。 ④「支援」とは,力を貸して助けること。「声援」とは,声を出して応援すること。他はア「宴席」,ウ「炎天下」,エ「延期」,オ「噴煙」である。
⑤「繁盛」とは,にぎわい大いに栄えること。「繁茂」とは,草木が盛んに生い茂ること。他はイ「模範」,ウ「市販」,エ「版画」,オ「搬入」である。

(2) 傍線部の後に,「感情とは,周囲の状況や対象に対する反射的な(つまり,意識的な思考に先立つ高速の)反応です」とあり,脳による思考分析を述べてから,また「意識は,そうした分析のあとで,分析結果に応じた感情を感じます」と,人間や動物が持つ感情について述べている。

(3) B 空欄の前に,「感情が,周囲の状況に対する適切な行動へと動物を導きます」とあり,空欄の後で,怒りや恐怖などの具体例を出しているので,「たとえば」を入れるのが適当。 F 見返りを求めない行動が，結果的に利益になるということは，本人の自覚によるところではなく，自覚して行う人は逆効果になることが多いとして，自覚を基準に二つを比べてその結果を述べているので，「むしろ」が適当。

(4)　不正を感じるということは，不利益を被る場合があり，筆者がハイエナの例を出しているように，「チーターがハイエナに対して不正を感じる感性が進化する余地はありません」「不正を感じる個体は，感じない個体よりもケガをするリスクが高く，短命で子どもを残さない可能性の方が高い」とある。つまり利益を得るため，生き残るために必要なことを行ったにすぎないのである。にもかかわらず，不正を感じる人間が，現在まで進化して生き残ってきたのかは謎であると筆者は主張している。

(5)　リスクの高い報復を，人間が行っているのは進化論から外れるのではないかという疑問に対して，リチャード・アレグザンダーが用いた間接互恵の理論をもって説明しようとしている。段落⑦～⑨では，まず互恵とは何かということについて，チスイコウモリの例を出し，具体的に説明している。段落⑩では，人間も動物と同じような行動を取ることが多いと補足し，段落⑪ではそれまでの内容を端的にまとめている。

(6)　傍線部の前後に，チスイコウモリの例を出して，親切な行動に対し何も見返りをしない者には，その後，何もすることはなく排除する方向にあるとしている。よって，お互いを助け合う行動によって互恵が保たれているのである。

(7)　傍線部の後に，「直接的な見返りが期待できない相手に親切にすることで，社会の中での評判がよくなるので，結局のところその人の利益になる」ことがアレグザンダーの唱える間接互恵の理論であるとしている。よって，寄付活動をした音楽家が，報道などで世間に知られることとなり，結果的に音楽家の評判が上がって利益を被るようになったとするイが適当。

重要 (8)　段落⑯に，意識的に見返りを求める人はかえって評判を落とすこともあるので，「無条件に喜びを感じるような感性こそが，進化して」きたと人間の利他的行動について説明している。

二　(小説文―心情，内容吟味，文脈把握，大意)

(1)　傍線部の前に，将来は売れっ子のお笑い芸人なることが目標とする佐倉が，「元甲子園球児の芸人とか，けっこう，うけそうじゃね。おれの将来，案外，イケてるかも」と述べたことに対し，郷田は舌打ちをして忌々しさや苛立ちを表している。

(2)　傍線部の後に，「佐倉一歩は，確かに調子乗りで軽率ではあったけれど，他人を笑わせるのが上手くて，郷田も直登も佐倉の一言や仕草に，噴き出したことが，腹を抱えて笑ったことが，何度もあるのだ。それはたいてい，直登たちが落ち込んだり，憂鬱な気分に陥ったりしているときだった」とあることから，佐倉の冗談は自分勝手に言っているものではなく，その場の雰囲気に合わせているものであるとする。

(3)　東祥学園は不祥事によって甲子園出場を辞退し，代わって海藤高校の甲子園出場が決まった。傍線部の後に，「部員の不祥事のために甲子園への道を閉ざされた東祥ナインの悲劇も，甲子園への切符とひきかえに微かな負い目を背負ってしまった海藤の選手たちも，甲子園の物語としては，これ以上ないほど相応しいのかもしれない。これで海藤が快進撃でもしてくれたら，申し分のない物語となる」と，その物語の内容を説明している。

(4)　傍線部の前に，「大好きで小さいことから続けてきた野球が，大なる目標であった甲子園が，実に矮小な物語に取り囲まれていると知るたびに，その物語たちに搦め捕られそうな自分を感じるたびに，気持ちが重く沈んでしまう」とあり，自分の目標が周りの勝手な都合によって，押しつぶされそうになっている様子を読み取る。

(5)　傍線部の後に，佐倉が新チームのレギュラーから外れ，それに対して落ち込んでいたのではないかという場面を回想している。その中で，打撃成績が思わしくないことでレギュラーから外れたのではないか，と「誰より佐倉自身が理解しているだろう」とする部分があり，直登が考えていたことではないのでイが誤り。

(6) 新チームのレギュラーを外されたにもかかわらず，控え選手として野球を続けてきた佐倉は，誰かを恨むことなく，周りに対して冗談を言うなど明るい人物として描かれている。気分が落ち込んでいる時にその佐倉の言動に接することで，「笑いのツボをこれでもかと刺激され，涙が出るほど笑わされてしまう。そして，ふと気がつくと，何が解決したわけでもないのに，心持ちが晴れやかに，軽やかになっていたりする」とあり，直登にとっては，親しみを感じる人物であるとしている。

重要 (7) 直登を主人公として，試合前に佐倉の言動に触れることで，以前，学校であった佐倉に関する出来事を思い出して物語が進んでいる。その中で出てくる，佐倉は勿論，バッテリーを組む郷田がどのような人物であるのか，ということについても具体的に説明している。

三 (古文―文脈把握，口語訳，大意)

〈口語訳〉 昔，中国に宝志和尚という聖がいた。きわめて尊くていらっしゃったので，梁の武帝は，「あの聖の姿を肖像画に書こう」と，絵師三人をお遣わしになり，「もし，一人であれば，書き違える事もあろう」と，三人に対してそれぞれで写し取るようにとの仰せをこめて，お遣わしになると，三人の絵師は聖の所へ行って，このように武帝から下された命令を承ってうかがったことを申し上げたところ，(和尚は)「しばし」と言って，法服の正装をしてお出になられたのを，三人の絵師は，それぞれに絹の布を広げ，三人並んで筆を下そうとすると，聖は，「しばらく。自分の本当の肖像画がある。それを見て書き写しなさい」とおっしゃられるので，絵師はすぐには筆を下ろさず，聖の御顔を見ていると，(聖が)親指の爪で額の皮を切り裂き，それを左右に引き延ばされると中から金色に輝く菩薩の顔が現れた。一人の絵師はそれを十一面観音と見た。もう一人の絵師は聖観音と見て拝み申しあげた。おのおのの絵師が見た通りに写し申し上げて持ち帰ると，武帝は驚かれ，別の使いを遣わされてお尋ねになると，和尚は書き消すように見えなくおなりになった。その時から「(和尚は)普通の人ではいらっしゃらなかった」と言い合ったそうだ。

(1) イの絵師三人を遣わせたのは，梁の武帝である。また，ウの武帝の命令を承ったのは，絵師三人である。

(2) 傍線部の前に，「『もし，一人であれば，書き違える事もあろう』と，三人に対してそれぞれで写し取るように」という武帝の思いから三人の絵師を遣わせたのである。

(3) 「左右なく」とは，むやみに，ためらわずに，たやすくという意味である。

(4) 宝志和尚の顔の下から菩薩の顔が現れ，それを絵師が十一面観音や聖観音のように見て，その通りに写して帰ったので，武帝は驚いたのである。

(5) 武帝が驚いた後，再び別の使いを遣わせたが宝志和尚はいなかった。それ以来，宝志和尚は「普通の人ではいらっしゃらなかった」と言われ始めたのである。

★ワンポイントアドバイス★

読解力をしっかりつけておこう！古語や動作主など古文の基礎知識もたくわえておこう！

前期第2回

2024年度

解　答　と　解　説

《2024年度の配点は解答欄に掲載してあります。》

＜数学解答＞

1 (1) ア 8　イ 1　ウ 0　(2) エ 7　(3) オ 1　カ 2
(4) キ 8　ク 3

2 (1) ア 1　イ 2　ウ 1　エ 0　(2) オ 6　カ 3
(3) キ 5　ク 2　ケ 5　(4) コ 1　サ 6　シ 5　ス 2

3 (1) ① ア 2　② イ 7　(2) ① ウ 1　エ 1　オ 0
② カ 1　キ 3

4 (1) ア 3　イ 2　(2) ウ 5　エ 4　オ 3　(3) カ 1　キ 2
(4) ク 2　ケ 7　コ 3　サ 2

5 (1) ア 7　イ 5　(2) ウ 1　エ 8　オ 3　(3) カ 9　キ 7
(4) ク 6　ケ 2　コ 1　サ 7

○配点○
各5点×20　　計100点

＜数学解説＞

1 (平方根の計算，2次方程式，数の性質，角度)

基本 (1) $(\sqrt{2}+2\sqrt{5})(\sqrt{6}-\sqrt{15})\div(-\sqrt{3})=(2\sqrt{3}-\sqrt{30}+2\sqrt{30}-10\sqrt{3})\div(-\sqrt{3})=(-8\sqrt{3}+\sqrt{30})\div(-\sqrt{3})=8-\sqrt{10}$

(2) $x^2+3x+a=0$の解がs，tであることから，$x^2+3x+a=(x-s)(x-t)=x^2-(s+t)x+st$　$s+t=-3$，$st=a$　$(s-t)^2=s^2-2st+t^2=s^2+2st+t^2-4st=(s+t)^2-4st=(-3)^2-4a=9-4a$　$9-4a=37$から，$4a=-28$，$a=-7$

基本 (3) $(a,\ b)=(2,\ 3)$，$(2,\ 5)$，$(2,\ 7)$，$(2,\ 11)$，$(2,\ 13)$，$(2,\ 17)$，$(2,\ 19)$，$(3,\ 5)$，$(3,\ 7)$，$(3,\ 11)$，$(3,\ 13)$，$(5,\ 7)$の12通り

基本 (4) 仮定より，∠AOE＝∠EOC，∠COF＝∠FOB　2(∠EOC＋∠COF)＝180°，∠EOF＝∠EOC＋∠COF＝90°　円周角の定理から，∠EDF＝90°÷2＝45°　△DFGの内角の和の関係から，∠DGF＝180°－(45°＋52°)＝83°　よって，∠AGE＝83°

2 (図形と関数・グラフの融合問題)

基本 (1) $y=\frac{1}{2}x^2\cdots$①　①に$x=-5$，4を代入して，$y=\frac{1}{2}\times(-5)^2=\frac{25}{2}$，$y=\frac{1}{2}\times4^2=8$　よって，A$\left(-5,\ \frac{25}{2}\right)$，C(4，8)　直線ACの傾きは，$\left(8-\frac{25}{2}\right)\div\{4-(-5)\}=\left(-\frac{9}{2}\right)\div9=-\frac{1}{2}$
直線ACの式を$y=-\frac{1}{2}x+b$として点Cの座標を代入すると，$8=-\frac{1}{2}\times4+b$，$b=10$　よって，直線ACの式は，$y=-\frac{1}{2}x+10$(…②)

(2)　①に$x=-3$を代入して，$y=\frac{1}{2}\times(-3)^2=\frac{9}{2}$　よって，$B\left(-3,\ \frac{9}{2}\right)$　AC//BDから，直線BDの式を$y=-\frac{1}{2}x+c$として点Bの座標を代入すると，$\frac{9}{2}=-\frac{1}{2}\times(-3)+c$，$c=\frac{9}{2}-\frac{3}{2}=\frac{6}{2}=3$　よって，直線BDの式は，$y=-\frac{1}{2}x+3$…③　③に$y=0$を代入して，$0=-\frac{1}{2}x+3$，$\frac{1}{2}x=3$，$x=6$　よって，D(6，0)　②，③とy軸との交点をF，Gとすると，F(0，10)，G(0，3)　FG$=10-3=7$　(四角形ABDC)$=2\triangle$BDC$=2\triangle$BDF$=2\times\frac{1}{2}\times7\times(3+6)=63$

重要　(3)　線分BCの中点をHとすると，直線EHは四角形ABDCの面積を2等分する。$\frac{-3+4}{2}=\frac{1}{2}$，$\left(\frac{9}{2}+8\right)\div2=\frac{25}{4}$から，$H\left(\frac{1}{2},\ \frac{25}{4}\right)$　直線EHの傾きは，$\left(\frac{25}{4}-0\right)\div\left\{\frac{1}{2}-(-2)\right\}=\frac{25}{4}\div\frac{5}{2}=\frac{25}{4}\times\frac{2}{5}=\frac{5}{2}$　直線EHの式を$y=\frac{5}{2}x+d$として点Eの座標を代入すると，$0=\frac{5}{2}\times(-2)+d$，$d=5$　よって，求める直線の式は，$y=\frac{5}{2}x+5$

重要　(4)　$\triangle$PAC$=$(四角形ABCD)$\times\frac{1}{7}=63\times\frac{1}{7}=9$　点Pを通り直線ACに平行な直線とy軸との交点をIとすると，$\triangle$PAC$=\triangle$IAC$=\frac{1}{2}\times$FI$\times(5+4)=\frac{9}{2}$FI　$\frac{9}{2}$FI$=9$より，FI$=2$　よって，I(0，8)から，直線PIの式は，$y=-\frac{1}{2}x+8$…④　①と④からyを消去すると，$\frac{1}{2}x^2=-\frac{1}{2}x+8$，$x^2=-x+16$，$x^2+x-16=0$，$x=\frac{-1\pm\sqrt{1^2-4\times1\times(-16)}}{2\times1}=\frac{-1\pm\sqrt{65}}{2}$　$x>0$から，求める点Pの座標は，$\frac{-1+\sqrt{65}}{2}$

3 (統計，確率)

(1)　①　第1四分位数が1.5冊，第2四分位数が2.5冊から，冊数が少ない方から数えて9番目の冊数は1冊，10番目の冊数は2冊，18番目の冊数は2冊，19番目の冊数は3冊だとわかる。よって，2冊借りた生徒は9人で一番多いので，最頻値は2冊である。

②　第3四分位数が4であることから，冊数が多い方から数えて9番目と10番目の冊数は4冊，仮定から，11番目も4冊になる。3冊借りた生徒の数は，冊数が多い方から数えて12番目から18番目までの7人になる。

(2)　カードの取り出し方は全部で，$5\times4\times3=60$(通り)

基本　①　$a>b+c$となる場合は，$(a,\ b,\ c)=(4,\ 1,\ 2)$，$(4,\ 2,\ 1)$，$(5,\ 1,\ 2)$，$(5,\ 2,\ 1)$，$(5,\ 1,\ 3)$，$(5,\ 3,\ 1)$の6通り　よって，求める確率は，$\frac{6}{60}=\frac{1}{10}$

重要　②　6の倍数は2でも3でも割り切れる数だから，一の位の数が偶数で各位の和が3の倍数になる。cnが6の倍数になる場合は，$(a,\ b,\ c)=(1,\ 2,\ 3)$，$(1,\ 2,\ 4)$，$(1,\ 2,\ 5)$，$(1,\ 4,\ 3)$，$(1,\ 5,\ 2)$，$(1,\ 5,\ 4)$，$(2,\ 1,\ 4)$，$(2,\ 4,\ 1)$，$(2,\ 4,\ 3)$，$(2,\ 4,\ 5)$，$(4,\ 2,\ 1)$，$(4,\ 2,\ 3)$，$(4,\ 2,\ 5)$，$(4,\ 5,\ 2)$，$(5,\ 1,\ 2)$，$(5,\ 1,\ 4)$，$(5,\ 2,\ 3)$，$(5,\ 4,\ 1)$，$(5,\ 4,\ 2)$，$(5,\ 4,\ 3)$の20通り　よって，求める確率は，$\frac{20}{60}=\frac{1}{3}$

4 (平面図形の計量問題一面積，平行線と線分の比の定理)

基本　(1)　AE$=12\times\frac{3}{4}=9$，DG$=12\times\frac{1}{2}=6$　よって，AEの長さはDGの長さの$\frac{9}{6}=\frac{3}{2}$(倍)

基本 (2)　点DからBCへ垂線DIをひくと，△DCIは∠DCI＝60°の直角三角形になるから，DH＝$12\times\frac{\sqrt{3}}{2}$＝$6\sqrt{3}$　　よって，平行四辺形ABCDの面積は，$9\times6\sqrt{3}=54\sqrt{3}$(cm²)

(3)　直線AFとDCの交点をJとすると，平行線と線分の比の定理から，AB：CJ＝BF：FC＝1：1　よって，CJ＝AB＝12　　GJ＝6＋12＝18　　EH：HG＝AE：GJ＝9：18＝1：2　　したがって，EHはHGの$\frac{1}{2}$倍

重要 (4)　△AHG＝$\frac{2}{3}$△AEG＝$\frac{2}{3}\times\frac{3}{4}$△ABG＝$\frac{1}{2}\times\frac{1}{2}$(平行四辺形ABCD)＝$\frac{1}{4}\times54\sqrt{3}=\frac{27\sqrt{3}}{2}$(cm²)

5　(空間図形の計量問題―切断，円の性質，角度，体積，三平方の定理，面積)

基本 (1)　∠AOE＝$180°\times\frac{5}{12}=75°$

重要 (2)　∠EOF＝$180°\times\frac{4}{12}=60°$　　よって，△EOFは一辺の長さが6cmの正三角形になる。△EOF＝$\frac{1}{2}\times6\times6\times\frac{\sqrt{3}}{2}=9\sqrt{3}$　　四面体OCEFの△EOFを底面とすると，高さはOCになるから，求める体積は，$\frac{1}{3}\times9\sqrt{3}\times6=18\sqrt{3}$(cm³)

(3)　△OECと△OFCは直角二等辺三角形だから，CE＝CF＝$6\sqrt{2}$　　(2)よりEF＝6　　点CからEFへ垂線CHをひくと，EH＝6÷2＝3　　△CEHにおいて三平方の定理を用いると，CH＝$\sqrt{(6\sqrt{2})^2-3^2}=\sqrt{63}=3\sqrt{7}$　　よって，△CEF＝$\frac{1}{2}\times6\times3\sqrt{7}=9\sqrt{7}$(cm²)

(4)　点Oと面CEFとの距離をhとすると，四面体OCEFの体積から，$\frac{1}{3}\times9\sqrt{7}\times h=18\sqrt{3}$，$h$＝$\frac{18\sqrt{3}}{3\sqrt{7}}=\frac{6\sqrt{21}}{7}$(cm)

★ワンポイントアドバイス★

2 (3)は，平行四辺形の2本の対角線の交点を通る直線は平行四辺形の面積を2等分することを利用しよう。

＜英語解答＞

1　(1) B　(2) A　(3) B　(4) C　(5) B

2　(1) A　(2) C　(3) B　(4) C　(5) C

3　(1) C　(2) B　(3) B　(4) A　(5) C

4　(1) ウ　(2) イ　(3) イ　(4) エ　(5) ア，エ

5　(1) ウ　(2) ア　(3) エ　(4) イ　(5) ウ　(6) ア　(7) イ

6　(1) ウ　(2) ア　(3) エ　(4) ア　(5) エ　(6) イ　(7) ウ

○配点○

1～3　各2点×15　　4(1)，(3)，(4)・5(1)～(3)，(6)・6(1)，(2)，(4)　各3点×10

他　各4点×10　　計100点

＜英語解説＞

1～3 リスニング問題解説省略。

4 (長文読解問題・説明文：要旨把握，内容吟味)

(大意) 音楽は販売の道具として使われることがあり，物を買う動機を高める環境を作り出すのに役立つ。また，食べ物の味をどう感じるか，列で待つことに対する感情，店でどのワインを買うかにも影響を及ぼす。

それでは，音楽のテンポ，ジャンル，音量は顧客の購買行動にどのように関連しているのか？

店舗やレストランの雰囲気の重要な部分として，音楽のテンポがある。音楽が速くなると，顧客の行動も速くなると広く信じられている。

ある研究によると，「速い」テンポと「遅い」テンポの音楽は，レストランの人々の行動に影響を与える。例えば，遅い音楽を聴いているレストランの顧客は，速い音楽を聴いている人より平均11分長くテーブルに滞在した(56分 vs 45分)。

同様の研究は，スーパーマーケットの買い物客に対する音楽テンポの効果を調べた。遅いテンポの音楽は，店内を速い音楽よりもゆっくり歩くようにした。音楽のテンポは，店内で過ごす時間に影響を与えた。店内をゆっくりと移動すると，多くのものを買う可能性が高い。この場合，38％多くなった。

研究者たちは，ジャンルも顧客の考え方と強く関連していると言う。音楽によって行動が変わりやすいからだ。クラシックやジャズのような音楽は，エレガンスや富と関連付けられているため，高級とされている。これらの音楽がバー，レストランなどで演奏されると，より多くの支出や，より高価で高品質な製品の購入への動機が高まった。

別の研究では，クラシック音楽を聴いていた顧客は，トップ40の音楽を聴いていた顧客よりもはるかに多くのお金を使ったことがわかった。これは，顧客がより多くのワインを買ったからではなく，はるかに高価なワインを買ったからだ。ここでの結論は「販売を増やすためには，音楽は環境に合っていなければならない」だ。

音楽の音量が直接支出に影響を与えると示唆する研究は十分ではない。しかし，研究者は，音楽の大音量が顧客が滞在する時間に影響を与えることも見つけた。ある研究は「大きい」音量と「小さい」音量の音楽が顧客に与える影響をテストした。研究によると，音楽が大きいときは，店内で過ごす時間が短くなった。顧客が長く滞在するのに役立つ音量で音楽を流すことは，より高い支出につながる可能性があると言える。

基本 (1) 第7段落参照。トップ40の音楽よりも，クラシック音楽を聴いた顧客の方が高価なワインを買ったと述べられている。

(2) 本文は，音楽が購買行動にどのように影響を与えるかについて述べている。

(3) 第4，5段落参照。遅いテンポの音楽が店内での製品の売上を増加させるのに役立ったと述べられている。

(4) 第4，8段落参照。客の回転率を上げるためには，第4段落から「速い」テンポの音楽を，第8段落から「大きい」音量の音楽を流せばよいとわかる。

重要 (5) 本文から，高級レストランが売上を増やすためにクラシックやジャズを使用すべきであり，百貨店が柔らかい音楽を背景音楽として使用することで売上を増やす可能性があることを示している。

5 (長文読解問題・説明文：語句解釈・要旨把握)

(大意) ポンペイの失われた都市

ポンペイの市場を通り抜ける①爆音が聞こえる。地面が激しく揺れ，真昼の買い物客のバランスを崩させ，魚や肉のスタンドを破壊する。人々が叫び，ヴェスヴィオ山を指さす。

約2000年前，ポンペイはイタリア南部にあった都市だった。西暦79年の夏，ヴェスヴィオ山が噴火した。煙と致死性のガスが空中20マイルに流れ出し，町に広がった。一晩で，ポンペイとその1万人の人々の多くが②灰の下に消えた。

ポンペイは失われ，1748年に再発見されるまで忘れられていた。③発掘調査のおかげで，それは今日でも続いており，科学者たちはその日に何が起こったのかを解明することができた。

空が落ちてくる

火山が最初に噴火したのは正午少し後のことで，濃い灰がすべてを黒くし，太陽さえ見ることができなかった。一部の人々は都市から脱出し，他の人々は自宅に避難した。しかし，灰は降り続けた。一部の場所では9フィートまで積もり，ドアを塞ぎ，屋根を壊した。

深夜，灼熱の灰，岩，そして致死性のガスの雲(サージとも呼ばれる)が4回山を駆け下りた。④サージはポンペイに向かって時速180マイルで進み，その道中のすべてを焼き尽くした。早朝の噴火から約19時間後の午前7時頃，都市は灰と岩の致死的な混合物で覆われた。

失われて発見される

ポンペイを訪れることは，時間を遡るようなものだ。⑤灰の層は建物，芸術作品，そして腐敗して灰の中に穴を残した体の形まで保存するのに役立った。これにより，専門家はローマの遺跡では残っていなかった詳細を埋めることができた。

発見されたものに基づいて，科学者たちはポンペイが⑥裕福なローマ人のバカンス客に人気のある繁栄した町だったと信じている。舗装された通りは高い歩道と泥から歩行者を守るための踏み石があった。人々は公共の浴場を利用し，円形劇場で剣闘士や戦車レースを観戦し，2つの劇場で演劇を楽しんだ。

ポンペイは古代の歴史かもしれないが，⑦科学者たちはヴェスヴィオ山が大規模な噴火の時期を過ぎているとかなり確信している。幸いにも，今日その火山の近くに住む人々は，噴火する前に避難警告を受ける可能性が高い。

基本 (1)　市場での爆音の原因はヴェスヴィオ山の噴火である。

基本 (2)　ポンペイとその人々は厚い灰の下に消えたのである。vanish「消える」

(3)　ポンペイが再発見され，科学者たちが発掘調査を行ったことを指している。

重要 (4)　分詞構文を用いた文である。「ポンペイに向かって時速180マイルで進」んだのは「サージ」であり，その道中のすべてを焼き尽くしたのである。

(5)　体の部分が消失し，灰の中に体の形の穴を残したのである。

(6)　ポンペイは裕福なローマ人のバカンス客に人気のある町と述べられていることから，wealthy「裕福な」が適切である。

(7)　大規模な噴火をする時期を過ぎていることから，科学者たちはヴェスヴィオ山がいつか再び噴火することを確信しているとわかる。

重要 **6** **(長文読解問題・物語文：要旨把握，内容吟味)**

(大意)　漁師だった中浜万次郎は14歳の時，釣り中に遭難し無人島に漂着した。アメリカの船に救われ，アメリカで暮らした後，ペリー来航前に日本に帰国した。

家族が寝静まった後も，万次郎は家のドアに立っていた。月が海へと続く光の道を作り，その先は━アメリカへと続いているのだろう。

静寂が広がっていた。浜辺の波の音が聞こえた。フクロウの声が山を転がり落ちてくる。

この村に変化が訪れるなど想像もつかなかったが，変化の波は近づいており，日本は多くの点で変わらなければならなかった。西洋では科学，交通，強力な軍隊が発展する中，愛する彼の国は長年同じままだった。変化から日本が得られる利点は数百に及ぶ。そして，得られないことも数百に及ぶ。この静かで平和な村も，蒸気機関の騒音や商人の声によって破壊されるだろう。

日本人は桜の美しさや色とりどりの秋の葉を賞賛した。万次郎は，彼の国の人々が過去に強く固執していることが面白いと思った。彼らは風が吹きつける枝の最後の繊細な花のようだった。

万次郎はため息をついて中に入り，布団に横になり，家族と一緒に眠りについた。

万次郎は目を開け，彼は見知らぬ使者の声を聞いた。彼がまだ布団にいる間に，母が使者と話をしに行った。

「異邦人の万次郎は今すぐ高知に行かなければならない」と使者は言った。

「すみません，彼は異邦人ではありません。あなたや私と同じくらい日本人です。なぜすぐに行かなければならないのですか？」と万次郎の母は言った。

「土佐の大名が命じたのだ」と男は言った。

「でもなぜですか？」彼女が尋ねた。

「私にはわからない」と彼は言った。「私はただの使者だ！」

万次郎の妹が男にお茶とおにぎりを提供し，男はもっと話し始めた。

「彼は外国のスパイだと言う人もいるのだ」と彼は言った。「だから，多分彼は逮捕されるだろう」

万次郎の母は深く息を吸った。

「しかし，他の人は」と使者は続けた。「藩主の山内様が彼に若い侍に対して外国語を教えてほしいと望んでいると言っている」男は声をささやきにした。「彼が侍になるとさえ言っている」彼は舌打ちした。「ただの漁師が侍になるなんて想像してみてくれ！」

万次郎は布団の上で微笑み，漁船で友人たちに言ったことを思い出した。彼は侍になりたいと言った。なぜそう言ったのかわからないが，ただ口から出てきた。しかし，この不可能な考えが彼を生き長らえさせるのに役立った。

使者はお茶を飲み，笑った。「まあ，彼は侍の出自ではないのだから，少なくとも彼が侍の心を持っていることを願うよ！」

万次郎は自分の心臓の鼓動を感じた。それは波に洗われ，砕かれた。それはいつも漁師の単純な心であり続けるだろうが，おそらくそれは侍の勇敢な心にもなりつつあった。

(1)　第4，5段落参照。万次郎が家族の寝た後，日本の未来を考え，心配していることから判断できる。

(2)　第4段落第2文参照。西洋が多くの面で発展している間，日本は変わらないまま時を過ごした。

(3)　第5段落第2文参照。面白いと思った内容はthat以下に書かれている。

(4)　第16段落最終文参照。使者が舌打ちしたのは，漁師が武士になるなど想像もできなかったからである。

(5)　第18段落参照。使者は，万次郎が侍になるなら，少なくとも侍の心を持っているべきだと思っている。

(6)　第17段落最終文参照。彼の侍になりたいという不可能な考えが彼を生き長らえさせた。

(7)　ア 「桜の美しさのような日本の美意識は，西洋文化によって変えられた」 第4段落第2文参照。西洋文明は変化する一方で，日本は長年変化がなかったため不適切。　イ 「この物語の時代に，外国人であることは日本で名誉なことだった」 第14段落参照。万次郎は外国のスパイであると言われているので不適切。　ウ 「この物語の時代に，家族の伝統が日本で重んじられていた」 本文全体を通じて，日本の伝統や家族の価値観が依然として重要視されていることが示唆されているため適切。　エ 「この物語の時代に，人々はよく大名に質問をした」 第12段落参照。万次郎の母が使者になぜ万次郎が呼び出されたのか質問する場面があるが，使者は「わからない，私はただの使者」であると答えていることから不適切。

★ワンポイントアドバイス★

例年以上に，本文の内容に関する設問が増加している。正確に読み取る練習をするために，同じような難易度の読解問題に数多く触れるようにしよう。

＜理科解答＞

1 (1) 1 ウ 2 エ 3 ア 4 イ (2) イ (3) イ (4) ア
(5) 1群 イ 2群 ア

2 (1) イ (2) あ 6 い 0 (3) 1群 ア 2群 ウ (4) 1 イ 2 エ
(5) エ

3 (1) 1群 ウ 2群 イ (2) イ (3) ア (4) ウ (5) 1群 ア 2群 イ

4 (1) あ 3 い 0 (2) エ (3) ウ (4) 1 ウ 2 ア (5) イ

5 (1) エ (2) ウ (3) エ (4) イ (5) あ 0 い 1 う 9

6 (1) イ (2) 1群 イ 2群 ア 3群 イ (3) エ (4) エ
(5) 1 ア 2 ウ 3 イ

7 (1) 1 イ 2 ウ 3 ア (2) イ (3) エ (4) 1群 ウ 2群 ア
(5) あ 1 い 4

8 (1) あ 6 い 0 (2) エ (3) あ 8 い 0
(4) あ 7 い 5 う 0 (5) エ

○配点○

1 (4) 4点 他 各2点×4((1)・(5)各完答) 2 (5) 4点
他 各2点×4((2)～(4)各完答) 3 (5) 4点(完答) 他 各2点×4((1)完答)
4 (5) 4点 他 各2点×4((1)・(4)各完答) 5 (5) 4点(完答) 他 各2点×4
6 (5) 4点(完答) 他 各2点×4((2)完答) 7 (1)～(3) 各2点×3((1)完答)
他 各4点×2((4)完答) 8 (1)～(3) 各2点×3 他 各4点×2 計100点

＜理科解説＞

重要 1 (植物の体のしくみ―ツツジ・マツ・ゼニゴケ)

基本 (1) ツツジの花は，外側から，がく(ウ)→花弁(エ)→おしべ(ア)→めしべ(イ)の順についている。

基本 (2) アサガオもツツジと同じように，5枚の花弁が合わさっている。

(3) ツツジはおしべの先にあるAのやくで，マツはDの花粉のうでそれぞれ花粉をつくる。一方，ツツジはCの子房の中にある胚珠が，マツはEの胚珠がそれぞれ種子になる。

(4) 図3は双子葉類の葉のつくりを表していて，網状脈である。また，図3のPと図4のRは道管，図3のQと図4のSは師管である。

(5) イヌワラビなどのシダ植物は胞子でふえるが維管束がある。また，ゼニゴケの雌株で胞子がつくられる。

2 (地球と太陽系―星座)

基本 (1) 地球は地軸を中心にして西から東に自転するので，太陽や星などの天体が東から西に1時間に

15度ずつ動くように見える。また，同時に，地球は太陽のまわりを公転しているので，星などの天体が，東から西に1月に約30度ずつ動くように見える。

基本 (2)　図1は7月10日の21時に見えたさそり座のようすである。したがって，2か月後の9月10日には，さそり座は，30(度)×2＝60(度)西に動く。

(3)　地球は太陽のまわりを反時計回りに公転している。また，地球がAの位置にあるとき，真夜中に秋の星座であるうお座が見えている。

(4)　地球がBの位置にあるとき，真夜中に冬の星座であるふたご座が見える。また，地球がDの位置にあるとき，日没頃におとめ座が南中する。(図a参考)

図a

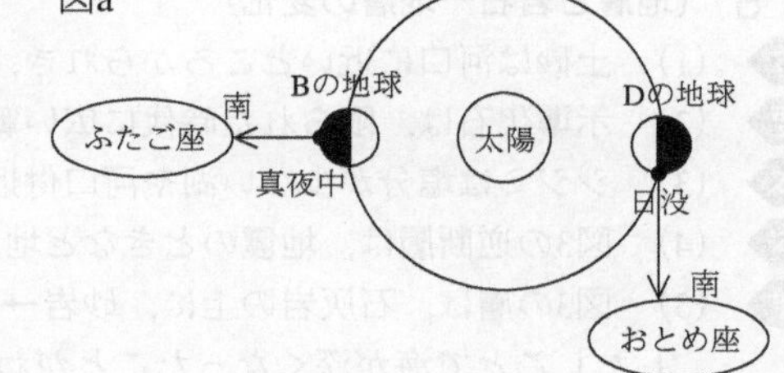

やや難 (5)　図4は，12月15日の22時に南の空に見えたオリオン座である。したがって，ア～エの日時にはオリオン座は次のように見える。

ア　11月1日の3時は12月15日22時の約45日前で5時間後なので，オリオン座は，5×15(度)－45(度)＝30(度)西にある。

イ　12月1日の21時は12月15日22時の約15日前で1時間前なので，オリオン座は，15(度)＋15(度)＝30(度)東にある。

ウ　1月1日の22時は12月15日22時の約15日後なので，オリオン座は15度西にある。

エ　2月1日の19時は12月15日22時の約45日後で3時間前なので，45(度)－15(度)×3＝0(度)となり，オリオン座は同じ位置に見える。

3 (気体の発生とその性質―気体の判別)

基本 (1)　過酸化水素水に二酸化マンガンを加えると，過酸化水素が水と酸素に分解する。

基本 (2)　実験③でペットボトルCが大きくへこんだのでアンモニアが入っていることがわかる。アンモニアは空気よりも軽いので，上方置換法で集める。

基本 (3)　実験②でCとともに空気よりも軽いDには水素が入っていることがわかる。

(4)　実験②で空気よりも重いBとEの気体のうち，実験③でBはペットボトルが少しへこんだことから二酸化炭素が入っていて，残りのEには酸素が入っていることがわかる。また，酸素には助燃性がある。

(5)　40cm³の空気には40(cm³)×0.2＝8(cm³)の酸素が含まれている。したがって，酸素は全部で，15(cm³)＋8(cm³)＝23(cm³)となり，反応する水素は23(cm³)×2＝46(cm³)である。以上より，反応後は，水素が，50(cm³)－46(cm³)＝4(cm³)残る。

4 (光と音の性質―光の性質)

(1)　入射角∠FOGで30度である。

(2)　入射角と反射角は等しい。また，ガラスから空気中に出ていくので，入射角よりも屈折角が大きくなる。

基本 (3)　光ファイバーは全反射を利用している。

重要 (4)　図4のアまでの距離の半分のウの位置で光が反射して目に届く。また，鏡との距離を変えても，入射角と反射角が等しいので，反射する位置は変わらない。

重要 (5)　全身をうつすのに必要な鏡の縦の長さは身長の半分の，150(cm)÷2＝75(cm)である。

5 (ヒトの体のしくみ―刺激と反応)

基本 (1)　光の刺激を受け取るのは，図1のエの網膜である。

基本 (2)　図2で，うでをひじの関節で曲げると筋肉Aが縮むことで，筋肉Bはゆるむ。

(3) 手をにぎられた後，もう一方の手でにぎり返すので，皮膚で受けた刺激は信号に変わり，脊髄を通り大脳まで送られる。その後，大脳からの信号が脊髄を通り，筋肉に送られる。

(4) 暗い場所から明るい場所に移動すると，多くの光が目に入らないようにひとみが小さくなる。この反応は，無意識に行われる反射である。

(5) 実験③の平均の落下距離は，(18.9＋17.7＋18.1＋17.3＋18.0)÷5＝18.0(cm)である。したがって，図6のグラフより，落下時間は0.19秒である。

6 (地層と岩石―地層の変化)

基本 (1) 土砂は河口に近いところかられき，砂，泥の順に堆積する。

重要 (2) 示準化石は，限られた時代に広い範囲に繁殖し，絶滅した生物の化石である。

基本 (3) シジミは塩分が少ない湖や河口付近に生息する。

基本 (4) 図3の逆断層は，地震のときなど地層が横から強い力で押されることでできる。

やや難 (5) 図3の層は，石灰岩の上に，砂岩→泥岩の順に層が堆積しているので，このとき「大地が沈降した」ことで海が深くなったことがわかる。その後，凝灰岩が堆積しているので，「火山活動があった」ことがわかる。さらに，その後，泥岩→砂岩の順に層が堆積しているので，このとき「大地が隆起した」ことで海が浅くなったことがわかる。

7 (酸とアルカリ・中和―塩酸と水酸化ナトリウム水溶液の中和)

重要 (1) 塩酸と水酸化ナトリウム水溶液の中和反応を化学反応式で表すと次のようになる。

$HCl + NaOH \rightarrow NaCl + H_2O$

重要 (2) 塩化水素と水酸化ナトリウムは水溶液中で次のように電離する。

$HCl \rightarrow H^+ + Cl^-$　　$NaOH \rightarrow Na^+ + OH^-$

この実験では，一定量の塩酸に少しずつ水酸化ナトリウム水溶液を加えていくので，完全に中和するまでは，加えた水酸化ナトリウムから生じた水酸化物イオンOH^-と塩酸から生じた水素イオンH^+が結びついて水になるので，水素イオンが減少するが，同数のナトリウムイオンNa^+が増加することで，イオンの総数は変わらない。

また，完全に中和してからは，加えた水酸化ナトリウム水溶液から生じたナトリウムイオンと水酸化物イオンが増加することでイオンの総数は増加する。

なお，加えた水酸化ナトリウム水溶液の体積とそれぞれのイオンの数の変化は次の図bのようになる。

図b

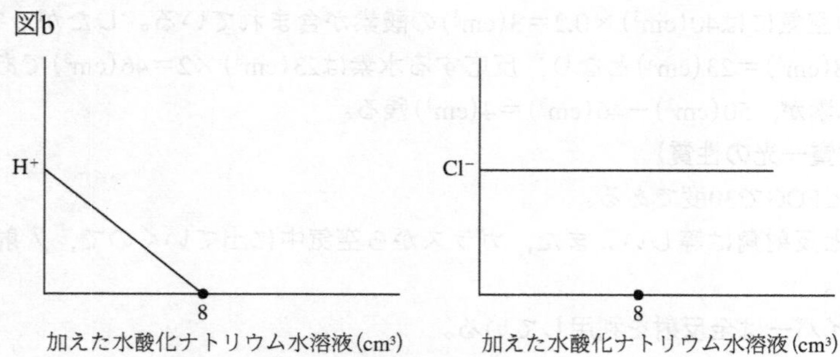

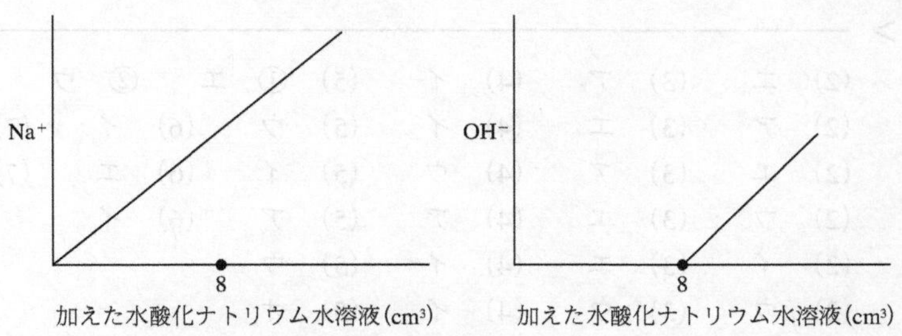

重要 (3)　ビーカーEでは$10cm^3$の塩酸と$8cm^3$の水酸化ナトリウム水溶液が完全に中和して食塩水になっているので，液を加熱して水を蒸発させた後に残った固体は食塩の結晶であり，立方体の形をしている。

(4)　$15cm^3$の塩酸と完全に中和する水酸化ナトリウム水溶液は，$8(cm^3)\times\frac{15}{10}=12(cm^3)$である。したがって，$9cm^3$の水酸化ナトリウム水溶液を加えても完全に中和しないので，液は酸性になり，BTB溶液を加えると黄色になる。

やや難 (5)　ビーカーAとBの液を混ぜると，塩酸$10(cm^3)+10(cm^3)=20(cm^3)$に水酸化ナトリウム水溶液$2cm^3$を加えたことになる。したがって，$20cm^3$の塩酸と完全に中和する水酸化ナトリウム水溶液は，$8(cm^3)\times\frac{20}{10}=16(cm^3)$なので，完全に中和するためにあらたに加えた水酸化ナトリウム水溶液は，$16(cm^3)-2(cm^3)=14(cm^3)$である。

8 （電流と電圧―スイッチを含む回路）

(1)　実験1の②の表の値から，抵抗器Pの抵抗の大きさは，$\frac{9.0(V)}{1.5(A)}=6.0(\Omega)$である。

基本 (2)　電圧計は抵抗器Rに並列つなぎ，電流計は回路に直列につなぐ。

やや難 (3)　実験1の③の値から，図2の回路全体の抵抗の大きさが，$\frac{13.5(V)}{0.3(A)}=45(\Omega)$である。一方，実験1の②の表の値から，抵抗器Qの抵抗の大きさは，$\frac{9.0(V)}{0.6(A)}=15(\Omega)$である。したがって，抵抗器Rの抵抗の大きさは，$45(\Omega)-15(\Omega)=30(\Omega)$である。

以上より，図2の回路で，電源の電圧を12.0Vにしたときに回路に流れる電流は，$\frac{12.0(V)}{45(\Omega)}=\frac{4}{15}(A)$であり，抵抗器Rにかかる電圧は，$30(\Omega)\times\frac{4}{15}(A)=8.0(V)$である。

(4)　実験2の②で，電源の電圧を12.0Vにして，スイッチbとcだけを入れると，抵抗器SとUが直列につながり，それに対して，抵抗器Tが並列につながるので，最も大きな電流が流れるのは，抵抗器Tで，電流の大きさは，$\frac{12.0(V)}{16.0(\Omega)}=0.75(A)$より，750mAである。

(5)　できるだけ抵抗の小さい抵抗器を並列につないだ方が回路全体には大きな電流が流れるので，スイッチaとcだけを入れることで，抵抗器TとUの並列回路にする。

★ワンポイントアドバイス★

教科書に基づいた基本問題をすべての分野でしっかり練習しておくこと。その上で，計算問題についてもしっかり練習しておこう。

<社会解答>

1 (1) イ (2) エ (3) ア (4) イ (5) ① エ ② ウ
2 (1) イ (2) ア (3) エ (4) イ (5) ウ (6) イ (7) ウ
3 (1) イ (2) エ (3) ア (4) ウ (5) イ (6) エ (7) イ
4 (1) イ (2) ウ (3) エ (4) ア (5) ア (6) イ
5 (1) イ (2) イ (3) エ (4) イ (5) ウ
6 (1) ウ (2) ウ (3) ウ (4) イ (5) オ
7 (1) エ (2) エ (3) イ (4) イ

○配点○
1 (1)・(5) 各2点×3 他 各3点×3 2 (3)〜(5) 各2点×3 他 各3点×4
3 (1)・(4)・(6) 各2点×3 他 各3点×4 4 (1)・(3)・(4) 各2点×3
他 各3点×3 5 (2)・(5) 各3点×2 他 各2点×3 6 (1)・(5) 各3点×2
他 各2点×3 7 (1)・(2) 各2点×2 他 各3点×2 計100点

<社会解説>

1 (日本の地理ー日本の国土・産業・地形図)

基本 (1) ア 「一つもない」が不適。 ウ 面積最小の都道府県は香川県である。 エ 「三つ」が不適。

重要 (2) 庄内平野は山形県に位置する。

(3) Ⅰ 「1割程度」が不適。 Ⅱ 「5倍以上」が不適。 Ⅲ 「自動車」が不適。

(4) 香川県内のため池の数は全国の約1割程度ある。

(5) ① $1\times25000\times2\times25000\div100\div100=125000(m^2)$となる。 ② ア 「畑」ではなく水田である。 イ 「市役所」ではなく町役場である。 エ 「南東」ではなく北東である。

2 (地理ー世界地理)

(1) アは南アフリカ，イはインド，ウはオーストラリア，エはアルゼンチン周辺となる。

基本 (2) Ⅰ 本初子午線はイギリスのロンドンを通る。 Ⅱ 「先に進んでいる」が不適。 Ⅲ「タイ」が不適。

重要 (3) アフリカには緯線や経線による直線的な国境線が多い。

(4) 一人っ子政策は農村部などでは形骸化されていたりした。

(5) Ⅰ 「6時間」ではなく12時間である。

(6) ア 地産地消は，地元で生産されたものを地元で消費することである。 ウ さまざまな業種で事業を展開することである。 エ 大規模な農業を意味している。

重要 (7) ア 「一つもなく」が不適。 イ 「一度もない」が不適。 エ 「最も多い」が不適。

3 (日本と世界の歴史ー前近代)

(1) 悪党は幕府や荘園領主に反抗する集団である。また，イギリスとオランダをまとめて紅毛という。

(2) Ⅰは797年，Ⅱは672年，Ⅲは690年の出来事である。

重要 (3) Ⅰ 「子である」が不適。 Ⅱ 「3人」ではなく4人である。 Ⅳ 「姉にあたる」が不適。

(4) アは徳川秀忠，イは田沼意次，エは徳川吉宗の時代の出来事である。

基本 (5) アは13世紀，ウは18世紀，エは6世紀の出来事である。

(6) 663年の白村江の戦いで日本・百済軍が唐・新羅の連合軍に敗戦した。また，高麗の建国は10

世紀となる。

基本 (7) イ 米の供給量が増加したため，米価は低下した。

4 (日本と世界の歴史一近現代)

基本 (1) Bの新潟とCの兵庫の二つである。

重要 (2) Ⅰ 「参戦しなかった」「加盟しなかった」が不適。

(3) 戦後の農地改革によって戦前の寄生地主制が解体された。

(4) イは1922年，ウは1923年，エは1872年の出来事である。

(5) Ⅰは1960年，Ⅱは1972年，Ⅲは1978年の出来事である。

(6) アは1950年代，ウは2020年代，エは1980年代後半の出来事である。

5 (公民一日本の政治のしくみ)

(1) 衆議院の優越に該当するのは，ⅡとⅣの二つである。

重要 (2) 内閣は行政権，国会は立法権，裁判所は司法権を保持する。

(3) 第2審への上訴を控訴，第三審への上訴を上告という。

基本 (4) 議会の解散請求は有権者の3分の1以上の署名が必要である。

(5) 任期が6年とわかるので参議院議員選挙となる。

6 (公民一経済のしくみ)

基本 (1) ウ この制度はクーリングオフという。

(2) Ⅰ 「経済産業省」ではなく公正取引委員会である。

(3) 円安が進むと日本の輸出が有利で，円高が進むと日本の輸入が有利となる。

重要 (4) この状況であると経済を活性化させるために，景気刺激策を行う。

(5) 小さな政府は夜警国家，大きな政府は福祉国家ともいわれる。

7 (公民一「憲法」を起点とした問題)

基本 (1) Ⅱは身体の自由の制限に該当する。

重要 (2) 2015年に安全保障関連法が成立した。

(3) 国際連盟の本部はジュネーブに置かれていた。安全保障理事会には常任理事国の拒否権が存在している。

(4) ゆうきさん 「二つ」が不適。 はるとさん 「低下し続けています」が不適。

★ワンポイントアドバイス★

本校の問題には単純な知識だけでは対応できない設問もあるので，日頃から思考力も併せて鍛えておこう。

<国語解答>

一 (1) ① ア ② ウ ③ オ ④ ウ ⑤ ア (2) ウ (3) ア (4) ウ (5) ウ・カ (6) エ (7) ア (8) イ

二 (1) オ (2) エ (3) イ (4) オ (5) エ (6) ア (7) ウ

三 (1) ア・オ (2) ウ (3) エ (4) エ (5) ウ

○配点○

一 (1) 各2点×5 (2) 4点 (5) 各3点×2 他 各6点×5

二 (5)・(7) 各5点×2 他 各4点×5 三 (1) 各2点×2 他 各4点×4
計100点

<国語解説>

一 (論説文―漢字の書き取り, 接続語の問題, 内容吟味, 文脈把握, 段落構成, 大意)

(1) ① 「触れる」とはある物が他の物に, 瞬間的にくっつくこと, 脈拍を指先に感じること, ちょっと耳にしたり見たりすること。「接触」とは, 近づいて触れること。他はイ「養殖」, ウ「粉飾」, エ「誤植」, オ「就職」である。 ② 「秩序」とは, 物事を行う場合の正しい順序・筋道。「序列」とは, 順序をつけて並べること。他はア「突如」, イ「徐行」, エ「除去」, オ「叙述」である。 ③ 「遺伝子」とは, 染色体上にあり遺伝形質を発現させるもの。「遺失物」とは, 忘れたり落としたりした物。他は, ア「権威」, イ「食物繊維」, ウ「依頼」, エ「偉大」である。
④ 「上昇」とは, より高い位置, 高い程度に向かってゆくこと。「昇華」とは, 固体が液体を経ないで直接気体になること。他はア「発祥」, イ「将来」, エ「継承」, オ「招待」である。
⑤ 「適宜」とは, その時々の状況に応じてふさわしい行動を取るさま, また各自の判断で行動を取るさまを表す。「便宜」とは, ある目的や必要なものにとって好都合なこと。他はイ「礼儀」, ウ「戯曲作品」, エ「偽装」, オ「詐欺」である。

(2) A 空欄の前で, 「何年学んでもさっぱり英語が話せない, 聞き取れない」とあり, 空欄の後では, 「親を凌駕するような英語能力を身につける」とあるので, 逆接的な内容であることから「しかし」もしくは「一方で」が適当。 D 空欄の前で, 前方後円墳の例を出し, 空欄の後ではその内容を端的にまとめているので, 「つまり」が適当。

(3) 傍線部の後に, 「英語の時間に文字として触れるだけであり, それを使って生活することがない。そこでは『apple→リンゴ』という記号同士のつながりができるだけ」とあり, 自分の生活に即した英語学習になっていないと指摘している。

(4) 傍線部の前に, 「人の顔や声はコトバで表すことは難しい。これを無理にさせるとどのようなことが起きるかといえば, それらの認識の低下」とし, 実験の結果としては, 「言語的な記述をした人たちの正答率は, それを行わずにまったく別の作業をその間行っていた人よりも低下してしまう」と述べている。

(5) 円形部が上, 方形部が下とみるのが一般的にもかかわらず, 前方後円墳という名前になっていることを例に出し, それは上から見るか横から見るかの違いであると筆者は指摘している。それと同様に, コトバも様々な意味があるので, 見方次第によって大きく異なるとしている。また, 傍線部の前に, 「私たちの感覚のネットワークは意識できないものも含んでいる。私たちは無意識的な情報も取り込んでいるし, その影響を受けている。だから身体化された知識の構成要素にはそれらが確実に入り込んでいる。こうした情報は本人自身が意識できないので, それを伝えることはもちろんできない」とコトバの限界について言及している。

(6) 段落⑨・⑩では, お風呂にためるお湯の止め方, 家から学校までの歩き方, また手足の動かし方など感覚のネットワークについて具体的に説明し, 段落⑪では, 「つまり」と, その内容をまとめている。段落⑫では, 環境への働きかけが重要な役割を持っていることをまとめにして示している。

(7) 傍線部の後に, 「認知と環境は特定の形状をした身体が生み出す行為を通したサイクル, ループの関係になっている。だとすれば認知, そこで構築され, 利用される知識は, 環境や状況の提供する情報を前提としている可能性がある。(中略)だからすべてを頭の中に貯えておく必要はない。適宜環境に働きかけることで，環境が変化し，大事な情報を伝えてくれる」とあるので，人間の認知にとって環境は大切なものであるとしているので，アは誤り。

重要 (8) 人の認知や認識は脳だけではなく，段落⑩に「実行可能な行為は身体の形状と深く関係」とあるように，身体の知覚によって可能となることを指摘している。

二 (小説文一心情，内容吟味，大意)

(1) 星が答えてくれたらいいというすばるに対して，駿馬はそれをからかったが，真剣に星に問いかけるすばるの様子を見て，「すばるはいったい，空の何を見ている？そこに何があるというのか」と自分には見えない別のものがすばるには見えているのか，と感じている。

(2) 傍線部の後に，「すばるは，かならず星が見られると信じて，あれだけの機材をかついで山を登って，この場所でたった一人で」とあることから，星を見られるか何の保証もなかったところ，「たとえ数枚でも，撮影できただけで上等」と，十五分も見ることができたので良かったと感じている。

(3) 傍線部の「びりびり」は，星がレンズに映るまで，ずっと空をにらんでいたすばるの執念に触れたときに感じたものである。傍線部の後の，「びりびり」はすばるのやり遂げたい熱い思いというに触れた後に出てくる。つまり，すばるの言動に接することで，駿馬に強い衝撃をもたらしたことを示している。

(4) 傍線部の後に，「そんなの，中学生が言うせりふだろうか。腹が熱くなる。ちくしょう，なぜか悪口を言いたくなる。根拠もないのに，負けたという気がする」とあることから，すばるの思いを真正面から受け取り，それに対抗意識を燃やしていることが伺えるので，オが誤り。

(5) 傍線部の前に，「『こんな宇宙人とつるんじょったら，おまえまで宇宙人あつかいされるけぇ』」という三年の発言があり，傍線部の後に，「たしかに。すばるは宇宙人だ。ほかのだれともちがう。何かを秘めている。この山には駿馬の知らなかった景色がある。すばるが見上げていたあの空で，何かが駿馬を待っている」とあり，すばるを宇宙人とすることは共通している一方，すばるは駿馬が見えない何かを示してくれるのではないかと思っている。

(6) 駿馬が「仲よくしてあげてねってキャラか，あれ」とあることからすばる自身は駿馬をぞんざいに扱っている。また，一緒に山に登って星を見た駿馬を帰ってから相手することもなく，自室にこもっていることからも伺える。

重要 (7) すばるの星に対する熱い思い，また駿馬がすばるに対して抱く感情を詳しく描写している。また，すばるの家で食事をしていた場面から，駿馬がモンゴルのウランバートルで生活していた回想シーンへと話が展開していることを読み取る。

三 (古文一文脈把握，口語訳，心情，指示語の問題，内容吟味)

〈口語訳〉 高倉宮の御方には，大矢の俊長，五智院の但馬，渡辺の省，授，続の源太が射た矢が，鎧でも止まらず，楯でも留まらず，貫通した。源三位入道頼政は，長い絹の鎧直垂に，品革縅の鎧である。その日を最後と思われたのだろうか，わざと甲はおかぶりにならない。跡取りの息子の伊豆守仲綱は，赤地の錦の直垂に，黒糸縅の鎧である。弓を強く引こうということで，これも甲は着ていなかった。ここに五智院の但馬が，大長刀の鞘をはずして，ただ一騎，橋の上に進んだ。平家の方にはこれを見て，「あの人を射とれ，者ども」と，力の強い弓の巧みな使い手たちが矢先を揃えて，次々と速射して，さんざんに射た。但馬はすこしも騒がず，上がる矢をつっとくぐり，下がる矢を躍り超え，向かってくるのを長刀で切って落とす。敵も味方も見物する。それ以来，矢切の但馬と言われた。

(1) アの矢を射たのは，大矢の俊長，五智院の但馬，渡辺の省，授，続の源太である。

(2) 橋の上に一人進んだ五智院の但馬は，少しも騒ぐことなく，上がる矢をつっとくぐり，下がる矢を躍り超えたのである。

(3)　傍線部の前に，「その日を最後と思われたのだろうか」とあることから，死を覚悟して甲を着けなかったのである。

(4)　平家方は，五智院の但馬が大長刀の鞘をはずして，橋の上に進んでいく様子を見たのである。

(5)　橋の上に一人進んだ五智院の但馬は，向かってくる矢を次々と長刀で切って落とした。敵味方ともにそれに見とれるほどであったため，それ以来「矢切の但馬」と言われるようになったのである。

★ワンポイントアドバイス★

読解力をしっかりつけておこう！古語や動作主など古文の基礎知識もたくわえておこう！

2023年度

★★★★★★★★★★★★★★★★★★★★★★★★

入　試　問　題

2023年度

芝浦工業大学柏高等学校入試問題（前期第１回）

【数　学】（50分）　＜満点：100点＞

1　次の問いに答えよ。

(1)　$(\sqrt{6}-\sqrt{2})(3\sqrt{2}-\sqrt{6})-\sqrt{3}(3-4\sqrt{3})=$ [ア]$\sqrt{[イ]}$

(2)　x についての２次方程式 $ax^2+3bx-10b=0$ の解の１つが $x=-10$ のとき，$a:b=$ [ウ]：[エ]

(3)　n を自然数とする。$\sqrt{15n}$ と $\sqrt{360-n}$ がどちらも整数となるとき，$n=$ [オカキ]

(4)　右の図で，△ABCは，AB＝ACの二等辺三角形である。
辺AC上に点Dを∠ABD＝3∠CBDとなるようにとる。
∠ADB＝55°のとき，∠BAC＝ [クケ]°

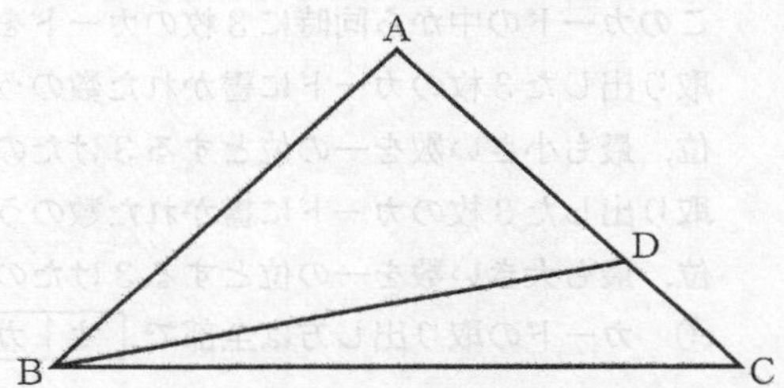

2　放物線 $y=x^2$ と直線 $y=x+6$ との交点をA，Bとする。ただし，点Aの x 座標は負である。点Cは y 軸上の点，点Dは x 軸上の点で，３点C，B，Dはこの順に一直線上に並び，CB＝BDである。線分ADと放物線 $y=x^2$ との交点のうち，点Aと異なる方をEとする。

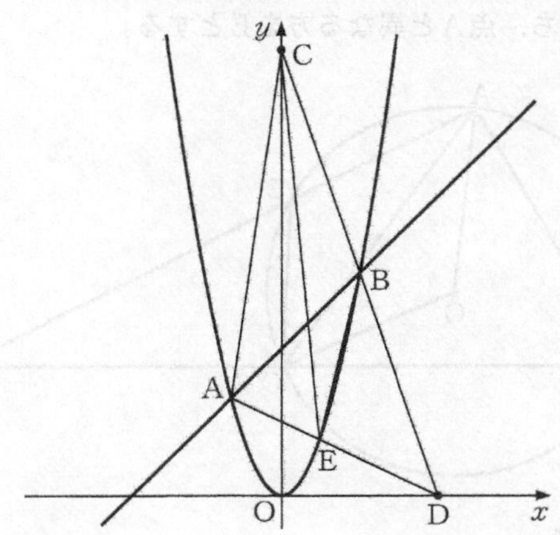

(1)　点Cの y 座標は [アイ]

(2)　直線ADの式は $y=-\dfrac{[ウ]}{[エ]}x+$ [オ]

(3)　点Eの x 座標は $\dfrac{[カ]}{[キ]}$

(4)　△ACEの面積と△BCEの面積の比は [クケ]：[コ]

3 次の問いに答えよ。

⑴ 生徒40人が10点満点のテストを受け，その結果を右のような表にまとめ，この表をもとに，箱ひげ図を作成した。

得点(点)	人数(人)
0	0
1	0
2	a
3	b
4	3
5	6
6	c
7	d
8	5
9	6
10	4
計	40

0　1　2　3　4　5　6　7　8　9　10(点)

① $a=$ [ア]，$b=$ [イ]

② 生徒40人の平均値が6.9点であるとき，$c=$ [ウ]，$d=$ [エ]

⑵ １から６までの数字が１つずつ書かれた６枚のカードがある。

このカードの中から同時に３枚のカードを取り出す。

取り出した３枚のカードに書かれた数のうち，最も大きい数を百の位，２番目に大きい数を十の位，最も小さい数を一の位とする３けたの整数をaとする。

取り出した３枚のカードに書かれた数のうち，最も小さい数を百の位，２番目に大きい数を十の位，最も大きい数を一の位とする３けたの整数をbとする。

① カードの取り出し方は全部で [オカ] 通り

② $a-b$の値が12の倍数になる確率は$\frac{[キ]}{[クケ]}$

4 半径10㎝の円Oの周上に３点A，B，Cがあり，AB＝16㎝，∠ABC＝60°である。

線分BCをCの方に延ばした直線上に，AC＝CDとなるような点Dをとる。

線分ADと円Oとの交点のうち，点Aと異なる方をEとする。

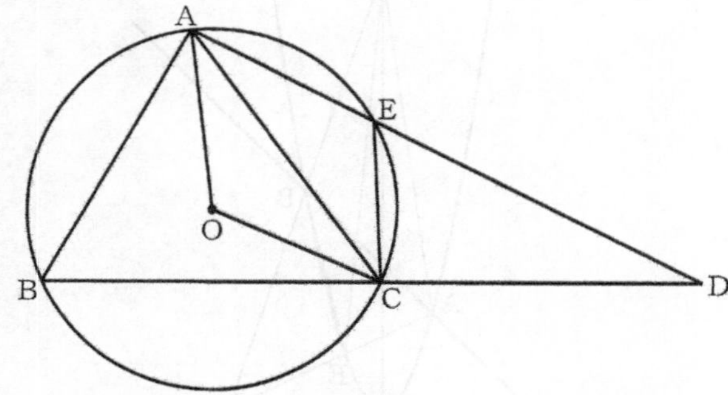

⑴ AC＝[アイ]$\sqrt{[ウ]}$㎝

⑵ BC＝([エ]＋[オ]$\sqrt{[カ]}$) ㎝

⑶ AD＝[キ]$\sqrt{[クケ]}$㎝

⑷ CE＝[コ]$\sqrt{[サ]}$㎝

5 底面が一辺12㎝の正方形である正四角すいＰ－ABCDがあり，PA＝$2\sqrt{34}$㎝である。
正四角すいＰ－ABCDのすべての面に内側で接する球の中心をＯとする。
面ABCDに平行で球Ｏと接する平面と，辺PCとの交点をＥとする。

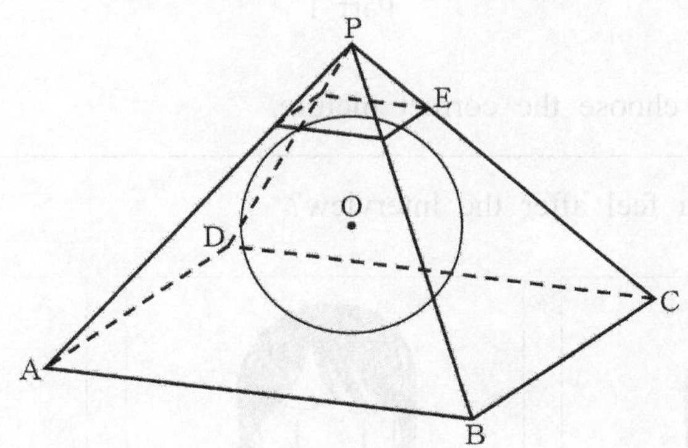

(1) 正四角すいＰ－ABCDの表面積は ［アイウ］ ㎠

(2) 正四角すいＰ－ABCDの体積は ［エオカ］ ㎤

(3) 球Ｏの半径は ［キ］ ㎝

(4) ３点Ａ，Ｂ，Ｅを通る平面と直線POとの交点をＱとすると，QO＝$\dfrac{［ク］}{［ケ］}$㎝

【英　語】（50分）＜満点：100点＞

Listening Test

Part 1

Questions 1 - 5

For each question, choose the correct picture.

1　How does Erika feel after the interview?

A

B

C

2　What time will the next train leave for Shin-Kurashiki?

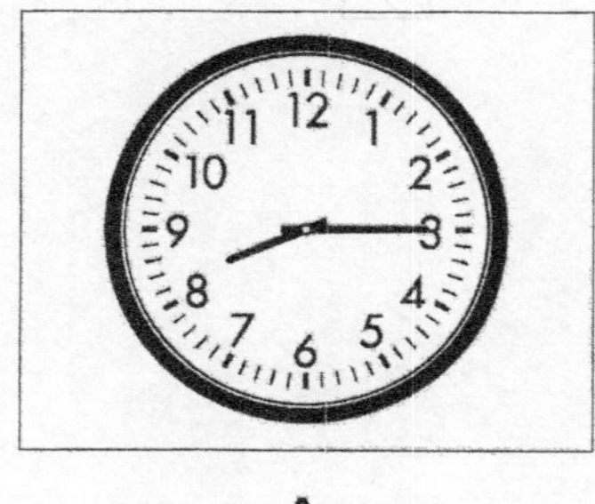

A

B

C

3　Which gate will the woman go to?

A

B

C

4 Where is the man now?

5 How much will the woman pay?

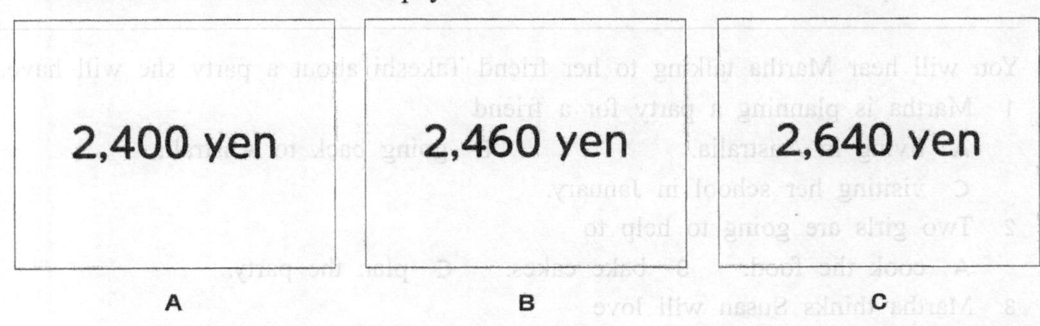

Part 2

Questions 1 - 5

For each question, choose the correct answer.

---

1 You will hear a teacher talking to his class about a summer project.
What must his students talk about with their parents?

A the permission to talk with people in their town

B the activity they will do

C the report about what they do

2 You will hear a woman talking to a doctor.
What did the doctor say about the little girl?

A She is sick.

B She has no problem.

C She will have a fever.

3 You will hear a boy, Jack, talking to his friend called Chris.
Why does Chris get hungry?

A She remembered the word "hamburger."

B She looked at a website.

C Jack was eating a hamburger.

4 You will hear two friends talking.
What are they talking about?
A speaking English B visiting New Zealand C studying abroad

5 You will hear a girl, Kate, talking to her friend called Ken.
Why does Ken go to the train station on Sundays?
A to help travelers B to talk about Japanese things
C to improve his English

Part 3

Questions 1 - 5

For each question, choose the correct answer.

You will hear Martha talking to her friend Takeshi about a party she will have.

1 Martha is planning a party for a friend
A living in Australia. B going back to Australia.
C visiting her school in January.

2 Two girls are going to help to
A cook the food. B bake cakes. C plan the party.

3 Martha thinks Susan will love
A two types of cakes. B their secret things.
C the food Takeshi will make.

4 Martha wants the party to be
A a Halloween one. B a friendship one. C a welcome one.

5 About the games, Martha said
A she was preparing them. B they would be wonderful.
C only a few words.

※リスニングテストの音声は，学校のHPをご確認ください。

4 次の英文を読んで，あとの(1)～(9)の問いに答えなさい。

Many kids have felt sad and stressed lately. To help them feel better, some schools in Michigan have (①) in special helpers. They are therapy dogs.

Why bring dogs into school? There is a good reason. They make kids happy.

COVID-19 has been hard on students everywhere. Many have been lonely. Some lost loved ones.

Schools are trying to help students through this tough time. Many have hired counselors. Some have started teaching kids skills to help ②<u>them</u> manage their feelings. Some bought dogs.

There are about 12 dogs working in schools in Michigan. The dogs live with a teacher or another staff member and spend the day at school.

Research has shown that a ③(ア children's イ dog ウ stress エ lower オ trained カ can). A dog can also help them study and get along with one another.

There are downsides of having dogs in schools. Dogs can be dirty, and some people are allergic to them. As well, some kids are afraid of dogs. But school leaders in Michigan say these problems can be handled. For example, the new dogs are highly trained and hypoallergenic. That means they don't cause allergic reactions. And nobody has to be with a dog (④) they do not want to.

In many schools, the dogs are very popular. At one high school, students even had a birthday party for a dog. Her name is Gravy.

Gravy is a sweet brown dog. In September, she started working (⑤) a therapy dog at a high school in Michigan. She is cared for by Maria Capra, a school leader.

Some students learned (⑥) Gravy had a birthday coming up. They asked if they could have a party for Gravy. Capra said it was okay and did not think it would be a very big party.

However, the students invited the whole school to the party. Some made a birthday costume for Gravy. Others started collecting money for an animal shelter in her honor.

(⑦) the time for the party came, there were hundreds of kids there.

Capra said Gravy's birthday party was good for the kids at school because it helped them become comfortable with face-to-face learning again.

Traci Souva is an art teacher in Michigan. She cares for a dog (⑧) Chipper. She remembered something that happened earlier in the school year.

"A child was sad. So Chipper decided to lie right next to his chair. A lot of times the kids ⑨(ア Chipper イ wrong ウ will エ what オ is カ tell). That can help them feel better. That's pretty magical," she said.

（注） therapy 治療　Michigan ミシガン州　hire counselors カウンセラーを雇う
downsides 不都合な面　allergic to ～ ～に対してアレルギーのある

【出典】*USA TODAY, 2022*

(1) 本文中の(①)に入る最も適当なものを，次のア～エのうちから一つ選びなさい。
ア taught　イ caught　ウ found　エ brought

(2) 本文中の下線部②が指すものとして最も適当なものを，次のア～エのうちから一つ選びなさい。
ア counselors　イ students　ウ schools　エ dogs

(3) 本文中の③の（　）の中を正しい語順に並べかえ，（　）の中で３番目と６番目にくるものをそれぞれ選びなさい。

(4) 本文中の(④)に入る最も適当なものを，次のア～エのうちから一つ選びなさい。
ア if　イ that　ウ so　エ but

(5) 本文中の（⑤）に入る最も適当なものを，次のア～エのうちから一つ選びなさい。

ア at　イ for　ウ as　エ on

(6) 本文中の（⑥）に入る最も適当なものを，次のア～エのうちから一つ選びなさい。

ア what　イ that　ウ which　エ why

(7) 本文中の（⑦）に入る最も適当なものを，次のア～エのうちから一つ選びなさい。

ア When　イ If　ウ After　エ Soon

(8) 本文中の（⑧）に入る最も適当なものを，次のア～エのうちから一つ選びなさい。

ア for name　イ to name　ウ naming　エ named

(9) 本文中の⑨の（　）の中を正しい語順に並べかえ，（　）の中で３番目と６番目にくるものをそれぞれ選びなさい。

5 次の英文を読んで，あとの(1)～(8)の問いに答えなさい。

One day, Prometheus looked up at the sun shining brightly and called for his brother Epimetheus.

He said, "Listen, brother, I have given many things to humans, but this time I will give them fire. It will be ①my last and greatest gift. They will be able to warm themselves, cook their food and make tools to build their houses. However, Zeus will be very angry with me and punish me for giving humans fire. So, pay attention to ②any gifts from Zeus. I ask you to take care of the humans while I am away."

Then Prometheus said goodbye to his brother and went to Mount Olympus with a stick to use later as a candle.

At the end of the day, when the sun was going down, ③Prometheus held out his stick and touched the beautiful ball. Then with the burning candle hidden under his coat, he ran down the mountain and set fire to some wood.

People who saw the fire for the first time came closer to the fire.

"Oh, it's lovely!" a man cried when he felt its heat.

"Oh, I love it! I must kiss it," another said happily, moving forward and trying to kiss the red fire. Everyone laughed at his face when the fire burned his beard!

The next day Prometheus showed the humans how to cook and make tools and weapons out of metal with fire. After this, humans built towns and used fire to make many wonderful things. But when Zeus heard about ④all this, he was angry and called for Prometheus.

"Prometheus!" he shouted in a voice of thunder.

"King Zeus," Prometheus answered. "I know you will punish me for what I have done, but let me tell you two things. First, you cannot take away the gifts I have given the humans. Second, you will not want to destroy humans because they can help you fight the Titans, your enemy when they come to attack you."

However ⑤Prometheus's words made Zeus even angrier, and he ordered his son to take Prometheus to a mountain at the edge of the world and tie him to a rock. And Zeus said to Prometheus, "Stay there and feel the winter's snow and the summer's sun, but nobody will help you!"

Prometheus was taken to the edge of the world and was tied there. Zeus's son said to Prometheus, "Every day, Zeus will send a violent bird to eat your stomach, and your stomach will grow again every night, so your pain will repeat." The bird came every day and his screams of pain could be heard across the mountain.

Zeus had a plan to punish humans. He sent the first woman to Earth with a golden box filled with bad things. The woman's name was Pandora. Epimetheus saw the beautiful Pandora and he fell in love with her and soon got married. Unfortunately, bad things were going to happen.

Epimetheus remembered his brother's words and said to Pandora, "Don't open the box. There must be ⑥many horrible things inside." But Pandora could not stop herself and finally opened it. At that moment, all the bad things in the world came flying out—disease, sadness, hate, lies, stealing and a hundred others.

She got scared and ⑦quickly closed the box. Then she heard a little voice, "Let me out, too! I am hope." So, she opened the box again.

It was Prometheus who put hope in the box. ⑧He knew that humans would open Zeus's golden box and that is why he secretly put hope in the box along with all the other bad things. Zeus wanted to punish humans but Prometheus wanted humans to live with some hope.

（注） Titan(s) 巨人　enemy 敵

【出典】Roger L. G. *Tales of the Greek Heroes*, 1958

(1) 本文中の下線部①が指す内容として最も適当なものを，次のア～エのうちから一つ選びなさい。

ア humans　イ the sun　ウ fire　エ a candle

(2) 本文中の下線部②が指す内容として最も適当なものを，次のア～エのうちから一つ選びなさい。

ア tools and weapons　イ Pandora and the golden box

ウ Titans　エ Epimetheus and Prometheus

(3) 本文中の下線部③の内容として最も適当なものを，次のア～エのうちから一つ選びなさい。

ア Prometheus checked the temperature of the sun with a stick.

イ Prometheus played some sports with a stick and a ball.

ウ Prometheus took fire from the sun with a stick.

エ Prometheus put on sunblock with a stick.

(4) 本文中の下線部④の内容として適当でないものを，あとのア～エのうちから一つ選びなさい。

ア Prometheus gave fire to humans.

イ Prometheus taught humans how to use fire.

ウ　Humans used fire and made wonderful things.

エ　Humans would try to attack Zeus with fire.

(5)　本文中の下線部⑤の内容として適当でないものを，次のア～エのうちから一つ選びなさい。

ア　Humans can help fight the Titans.

イ　Humans could destroy Mount Olympus and everyone.

ウ　The Titans would come and try to attack Zeus.

エ　Zeus cannot take fire away from humans.

(6)　本文中の下線部⑥の内容として適当でないものを，次のア～エのうちから一つ選びなさい。

ア　hope　イ　sadness　ウ　hate　エ　lies

(7)　本文中の下線部⑦の理由として最も適当なものを，次のア～エのうちから一つ選びなさい。

ア　She noticed the box was already opened by someone.

イ　She got scared of the voice inside the box.

ウ　She wanted Epimetheus to know that she opened the box.

エ　She was afraid of the things that came out of the box.

(8)　本文中の下線部⑧の理由として最も適当なものを，次のア～エのうちから一つ選びなさい。

ア　Prometheus hoped that humans would live in fear.

イ　Prometheus wanted humans to have hope for the future.

ウ　Prometheus didn't trust Epimetheus at all.

エ　Prometheus knew that Zeus had put hope in the box.

6　次の英文を読んで，あとの(1)～(8)の問いに答えなさい。

On Monday, May 2, 2022, Rocket Lab, a rocket company in California, used a helicopter to catch a large booster from a rocket falling from space. Rocket Lab hopes to lower the costs of rocket launches by reusing rocket parts.

To launch spacecraft into space, rockets use several "boosters." Boosters push the spacecraft up and then fall back to Earth. Rocket Lab's Electron rocket uses two boosters to (①) the satellite into space.

Peter Beck, the leader of Rocket Lab, says, "We spend 80% of the cost on the first booster. (②) we are trying to save money by reusing its first booster and to lower the cost of sending things into space."

Another rocket company, Space X, uses special engines to slow down their boosters as they come back to Earth. However, Rocket Lab's rockets are much (③) and can't carry enough fuel to return in this way.

In the past, Rocket Lab has recovered some boosters from the ocean, but the salty sea water can damage boosters and make them hard to reuse safely.

On Monday, Rocket Lab used a helicopter to catch the booster as it fell back to Earth. It is difficult to catch a 12-meter tube that weighs nearly 1,000 kilograms when it falls from space. But it (④) — at least for a while.

After pushing the rocket into space, the booster reached about 80 kilometers above the Earth. Then it began falling, reaching speeds as fast as 8,400km/h and the heat of the booster reached 2,730℃. To stop itself from（　⑤　）up as it fell through the Earth's atmosphere, the booster had special heat protection. After the booster reduced its speed through the Earth's atmosphere, a small parachute was opened to slow it down more. Finally, an even larger parachute was opened, and it slowed down the booster even more so that a helicopter could catch it.

The helicopter used a strong cable with a hook to catch the cable between the first and second parachute. The hook supported the booster and ⑥ gradually, the booster stopped falling.

However, the test wasn't completely successful. After a few moments, the helicopter pilots realized that it was unsafe for the helicopter to support the（　⑦　）of the booster. They released the booster, and it was later recovered from the sea.

Rocket Lab learned a lot from this test and hopes that ⑧(ア will　イ take　ウ to　エ the helicopter　オ be　カ the booster　キ able) safely to a nearby boat next time.

（注）booster　打ち上げのための加速装置　　rocket launches　ロケットの打ち上げ
Space X　ロケット打ち上げ会社　　the Earth's atmosphere　大気圏　　parachute　パラシュート

【出典】*News For Kids.net*, 2022

⑴　本文中の（①）に入る最も適当なものを，次のア～エのうちから一つ選びなさい。

ア　fall　　イ　use　　ウ　send　　エ　save

⑵　本文中の（②）に入る最も適当なものを，次のア～エのうちから一つ選びなさい。

ア　That's why　　イ　That's because　　ウ　This is how　　エ　The problem is

⑶　本文中の（③）に入る最も適当なものを，次のア～エのうちから一つ選びなさい。

ア　smaller　　イ　bigger　　ウ　faster　　エ　slower

⑷　本文中の（④）に入る最も適当なものを，次のア～エのうちから一つ選びなさい。

ア　fell　　イ　failed　　ウ　success　　エ　worked

⑸　本文中の（⑤）に入る最も適当なものを，次のア～エのうちから一つ選びなさい。

ア　changing　　イ　burning　　ウ　falling　　エ　reaching

⑹　本文中の下線部⑥の状態に至るまでの理由として適当でないものを，次のア～エのうちから一つ選びなさい。

ア　The helicopter's strong cable with a hook caught the booster.
イ　The first small parachute was opened.
ウ　The second larger parachute was opened.
エ　The helicopter pilots released the booster.

⑺　本文中の（⑦）に入る最も適当なものを，次のア～エのうちから一つ選びなさい。

ア　direction　　イ　hook　　ウ　fuel　　エ　weight

⑻　本文中の⑧の（　）の中を正しい語順に並べかえ，（　）の中で**3番目**と**6番目**にくるものをそれぞれ選びなさい。

【理　科】(50分)　＜満点：100点＞

1　Ｓさんは，動物の分類について調べました。これに関する先生との会話文を読んで，あとの(1)～(5)の問いに答えなさい。

Ｓさん：動物は，背骨をもつものと背骨をもたないものに分けられると聞きました。このほかに，動物はどのようにして分類することができるのでしょうか。

先　生：では，図１で考えてみましょう。まず，背骨をもつかどうかで分け，背骨をもたないものをＡとします。次に，背骨をもつものを，卵生であるかどうかで分け，卵生でないものをＢとします。このようにしてさまざまな観点で，動物をＡ～Ｆまで分けることができます。

Ｓさん：図１のＸには，ＣとＤの動物を分けるための観点が入るのですね。

先　生：そういうことです。どのような観点が入るか考えてみましょう。

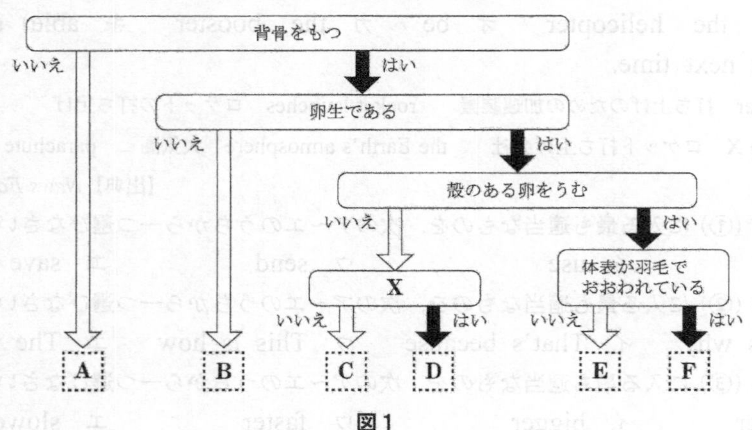

図１

Ｓさん：このような図を使えば動物の分類について整理することができますね。動物の分類についてまとめるときは，必ずこのような方法になるのでしょうか。

先　生：このほかにも動物の分類についてまとめる方法はあります。
たとえば，<u>ある動物が決まった特徴を持つかどうかを数字で表し，それぞれの動物に分類番号をつける方法</u>があります。
表のような観点を使って，図２のコイに分類番号をつけると「112」となります。

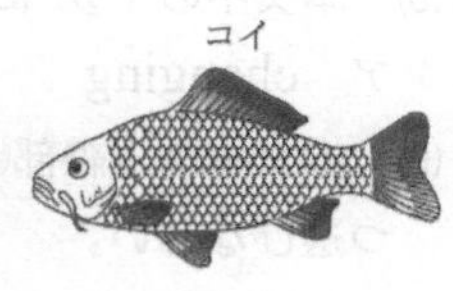

図２

表

百の位	十の位	一の位
１．背骨がある。 ２．背骨がない。	１．一生えらで呼吸する。 ２．一生肺で呼吸する。 ３．成長の過程で呼吸器官が変わる。 ４．肺・えら以外の器官で呼吸する。	１．胎生である。 ２．卵生である。

Ｓさん：なるほど，そういう方法もあるのですね。ほかの動物についてもやってみたいと思います。

⑴　次の文章は，図１のＡにあてはまる動物について述べたものです。1にあてはまることばを１群のア～ウのうちから，2にあてはまることばを２群のア～ウのうちから，最も適当なものをそれぞれ一つずつ選びなさい。

> 図１のＡにあてはまる動物のグループを無セキツイ動物という。無セキツイ動物には，軟体動物や節足動物，あるいはそのどちらでもないその他の動物が分類されており，バッタは1。また，バッタと同じグループに分類される動物は，2。

【１群】　ア　軟体動物である　　イ　節足動物である　　ウ　軟体動物でも節足動物でもない

【２群】　ア　外骨格をもつ　　イ　外とう膜をもつ　　ウ　外骨格も外とう膜ももたない

⑵　図１のＢにあてはまる動物のグループとして最も適当なものを，次のア～オのうちから一つ選びなさい。

ア　両生類　　イ　ハチュウ類　　ウ　ホニュウ類　　エ　魚類　　オ　鳥類

⑶　図１のＸにあてはまる観点として最も適当なものを，次のア～エのうちから一つ選びなさい。

ア　一生肺で呼吸する　　イ　一生皮ふで呼吸する

ウ　体表が毛でおおわれている　　エ　体表がうろこでおおわれている

⑷　図１のＥ，Ｆにあてはまる動物のグループに分類される動物の組み合わせとして最も適当なものを，次のア～カのうちから一つ選びなさい。

ア　Ｅ：ニワトリ　Ｆ：カエル　　イ　Ｅ：カエル　Ｆ：ニワトリ

ウ　Ｅ：ヘビ　Ｆ：カエル　　エ　Ｅ：カエル　Ｆ：ヘビ

オ　Ｅ：ニワトリ　Ｆ：ヘビ　　カ　Ｅ：ヘビ　Ｆ：ニワトリ

⑸　下線部について，表を使って，図２のコイと同様に，図３の動物に分類番号をつけるとどのようになりますか。あ～かにあてはまる数字を一つずつ選びなさい。

イヌの分類番号　：あいう

スズメの分類番号：えおか

図３

2　Ｓさんは，空気中の水と雲のでき方について調べるため，次の**実験**を行い，**調べたこと**をまとめました。これに関して，あとの⑴～⑸の問いに答えなさい。

実験

①　内側を少量の水でしめらせた丸底フラスコに，<u>線香の煙を少し入れ</u>，温度計と注射器を使って図１のような装置をつくった。

②　注射器のピストンをすばやく引くと，丸底フラスコの中が白くくもった。このとき，丸底フラスコ内では，①の状態と比べて，1。

③　②の状態から注射器のピストンをすばやくもどすと，丸底フラスコ内のくもりは消えた。こ

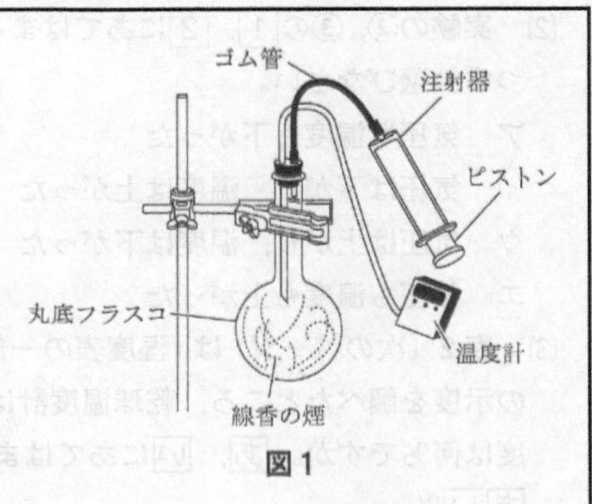

図１

のとき，丸底フラスコ内では，②の状態と比べて，[2]。

調べたこと

図２は，山の斜面を空気が上っていくときに雲ができるようすをまとめたもので，表１は，気温と飽和水蒸気量との関係をまとめたものである。

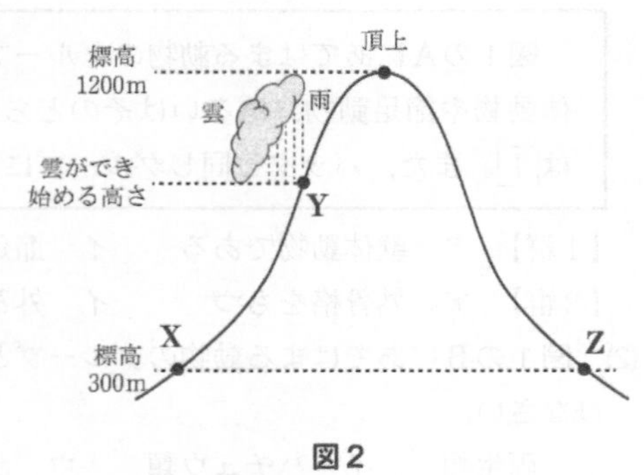

図２

標高300mの地点Xでは雲はできていないが，空気が斜面を上っていくにつれて空気の温度と湿度が変化していき，地点Yに達すると湿度が100％になって雲ができ始める。この雲は，山に雨を降らせながらさらに上昇していき，山の頂上を越えると消える。山の頂上を越えた空気は，山の斜面を下っていく。このときも，空気の温度と湿度が変化していく。

湿度が100％になっておらず雲ができていない状態では，標高が100m上がるにつれて空気の温度は約１℃低下し，標高が100m下がるにつれて空気の温度は約１℃上昇する。湿度が100％になって雲ができている状態では，標高が100m上がるにつれて空気の温度は約0.5℃低下する。これらのことから，山の斜面を上り，山を越えていく空気の温度や湿度の変化のようすを計算して求めることができる。

表１

気温〔℃〕	13	14	15	16	17	18	19	20
飽和水蒸気量〔g/m^3〕	11.4	12.1	12.8	13.6	14.5	15.4	16.3	17.3

⑴　実験の下線部について，丸底フラスコに線香の煙を入れた理由として最も適当なものを，次のア～エのうちから一つ選びなさい。

ア　丸底フラスコ内の温度を高くするため。
イ　水に色をつけるため。
ウ　水が凝結するときの核にするため。
エ　水が蒸発しやすくするため。

⑵　実験の②，③の[1]，[2]にあてはまることばとして最も適当なものを，次のア～エのうちから一つずつ選びなさい。

ア　気圧も温度も下がった
イ　気圧は下がり，温度は上がった
ウ　気圧は上がり，温度は下がった
エ　気圧も温度も上がった

⑶　表２（次のページ）は，湿度表の一部を示したものです。ある日，図２の地点Xに置いた乾湿計の示度を調べたところ，乾球温度計は16℃，湿球温度計は11℃を示していました。このときの湿度は何％ですか。[あ]，[い]にあてはまる数字を一つずつ選びなさい。

[あ][い]％

表２

乾球の示度〔℃〕	乾球と湿球の示度の差〔℃〕					
	0.0	1.0	2.0	3.0	4.0	5.0
20	100	91	81	72	64	56
19	100	90	81	72	63	54
18	100	90	80	71	62	53
17	100	90	80	70	61	51
16	100	89	79	69	59	50
15	100	89	78	68	58	48
14	100	89	78	67	57	46
13	100	88	77	66	55	45
12	100	88	76	65	53	43
11	100	87	75	63	52	40

(4)　図２の地点Ｘでの気温が20℃，湿度が70％のとき，地点Ｘの空気が山の斜面に沿って上っていったときの雲ができ始める標高はおよそ何ｍですか。最も適当なものを，次のア～カのうちから一つ選びなさい。ただし，雲ができていないときは空気中の水蒸気量は変化しないものとします。

ア　500m　　イ　600m　　ウ　700m　　エ　800m　　オ　900m　　カ　1000m

(5)　図２の地点Ｘでの気温が20℃，湿度が70％のとき，地点Ｘの空気が山を越えて地点Ｚまで下ってきたときの温度は，およそ何℃ですか。最も適当なものを，次のア～カのうちから一つ選びなさい。ただし，雲ができていないときは空気中の水蒸気量は変化しないものとします。

ア　17.0℃　イ　18.5℃　ウ　20.0℃　エ　21.5℃　オ　23.0℃　カ　24.5℃

3　Ｓさんは，もののとけ方について先生と話し合ったあと，実験を行いました。これに関して，あとの(1)～(5)の問いに答えなさい。

Ｓさん：ミョウバン，硝酸カリウム，塩化ナトリウム，ショ糖，ホウ酸の水へのとけ方について調べてみました。表は，それぞれの物質が100ｇの水にとける量と，温度との関係をまとめたものです。

表

	0℃	20℃	40℃	60℃	80℃
ミョウバン	6ｇ	11ｇ	24ｇ	57ｇ	321ｇ
硝酸カリウム	13ｇ	32ｇ	64ｇ	109ｇ	169ｇ
塩化ナトリウム	38ｇ	38ｇ	38ｇ	39ｇ	40ｇ
ショ糖	179ｇ	204ｇ	238ｇ	287ｇ	362ｇ
ホウ酸	3ｇ	5ｇ	9ｇ	15ｇ	24ｇ

先　生：よく調べましたね。この表を使えば，これらの物質の見分けがつかないときに，実験によって区別することができます。

Ｓさん：温度を変えながら，それぞれの物質が何ｇとけるか，あるいはどのくらいとけ残るかを調べればよいのですね。

先　生：そのとおりです。次の実験で使う物質Ａ～Ｄは，それぞれミョウバン，硝酸カリウム，塩化ナトリウム，ショ糖のうちのいずれかです。これらの物質とホウ酸を使って，水へのとけ方の違いを確かめてみましょう。

実験

① 図１のように，20℃の水が50ｇずつ入ったビーカーを５つ用意し，物質Ａ～Ｄとホウ酸を30ｇずつ入れ，よくかき混ぜたところ，Ａだけがすべてとけ，Ｂ～Ｄとホウ酸はとけ残った。

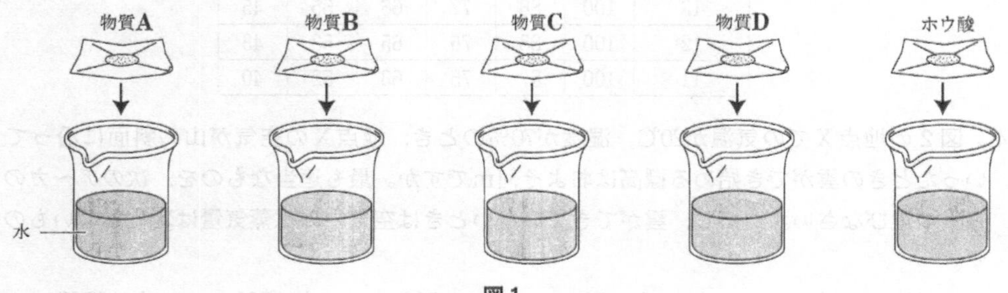

図１

② 水の質量が変化しないよう注意しながら，Ｂ～Ｄを入れた$_{a}$ビーカーを加熱して80℃にしたところ，ＢとＣはすべてとけたが，Ｄとホウ酸はとけ残った。

③ ②のあと，水の質量が変化しないよう注意しながら，ＢとＣのビーカーの水溶液を40℃まで冷やしたところ，Ｂはすべてとけたままだったが，$_{b}$Ｃは一部が結晶となって出てきた。

(1) 下線部ａで，ビーカーを加熱するために図２のようなガスバーナーを使いました。次の文は，このガスバーナーの使い方について述べたものです。1～3にあてはまるものの組み合わせとして最も適当なものを，あとのア～エのうちから一つ選びなさい。

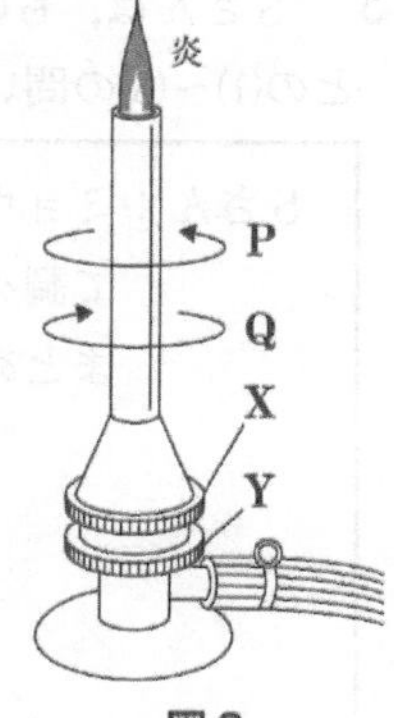

図２

> ガスバーナーの炎がオレンジ色になっているときは，ねじ1をおさえた状態で，ねじ2を，3の方向に回して，炎を青色にする。

ア　1：X　2：Y　3：P
イ　1：X　2：Y　3：Q
ウ　1：Y　2：X　3：P
エ　1：Y　2：X　3：Q

(2) 実験の結果から，Ａは何であると考えられますか。最も適当なものを，次のア～エのうちから一つ選びなさい。

ア　ミョウバン　イ　硝酸カリウム　ウ　塩化ナトリウム　エ　ショ糖

(3) 実験の①で，とけ残ったホウ酸の質量は何ｇですか。あ～うにあてはまる数字を一つずつ選びなさい。

あい．うｇ

(4)　下線部ｂで，ビーカーを冷やしはじめてから40℃になるまでの経過時間と，出てきた物質Cの結晶の質量との関係を表したグラフとして最も適当なものを，次のア～エのうちから一つ選びなさい。ただし，水の温度の下がり方は，時間の経過に対して一定だったものとします。

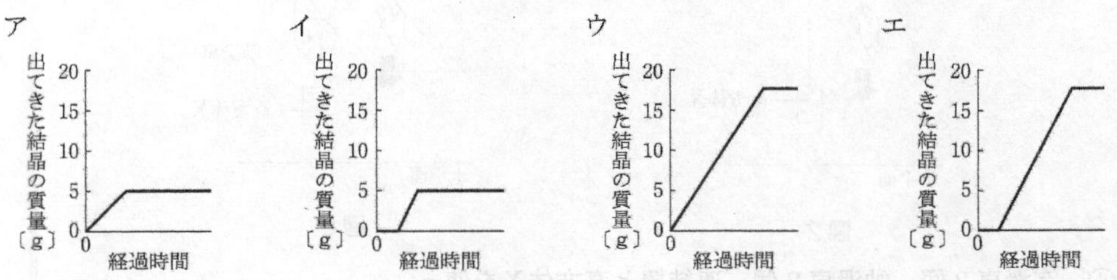

(5)　同様の実験を行おうとして，水50ｇにホウ酸30ｇを入れ，ガスバーナーで80℃まで加熱してホウ酸をできるだけとかしたところ，水が10ｇ蒸発してしまい，ホウ酸がとけ残りました。このとき，とけ残ったホウ酸は何ｇですか。また，とけ残ったホウ酸をろ過してできる水溶液の質量パーセント濃度は何％になりますか。あ～かにあてはまる数字を一つずつ選びなさい。ただし，答えは小数第２位を四捨五入して答えなさい。

とけ残ったホウ酸の質量：あい．うｇ
質量パーセント濃度　　：えお．か％

4　Ｓさんは，仕事について調べるため，次の**実験**を行いました。これに関して，あとの(1)～(5)の問いに答えなさい。ただし，滑車，糸，ばねばかり，連結棒の質量や，物体間の摩擦は考えないものとし，糸の伸び縮みはないものとします。また，質量100ｇの物体にはたらく重力の大きさを１Ｎとします。

実験

①　質量が500ｇの直方体Ｘを用意した。図１のように，ａ水平面の上に置いた直方体Ｘにつないだ糸をばねばかりで引き，引く力を少しずつ大きくしていった。ｂ引く力をある程度まで大きくすると，直方体Ｘが水平面から離れた。このときのばねばかりが示した値を読みとった。

②　定滑車１個を使って次のページの図２のような装置をつくり，一定の速さで糸を矢印の方向に引いて，直方体Ｘを引き上げていった。

③　定滑車１個と動滑車１個を使って次のページの図３のような装置をつくり，一定の速さで糸を矢印の方向に引いて，直方体Ｘを引き上げていった。

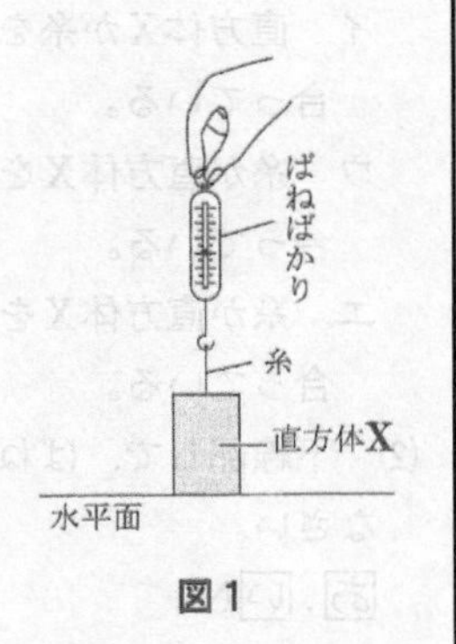

図１

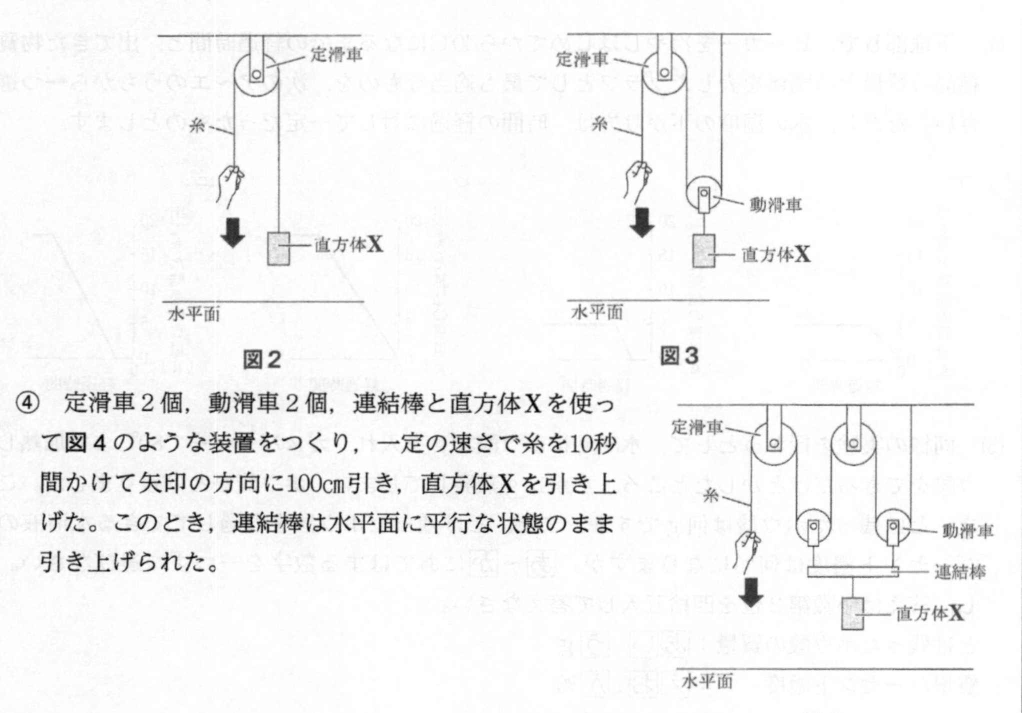

図２　図３　図４

④　定滑車２個，動滑車２個，連結棒と直方体Xを使って図４のような装置をつくり，一定の速さで糸を10秒間かけて矢印の方向に100cm引き，直方体Xを引き上げた。このとき，連結棒は水平面に平行な状態のまま引き上げられた。

(1)　下線部ａのときの力のつり合いについて述べた文として最も適当なものを，次のア～エのうちから一つ選びなさい。

ア　直方体Xが糸を引く力と水平面が直方体Xを押す力の和が，直方体Xにはたらく重力とつり合っている。

イ　直方体Xが糸を引く力と直方体Xが水平面を押す力の和が，直方体Xにはたらく重力とつり合っている。

ウ　糸が直方体Xを引く力と水平面が直方体Xを押す力の和が，直方体Xにはたらく重力とつり合っている。

エ　糸が直方体Xを引く力と直方体Xが水平面を押す力の和が，直方体Xにはたらく重力とつり合っている。

(2)　下線部ｂで，ばねばかりが示した値は何Nですか。［あ］，［い］にあてはまる数字を一つずつ選びなさい。

［あ］.［い］N

(3)　次の文章は，図２と図３について述べたものです。［1］，［2］にあてはまることばを，あとのア～ウのうちからそれぞれ一つずつ選びなさい。なお，同じ記号を選んでもよいものとします。

> 図２と図３で，それぞれ直方体Xを水平面から20cmの高さまで引き上げたときに，手が糸を引いた力の大きさは［1］。また，手がした仕事の大きさは，［2］。

ア　等しい　　イ　図２の方が大きい　　ウ　図３の方が大きい

(4)　図３で，手が糸を引いた距離と，直方体Xのもつ位置エネルギーの変化との関係をグラフに表すとどのようになりますか。最も適当なものを，次のア～エのうちから一つ選びなさい。

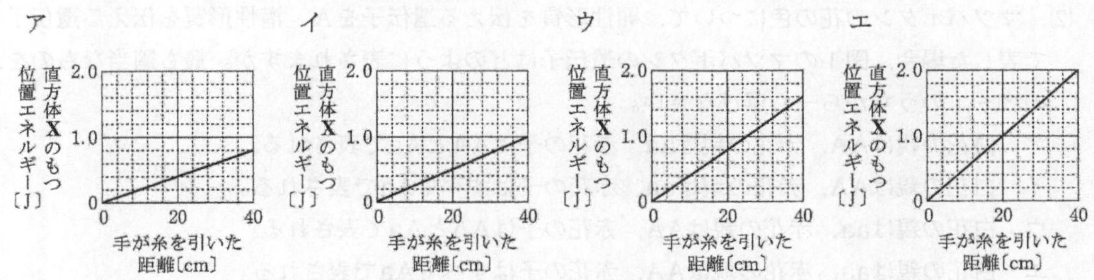

(5) 図４のとき，手が糸にした仕事の仕事率は何Wですか。[あ]～[う]にあてはまる数字を一つずつ選びなさい。ただし，答えは小数第３位を四捨五入して答えなさい。

[あ].[い][う]W

5 生殖と遺伝についてのＳさんと先生の会話文を読んで，あとの(1)～(5)の問いに答えなさい。

先　生：マツバボタンには，白い花をさかせるものと赤い花をさかせるものがあります。この形質を利用して，有性生殖における遺伝について調べる実験を行うことができます。図１は，純系の白花のマツバボタンと，純系の赤花のマツバボタンを受粉させてできた子が，すべて赤花になったことを示しています。

Ｓさん：純系というのは，自家受粉でできた子や孫が代々同じ形質をもつものですよね。この場合，白花のマツバボタンと赤花のマツバボタンをかけ合わせたのに，子はすべて赤花になるのですね。

先　生：そうです。別の例も見てみましょう。図２は，純系の白花のマツバボタンと，ある赤花のマツバボタンXを受粉させて子をつくった場合を示しています。

Ｓさん：こちらでは，子は白花：赤花＝１：１になったのですね。純系の白花のマツバボタンを使ったのは図１と同じですから，赤花のマツバボタンXが図１の場合とは異なっていたということでしょうか。

先　生：そういうことです。実際にどのように異なっていたのか考えてみましょう。また，図１や図２でできた子のマツバボタンを自家受粉させたとき，どのような孫ができるかということも考えてみるとよいでしょう。

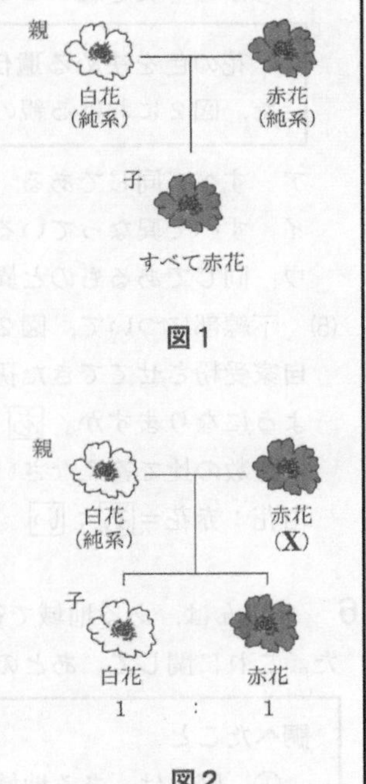

図１

図２

(1) 遺伝に関わる遺伝子や染色体について述べた文として**誤っているものを**，あとのア～エのうちから一つ選びなさい。

ア　遺伝子は核の染色体に含まれている。
イ　生殖細胞をつくるための細胞分裂の前後では，染色体の数は常に同じになる。
ウ　遺伝子が親から子に伝わるとき，遺伝子はまれに変化することがある。

エ　遺伝子の本体はDNA（デオキシリボ核酸）という物質である。

⑵　マツバボタンの花の色について，顕性形質を伝える遺伝子をA，潜性形質を伝える遺伝子をaで表した場合，図１のマツバボタンの遺伝子はどのように表されますか。最も適当なものを，次のア～エのうちから一つ選びなさい。

ア　白花の親はAA，赤花の親はaa，赤花の子はAAとAaで表される。
イ　白花の親はAA，赤花の親はaa，赤花の子はすべてAaで表される。
ウ　白花の親はaa，赤花の親はAA，赤花の子はAAとAaで表される。
エ　白花の親はaa，赤花の親はAA，赤花の子はすべてAaで表される。

⑶　下線部について，図１でできた子（すべて赤花）のマツバボタンを自家受粉させると，孫として8000個の種子ができました。このときできた種子のうち，育てたときに赤い花をさかせるものは何個あると考えられますか。最も適当なものを，次のア～エのうちから一つ選びなさい。

ア　2000個　　イ　4000個　　ウ　6000個　　エ　8000個

⑷　次の文章は，図２について述べたものです。［1］，［2］にあてはまることばを，あとのア～ウのうちからそれぞれ一つずつ選びなさい。なお，同じ記号を選んでもよいものとします。

> 花の色を決める遺伝子の組み合わせは，図２における親の白花と子の白花では，［1］。また，図２における親の赤花（X）と子の赤花では，［2］。

ア　すべて同じである
イ　すべて異なっている
ウ　同じであるものと異なっているものがある

⑸　下線部について，図２でできた子（白花：赤花＝１：１）のマツバボタンを，それぞれすべて自家受粉させてできた孫では，白い花をさかせるものと，赤い花をさかせるものの数の比はどのようになりますか。［あ］，［い］にあてはまる数字を一つずつ選びなさい。ただし，答えは最も簡単な整数の比で答えなさい。

白花：赤花＝［あ］：［い］

6

Sさんは，ある地域で行われたボーリング調査の結果について調べ，**調べたこと**をまとめました。これに関して，あとの⑴～⑸の問いに答えなさい。

調べたこと

①　図１は，ある地域の地形図を示したものである。この地域では断層や地層の逆転やしゅう曲はなく，すべての層は平行に重なっていることがわかっている。

②　図１の地点A～Dで，ボーリング調査が行われた。図２（次のページ）は，その結果を柱状図にまとめたものである。

③　図２の地層ウからは，サンヨウチュウの化石が見つかった。

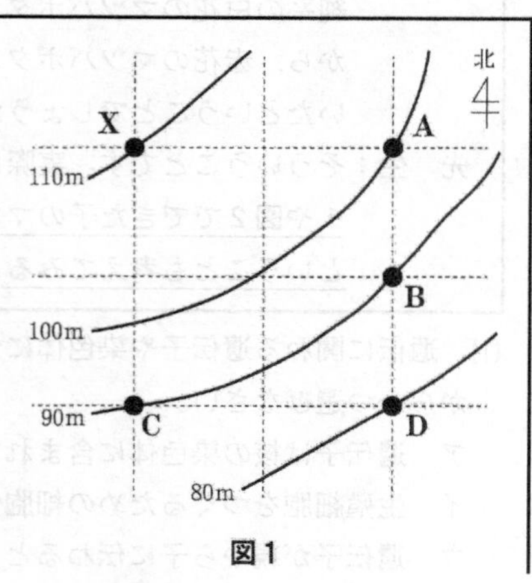

図１

④　図２の地点Ａ～Ｄの柱状図で見られた凝灰岩の層は，ひとつながりの同じ層であった。

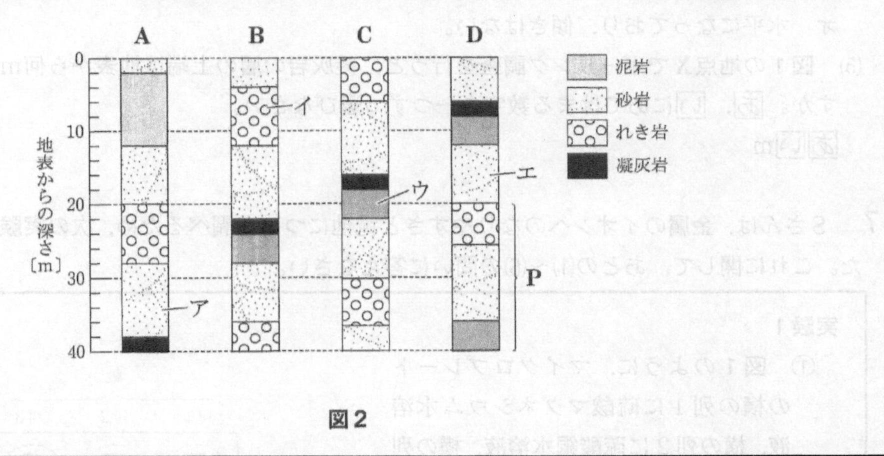

図２

⑴　図２の地層ウでサンヨウチュウの化石が見つかったことから，この地層についてどのようなことがいえますか。最も適当なものを，次のア～エのうちから一つ選びなさい。

ア　この地層が堆積したのは，フズリナも生息していた古生代である。
イ　この地層が堆積したのは，フズリナも生息していた新生代である。
ウ　この地層が堆積したのは，ビカリアも生息していた古生代である。
エ　この地層が堆積したのは，ビカリアも生息していた新生代である。

⑵　次の文章は，図２のＰの地層について述べたものです。［1］にあてはまることばを１群のア，イのうちから，［2］にあてはまることばを２群のア，イのうちから，［3］にあてはまることばを３群のア，イのうちから，最も適当なものをそれぞれ一つずつ選びなさい。

> 図２のＰの地層では，上の層になるほど地層をつくる粒が［1］なっている。粒の大きな土砂ほど，流れる水のはたらきによって遠くに［2］ため，Ｐの地層が堆積したとき，地点Ｄは，海岸から［3］なっていったと考えられる。

【１群】　ア　大きく　　　　　イ　小さく
【２群】　ア　運ばれにくい　　イ　運ばれやすい
【３群】　ア　遠く　　　　　　イ　近く

⑶　図２の地層ア～エのうち，最も古い時代に堆積した層と，最も新しい時代に堆積した層はどれですか。［1］，［2］にあてはまる最も適当なものを，図２のア～エのうちからそれぞれ一つずつ選びなさい。

最も古い時代に堆積した層　：［1］
最も新しい時代に堆積した層：［2］

⑷　調べたことから，この地域の地層の傾きはどのようになっていると考えられますか。最も適当なものを，あとのア～オのうちから一つ選びなさい。

ア　東に向かって低くなるように傾いている。
イ　西に向かって低くなるように傾いている。
ウ　南に向かって低くなるように傾いている。

エ　北に向かって低くなるように傾いている。

オ　水平になっており，傾きはない。

(5)　図１の地点Ｘでボーリング調査を行うと，凝灰岩の層の上端は地表から何ｍの深さで見られますか。あ，いにあてはまる数字を一つずつ選びなさい。

あいｍ

7　Ｓさんは，金属のイオンへのなりやすさと電池について調べるため，次の**実験１，２**を行いました。これに関して，あとの(1)～(5)の問いに答えなさい。

実験１

①　図１のように，マイクロプレートの横の列１に硫酸マグネシウム水溶液，横の列２に硫酸銅水溶液，横の列３に硫酸亜鉛水溶液を入れた。また，縦の列１にはマグネシウム板，縦の列２には銅板，縦の列３には亜鉛板を入れた。

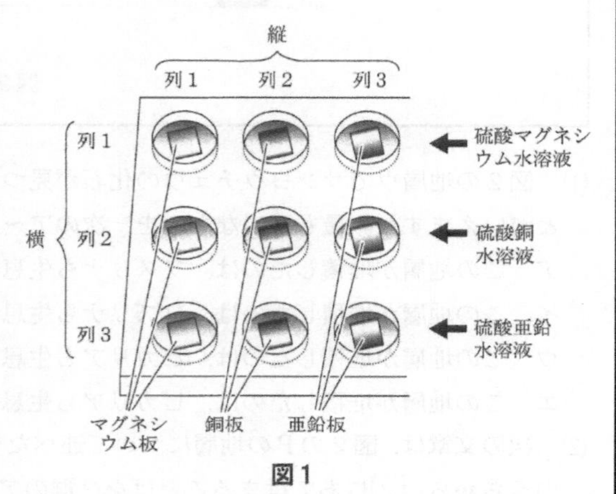

図１

②　しばらくおいてからマイクロプレートの水溶液と金属板を観察すると，変化が見られたものがあった。**表**は，その結果をまとめたものである。**表**より，マグネシウム，銅，亜鉛のイオンへのなりやすさは，イオンになりやすい方から順に，1，2，3であることがわかった。

表

	マグネシウム板	銅板	亜鉛板
硫酸マグネシウム水溶液	変化なし	変化なし	変化なし
硫酸銅水溶液	**Ｘ**が付着した。	変化なし	**Ｘ**が付着した。
硫酸亜鉛水溶液	**Ｙ**が付着した。	変化なし	変化なし

実験２

①　図２のように，ビーカーに硫酸亜鉛水溶液を入れ，亜鉛板とセロハンの袋に入れた硫酸銅水溶液と銅板を入れた。

②　亜鉛板と銅板を導線でプロペラ付きモーターにつなぐと，導線に電流が流れ，プロペラ付きモーターが回転した。

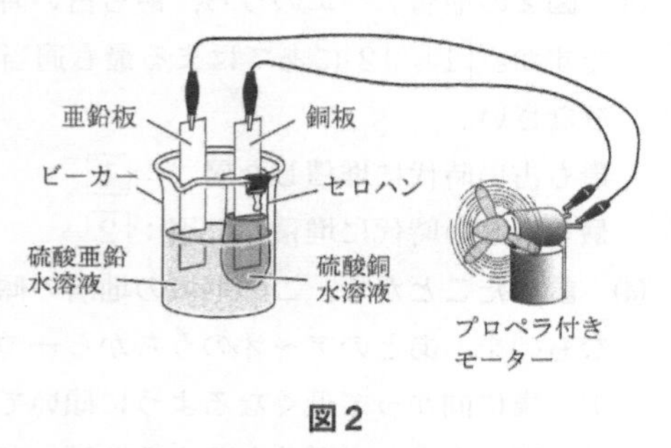

図２

(1)　**実験１**で使用した硫酸マグネシウム水溶液，硫酸銅水溶液，硫酸亜鉛水溶液はいずれも電解質の水溶液です。次のA～Dのうち，電解質の水溶液であるものの組み合わせとして最も適当なものを，あとのア～カのうちから一つ選びなさい。

A　エタノール水溶液　　B　水酸化ナトリウム水溶液　　C　砂糖水　　D　うすい塩酸

ア　A，B　　イ　A，C　　ウ　A，D　　エ　B，C　　オ　B，D　　カ　C，D

(2)　**実験１**の[1]～[3]にあてはまる最も適当なものを，次のア～ウのうちからそれぞれ一つずつ選びなさい。

ア　マグネシウム　　イ　銅　　ウ　亜鉛

(3)　**表**のX，Yにあてはまる物質の組み合わせとして最も適当なものを，次のア～エのうちから一つ選びなさい。

ア　X：銅　　Y：マグネシウム　　イ　X：銅　　Y：亜鉛

ウ　X：亜鉛　　Y：マグネシウム　　エ　X：マグネシウム　　Y：亜鉛

(4)　次の文章は，**実験２**について述べたものです。[1]にあてはまる化学反応式を１群のア～エのうちから，[2]にあてはまる化学反応式を２群のア～エのうちから，[3]にあてはまることばを３群のア～ウのうちから，最も適当なものをそれぞれ一つずつ選びなさい。ただし，電子はe^-を使って表すものとします。

> **実験２**で電流が流れているとき，銅板の表面で起きている化学変化は[1]，亜鉛板の表面で起きている化学変化は[2]のように表すことができる。しばらく電流を流したあとに亜鉛板を調べると，[3]。

【１群】　ア　$Cu \rightarrow Cu^{+} + e^-$　　イ　$Cu^{+} + e^- \rightarrow Cu$

　　　　ウ　$Cu \rightarrow Cu^{2+} + 2e^-$　　エ　$Cu^{2+} + 2e^- \rightarrow Cu$

【２群】　ア　$Zn \rightarrow Zn^{+} + e^-$　　イ　$Zn^{+} + e^- \rightarrow Zn$

　　　　ウ　$Zn \rightarrow Zn^{2+} + 2e^-$　　エ　$Zn^{2+} + 2e^- \rightarrow Zn$

【３群】　ア　銅が付着している　　イ　亜鉛が付着している　　ウ　うすくなっている

(5)　**実験２**で，プロペラ付きモーターのかわりに，9.0Ωの抵抗器と電流計を亜鉛板と銅板と直列につなぎ，電流を流したところ，電流計は120mAを示しました。このとき，この電池は何Vの電圧を抵抗器に加えていますか。[あ]，[い]にあてはまる数字を一つずつ選びなさい。ただし，答えは小数第２位を四捨五入して答えなさい。

[あ].[い]V

8　電流と熱量について調べるため，次の**実験**を行いました。これに関して，あとの(1)～(5)の問いに答えなさい。

> **実験**
>
> ①　６V－６Wの電熱線X，６V－12Wの電熱線Y，６V－18Wの電熱線Zを用意した。
>
> ②　電源装置，スイッチ，電流計，電圧計，電熱線Xを，図１のようにつなぎ，発泡ポリスチレンのカップにくみ置きの水を入れて，電熱線Xを沈めた。スイッチを入れ，電圧計の示す値が6.0Vになるようにして５分間電流を流し，発泡ポリスチレンのカップに入れた水の温度変化を調べた。次に，電熱線Xを電熱線Y，Zにかえて，同様に電圧計の示す値

が6.0Vになるようにして，５分間電流を流し，発泡ポリスチレンのカップに入れた水の温度変化を調べた。図２のグラフは，このときの電熱線X，Yの結果をまとめたものである。

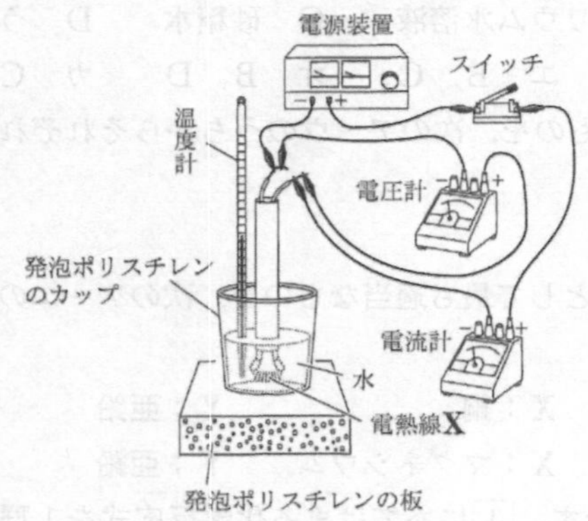

図１

図２

③ 電源装置，スイッチａとｂ，電流計，電圧計，電熱線XとYを図３のようにつないだ。スイッチａだけを入れ，電圧計の示す値が6.0Vになるようにして２分間電流を流した。次に，スイッチｂも入れて，さらに３分間電流を流した。このとき，電圧計の示す値は6.0Vのままだった。

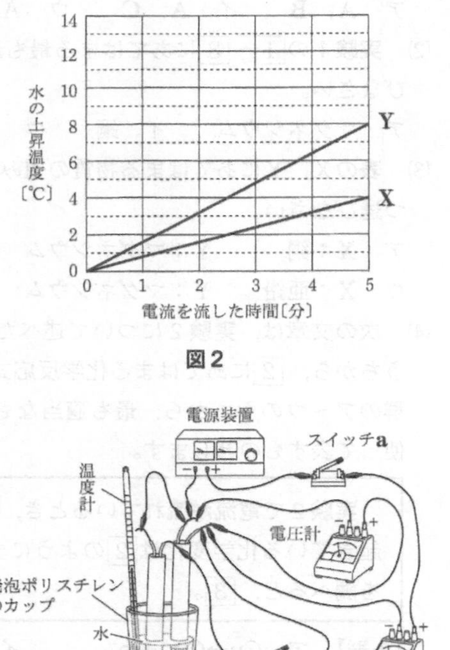

図３

⑴ 実験の②で，電熱線Xを使って実験を行い，電圧計が6.0Vを示しているとき，電流計は何Aを示しますか。あ，いにあてはまる数字を一つずつ選びなさい。

あ．いA

⑵ 実験の②で，電熱線Yに５分間電流を流したとき，Yから発生した熱量は何Jですか。あ～えにあてはまる数字を一つずつ選びなさい。

あいうえJ

⑶ 図２から，実験の②の電熱線Zの結果はどのようになると考えられますか。最も適当なものを，次のア～エのうちから一つ選びなさい。

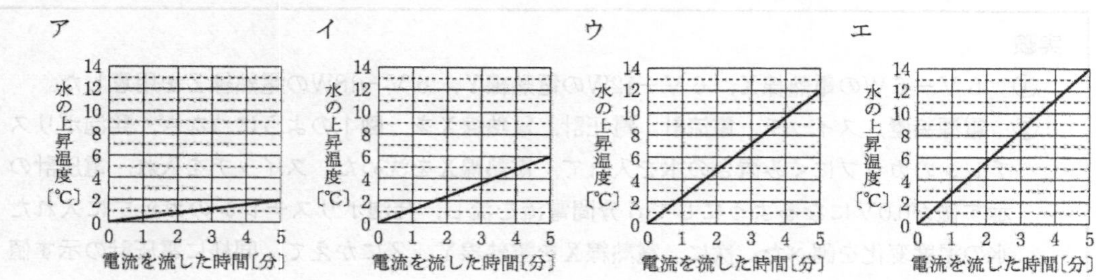

⑷　次の文章は，図３について述べたものです。[1]，[2]にあてはまることばを，あとのア～ウのうちからそれぞれ一つずつ選びなさい。なお，同じ記号を選んでもよいものとします。

> 図３で，スイッチａだけを入れたときとスイッチａとｂを両方入れたときについて比較すると，回路全体の抵抗の大きさは[1]。また，電圧計が示す値が同じである場合，回路全体の電力は[2]。

ア　スイッチａだけを入れたときの方が大きい

イ　スイッチａとｂを両方入れたときの方が大きい

ウ　スイッチａだけを入れたときもスイッチａとｂを両方入れたときも等しい

⑸　図２から，実験の③で合計５分間電流を流したときには，水温は何℃上昇すると考えられますか。[あ]，[い]にあてはまる数字を一つずつ選びなさい。

[あ].[い]℃

【社　会】（50分）　＜満点：100点＞

1　次の図を見て，あとの⑴～⑸の問いに答えなさい。

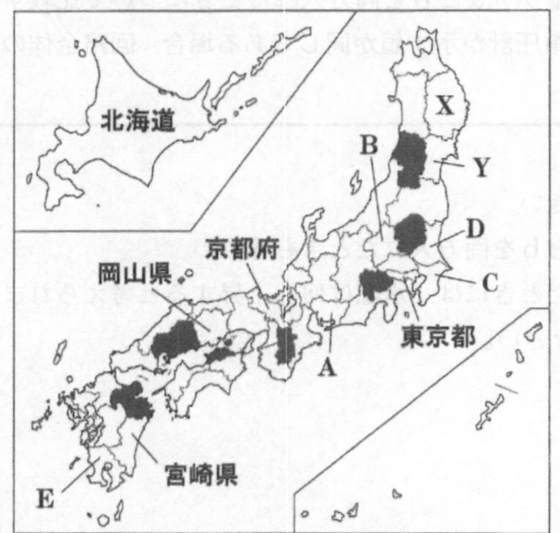

⑴　図中に■■■で示した七つの県についての説明として最も適当なものを，次のア～エのうちから一つ選びなさい。

ア　七つの県のうち，内陸県にあてはまる県は，全部で二つある。

イ　七つの県のうち，県名に「山」が使われている県は，全部で三つある。

ウ　七つの県のうち，県名と県庁所在地名が同じ県は，全部で三つある。

エ　日本の七つの地方区分のうち，七つの県が属していない地方は一つだけある。

⑵　右の**資料１**は，ある農産物の2020年における収穫量上位５県を示したものであり，**資料１**中のA～Eは，図中のA～Eと同じ県である。この農産物にあてはまる最も適当なものを，次のア～エのうちから一つ選びなさい。

ア　生乳　　　イ　茶

ウ　キャベツ　エ　なす

資料１　ある農産物の収穫量割合（2020 年）

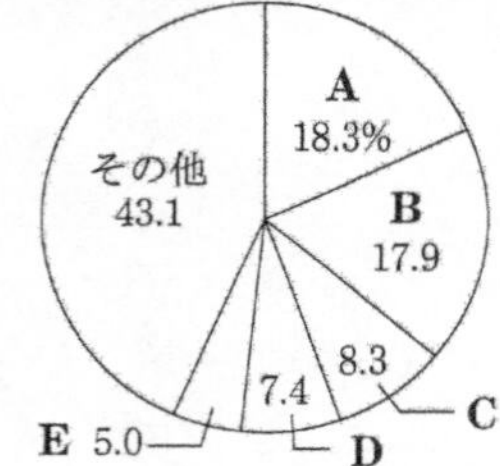

（「データでみる県勢 2022」より作成）

⑶　次の**資料２**は，図中の北海道，東京都，岡山県，宮崎県の製造品出荷額合計と，そのうち金属，機械，化学，食料品の出荷額を示したものである。**資料２**から読み取れることとして最も適当なものを，あとのア～エのうちから一つ選びなさい。

資料２　４都道府県の製造品出荷額（2019 年）

	製造品出荷額（億円）				
		金属	機械	化学	食料品
北海道	61,336	7,410	8,171	10,850	24,740
東京都	74,207	6,289	37,337	5,867	8,441
岡山県	77,397	13,082	21,122	27,218	7,204
宮崎県	16,523	653	4,454	3,297	5,402
全国計	3,253,459	438,551	1,475,429	596,205	397,884

（「地理データファイル 2022 年度版」より作成）

ア　全国の製造品出荷額に占める機械の割合は，50％をこえている。

イ　四つの都道府県の中で金属の出荷額が最も多い都道府県は，機械と化学の出荷額も最も多い。

ウ　宮崎県は東京都より食料品の出荷額が少ないが，製造品出荷額に占める割合は東京都より高い。

エ　四つの都道府県の中で，化学の出荷額が最も多い都道府県は，二つある。

⑷　次の文章は，図中のX，Yの県について述べたものである。文章中の［Ⅰ］，［Ⅱ］にあてはまる語の組み合わせとして最も適当なものを，あとのア～エのうちから一つ選びなさい。

> 図中のXとYの県は，初夏から夏にかけて［Ⅰ］から吹き込む冷たくしめった風の影響で，冷害にみまわれることがある。また，両県の沖合いには寒流と暖流が出合う［Ⅱ］が好漁場となっているため，古くから漁業がさかんに行われてきた。

ア　Ⅰ：北西　　Ⅱ：大陸棚　　　　　イ　Ⅰ：北東　　Ⅱ：大陸棚
ウ　Ⅰ：北西　　Ⅱ：潮目（潮境）　　エ　Ⅰ：北東　　Ⅱ：潮目（潮境）

⑸　次の地形図は，前のページの図中の京都府のある地域を示したものである。これを見て，あとの①，②の問いに答えなさい。

（国土地理院　平成12年発行1：25,000「京都東北部」より作成）

①　地形図中のX地点からY地点まで地形図上で６㎝あるとすると，実際の距離として最も適当なものを，次のア～エのうちから一つ選びなさい。

ア　0.6㎞
イ　1.5㎞
ウ　2.5㎞
エ　4㎞

②　この地形図について述べた文として最も適当なものを，次のア～エのうちから一つ選びなさい。

ア　Zの橋の上で立ち止まって川の様子を見ると，川はほぼ南から北に向かって流れている。
イ　「たからがいけ」駅には，二つのJRの路線が乗り入れている。
ウ　宝ヶ池公園から見て，「しゅうがくいん」駅は南西の方向に位置している。
エ　A地点の標高は，B地点の標高より高い。

2 次の図を見て，あとの⑴～⑺の問いに答えなさい。なお，図中の緯線と経線は，一部のみ，緯線は15度ごと，経線は30度ごとに示している。

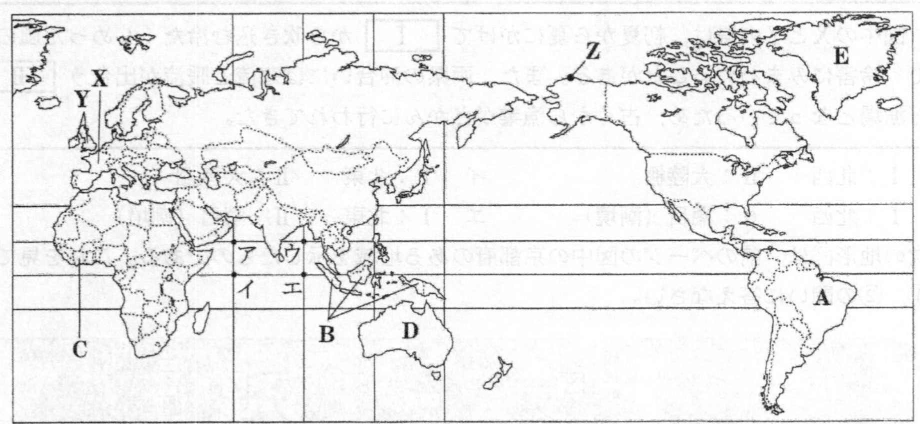

⑴ 東経90度，北緯15度の地点にあてはまるものを，図中のア～エのうちから一つ選びなさい。

⑵ 右のⅠ～Ⅲのグラフは，図中のA～Cのいずれかの国の輸出品目割合を示したものである。Ⅰ～Ⅲのグラフにあてはまる国の組み合わせとして最も適当なものを，次のア～カのうちから一つ選びなさい。

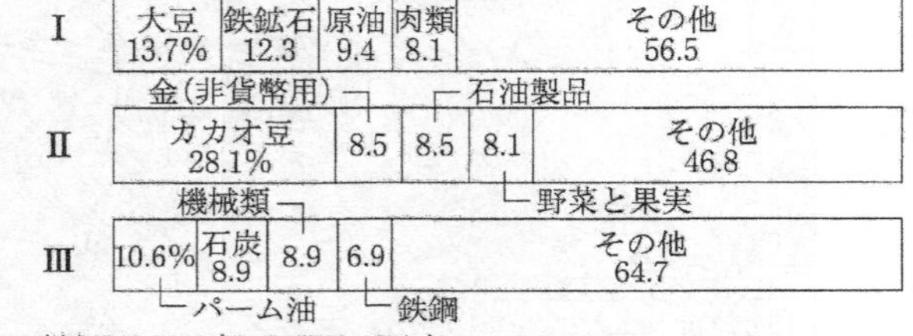

(注) Ⅱは2019年，Ⅰ・Ⅲは2020年。
（「データブック オブ・ザ・ワールド2022」より作成）

ア Ⅰ：Aの国 Ⅱ：Bの国 Ⅲ：Cの国　　イ Ⅰ：Aの国 Ⅱ：Cの国 Ⅲ：Bの国
ウ Ⅰ：Bの国 Ⅱ：Aの国 Ⅲ：Cの国　　エ Ⅰ：Bの国 Ⅱ：Cの国 Ⅲ：Aの国
オ Ⅰ：Cの国 Ⅱ：Aの国 Ⅲ：Bの国　　カ Ⅰ：Cの国 Ⅱ：Bの国 Ⅲ：Aの国

⑶ 図中のDの大陸について述べた文として**適当でないもの**を，次のア～エのうちから一つ選びなさい。

ア Dの大陸は，図中のEの島より実際の面積は小さい。
イ Dの大陸に，最も広く分布している気候帯は乾燥帯である。
ウ Dの大陸の先住民族はアボリジニ（アボリジニー）である。
エ Dの大陸の季節は日本と逆になるが，時差は小さい。

⑷ 右の**資料１**は，ある農産物の生産量上位４か国と世界の総生産量に占める割合を示したものである。**資料１**にあてはまる農産物として最も適当なものを，次のア～エのうちから一つ選びなさい。

資料１　ある農産物の生産量上位４か国と世界の総生産量に占める割合（2019年）

	総生産量に占める割合(%)
中国	18.5
イタリア	10.2
アメリカ合衆国	8.1
スペイン	7.4

（「世界国勢図会2021/22」より作成）

ア 小麦　　イ 綿花
ウ 米　　エ ぶどう

⑸ 次のページのⅠ，Ⅱの文は，上の図中のXの国が現在加盟しており，Yの国が2020年に離脱した地域連合について述べたものである。Ⅰ，Ⅱの文の正誤の組み合わせとして最も適当なもの

を，あとのア～エのうちから一つ選びなさい。

Ⅰ　加盟国間で国境を越える際は，原則パスポートが不要で加盟国間の貿易には関税がかからない。

Ⅱ　この地域連合に加盟している国はすべて，共通通貨であるユーロを使用している。

ア　Ⅰ：正　Ⅱ：正
イ　Ⅰ：正　Ⅱ：誤
ウ　Ⅰ：誤　Ⅱ：正
エ　Ⅰ：誤　Ⅱ：誤

(6)　図中のＺの都市で夏至の日に見られる現象について述べた文として最も適当なものを，次のア～エのうちから一つ選びなさい。

ア　太陽が真上から照らす。
イ　太陽が１日中のぼらなくなる。
ウ　太陽が１日中しずまなくなる。
エ　昼と夜の長さが同じになる。

(7)　たつきさんは，日本と世界各国の産業と人口の動きについて発表するために，日本，アメリカ合衆国，ブラジル，中国の自動車保有台数の推移と人口の推移を調べて，**資料２**，**資料３**のようにまとめた。下のⅠ～Ⅳの文のうち，これらの資料から読み取れることについて正しく述べた文はいくつあるか。最も適当なものを，あとのア～エのうちから一つ選びなさい。

資料２　４か国の自動車保有台数の推移（単位：万台）

	2000 年	2005 年	2010 年	2015 年
日本	7,265	7,569	7,536	7,740
アメリカ合衆国	22,148	24,484	23,981	26,419
ブラジル	1,547	2,302	3,210	4,274
中国	1,570	3,088	7,722	16,285

（「世界自動車統計年報」などより作成）

資料３　４か国の人口の推移（単位：万人）

	2000 年	2005 年	2010 年	2015 年
日本	12,752	12,833	12,854	12,799
アメリカ合衆国	28,171	29,499	30,901	32,088
ブラジル	17,479	18,613	19,571	20,447
中国	129,055	133,078	136,881	140,685

（「World Population Prospects 2019」より作成）

Ⅰ　人口減少が見られる国は１か国で，人口減少が起こった年には自動車保有台数も減少している。

Ⅱ　ブラジルの人口の増加数が最も多いのは，2000年から2005年にかけてである。

Ⅲ　2015年において，4か国のうち自動車１台当たりの人口が最も少ないのは中国なので，中国が最も自動車が普及しているといえる。

Ⅳ　2015年に百人当たりの自動車保有台数が日本より少ない国は，全部で二つある。

ア　一つ　　イ　二つ　　ウ　三つ　　エ　四つ

3 次の略年表を見て，あとの(1)～(7)の問いに答えなさい。

年 代	主なできごと	
57	倭の奴国王が後漢に使節を送る	A
701	大宝律令が制定される	↑ B (701～1086)
1086	白河上皇が院政を始める	↓
1221	承久の乱が起こる	C / ↑ D (1221～1392)
1392	足利義満により南北朝が統一される	↓
1467	京都を舞台として応仁の乱が起こる	
1582	豊臣秀吉が織田信長の後継者となる	E
1603	徳川家康が征夷大将軍に任じられる	F
1854	日米和親条約を結び開国する	G
1858	日米修好通商条約を結ぶ	H

(1) 略年表中のAに関連して，この時代に栄えた大規模な集落跡が発掘された吉野ヶ里遺跡の場所として最も適当なものを，右の図中のア～エのうちから一つ選びなさい。

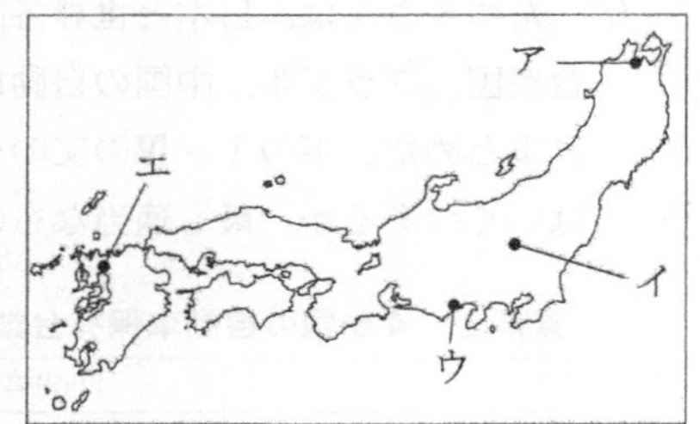

(2) 次のⅠ～Ⅲは，略年表中のBの時期に起こったできごとについて述べたものである。Ⅰ～Ⅲの文を年代の古いものから順に並べたものを，あとのア～カのうちから一つ選びなさい。

Ⅰ 坂上田村麻呂が征夷大将軍に任じられた。

Ⅱ 平将門が反乱を起こした。

Ⅲ 遣唐使の派遣が停止された。

ア Ⅰ→Ⅱ→Ⅲ　イ Ⅰ→Ⅲ→Ⅱ　ウ Ⅱ→Ⅰ→Ⅲ

エ Ⅱ→Ⅲ→Ⅰ　オ Ⅲ→Ⅰ→Ⅱ　カ Ⅲ→Ⅱ→Ⅰ

(3) 次のⅠ，Ⅱの文は，略年表中のCのころのできごとについて述べたものである。Ⅰ，Ⅱの文の正誤の組み合わせとして最も適当なものを，あとのア～エのうちから一つ選びなさい。

Ⅰ 東大寺南大門が再建され，西行によって制作された金剛力士像が安置された。

Ⅱ 法然の弟子の親鸞は浄土真宗を開き，「自分の罪を自覚した悪人こそが救われる」と説いた。

ア Ⅰ：正　Ⅱ：正　イ Ⅰ：正　Ⅱ：誤

ウ Ⅰ：誤　Ⅱ：正　エ Ⅰ：誤　Ⅱ：誤

(4) 略年表中のDの時期に海外で起こったできごととして最も適当なものを，次のア～エのうちから一つ選びなさい。

ア マルコ・ポーロが中国の皇帝に仕えて見聞きしたことを，「世界の記述（東方見聞録）」にまとめた。

イ イギリスやオランダが東インド会社を設立し，アジアとの物産の交易を行った。

ウ ローマ教皇の聖地エルサレムを奪い返すとの呼びかけに応じて，十字軍が初めて派遣された。

エ 尚氏が三つの勢力に分裂していた沖縄島を統一し，琉球王国を建国した。

(5)　略年表中のＥに関連して，右の**資料１**は，豊臣秀吉が検地（太閤検地）を行った実施国数の推移を示したものである。**資料１**中で，検地の実施国数が前年に比べて15か国以上減少している年に起こったできごととして最も適当なものを，次のア～エのうちから一つ選びなさい。

資料１

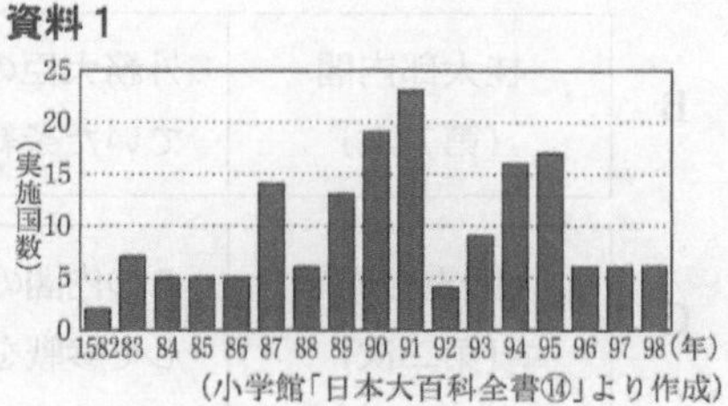

（小学館「日本大百科全書⑭」より作成）

ア　豊臣秀吉が明智光秀を倒した。　　イ　豊臣秀吉がキリスト教を禁止した。
ウ　豊臣秀吉が死去した。　　　　　　エ　豊臣秀吉が朝鮮に大軍を送った。

(6)　略年表中のＦに関連して，次の**資料２**は，江戸幕府が出したとされる百姓の生活心得（御触書）の一部を示したものである。**資料３**は，**資料２**が出された背景についてまとめたものである。**資料２**，**資料３**中の［Ⅰ］，［Ⅱ］にあてはまる語の組み合わせとして最も適当なものを，あとのア～エのうちから一つ選びなさい。

資料２

一、朝は早く起きて草を刈り，昼は田畑を耕し，夜は縄をなったり俵を編んだりすること。
一、酒や茶を買って飲まないこと。
一、百姓は雑穀を食べ，米を多く食べないこと。
一、衣類は，麻と［Ⅰ］以外は使わないこと。
以上のように物ごとに念を入れ，財産をつくるためにしっかり働きなさい。

資料３

江戸時代には，人々の身分は武士と百姓，町人に大きく分けられており，武士の人口は百姓より［Ⅱ］。しかし当時支配的な立場にあった武士の生活は，百姓が納める年貢にたよっていたため，百姓から安定して年貢を徴収するため，その生活を厳しく規制した。

ア　Ⅰ：絹　　Ⅱ：少なかった　　イ　Ⅰ：絹　　Ⅱ：多かった
ウ　Ⅰ：木綿　Ⅱ：少なかった　　エ　Ⅰ：木綿　Ⅱ：多かった

(7)　次のⅠ～Ⅳの文は，略年表中のＧとＨの条約について述べたものである。Ⅰ～Ⅳの文のうち，ＧとＨの条約について正しく述べた文はいくつあるか。最も適当なものを，あとのア～エのうちから一つ選びなさい。

Ⅰ　日米和親条約は，アメリカのペリーと大老の井伊直弼の間で結ばれた。
Ⅱ　日米和親条約では，函館と横浜（神奈川）の２港が開港された。
Ⅲ　日米修好通商条約により，アメリカ人は日本国内で自由に貿易や居住ができるようになった。
Ⅳ　日米修好通商条約により貿易が始まり，日本からは生糸や茶などが輸出された。

ア　一つ　　イ　二つ　　ウ　三つ　　エ　四つ

4　あとのＡ～Ｇのカードは，ゆりかさんが，明治時代から平成時代までの主な内閣が行ったことを調べ，年代の古い順にまとめたものの一部である。これらを読み，あとの(1)～(5)の問いに答えなさい。

Ａ	伊藤博文内閣（第二次）	外務大臣の陸奥宗光が［Ｘ］との交渉の末，領事裁判権の撤廃を実現した。その後，中国との間で日清戦争が起こった。

B	桂太郎内閣 （第二次）	外務大臣の a 小村寿太郎が関税自主権の回復に成功し，日本が長く望んでいた条約改正を実現した。また，大逆事件で社会主義者を処罰した。
C	大隈重信内閣 （第二次）	この内閣のときに b 第一次世界大戦が起こった。日本は連合国側の一員として参戦を表明し，中国に対し二十一か条の要求の大部分を認めさせた。
D	原敬内閣	原敬は平民宰相とも呼ばれ，最初の本格的な政党内閣を組織した。日本の山東省の権益に対する反発から，中国では［ Y ］運動が起こった。
E	近衛文麿内閣 （第一次）	この内閣のときに c 日中戦争が始まり，内閣は不拡大方針を出したが，軍部に押し切られ，国家総動員法の制定など戦時体制の強化が進んだ。
F	池田勇人内閣 （第一次～三次）	安保闘争後に成立したこの内閣は，所得倍増計画をスローガンに掲げ高度経済成長の土台を築いた。東京オリンピックが開かれ，世界に戦後復興を示した。
G	鳩山由紀夫内閣	2009年の総選挙で野党であった民主党が圧勝して政権交代が起こり，この内閣が組閣した。行政改革を掲げたが十分な成果を上げられず，翌年総辞職した。

⑴　A，Dのカード中の［ X ］，［ Y ］にあてはまる語の組み合わせとして最も適当なものを，次のア～エのうちから一つ選びなさい。

ア　X：アメリカ　　Y：三・一　　　イ　X：イギリス　　Y：三・一

ウ　X：アメリカ　　Y：五・四　　　エ　X：イギリス　　Y：五・四

⑵　Bのカード中の下線部aに関連して，このできごとが起こった時期の日本の領土の範囲として最も適当なものを，次のア～エのうちから一つ選びなさい。

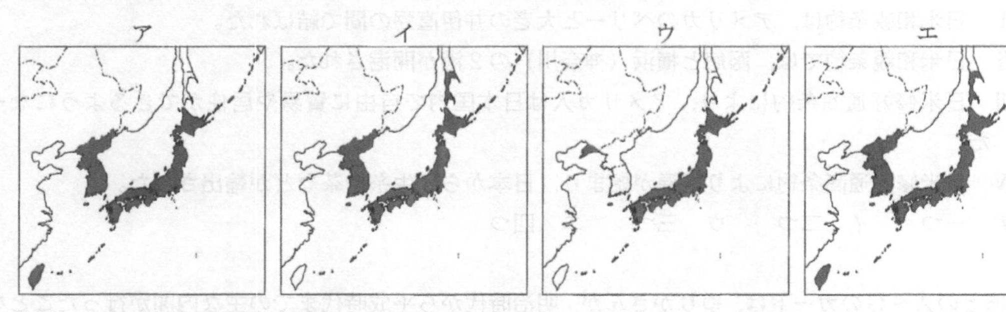

⑶　Cのカード中の下線部bに関連して，あとの①，②の問いに答えなさい。

①　第一次世界大戦中の日本の経済について述べた文として最も適当なものを，あとのア～エのうちから一つ選びなさい。

ア　軍需品の生産が優先されて生活必需品の生産が圧迫を受け，砂糖やマッチが切符制となった。

イ　日本製品の輸出先がアジアやアメリカに広がった結果，輸出が輸入を上回り好景気となった。

ウ　アメリカ軍からの軍事物資の調達が大量に行われたため，特需景気と呼ばれる好景気となった。

エ　ニューヨークの株式市場で株価が暴落したのをきっかけに，日本にも不景気の波が広がった。

②　右の図は，現在のヨーロッパなどの国々を示したものである。次のⅠ～Ⅳの文のうち，図中のＰ～Ｓの国について正しく述べた文はいくつあるか。あとのア～エのうちから一つ選びなさい。

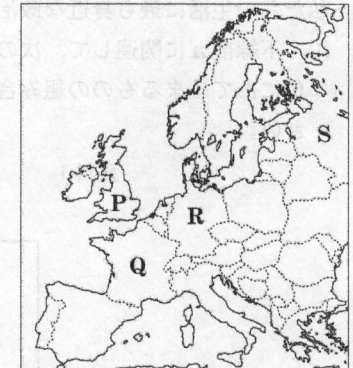

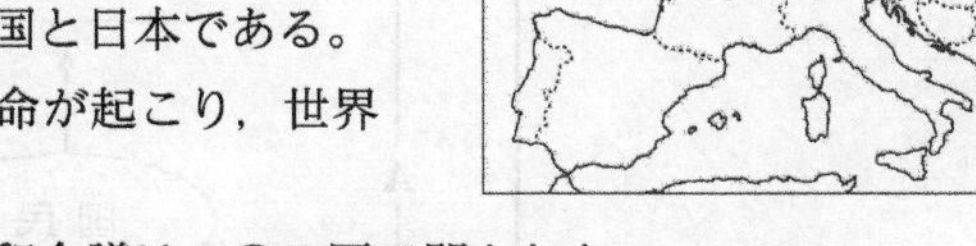

Ⅰ　Ｐ・Ｑ・Ｒの国は，第一次世界大戦前に三国協商という同盟を結んでいた。

Ⅱ　第一次世界大戦後に国際連盟が設立されたとき，常任理事国となった国はＰ・Ｑ・Ｒ・Ｓの国と日本である。

Ⅲ　Ｒの国では，第一次世界大戦中に革命が起こり，世界最初の社会主義政府が樹立された。

Ⅳ　第一次世界大戦が終わったあとの講和会議は，Ｑの国で開かれた。

ア　一つ　　イ　二つ　　ウ　三つ　　エ　四つ

⑷　Ｅのカード中の下線部ｃに関連して，次のⅠ，Ⅱの文は，日中戦争について述べたものである。Ⅰ，Ⅱの文の正誤の組み合わせとして最も適当なものを，あとのア～エのうちから一つ選びなさい。

Ⅰ　日中戦争が始まる以前に，陸軍の青年将校らにより二・二六事件が起こされ，軍部の発言力が高まった。

Ⅱ　柳条湖での南満州鉄道の爆破を中国のしわざとして関東軍が軍事行動を始めたことから，日中戦争が起こった。

ア　Ⅰ：正　Ⅱ：正　　イ　Ⅰ：正　Ⅱ：誤
ウ　Ⅰ：誤　Ⅱ：正　　エ　Ⅰ：誤　Ⅱ：誤

⑸　次のⅠ～Ⅲは，Ｆのカードの内閣からＧのカードの内閣の間の時期に起こったできごとについて述べたものである。Ⅰ～Ⅲの文を年代の古いものから順に並べたものを，あとのア～カのうちから一つ選びなさい。

Ⅰ　大量破壊兵器を保有しているとみなされたイラクをアメリカが攻撃し，イラク戦争が始まった。

Ⅱ　半導体や自動車などの工業製品の輸出が増加する一方で，アメリカとの間の貿易摩擦が深刻化した。

Ⅲ　佐藤栄作内閣がアメリカと沖縄返還協定を結び，沖縄の本土復帰が実現した。

ア　Ⅰ→Ⅱ→Ⅲ　　イ　Ⅰ→Ⅲ→Ⅱ　　ウ　Ⅱ→Ⅰ→Ⅲ
エ　Ⅱ→Ⅲ→Ⅰ　　オ　Ⅲ→Ⅰ→Ⅱ　　カ　Ⅲ→Ⅱ→Ⅰ

5 次の文章を読み，あとの⑴～⑸の問いに答えなさい。

日本の国の政治は，大きく a 三つの権力が互いに抑制し合いながら独立して仕事を行っている。b 内閣は国会が議決した法律や予算にもとづいて政治を行い，その行使については国会に対し連帯して責任を負っている。c 裁判所は国会が定めた法律にもとづいて争いや事件を解決している。また，日本の民主主義の形は間接民主制であり，d 国民が選んだ代表者が政治を行うため，私たちは普段から権力の行使について関心を持ち監視することが重要である。これは国の政治だけでなく，私たちの生活に最も身近な政治の場である e 地方公共団体においても同様である。

⑴　下線部ａに関連して，次の**資料１**は，三権分立の仕組みを示したものである。**資料１**中のＡ～Ｃにあてはまるものの組み合わせとして最も適当なものを，あとのア～カのうちから一つ選びなさい。

資料１

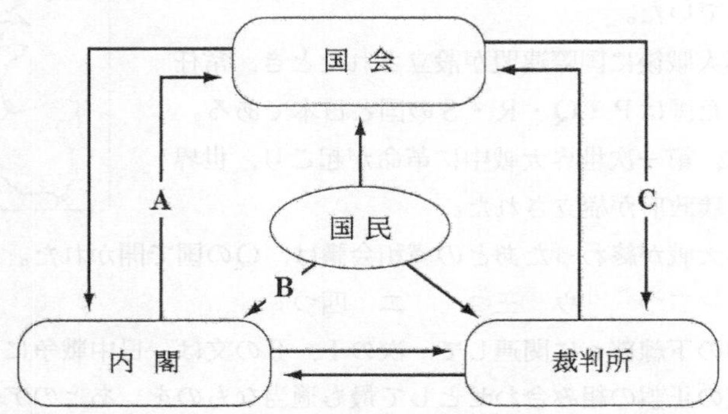

ア　Ａ：違憲立法審査権　　Ｂ：選挙　　Ｃ：国民審査
イ　Ａ：違憲立法審査権　　Ｂ：世論　　Ｃ：弾劾裁判
ウ　Ａ：衆議院の解散　　Ｂ：選挙　　Ｃ：国民審査
エ　Ａ：衆議院の解散　　Ｂ：世論　　Ｃ：弾劾裁判
オ　Ａ：国政調査権　　Ｂ：選挙　　Ｃ：弾劾裁判
カ　Ａ：国政調査権　　Ｂ：世論　　Ｃ：国民審査

⑵　下線部ｂに関連して，次のⅠ～Ⅳのうち，国会と内閣に関連することがらについて正しく述べた文はいくつあるか。最も適当なものを，あとのア～エのうちから一つ選びなさい。

Ⅰ　予算の審議は必ず衆議院が先に行うが，法律案の審議は衆議院と参議院のどちらが先でもよい。

Ⅱ　内閣総理大臣は国会議員の中から選ばれるが，国務大臣は全員が国会議員である必要はない。

Ⅲ　参議院議員は衆議院議員より任期が短く，参議院の議員定数は衆議院より多い。

Ⅳ　2021年の衆議院議員総選挙で自民党は単独で議席数の過半数を超えたが，公明党との連立内閣は維持した。

ア　一つ　　イ　二つ　　ウ　三つ　　エ　四つ

⑶　下線部ｃに関連して，あとのⅠ，Ⅱの文は，裁判所の働きについて述べたものである。Ⅰ，Ⅱの文の正誤の組み合わせとして最も適当なものを，次のページのア～エのうちから一つ選びなさい。

Ⅰ　裁判では刑事裁判では一つの事案について３回まで裁判を受けられるが，民事裁判では２回までしか裁判を受けることができない。

Ⅱ　裁判員は地方裁判所で行われる殺人や強盗などの重大な刑事裁判の第一審に参加するが，被告人が有罪であるか無罪であるかを判断するのは裁判官だけの仕事である。

ア　Ⅰ：正　Ⅱ：正　　イ　Ⅰ：正　Ⅱ：誤

ウ　Ⅰ：誤　Ⅱ：正　　エ　Ⅰ：誤　Ⅱ：誤

(4)　下線部ｄに関連して，次の**資料２**は，参議院議員選挙の選挙区における有権者数と議員定数を示したものである。**資料２**について述べた**資料３**中の［Ⅰ］，［Ⅱ］にあてはまるものの組み合わせとして最も適当なものを，あとのア～エのうちから一つ選びなさい。

資料２　（令和３年９月現在）

	有権者数	議員定数
神奈川県	7,723,524	8
岡山県	1,572,057	2

（総務省「選挙人名簿及び在外選挙人名簿登録者数調」より作成）

資料３

資料２からは，［Ⅰ］の方が一票の価値は高く（重く）なり，一票の格差が生じていることがわかる。こうした格差は，日本国憲法に定められた［Ⅱ］権に違反している恐れがあるとして問題となっている。

ア　Ⅰ：岡山県　Ⅱ：平等　　イ　Ⅰ：神奈川県　Ⅱ：平等

ウ　Ⅰ：岡山県　Ⅱ：参政　　エ　Ⅰ：神奈川県　Ⅱ：参政

(5)　下線部ｅに関連して，次のⅠ～Ⅳは，地方公共団体の１年間の収入（歳入）の主な項目を示したものである。地方公共団体の収入の財源は自主財源と依存財源に分けられるが，Ⅰ～Ⅳのうち，依存財源にあてはまるものはいくつあるか。最も適当なものを，あとのア～エのうちから一つ選びなさい。

Ⅰ　地方債　　Ⅱ　水道料金　　Ⅲ　住民税　　Ⅳ　地方交付税交付金

ア　一つ　　イ　二つ　　ウ　三つ　　エ　四つ

6　次の文章を読み，あとの(1)～(5)の問いに答えなさい。

自由な経済活動を行う ａ株式会社などの私企業が中心となった資本主義経済では，市場における需要量と供給量の関係で ｂ価格が決まる。しかし，企業の活動は，ｃ為替相場や ｄ景気の変動に大きく影響されるため，政府や日本銀行はそれらの安定のためにさまざまな政策を行う。一方，政府は企業で働く労働者の権利を保護し，ｅ人々の生活をより豊かにするための政策もあわせて行っている。

(1)　下線部ａに関連して，次のⅠ，Ⅱの文は，株式会社について述べたものである。Ⅰ，Ⅱの文の正誤の組み合わせとして最も適当なものを，次のページのア～エのうちから一つ選びなさい。

Ⅰ　株主は取締役会に出席し，株式会社の経営方針や役員の選出に関する議決を行うことができる。

Ⅱ　株式会社が倒産すると株主は出資金を失い，会社の負債（借金）に責任を負わねばならない。

ア　Ⅰ：正　　Ⅱ：正　　　イ　Ⅰ：正　　Ⅱ：誤
ウ　Ⅰ：誤　　Ⅱ：正　　　エ　Ⅰ：誤　　Ⅱ：誤

⑵　下線部ｂに関連して，次の文章は，需要量と供給量の変化が価格に及ぼす影響について述べたものである。文章中の［Ｗ］～［Ｚ］にあてはまる語の組み合わせとして最も適当なものを，あとのア～エのうちから一つ選びなさい。

> 一般に価格が上昇すれば［Ｗ］は増加し［Ｘ］は減少する。価格が下落すればその逆となる。需要量が供給量を下回っている場合は価格が［Ｙ］し，上回っている場合は価格が［Ｚ］する。

ア　Ｗ：需要量　　Ｘ：供給量　　Ｙ：下落　　Ｚ：上昇
イ　Ｗ：需要量　　Ｘ：供給量　　Ｙ：上昇　　Ｚ：下落
ウ　Ｗ：供給量　　Ｘ：需要量　　Ｙ：下落　　Ｚ：上昇
エ　Ｗ：供給量　　Ｘ：需要量　　Ｙ：上昇　　Ｚ：下落

⑶　下線部ｃに関連して，為替の変動について述べた文として最も適当なものを，次のア～エのうちから一つ選びなさい。

ア　１ドル＝100円が１ドル＝80円になることを円高といい，１台200万円する日本の自動車をアメリカに輸出した場合，アメリカ現地では１ドル＝100円のときよりも5000ドル高くなる。
イ　１ドル＝100円が１ドル＝80円になることを円高といい，１台200万円する日本の自動車をアメリカに輸出した場合，アメリカ現地では１ドル＝100円のときよりも5000ドル安くなる。
ウ　１ドル＝100円か１ドル＝80円になることを円安といい，１台200万円する日本の自動車をアメリカに輸出した場合，アメリカ現地では１ドル＝100円のときよりも5000ドル高くなる。
エ　１ドル＝100円が１ドル＝80円になることを円安といい，１台200万円する日本の自動車をアメリカに輸出した場合，アメリカ現地では１ドル＝100円のときよりも5000ドル安くなる。

⑷　下線部ｄに関連して，右の**資料１**は，景気の変動を模式的に示したものである。**資料１**中のＰの時期に政府が一般的に行う財政政策として最も適当なものを，次のア～エのうちから一つ選びなさい。

資料１

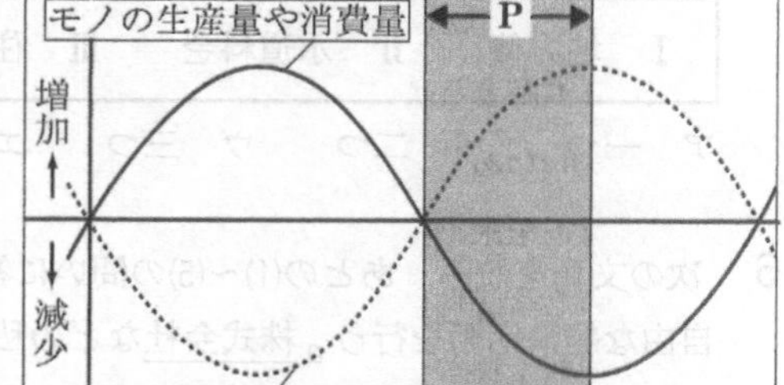

ア　公共投資を増やして増税をする。
イ　公共投資を増やして減税をする。
ウ　公共投資を減らして増税をする。
エ　公共投資を減らして減税をする。

⑸　下線部ｅに関連して，あとの文章は，たけしさんたちの班が**資料２**（次のページ）から読み取れることをそれぞれ発表している場面の一部である。**資料２**から正しく読み取れることを発表している人は何人いるか。最も適当なものを，次のページのア～エのうちから一つ選びなさい。

> たけしさん　1970年をのぞいた各年における消費支出額を比べると，2000年が最も多くなっており，最も少ない2020年は2000年より８万円以上減少しています。
> ゆうまさん　1980年以降支出割合が減少し続けているのは被服履物だけで，増加し続けてい

るのは交通通信と住居です。
さおりさん　各年における被服履物の支出額を比べると，1970年が最も多くなっており，2020年が最も少なくなっています。
かえでさん　2020年を2000年と比べると，交通通信の支出割合は増加していますが，交通通信の支出額は減少しています。

資料２　二人以上世帯の消費支出額と，消費支出の内訳の推移（１か月あたり）

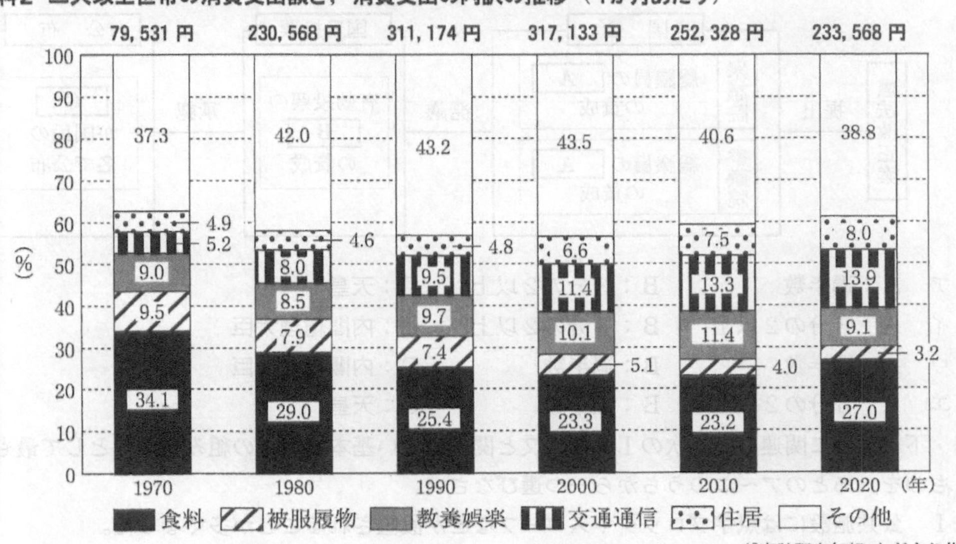

（「家計調査年報」などより作成）

ア　一人　イ　二人　ウ　三人　エ　四人

7　次の文章を読み，あとの(1)～(4)の問いに答えなさい。

1945年，日本はポツダム宣言を受諾して降伏した。ポツダム宣言には軍国主義の排除や民主主義の強化など日本がとるべき政治の方針が示され，それが形となったのが $_a$日本国憲法である。憲法は国の政治の基本的なあり方を定める最高法規であるため，その $_b$改正には慎重な手続きが定められているが，近年憲法改正を求める声も上がっている。憲法に明記されたさまざまな $_c$基本的人権や国民主権の条文は多年にわたる $_d$世界の人々の努力の成果であり，それをどう未来に受けつぐのかを決めるのは現代に生きる私たち主権者である。

(1)　下線部ａに関連して，次のⅠ～Ⅳの文のうち，日本国憲法について正しく述べた文はいくつあるか。次のページのア～エのうちから一つ選びなさい。

Ⅰ　日本国憲法の平和主義にのっとり，自衛隊は日本の自衛のための必要最小限の活動しかできないため，自衛隊は海外に派遣されず，大規模な災害時のみ国内において活動している。

Ⅱ　近年の社会の変化に応じて，プライバシーの権利や知る権利などの新しい人権が認められるようになっているが，日本国憲法には条文として明記されていない。

Ⅲ　日本国憲法は1946年11月３日に公布され，翌年の５月３日に施行されたが，公布された日は文化の日，施行された日は憲法記念日として国民の祝日となっている。

Ⅳ　日本国憲法で，天皇は日本国と日本国民統合の象徴として，国の政治を行う権限を持っていないが，内閣の助言と承認のもと国事行為は行うことができる。

ア　一つ　イ　二つ　ウ　三つ　エ　四つ

⑵　下線部ｂに関連して，次の**資料１**は，日本国憲法改正の手続きを示したものである。**資料１**中のＡ～Ｃにあてはまるものの組み合わせとして最も適当なものを，あとのア～エのうちから一つ選びなさい。

資料１

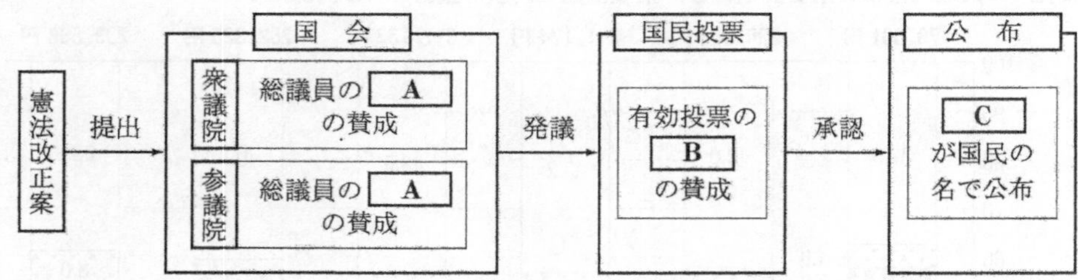

ア　Ａ：過半数　　Ｂ：３分の２以上　　Ｃ：天皇

イ　Ａ：３分の２以上　　Ｂ：３分の２以上　　Ｃ：内閣総理大臣

ウ　Ａ：過半数　　Ｂ：過半数　　Ｃ：内閣総理大臣

エ　Ａ：３分の２以上　　Ｂ：過半数　　Ｃ：天皇

⑶　下線部ｃに関連して，次のⅠ～Ⅳの文と関係の深い基本的人権の組み合わせとして最も適当なものを，あとのア～エのうちから一つ選びなさい。

Ⅰ　公共施設には点字ブロックやスロープなどが設置されることが多くなった。

Ⅱ　衆議院議員には25歳，参議院議員には30歳になれば立候補することができる。

Ⅲ　私は実家が経営している薬局をつぐことなく，海外との貿易を行う会社に就職した。

Ⅳ　病気にかかったため働けなくなったが，生活に必要な資金が国から支給された。

ア　Ⅰ：自由権　　Ⅱ：社会権　　イ　Ⅲ：自由権　　Ⅳ：社会権

ウ　Ⅰ：社会権　　Ⅱ：自由権　　エ　Ⅲ：社会権　　Ⅳ：自由権

⑷　下線部ｄに関連して，世界の地域主義について述べた文として最も適当なものを，次のア～エのうちから一つ選びなさい。

ア　北米自由貿易協定（NAFTA）に代わる新協定として，米国・メキシコ・カナダ協定（USMCA）が締結された。

イ　環太平洋パートナーシップに関する包括的及び先進的な協定（TPP11）には，日本とアメリカは加盟していない。

ウ　ヨーロッパ連合（EU）の加盟国数は，イギリスの離脱後19か国となった。

エ　東南アジア諸国連合（ASEAN）に，日本は設立当初から加盟している。

(3)　文章中のＢとかくの意味として最も適当なものを、次のア～オのうちから一つ選びなさい。

ア　さらに　イ　あれこれと　ウ　はっきりと

エ　すぐに　オ　それなら

(4)　文章中のＣ歌はいかがあらんは文章中の歌に対する筆者の心情である。この筆者の心情として最も適当なものを、次のア～オのうちから一つ選びなさい。

ア　これから船旅で目にするであろう厳しい光景があからさまに詠まれているせいで気が重くなり、そのような歌を送別に際して贈られる自分たちに問題があると感じている。

イ　送別に当たって別れの悲しさで大声で泣いてしまったという内容はわかりにくいものの、歌の技巧に関しては感心する部分もあり、評価が難しいと思っている。

ウ　筆者たちの今後の船旅に、歌主がこれまで経験してきた船旅を重ね合わせて心配する歌になっていて、歌主の気遣いを感じるため、ひどい接し方はできないと考えている。

エ　白波の立つ音と歌主の泣き声のどちらが大きいかという答えの出ない疑問が詠まれているため、どう答えを出せばいいのかがわからないととまどいを覚えている。

オ　歌には筆者たちの船旅が困難になるという不吉なことが悪気なく詠まれていて、この歌主の不用意さやひとりよがりな人がらが感じられ、あきれ果てている。

(5)　文章中にＤこの歌主、「まだまからず。」といひて起ちぬとあるが、このときの歌主についての説明として最も適当なものを、次のア～オのうちから一つ選びなさい。

ア　歌主はその場にいる人たちが歌の出来には目を向けず、食事ばかりを気にかけていることを不愉快に感じて、途中で退席することにした。

イ　歌主は、歌を気に入った人が多いようなので、そのうち誰かが返歌を作ってくれるだろうと期待して、いつまでも帰らないで待ち続けていた。

ウ　歌を口先でほめるだけで誰からも返歌がないことに、歌主はその場の冷めた空気を察して居心地が悪くなり、気にしないふりをしながら席を立った。

エ　誰も歌に対して関心がなく返歌を作ろうとしないことに、しらけた雰囲気を感じて申し訳なくなり、早めにその場から立ち去ることを告げた。

オ　歌主は、その場にいる人たちが返歌をしたくなくなるほど自分の歌の出来がよくなかったことを察して、謝罪の言葉をひとりで考えようとした。

オのうちから一つ選びなさい。

ア　最後の場面では、小学生の妹の姿を黄色い小鳥に見立てています。このように情景をユーモラスに表現することで、「ぼく」と水原がすっかり打ち解けて親しくなったことを示しているのだと思います。

イ　最後の部分では、それまでと話題が変わり、曇り空に似合う色についての発見や季節の移り変わりが描写されています。これらは、このあと「ぼく」の発想に変化が生じることを暗示していると思います。

ウ　水原が「ぼく」と元気に資料を見せる場面では、水原の険しい表情に焦点を当てた描写があります。さわがしい二人と厳格な水原の様子を対照的に描くことで、場面に緩急をつけているのだと思います。

エ　場面は教室から歩道橋へと移動していきますが、そのどちらでも人物の背後の風景まで丁寧に描写しています。その描写によって「ぼく」と水原の気持ちが少しずつ近づいていることが感じられます。

オ　「ぼく」と水原がそれぞれ思い描くキャンドルナイトの光景がいくつか描写された部分があります。このことによって、キャンドルナイトに対する二人の憧れが一致していることが読みとれます。

三

次の文章を読み、あとの⑴～⑸の問いに答えなさい。

今日、(注1)破籠もたせて来たる人、その名などぞや、いまおもひ出でん。(ア)この人、歌よまんとおもふ心ありてなりけり。(A～B)とかくいひいひて、(イ)「波の立つなること。」とうるへいひて、(ウ・注2)よめる歌、

ゆくさきに立つ白波の声よりもおくれて泣かんわれやまさらん

とぞよめる。(エ)いと大声なるべし。もて来たる(オ)ものよりは、歌はいかがあらん。(C)この歌をこれかれあはれがれ(カ)ども、ひとりも返しせず。しつべき人もまじれれど、これをのみいたがり、(注3)ものをのみ食ひて、夜ふけぬ。

この歌主、「まだまからず。」といひて起ちぬ。(D)

（紀貫之『土佐日記』による）

（注1）破籠＝中に仕切りのある弁当箱。

（注2）うるへいひて＝心配そうに言って。

（注3）いたがり＝感心して、ほめて。

⑴　文章中の二重傍線部ア～カのうちから、動作主が「歌主」**ではないものを二つ**選びなさい。

⑵　文章中のA この人、歌よまんとおもふ心ありてなりけり の意味として最も適当なものを、次のア～オのうちから一つ選びなさい。

ア　この人は、その場にいる人たちにせがまれることがあれば、自分の歌を披露しようという気持ちがあった

イ　この人は、大勢の人がいる前で歌など披露したくないという心持ちで来訪したのだった

ウ　この人が歌を詠もうという向上心にあふれていることには、その場にいる人たちも感心したのであった

エ　この人がわざわざ来訪したのは、歌を披露してみせようという下心があったためだった

オ　この人が歌を詠まないでおこうと考えていることは、その場にいる人たちもみな知っていたのだった

な口出しになり、彼らを不快にさせるだろうと思ったから。

イ　水原は、キャンドルナイトの企画をできるだけよいものにするためにこだわりたいのに、実行委員に資料を見せると、彼らのテンポに合わせて進めなくてはいけなくなるだろうと考えたから。

ウ　実行委員がキャンドルナイトにどのくらい熱心なのか水原にはわからないのに、ひとりで勝手にやる気になって行動していることを知られると、彼らをしらけさせ、うんざりされると思ったから。

エ　実行委員や「ぼく」たちが大変な思いをしてキャンドルナイトの計画を進めているのに、水原ひとりが企画を楽しみにして盛り上がっていることを知られるのは恥ずかしいような気がしたから。

オ　水原は実行委員がどんなふうに企画を進めているのかを知らないのに、水原が資料をまとめていることを知られると、彼らの企画に不満があるように思われ、うっとうしがられるだろうと思ったから。

(5)　文章中にE なぜかとっさに、まずい、と思った とあるが、「ぼく」が「まずい」と思ったのはなぜだと考えられるか。最も適当なものを、次のア～オのうちから一つ選びなさい。

ア　委員長にはならないと心に決めていたのに、水原がキャンドルナイトに熱心になっている様子を見ると、そんな自分が恥ずかしくみじめで、難しいことでも挑戦しなくてはいけないと感じてしまったから。

イ　水原のキャンドルナイトにかける気持ちを知って、次の委員長をやるのはめんどうだと感じながらも、彼女を傷つけないためにその場しのぎの愛想のよい対応をしなくてはいけないと思ったから。

ウ　委員長の仕事は難しく、逃げ出したいと思っているのに、その気持ちを知らない水原が自分のためにあれこれと考えてくれるため、さらに責任の重さを痛感し、プレッシャーを感じてしまったから。

エ　自分が委員長になることを無邪気に応援してくれる水原の様子につい目を奪われて、自分が水原に好感を抱いていることを自覚し、その思いを彼女に気付かれてしまったのではないかと思ったから。

オ　委員長の仕事をやり遂げるのは難しいと感じたが、水原のキャンドルナイトへの純粋な思いが伝わってきたことで委員長の責任から逃れづらくなったうえ、期待に応えたいとまで感じてしまったから。

(6)　文章中の登場人物どうしの関係の説明として**適当でないもの**を、次のア～オのうちから一つ選びなさい。

ア　「ぼく」と元気に資料を見せるとき、水原は内心不安を感じていたが、二人にはそのような様子を見せようとしなかった。

イ　「ぼく」が強気になれない性格であるため、難しい仕事を任せられてしまったことを元気は心配していた。

ウ　「ぼく」と元気が資料に関心を持ったことに水原は戸惑い、「ぼく」は資料をまとめる水原の積極性にあきれてしまった。

エ　色の組み合わせについて、水原が感受性豊かであることがわかり、「ぼく」は感心しながら水原の話を聞いた。

オ　水原がキャンドルナイトの資料をしっかりとまとめていることに元気は驚き、率直に称賛の言葉をかけた。

(7)　この文章の情景描写や表現についてクラスで話をしている。本文の内容をふまえて最も適当な発言をしているものを、次のページのア～

業の責任がかかっていることを思い出して不安が募っている。

ウ　キャンドルナイトの風景の写真を見て、想像以上のはなやかさに驚いて心を奪われてしまい、自分たちが同じように完成させるにはどうするとよいかをしっかりと考えようと思い悩んでいる。

エ　キャンドルナイトの風景の写真から、美しさを実感して強く心をひかれたが、自分たちがその状況を完成させる大変さも認識して、簡単に実現するものではないだろうと気後れしている。

オ　キャンドルナイトの風景の写真を見ておもしろさは感じたが、それ以上の感情はわいてこなかったため、これからやる作業についても自分とは関係のないことだと考え、冷静な思いになっている。

(2)　文章中に B水原はあきれたようにまたくるりと校庭のほうを向いてしまった とあるが、このときの水原はどのようなことが理由であきれたような様子になったのか。最も適当なものを、次のア～オのうちから一つ選びなさい。

ア　元気と水原が対立しながらも意見を出しているのに、責任者である「ぼく」がまったく二人の話を聞いていなかったこと。

イ　すぐ前に水原が提案したキャンドルナイトのやり方について、元気がしっかりと聞かずに勘違いをしていたこと。

ウ　やる気を見せない元気と「ぼく」を、水原が真剣な態度で注意をすると、元気がすっかりおびえた様子になったこと。

エ　元気のやる気のない発言について、水原が厳しい態度で注意すると、元気が水原に対して敵意を向けてきたこと。

オ　キャンドルナイトをよいものにしようと本気で奮起を促している水原の言葉を、元気が冗談だと軽く受け取っていたこと。

(3)　文章中に Cとりあえず思いついたことを口にしてみる とあるが、このときの「ぼく」の様子の説明として最も適当なものを、次のア～オのうちから一つ選びなさい。

ア　なりゆきで水原と二人きりになったが、それほど親しくもない水原とどう接すればよいかわからないため居心地が悪く、適当に話をして何とか場を持たせ、落ち着こうとしている。

イ　率先して作業をしてくれた水原と二人きりで偶然帰ることになって照れくさく感じ、そのような自分の気持ちを悟られないように、当たり障(さわ)りのない話をしてやり過ごそうとしている。

ウ　流れで水原と二人で帰ることになったが、互いに相手のことをよく知らないため緊張感があり、もう少し親しくなる必要があると感じて、水原の喜ぶことを考えて話しかけようとしている。

エ　水原とたまたま一緒に帰ることになったが、まじめな水原と一緒にいると堅苦しさを感じてしまうので、考えを共有しておくことで水原の気持ちに寄り添い、場を和ませようとしている。

オ　それほど打ち解けていない水原と思いがけず一緒に帰ることになり、声をかけるのは迷惑ではないかと不安な気持ちはあるが、気を遣わせたくないので自分から話しかけようとしている。

(4)　文章中に D水原は後ろで「うーん……」とためらうような声を出した とあるが、実行委員に資料を見てもらうという「ぼく」の提案に水原がためらうような声を出したのはなぜか。最も適当なものを、あとのア～オのうちから一つ選びなさい。

ア　実行委員がすでにキャンドルナイトについて計画を立てているかもしれないのに、水原のキャンドルナイトの資料を見せるのは余計水原が先にたって歩きながらさっきより明るい声で言う。

なんだか、今さら「委員長は無理」とか、「まあ適当に」とか、とてもそんな言葉は口に出せなくなってしまった。それどころか、ぼくの中で、少し気持ちが動きはじめてもいた。

頭にひとつの光景を思いうかべる。

暗くなった校庭に、静かに並ぶ無数のろうそく。それにひとつひとつ火が灯されていったとき、そこにどんな景色が浮かびあがるだろう。

やってみるのも、いいかもしれない。そんなふうに思えてきた。

「あ」

ふいに水原が声をあげる。

「なに？」

「なんでもない」

「なんだよ。気になるじゃないか」

「だって、キャンドルナイトとは関係ないし」

なんどか聞いて、水原はようやく口を開いた。

「ちょっと、発見しただけ。色の組み合わせ。曇り空にいちばん似合う色はなにかなって、この間からずっと考えてたから」

「……ああ。ひょっとしてこの前の」

ぼくが本をかざす格好をしてみせると、水原は少し怒ったような顔で頬を赤らめた。

「本で読んだから。小説に出てきたの。灰色の空には淡い牡丹色（ぼたんいろ）が調和するって。ほんとかなと思って、やってみたのよ。確かにいい組み合わせだったけど、でも今、新しいのも見つけちゃったから」

「へえ。なに色？」

「あれ」

歩道橋の上から水原が指さした先に、明るい黄色が見えた。国道沿いの植え込みのところでうろうろと動いている。

「曇り空には、同じ色調のくすんだ色が合うと思ってたんだけど、ほら、紫陽花（あじさい）とかそうでしょう。でも、ああいうぱっと明るい色も、すごくいいよね。黄色い小鳥がいるみたいで」

と、その黄色い小鳥がこちらをふり返った。遠くてぼやけていてもわかった。あれは、小学生のかぶる通学帽だ。

そのとき、帽子の持ち主がぼくに向かって呼びかけてきた。

「あ、おにいー！　見て見て、かたつむりがいっぱいいるよおー！」

ぼくが顔をそむけると、（注）有里（あり）はさらに大きな声で聞いてきた。

「ねえ、そこでなにしてるのー？　その寝ぐせのひと、だれー？」

隣で、水原がさっと自分の頭に手をやる。

梅雨が明けるのも、もうすぐだった。（市川朔久子『紙コップのオリオン』による）

（注）有里＝「ぼく」の妹。

(1) 文章中に<u>キャンドルナイトの資料</u>（A）とあるが、この資料を見ているときの「ぼく」の心情の説明として最も適当なものを、あとのア～オのうちから一つ選びなさい。

ア　キャンドルナイトの風景の写真を見た瞬間に、完成までに手の込んだ作業が必要である現実を突き付けられて動揺したが、気を取り直して自分たちで実現する方法を探す意欲がわいている。

イ　キャンドルナイトの風景の写真や詳細な情報によって、その神秘的な雰囲気が具体的にわかって興味がわいたものの、自分だけに作に白く光があたったところが、さっき見たろうそくの灯りみたいだった。

その日の放課後、元気といっしょに帰っていると、後ろから水原もついてきた。元気がふり返って声をかける。

「あれ？　水原、おまえんちって、こっちだっけ？」

「今日、塾だもの。家に帰ってると時間が厳しいから、このまま行って自習室で宿題やってる」

「あっ！　そうか宿題。やばい、忘れてた」

元気は急にそわそわしはじめ、いつものように歩道橋の手前まできたところで、「じゃあな」と言って小走りに去っていった。あっという間に角を曲がって見えなくなる。

ぼくが歩道橋に足をかけると、水原も同じように階段を上がってきた。塾はこっちの方角らしい。無視するのも不自然だし、かといって並んで歩くのも違う気がして、ひどく気詰まりな空気が流れた。C とりあえず思いついたことを口にしてみる。

「……さっきのあの資料さ、キャンドルナイトの。あれ、今度実行委員に持っていって、みんなに見てもらうといいんじゃないかな。進藤先輩とかも、参考になって喜ぶと思うけど」

ぼくが言うと、D 水原は後ろで「うーん……」とためらうような声を出した。

「なんで、なんかまずい？」

「……そうじゃないけど。大丈夫かな」

「なにが」

「でしゃばりだって、思われるかも」

水原は立ちどまり、歩道橋の下に目をやった。

「あたし、気になったことはすぐ突き詰めちゃう性質（たち）だから。よく言われる。こだわりすぎとか、ひとりで走りすぎとか。なんか、あんまりみんなとはテンポが合わないみたい」

歩道橋の下を、車が音をたてて流れていく。

「ほんとは、さっきの資料も見せようかどうか迷ったんだ。橘くんたち、あんまり乗り気じゃない気もしたし。……もしかして、またひとりで先走ってるって、言われるんじゃないかって思ったりして。あきれられるかもって思ったら、見せるのにちょっと勇気がいった」

水原はそこで顔を上げた。どこかほっとしたような顔をしている。

「でも、よかった。とりあえずふたりともちゃんと見てくれたから。……まあ、轟くんはまだちょっと気が進まないみたいだけど。あの企画ね、あたし、ほんとにいいと思う。成功したら、きっとみんな、すごく心に残ると思う。だから、ぜったいうまくいってほしい」

水原は、本気でそう言っている。それがわかった。そしたら、ふいに首のあたりが熱くなった。水原はまだしゃべり続けている。

「次の委員長、橘くんがやるんだって？　よかった。じゃあきっと大丈夫。さっきの資料、好きに使ってくれていいから」

まっすぐに見られて、つい見返してしまった。一瞬、目の奥がつんとする。E なぜかとっさに、まずい、と思った。

「あー、いや。うん、でも……」

いったい、なにが「まずい」んだろう。目をそらしながら言葉を濁す。

水原の瞳の白い部分は、澄んだ水色をしていた。

「楽しみだね、キャンドルナイト」

考えてもよい手は浮かばなかった。元気が気の毒そうにため息をつく。

「あいつくらい、押しが強いといいのにな」

そう言ってちらりと教室の端にいる大和を見た。休み時間の生徒たちが周囲でざわめく中、大和は大きくいすを引いて机に足を乗せ、じっと目を閉じている。あれから大和とはほとんど口をきいていなかった。

そこへ、ファイルを抱えた水原白が、まっすぐにぼくたちのほうへ近づいてきた。

「ねえ、これ、見てくれない」

ぼくたちの前にファイルを置く。

「なに？　これ」

開いてみると、中に収められていたのは[A]ぜんぶキャンドルナイトの資料だった。あちこちで行われたイベントを調べあげてきたらしい。公園で開かれた小さなものから、街じゅうを会場にした大規模なものまで、その準備過程や当日のようすなどをピックアップしてまとめてあった。

「へえ、すげえ、やるじゃん水原」

元気がのぞきこんで感心したような声をあげる。

つぎつぎページをめくっていき、終わりのほうまで来たところで手が止まった。そこから先はずらりと夜の写真が並んでいる。実際のキャンドルナイトの風景だった。

夜の闇に、点々とろうそくの灯（あか）りが浮かんでいる。文字やハートをかたどったもの。階段状に並べられたもの。場所も形もさまざまだったが、どの灯りも暖かい色をしていた。しんとした炎が静かに揺らめくのが、見える気がした。

しばらく黙って三人で写真をながめる。

「きれいだな」

ぼくが言うと、

「うん、きれいだ」

元気も言った。水原は口を結んだままじっとファイルに目を落としている。

「でも、ほんとにできるのかな、これ」

他人事（ひとごと）のようにつぶやいて校庭に顔を向ける。あの広い場所で、たくさんのろうそくに火を灯（とも）すところを想像してみる。それは気の遠くなるような作業に思えた。

本当に、できるんだろうか。ぼくたちに。

まったく現実感のない話だった。

水原がすたすたと窓際（まどぎわ）まで歩いていって窓枠に手をかける。

「できる、っていうか、やらなきゃ、でしょ？　せっかくだから、あの校庭を光で埋め尽くしてやればいいじゃない」

窓の外を指さしながらこともなげに言ってのける。

「無理、無理、無理、無理。二十周年だから二十本くらいでいいじゃん」

元気が言うと水原がにらみ返してきた。

「うっそ、まじで言ってんのかよ」

元気が口の中でつぶやき、[B]水原はあきれたようにまたくるりと校庭のほうを向いてしまった。ぼくは頬杖（ほおづえ）をついたまま、ふたりのやりとりを聞いていた。

「無理無理、ぜったい無理」

元気はまだぶつぶつ言っている。

ぼくは窓の外を見るふりをして、水原の指先を見ていた。細い指の先衰退を止める一助となっている。

ウ　美術館は、そこに存在する美術作品を観た多くの人々が、自分の感じたことを他者に伝えられる場であり、社会において人々が関わり合いを持つ機会を生んでいる。

エ　美術館は、人々が美術作品と実際に向き合いながら解釈をすることにより、作品の持つ意味と人間の心が共鳴し合う場であり、人間の健全な精神を育み続けている。

オ　美術館は、美術作品の鑑賞に加えて、他者に配慮する意識の必要性や意見交換の方法を学ぶ場であり、生きていくうえで身につけるべき最低限のことに触れられる。

(8)　本文全体の論旨として最も適当なものを、次のア～オのうちから一つ選びなさい。

ア　直接観た美術作品について活発に意見交換する中で、人々の感じたことが言語化されてその作品の存在意義や価値が生まれていくことになるのであり、作品に関する議論は必須事項にしていった方がよい。

イ　作品に直面して思考をめぐらせ、他者と議論を交わすことが新しい視点を構築するきっかけとなるのであり、他者の作品を観る経験や議論をなくしては、新しい価値観を反映する作品の創作はありえない。

ウ　作品を直接観たうえで思考を巡らせ、他者と意見交換することが様々な気づきにつながっていくので、作品を観ただけで終わったり、直接観ずに理論を展開したりする美術との関わり方はもったいない。

エ　美術作品を直接観たときに感じたことを、他者と議論すれば心が豊かになっていくため、自分と感じ方がまったく異なる相手を見つけるために、美術と触れ合う機会をより多く作り出していく必要がある。

オ　美術作品の醍醐味は、心を動かすような作品に直面する経験をして、その経験について意見交換を行うことであるのに、現代では議論を避ける傾向が強く、価値のある美術作品が生まれる機会も減っている。

二　次の文章を読み、あとの(1)～(7)の問いに答えなさい。

中学二年生の「ぼく（橘論里）」の通う中学校では、創立二十周年記念行事を開催することになり、「ぼく」は、轟元気、水原白、河上大和とともにその行事の実行委員になった。記念行事では、「ぼく」の提案したキャンドルナイトが実施されることになっている。そのこともあって今の実行委員長の進藤先輩が、「ぼく」を次の実行委員長として指名した。

「んで、結局おまえが次期リーダーなわけね」

「うん。なんか、そうらしい……」

教室の自分の席でぐったりと身を投げだしていると、元気が声をかけてきた。

「なんだかんだ言ってお人好しなんだよなあ、論里は」

「ときどき自分でも嫌になるよ」

どうやったらこのめんどうから逃れられるだろう。

この期に及んでぼくはまだそんなことを考えていた。けれど、いくらとの違いすらもわからなくなってしまうということです。

c　読書会でひとつのテキストに対するさまざまな考え方を聞くことで、テキストの内容を具体的に理解するだけではなく、社会や人生についての知識も身につけることができるということです。

d　テキストを読んだあと他者と議論を行わない場合、内容について正しく捉えていない部分があっても気づかないままになり、テキストのより深い解釈もできなくなるということです。

e　読書会で他者の見方を知ることによって、ひとつのテキストは多様な解釈ができることや新しい解釈の余地がいくらでも残されているものだということを明らかにすることができるということです。

f　読書会でひとつのテキストについて感想を述べ合うことで、そのテキストの持つ魅力をいろいろな尺度で評価することができ、より多くの人に読まれる可能性を広げられるということです。

ア（i）a（ii）c　イ（i）a（ii）e
ウ（i）b（ii）e　エ（i）b（ii）f
オ（i）d（ii）a　カ（i）d（ii）f
キ（i）c（ii）a　ク（i）e（ii）c

(6)　文章中に E 解釈共同体が形成される とあるが、解釈共同体が形成される過程について具体例を挙げる場合、最も適当なものを、次のア～オのうちから一つ選びなさい。

ア　演劇を見たあとに、観客どうしが演出や役者の演技について疑問を感じたところを率直に言い合ったうえで、制作者に正解を確認する。

イ　彫刻に造詣（ぞうけい）の深い人たちが、作品の主題についてあえて対立する解釈を出し合いながら、どちらの解釈の方が優れているかを判断する。

ウ　写真に関心のある人が、専門家から写真鑑賞のポイントを知識として教わりつつ、ある写真について自分なりに意味を考えようとする。

エ　映画知識の深い人たちが集まって、映画作品のある場面に含まれた意味について他人に新たな気づきをもたらすような分析を言い合う。

オ　クラシック音楽を複数の音楽家で聴く中で、それぞれの担当している楽器の演奏の仕方を考えながら、作品の全体像について判断する。

(7)　文章中に F それこそが、美術館の、さらには美術それ自体の「公共性」とも言うべきものだと考えます とあるが、この部分の筆者の考えを説明したものとして最も適当なものを、あとのア～オのうちから一つ選びなさい。

ア　美術館は、そこにある美術作品を観る時間を多くの人で共有して、立場や思想に関係なく感想を言い合う場であり、人々が異なる価値観を認め合うために存在する。

イ　美術館は、多くの人が自由に出入りしながら、そこにある美術作品を観て気軽に話し合えるような開放性に富んだ場であり、美術の

イ　段落③～⑤では、導入部から本論に移って作品鑑賞における意見共有の重要性を訴えて、段落⑥・⑦で筆者自身の美術鑑賞の実体験を根拠にして、作品の鑑賞以外でも意見共有することを提案している。

ウ　段落③～⑤では、導入部で述べた作品鑑賞のあり方について、一般的な考え方を引用して疑問を提示し、段落⑥・⑦でその疑問に対する答えとして、経験に基づく意見共有の必要性を提示している。

エ　段落③～⑤では、作品について一人で考察することと意見共有することの違いを具体例によって説明し、その比較をもとに段落⑥・⑦でテーマである美術鑑賞についてそれぞれの利点を挙げている。

オ　段落③～⑤では、作品に関する意見共有が与える影響についてわかりやすい事例を用いて説明し、これを根拠に、段落⑥・⑦で本題の美術鑑賞における意見共有のあり方について筆者の主張を述べている。

(5)　文章中にC いちいち時間を合わせて顔を突き合わせて、ひとつのテキストに向き合ってその内容を吟味していく、そのことにどんな意味があるのでしょう　とあるが、読書会についてのこの筆者の問いかけについてクラスで次のような話し合いが行われた。話し合いの［ i ］［ ii ］には、あとのa～fのいずれかの意見が入る。その組み合わせとして最も適当なものを、あとのア～クのうちから一つ選びなさい。

A　筆者は、読書会を行う意味や目的は何かと問いかけていますね。

B　はい。「いちいち時間を合わせて顔を突き合わせて」という表現には、本来、読書は一人でもできるけれども、それでも読書会を行う意義があるのだという気持ちが含まれていると思います。

C　確かに一人で読んでいると理解が難しいことも、友人と話すとそれぞれの知識を出し合えるのでわかりやすくなることがあります。でも、一人で読んでもそれほど困ることはないようにも感じます。

D　一人で読むことに問題があるということではなく、読書会をするときと比べるとそのテキストの捉え方が違うということではないでしょうか。つまり、［ i ］

B　そうですね。筆者は読書会についてテキストを共通のテーマとして議論を交わす場として捉えています。

C　そうすることで、一人で読んだときとは捉え方が変わる可能性があることが、読書会を行うことの最大の意義だと思います。つまり、［ ii ］

D　一人で読書をしたあとに読書会を行うことは、奥深くテキストを理解することにつながるのですね。

a　テキストを一人で読んで他者と議論を交わさないと、テキストについて自分自身の限定的な解釈で捉え続けることになり、テキストから受け取る内容がひとつに固定されるということです。

b　一人でテキストを読んだあと自分の感想を他者に伝えることをしないと、自分の感想が記憶に残ることもなく、他者の感想

エ　予算がボウチョウする。
オ　事件のゼンボウは明らかになっていない。
③　キョショウ
ア　国際大会をショウチする。
イ　ショウドウ的な買い物はやめよう。
ウ　新しいルールをテイショウする。
エ　シショウに教わったことを思い出す。
オ　他人をレイショウするべきではない。
④　ソガイ
ア　ソエンになっていた友人に会う。
イ　暫定的なソチをとる。
ウ　借りた本をソザツに扱う。
エ　ソコクを離れたくはない。
オ　感染の拡大をソシする。
⑤　サワぎ
ア　なんとなくブッソウな世の中になったと感じる。
イ　どれだけ勉強してもショウソウ感がある。
ウ　作品の結末にはソウシツ感がある。
エ　彼の海外での体験はソウゼツなものだった。
オ　このチームの強さは一位のチームとソウヘキである。

(2)　文章中の A ・ D に入れる語句の組み合わせとして最も適当なものを、次のア～オのうちから一つ選びなさい。
ア　A　ただし　D　また
イ　A　でも　D　そこで
ウ　A　そのため　D　したがって
エ　A　つまり　D　ところで
オ　A　一方で　D　例えば

(3)　文章中に最初のステップ(B)とあるが、これについての説明として最も適当なものを、次のア～オのうちから一つ選びなさい。
ア　美術作品を観たときに心を動かされた経験について自分一人の記憶としてとどめるのではなく、誰かに伝えて共有しようとすること。
イ　美術作品を観たときに感動し、作品の背景を深く考えることで自分自身の視野を広げ、これまでにない自分に変化しようとすること。
ウ　美術作品を観たあとに自分の感想や感情について考察することによって、作品と対話し、より深い理解につなげようとすること。
エ　美術作品を観たときに自分自身が抱いた感動を分析することによって、自分が価値を見出すものや目を向けるものを認識すること。
オ　美術作品を観たときに感情的に評価したことを省みて、作品が自分自身にとってどう価値を持つかを冷静に判断しようとすること。

(4)　文章中の段落3～7までの段落相互の関係の説明として最も適当なものを、あとのア～オのうちから一つ選びなさい。
ア　段落3～5では、作品について他者と意見を共有する方法について一般的な例を挙げながら説明し、段落6・7でその方法との共通点と違いを示しながら、筆者が考案する意見共有の方法を明示している。

にして、作品の読解についてワイワイガヤガヤと意見を言い合う。ここは勝負ですので、ある人の面白い意見に対して、さらに面白い観点からコメントを被せていく。一番面白い意見を言った者が勝ちです。ただし、勝敗は問題ではありません。人の意見に耳をじっと傾け、それに対して的確な意見を返していく、そんな意見交換のパスワーク(注3)それ自体が、スリリングなのです。そのことによって、作品を読み解いていく上での解釈共同体が形成されるのです。そのような経験は、きっと美術作品と付き合っていく上での財産になることでしょう。

8　もちろんこのようなことをインターネットのＳＮＳ上で繰り広げても構いません。しかし、美術作品の醍醐味は、リアル空間で美術作品と直面するという経験を与えてくれるところでしょう。作品なきところで理屈ばかりが空転して、ＳＮＳ上で炎上などということも、日常的に目にする機会は少なくありません。

9　ですが、それよりも、美術作品を前にして議論を交わしたほうが、より豊かな作品の観かたを獲得するための近道だと私は考えます。日本の美術館では、慣習的に静粛さを求められます。そのような慣習は、私には美術作品を鑑賞する際の豊かさをソガイしているように思えるのです。もちろん、ギャラリー内でお祭りサワぎをするのは問題かもしれませんが、作品に対して真摯に意見を交わし合う光景は、私はとても健全なものだと思います。ですから、そういう一団を見かけたら、「うるさいなぁ」と顔をしかめるのではなく、寛容であってほしいと感じています。古代ギリシアには、「アゴラ」と呼ばれるコミュニケーションのための広場がありました。美術館とは、そのような「アゴラ」としての性質を持つべきものではないでしょうか。それこそが、美術館の、さらには美術それ自体の「公共性」とも言うべきものだと考えます。

10　このように、まずは自分の受け止めた感想や感動の由来を自己分析してみること、さらには、美術作品を議論の土台にして意見を交わし合うこと。そのような行為は、自らの価値観を見つめるきっかけになると思いますし、さらには美術作品を例えば論文や批評文のようなかたちで言語化すること、あるいは実作者であるならば、自分自身の作品を作り上げていく上での、大きなヒントになるでしょう。

（土屋誠一『思考する自分に気づく』による）

（注1）　一家言＝その人独特の意見や主張。
（注2）　タブロー＝カンバスや板に描かれた絵画。完成された絵画作品。
（注3）　パスワーク＝サッカーなどの球技で味方にボールを渡し合う技術。ここではたとえとして用いている。

(1)　文章中の①～⑤に相当する漢字を含むものを、あとの各群のア～オのうちから、それぞれ一つずつ選びなさい。

①　ケンキョ
ア　今後についてケンメイな判断を下した。
イ　授業でケンジョウ語について学んだ。
ウ　この地域は台風のケンガイである。
エ　イベントの費用をケンヤクする。
オ　ベテラン選手がケンシン的にチームを支える。

②　ヨウボウ
ア　あえて敵のボウリャクに乗る。
イ　彼はタボウな日々を送っている。
ウ　この小説はボウトウから驚かされる。

【国語】（五〇分）〈満点：一〇〇点〉

一　次の文章を読み、あとの(1)～(8)の問いに答えなさい。なお、1～10は段落番号である。

1　作品と直面したとき、何らかの感想を抱いたり、あるいは感情が突き動かされたりした経験は、誰もが持っていると思います。それを展覧会場から持ち帰って、自分の心の宝箱のなかだけにそっとしまっておくのも、悪くはないかもしれません。私だって、この感動は誰にも伝えず、自分の心のなかにしまっておきたいと思うときはあります。

2　［Ａ］、いったい自分はなぜある作品を観（み）て何らかの感想を抱いたのか、あるいは感情が突き動かされたのか、そのことを問うことはとても重要な思考の過程だと思います。なぜなら、そのような問いは、作品について熟考するだけにとどまらず、自分自身の価値基準がどのように構成されているのかを反省的に見つめ返す機会になるでしょうし、さらには、「私」という主体の成り立ちがどのようになっているのか、そのことを自ら考えるきっかけになると思うからです。いわば、自分のなかの、普段は気づかない「他者性」とでも言うべきものと向かい合い、対話することにつながります。まずそれが、Ｂ最初のステップです。

3　さらに先に進むとするならば、自分の感想や感動は、誰かとシェアしたいと思いませんか？

4　例えば、人文系の大学生などだと、読書会という催しを行ったりしますよね。読書会とは、難読のテキストに①ケンキョに向き合って、著者の言わんとしていることを、知恵を出し合って読み解くという側面もありますが、読書会の醍醐味（だいごみ）はそれだけに限らないと私は思います。

5　Ｃいちいち時間を合わせて顔を突き合わせて、ひとつのテキストに向き合ってその内容を吟味していく、そのことにどんな意味があるのでしょう。もちろん読書という行為は、複数の人間によってなされなければならないなどということはありません。本というメディアは、基本的には孤独に「読む」という行為に基づくものです。ではなぜ、わざわざ読書会などを行うのか。それは、ひとつのテキストを土台にすることで、共通の話題の枠組みをもとに、様々な議論を交わすことにあると思います。そのような手続きを踏むことで、同じ顔をしていたテキストが、一人でそれを読んでいたときとは全く異なる顔をもって立ち現（あら）われるということはしばしばあります。つまり、ひとつのテキストとは、原理的には無限の読解可能性に開かれていて、テキストのそのような様々な②ヨウボウは、価値観の異なる他者とともにシェアすることによって見えてくる、ということですね。

6　美術作品の鑑賞においても、全く同じことが言えると思います。美術作品だってテキストと同様に無限の解釈可能性に開かれているからこそ、たとえかつての③キョショウが生み出した古典的な作品であっても、常に新しい見え方を提示してくれるわけです。［Ｄ］私が提案したいのは、美術館やギャラリーへ一人で作品を鑑賞しに行くのではなく、友人と連れ立って観に行くということです。

7　私は学生の頃、様々な専門領域に取り組んでいる友人たちと連れ立って、美術館に行くということをよく行（おこ）なっていました。ピクニック気分で遊びに行くわけではありません。同じ学生の立場とはいえ、一緒に行く友人たちは手練（てだ）れですから、それぞれ美術作品の解釈については一家言（注１）持っている人たちです。そこで例えば、一枚のタブロー（注２）を目の前

MEMO

大切なことはメモしておこうネ！

T.G

2023年度

芝浦工業大学柏高等学校入試問題（前期第２回）

【数　学】（50分）　＜満点：100点＞

1　次の問いに答えよ。

(1)　$(\sqrt{2}+\sqrt{6})(\sqrt{14}-\sqrt{42})\div(-\sqrt{21})=\dfrac{\boxed{ア}\sqrt{\boxed{イ}}}{\boxed{ウ}}$

(2)　$a>0$，$b>0$とする。x，yについての連立方程式 $\begin{cases}ax+by=7\\x-a(y+6)=b-9\end{cases}$ の解が

$x=a-2$，$y=-4$のとき，$a=\boxed{エ}$，$b=\boxed{オ}$

(3)　mは12でわると７余る整数，nは18でわると11余る整数である。

このとき，mnを６でわったときの余りは $\boxed{カ}$ である。

(4)　下の図で，△OCDは△OABを時計回りに90°回転させたものである。

線分ADと辺OBとの交点をＥとする。

OA＝OB＝６㎝，∠AOB＝30°のとき，BE＝$(\boxed{キ}-\boxed{ク}\sqrt{\boxed{ケ}})$㎝

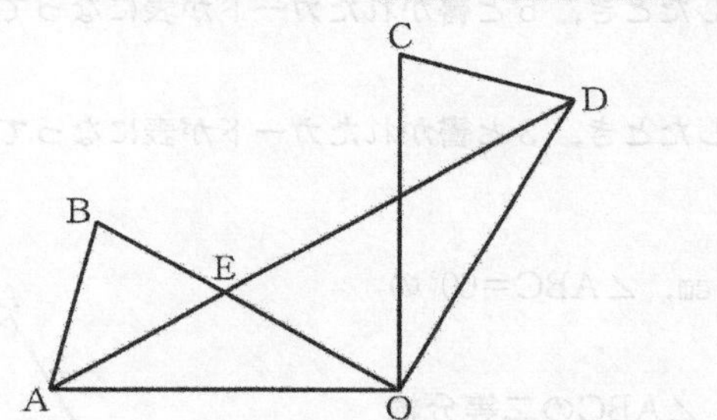

2　点Aと，放物線$y=\dfrac{2}{3}x^2$上の点B，C，Dがある。

３点B，C，Dのx座標は，それぞれ３，－２，－１

で，四角形ABCDは平行四辺形である。

点Ｅは放物線$y=\dfrac{2}{3}x^2$のx座標が負の部分にあり，

△BCEの面積は四角形ABCDの面積に等しい。

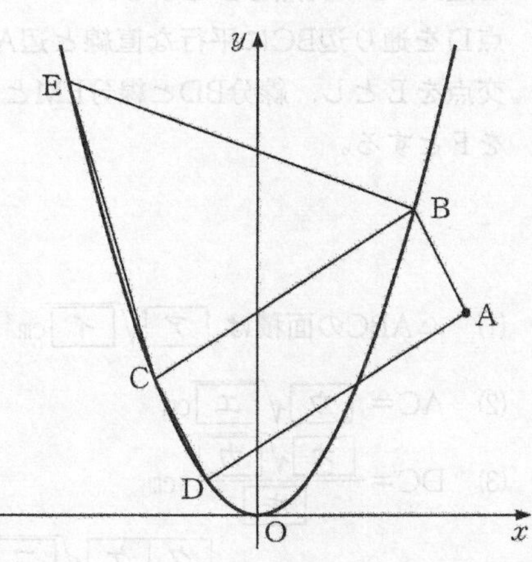

(1)　点Aの座標は（ $\boxed{ア}$ ， $\boxed{イ}$ ）

(2)　直線BCの式は$y=\dfrac{\boxed{ウ}}{\boxed{エ}}x+\boxed{オ}$

(3)　四角形ABCDの面積は$\dfrac{\boxed{カ}\boxed{キ}}{\boxed{ク}}$

(4)　点Ｅのx座標は$\dfrac{\boxed{ケ}-\sqrt{\boxed{コ}\boxed{サ}}}{\boxed{シ}}$

3 次の問いに答えよ。

(1) 生徒50人を対象に，通学にかかる時間を調査し，階級の幅を20分として度数分布表にまとめ，累積相対度数を求めた。

時間（分） 以上　未満	度数（人）	累積相対度数
0 ～ 20	13	0.26
20 ～ 40	c	d
40 ～ 60	b	0.72
60 ～ 80	a	1.00
計	50	

① $a=$ アイ

② cがbよりも７大きいとき，

$b=$ ウ ，$c=$ エオ ，$d=0.$ カキ

(2) １から６までの数字が１つずつ書かれた６枚のカードがある。
１から６までの目が出る３つのさいころX，Y，Zを同時に１回投げ，Xの出た目の数をx，Yの出た目の数をy，Zの出た目の数をzとし，次の操作を順に行う。

操作Ⅰ　xの約数が書かれたカードをすべて裏返す。
操作Ⅱ　yの約数が書かれたカードをすべて裏返す。
操作Ⅲ　zの約数が書かれたカードをすべて裏返す。

たとえば，$x=2$，$y=4$のとき，２が書かれたカードは操作Ⅰ，Ⅱで裏返されるから，操作Ⅱまで終了したとき，２が書かれたカードは表になっている。

① 操作Ⅱまで終了したとき，５と書かれたカードが表になっている確率は$\dfrac{\text{クケ}}{\text{コサ}}$

② 操作Ⅲまで終了したとき，３と書かれたカードが表になっている確率は$\dfrac{\text{シス}}{\text{セソ}}$

4 AB＝４㎝，BC＝６㎝，∠ABC＝60°の△ABCがある。
辺BCの中点をMとし，∠ABCの二等分線と辺ACとの交点をDとする。
点Dを通り辺BCに平行な直線と辺ABとの交点をEとし，線分BDと線分EMとの交点をFとする。

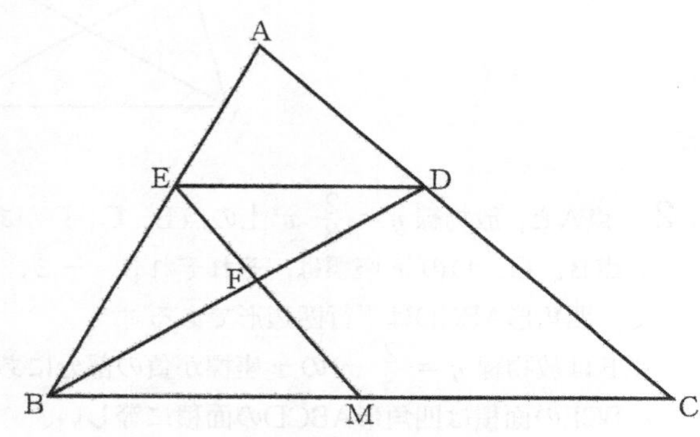

(1) △ABCの面積は ア$\sqrt{\text{イ}}$ ㎠

(2) AC＝ ウ$\sqrt{\text{エ}}$ ㎝

(3) DC＝$\dfrac{\text{オ}\sqrt{\text{カ}}}{\text{キ}}$ ㎝

(4) △DEFの面積は$\dfrac{\text{クケ}\sqrt{\text{コ}}}{\text{サシ}}$ ㎠

5 底面がひし形で，側面が正方形の四角柱ABCD－EFGHがあり，AB＝９㎝，AC＝12㎝である。辺AB，ADの中点をそれぞれM，Nとし，線分MNと線分ACとの交点をＩとする。

辺CG上に，CJ＝３㎝となるような点Ｊをとる。

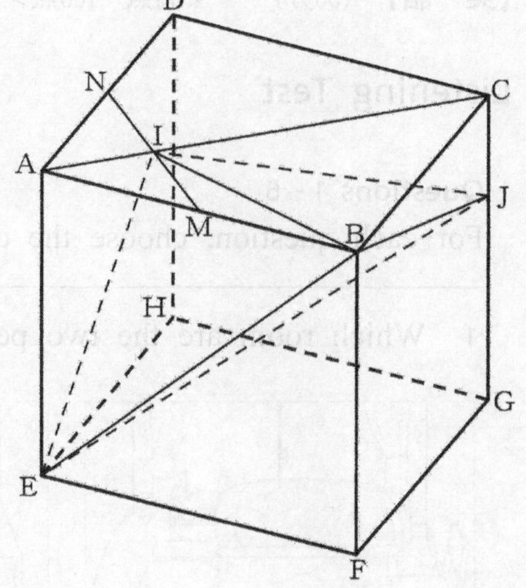

(1) MN＝ ア √ イ ㎝

(2) IJ＝ ウ √ エ オ ㎝

(3) △EIJの面積は カ キ ㎝²

(4) 四面体BEIJの体積は ク ケ √ コ ㎝³

【英　語】（50分）　＜満点：100点＞

Listening Test

Part 1

Questions 1 - 5

For each question, choose the correct picture.

1　Which room are the two people talking about?

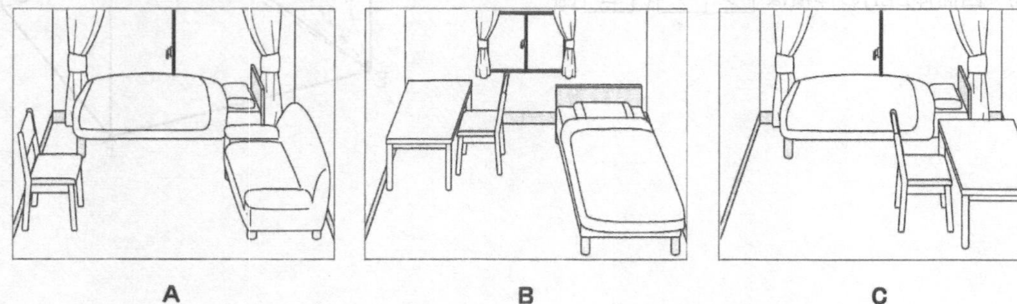

2　What will Mark and Judy do?

3　How is the weather today?

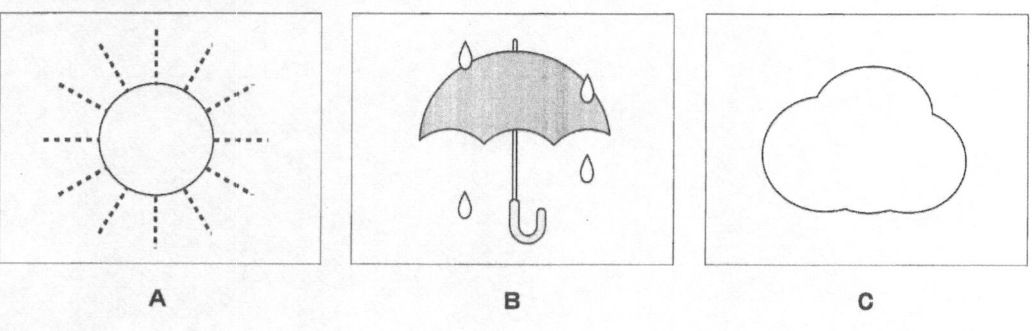

4 Who will buy tickets?

5 How much will the man pay?

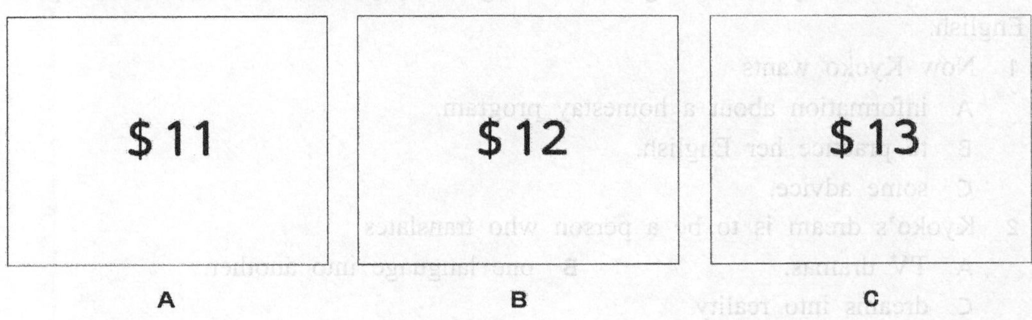

A B C

Part 2

Questions 1 - 5

For each question, choose the correct answer.

1 You will hear a teacher talking to her class about a summer project.
What rule must her students be most careful to follow?
A language B exercise C breaks

2 You will hear a teacher talking to one of her students called Joey.
Joey didn't do his homework today. Why not?
A He had a cold. B He forgot about it. C He had a headache.

3 You will hear two friends talking after school.
Why is Sally's mother angry at her?
A Sally didn't clean her room.
B Sally used her mother's smartphone.
C Sally did something bad.

4 You will hear two friends talking about a place to eat lunch.
What building is near the restaurant they will go to?
A The hospital is. B The station is. C The post office is.

5 You will hear a girl, Mary, talking to a boy called Tom.
How often does Mary play volleyball?
A on Tuesdays, Thursdays, and Fridays
B every day
C three times a week

Part 3

Questions 1 - 5
For each question, choose the correct answer.

You will hear Kyoko talking to her English teacher, Mr. Brown, about speaking English.

1 Now Kyoko wants
A information about a homestay program.
B to practice her English.
C some advice.

2 Kyoko's dream is to be a person who translates
A TV dramas.　B one language into another.
C dreams into reality.

3 Kyoko writes English words
A before and after school.　B before school and after dinner.
C the whole day.

4 On Saturdays and Sundays, Kyoko gets up
A two hours earlier.　B much shorter.　C two hours later.

5 At first, Kyoko watches a TV drama
A in English only.　B in Japanese only.　C with no sound.

※リスニングテストの音声は，学校のHPをご確認ください。

4 次の英文を読んで，あとの(1)～(9)の問いに答えなさい。

①Ahead of the Tokyo Paralympics, in 2017, an exhibition was held in the middle of Shibuya, Tokyo. The usually crowded shopping street was closed off for a 60-meter street race. The world's top prosthetic athletes challenged the world's fastest athlete, and excited people filled the street. ②(ア watching イ trying ウ the crowd エ to break オ real para-athletes カ enjoyed) the record. Among the athletes was Jarryd Wallace, a US 200m champion at the World Para-Athletes Championships 2017. He wore the prosthetic foot produced by "Xiborg."

Xiborg is a company that creates prosthetics and running blades. The CEO, Endo Ken, has a friend who lost his leg and he became (③) in prosthetics. Then, he studied physical performance and prosthetics at the Massachusetts Institute of

Technology and set up Xiborg in 2014. In a market shared mostly by two international brands, Endo's goal was to create blades for Japanese athletes — a better blade for Japanese athletes who are smaller than Europeans.

Wallace is 173cm tall and shorter than most Western sprinters. After he came fifth on European blades in the 100m at the Rio Paralympics 2016, he changed to the Xiborg ④ones and joined Endo's team. The team soon started collecting enough data of Wallace's performances to make a new blade closer to his request. In the Tokyo Paralympics 2020, Wallace, on his new blade, won his first Paralympic medal in the men's 200m with a season-best mark of 22.09 seconds.

Another goal for Endo ⑤(ア something イ to ウ the public エ is オ for カ do). In October 2017, he started "Blade Library" to share the joy of running not only with top athletes but also with amputees. This library covers several problems with the running blade, (⑥) cost, place and information. For just 500 yen plus track rental, users can try any blade they want as they learn how to use them.

Endo says, "Running should be open to anyone who wants to do it. For most of us it's (⑦A) to get into, but for amputees, things are very (⑦B)."

In 2020, Endo's blades came into a more daily use. Ten-year-old Sugimoto Daichi lost his lower leg at six because of illness, and Endo's company lent him a running blade for free. Daichi also learned from the staff and athletes how to use it safely. (⑧) their help, he was able to use it at home or at school. After just eight months of practice, he can run as freely as his non-handicapped classmates.

Endo says, "We need to create a society where anybody can enjoy sports. Paralympics are a key point on that path." Engineers like Endo Ken are creating a future that brings the joy of sports to ⑨all.

（注） prosthetics 人工装具　　amputee 四肢のいずれかを切断した人

【出典】*NHK World Documentary, The Technicians Supporting Top Para-Athletes,* 2021

(1) 本文中の下線部①と同じ意味を表すものを，次のア～エのうちから一つ選びなさい。

ア After　イ As　ウ Since　エ Before

(2) 本文中の②の（ ）の中を正しい語順に並べかえ，（ ）の中で３番目と６番目にくるものをそれぞれ選びなさい。ただし，文頭に来る語(句)も小文字になっています。

(3) 本文中の（③）に入る最も適当なものを，次のア～エのうちから一つ選びなさい。

ア known　イ wondered　ウ interested　エ woken

(4) 本文中の下線部④が指すものとして最も適当なものを，次のア～エのうちから一つ選びなさい。

ア races　イ goals　ウ workers　エ blades

(5) 本文中の⑤の（ ）の中を正しい語順に並べかえ，（ ）の中で３番目と６番目にくるものをそれぞれ選びなさい。

(6) 本文中の（⑥）に入る最も適当なものを，次のア～エのうちから一つ選びなさい。

ア such as　イ that are　ウ likely　エ as

(7) 本文中の（⑦A）と（⑦B）に入れる単語の組み合わせとして最も適当なものを，次のア～エのうちから一つ選びなさい。

ア ⑦A easy ⑦B necessary　イ ⑦A different ⑦B difficult

ウ ⑦A easy ⑦B different　エ ⑦A different ⑦B necessary

(8) 本文中の（⑧）に入る最も適当なものを，次のア～エのうちから一つ選びなさい。

ア In　イ With　ウ On　エ Because

(9) 本文中の下線部⑨が指すものとして最も適当なものを，次のア～エのうちから一つ選びなさい。

ア any children　イ anyone　ウ all athletes　エ runners

5 次の英文を読んで，あとの(1)～(8)の問いに答えなさい。

"I remember the heat of the fire," the monster said. "I remember running away from ①it. I ran and ran through the city. It was dark and no one saw me. I did not know who I was. I did not know where I was going. Many days passed."

"How did you live?" I asked him. "What did you eat?"

"Sometimes I ate fruit from the trees," the monster answered. "Sometimes I took food from houses. The first time I did this, a man saw me. I shall never forget the fear in his eyes. I could not understand ②it. I wanted to be friends with him. I smiled at him, but he ran away.

"A few days later, I came to a small pool of water. When I bent down to drink, I saw my own face. How terrible it was! How different from other people's faces! I saw my yellow, wrinkled skin. I saw my yellow eyes and thin, black lips. Now ③I knew why people ran away from me. From that moment, I hated myself. And I hated you, Victor Frankenstein."

"How do you know my name?" I cried.

"The laboratory was on fire," the monster replied. "I picked up your ④cloak to protect myself from the fire. I used it to cover myself. Later, I found a book in the pocket with your name in it. I made a promise to myself. Everyone with that name was my enemy. Everyone with that name would die. I would wander through the world looking for my revenge."

"I walked on for many days," the monster continued. "At last, I came to a beautiful valley. At the end of the valley, there was a little cottage. I hid myself and watched the cottage. Three people lived there — an old man, a young man and a girl."

"They were poor, but very happy. Why? Because they loved each other. I watched them for several days."

"The old man never moved from the cottage. The young people worked hard all day. Then they came back with food or wood."

"In the evenings, they all sat together. I watched them through a small hole in the wall. The house was full of books. The old man was blind and could not see. The young girl read aloud from the books to the old man. I listened too. I learned many, many things."

"One day, I watched the young people go out. I knew they would be away all day. I knocked at the cottage door. The old man answered and I went in. ⑤I knew that he could not see me."

"I am a stranger in this country," I said. "A terrible accident has made my face ugly. People are afraid of me, but I must talk to someone. Can I talk to you?"

"The old man smiled and told me to sit down. I began to talk and we soon became friends. The old man was very clever."

"He became my teacher," the monster said. "⑥His cottage was my school. I wanted to be part of this family. But I always left the cottage before the young people returned."

"Then, one day, I stayed late. The young girl came into the cottage and saw me. She screamed loudly and I ran to the door of the cottage. The girl was terrified and fell to the ground. ⑦I bent over to help her. At that moment, her brother came running up. He saw me and shot at me with his gun. I cried out in pain and ran away down the valley."

"My mind was full of anger. I hated everyone in the world — men, women and children. But most of all, I hated you, ⑧Victor Frankenstein. You made me ugly. You made me a monster who everyone fears."

（注） was terrified　恐れた

【出典】 Mary S. *Frankenstein,* 1818

(1) 本文中の下線部①が指すものとして最も適当なものを，次のア～エのうちから一つ選びなさい。

ア the monster　イ the heat　ウ the city　エ fruit

(2) 本文中の下線部②が指すものとして最も適当なものを，次のア～エのうちから一つ選びなさい。

ア my own face　イ a small pool　ウ the fear　エ my wrinkled skin

(3) "I" が本文中の下線部③のように述べている理由として適当でないものを，次のア～エのうちから一つ選びなさい。

ア I have a yellow, wrinkled skin.

イ My face was different from other people's faces.

ウ I smiled at people, but they ran away.

エ I have yellow eyes and thin, black lips.

(4) 本文中の下線部④の意味として最も適当なものを，次のページのア～エのうちから一つ選びなさい。

ア a piece of clothing that covers or hides something
イ a thing for measuring and showing time
ウ an outside part of a book or magazine
エ a piece of paper with a name on it

(5) 本文中の下線部⑤の理由として最も適当なものを，次のア～エのうちから一つ選びなさい。
ア I knew they would be away all day.
イ I am a stranger in this country.
ウ The house was full of books.
エ The young girl read aloud to the old man.

(6) 本文中の下線部⑥の意味として最も適当なものを，次のア～エのうちから一つ選びなさい。
ア The old man never moved from the cottage.
イ I wanted to be part of this family.
ウ I must talk to someone.
エ The old man taught the monster.

(7) 本文中の下線部⑦の理由として最も適当なものを，次のア～エのうちから一つ選びなさい。
ア I found the girl falling to the ground behind me.
イ The girl screamed loudly.
ウ Her brother saw me and shot at me with his gun.
エ The young girl came into the cottage.

(8) 本文中の下線部⑧が指す内容として最も適当なものを，次のア～エのうちから一つ選びなさい。
ア a monster's name　イ a man who made a monster
ウ an old man's name　エ a man who lived in a cottage

6 次の英文を読んで，あとの(1)～(8)の問いに答えなさい。

Two missing notebooks belonging to the scientist Charles Darwin were secretly returned to the Cambridge University Library recently. The stolen notebooks, missing for over 20 years, were returned in good condition.

Charles Darwin was a very famous scientist who lived in the 1800s. His ideas about evolution — how different kinds of living things change slowly over time — completely ①（ア the natural world　イ changed　ウ way　エ understand　オ scientists　カ the）.

Mr. Darwin began to develop his ideas after visiting the Galapagos Islands. He was trying to understand how tortoises and birds there had developed differently, depending on（　②A　）they lived and（　②B　）they ate.

He recorded his ideas in a series of notebooks labeled with letters of the alphabet. It took over 20 years for Mr. Darwin to turn his ideas into a world-changing book. Since then, his notebooks have been thought very important for showing how he developed his ideas.

The Cambridge University Library had several of Mr. Darwin's notebooks. The two that were missing were kept in a small box, and were last seen in 2000, and then they were taken out (③). In 2001, someone noticed that the box was missing. Luckily, the library had taken pictures of the notebook's pages, (④) the information wasn't completely lost.

In 2020, the library made a great effort to find the notebooks. Workers searched through the 10 million books and other items in the library, but didn't find the notebooks. Finally, the library asked people around the world to help look for the notebooks. They reported the missing notebooks as stolen. They wanted the police around the world to search for them.

Jessica Gardner was the librarian ⑤behind the push to get Darwin's notebooks back. But even she could never have expected how the notebooks were returned: in a pink gift bag with a note that said "Librarian, Happy Easter, X." Dr. Gardner told the New York Times, "It's really hard ⑥(ア excited イ am ウ how エ express オ to カ I)." People at the library quickly recognized the blue box that the notebooks had been stored in. Inside a brown envelope they found the two missing notebooks, wrapped in plastic.

After the police had checked the package, library workers were able to open and carefully study the notebooks. They were glad to learn that the notebooks were (⑦). They hadn't been damaged and they weren't missing any pages.

The timing of the return is perfect. The library was planning a show called "Darwin in Conversation." The show was set to open in July. Dr. Gardner says that now the missing notebooks can be part of that show.

The police are still looking into the case and said, "We share the university's delight that these priceless notebooks are now back where they belong."

（注） labeled with ～　～でラベリングされた　　recognize　認識する

【出典】 *News For Kids.net,* 2022

⑴ 本文中の①の（　）の中を正しい語順に並べかえ，（　）の中で３番目と６番目にくるものをそれぞれ選びなさい。

⑵ 本文中の（②A）と（②B）に入れる単語の組み合わせとして最も適当なものを，次のア～エのうちから一つ選びなさい。

ア ②A where ②B what　　イ ②A who ②B what

ウ ②A how ②B which　　エ ②A who ②B how

⑶ 本文中の（③）に入る最も適当なものを，次のア～エのうちから一つ選びなさい。

ア to be missed　イ to steal　ウ to damage　エ to be photographed

⑷ 本文中の（④）に入る最も適当なものを，次のア～エのうちから一つ選びなさい。

ア if　イ because　ウ though　エ so

⑸ 本文中の下線部⑤の内容として最も適当なものを，あとのア～エのうちから一つ選びなさい。

ア Jessica Gardner pushed Darwin in the back.

イ　Jessica Gardner knew why Darwin's notebooks were returned.
ウ　Jessica Gardner continued to work hard to find Darwin's missing notebooks.
エ　Jessica Gardner secretly returned Darwin's notebooks in a pink gift bag.

(6)　本文中の⑥の（　）の中を正しい語順に並べかえ，（　）の中で３番目と６番目にくるものをそれぞれ選びなさい。

(7)　本文中の（⑦）に入る最も適当なものを，次のア～エのうちから一つ選びなさい。
ア　in bad condition　　　　　イ　in good condition
ウ　missing a couple of pages　　エ　returned by Darwin

(8)　本文中のDarwin's notebooksの説明として<u>適当でないもの</u>を，次のア～エのうちから一つ選びなさい。
ア　Darwin labeled his notebooks with different letters of the alphabet.
イ　The notebooks were stolen but were returned 5 years later.
ウ　Darwin needed more than 20 years to finish writing his notebooks.
エ　The library asked the police and people around the world to look for the notebooks.

【理　科】（50分）＜満点：100点＞

1　無性生殖と有性生殖に関するＳさんと先生との会話文を読んで，あとの(1)～(5)の問いに答えなさい。

Ｓさん：生物のふえ方には，無性生殖と有性生殖があると聞き生した。それぞれどのようなものなのでしょうか。また，どのような生物が無性生殖や有性生殖をするのでしょうか。

先　生：生物には，無性生殖だけをするもの，有性生殖だけをするもの，無性生殖と有性生殖の両方をするものがあります。これについてはあとで整理してみましょう。図１は，親がある細胞分裂を行うことで，無性生殖で子がふえていくようすを表しています。

図１

Ｓさん：図１から，無性生殖でできた子がもつ染色体がどのようになるかがわかりますね。

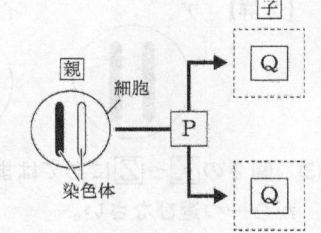

先　生：では，次に有性生殖について考えてみましょう。図２は被子植物の有性生殖，図３はカエルの有性生殖のようすを表したものです。

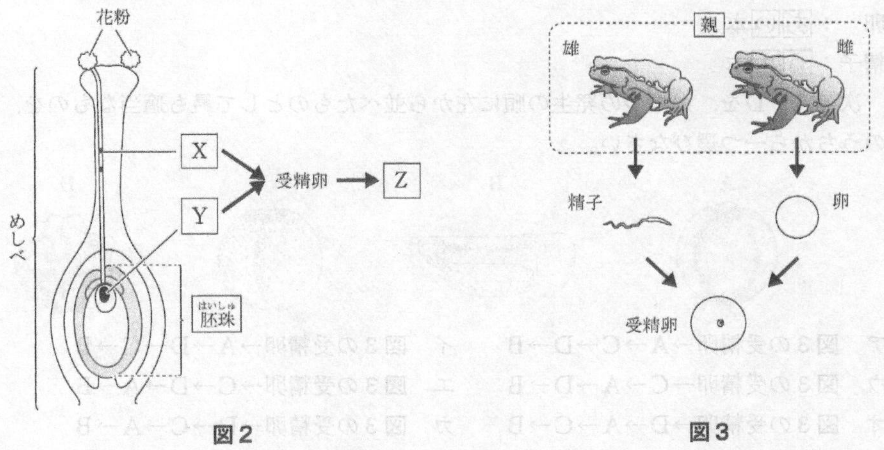

図２　**図３**

Ｓさん：図２から，めしべの先に花粉がつき，花粉から花粉管が伸びて，その中を生殖細胞が移動していることがわかります。この生殖細胞の中にある核が，胚珠にあるもう一方の生殖細胞の中にある核と合体して受精卵ができ，その受精卵が成長していくのですね。

先　生：よく理解できていますね。図３では，どのように有性生殖が行われているかわかりますか。

Ｓさん：カエルの雄では精子が，雌では卵がつくられ，これらの中にある核が合体する有性生殖が行われています。有性生殖では，植物も動物も，無性生殖のように親のからだが分かれて子ができるわけではないと思います。

先　生：そのとおりです。

⑴　下線部について，有性生殖だけを行う生物として最も適当なものを，次のア～カのうちから一つ選びなさい。

ア　アメーバ　　　イ　オランダイチゴ　　ウ　イソギンチャク
エ　ジャガイモ　　オ　メダカ　　　　　　カ　ミカヅキモ

⑵　図１のPにあてはまるものを１群のア，イのうちから，Qにあてはまるものを２群のア～オのうちから，最も適当なものをそれぞれ一つずつ選びなさい。

【１群】　ア　体細胞分裂　　　イ　減数分裂

【２群】　ア　　　イ　　　ウ　　　エ　　　オ

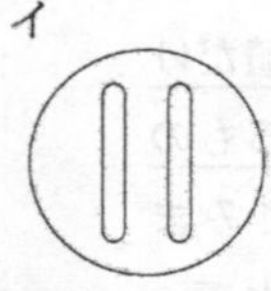

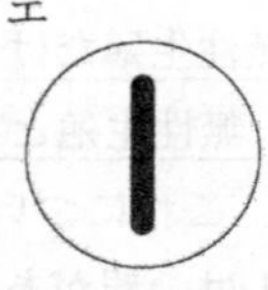
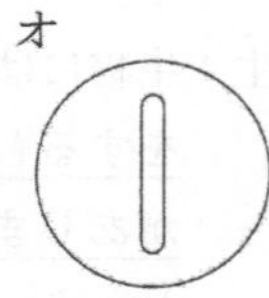

⑶　図２のX～Zにあてはまることばの組み合わせとして最も適当なものを，次のア～エのうちから一つ選びなさい。

ア　X：卵細胞　　Y：精細胞　　Z：胚　　　イ　X：精細胞　　Y：卵細胞　　Z：胚
ウ　X：卵細胞　　Y：精細胞　　Z：子房　　エ　X：精細胞　　Y：卵細胞　　Z：子房

⑷　カエルの親の細胞には，染色体が24本含まれています。このカエルがつくる卵や精子には，それぞれ染色体は何本含まれていますか。あ～えにあてはまる数字を一つずつ選びなさい。

卵　：あい本
精子：うえ本

⑸　次のA～Dを，カエルの発生の順に左から並べたものとして最も適当なものを，あとのア～カのうちから一つ選びなさい。

A
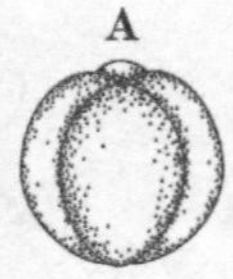
B
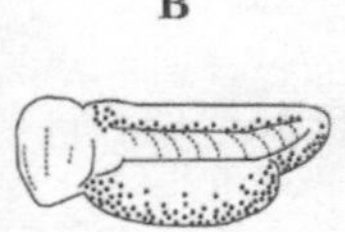
C
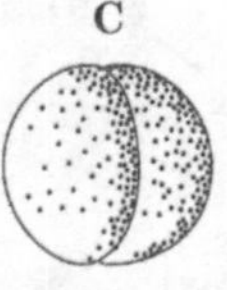
D
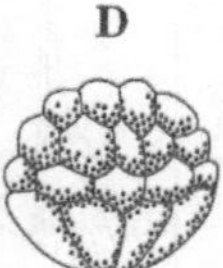

ア　図３の受精卵→A→C→D→B　　イ　図３の受精卵→A→D→C→B
ウ　図３の受精卵→C→A→D→B　　エ　図３の受精卵→C→D→A→B
オ　図３の受精卵→D→A→C→B　　カ　図３の受精卵→D→C→A→B

2　地震に関するSさんと先生との会話文を読んで，あとの⑴～⑸の問いに答えなさい。ただし，地震の揺れを伝える２種類の波は，それぞれ一定の速さで伝わったものとします。

Sさん：ある地震について，震源からの距離が40㎞の地点Xと，震源からの距離が80㎞の地点Yで，地震の揺れを記録したものを，図１（次のページ）のようにまとめました。
先　生：図１から，この地震についてどのようなことがわかりますか。
Sさん：最初にAB間やCD間のような小さな揺れが記録された後に大きな揺れが記録されていることがわかります。この小さな揺れを初期微動，大きな揺れを主要動といいます。

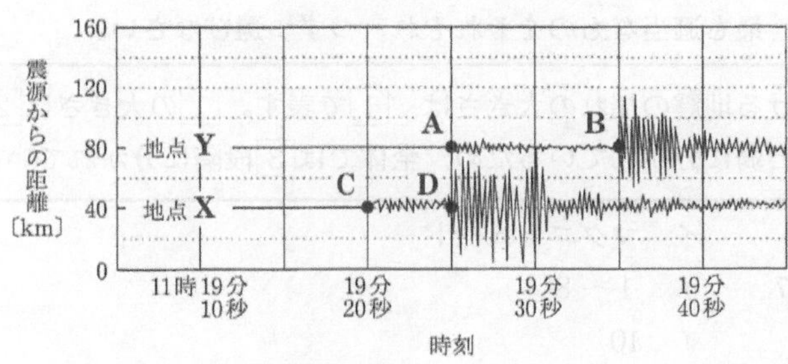

図１

先　生：よく勉強できていますね。aプレートの境界などで地震が発生すると，P波とS波という２種類の波が発生し，これらの波によって初期微動や主要動が起きます。初期微動がはじまってから，主要動がはじまるまでの時間を初期微動継続時間といいます。

Sさん：地点XとYでは，初期微動継続時間の長さが異なっているように見えます。

先　生：よいところに気がつきましたね。同じ地震による揺れでも，観測地点によって初期微動継続時間は異なります。

Sさん：それは，震源からの距離が地点XやYと異なる地点では，初期微動継続時間がどちらの地点とも異なるということでしょうか。

先　生：そういうことです。実際に，b震源からの距離によって初期微動継続時間がどのように変わるか，あとで図１をもとに考えてみましょう。

Sさん：ところで，地震が発生すると，すぐに緊急地震速報が出されることがありますが，あれはどのような仕組みになっているのでしょうか。

先　生：それでは，図２を見てください。地震が発生すると，震源の近くの地震計で，速く伝わるP波をとらえ，その情報が気象庁に伝えられます。この情報をもとに，気象庁が緊急地震速報を発信して，各地に伝えられるのです。

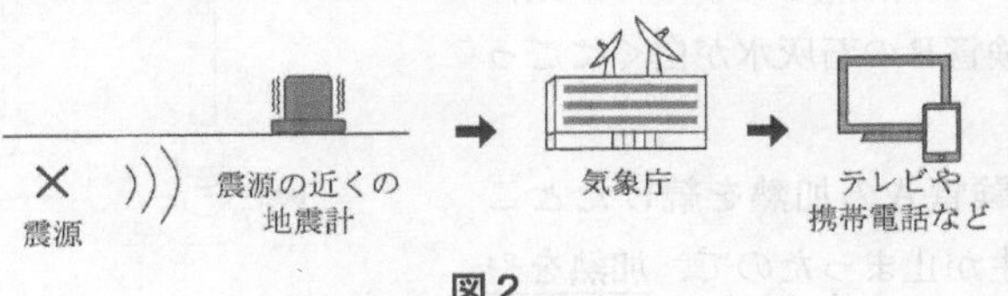

図２

(1)　下線部aについて，日本列島付近での陸のプレートと海のプレートの動きを表した模式図として最も適当なものを，次のア～エのうちから一つ選びなさい。ただし，矢印はプレートの動く向きを表すものとします。

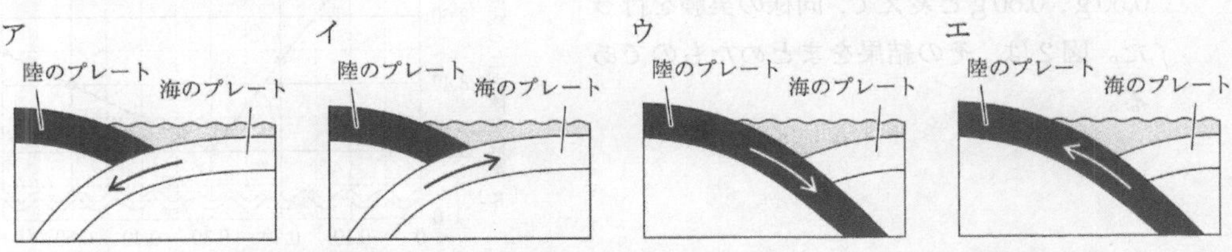

(2)　次のページの文章は，地震の揺れについて述べたものです。1にあてはまるものを１群のア，イのうちから，2にあてはまるものを２群のア，イのうちから，3にあてはまるものを３群の

ア，イのうちから，最も適当なものをそれぞれ一つずつ選びなさい。

> 観測地点における地震の揺れの大きさは，［1］で表す。［1］の大きさは［2］までであり，そのうちいくつかは強と弱に分かれているため，全体では［3］段階に分かれている。

【１群】 ア　震度　　　イ　マグニチュード
【２群】 ア　０～７　　イ　１～８
【３群】 ア　９　　　　イ　10

(3) 図１の地震のＰ波の速さは何km/sですか。［あ］，［い］にあてはまる数字を一つずつ選びなさい。
［あ］.［い］km/s

(4) 下線部ｂについて，震源から120kmの地点における，この地震の初期微動継続時間は何秒ですか。［あ］～［う］にあてはまる数字を一つずつ選びなさい。
［あ］［い］.［う］秒

(5) 図１の地震について，震源から20kmの地点で初期微動を観測し，それから3.7秒後に緊急地震速報が出されました。緊急地震速報が出されたとき，震源から何kmの地点までこの地震の主要動が起きていますか。［あ］～［う］にあてはまる数字を一つずつ選びなさい。
［あ］［い］.［う］km

3　Ｓさんは，酸化と還元について調べるため，次の実験を行いました。これに関して，あとの(1)～(5)の問いに答えなさい。

実験

① 酸化銅4.00ｇと炭素粉末0.10ｇをよく混合したものを試験管Ａに入れ，図１のように，ガスバーナーで加熱したところ，気体が発生し，試験管Ｂの石灰水が白くにごった。

② しばらく試験管Ａの加熱を続けたところ，気体の発生が止まったので，加熱をやめて，試験管Ａ内の固体を冷ましてからその質量を測定した。

③ ①と同様に酸化銅4.00ｇを用意し，混合する炭素粉末を0.20ｇ，0.30ｇ，0.40ｇ，0.50ｇ，0.60ｇと変えて，同様の実験を行った。図２は，その結果をまとめたものである。

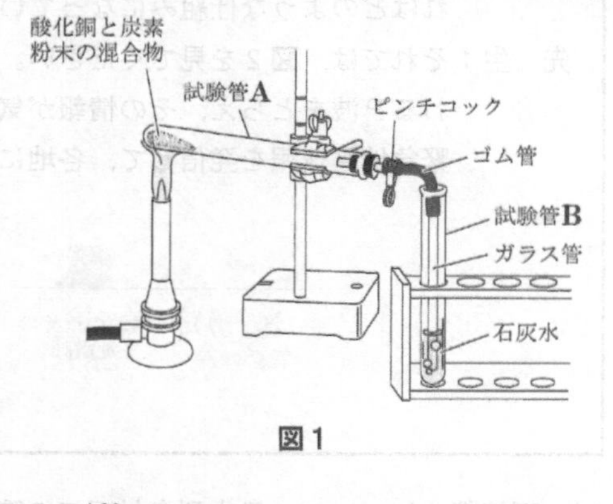

図１

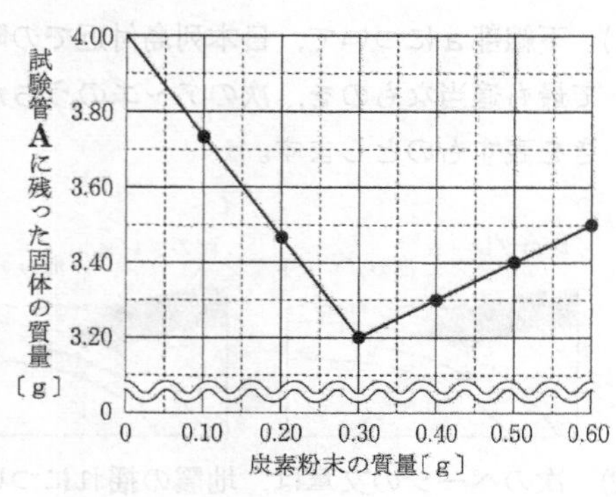

図２

(1) 下線部について，このときの操作として正しくなるように，次のａ～ｃを並べかえるとどのようになりますか。最も適当なものを，あとのア～カのうちから一つ選びなさい。

ａ　ガスバーナーの火を消す。
ｂ　石灰水からガラス管を抜く。
ｃ　ピンチコックでゴム管を閉じる。

ア　ａ→ｂ→ｃ　イ　ａ→ｃ→ｂ　ウ　ｂ→ａ→ｃ
エ　ｂ→ｃ→ａ　オ　ｃ→ａ→ｂ　カ　ｃ→ｂ→ａ

(2) 次の文章は，**実験**で起きた反応に関わった物質について述べたものです。1，2にあてはまることばの組み合わせとして最も適当なものを，あとのア～エのうちから一つ選びなさい。

> 純粋な物質は，分子をつくる物質と，分子をつくらない物質に分けることができる。また，単体と化合物に分けることもできる。実験で使った酸化銅は，1である。また，**実験**で発生した気体は，2である。

ア　１：分子をつくる単体　２：分子をつくる化合物
イ　１：分子をつくらない単体　２：分子をつくる単体
ウ　１：分子をつくる化合物　２：分子をつくらない化合物
エ　１：分子をつくらない化合物　２：分子をつくる化合物

(3) 図３は，銅原子を●，酸素原子を○，炭素原子を◎として，**実験**で起きた化学変化を模式的に表そうとしたものです。1～3にあてはまる最も適当なものを，次のア～カのうちからそれぞれ一つずつ選びなさい。

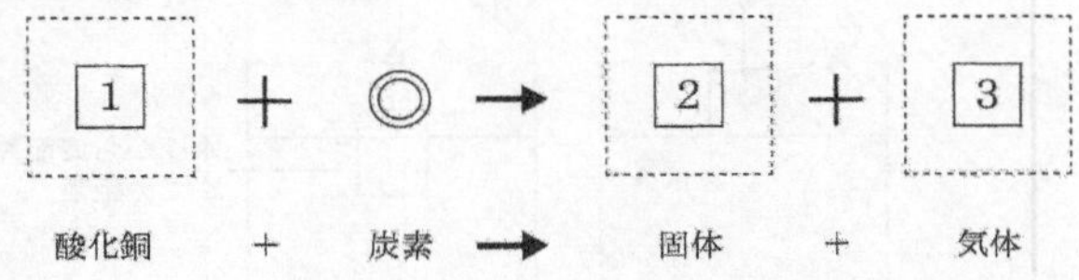

図３

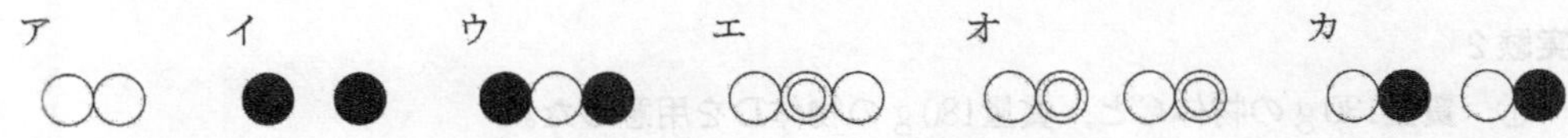

(4) **実験**の③で，試験管Ａに入れた炭素粉末の質量と，発生した気体の質量の関係をグラフで表すとどのようになりますか。最も適当なものを，次のア～ウのうちから一つ選びなさい。

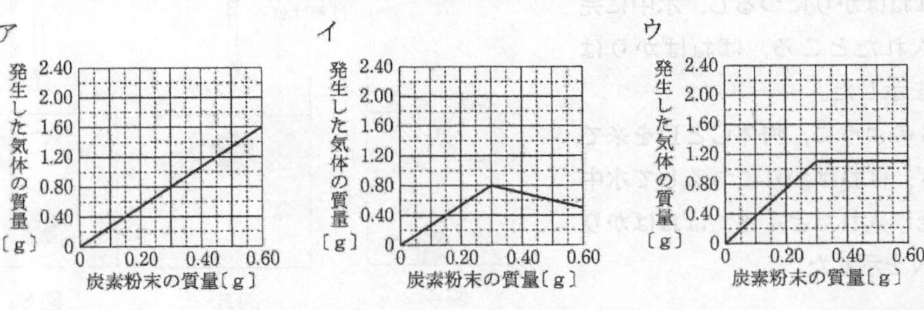

(5) 8.00 gの酸化銅と0.48 gの炭素を使って同様の実験を行ったところ，加熱後の試験管Ａには炭素がなくなり，未反応の酸化銅が残りました。このとき残った未反応の酸化銅は何 gですか。あ～うにあてはまる数字を一つずつ選びなさい。

あ.いう g

4　Sさんは，浮力について調べるため，次の**実験１**，２を行いました。これに関して，あとの⑴～⑸の問いに答えなさい。ただし，質量100ｇの物体にはたらく重力を１Ｎとし，糸やばねばかりの質量，体積は考えないものとします。

実験１

①　図１のように，同じ物質でできた質量が150ｇの直方体Ａと，質量が240ｇの直方体Ｂを用意した。

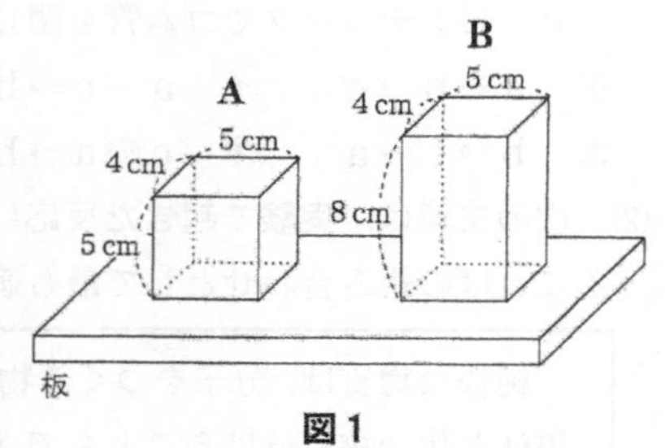

図１

②　図２のように，直方体Ａと糸をつないでばねばかりにつるし，Ａを図１の向きで，底面Ｘが水面と平行になるように注意しながら，水を入れた容器にゆっくりと沈めていった。

③　水面から底面Ｘまでの距離と，ばねばかりの示す値との関係を調べ，図３にまとめた。

④　直方体ＡのかわりにＢを使って，Ｂを図１の向きで，底面Ｙが水面と平行になるように注意しながら，②，③と同様の実験を行った。

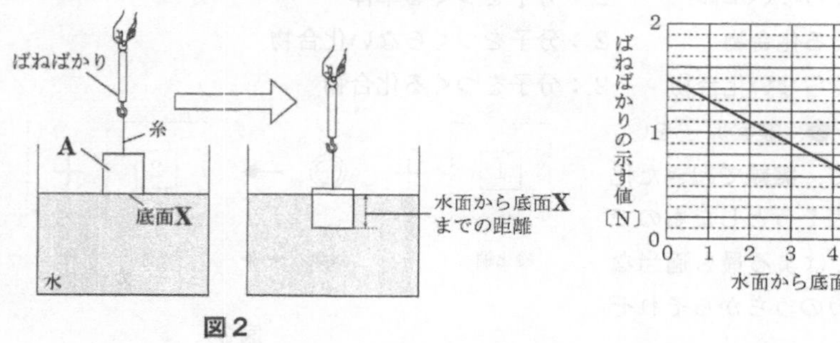

図２

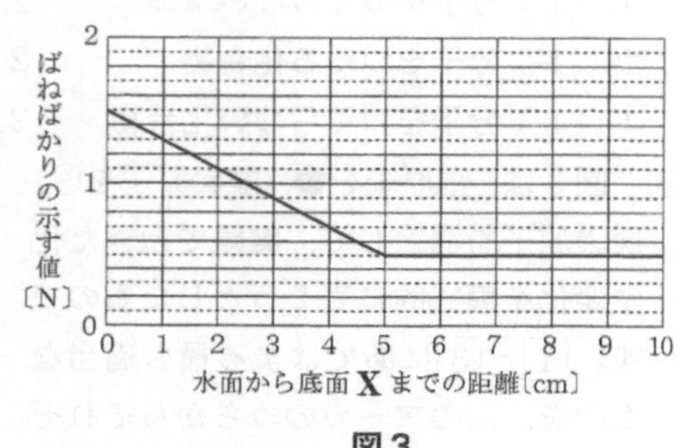

図３

実験２

①　質量130ｇの物体Ｃと，質量180ｇの物体Ｄを用意した。

②　図４のように，水を入れた容器に物体ＣとＤを入れたところ，Ｃは浮き，Ｄは沈んだ。

③　図５のように，物体Ｄを糸とつないでばねばかりにつるし，水中に完全に入れたところ，ばねばかりは0.9Ｎを示した。

④　図６のように，物体ＣとＤを糸でつなぎ，ばねばかりにつるして水中に完全に入れたところ，ばねばかりは0.7Ｎを示した。

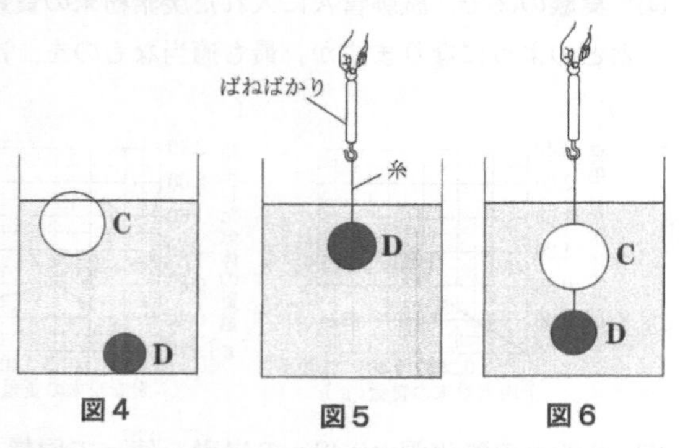

図４　図５　図６

⑴　図１で，物体Ａが水平な板の上に置いてあるとき，物体Ａの底面Ｘが板に加えている圧力は何Paですか。[あ]～[う]にあてはまる数字を一つずつ選びなさい。

[あ][い][う]Pa

⑵　**実験１**の③で，水面から底面Ｘまでの距離が３cmのとき，Ａにはたらいている浮力は何Ｎですか。[あ]，[い]にあてはまる数字を一つずつ選びなさい。

[あ].[い]Ｎ

⑶　**実験１**の④で，水面から底面Ｙまでの距離と，物体Ｂにはたらく浮力の関係をグラフに表すとどのようになりますか。最も適当なものを，次のア～エのうちから一つ選びなさい。

ア

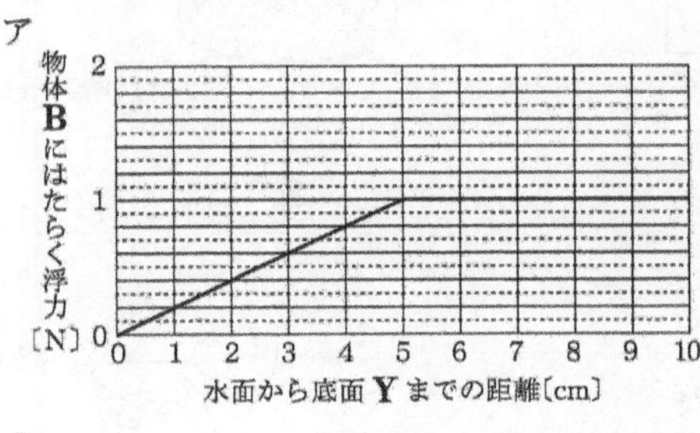

イ

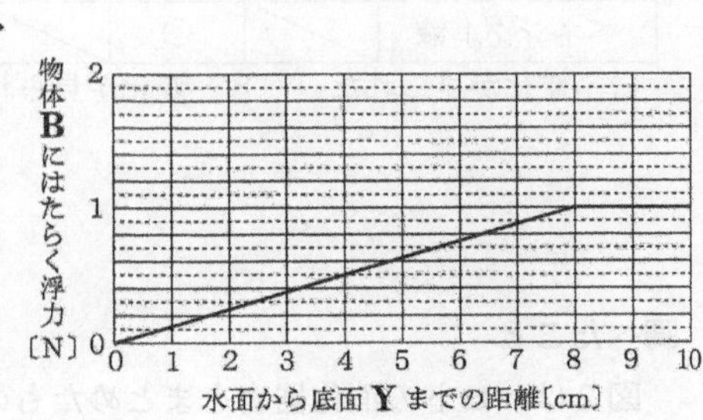

ウ

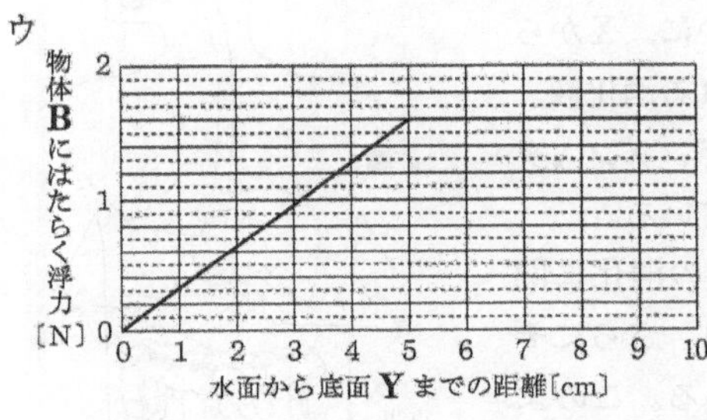

エ

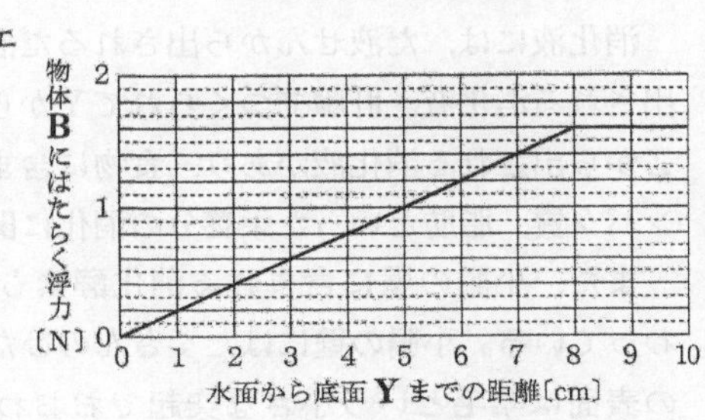

⑷　次の文章は，図４について述べたものです。[1]，[2]にあてはまることばを，あとのア～ウのうちからそれぞれ一つずつ選びなさい。なお，同じ記号を選んでもよいものとします。

> **実験２**の②で，図４のようになっているとき，物体Ｃにはたらく重力と浮力の大きさを比較すると，[1]。また，物体Ｄにはたらく重力と浮力の大きさを比較すると，[2]。

ア　大きさは等しい　　イ　重力の大きさの方が大きい　　ウ　浮力の大きさの方が大きい

⑸　図６のようになっているとき，物体Ｃ，Ｄにはたらく浮力はそれぞれ何Ｎですか。[あ]～[え]にあてはまる数字を一つずつ選びなさい。ただし，答えは小数第２位を四捨五入して答えなさい。

Ｃにはたらく浮力：[あ].[い]Ｎ

Ｄにはたらく浮力：[う].[え]Ｎ

5　Ｓさんは，消化と吸収について興味をもち，次の**実験**を行い，**調べたこと**をまとめました。これに関して，あとの⑴～⑸の問いに答えなさい。

実験

①　４本の試験管Ａ～Ｄを用意し，ＡとＢにはデンプン溶液５mLと水でうすめただ液２mLを入れ，ＣとＤにはデンプン溶液５mLと水２mLを入れた。

②　図１（次のページ）のように，Ａ～Ｄを36℃の水に入れて，10分間おいた。

③　ＡとＣにはヨウ素液を加え，変化が見られるかどうかを調べた。

④　ＢとＤにはベネジクト液を加え，沸騰石を入れて軽く振りながら加熱して，変化が見ら

れるかとうかを調べた。

表は，実験の結果をまとめたものである。

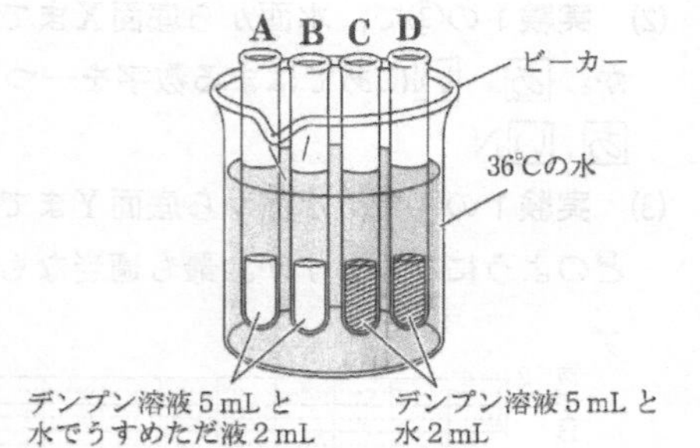

図１

表

	A	B	C	D
ヨウ素液	×	／	○	／
ベネジクト液	／	○	／	×

○…変化が見られた　×…変化が見られなかった

調べたこと

図２は，ヒトの消化器官をまとめたものである。

消化液には，だ液せんから出されるだ液のほかに，Xから出される消化液，肝臓でつくられてYから出される消化液，Zから出される消化液があり，食物に含まれるデンプン，タンパク質，脂肪といった栄養分の消化に関わっている。

また，小腸の壁に含まれる消化酵素も栄養分の消化に関わっている。小腸の壁にはたくさんのひだがあり，さらにその表面は柔毛という小さな突起でおおわれている。このようなつくりになっていることで，<u>小腸の表面積は非常に大きくなっており，その大きさはテニスコートと同じくらいである</u>。

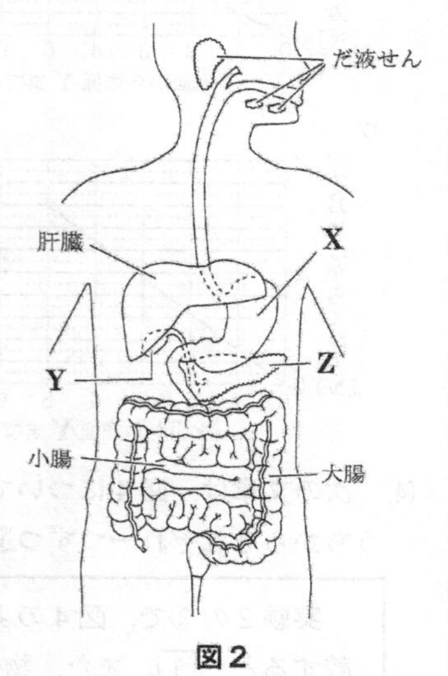

図２

⑴　だ液に含まれ，デンプンを分解するはたらきをもつ消化酵素を何といいますか。最も適当なものを，次のア～エのうちから一つ選びなさい。

ア　ペプシン　　イ　トリプシン　　ウ　アミラーゼ　　エ　リパーゼ

⑵　次の文章は，実験の結果からわかることについて述べたものです。[1]，[2]にあてはまるものを，あとのア～エのうちからそれぞれ一つずつ選びなさい。なお，同じ記号を選んでもよいものとします。

> [1]の結果を比較すると，だ液のはたらきによってデンプンがなくなったことがわかる。また，[2]の結果を比較すると，だ液のはたらきによって麦芽糖などの糖ができたことがわかる。

ア　試験管AとC　　イ　試験管AとD　　ウ　試験管BとC　　エ　試験管BとD

⑶　タンパク質の分解について述べた文として最も適当なものを，あとのア～カのうちから一つ選びなさい。

ア　XやYから出される消化液，小腸の壁に含まれる消化酵素によって分解される。
イ　XやZから出される消化液，小腸の壁に含まれる消化酵素によって分解される。

ウ　ＹやＺから出される消化液，小腸の壁に含まれる消化酵素によって分解される。
エ　ＸやＹから出される消化液，大腸の壁に含まれる消化酵素によって分解される。
オ　ＸやＺから出される消化液，大腸の壁に含まれる消化酵素によって分解される。
カ　ＹやＺから出される消化液，大腸の壁に含まれる消化酵素によって分解される。

(4)　次の文章は，小腸で行われる養分の吸収について述べたものです。[1]，[2]にあてはまることばの組み合わせとして最も適当なものを，あとのア～カのうちから一つ選びなさい。

> 養分には，小腸の柔毛で吸収されたあと，リンパ管に入るものと毛細血管に入るものがある。[1]は柔毛から吸収されたあと，小腸の細胞内で[2]にもどり，リンパ管に入る。

ア　１：ブドウ糖とモノグリセリド　　２：デンプン
イ　１：アミノ酸とブドウ糖　　２：タンパク質
ウ　１：脂肪酸とアミノ酸　　２：脂肪
エ　１：アミノ酸とブドウ糖　　２：デンプン
オ　１：アミノ酸とモノグリセリド　　２：タンパク質
カ　１：脂肪酸とモノグリセリド　　２：脂肪

(5)　下線部について，テニスコートの広さは，縦23.77m，横10.97mです。また，小腸の外側の表面積はおよそ4000cm²です。ひだや柔毛がない場合，小腸の内側が外側の表面積と同じ4000cm²であると仮定すると，ひだや柔毛などのつくりがあることによって，小腸の表面積は何倍になっていることになりますか。[あ]～[う]にあてはまる数字を一つずつ選びなさい。ただし，答えは小数第１位を四捨五入して整数で答えなさい。

[あ][い][う]倍

6　Ｓさんは，天体の運動について調べるため，あとの観測１，２を行いました。これに関して，あとの(1)～(5)の問いに答えなさい。

観測１

夜，日本のある地点で，北，南，東，西の各方位に向けて，カメラのシャッターを長時間開けて星空を撮影した。図１のＡ～Ｄはそれぞれ，いずれかの方位で撮影された星空のようすを表したものである。このとき，Ｄでは，ほとんど動かない星Ｘが観察された。

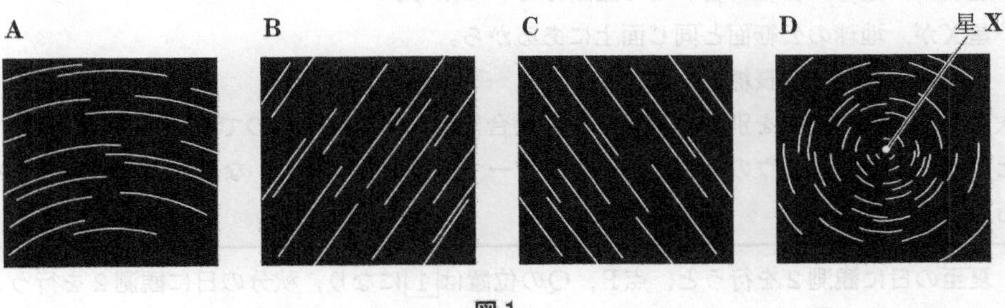

図１

観測２

① 図２のように，画用紙に円をかいて方位を記入し，その円に透明半球のふちを合わせて固定した装置をつくった。点Oは円の中心を表している。

② 図２の装置を，よく晴れた春分の日に，日本のある地点で，画用紙に記入した方位に合わせて水平な場所に置いた。

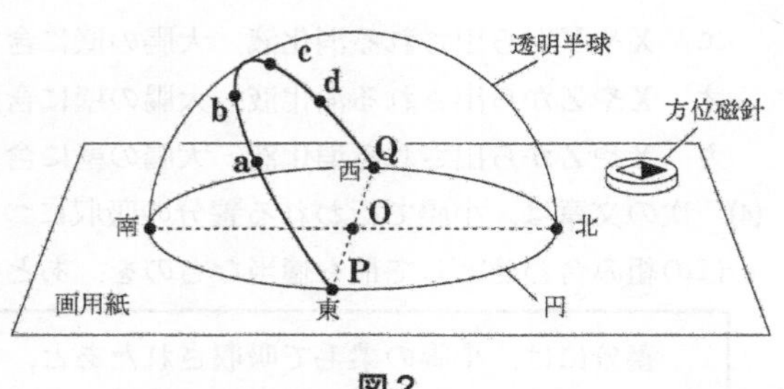

図２

③ ９時から15時まで，フェルトペンの先端の影が点Oに重なるようにして，２時間ごとに太陽の位置を記録した。点a～dはこのとき記録した点を，点P，Qは点a～dをなめらかな曲線でつないだ線が画用紙にかいた円と交わる点を表している。

④ 透明半球の点Pから点Qに紙テープを当てて，点a～dを写しとった。図３はこのとき記録した，それぞれの点と点の間の長さを示したものである。

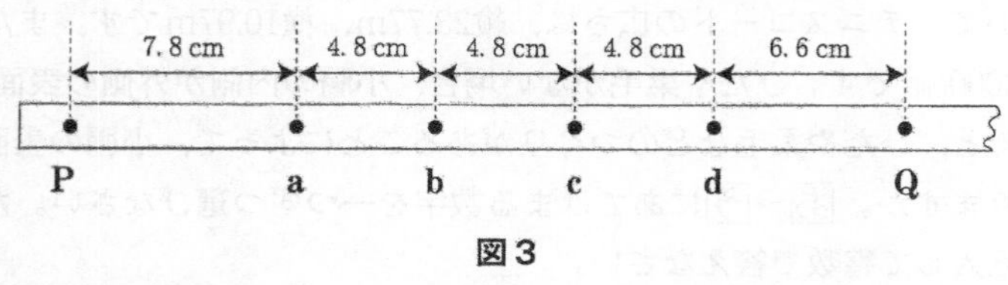

図３

⑴ 図１のA～Dを撮影した方位の組み合わせとして最も適当なものを，次のア～エのうちから一つ選びなさい。

ア A：北　B：東　C：西　D：南　　イ A：北　B：西　C：東　D：南

ウ A：南　B：東　C：西　D：北　　エ A：南　B：西　C：東　D：北

⑵ 図１のDで観察された星Xがほとんど動いて見えない理由として最も適当なものを，次のア～エのうちから一つ選びなさい。

ア 星Xが，地球の公転に合わせて運動しているから。

イ 星Xが，地球の自転に合わせて運動しているから。

ウ 星Xが，地球の公転面と同じ面上にあるから。

エ 星Xが，地軸の延長線上にあるから。

⑶ 次の文章は，観測２を別の季節に行った場合について述べたものです。[1]，[2]にあてはまることばを，あとのア～ウのうちからそれぞれ一つずつ選びなさい。なお，同じ記号を選んでもよいものとします。

> 夏至の日に観測２を行うと，点P，Qの位置は[1]になり，秋分の日に観測２を行うと，点P，Qの位置は[2]になる。

ア 図２の位置よりも北寄り　　イ 図２の位置と同じ　　ウ 図２の位置よりも南寄り

⑷ 観測２を行ったのと同じ日に，赤道上のある地点と，南半球のある地点で同様の観察を行うと，

透明半球上での太陽の動く道すじはどのようになりますか。1，2にあてはまる最も適当なものを，あとのア～エのうちからそれぞれ一つずつ選びなさい。なお，ア～エの点線は，日本で観察した図２の太陽の道筋を表しています。

赤道上の地点：1
南半球の地点：2

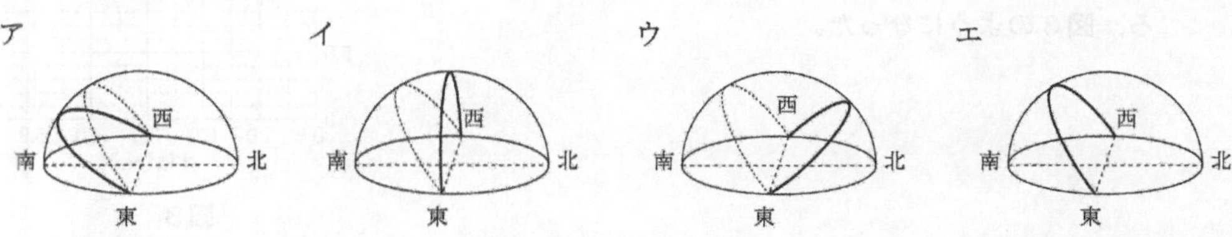

(5)　観測２を行った日の，日の出の時刻は何時何分ですか。あ～うにあてはまる数字を一つずつ選びなさい。

あ時いう分

7　Ｓさんは，物質の性質について調べるため，あとの実験１，２を行いました。これに関して，あとの(1)～(5)の問いに答えなさい。

実験１

①　図１のような白い粉末Ａ～Ｄを用意した。Ａ～Ｄはデンプン，食塩，炭酸水素ナトリウム，砂糖のいずれかであることがわかっている。

図１

②　図２のように，10㎤の水を入れた試験管を４本用意し，Ａ～Ｄを1.0ｇずつとってそれぞれの試験管に加えたところ，ＡとＤはすべてとけ，ＢとＣはとけ残った。

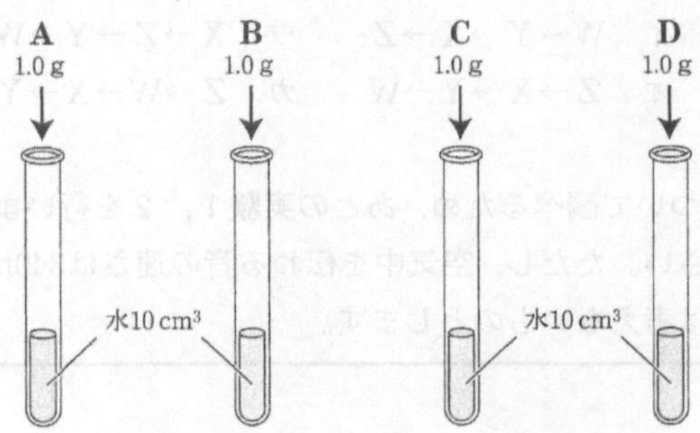

図２

③　Ａ～Ｄを燃焼さじにとり，ガスバーナーを使って加熱したところ，Ｃ，Ｄだけが燃えて黒くこげた。

実験２

① 金属Ｖでできた物体を用意し，体積と質量を調べたところ，体積は2.5㎤，質量は18.28ｇだった。

② 金属Ｗ～Ｚでできた物体を用意した。これらの物体の体積と質量を調べてグラフにまとめたところ，図３のようになった。

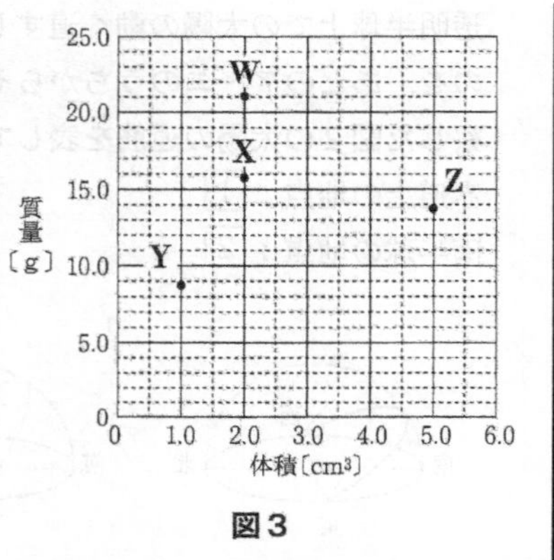

図３

(1) **実験１**の粉末Ａ～Ｄのうち，デンプンはどれですか。最も適当なものを，次のア～エのうちから一つ選びなさい。

ア Ａ　イ Ｂ　ウ Ｃ　エ Ｄ

(2) **実験１**の③で，加熱したときに化学変化が起きているものをすべて選んで組み合わせたものを，次のア～エのうちから一つ選びなさい。

ア Ａ，Ｂ　イ Ｃ，Ｄ　ウ Ａ，Ｂ，Ｃ　エ Ｂ，Ｃ，Ｄ

(3) **実験２**の金属Ｖ～Ｚに共通する性質として**誤っているもの**を，次のア～エのうちから一つ選びなさい。

ア 電流をよく通す。　イ たたくとのびる。　ウ 磁石につく。　エ 熱をよく伝える。

(4) 金属Ｖの密度は何ｇ/㎤ですか。［あ］，［い］にあてはまる数字を一つずつ選びなさい。ただし，答えは小数第２位を四捨五入して答えなさい。

［あ］.［い］ｇ/㎤

(5) 金属Ｗ～Ｚのそれぞれでできた，質量が同じ100ｇで内部に空洞のない物体を用意したとき，体積が大きい順に左から並べるとどのようになりますか。最も適当なものを，次のア～カのうちから一つ選びなさい。

ア Ｗ→Ｘ→Ｚ→Ｙ　イ Ｗ→Ｙ→Ｘ→Ｚ　ウ Ｘ→Ｚ→Ｙ→Ｗ
エ Ｙ→Ｚ→Ｘ→Ｗ　オ Ｚ→Ｘ→Ｙ→Ｗ　カ Ｚ→Ｗ→Ｘ→Ｙ

8 Ｓさんは，音の性質について調べるため，あとの**実験１**，２を行いました。これに関して，あとの(1)～(5)の問いに答えなさい。ただし，空気中を伝わる音の速さは340m/sとし，人間が音を聞いてから反応するまでの時間は考えないものとします。

実験１

① 図１（次のページ）のように，モノコードの弦の点Ｐの位置に木片を置いて弦におもりＡをつるし，点Ｒをはじいて音を出して，その音をマイクロホンでコンピュータに入力した。

② 表（次のページ）のように，おもりをＡと質量が異なるＢに変えたり，木片の位置や弦をはじく強さを変えたりして，①と同様の実験を行った。

図２は，このときコンピュータに表示された音の波形を示したもので，X～Zは，表の１～３回目の実験のいずれかの結果である。

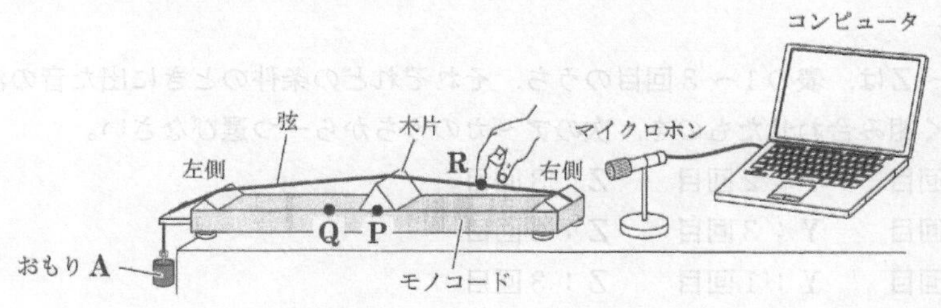

図１

表

	おもり	木片の位置	はじく強さ
１回目	A	P	①より強い
２回目	A	Q	①より強い
３回目	B	P	①と同じ

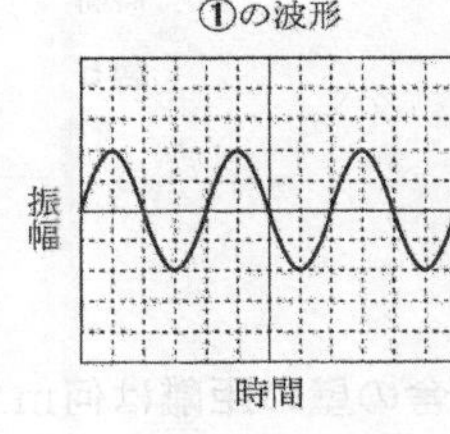

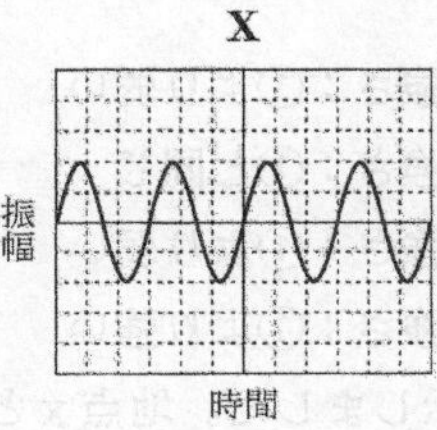

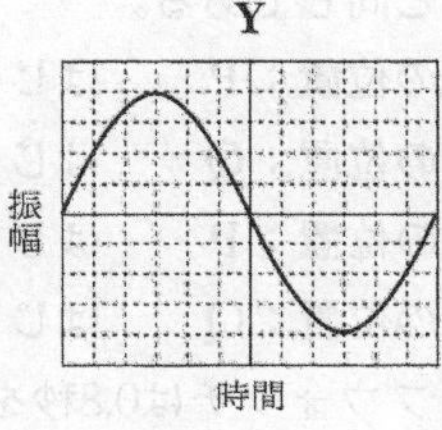

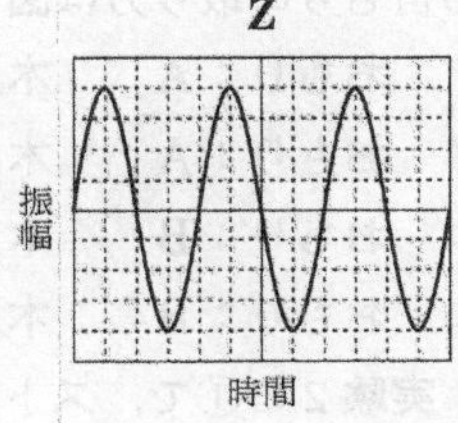

図２

実験２

① Sさんは，図３のように，運動会などで使うスターター用のピストルとストップウォッチを持って地点xに立ち，手に持ったピストルを鳴らすと同時にストップウォッチのスタートボタンを押し，校舎の壁ではね返ってきた音が聞こえたら，ストップウォッチを止めた。

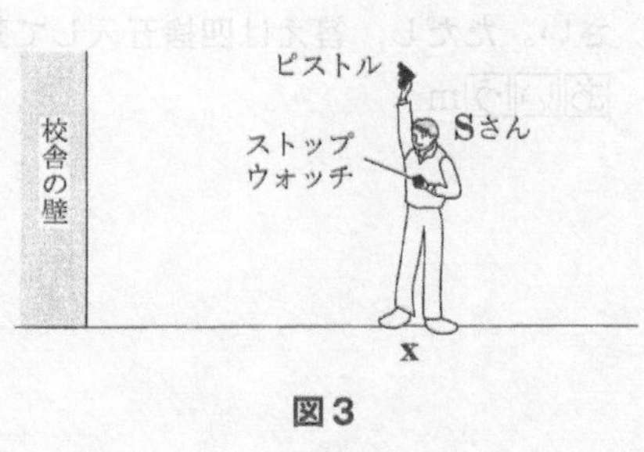

図３

② Sさんは，図４のように，１分間に180回音が鳴る電子メトロノームを２個用意し，同じタイミングで鳴るように動作させてから，１個を地点yに置いた。もう１個を手にもって地点yから少しずつ離れていくと，はじめはSさんには電子メトロノームの音がずれて聞こえたが，地点zにきたとき，Sさんには２個の電子メトロノームの音が再び完全に重なって聞こえた。

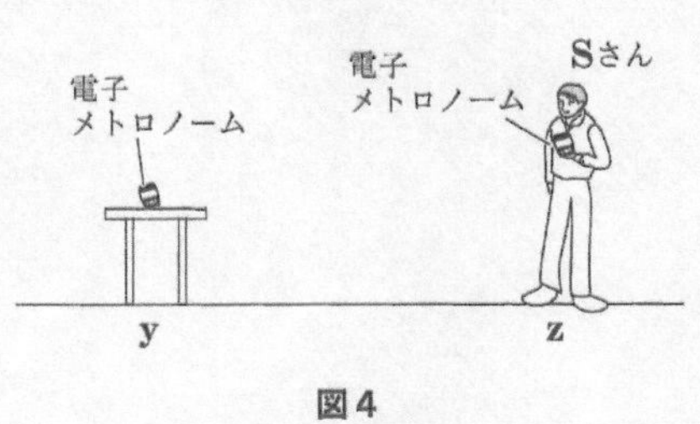

図４

⑴　**図２**の横軸は１目盛りが0.0005秒を表しています。**実験１**の①で出た音の振動数は何Hzですか。あ～うにあてはまる数字を一つずつ選びなさい。
あいうHz

⑵　**図２**の**X～Z**は，**表**の１～３回目のうち，それぞれどの条件のときに出た音の波形ですか。それらを正しく組み合わせたものを，次のア～カのうちから一つ選びなさい。

ア　X：１回目　Y：２回目　Z：３回目
イ　X：１回目　Y：３回目　Z：２回目
ウ　X：２回目　Y：１回目　Z：３回目
エ　X：２回目　Y：３回目　Z：１回目
オ　X：３回目　Y：１回目　Z：２回目
カ　X：３回目　Y：２回目　Z：１回目

⑶　**実験１**とは異なる条件で，**図１**のモノコードの弦をはじいて音を鳴らしたところ，コンピュータに表示された波形が**図５**のようになりました。このとき，どのような条件で弦をはじいたと考えられますか。最も適当なものを，次のア～エのうちから一つ選びなさい。なお，**図５**の目もりの取り方は**図２**と同じである。

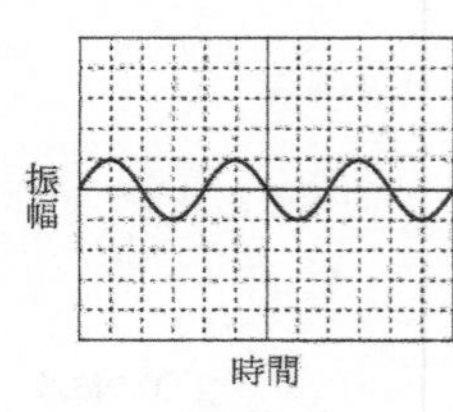

図５

ア　おもり：A　木片の位置：P　はじく強さ：①より弱い
イ　おもり：A　木片の位置：Q　はじく強さ：①と同じ
ウ　おもり：B　木片の位置：P　はじく強さ：①より弱い
エ　おもり：B　木片の位置：Q　はじく強さ：①より強い

⑷　**実験２**の①で，ストップウォッチは0.8秒を示しました。地点xと校舎の壁の距離は何mですか。あ～うにあてはまる数字を一つずつ選びなさい。
あいうm

⑸　**実験２**の②で，地点yとzの距離は何mですか。あ～うにあてはまる数字を一つずつ選びなさい。ただし，答えは四捨五入して整数で答えなさい。
あいうm

【社　会】（50分）＜満点：100点＞

1　次の図を見て，あとの⑴～⑸の問いに答えなさい。

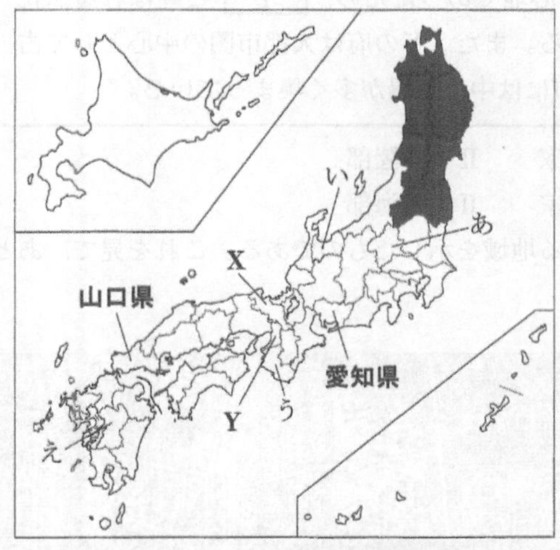

⑴　図中に■■で示した地方についての説明として最も適当なものを，次のア～エのうちから一つ選びなさい。

ア　県名と県庁所在地名が異なっている県は，一つだけある。

イ　太平洋と日本海の両方に面している県は見られない。

ウ　この地方には，南部鉄器が伝統的工芸品として登録されている県がある。

エ　北緯40度の緯線と東経135度の経線が交差している場所がある。

⑵　次の文章は，図中の愛知県で行われている農業について述べたものである。文章中の［　　］にあてはまる内容として最も適当なものを，あとのア～エのうちから一つ選びなさい。

> 図中の愛知県の半島部では，温暖な気候や大消費地に近い立地条件を生かし，施設園芸農業がさかんである。**資料１**は電照菊の栽培の様子で，これは［　　］と菊が開花する性質を利用して，夜間に照明を当てることにより開花時期を調節して出荷している。

資料１

ア　日照時間が長くなる　　　イ　日照時開か短くなる

ウ　気温が高くなる　　　　　エ　気温が低くなる

⑶　次の**資料２**中のⅠ～Ⅳは，図中に示したあ～えのいずれかの県における耕地面積とその内訳を示したものである。Ⅰ～Ⅳにあてはまる県の組み合わせとして最も適当なものを，あとのア～カのうちから一つ選びなさい。

資料２　４県の耕地面積（2020年）

	耕地面積（百 ha）	水田	普通畑	樹園地	牧草地
Ⅰ	318	93	23	202	0.3
Ⅱ	1,091	671	219	133	68
Ⅲ	582	555	18	7	2
Ⅳ	668	253	374	29	12

（「地理データファイル 2022年度版」より作成）

ア　Ⅰ：あ　Ⅱ：い　Ⅲ：う　Ⅳ：え　　イ　Ⅰ：う　Ⅱ：え　Ⅲ：あ　Ⅳ：い

ウ　Ⅰ：う　Ⅱ：あ　Ⅲ：え　Ⅳ：い　　エ　Ⅰ：う　Ⅱ：え　Ⅲ：い　Ⅳ：あ

オ　Ⅰ：え　Ⅱ：あ　Ⅲ：い　Ⅳ：う　　カ　Ⅰ：え　Ⅱ：う　Ⅲ：い　Ⅳ：あ

(4)　次の文章は，図中のＸ，Ｙの府について述べたものである。文章中の［Ⅰ］，［Ⅱ］にあてはまる語の組み合わせとして最も適当なものを，あとのア～エのうちから一つ選びなさい。

> 図中のＸの府は，長い間都が置かれ政治の中心地であったため，［Ⅰ］と呼ばれる伝統的な木造住宅が歴史的景観として保護されている。また，Ｙの府は大都市圏の中心として古くから工業が発達した。中でも，［Ⅱ］の都市には中小工場が多く集まっている。

ア　Ⅰ：曲家　　Ⅱ：内陸部　　　イ　Ⅰ：町家　　Ⅱ：内陸部

ウ　Ⅰ：曲家　　Ⅱ：臨海部　　　エ　Ⅰ：町家　　Ⅱ：臨海部

(5)　次の地形図は，前のページの図中の山口県のある地域を示したものである。これを見て，あとの①，②の問いに答えなさい。

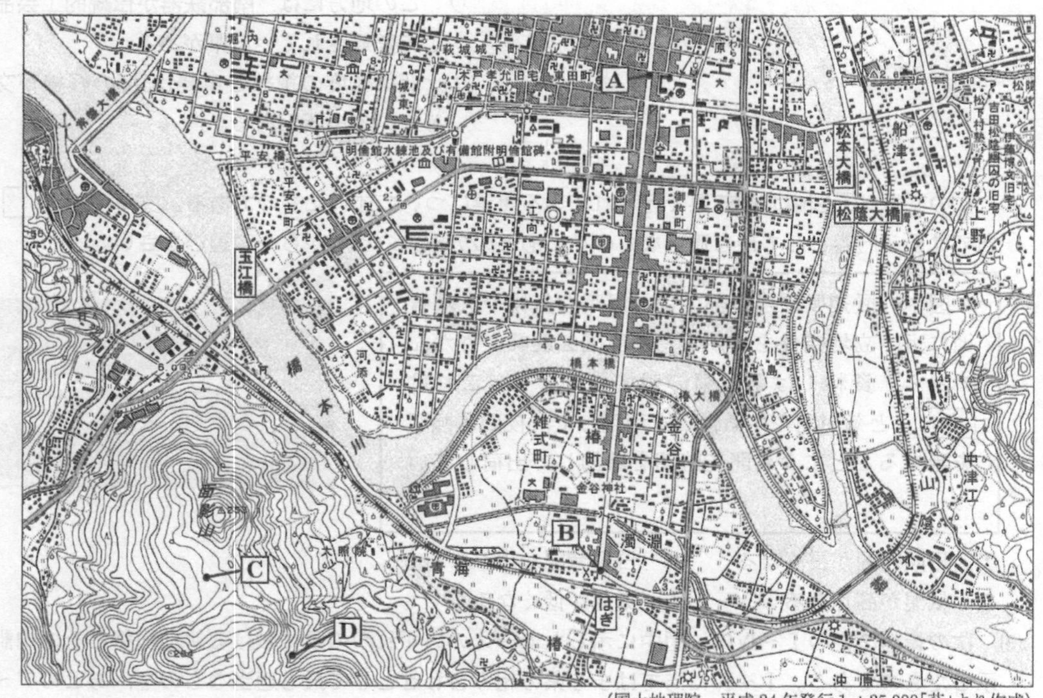

（国土地理院　平成24年発行１：25,000「萩」より作成）

①　地形図中のＡ地点からＢ地点まで地形図上で８㎝あるとすると，実際の距離として最も適当なものを，次のア～エのうちから一つ選びなさい。

ア　0.8㎞　　イ　1.6㎞　　ウ　2.0㎞　　エ　3.2㎞

②　この地形図について述べた文として最も適当なものを，次のア～エのうちから一つ選びなさい。

ア　松本大橋がかけられている川は，ほぼ北から南に向かって流れている。

イ　松蔭大橋から図書館に向かってまっすぐ進むと，道路沿いに消防署がある。

ウ　玉江橋から見て，「はぎ」駅は北西の方向に位置している。

エ　Ｃ地点の標高は，Ｄ地点の標高より低い。

2 次の図を見て，あとの⑴～⑺の問いに答えなさい。

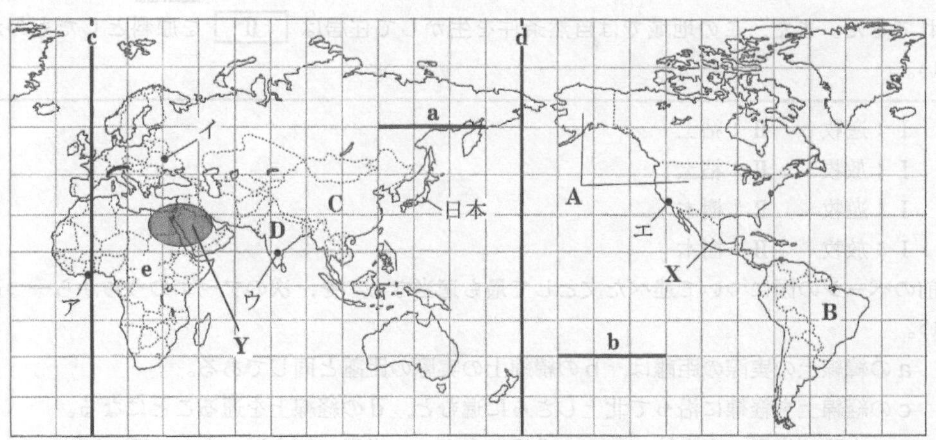

⑴ 図中の日本が午後３時のとき，午前８時である都市として最も適当なものを，図中のア～エのうちから一つ選びなさい。なお，サマータイム制度は考えないこととする。

⑵ 右のⅠ～Ⅲのグラフは，米，小麦，大豆のいずれかの生産割合を示したもので，グラフ中のA～Dは図中と同じ国を示している。Ⅰ～Ⅲのグラフにあてはまる農産物の組み合わせとして最も適当なものを，次のア～カのうちから一つ選びなさい。

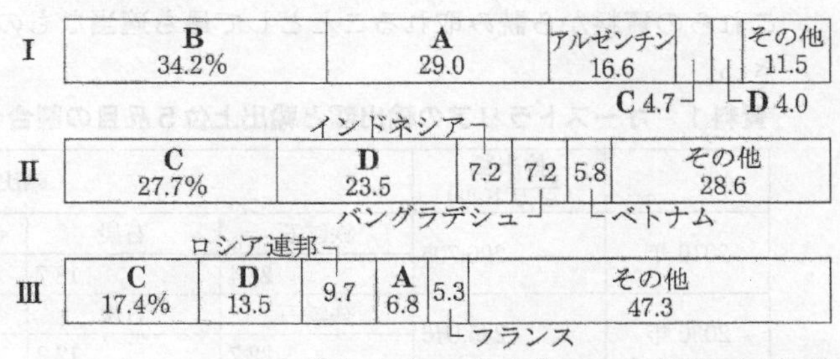

2019年（「データブック オブ・ザ・ワールド 2022」より作成）

ア　Ⅰ：小麦　Ⅱ：米　Ⅲ：大豆　　イ　Ⅰ：小麦　Ⅱ：大豆　Ⅲ：米
ウ　Ⅰ：米　Ⅱ：小麦　Ⅲ：大豆　　エ　Ⅰ：米　Ⅱ：大豆　Ⅲ：小麦
オ　Ⅰ：大豆　Ⅱ：米　Ⅲ：小麦　　カ　Ⅰ：大豆　Ⅱ：小麦　Ⅲ：米

⑶ 次のⅠ，Ⅱの文は，図中のAの国について述べたものである。Ⅰ，Ⅱの文の正誤の組み合わせとして最も適当なものを，あとのア～エのうちから一つ選びなさい。

Ⅰ　ICT関連企業の本社や研究所が集まっている地区は，北東部の五大湖周辺にある。
Ⅱ　世界有数の多民族国家で，近年はスペイン語を母国語とする人々の割合が増加している。

ア　Ⅰ：正　Ⅱ：正　イ　Ⅰ：正　Ⅱ：誤
ウ　Ⅰ：誤　Ⅱ：正　エ　Ⅰ：誤　Ⅱ：誤

⑷ 図中のXの国は，同じ州に属する国と自由貿易のための協定を結んでいる。その協定の略称として最も適当なものを，次のア～エのうちから一つ選びなさい。

ア　OPEC　イ　NAFTA（USMCA）　ウ　NATO　エ　ASEAN

⑸ 次のページの文章は，図中のYの地域の生活について述べたものである。文章中の［Ⅰ］，［Ⅱ］にあてはまる語の組み合わせとして最も適当なものを，次のページのア～エのうちから一つ選びなさい。

図中のＹの地域の砂漠地帯では，古くから家畜とともに移動する［Ⅰ］がさかんに行われてきた。また，この地域では自然条件を生かして住居は［Ⅱ］を原料としたものが多い。

ア　Ⅰ：遊牧　　Ⅱ：粘土
イ　Ⅰ：放牧　　Ⅱ：粘土
ウ　Ⅰ：遊牧　　Ⅱ：樹木
エ　Ⅰ：放牧　　Ⅱ：樹木

⑹　前のページの図について述べた文として最も適当なものを，次のア～エのうちから一つ選びなさい。

ア　ａの緯線上の実際の距離は，ｂの緯線上の実際の距離と同じである。
イ　ｃの経線上を経線に沿って北上しさらに進むと，ｄの経線上を通ることになる。
ウ　ｅの大陸は世界の六大陸のうち２番目に大きく，世界の三大洋の全てに面している。
エ　Ｂの国が位置している大陸には，熱帯と乾燥帯は見られるが，温帯は見られない。

⑺　みちやさんは，オーストラリアと中国の貿易について調べ，**資料1**，**資料２**のようにまとめた。これらの資料から読み取れることとして最も適当なものを，あとのア～エのうちから一つ選びなさい。

資料１　オーストラリアの輸出額と輸出上位５品目の割合の推移

	輸出額（百万ドル）	輸出上位５品目（%）				
2010年	206,705	鉄鉱石	石炭	金（非貨幣用）	原油	液化天然ガス
		21.4	18.7	6.3	4.5	4.1
2020年	245,046	鉄鉱石	石炭	金（非貨幣用）	肉類	機械類
		32.7	12.3	7.2	4.1	3.0

（「地理データファイル 2022 年度版」などより作成）

資料２　中国の輸入額と輸入上位５か国の割合の推移

	輸入額（百万ドル）	輸入上位５か国（%）				
2010年	1,394,199	日本	韓国	アメリカ合衆国	ドイツ	オーストラリア
		12.7	9.9	7.4	5.3	4.3
2020年	2,055,591	日本	韓国	アメリカ合衆国	オーストラリア	ドイツ
		8.5	8.4	6.6	5.6	5.1

（「地理データファイル 2022 年度版」などより作成）

ア　オーストラリアは2010年から2020年にかけて，輸出額が3,000億ドル以上増加している。
イ　2010年，2020年のオーストラリアの輸出上位５品目は，加工されていない一次産品である。
ウ　2010年，2020年ともオーストラリアから中国への輸出額は500億ドルを超えている。
エ　2010年と比べた2020年の中国の輸入相手先割合は，ヨーロッパ州以外の国は全て低下している。

3　次のページのＡ～Ｆのカードは，社会科の授業で，たろうさんが，「歴史上の人物」というテーマで学習を進め，年代の古い順にまとめたものの一部である。これらを読み，あとの⑴～⑺の問いに答えなさい。

A	聖武天皇の頃には a 天皇や貴族を中心とした国際色豊かな文化が栄えた。自然災害や人口増加などによる［ b ］の不足から，土地の私有を認める法令を出したため律令制が崩れるもととなった。
B	平清盛は武士として初めて太政大臣となるなど，c 平氏一族は朝廷の要職を独占し，「平氏にあらずんば人にあらず」とまで言われるほど栄華をほこった。
C	雪舟は若くして出家し京都の相国寺で絵を学び，遣明船に同乗して中国に渡り壮大な自然や古来の名作にふれて帰国した後，日本独自の水墨画の画法を大成した。
D	d 織田信長は比叡山延暦寺を焼き打ちにし，長篠の戦いで武田氏を鉄砲を効果的に使った戦法で破るなど敵対勢力をおさえて勢力を強め，全国統一を目指したが家来の謀反により滅ぼされた。
E	徳川家康は1600年の関ヶ原の戦いに勝利して３年後に幕府を開いた。江戸幕府は［ e ］世紀から19世紀まで200年以上続き，f 産業や文化が発展したが，幕末には激動する歴史の流れに直面した。
F	g 水野忠邦は老中に就任すると政治改革に着手したが，質素倹約を命じて出版や風紀を厳しく取りしまり，江戸・大阪周辺の大名・旗本領を直轄地にしようとして反発を買い，失脚した。

⑴　A，Eの文中の［ b ］，［ e ］にあてはまる語・数字の組み合わせとして最も適当なものを，次のア～エのうちから一つ選びなさい。

ア　b：口分田　　e：16　　　イ　b：荘園　　e：17

ウ　b：口分田　　e：17　　　エ　b：荘園　　e：16

⑵　Aの文中の下線部aに関連して，次のⅠ～Ⅲは，天皇や貴族が中心となって政治を行っていた時期に起こったできごとについて述べたものである。Ⅰ～Ⅲの文を年代の古いものから順に並べたものを，あとのア～カのうちから一つ選びなさい。

Ⅰ　白河天皇は位をゆずって上皇となった後も，自らの住まいである院で政治を行った。

Ⅱ　天皇の子と弟が後継ぎをめぐり戦ったが，天皇の弟が勝利し天武天皇として即位した。

Ⅲ　大宝律令が制定され，天皇を中心に法に基づいて国をおさめる体制が築かれた。

ア　Ⅰ→Ⅱ→Ⅲ　　イ　Ⅰ→Ⅲ→Ⅱ　　ウ　Ⅱ→Ⅰ→Ⅲ

エ　Ⅱ→Ⅲ→Ⅰ　　オ　Ⅲ→Ⅰ→Ⅱ　　カ　Ⅲ→Ⅱ→Ⅰ

⑶　Bの文中の下線部cに関連して，平氏が政治の実権をにぎることができた理由として最も適当なものを，あとのア～エのうちから一つ選びなさい。

ア　東北地方で起こった前九年の役・後三年の役をしずめたことで，朝廷からの信頼を得たから。

イ　藤原氏にならい，平氏の娘を天皇のきさきとして生まれた子を次の天皇に立てたから。

ウ　対立する藤原氏などの貴族にさまざまな理由をつけて左遷するなど，朝廷から退けたから。

エ　長く続いた南北朝の対立をおさめて，中国の皇帝から日本の国王として認められたから。

(4)　Cの文の時代における農村の様子について述べた文として最も適当なものを，次のア～エのうちから一つ選びなさい。

ア　有力な農民を中心に惣と呼ばれる自治組織がつくられ，寄合を開き村のおきてが定められた。

イ　全国で一律の基準で田畑の面積や収穫量が調査され，農民は土地の所有権が認められた。

ウ　土地に対する支配を強める地頭の横暴をかな書きの訴状にまとめて，訴え出る農民たちが出た。

エ　備中鍬や千歯こきなど新しい農具が開発されて農業生産が増え，商品作物の栽培も広まった。

(5)　Dの文中の下線部ｄに関連して，右の**資料**は，織田信長が定めた法令の一部を示したものである。**資料**を読み，次のⅠ，Ⅱの文の正誤の組み合わせとして最も適当なものを，あとのア～エのうちから一つ選びなさい。

資料

安土城下の町中に対する定め 一，この安土の町は楽市としたので，いろいろな［　X　］は廃止し，さまざまな税や労役は免除する。 一，往来の商人は中山道を素通りせず，この町に宿を取るようにせよ。 （一部省略）

Ⅰ　［　X　］には，当時営業を独占していた同業者組合を指す「座」があてはまる。

Ⅱ　この法令は，交通の要地に関所をつくって人々の往来を監視し，通行者から通行料を徴収する目的で出された。

ア　Ⅰ：正　Ⅱ：正　　イ　Ⅰ：正　Ⅱ：誤
ウ　Ⅰ：誤　Ⅱ：正　　エ　Ⅰ：誤　Ⅱ：誤

(6)　Eの文中の下線部ｆに関連して，次のⅠ～Ⅳのうち，この時代における産業や文化について正しく述べた文はいくつあるか。最も適当なものを，あとのア～エのうちから一つ選びなさい。

Ⅰ　九十九里浜ではいわし漁がさかんに行われ，そこでとれたいわしを天日干しにして干鰯と呼ばれる肥料に加工して，各地に販売された。

Ⅱ　洋書の輸入制限が緩和されたことにより，杉田玄白らはオランダ語の解剖書を翻訳した「解体新書」を出版し，国学が発展するさきがけとなった。

Ⅲ　たびたびききんが起こり，米価が高騰して生活が苦しくなった都市部の貧しい人々が，米を買い占めた大商人などを集団で襲う打ちこわしが多発した。

Ⅳ　元禄期には上方と呼ばれる京都と大阪で新たな文化がおこり，そこでは松尾芭蕉が俳諧の芸術性を高め，伊能忠敬は正確な日本地図を作成した。

ア　一つ　イ　二つ　ウ　三つ　エ　四つ

(7)　Fの文中の下線部ｇに関連して，この人物が政治を行う直前に，幕府の元役人であった人物が弟子らと反乱を起こす事件があった。この事件が起こった場所として最も適当なものを，右の図中のア～エのうちから一つ選びなさい。

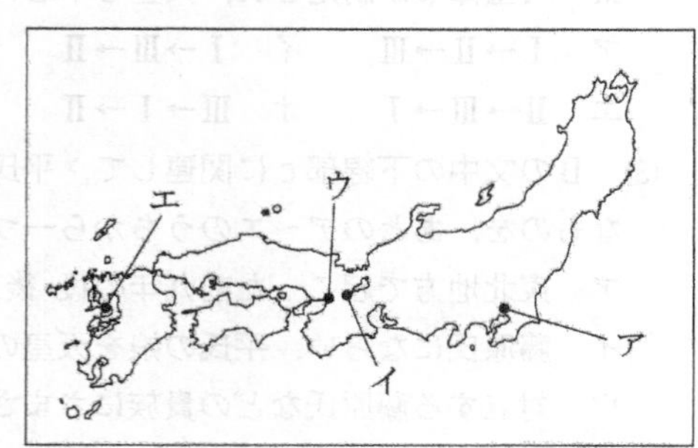

4 次の略年表は，ゆきえさんが，19世紀半ば以降の日本と世界の主なできごとを調べ，まとめたものである。これに関して，あとの⑴～⑹の問いに答えなさい。

年 代	日本の主なできごと	年 代	世界の主なできごと
1877	西南戦争が起こる……………………（A 始）		
		1882	三国同盟が結ばれる
	A		
1901	a 八幡製鉄所が操業を開始する		
1911	関税自主権の回復を実現する……………（A 終）	1911	辛亥革命が起こる
		1920	国際連盟が設立される
1925	b 普通選挙法と治安維持法が制定される		
	B	1929	c 世界恐慌が起こる
1945	広島と長崎に原子爆弾が投下される	1945	国際連合が設立される
1960	安保闘争が起こる		
		1962	キューバ危機が起こる
1964	東京オリンピックが開かれる		C
1972	沖縄が日本に返還される		
		1989	マルタ会談で冷戦の終結が宣言される
		2001	アメリカ同時多発テロが起こる
2011	東日本大震災が起こる		

⑴ 次の資料は，略年表中のAの時期における綿糸の国内生産量，輸入量，輸出量の推移を示したものである。資料から読み取れることがらについて述べたあとのⅠ，Ⅱの文の正誤の組み合わせとして最も適当なものを，下のア～エのうちから一つ選びなさい。

資料

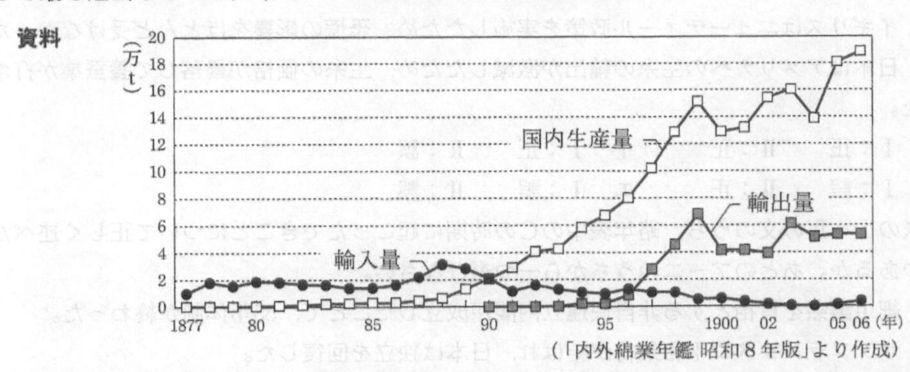

（「内外綿業年鑑 昭和８年版」より作成）

Ⅰ 綿糸の輸出量がはじめて輸入量を上回ったのは，日清戦争が始まったあとで，日露戦争が始まる前のことである。

Ⅱ 1890年から1900年にかけての10年間で綿糸の国内生産量は10万ｔ以上増加し，1905年には国内生産量の約４分の１以上を輸出に回した。

ア Ⅰ：正 Ⅱ：正　　イ Ⅰ：正 Ⅱ：誤

ウ Ⅰ：誤 Ⅱ：正　　エ Ⅰ：誤 Ⅱ：誤

⑵ 略年表中の下線部ａに関連して，このできごとと最も近い時期に世界で起こったことがらとして最も適当なものを，次のページのア～エのうちから一つ選びなさい。

ア　ビスマルクの指導の下，プロイセン王国は諸国を統一してドイツ帝国となった。
イ　「扶清滅洋」を唱えて外国勢力の排斥を訴える義和団が，反乱を起こしたが鎮圧された。
ウ　アメリカ合衆国の北部と南部の間で，奴隷貿易や自由貿易をめぐって南北戦争が起こった。
エ　レーニンの指導の下に，ソビエトが結成され世界で初めての社会主義国家が誕生した。

(3)　次の文章は，略年表中の下線部ｂについて述べたものである。文章中の［Ⅰ］，［Ⅱ］にあてはまる語の組み合わせとして最も適当なものを，あとのア～エのうちから一つ選びなさい。

> 大正デモクラシーが広がり国民のさらなる政治参加を求める声が高まる中，［Ⅰ］内閣は普通選挙法を制定し，［Ⅱ］に選挙権が与えられることとなった。一方で，治安維持法を制定し，社会主義運動の取りしまりが強化された。こうした政策は当時，「アメとムチ」の政策と呼ばれた。

ア　Ⅰ：原敬　Ⅱ：満20歳以上の男女　　イ　Ⅰ：加藤高明　Ⅱ：満25歳以上の男子
ウ　Ⅰ：原敬　Ⅱ：満25歳以上の男子　　エ　Ⅰ：加藤高明　Ⅱ：満20歳以上の男女

(4)　次のⅠ～Ⅲは，略年表中のＢの時期に起こったできごとについて述べたものである。Ⅰ～Ⅲの文を年代の**古いものから順に**並べたものを，あとのア～カのうちから一つ選びなさい。
Ⅰ　国家総動員法が制定され，政府が人や物を戦争に強制的に動員できるようになった。
Ⅱ　日本の海軍が真珠湾を奇襲攻撃したことなどを機に，太平洋戦争が始まった。
Ⅲ　日本は，満州からの日本軍の撤退を勧告した国際連盟を脱退した。
ア　Ⅰ→Ⅱ→Ⅲ　　イ　Ⅰ→Ⅲ→Ⅱ　　ウ　Ⅱ→Ⅰ→Ⅲ
エ　Ⅱ→Ⅲ→Ⅰ　　オ　Ⅲ→Ⅰ→Ⅱ　　カ　Ⅲ→Ⅱ→Ⅰ

(5)　略年表中の下線部ｃに関連して，次のⅠ，Ⅱの文は，世界恐慌について述べたものである。Ⅰ，Ⅱの文の正誤の組み合わせとして最も適当なものを，あとのア～エのうちから一つ選びなさい。
Ⅰ　イギリスはニューディール政策を実施したため，恐慌の影響をほとんど受けなかった。
Ⅱ　日本はアメリカへの生糸の輸出が激減したため，生糸の価格が暴落して養蚕業が打撃を受けた。
ア　Ⅰ：正　Ⅱ：正　　イ　Ⅰ：正　Ⅱ：誤
ウ　Ⅰ：誤　Ⅱ：正　　エ　Ⅰ：誤　Ⅱ：誤

(6)　次のⅠ～Ⅳの文のうち，略年表中のＣの時期に起こったできごとについて正しく述べた文はいくつあるか。あとのア～エのうちから一つ選びなさい。
Ⅰ　細川護熙を首相とする非自民連立内閣が成立したことで，55年体制が終わった。
Ⅱ　サンフランシスコ平和条約が結ばれ，日本は独立を回復した。
Ⅲ　日ソ共同宣言が調印されて，日本が国際連合に加盟することが事実上認められた。
Ⅳ　石油価格の高騰にともなう石油危機が起こり，日本の高度経済成長が終わった。
ア　一つ　　イ　二つ　　ウ　三つ　　エ　四つ

5　あとのレポートは，はなこさんか国民の政治参加についてまとめたものの一部である。これを読み，あとの(1)～(5)の問いに答えなさい。

今日の民主政治は，国民がａ<u>選挙</u>で選んだ代表者によって構成される議会を中心に行われている。日本ではその議会とはｂ<u>国会</u>であり，ｃ<u>内閣も国会の信任なしには成立できない</u>。またｄ<u>裁判</u>

所は，国会・内閣が定めた法律・政令などが憲法に違反していないかどうか判断するため，国会・内閣から圧力を受けるなどの弊害がないよう，司法権の独立がしっかりと保たれる必要がある。

また，民主政治は国だけで終わるものではない。日本の各地域にはそれぞれ地域ごとに異なった課題があり，生活に必要な条件も異なるため，e各地域の住民が自分たちで自分たちの課題に取り組むこと，つまり「地方自治」が尊重されるとする基本的な考え方が日本国憲法にも盛り込まれた。

⑴　下線部ａに関連して，次のⅠ，Ⅱの文は，日本の選挙制度について述べたものである。Ⅰ，Ⅱの文の正誤の組み合わせとして最も適当なものを，あとのア～エのうちから一つ選びなさい。

Ⅰ　近年投票を棄権する人が増加して投票率が低下しているため，国は，有権者が期日前に投票したり，インターネットを使って投票したりできるように制度を改正した。

Ⅱ　国政選挙で導入されている比例代表制は得票に応じて政党に議席が配分されるため死票が少なくなる利点はあるが，小政党が分立して政治が不安定になりやすい。

ア　Ⅰ：正　Ⅱ：正　　イ　Ⅰ：正　Ⅱ：誤

ウ　Ⅰ：誤　Ⅱ：正　　エ　Ⅰ：誤　Ⅱ：誤

⑵　下線部ｂに関連して，次の資料は，2021年における主な国会の動きをまとめたものである。資料中の［Ⅰ］～［Ⅲ］にあてはまる語の組み合わせとして最も適当なものを，あとのア～エのうちから一つ選びなさい。

資料

１月18日	［Ⅰ］が召集された。
６月16日	［Ⅰ］の会期が終了した。
10月４日	内閣が必要であると認めたため，［Ⅱ］が召集された。
10月14日	衆議院が解散された。
10月31日	衆議院議員総選挙が行われた。
11月10日	［Ⅲ］が召集された。

（「衆議院資料」より作成）

ア　Ⅰ：臨時会（臨時国会）　Ⅱ：特別会（特別国会）　Ⅲ：常会（通常国会）

イ　Ⅰ：常会（通常国会）　Ⅱ：臨時会（臨時国会）　Ⅲ：特別会（特別国会）

ウ　Ⅰ：臨時会（臨時国会）　Ⅱ：常会（通常国会）　Ⅲ：特別会（特別国会）

エ　Ⅰ：常会（通常国会）　Ⅱ：特別会（特別国会）　Ⅲ：臨時会（臨時国会）

⑶　下線部ｃに関連して，次のⅠ～Ⅳのうち，国会や内閣について正しく述べた文はいくつあるか。最も適当なものを，次のページのア～エのうちから一つ選びなさい。

Ⅰ　法律案について，衆議院と参議院が異なった議決をした場合，衆議院で出席議員の３分の２以上の多数で再び議決したときは，衆議院の議決が国会の議決となる。

Ⅱ　予算について，衆議院と参議院で異なった議決をした場合，両議院の意見を調整するために開かれるのは公聴会である。

Ⅲ　内閣が規制緩和を進めすぎると，自由な競争が失われて価格が高くなったり，技術革新が遅れたりするなど，国民の利益が損なわれることがある。

Ⅳ　衆議院で内閣不信任決議が可決された場合，10日以内に，内閣は衆議院を解散するか，総辞職しなければならない。

ア　一つ　　イ　二つ　　ウ　三つ　　エ　四つ

(4)　下線部ｄに関連して，次の文章は，日本の裁判について述べたものである。文章中の［W］，［X］にあてはまる語の組み合わせとして最も適当なものを，あとのア～エのうちから一つ選びなさい。

> 刑事裁判は，犯罪の事実があったかどうかを判断し，その事実があった場合はどのような刑罰を科すかを決める裁判である。逮捕された被疑者の容疑が固まると，検察官は被疑者を［W］として裁判所に［X］し，ここから刑事裁判が始まることとなる。

ア　W：被告人　X：控訴　　イ　W：原告　X：起訴
ウ　W：被告人　X：起訴　　エ　W：原告　X：控訴

(5)　下線部ｅに関連して，地方自治において認められている直接請求の内容，必要署名数，請求先の組み合わせとして最も適当なものを，次のア～エのうちから一つ選びなさい。

ア

請求内容	必要署名数	請求先
議会の解散	有権者の50分の１以上	選挙管理委員会

イ

請求内容	必要署名数	請求先
条例の制定や改廃	有権者の50分の１以上	首長

ウ

請求内容	必要署名数	請求先
条例の制定や改廃	有権者の３分の１以上	選挙管理委員会

エ

請求内容	必要署名数	請求先
議会の解散	有権者の３分の１以上	首長

6　次の文章を読み，あとの(1)～(5)の問いに答えなさい。

私たち個人や家族での経済活動を家計という。家計の支出の消費の割合や$_{a}$貯蓄の割合を定期的に見直し，改善していくことは重要である。このうち，家計が行う消費は企業の生産活動と同様に$_{b}$経済活動の一つであるが，市場に任せるだけでは様々な不都合や不公正が生じるため，国が$_{c}$家計や企業から集めた税をもとに財やサービスを提供し，$_{d}$日本銀行と協力して景気の安定を図り，市場で働く$_{e}$労働者の生活を安定させるため，所得の再分配などを行っている。

(1)　下線部ａに関連して，次のⅠ～Ⅳの文のうち，貯蓄について述べた文はいくつあるか。あとのア～エのうちから一つ選びなさい。

Ⅰ　怪我をしたので，病院で治療を行い窓口で治療費を支払った。
Ⅱ　家を建てるため，土地を購入するのに必要な代金を支払った。
Ⅲ　バスの乗車料金を支払い，遠方の祖父母に会いに行った。
Ⅳ　事故や災害に備えて生命保険に加入して，その料金を支払った。

ア　一つ　　イ　二つ　　ウ　三つ　　エ　四つ

(2)　下線部ｂに関連して，あとのⅠ～Ⅳの文のうち，経済の仕組みについて正しく述べた文はいくつあるか。次のページのア～エのうちから一つ選びなさい。

Ⅰ　タクシーの運賃やクリーニング代，スマートフォンの端末の代金は，いずれもモノ（財）ではなくサービスの購入である。
Ⅱ　訪問販売や電話勧誘などで購入した商品の契約を，一定期間内であれば無条件に解除できる制度をキャッシュレス制度という。

Ⅲ　欠陥商品により消費者が被害を受けたときの企業の責任について定めた法律は，消費者基本法である。

Ⅳ　鉄道の運賃や郵便料金，水道料金など国民生活に大きな影響を与えるものについては，公共料金として国や地方公共団体が決定・認可している。

ア　一つ　イ　二つ　ウ　三つ　エ　四つ

⑶　下線部ｅに関連して，次のⅠ，Ⅱの文は，日本の税について述べたものである。Ⅰ，Ⅱの文の正誤の組み合わせとして最も適当なものを，あとのア～エのうちから一つ選びなさい。

Ⅰ　所得税には，所得が高い人ほど税率が高くなる累進課税の仕組みが取り入れられている。

Ⅱ　消費税は，税を納める人と税を実際に負担する人が異なる間接税の一つである。

ア　Ⅰ：正　Ⅱ：正　イ　Ⅰ：正　Ⅱ：誤

ウ　Ⅰ：誤　Ⅱ：正　エ　Ⅰ：誤　Ⅱ：誤

⑷　下線部ｄに関連して，次の文章は，一般的に日本銀行が行っている金融政策について述べたものである。文章中の Ⅰ ， Ⅱ にあてはまる語の組み合わせとして最も適当なものを，あとのア～エのうちから一つ選びなさい。

> 日本銀行は通貨量を調節して日本の景気や物価の安定を図る金融政策を行う。例えば，景気が悪いときには国債などを Ⅰ ことにより，市場に出回る通貨量を Ⅱ とする。景気がよいときはこの逆のことを行う。

ア　Ⅰ：銀行から買う　Ⅱ：減らそう　イ　Ⅰ：銀行に売る　Ⅱ：増やそう

ウ　Ⅰ：銀行から買う　Ⅱ：増やそう　エ　Ⅰ：銀行に売る　Ⅱ：減らそう

⑸　下線部ｅに関連して，次の**資料**は，1990年と2020年の労働力人口と雇用形態別労働者数を示したものである。あとの文章は，**資料**をもとに日本の雇用の変化について述べたものである。文章中の Ⅰ ， Ⅱ にあてはまる語の組み合わせとして最も適当なものを，あとのア～エのうちから一つ選びなさい。

資料

	労働力人口（万人）	正規雇用（万人）	非正規雇用（万人）
1990年	4,369	3,488	881
2020年	6,868	3,539	2,090

（総務省「労働力調査」などより作成）

> 近年経済のグローバル化などによる競争の激化や産業構造の変化を受けて，雇用の形態は大きく変化している。1990年に労働力人口に占める非正規雇用の割合は約５人に１人だったが，2020年には約 Ⅰ 人に１人にまで高まっている。こうした雇用の流動化が急速に進んでいる背景には，非正規雇用の賃金が正規雇用より Ⅱ ことなどがあげられる。

ア　Ⅰ：２　Ⅱ：高い

イ　Ⅰ：２　Ⅱ：低い

ウ　Ⅰ：３　Ⅱ：低い

エ　Ⅰ：３　Ⅱ：高い

7 次の文章を読み，あとの⑴～⑷の問いに答えなさい。

2022年は，a日本国憲法が施行されてからちょうど75周年の年である。日本国憲法が成立したのは未曽有の被害をもたらした第二次世界大戦が終わり，b国際社会が平和と民主主義へ向けて大きく歩み出した時期であり，憲法の中にもその気概や信念が色濃く反映されている。また，市民社会形成の中で獲得されてきた多くの人権が「人類の…努力の成果」として保障された。

一方，私たちが暮らす社会は，科学や技術，学問，芸術，宗教，政治など人間がつくり出したものによって成り立っている。最新の進歩した文化もあれば，伝統的に受け継がれている文化もまたある。そこから生まれる価値観や意識は多様であり，そうした人々が共存するとき，それぞれのc権利や利害が対立することもある。とりわけ，近年技術の進歩によりd現代社会が激動の中にある今，憲法で高らかにうたわれた気概や信念もまた変化を求められているのではないかという意見もある。日本国憲法が施行されて75年が経った今，日本国憲法の価値を再検討する時期に来ているのかもしれない。

⑴ 下線部ａに関連して，次のⅠ～Ⅳの文のうち，日本国憲法について正しく述べた文はいくつあるか。あとのア～エのうちから一つ選びなさい。

Ⅰ 日本国憲法では国民の義務として，教育を受ける義務，勤労の義務，納税の義務をそれぞれ定めている。

Ⅱ 日本国憲法は国の最高法規であるため，憲法に違反する一切の法律や命令，行為などはすべて効力をもたないとされている。

Ⅲ 日本国憲法で基本的人権は「侵すことのできない永久の権利」として最大限に尊重され，制約を受けることは全くない。

Ⅳ 国や地方の機関に対して請願を行ったり，憲法改正の国民投票に投票したりすることも，日本国憲法で保障されている。

ア 一つ　イ 二つ　ウ 三つ　エ 四つ

⑵ 下線部ｂに関連して，次のⅠ～Ⅳの文のうち，国際社会に関する問題について正しく述べた文はいくつあるか。あとのア～エのうちから一つ選びなさい。

Ⅰ 核兵器不拡散（核拡散防止）条約（NPT）は，核保有国以外の国が核兵器を持つことを禁止しているが，この条約に加わらない国もある。

Ⅱ 政府開発援助（ODA）は，発展途上国の経済や福祉の向上のために，さまざまな技術や資金の援助を行うものである。

Ⅲ 国連は紛争が起こった地域で，停戦や選挙の監視などの平和維持活動（PKO）を行っているが，日本の自衛隊はこの活動に一度も参加していない。

Ⅳ 持続可能な開発目標（SDGs）は，貧困や飢餓をなくしたり，教育を普及させたりするためにいくつかの目標を掲げている。

ア 一つ　イ 二つ　ウ 三つ　エ 四つ

⑶ 下線部ｃに関連して，次のページの文章は，基本的人権をめぐる争いについて述べたものである。文章中の［Ⅰ］，［Ⅱ］にあてはまるものの組み合わせとして最も適当なものを，次のページのア～エのうちから一つ選びなさい。

> ある出版社が，大手芸能プロダクションに所属するタレントの家族が入会している宗教団体の名称や入会の経緯，活動内容などを週刊誌で特集しようとした。これに対し，芸能プロダクション側は［Ⅰ］の侵害を理由に出版差し止めを求めた。しかし，出版社側は［Ⅱ］を主張してゆずらなかったため，裁判で争われることとなった。

ア　Ⅰ：信教の自由　Ⅱ：知る権利　　イ　Ⅰ：プライバシー　Ⅱ：表現の自由
ウ　Ⅰ：信教の自由　Ⅱ：表現の自由　エ　Ⅰ：プライバシー　Ⅱ：知る権利

⑷　下線部ｄに関連して，次の**資料１**は，インターネットを利用した端末の割合（１年間にどの端末を使ってインターネットを利用したかという割合）の推移を示したものである。**資料２**は，2020年におけるインターネットを利用した端末の割合を関東地方の都県別に示したものである。**資料３**は，**資料１**，２から読み取ったことがらをまとめたものである。**資料１**，２中のＡ～Ｄにあてはまる端末の組み合わせとして最も適当なものを，あとのア～カのうちから一つ選びなさい。

資料１

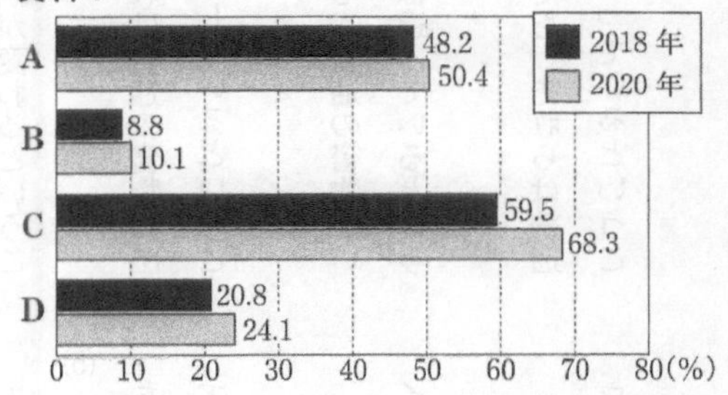

資料２　（%）

	A	B	C	D
茨城県	45.5	12.6	62.9	25.5
栃木県	43.7	10.5	66.1	25.7
群馬県	43.9	8.3	65.6	20.7
埼玉県	51.4	9.8	71.8	23.2
千葉県	50.2	9.1	68.3	24.3
東京都	64.8	11.7	75.2	29.2
神奈川県	60.3	10.6	77.6	33.3

（**資料１**，**２**とも，総務省「通信利用動向調査」より作成）

資料３

> ・2018年から2020年にかけてインターネット利用端末の割合が３％以上増加しているのは，スマートフォンとタブレット型端末である。
> ・2020年におけるインターネット利用端末の割合が関東地方の全ての都県で20％を超えたのは，パソコン，スマートフォン，タブレット型端末である。
> ・2020年における千葉県のスマートフォンの利用割合を上回っている都県は，千葉県以外に全部で三つある。

ア　Ａ：スマートフォン　Ｂ：携帯電話　Ｃ：パソコン　Ｄ：タブレット型端末
イ　Ａ：パソコン　Ｂ：携帯電話　Ｃ：タブレット型端末　Ｄ：スマートフォン
ウ　Ａ：タブレット型端末　Ｂ：パソコン　Ｃ：スマートフォン　Ｄ：携帯電話
エ　Ａ：スマートフォン　Ｂ：パソコン　Ｃ：タブレット型端末　Ｄ：携帯電話
オ　Ａ：パソコン　Ｂ：携帯電話　Ｃ：スマートフォン　Ｄ：タブレット型端末
カ　Ａ：携帯電話　Ｂ：タブレット型端末　Ｃ：スマートフォン　Ｄ：パソコン

ア　歌・物語を書く人についてよい人、悪い人と思っても、同じ人が普通の書物を書いた場合は、その人に対する評価が変わるということ。

イ　歌・物語でよい人、悪い人が登場しても、それは普通の書物に出て来るよい人、悪い人とは正反対の描かれ方をしているということ。

ウ　よい人、悪い人という言葉が頻繁に使われても、普通の書物がいうよい人や悪い人は、世間一般の定義の仕方とは違っているということ。

エ　歌・物語でよい人、悪い人という表現があっても、それらは普通の書物がいうよい人、悪い人とは意味合いが違っているということ。

オ　よい人、悪い人の議論がさかんになっても、普通の書物が決めているようなよい人、悪い人のあり方が変わることはないということ。

(3)　文章中のB時にふれ所にしたがひの意味として最も適当なものを、次のア～オのうちから一つ選びなさい。

ア　何か機会があるごとに、場所に合わせて

イ　時間がたつにつれ、その場にふさわしく

ウ　何かあるにつけて、上の立場の者にならって

エ　年月を経て、そのときどきの事情によって

オ　年齢にふさわしく、場面に応じて

(4)　文章中のCおのづからの意味として最も適当なものを、次のア～オのうちから一つ選びなさい。

ア　積極的に　イ　一般的に　ウ　自然と

エ　いっそう　オ　故意に

(5)　本文の内容を述べたものとして最も適当なものを、次のア～オのうちから一つ選びなさい。

ア　歌・物語は、儒教や仏教のように守るべき教えはなく、儒教や仏教で教えられるよいことと悪いことが似ているのと違って、歌・物語の世界における善悪は他の世界の考えとは似ていない。

イ　儒教や仏教の世界はよいことや悪いことの明確な基準がないが、歌・物語は人や国を大きく変えてしまうようなものではないため、歌・物語の世界で独自に統一した明確な善悪の基準が存在している。

ウ　儒教や仏教は民衆や国家のためにそれぞれにきまった善悪の基準があるが、歌・物語は儒教や仏教と違って自由な世界であるため、その世界において唯一と言えるような善悪の基準はない。

エ　歌・物語には、儒教や仏教のように厳格な善悪に関する教えはないが、歌・物語の世界の中で、その作品がよいか悪いかを判断するような決まりは仏教や儒教と同じように存在している。

オ　歌・物語には、儒教や仏教のように人々を導く教えはないが、儒教と仏教それぞれの世界に独自のよい悪いの考えがあるのと同じで、歌・物語の世界における独自の善悪の基準が存在している。

な様子を見せるなど、「僕」がどう思うのかを気にして緊張していた。

(7) この文章について、このあとどのように展開するのか、文章中の表現や情景描写をもとに、クラスで話をしている。本文の内容をふまえて、最も適当な発言をしているものを、次のア～オのうちから一つ選びなさい。

ア　この文章は、「僕」が、現在の自分自身について違和感を抱いたままで終わっています。その違和感によって、「僕」がこのまま放送部にいるべきなのかと悩む場面が続くだろうと思います。

イ　「僕」が放送室に入ったときに、気持ちが前向きになっていく様子が描かれています。このあとは、「僕」は放送部の活動をがんばろうと決意して、陸上部への思いを振り切ると思います。

ウ　「僕」は、夢のような気分から覚めて、このままでいいのかと自分に尋ね、答えがわからない様子が読み取れます。「僕」は陸上部がよいのか、放送部を続けるのか決められないという展開が続くと思います。

エ　最終的に「僕」の気持ちが現実に向いて、落ち着いたことが読み取れます。このあとは、「僕」が放送部のメンバーといつものように過ごそうと、さらに気を取り直そうとすると思います。

オ　最後に「僕」が今の自分としっかり向き合い、日常の大切さに気づく様子が描かれます。このあとは、放送部のメンバーとやりとりしながら、自分の心が揺れ動いたことを反省する姿も描かれると思います。

三　次の文章を読み、あとの(1)～(5)の問いに答えなさい。

「よし」「悪し（あ）」の（ア）指すところ、変はりあるゆゑなり。指すところ変はりあるとは、尋常（注1）の書に悪しとする事の（イ）、歌・物語にてはよしとする事あり、歌・物語にて悪しとする事の、尋常の書にてはよしとする事も（ウ）あるなり。

ゆゑにAよき人悪しき人といへるも、尋常の書にいふよき人悪しき人とは定むるところ異なるなり。

すべてよし悪しといふものは、Bその道その道によりて変はり、また時にふれ所にしたがひ、事によりても（エ）変はりあるなり。仏の道にてよしとする事も、儒家（注2）（じゅか）にては悪しとし、儒道にてよしとする事も、仏家にて悪しとすることもあるやうに、よし悪し変はることあり。歌・物語は、儒仏の道の（オ）やうに、惑ひ（注3）（まど）を離れて悟りに入る道にも（カ）あらず、身を修め（注4）、家を斉（とと）へ、国を治（をさ）むる道にもあらねど、Cおのづからその中につきてもまた一様（ひとやう）のよし悪しあるなり。（本居宣長『紫文要領』による）

（注1）尋常の＝普通の。
（注2）儒家＝儒教学派。
（注3）惑ひを離れて悟りに入る道＝仏教のこと。
（注4）身を修め、家を斉へ、国を治むる道＝儒教のこと。

(1) 文章中の二重傍線部ア～カの助詞のうちから、主格（主語を示す）として用いられているものを**二つ**選びなさい。

(2) 文章中にAよき人悪しき人といへるも、尋常の書にいふよき人悪しき人とは定むるところ異なるなりとあるが、これはどういうことか。その説明として最も適当なものを、次のページのア～オのうちから一つ選びなさい。

後を考えてそわそわしているが、あまりにも気持ちが先走りすぎてあとで失望するのが怖くなり、かえって落ち着きをなくしている。

ウ　原島先生が、ずっと前から自分を陸上部に誘おうとしていたことがありかたく、心が弾んでいるが、実際に走ることができるかどうか思い悩んで、他のことや周囲が目に入らなくなっている。

エ　原島先生が、自分を高く評価するようなことを言ったのは、陸上部に誘うためのうそのように感じて心がざわついたが、本心ではうれしいと感じていることも自覚して恥ずかしくなっている。

オ　原島先生が、自分に期待を抱いていることに驚いて、舞い上がりそうになっていることを認識したため改めて冷静に自分を客観視しようとしたところ、思うようにいかず余計に混乱している。

(5)　文章中に[E]今の僕なら、そんなふうには思わないはずだ　とあるが、「僕」がこのように感じるのはなぜか。最も適当なものを、次のア～オのうちから一つ選びなさい。

ア　映画の主人公と同じような状況にいる今の「僕」は、仮想世界から戻れないのは、大切なものを失った現実から目を背けているのではなく、前に進んでいくためにも必要なことだと考えているから。

イ　映画の主人公と同じような状況にいる今の「僕」は、仮想世界に浸ってしまうのは、現実がつらいことだけが理由ではなく、大切なものを取り戻したいという切実な願いによるものだと理解しているから。

ウ　映画の主人公と同じような状況にいる今の「僕」は、仮想世界に行ってしまうのは、現実をよりよいものにするために、大切なものを取り戻そうとする強い意志が反映された結果だと感じているから。

エ　映画の主人公と同じような状況にいる今の「僕」は、大切なものを失った人間にとって、仮想世界は決して楽しい場所ではなく、現実より強い心が必要な過酷さにあふれた場所だと感じているから。

オ　映画の主人公と同じような状況にいる今の「僕」は、大切なものを失った人間が仮想世界に入ったとしても、一瞬で現実に引き戻されてしまうので、現実から逃げることができないとわかっているから。

(6)　文章中の原島先生についての説明として**適当でないもの**を、あとのア～カのうちから**二つ**選びなさい。

ア　現在の「僕」について放送部に所属していることは知っているが、放送部の活動についてはよく知らず、あまり関心がない態度でいる。

イ　「僕」の思いや状況をいくつか確認するような質問をしたあとに本題を話していて、言いたいことを切り出すまでに時間をかけている。

ウ　「僕」が、自分と似ていることで、同情心を持ち、好成績を残すことがなくても、走りの楽しさを知ってほしいと思っている。

エ　「僕」が質問をしなくても、「僕」が気にしていることを読み取って答えを話していて、話を進めていく強引さとともに察しのよさもある。

オ　陸上に熱心で、三年前に村岡先生の勧めで「僕」の走りを見てから、自分に似ていることに気付いて、いい選手だと思っていた。

カ　「僕」を陸上部に勧誘する前に気持ちを抑えて気合いを入れるよう

れはどういうことか。最も適当なものを、次のア～オのうちから一つ選びなさい。

ア　村岡先生が、自分のことを原島先生に何でも話していたということがわかってもやもやしたが、村岡先生にはとても世話になっているので特に文句を言うこともないと冷静な気持ちでいる。

イ　原島先生は村岡先生から聞いた話をもっと詳しく探ろうとしているようだが、自分でも先のことはほとんどわからず言えることはないため、原島先生の配慮のなさを不快に感じている。

ウ　原島先生と村岡先生の関係を聞いていろいろと納得できたが、陸上部に入ることを断念した自分にはあまり関係ないことなので、どう反応していいかわからないため困惑している。

エ　原島先生と村岡先生が知人だということがわかって安心することができたが、陸上をやめた自分が二人に心配をかけていることが申し訳なく、それ以上踏み込んだ話はやめようと決意している。

オ　原島先生と村岡先生が先輩と後輩の関係だとわかり興味深く感じるものの、原島先生が自分に関心を持つ理由がよくわからず、気軽に話もできないので、警戒した気持ちでいる。

(3)　文章中に C原島先生の投げるボールは、先生が言葉を重ねるごとに力を増し、僕の胸へとぶち当たる とあるが、これはどういうことか。最も適当なものを、次のア～オのうちから一つ選びなさい。

ア　原島先生の話は、走ることの大切さを伝え、徐々に真剣さが増してきたので、「僕」は目をそらしていたことを深刻に考えざるを得ず、陸上から離れたいといっそう思うようになっているということ。

イ　原島先生の話が、「僕」が陸上に復帰できるようにと、どんどん親身になる内容になってきたので、「僕」はもう一度走ることができるような希望がわき、先生の思いに応えたいと感じているということ。

ウ　原島先生の話は、「僕」が陸上部に入ることを真剣に望んでいることがじわじわと伝わるものだったので、かえって「僕」はもとのように走れない現実を突きつけられ、内心では傷ついているということ。

エ　原島先生の話が、「僕」を陸上部に勧誘するという核心に近づいていき、その態度も熱心になっていくので、「僕」が自分の弱さや陸上への未練を自覚させられ、心が乱されているということ。

オ　原島先生の話が、「僕」が陸上から離れていることを暗に責めるようなもので、口調もどんどん本気になっていくので、「僕」がその勢いに押されて、陸上から逃げていることに気付かされているということ。

(4)　文章中に D体が分裂して、ふわふわと浮かんだ自分がもう一人の自分を見ているような感じがするけれど、そのもう一人も浮かんでいて、どちらもまったく地に足がついていない、不思議な感覚だ とあるが、このときの「僕」の様子の説明として最も適当なものを、あとのア～オのうちから一つ選びなさい。

ア　原島先生に注目されていたことがわかり、過去の自分が報われたように感じて浮かれているが、もう一度陸上をするかどうかを考えなくてはいけないと思って感情的にもなっている。

イ　原島先生が、自分の才能に関心を持っていることがうれしく、今ムが似ているとも言われた。

実感が伴わない分、真剣に考える。考えれば考えるほど、聞き間違いだったのではないかと、実感が薄れていく。

体育教官室から教室まで、僕はまっすぐ歩けていただろうか。授業中に当てられて、きちんと答えられただろうか。昼食の弁当のおかずも思い出せないし、正也と久米さんにおもしろい本を薦められたような気がするけれど、タイトルの頭文字すら出てこない。

D体が分裂して、ふわふわと浮かんだ自分がもう一人の自分を見ているような感じがするけれど、そのもう一人も浮かんでいて、どちらもまったく地に足がついていない、不思議な感覚だ。

――何かあった？

昼食を終えて、非常階段から教室に戻っている途中に、正也に訊ねられたような気もするけれど、何と答えたっけ？

思い出せ。今、現実に起きていることを意識しなければ、たちまち僕の頭の中は、緑色のユニホームを着て走っている自分の姿で覆い尽くされてしまう。

大切なものを失った主人公が、自分が憧れた仮想世界から戻れなくなってしまうという内容の映画を見たことがある。まだ事故に遭っておらず、ただ毎日、駅伝の全国大会を目指して走り続けていたころだ。

僕は映画の主人公を、現実逃避している心の弱い人物だと感じた。なぜ、その映画が僕でも見に行くくらいヒットしているのか、さっぱりわからなかった。だけど、E今の僕なら、そんなふうには思わないはずだ。

もう一度、思い切り走れる世界に行くことができるなら、二度と戻ってきたくはない。たとえそこが、すぐに覚めてしまう夢の世界だとしても。

それでも、放課後になると、正也が教室前に迎えに来て、一緒に放送室に向かう。

重いドアを開けて中に入ると、ふわふわと浮いていた自分の片方が、しっかりと床に着地して両足で立ったような感覚に囚われた。

浮いたままの方の僕が問いかける。

おい圭祐、ここはおまえの居場所なのか？

立っている僕は、静かに頷いた。（湊かなえ『ブロードキャスト』による）

（注）フォーム＝走る（運動する）ときの姿勢。

(1) 文章中にAはい……とあるが、このように言ったときの「僕」の気持ちとして最も適当なものを、次のア～オのうちから一つ選びなさい。

ア 手術のあとに走ってもよいということは、高校の先生たちは知らないはずなのに、どうやって原島先生に伝わったのか不審に思う気持ち。

イ 自分が手術を受けて走れるようになることを、自分と関わりがほとんどない原島先生に気にかけてもらうのが申し訳ない気持ち。

ウ 高校の関係者には隠そうとしていた手術の話が、いつの間にか知られてしまっていることに対する動揺を抑えようとする気持ち。

エ 村岡先生が、原島先生に自分の手術やリハビリについて話してしまっているのだろうと推測して、裏切られたように感じる気持ち。

オ 手術やそのあとの回復の見通しについてはまだ確実ではないのに、原島先生に知られてしまってよいのか不安になる気持ち。

(2) 文章中にBだからといって、僕に続ける言葉はないとあるが、こ

「そう、です」

「全国大会出場が決まったって聞いたけど、町田も出るのか？」

出る。先生たちにも、放送部の活動はいまいち理解されていないということか。

「いいえ。三年生が、出ます」

「そうか。まあ、まだ入部したばかりだもんな。本格的な活動はこれからだろう」

いや、ガッツリ参加しました。とは言えない。いつまでここにいればいいのだろう。

原島先生は一度下を向いたかと思うと、グッと目を見開いて僕を見た。

「なあ、町田。陸上部に入らないか？」

原島先生は、今、何と言った……。

「僕が、陸上部？」

青天の霹靂(へきれき)、寝耳に水、藪(やぶ)から棒、ひょうたんから駒。乏しい知識の中から、今の気持ちに一番合うものは、などと考えてしまうのが、すでに現実逃避だ。

「高校在学中に好成績を出すのは難しいかもしれない。だけど、走ることを少しずつでも続けていれば、大学、社会人と、次に繋(つな)がる可能性がある」

「でも……」

練習についていけない僕は、他の部員の足を引っ張ることになるのではないだろうか。たとえ、個人競技だとしても。いや、僕は本気でそんなことを案じているのか？　思うように走れないもどかしさを、今以上に突きつけられるのが怖いだけではないのか。

「まあ、もう新しい部活に入っているわけだし、無理にとは言わない。ただ、陸上という選択肢が、まだあるってことを、夏休みのあいだにでも、もう一度、考えてみてくれ」

C 原島先生の投げるボールは、先生が言葉を重ねるごとに力を増し、僕の胸へとぶち当たる。もう、受け止めきれないくらいに。

「どうして、僕なんかを誘ってくれるんですか？　陸上部には、スポーツ推薦で入学したすごい選手がいっぱいいるのに」

事故に遭っていなくても、僕など、活躍できるかどうかわからないのに。

「走り方が、俺に似てるんだって」

「えっ？」

「三年前だったかな。村岡がいきなり電話をかけてきて、何の急用かと思ったら、先輩のフォーム(注)を彷彿(ほうふつ)とさせる新入生がいるんです、本人は短距離を希望しているし、三〇〇〇メートルのタイムもそれほど良くないですけど、いい選手になると思うんですよね、だってさ」

思考が半分以上停止し、先生の言っていることがいまいち理解できない。

「良太のことですか？」

「何を、とぼけてるんだ。町田圭祐、おまえのことだよ。村岡から、おまえが一般入試で青海を受けるって聞いて、俺は楽しみにしていたんだ」

顧問の原島先生に、陸上部入部を勧められた。原島先生に走るフォー

二　次の文章を読み、あとの⑴～⑺の問いに答えなさい。

> 「僕（町田圭祐）」は、三崎中学校の陸上部に所属し、駅伝で全国大会出場を目指していた。その後、陸上の名門校である青海学院高校に進学したが、ケガのため陸上部に入ることを断念し、放送部で活動する。六月、「僕」は、体育の単位をとるため、水田先生から「駅伝」をテーマにしたレポートを課され、中学時代の自分や他のメンバーの各大会のタイムについて表やグラフを作成してまとめることにした。

週が明け、六月最後の月曜日の朝、完成させたレポートを体育教官室に提出しに行くと、水田先生はまだ出勤しておらず、代わりに、その場にいた先生が預かってくれることになった。以前、印刷室で声をかけられた、陸上部の顧問、原島先生だ。

「おっ、町田圭祐か」

またもやフルネームで僕を呼びながら、渡したレポートをパラパラとめくり出す。

「タイトルは『エース不在の駅伝大会』か。このエースって、山岸良太のことだよな」

原島先生が良太を知っているのは当然だけど、どうして、僕のレポートとすぐに結びつけることができるのか。

「え、あ、はい。そうです」

体育教官室はすでに、冷房が効いているのに、僕の額には汗が噴き出してきた。

「なかなか興味深い内容だな。ところで、夏休みに膝の再手術をするんだって？」

先生はレポートから顔を上げて、椅子に座ったまま、僕をまっすぐ見上げた。

「は、はい。そうです」

僕は手の甲で汗を拭いながら答えた。

「成功したら、リハビリを兼ねて、少しずつ走ってもよくなるんだよな」

A「はい……」

僕は胸の内で首をかしげた。手術をすることは、担任を通じて水田先生に伝えてもらっている。それを同じ体育科の原島先生が知っていてもおかしくはない。

だけど、そのあとのことは、青海学院の先生の誰にも言っていない。

知っているのは、僕、母さん、そして……。

「村岡は中学、高校、大学と、陸上部の一学年下の後輩なんだ」

そう、村岡先生。僕が事故で入院しているあいだ、ほぼ毎日見舞いに来てくれていた。回復の見通しについて、僕から先生に話したことはないけれど、母さんから聞いたかもしれないし、直接、先生が医者に訊ねた可能性もある。

村岡先生と原島先生は同じ大学の陸上部。駅伝の強豪校だ。だから、三崎中陸上部のユニホームも、青海学院陸上部のユニホームも、その大学の陸上部のユニホームとよく似た、緑色なのか。

B だからといって、僕に続ける言葉はない。

「じゃあ、レポート、水田先生に……」

「確か、放送部だったよな」

ゴニョゴニョと口ごもる声は原島先生には聞こえなかったのか、ドッジボールをまっすぐ投げるような調子で、質問が飛んできた。

ア　人間が身体によって直接体感できる実体として存在するという他にはない特徴によって常に新たな感動を与えるため、人間がその感覚を記憶でき、その結果、人間の創造力を強化する性質。

イ　人間の生命や知の原初を象徴する概念として人間の意識に常に存在することで、人間にその媒質としての役割を感覚的に覚えさせ、人間の身体の内部から意欲を高めることができる性質。

ウ　人間が身体を通して直感的に発想を触発するような物質性を帯びているため、直接触れて加工する過程において色や質感を感知させ、人間の気持ちを上向かせる性質。

エ　人間の生命や情報など人間の根本を象徴するような色や質感を持っているため、人間の身体の感覚や意欲と強い親和性があり、日常的に文字をのせる書写材として人間に寄り添ってきた性質。

オ　人間が直接見たり触れたりできる物質として人間の身近に存在することで、その特徴的な色や質感を日常の中でくり返し感覚的に捉えさせて、人間を刺激する性質。

(7)　筆者が想定している現代の人々の紙に対する態度や考え方を説明したものとして**適当でないもの**を、次のア～カのうちから**二つ**選びなさい。

ア　かつて紙が担ってきた役割はほとんど電子メディアに取って代わられ、メディアとしての紙は駆逐されると考えている。

イ　電子メディアと比較して、紙のメディアは無機質で独自性がないと考え、ただ文字や図を書くための平面と捉えている。

ウ　紙が印刷技術によってメディアとして高い地位を占めていたことは認識しつつも、すでに時代遅れの技術だと考えている。

エ　電子メディアが発明され普及したことで、紙を電子メディアとの比較で捉え、もっぱら印刷メディアとして扱っている。

オ　紙の発明やその色が白いことは普通のことだと受け止め、それらがもたらす恩恵も、あって当然のこととして享受している。

カ　電子メディアが行き渡った現代でも、紙は電子メディアよりもコミュニケーション手段としてすぐれた部分があると考えている。

(8)　本文全体の論旨として最も適当なものを、次のア～オのうちから一つ選びなさい。

ア　このまま電子メディアが世界の中心になり続けると、人間の創造性が消失し新しい文化も生み出されなくなるので、電子メディアを紙のような媒介物として扱う方法を模索する必要がある。

イ　電子メディアが社会で最重要な媒体となっている今、電子メディアによって文化を発展させていくには、紙のような媒介物がどのように創造性を育んだのかを知識として学んでいくことが大切だ。

ウ　電子メディアが進展し続けている今、電子メディアの意義をより理解するためにも、紙を実際に使い続けることで創造性を高めることを実感し、文化を育てる媒介物の重要性を見つめ直すべきである。

エ　現代社会を支える電子メディアは媒質を持たず、人間に創造する力を与えるような深みが欠落しているので、紙のような媒質の価値を再認識し、必要に応じてメディアを使い分けていくべきである。

オ　電子メディアが今後さらに発展することを考えると、紙に実際に向き合い、媒介物がどう人間に作用しているかを正負の面から評価し直して、電子メディアに還元することが必要である。

ア (i) a (ii) c　イ (i) c (ii) f
ウ (i) c (ii) e　エ (i) d (ii) a
オ (i) e (ii) b　カ (i) e (ii) c
キ (i) f (ii) b　ク (i) f (ii) e

(3) 文章中にB「実用」の観点から見るとあるが、本文の内容をふまえて、紙の発明について「実用」の観点から見ることの具体例を挙げる場合に、**適当でないもの**を、次のア～オのうちから一つ選びなさい。

ア 紙と板を比べてメッセージを書く速度がどのくらい変化し、それがどのくらい人間関係に影響したかを捉える。
イ 紙は薄いので多くの情報を書き残しやすく、持ち運びやすいという性質があることに注目し、紙の持つ記録の役割について考える。
ウ 思いついたことを白紙に書く行為によって、自分の考えを整理して行き詰まっている状況や問題を解決しようとする。
エ イラストで衣装のデザインを描いた紙を印刷して他者に配布し、決定したデザインのイメージを通知しておく。
オ 自分で紙に直接書き写すことと、印刷して大量に複製することの違いを考え、金銭的・時間的なメリットを検討する。

(4) 文章中の C ・ E に入れる語句の組み合わせとして最も適当なものを、次のア～オのうちから一つ選びなさい。

ア C むしろ　E そのため
イ C ただし　E たとえば
ウ C しかし　E あるいは
エ C 一方で　E つまり
オ C さらに　E なぜなら

(5) 文章中の段落[5]～[8]までの段落相互の関係の説明として最も適当なものを、次のア～オのうちから一つ選びなさい。

ア 段落[5]で媒質としての紙に焦点を当て、段落[6]・[7]で紙と似た働きをした媒質を取り上げ人間への作用を具体的に説明し、段落[8]で別の例を示し、人間と媒質との関わりについて筆者の主張をまとめている。
イ 段落[5]で媒質とは何かを簡潔に説明し、段落[6]・[7]で筆者自身の体験をもとに紙と似た性質の媒質と人間の関係を考察し、段落[8]では電子メディアと似た媒質を取り上げ、その問題点を指摘している。
ウ 段落[5]で媒質の存在の重要性を指摘し、段落[6]・[7]は紙以外の媒質の具体例を取り上げて、それをどういかすべきかという考えを述べ、段落[8]では別の例を示して媒質が重要である根拠を説明している。
エ 段落[5]で紙の媒質としての特徴に触れ、段落[6]・[7]ではこれまでに存在した媒質の歴史を説明して紙の特徴との相違点を述べ、段落[8]で紙と同様の働きをした媒質を例に紙の持つ働きを明らかにしている。
オ 段落[5]で紙を例に媒質について疑問を投げかけ、段落[6]・[7]で人間に貢献した紙以外の媒質を例にして疑問に対する答えを述べ、段落[8]ではさらに掘り下げて、媒質に関する筆者の主張を示している。

(6) 文章中にD紙の本質とあるが、これは紙のどのような性質か。最も適当なものを、次のページのア～オのうちから一つ選びなさい。

さい。

あとの段落に紙の発明が文字や印刷を介在させた文化の発展につながったことが説明されているように、この傍線部では紙の誕生が人類に並外れた影響をもたらしたと指摘しています。さらに、筆者は紙が白いことが人類の文化史に大きく影響していると言っていますね。紙が白いことの影響について考えていきましょう。

【意見１】

筆者は、白い紙の持つイメージを、「無垢な静謐さ」や「未発のときめき」という言葉を使って説明しています。たとえば、何も書いていない部分が白い色ではなくても「余白」や「空白」という言葉で表現するように、白い紙には「まだ何もない」というイメージが強くあります。こうしたイメージやそれに対する人間の気持ちに注目すると、紙が白いことがどう影響しているかも見えてくるのではないかと思います。

↓ [i]

【意見２】

文章中には、紙が白色でない場合を仮定して、紙が白いことの効果を説明しています。紙が白くない場合に考えられるのは、黒い色で書いた文字や図がとても見えづらいことです。このように紙が白くない場合を想定して考えると、白い紙が発明されたことは、人間が紙をどのように使い、どのようなことを感じるかにも影響していると思います。

↓ [ii]

a　紙の色が、利便性を重んじて白になったという経緯が説明され、その白さが自由さの象徴で人間がさまざまな色に改良できる可能性を秘めていたため、広く使用されたという主張が展開される。

b　紙の白さが書かれたものを際立（きわだ）たせ、紙の使いやすさにつながっていると指摘し、そうした白い紙に書かれたものを見るときの心地よさが、紙の発明を特別なものにしたという主張が展開される。

c　紙の白さは、紙を誕生させた人間の知識や理想を象徴しているということが説明され、その達成感がさらなる人間の創造欲を生むことにつながり、文化を発展させたという主張が展開される。

d　白い紙は、書かれたものがどのような形、色でも劇的な対比を生むことが指摘され、このように白い紙の存在を人間があまり意識しなかったことが、文化の発展につながったという主張が展開される。

e　白い紙の持っている独特の存在感が、人間の関心を引きつけてそれを使わなければいけないという思いにさせるため、表現するための媒質として白い紙が選ばれたという主張が展開される。

f　白い紙が内包している力や雰囲気が、人間にとって好ましいもので、新しく何かを表現しようという前向きな気持ちにさせるため、紙が広く使われ文化の発展につながったという主張が展開される。

（注１）枚葉＝平判（平らな状態の紙）で、巻いていない紙。
（注２）末発＝まだ起こっていないこと。
（注３）漉き簀＝紙を漉くときに原料を掬いあげるための簀子(すのこ)。竹などを編んで作られた。
（注４）アースカラー＝大地の茶色や自然の緑色など地球をイメージした色。
（注５）特異点＝数学で用いられる言葉で、ここでは基準から大きくはずれているところを意味している。
（注６）グーテンベルク＝十五世紀ドイツの、活版印刷技術の創始者。
（注７）媒質＝ある作用などを他に伝える媒介となるもの。
（注８）テクスチャー＝質感。素材感。
（注９）ドライヴ＝駆動すること。
（注10）ニュートラル＝中立の。動力が伝達されない状態。

(1) 文章中の～～～①～⑤に相当する漢字を含むものを、次の各群のア～オのうちから、それぞれ一つずつ選びなさい。

① キンイツ
ア　小物はキンチャクに入れて持ち歩く。
イ　試合はキンサの勝負になった。
ウ　演奏がキンセンに触れた。
エ　彼はキンセイのとれた体型をしている。
オ　自宅でキンシンすることになった。

② セマく
ア　歯並びをキョウセイする。
イ　劇的な展開にネッキョウする。
ウ　ヘンキョウな考え方を反省する。
エ　避難場所をテイキョウする。
オ　彼はキョウドの誇りだ。

③ ドウサツ
ア　ドウクツの探検を企画する。
イ　よくドウガンだと言われる。
ウ　野球のデンドウ入りが決まる。
エ　金庫にあったドウカの価値を調べる。
オ　飛行機のドウタイを写真に撮る。

④ シンリャク
ア　オンラインでのシンリョウを実施する。
イ　できるだけシンチョウに行動する。
ウ　政界にゲキシンが走る。
エ　他国の市場をシンショクする。
オ　あと少しのシンボウだ。

⑤ ヒヨク
ア　ヒクツになる必要はない。　イ　心身ともにヒヘイしている。
ウ　有名作家のセキヒを探す。　エ　大臣をヒメンする。
オ　組織が徐々にヒダイする。

(2) 文章中にA白い紙の発明は人類史の中でもひときわ強い光を放つ出来事であったと想像されるとあるが、これについてクラスで次のような話し合いが行われ、【意見１】【意見２】の意見が出された。このあと、それぞれの主張はどのように展開されると考えられるか。本文をふまえて、［ i ］［ ii ］に入る展開内容をａ～ｆから選び、その組み合わせとして最も適当なものを、あとのア～クのうちから一つ選びな命や情報の原像としての「白」を象徴している点で、人類の発想を触発し続けてきた知の触媒である。もしも電子技術を手にした後に紙が発明されたとしても、感覚を意欲させ、創造性をあおる白い枚葉を手にして、おそらく人類はそこでも大きなイマジネーションを得たに違いない。

5 紙は印刷メディアであると言われる。電子メディアの登場によって、紙はことさらこう呼ばれるようになったが、媒質(注7)を持たないことが特徴である電子メディアと違って、紙には「メディア」という概念では言及できない性質があり、そこにD紙の本質がある。

6 文化や文明を少し感覚的な視点で観察すると、その時代に常に人間の近くにあり感覚を覚醒させ、創造への意欲をかきたてた媒質というものが見つかる。たとえば石器時代の石斧などを実際に手で握ってみるとそれが腑に落ちる。石という物質の触り心地や重量感、そして程よい加工適性が人類をその気にさせたのだ。石器時代は驚くほど長い。ひとつの石斧の形が百万年にもわたって伝承されたという。数千世代にもわたって、ひとつの道具の形が継承されるような時間や営みを現代人がイメージすることは難しい。しかし石器という物体の重さと硬さ、持ち心地やテクスチャー(注8)が、人類の感覚を鼓舞し、石器文化というものをドライ(注9)ヴさせていく原動力になったことは、それに触れることで直感的に理解できる。今日においてすら、僕は石器を手にしてときめきを覚えた。そのときめきは人間を創造の営みに駆り立てる衝動のようなものだ。

7 鉄の時代においても同様の③ドウサツが可能だろう。鉄という硬くしなやかで加工性に富んだ媒質が、感覚的に農耕や戦争という能動性を鼓舞したのではなかろうか。鋤や鍬を地面に振り落とし、その先端が土に突き刺さる感触は、土地を開墾し、荒涼たる大地に人為による安らかなる場所を拓いていく意欲を誘ったはずであり、また白い鋼を研磨することで生まれる鋭利な刃というものの質感が、④シンリャクへの野望や生死に関わる独特の意識を人の心に宿らせたはずである。

8 バビロニアの時代には楔形文字を刻んだ粘土板という媒質がある。粘土板というものは、必ずしも真っ平らな平面ではない。その多くははちきれそうに膨らんでいる。資料でぱんぱんに膨らんだ手帳のようである。表面にはびっしりと細やかな楔形文字が刻み付けられている。なぜ、粘土板がこんなにも膨らんで反り返っているのか。おそらくは、手で持てる携帯可能な物体に、より多くの表面積をもたらせるためにそうなったのではないかと想像される。［E］、粘土板にコンパクトに文字を刻み付けるという強い意欲が、より小さな文字の刻印、そして少しでも多い表面を生み出す心性を育み、粘土板の膨らみを生み出したのではないか。文字を彫りつけられたこの固体から、そういう意欲のほとばしりを読み解くことができる。文化は人間の意欲に呼応している。意欲という帆をはちきれんばかりに膨らませる風の一翼を担うもの。そういう物質が、文化や文明の傍らには必ずある。

9 紙もまた、その白さと張りによって、人類の意欲をそそり続けてき(注10)たのである。紙は単に文字や写真をのせるための無機質でニュートラルな平面ではない。紙の白やその物質性と感覚的に対話を続けることで、人間はそこに⑤ヒヨクな表現の領域を育むことができた。書籍はそのようなものとして文化の中に立ち上がってきた道具である。今日、電子メディアの意味を考え、掘り下げる上でも、空気のように自分たちの日常に寄り添い、そこに力を与え続けてきた媒介物の意味を、感覚を通して評価し直す必要があるのではないだろうか。

（原研哉『白』による）

【国　語】（五〇分）〈満点：一〇〇点〉

一　次の文章を読み、あとの(1)～(8)の問いに答えなさい。なお、1～9は段落番号である。

1　紙は白い。これはごく当たり前のことのようだが、紙が白いということは決して普通のことではない。A白い紙の発明は人類史の中でもひときわ強い光を放つ出来事であったと想像される。紙は今日あまりにも日常的に存在しているので、僕らはその特別さにすっかり慣れてしまっている。しかしながら、前の章でも述べた通り、暮らしの中で白は希少で特別なものであった。その特殊な性質を持った物質を、張りのある薄い枚葉(注1)として生み出すことができたわけであるから、紙の誕生が人間にもたらしたイマジネーションにははかりしれないものがあるはずだ。紙の発明は一般的には「書写材」の発明と言われているが、単にB「実用」の観点から見るのではなく、白い枚葉の誕生が覚醒させた「イマジネーション」をこそ問題にすべきではないか。確かに紙はメディアである。しかしメディアの本質は実用性のみならず、むしろそれが人間の創造性やコミュニケーションへの衝動をいかに刺激し鼓舞するかという点にある。

2　紙は、混沌（こんとん）から立ち上がってくる「いとしろしき」ものが物質化したものである。それは褐色の混濁からすくい集められた清浄さの極まりであり、この世に出現した顕在性と可能性のかたまりである。それを目の前にした人類はその未発(注2)の可能性に触発され、何かをその上に表現したくてたまらなくなったはずだ。

3　紙は西洋紀元の前後に中国で発明された。後漢の蔡倫（さいりん）がその製法を体系化したとされる。はじめはぼろ布を水の中で突き砕いてばらばらの繊維にしたものを漉き簀（す）(注3)で掬（すく）い上げて紙にしていたらしい。やがて紙は樹皮の繊維をそのまま叩（たた）きほぐして水中に分散させて漉かれるようになった。ベージュの樹皮から純白の紙が生まれてくる。樹皮はアースカラー(注4)であるが、必要な繊維だけを残して薄く漉きあげると真っ白な枚葉になる。紙には他の物質にはない独特の張りが備わっている。誤解を恐れずに言えば、もし紙が若葉のような緑色や、熟したような柿色をしていたならば、あるいはビニールのように張りのない触感であったならば、文字や印刷を介在させた文化が、紙の誕生を機にこのように急速には進展してこなかったかもしれない。しかしながら紙は偶然にも色としての属性を持たず、輝くような「白さ」と、ぴんとした「張り」をたずさえて人類史上に現れた。白には、ことが始まる前の無垢（むく）な静謐（せいひつ）さや、膨大な成就（じょうじゅ）を呼び込む未発のときめきがたたえられている。　C　、薄く①キンイツな素材は壊れやすくはかなげである。そのような白い紙に墨の黒色で文字や図を置く。その劇的なる対比。ここに人類史上最も重要な感覚の覚醒があったはずだ。文化史の中でひときわまばゆい光を放つイメージの特異点(注5)がここにある。

4　今日、電子メディアの進展によって紙の役割が変わりつつある。「グーテンベルク銀河の終焉（しゅうえん）」(注6)などという言葉も聞こえてくる。紙と印刷技術との相乗効果で生み出されたコミュニケーションの世界は、ひとつの宇宙の爆発的な誕生になぞらえられるわけだが、今日その銀河の命脈も残りいくばくということか。その比喩は面白いと思うが、紙をメディアと考えてその終焉を評する発想は、紙という物質の意味を少し②セマくとらえ過ぎてはいないだろうか。紙は書写・印刷材料である以上に、生

前期第1回

2023年度

解答と解説

《2023年度の配点は解答欄に掲載してあります。》

<数学解答>

1 (1) ア 5 イ 3 (2) ウ 2 エ 5 (3) オ 1 カ 3 キ 5
(4) ク 9 ケ 2

2 (1) ア 1 イ 8 (2) ウ 1 エ 2 オ 3 (3) カ 3 キ 2
(4) ク 1 ケ 4 コ 9

3 (1) ① ア 0 イ 1 ② ウ 8 エ 7 (2) ① オ 2 カ 0
② キ 3 ク 1 ケ 0

4 (1) ア 1 イ 0 ウ 3 (2) エ 8 オ 6 カ 3
(3) キ 8 ク 1 ケ 5 (4) コ 4 サ 5

5 (1) ア 3 イ 8 ウ 4 (2) エ 3 オ 8 カ 4 (3) キ 3
(4) ク 9 コ 5

○配点○
各5点×20 計100点

<数学解説>

1 (平方根の計算,2次方程式,平方数,角度)

基本 (1) $(\sqrt{6}-\sqrt{2})(3\sqrt{2}-\sqrt{6})-\sqrt{3}(3-4\sqrt{3})=6\sqrt{3}-6-6+2\sqrt{3}-3\sqrt{3}+12=5\sqrt{3}$

(2) $ax^2+3bx-10b=0$に$x=-10$を代入して,$a\times(-10)^2+3b\times(-10)-10b=0$ $100a-30b-10b=0$ $100a=40b$ $5a=2b$ よって,$a:b=2:5$

(3) $\sqrt{15n}$が整数になることから,$n=15k^2$(kは整数)と表せる。$\sqrt{360-n}=\sqrt{360-15k^2}=\sqrt{15(24-k^2)}$ $\sqrt{360-n}$も整数になることから,$24-k^2=15\ell^2$(ℓは整数)と表せる。$k=3$,$\ell=1$のときこの式が成り立つので,求めるnの値は,$n=15\times3^2=135$

(4) $\angle\text{CBD}=a$とすると,$\angle\text{ABC}=\angle\text{ACB}=4a$ $\triangle\text{DBC}$において内角と外角の関係から,$\angle\text{CBD}+\angle\text{DCB}=\angle\text{ADB}$ $a+4a=55°$ $5a=55°$ $a=11°$ $\angle\text{ABC}=11°\times4=44°$ よって,$\angle\text{BAC}=180°-44°\times2=92°$

2 (図形と関数・グラフの融合問題)

基本 (1) $y=x^2$…① $y=x+6$…② ①と②からyを消去すると,$x^2=x+6$ $x^2-x-6=0$ $(x+2)(x-3)=0$ $x=-2, 3$ ②に$x=3$を代入して,$y=3+6=9$ よって,B(3, 9) 点BはCDの中点だから,$9\times2=18$より,点Cのy座標は18

(2) ②に$x=-2$を代入して,$y=-2+6=4$ よって,A(−2, 4) 点Dのx座標は$3\times2=6$ よって,D(6, 0) 直線ADの傾きは,$\frac{0-4}{6-(-2)}=\frac{-4}{8}=-\frac{1}{2}$ 直線ADの式を$y=-\frac{1}{2}x+b$として点Dの座標を代入すると,$0=-\frac{1}{2}\times6+b$ $b=3$ したがって,直線ADの式は$y=-\frac{1}{2}x+3$

(3)　$y=-\frac{1}{2}x+3$…③　①と③からyを消去すると，$x^2=-\frac{1}{2}x+3$　$2x^2=-x+6$　$2x^2+x-6=0$　$(2x-3)(x+2)=0$　$x=\frac{3}{2}$，-2　よって，点Eのx座標は$\frac{3}{2}$

重要 (4)　①に$x=\frac{3}{2}$を代入して，$y=\left(\frac{3}{2}\right)^2=\frac{9}{4}$　よって，$E\left(\frac{3}{2},\ \frac{9}{4}\right)$　直線ECの式を$y=ax+18$として点Eの座標を代入すると，$\frac{9}{4}=\frac{3}{2}a+18$　$\frac{3}{2}a=\frac{9}{4}-18=-\frac{63}{4}$　$a=-\frac{63}{4}\times\frac{2}{3}=-\frac{21}{2}$　よって，直線ECの式は，$y=-\frac{21}{2}x+18$…④　②と④からyを消去すると，$x+6=-\frac{21}{2}x+18$　$2x+12=-21x+36$　$23x=24$　$x=\frac{24}{23}$　よって，直線ABとECの交点をPとすると，点Pのx座標は$\frac{24}{23}$　△ACEと△BCEの共通な辺CEを底辺とすると面積比は高さの比と等しくなる。点A，BからCEへ垂線AH，AIをひくと，△ACE：△BCE＝AH：BI＝AP：BP＝$\left\{\frac{24}{23}-(-2)\right\}:\left(3-\frac{24}{23}\right)=\frac{70}{23}:\frac{45}{23}=70:45=14:9$

3 (統計，確率)

基本 (1)　①　箱ひげ図より最小値は3点だから，$a=0$　第一四分位数が5.5から，得点が低い方から10番目は5点で11番目は6点になるので，$0+0+0+b+3+6=10$より，$b=1$

②　生徒の人数から，$1+3+6+c+d+5+6+4=40$，$c+d=15$…(ⅰ)　平均値から，$3\times1+4\times3+5\times6+6c+7d+8\times5+9\times6+10\times4=6.9\times40$　$6c+7d=97$…(ⅱ)　(ⅰ)×7－(ⅱ)から，$c=8$　$8+d=15$から，$d=7$

(2)　①　カードの取り出し方は，(1，2，3)，(1，2，4)，(1，2，5)，(1，2，6)，(1，3，4)，(1，3，5)，(1，3，6)，(1，4，5)，(1，4，6)，(1，5，6)，(2，3，4)，(2，3，5)，(2，3，6)，(2，4，5)，(2，4，6)，(2，5，6)，(3，4，5)，(3，4，6)，(3，5，6)，(4，5，6)の20通り

重要 ②　取り出した3枚のカードに書かれた数のうち最も大きい数をx，2番目に大きい数をy，最も小さい数をzとすると，$a-b=(100x+10y+z)-(100z+10y-x)=99x-99z=99(x-z)$　$99(x-z)=12n$(nは整数)から，$33(x-z)=4n$　$x-z$が4の倍数になる場合は，(1，2，5)，(1，3，5)，(1，4，5)，(2，3，6)，(2，4，6)，(2，5，6)の6通り　よって，求める確率は$\frac{6}{20}=\frac{3}{10}$

4 (平面図形の計量問題―円の性質，三平方の定理，三角形の相似)

基本 (1)　円周角の定理から，$\angle AOC=2\angle ABC=2\times60°=120°$　△AOCは二等辺三角形だから，$\angle OAC=\angle OCA=\frac{180°-120°}{2}=30°$　点OからACへ垂線OHをひくと，△OAHは$\angle OAH=30°$の直角三角形だから，$AH=10\times\frac{\sqrt{3}}{2}=5\sqrt{3}$　よって，$AC=2AH=2\times5\sqrt{3}=10\sqrt{3}$

(2)　点AからBCへ垂線AIをひくと，△ABIは$\angle ABI=60°$の直角三角形だから，$BI=\frac{16}{2}=8$，$AI=8\sqrt{3}$　△ACIにおいて三平方の定理を用いると，$IC=\sqrt{(10\sqrt{3})^2-(8\sqrt{3})^2}=\sqrt{108}=6\sqrt{3}$　よって，$BC=BI+IC=8+6\sqrt{3}$(cm)

(3)　$ID=IC+CD=IC+AC=6\sqrt{3}+10\sqrt{3}=16\sqrt{3}$　△AIDにおいて三平方の定理と用いると，$AD=\sqrt{(8\sqrt{3})^2+(16\sqrt{3})^2}=\sqrt{960}=8\sqrt{15}$(cm)

重要 (4)　△ADBと△CDEにおいて，∠Dは共通…①　円に内接する四角形の定理から，∠DAB＝∠DCE…②　①と②から2組の角がそれぞれ等しいので，△ADB∽△CDE　よって，AD：

CD＝AB：CE　$8\sqrt{15}：10\sqrt{3}＝16：CE$　$CE＝\frac{10\sqrt{3}\times16}{8\sqrt{15}}＝\frac{20\sqrt{3}}{\sqrt{15}}＝\frac{20\sqrt{45}}{15}＝\frac{60\sqrt{5}}{15}＝4\sqrt{5}$(cm)

5 (空間図形の計量問題─三平方の定理，表面積，体積，平行線と線分の比の定理)

基本 (1) 点PからABへ垂線PHをひくと，$AH＝\frac{12}{2}＝6$　△PAHにおいて三平方の定理を用いると，$PH＝\sqrt{(2\sqrt{34})^2-6^2}＝\sqrt{100}＝10$　よって，$△PAB＝\frac{1}{2}\times12\times10＝60$　したがって，求める表面積は，$12\times12+60\times4＝384(cm^2)$

(2) $AC＝12\sqrt{2}$　点Pから底面へ垂線PIをひくと，$AI＝\frac{12\sqrt{2}}{2}＝6\sqrt{2}$　△PAIにおいて三平方の定理を用いると，$PI＝\sqrt{(2\sqrt{34})^2-(6\sqrt{2})^2}＝\sqrt{64}＝8$　よって，求める体積は，$\frac{1}{3}\times12\times12\times8＝384(cm^3)$

重要 (3) DCの中点をJとして正四角すいを面PHJで切断したときの切断面は右の図のようになる。球の半径をrとすると，△OPH＋△OPJ＋△OHJ＝△PHJから，$\frac{1}{2}\times10\times r+\frac{1}{2}\times10\times r+\frac{1}{2}\times12\times r＝\frac{1}{2}\times12\times8$　$16r＝48$　$r＝3$(cm)

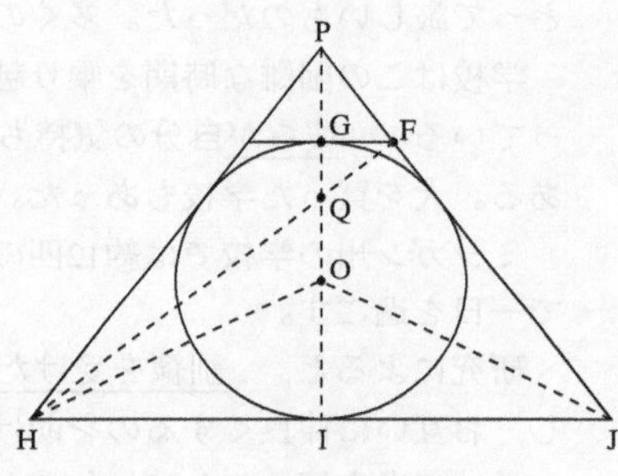

やや難 (4) 点EからDCに平行な直線をひきPJとの交点をFとし，点FからJHに平行な直線をひきPIとの交点をGとすると，GF：IJ＝PG：PI＝(8－3×2)：8＝1：4　点QはPIとFHの交点になるから，GQ：QI＝GF：HI＝GF：IJ＝1：4　$GQ＝6\times\frac{1}{5}＝\frac{6}{5}$　よって，$QO＝3-\frac{6}{5}＝\frac{9}{5}$

★ワンポイントアドバイス★

5(3)で，正四角すいの内接球の半径rは，$\frac{1}{2}r(PH+PI+HJ)＝△PHJ$で求めることができる。$\frac{1}{2}r(10+10+12)＝\frac{1}{2}\times12\times8$より，$r＝3$(cm)

＜英語解答＞

1 (1) C (2) B (3) A (4) C (5) A
2 (1) B (2) A (3) B (4) C (5) C
3 (1) B (2) A (3) C (4) B (5) C
4 (1) エ (2) イ (3) (3番目，6番目の順) カ，ウ (4) ア (5) ウ
(6) イ (7) ア (8) エ (9) (3番目，6番目の順) ア，イ
5 (1) ウ (2) イ (3) ウ (4) エ (5) イ (6) ア (7) エ
(8) イ
6 (1) ウ (2) ア (3) ア (4) エ (5) イ (6) エ (7) エ
(8) (3番目，6番目の順) オ，イ

○配点○
1・2・3　各2点×15　　4　(1), (4)～(6), (8)　各2点×5　　他　各3点×4
5・6　各3点×16　　計100点

＜英語解説＞

1～3　リスニング問題解説省略。

4　(長文読解問題・説明文：指示語，語句整序[分詞・間接疑問文]，語句補充)

(大意)　最近，子供たちが悲しみやストレスを感じている。気分を良くするために，ミシガン州の学校には特別なヘルパーを①取り入れたところもある。それらはセラピー犬だ。

なぜ犬を学校に連れて行くのか？彼らは子供たちを幸せにする。COVID-19は，世界中の学生にとって厳しいものだった。多くの人が孤独だった。愛する人を失った人もいる。

学校はこの困難な時期を乗り越えて生徒を助けようとしている。多くの学校がカウンセラーを雇っている。②彼らが自分の気持ちを管理するのを助けるために子供たちに技術を教え始めた学校もある。犬を買った学校もあった。

ミシガン州の学校では約12匹の犬が働いている。犬は先生や他のスタッフと一緒に暮らし，学校で一日を過ごす。

研究によると，③訓練を受けた犬は子供のストレスを下げることができる。犬は子供たちが勉強し，お互いに仲良くするのを助けることができる。

学校で犬を飼うことには欠点がある。犬は汚れている可能性があり，一部の人々はそれらにアレルギーがある。一部の子供たちは犬を恐れている。ミシガン州の学校の指導者たちは，この問題は制御できると言う。たとえば，新しい犬は高度に訓練され，低アレルギー性だ。そして，④もし彼らが望まないのなら，誰も犬と一緒にいる必要はない。

ある高校では，生徒たちは犬の誕生日パーティーさえした。名前はグレイビーだ。

グレイビーは茶色の犬だ。9月，彼女はセラピー犬⑤としてミシガン州の高校で働き始めた。彼女はマリア・キャプラによって世話をされている。

一部の学生は，グレイビーの誕生日が近づいている⑥ということを知った。彼らはグレイビーのためにパーティーを開くことができるかどうか尋ねた。キャプラは大丈夫だと言い，それがそれほど大きなパーティーになるとは思わなかった。

しかし，生徒たちは学校全体をパーティーに招待した。グレイビーの誕生日衣装を作った人もいた。他の人々は彼女に敬意を表して動物保護施設のためにお金を集め始めた。

パーティーの時間が来た⑦とき，そこには何百人もの子供たちがいた。キャプラは，グレイビーの誕生日パーティーは，子供たちが再び対面学習に慣れるのを助けたので，学校の子供たちにとって良かったと言った。

トレイシー・スーバはミシガン州の美術教師だ。チッパーと⑧名付けられた犬の世話をしている。彼女は学年の初めに起こったことを思い出した。

「子供が悲しんでいました。そこでチッパーは椅子のすぐ隣に横になることにしました。多くの場合，子供たちは⑨チッパーに何が悪いのかを伝えます。そのおかげで彼らは気分が良くなります。それはかなり魔法のようです」と彼女は言った。

(1)　bring in「取り入れる」

(2)　2文前にhelp studentsとあることから，themはstudentsを指していると判断できる。

重要　(3)　(Research has shown that a) trained dog can lower children's stress(.)　trainedはdog

を修飾する分詞の形容詞的用法である。

基本 (4) if ～「もし～ならば」

(5) as ～「～として」

(6) 接続詞 that を用いて learned の目的語を表している。

(7) when ～「～とき」

(8) named 以下は前の名詞を修飾する分詞の形容詞的用法である。

重要 (9) (A lot of times the kids) will tell Chipper what is wrong(.) 疑問詞が主語である間接疑問文は〈疑問詞＋動詞～〉という語順になる。

5 (長文読解問題・物語文：指示語，語句補充，要旨把握)

(大意) ある日，プロメーテウスは太陽を見上げ，弟のエピメーテウスを呼んだ。

彼は「私は人間に多くを与えましたが，今度は火を与えます。それは①私の最後で最大の贈り物になります。自分自身を暖め，食べ物を調理し，家を建てる道具を作ることができます。しかし，ゼウスは私に腹を立て，人間に火を与えたことで私を罰します。②ゼウスからの贈り物に注意をしてほしい。留守の間，人間の世話をしてください」と言った。

それからプロメーテウスは弟に別れを告げ，後でろうそくとして使用するために棒を持ってオリンパス山に行った。

一日の終わりに太陽が沈むとき，③プロメーテウスは棒を差し出して美しいボールに触れた。燃えているろうそくをコートの下に隠して，山を駆け下りて，木に火をつけた。

初めて火を見た人々は火に近づいた。

男はその熱を感じて泣いた。

別の人は，前に進み，赤い火にキスしようとした。火が彼のあごひげを燃やしたとき，誰もが彼の顔を笑った！

翌日，プロメーテウスは人間に火を使った料理の仕方や，金属から道具や武器を作る方法を教えた。この後，多くの素晴らしいものを作るために火を使った。しかし，ゼウスが④これらについて聞いたとき，怒ってプロメーテウスを呼んだ。

「プロメーテウス！」彼は雷の声で叫んだ。

「ゼウス王」とプロメーテウスは答えた。「私がしたことに対して私を罰することは知っていますが，あなたに2つのことを言わせてください。第一に，あなたは私が人間に与えた贈り物を奪うことはできません。第二に，あなたの敵であるタイタンが攻めてきたときに彼らと戦うのを助けることができるので，あなたは人間を滅ぼしたくないでしょう」

しかし，⑤プロメーテウスの言葉はゼウスをさらに怒らせ，彼は息子にプロメーテウスを山に連れて行き，岩に縛るように命じた。そしてゼウスはプロメーテウスに「そこにとどまり，冬の雪と夏の太陽を感じなさい，しかし誰もあなたを助けません！」と言った。

プロメーテウスは岩に結ばれた。ゼウスの息子はプロメーテウスに「毎日，ゼウスはあなたの腹部を食べるために暴力的な鳥を送ります，そしてあなたの腹部は毎晩再び成長するので，あなたの痛みは繰り返されます」鳥は毎日やって来て，彼の痛みの叫び声が山の向こう側に聞こえた。

ゼウスは人間を罰する計画を持っていた。彼は悪いもので満たされた金色の箱を持った最初の女性を地球に送った。女性の名前はパンドラだった。エピメーテウスは美しいパンドラを見て，恋に落ち，結婚した。残念ながら，悪いことが起こるはずだった。

エピメーテウスは兄の言葉を思い出し，パンドラに言った「箱を開けないでください。⑥中には恐ろしいものがたくさんあるに違いありません」しかし，パンドラは，ついにそれを開けた。その瞬間，世界のすべての悪いことが飛び出したー病気，悲しみ，憎しみ，嘘，盗みなど。

彼女は怖くなり，⑦箱を閉めた。彼女は小さな声を聞いた「私も出させてください！私は希望です」それで，彼女は再び箱を開けた。

箱に希望を置いたのはプロメーテウスだった。⑧人間がゼウスの黄金の箱を開けることを知っていたので，他のすべての悪いものと一緒に箱に密かに希望を入れた。ゼウスは人間を罰したかったが，プロメーテウスは人間がいくらかの希望を持って生きることを望んでいた。

基本 (1)　前文で「火を与えるつもりだ」とあることから「最後の最大の贈り物」は「火」であるとわかる。

(2)　ゼウスは地球にパンドラと金色の箱を送り込んだ。

(3)　「美しいボール」とは太陽のことであり，人間に「火」を与えるために行なっていることであるということがわかる。

(4)　all this はこの前の部分に書かれている「プロメーテウスが人間に火を与え，火の使い方を教え，人間が多くの素晴らしいものを作った」ことを指している。

(5)　プロメーテウスの言葉は，前の段落の発言の部分を参照する。人間がオリンパス山や全員を破壊することができるとは言っていない。

重要 (6)　「多くの恐ろしいもの」は，同じ段落の最終文に具体的にあげられている。

(7)　箱を閉めたのは，多くの恐ろしいものが飛び出し恐れたからである。

重要 (8)　この後の文で，プロメーテウスは人間に希望を持って生きてもらいたいと思ったとある。

6　**(長文読解問題・説明文：語句補充，要旨把握，語句整序問題[助動詞])**

(大意)　2022年5月2日月曜日，カリフォルニアのロケット会社であるロケットラボは，ヘリコプターを使用して，宇宙から落下するロケットから大型ブースターをキャッチした。ロケットラボは，部品を再利用することで打ち上げのコストを削減したいと考えている。

宇宙船を打ち上げるために，ロケットはいくつかの「ブースター」を使用する。ブースターは宇宙船を押し上げてから地球に落下する。ロケットラボのエレクトロンロケットは，衛星を宇宙に①送るために2つのブースターを使用する。

ロケットラボのピーター・ベックは「私たちは最初のブースターにコストの80％を費やしています。②そういうわけで，最初のブースターを再利用することでお金を節約し，物を宇宙に送るコストを削減しようとしています」

別のロケット会社であるスペースXは，特別なエンジンを使用して，ブースターが地球に戻るときにブースターの速度を落とす。ただし，ロケットラボのロケットははるかに③小さく，この方法で戻るのに十分な燃料を運ぶことができない。

過去に，ロケットラボは海からいくつかのブースターを回収したが，海水はブースターを損傷し，安全に再利用することを困難にする可能性がある。

月曜日に，ロケットラボはヘリコプターを使用して，ブースターが地球に落下したときにブースターをキャッチした。1,000キログラム近くの重さの12メートルの筒が宇宙から落下したときにキャッチすることは困難だ。しかし，それは④うまくいった－少なくともしばらくの間は。

ロケットを宇宙に押し込んだ後，ブースターは地球の上空約80キロメートルに達した。その後，落下し始め，時速8,400kmに達すると，ブースターの熱は2,730℃に達した。大気圏に落下するときに⑤燃え尽きるのを防ぐために，ブースターには熱保護があった。ブースターが大気圏で速度を落とした後，パラシュートが開いてさらに減速した。最後に，大きなパラシュートが開かれ，ヘリコプターがそれを捕まえることができるようにブースターをさらに遅くした。

ヘリコプターは，フック付きの強力なケーブルを使用して，1番目と2番目のパラシュートの間のケーブルをキャッチした。フックがブースターを支え，⑥徐々にブースターの落下が止まった。

ただし，テストは完全には成功しなかった。しばらくして，ヘリコプターのパイロットは，ヘリコプターがブースターの⑦重量を支えるのは安全ではないことに気づいた。彼らはブースターを解放し，後に海から回収された。ロケットラボはこのテストから多くのことを学び，⑧ヘリコクターが次回ブースターを安全に近くのボートに運ぶことができることを望んでいる。

(1) ブースターを使用する目的は，ロケットを宇宙に「送る」ためである。

(2) That's why ~「そういうわけで~」

(3) 十分な燃料を運ぶことができないとあることから，小さいということが判断できる。

(4) work「うまくいく」

(5) ブースターには熱保護があることから，燃え尽きることを防ぐためであるとわかる。

(6) 2つのパラシュートが開き速度が落ち，ヘリコプターがブースターのケーブルを捕らえたのでブースターの落下が止まったのである。

(7) ヘリコプターが支えているのは，ブースターの「重さ」である。

(8) (~ and hopes that) the helicopter will be able to take the booster (safely to a nearby boat next time.) 〈take A to ~〉「Aを~に連れていく」

★ワンポイントアドバイス★

文章量が多い問題であるが，その場で処理できる問題が多いため，素早く解くことができるように過去問や類似の問題集を用いて数多くの文章に触れれるようにしたい。

<理科解答>

1 (1) 1群 イ　2群 ア　(2) ウ　(3) エ　(4) カ
(5) あ 1　い 2　う 1　え 1　お 2　か 2

2 (1) ウ　(2) 1 ア　2 エ　(3) あ 5　い 0　(4) オ　(5) エ

3 (1) ウ　(2) エ　(3) あ 2　い 7　う 5　(4) エ
(5) あ 2　い 0　う 4　え 1　お 9　か 4

4 (1) ウ　(2) あ 5　い 0　(3) 1 イ　2 ア　(4) イ
(5) あ 0　い 1　う 3

5 (1) イ　(2) エ　(3) ウ　(4) 1 ア　2 ア　(5) あ 5　い 3

6 (1) ア　(2) 1群 ア　2群 ア　3群 イ　(3) 1 エ　い イ
(4) エ　(5) あ 4　い 8

7 (1) オ　(2) 1 ア　2 ウ　3 イ　(3) イ
(4) 1群 エ　2群 ウ　3群 ウ　(5) あ 1　い 1

8 (1) あ 1　い 0　(2) あ 3　い 6　う 0　え 0
(3) ウ　(4) 1 ア　2 イ　(5) あ 8　い 8

○配点○

1 (5) 4点(完答)　他 各2点×4((1)完答)　2 (4)・(5) 各4点×2
他 各2点×3((2)・(3)各完答)　3 (3)・(5) 各4点×2(各完答)　他 各2点×3
4 (5) 4点(完答)　他 各2点×4((2)・(3)各完答)　5 (5) 4点(完答)
他 各2点×4((4)完答)　6 (5) 4点(完答)　他 各2点×4((2)・(3)各完答)

7 (4) 4点(完答) 他 各2点×4((2)・(5)各完答) 8 (5) 4点(完答)
他 各2点×4((1)・(2)・(4)各完答) 計100点

<理科解説>

基本 **1 (動物の種類とその生活—動物の分類)**

(1) 昆虫類のバッタは節足動物の仲間であり，足に節があり，外骨格をもつ。

(2) Bのホニュウ類は胎生であり，ホニュウ類以外のセキツイ動物の仲間はすべて卵生である。

(3) 魚類と両生類は，殻のない卵を水中にうむ。また，魚類は体表がうろこでおおわれていて，両生類は湿った皮ふをもつので，Cが魚類，Dが両生類である。

(4) は虫類と鳥類は，殻のある卵を陸上にうむ。また，体表が羽毛でおおわれていないEがは虫類，羽毛でおおわれているFが鳥類である。

(5) イヌはホニュウ類，スズメは鳥類であり，どちらも一生肺で呼吸する。

2 (天気の変化—雲のでき方，フェーン現象)

重要 (1) 雨ができるときは，空気中のちりを核として，水蒸気が水滴になる。

重要 (2) 実験②で，注射器のピストンをすばやく引くと，丸底フラスコの気圧が下がることで，温度が下がり，水滴ができて，白くくもる。一方，実験③で，注射器のピストンをすばやくもどすと，丸底フラスコの気圧が上がることで，温度が上がり，水滴が水蒸気になり，くもりは消える。

(3) 乾球の示度が16℃，乾球と湿球の示度の差が，16(℃)－11(℃)＝5(℃)なので，表2より，湿度は50%である。

やや難 (4) 表1より，20℃の飽和水蒸気量が17.3g/cm³，湿度が70%なので，水蒸気量が，17.3(g/cm³)×0.7＝12.11(g/cm³)である。したがって，気温が14℃になると，露点に達して雲が発生する。このとき，気温が，20(℃)－14(℃)＝6(℃)下がるので，山の斜面に沿って空気は，100(m)×6＝600(m)上昇したことがわかる。以上より，Y地点の標高は，300(m)＋600(m)＝900(m)である。

やや難 (5) 雲が発生したY地点から頂上までの高さが，1200(m)－900(m)＝300(m)なので，気温が，0.5(℃)×3＝1.5(℃)下がり，14(℃)－1.5(℃)＝12.5(℃)になる。したがって，その後，Z地点まで，1200(m)－300(m)＝900(m)下ると，気温が，1(℃)×9＝9(℃)上がるので，12.5(℃)＋9(℃)＝21.5(℃)になる。

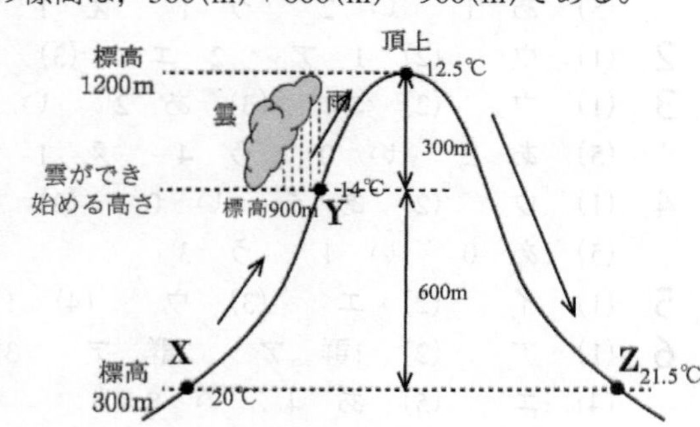

3 (溶液とその性質—物質の溶け方)

重要 (1) 炎の色がオレンジ色のときは，酸素が不足しているので，ガス調節ねじYをおさえた状態で，空気調節ねじXを反時計回りのPの向きに回して，炎を青色にする。

(2) 20℃の水50gにショ糖は，204(g)÷2＝102(g)とけるので，30gをすべてとかしたAはショ糖である。

(3) 20℃の水50gにホウ酸は，5(g)÷2＝2.5(g)とけるので，30gを入れたときにとけ残ったホウ酸は，30(g)－2.5(g)＝27.5(g)である。

やや難 (4) 実験②で，80℃に加熱したらすべてとけたBとCは，表から，ミョウバンと硝酸カリウムであることがわかる。一方，塩化ナトリウムは80℃にしても，40(g)÷2＝20(g)しかとけないので，とけ残ったDは塩化ナトリウムである。次に，実験③で，硝酸カリウムは40℃に冷やしても，64

(g)÷2=32(g)とけるので，30gはとけたままのBが硝酸カリウムであることがわかる。したがって，Cはミョウバンであり，40℃に冷やしたとき，24(g)÷2=12(g)のミョウバンだけとけるので，30(g)−12(g)=18(g)の結晶が出てくる。ただし，80℃から冷やしていくと，60℃程度に冷えるまでは結晶は出てこないので，エのグラフのようになる。

やや難 (5) 80℃の水が10g蒸発して，50(g)−10(g)=40(g)になるので，とけるホウ酸は，24(g)×0.4=9.6(g)である。したがって，30(g)−9.6(g)=20.4(g)がとけ残る。また，ろ過してできる水溶液の質量パーセント濃度は，$\frac{9.6(g)}{49.6(g)}$×100=19.35…(%)より，19.4%である。

4 (仕事—仕事と仕事率)

重要 (1) 図aのように，糸が直方体Xを引く上向きの力と水平面が直方体Xを押す上向きの力(垂直抗力)の和と，直方体にはたらく下向きの重力がつり合っている。

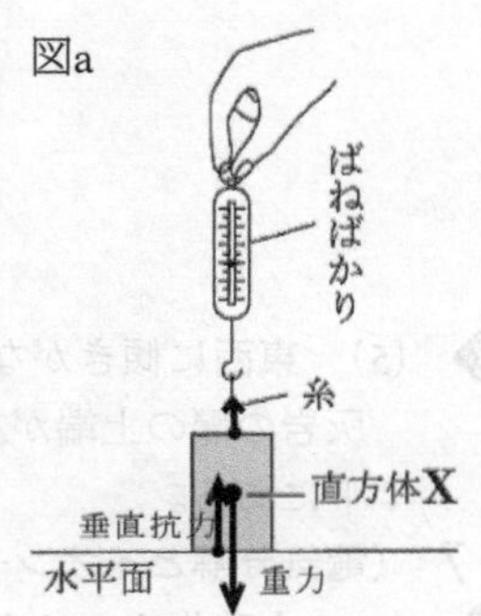

(2) 500gの物体にはたらく重力の大きさは，500(g)÷100=5(N)である。

(3) 手で引く力は，図2では5N，図3では5(N)÷2=2.5(N)である。また，仕事の大きさは，図2では5(N)×0.2(m)=1(J)，図3では2.5(N)×0.4(m)=1(J)である。

(4) 図3では，手が引いた距離が40cmのとき，手は1Jの仕事をしたので，直方体の位置エネルギーも1Jである。

やや難 (5) 図4で，直方体Xは4本のひもで支えられているので，手が引く力の大きさは，5(N)÷4=1.25(N)である。したがって，仕事率は，1.25(N)×1(m)÷10(秒)=0.125(W)より，0.13Wである。

5 (生殖と遺伝—マツバボタンの遺伝)

重要 (1) 生殖細胞をつくるための細胞分裂では，分裂後の染色体の数は半分になる。

重要 (2) 純系の白花の遺伝子の組み合わせはaa，赤花の遺伝子の組み合わせはAAなので，子の遺伝子の組み合わせはすべてAaとなり，すべて赤花である。

(3) 遺伝子の組み合わせがAaの赤花を自家受粉させると，赤花：白花=3：1の孫ができるので，赤花は，8000(個)×$\frac{3}{4}$=6000(個)である。

(4) 図2では，白花の遺伝子の組み合わせはaa，赤花の遺伝子の組み合わせはAaであり，子の遺伝子の組み合わせは，Aa：aa=1：1となり，赤花：白花=1：1である。

やや難 (5) 図2の子をすべて自家受粉させると，赤花からは，白花：赤花=1：3の孫ができ，白花からは，白花：赤花=4：0の孫ができる。したがって，全部で，白花：赤花=5：3の孫ができる。

6 (地層と岩石—ボーリング調査)

基本 (1) サンヨウチュウとフズリナは古生代の示準化石である。なお，ビカリアは新生代の示準化石である。

重要 (2) Pの地層は，下から順に泥岩→砂岩→れき岩の順に堆積しているので，海の深さが浅くなり，地点Dが海岸に近くなったことがわかる。

(3) かぎ層である凝灰岩の層が同じ時代に堆積しているので，凝灰岩の層よりも下にあるエの層が最も古く，凝灰岩の層よりも上にあるイの層が最も新しいことがわかる。

やや難 (4) 地点Bの真北にあり，標高が10m高い地点Aではれき岩の層の上端は20m下にあるが，地点Bではれき岩の層の上端は4m下にある。また，地点Aでは，地点Bよりも標高が，10(m)−4(m)=6(m)下にれき岩の層の上端があるので，北に向かって下がっていることがわかる。(図b参考)

なお，地点Dの真西にあり，標高が10m高い地点Cでは凝灰岩の層の上端は16m下にあるが，地点Dでは凝灰岩の層の上端は6m下にある。また，地点Cでは，地点Dよりも標高が，16(m)－10(m)＝6(m)下に凝灰岩の層の上端があるので，東西には傾いていないことがわかる。（図c参考）

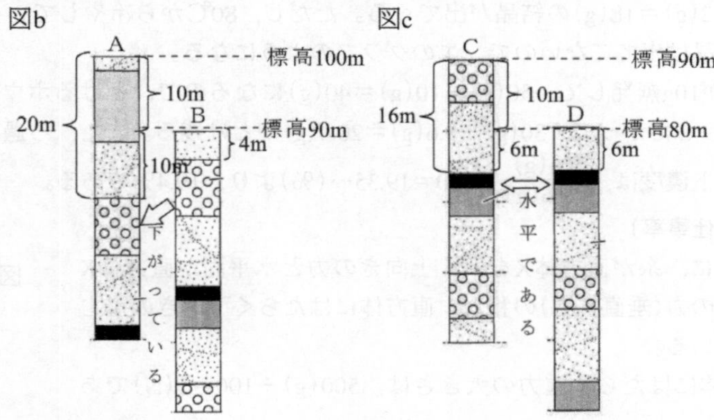

やや難 (5)　東西に傾きがないので，X地点の真東にあり，標高が10m低い地点Aと比べる。地点Aでは凝灰岩の層の上端が38m下にあるので，地点Xでは，凝灰岩の層の上端が，38(m)＋10(m)＝48(m)下にある。

7 （電気分解とイオン―イオンと電池）

重要 (1)　水酸化ナトリウム水溶液とうすい塩酸は電解質の水溶液であり，エタノール水溶液と砂糖水は非電解水溶液である。

重要 (2)・(3)　硫酸銅水溶液中にマグネシウム板を入れると，マグネシウムがイオンになりとけ出し，銅が付着する。また，硫酸亜鉛水溶液中にマグネシウム板を入れると，マグネシウムがイオンになりとけ出し，亜鉛が付着する。さらに，硫酸銅水溶液中に亜鉛板を入れると，亜鉛がイオンになりとけ出し，銅が付着する。したがって，マグネシウムが最もイオンになりやすく，亜鉛，銅の順にイオンになりにくくなることがわかる。

重要 (4)　ダニエル電池では，図dのように，亜鉛板が亜鉛イオンZn^{2+}になりとけ出し，電子が導線を通して銅板に流れ出す。一方，銅板の表面では，銅イオンCu^{2+}と電子が結びついて，銅になり，銅板に付着する。

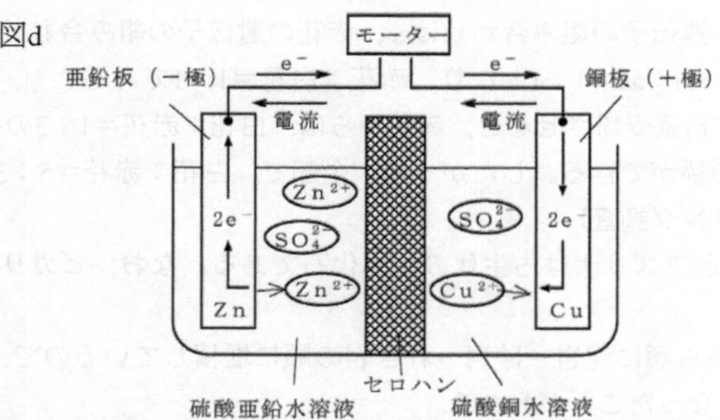

(5)　9.0Ωの抵抗器に0.12Aの電流が流れたので，抵抗器にかかる電圧は，9.0(Ω)×0.12(A)＝1.08(V)より，1.1(V)である。

8 （電力と熱―電熱線の発熱）

(1)　6V－6Wの電熱線Xに流れる電流は，$\frac{6(\text{W})}{6.0(\text{V})}$＝1.0(A)である。

(2)　6V－12Wの電熱線Yに5分間(300秒)電流を流したときに，発生する熱量は，12(W)×300(秒)

＝3600(J)である。

(3) 水の上昇温度は電熱線の発熱量に比例する。また，発熱量は電力に比例するので，水の上昇温度は電熱線の電力に比例する。したがって，6V－6Wの電熱線Xに5分間電流を流したときに，水の上昇温度4℃上昇するので，6V－18Wの電熱線Zに5分間電流を流したときの水の上昇温度は，4(℃)×$\frac{18(W)}{6(W)}$＝12(℃)になる。

(4) 図3で，スイッチaだけを入れると電熱線Xだけの回路になる。一方，スイッチaとbの両方を入れると，電熱線Xと電熱線Yの並列回路になるので，回路全体の抵抗は小さくなり，回路全体の電力は大きくなる。

(5) 水の上昇温度は，電熱線Xだけの回路では5分間で4℃であり，電熱線XとYの並列回路では5分間で4(℃)＋8(℃)＝12(℃)である。したがって，スイッチaだけを入れ，2分間電流を流した後，スイッチaとbの両方を入れ，3分間電流を流したので，水の上昇温度は，4(℃)×$\frac{2(分)}{5(分)}$＋12(分)×$\frac{3(分)}{5(分)}$＝8.8(℃)である。

★ワンポイントアドバイス★

教科書に基づいた基本問題をすべての分野でしっかり練習しておくこと。その上で，計算問題や思考力を試す問題についてもしっかり練習しておこう。

＜社会解答＞

1	(1) エ	(2) ウ	(3) ウ	(4) エ	(5) ① イ	② エ	
2	(1) ウ	(2) イ	(3) ア	(4) エ	(5) イ	(6) ウ	(7) イ
3	(1) エ	(2) イ	(3) ウ	(4) ア	(5) エ	(6) ウ	(7) ア
4	(1) エ	(2) エ	(3) イ	(4) ア	(5) イ	(6) カ	
5	(1) エ	(2) ウ	(3) エ	(4) ア	(5) イ		
6	(1) エ	(2) ウ	(3) ア	(4) イ	(5) イ		
7	(1) ウ	(2) エ	(3) イ	(4) ア			

○配点○

1 (1)・(5) 各3点×3 他 各2点×3 2 (1)・(4)・(5) 各2点×3 他 各3点×4
3 (2)・(4)・(5) 各2点×3 他 各3点×4 4 (1)・(2)・(4) 各2点×3
他 各3点×3 5 (1)・(4) 各3点×2 他 各2点×3 6 (1)・(5) 各3点×2
他 各2点×3 7 (1)・(4) 各2点×2 他 各3点×2 計100点

＜社会解説＞

1 (日本の地理－日本の産業・地形)

(1) ア 内陸県は三つである。 イ 「山」が使われているのは全部で二つである。 ウ 該当するのは全部で四つある。

基本 (2) 上位3県が，愛知県・群馬県・千葉県である。

(3) ア 「50%をこえている」が不適。 イ 岡山県の機械の出荷額は最多でない。 エ 「二つ」

ではなく,「一つ」である。

(4) この北東からの風をやませという。

(5) ① 6×25000÷100÷1000=1.5(km)となる。 ② 地形図と各選択肢の内容を注意深く照らし合わせる必要がある。

2 (地理―世界各地域の産業・地形)

基本 (1) 経度は,東西180度まで,緯度は南北90度までである。

重要 (2) Aはブラジル,Bはインドネシア,Cはガーナである。

(3) ア Dの大陸はEの島より実勢の面積は大きい。

(4) 「中国」と「イタリア」の上位2か国で判定したい問題である。

(5) EU加盟国がすべてユーロを使用しているわけではない。

(6) この現象を白夜という。

重要 (7) Ⅰ 「自動車保有台数も減少」が不適。 Ⅲ 「中国が最も自動車が普及」が不適。

3 (日本と世界の歴史―古代~江戸時代)

基本 (1) 吉野ケ里遺跡は佐賀県内にある。

(2) Ⅰは797年,Ⅱは935年,Ⅲは894年の出来事である。

(3) 金剛力士像の作者は運慶・快慶である。

(4) アは13世紀,イは17世紀,ウは11世紀,エは15世紀の出来事である。

(5) アは1582年,イは1587年,ウは1598年,エは1592年・97年の出来事である。

(6) 資料2は慶安の御触書である。

(7) Ⅰ 井伊直弼は日米修好通商条約が結ばれた時の大老である。 Ⅱ 横浜ではなく下田である。 Ⅲ 「自由に」が誤りである。

4 (日本と世界の歴史―明治~平成)

(1) 五・四運動と同年に朝鮮で起こったのが,三・一独立運動である。

(2) 北緯50度以南の樺太・朝鮮半島・台湾が日本の植民地であった。

重要 (3) アは第二次世界大戦,ウは朝鮮戦争,エは世界恐慌の時の内容である。

基本 (4) 柳条湖事件を契機に起こったのは満州事変である。

(5) Ⅰは2000年代,Ⅱは1980年代,Ⅲは1970年代の出来事である。

5 (公民―日本の政治の仕組み)

(1) 違憲立法審査権は「裁判所→国会」・国政調査権は「国会→内閣」で,選挙は「国民→国会」で,国民審査は「国民→裁判所」となる。

基本 (2) 参議院議員のほうが衆議院議員よりも任期が長い。

(3) Ⅰ 民事裁判についても三審制が適用される。 Ⅱ 裁判員は判決にも加わる。

(4) 平等権は基本的人権の一つである。

(5) 地方自治体の財政状況は全般的に厳しいといえ,国にも依存している部分が少なからずある。

6 (公民―経済の仕組み)

(1) Ⅰ 株主が出席できるのは株主総会である。 Ⅱ 会社の負債に関しては責任を負うことはない。

重要 (2) 需要・供給曲線の縦軸は価格,横軸は取引量となり,需要曲線は右下がり,供給曲線は右上がりとなる。

(3) 日本にとって円安は輸出に有利である。

(4) 不況の時の財政政策を選べばよい。

(5) たけしさん:1970年を除いて最も少ないのは2020年ではなく,1980年である。

かえでさん：支出額も増加している。

7 (公民―日本国憲法を起点とした問題)

(1) Ⅰ「自衛隊は海外に派遣されず」が誤りである。

基本 (2) 国会のおける憲法改正案の発議には法律案よりも多くの賛成が必要となる。

(3) Ⅲは職業選択の自由，Ⅳは生存権にあてはまる。

(4) TPP11にアメリカは加盟していないが，日本は加盟している。

★ワンポイントアドバイス★

消去法が使えない選択問題が含まれているので，一つ一つの選択肢の内容を慎重に見極めるようにしよう。

＜国語解答＞

一 (1) ① イ ② オ ③ エ ④ オ ⑤ ア (2) イ (3) エ
(4) オ (5) イ (6) エ (7) ウ (8) ウ

二 (1) エ (2) オ (3) ア (4) ウ (5) オ (6) ウ (7) イ

三 (1) ア・カ (2) エ (3) イ (4) オ (5) ウ

○配点○

一 (1) 各2点×5 (2) 4点 他 各6点×6 二 (1)・(5) 各5点×2
他 各4点×5 三 (1) 各2点×2 他 各4点×4 計100点

＜国語解説＞

一 (論説文―漢字の書き取り，接続語の問題，内容吟味，段落構成，脱文補充，大意)

(1) ①「謙虚」とは，心にわだかまりのないこと。ひかえめで，つつましやかなこと。へりくだって，つつましやかにすること。「謙譲語」とは，話し手または話し手側の者自身やその所有物，動作，状態等を卑下して表現することにより，相対的に相手や話中の人に敬意を表わす語。他はア「賢明」，ウ「圏外」，エ「倹約」，オ「献身的」である。 ②「容貌」とは，かおかたち，すがたを表す。「全貌」とは，全体の様子，すがた。他はア「謀略」，イ「多忙」，ウ「冒頭」，エ「膨張」である。 ③「巨匠」とは，ある方面の技能に，特にすぐれている人。多くの場合，芸術についていう。「師匠」とは，学問，芸術または武芸などを教える人。他はア「招致」，イ「衝動的」，ウ「提唱」，オ「冷笑」である。 ④「阻害」とは，妨げたり，邪魔すること。「阻止」と同義語となる。他はア「疎遠」，イ「措置」，ウ「粗雑」，エ「祖国」である。 ⑤「お祭り騒ぎ」とは，祭りが行われている，または行われているかのように大きく派手な騒ぎを意味する語。「物騒」とは，いつ何が起こるか分からない危険な状態をいう。他はイ「焦燥感」，ウ「喪失感」，エ「壮絶」，オ「双璧」である。

(2) A 空欄の前後に，感動を自分の心の中にしまっておきたい，感動を抱いた理由を考える，と全く別の事柄について述べているので，「でも」「一方で」が適当。 D 美術作品においても「無限の解釈可能性」があるので，その鑑賞方法として，「友人と連れ立って観に行くこと」を筆者は提案している。よって，前述の事柄を受けて，次の事柄を導く接続詞「そこで」「したがって」が入る。

(3) 段落2に，感想を抱いた理由や感情を衝き動かされた理由を考えることは，「作品について熟考するだけにとどまらず，自分自身の価値基準がどのように構成されているのかを反省的に見つめ返す機会になる」「『私』という主体の成り立ちがどのようになっているのか，そのことを自ら考えるきっかけになる」としている。

(4) 段落3～5では，読書会を例に出し，「価値観の異なる他者とともにシェアすることによって見えてくる」ものがあるとしている。段落6・7では美術作品の鑑賞も同様で，「意見交換のパスワーク」はとても重要なことであると述べている。

(5) 「いちいち時間を合わせて」から始まる段落に，「ひとつのテキストとは，原理的には無限の読解可能性に開かれていて，テキストのそのような様々な容貌は，価値観の異なる他者とともにシェアすることによって見えてくる」とある一方，一人ではテキストの様々な容貌を見ることができず，自分限定の主観的な解釈に留まってしまうとしている。

(6) 筆者が学生の頃，友人と美術館に行った際，一枚のタブローに対して読解を言い合い，その作品に対する解釈を深めたという経験を述べていることから読み取る。

(7) 「ですが，それよりも」から始まる段落に，「アゴラ」という古代ギリシアのコミュニケーション広場を例に出し，美術館にある作品に対して「真摯に意見を交わし合う」ことは，他者と関わり合いをより一層深められる機会になると主張している。

重要 (8) 「このように」の段落に，「まずは自分の受け止めた感想や感動の由来を自己分析してみること，さらには，美術作品を議論の土台にして意見を交わし合うこと。そのような行為は，自らの価値観を見つめるきっかけになると思います」とあり，自分だけの解釈に留まらず，他者と積極的に議論を交わすことで，新たな気づきが生まれるとしている。

二 (小説文―心情，文脈把握，内容吟味，表現技法)

(1) キャンドルナイトの資料を見たぼくは，「きれいだな」と思いつつも，「でも，ほんとにできるのかな，これ」と実際に作業を行う事を想像した時，「気の遠くなるような作業に思え」，「現実感のない話」と感じている。

(2) 「無理，無理，無理，無理。二十周年だから二十本くらいでいいじゃん」と軽口を叩く轟元気に対し，水原白がにらみ返した事から，「うっそ，まじで言ってんのかよ」と冗談ではなく，本気で校庭をキャンドルで埋め尽くそうと考えていたのである。

(3) 轟元気が宿題を忘れていたため，急に引き返してしまい，思わぬ形で水原白と二人になってしまった。「無視するのも不自然だし，かといって並んで歩くのも違う気がして，ひどく気詰まりな空気が流れた。」とあるように，そこまで水原白と親しくなかったため，何の話をしていいか分からず，だからといって，無言のままも気まずくなるので，思いついたことを話そうとしている。

(4) 傍線部の後に，「あたし，気になったことはすぐ突き詰めちゃう性質だから。よく言われる。こだわりすぎとか，ひとりで走りすぎとか。なんか，あんまりみんなとはテンポが合わないみたい」「ほんとは，さっきの資料も見せようかどうか迷ったんだ。橘くんたち，あんまり乗り気じゃない気もしたし，……もしかして，またひとりで先走ってるって，言われるんじゃないかって思ったりして。あきれられるかもって思ったら，見せるのにちょっと勇気がいった」とあるように，自分の一人勝手な行動が，相手に対して良い印象を与えないのではないかと二の足を踏んでいる様子を読み取る。

(5) 「どうやったらこのめんどうから逃れれるだろう。」と次期実行委員長を自ら進んで行う気持ちは当初なかったが，傍線部の前に，「次の委員長，橘くんがやるんだって？よかった。じゃあきっと大丈夫，さっきの資料，好きに使ってくれていいから」と言われてしまい，「今さら『委員長は無理』とか，『まあ適当に』とか，とてもそんな言葉は口に出せなくなって」いる。それよりもむしろ，今は「やってみるのも，いいかもしれない。そんなふうに思えてきた。」と，水原白の提案に乗ろうという気持ちに変化しつつある。

(6)　轟元気は，水原白の資料にさほど関心を持っておらず，またぼくは水原に対して呆れているわけではないので，ウが誤り。

重要 (7)　水原白が「曇り空には同じ色調のくすんだ色が合うと思ってたんだけど，ほら，紫陽花とかそうでしょう。でも，ああいうぱっと明るい色も，すごくいいよね。黄色い小鳥がいるみたいで。」と言ったり，最後に「梅雨が明けるのも，もうすぐだった」とあることから，ぼくの考えが好転することを隠喩として示している。

三　(古文―文脈把握，口語訳，語句の意味，心情，内容吟味)

〈口語訳〉　今日，中に仕切りのある弁当箱を持たせて来た人がいましたが，その名などを，今思い出せない。この人は，歌を詠もうという心を持っていました。あれこれと言いながら，「波が立っている音が聞こえるようです」と心配そうに言って，詠んだ歌は，

(あなたが)行く先に立つ白波の声よりも，遅れて泣く私の声の方が大きいでしょう。

と詠んだ。たいそう大きな声であったに違いない。(破籠で)持ってきた食べ物と比べて，歌の出来はいかがなものであろうか。この歌を(色々な人が)感心したが，一人も返歌しようとしない。返歌してしかるべき人も混じっていたのだが，これを褒めるばかりで，物をおいしそうに食べて，夜が更けてしまった。この歌を詠んだ歌主は，「まだ退出は致しません」と言って席を立ってしまった。

(1)　ア「おもひ出でん」の動作主は，『土佐日記』の作者である紀貫之であり，カ「あはれがれども」の動作主はこの歌を聞いた人たちである。

(2)「ん」は，意志を意味する助動詞であり，「詠もう」と訳すことができる。よって，破籠で食べ物を持ってきた人は歌を詠もうと思ってやって来たのである。

(3)「とかく」とは，あれやこれや，ややもすれば，いずれにしてもという意味。

(4)　和歌の中にある「波」は嵐を，「白波」は海賊を連想させ，また「泣く」は当時の別れには禁物であった。当時の航海が非常に危険だったことを踏まえると，縁起の悪い歌を大声で詠まれたので，筆者は「いかがなものであろうか」と，疑問を抱いている。

(5)　口では褒め言葉をいいながら，誰一人，返歌をしてくれない。本来であれば，返歌をするはずなのに，不吉な歌を詠まれたことで，誰も返歌をする気にならなかったのである。その空気を察した歌主は，そのまま帰ってしまうとさらに場を乱す結果となるので，「まだ退出は致しません」と言って，席だけは外したのである。

★ワンポイントアドバイス★

読解力をしっかりつけておこう！　古語や動作主など古文の基礎知識もたくわえておこう！

前期第2回

2023年度

解答と解説

《2023年度の配点は解答欄に掲載してあります。》

<数学解答>

1 (1) ア 4　イ 3　ウ 3　(2) エ 5　オ 2　(3) カ 5
(4) キ 6　ク 2　ケ 3

2 (1) ア 4　イ 4　(2) ウ 2　エ 3　オ 4　(3) カ 4　キ 0　ク 3
(4) ケ 1　コ 5　サ 7　シ 2

3 (1) ① ア 1　イ 4　② ウ 8　エ 1　オ 5　カ 5　キ 6
(2) ① ク 1　ケ 3　コ 1　サ 8　② シ 1　ス 4　セ 2　ソ 7

4 (1) ア 6　イ 3　(2) ウ 2　エ 7　(3) オ 6　カ 7　キ 5
(4) ク 1　ケ 6　コ 3　サ 2　シ 5

5 (1) ア 3　イ 5　(2) ウ 3　エ 1　オ 0　(3) カ 4　キ 5
(4) ク 4　ケ 5　コ 5

○配点○

1, 2, 4, 5　各5点×16　3 (1) ① 3点　② ウ 2点, エオ 2点, カキ 3点
(2) 各5点×2　計100点

<数学解説>

1 (平方根の計算, 連立方程式, 数の性質, 図の回転移動)

基本 (1) $(\sqrt{2}+\sqrt{6})(\sqrt{14}-\sqrt{42})\div(-\sqrt{21})=(2\sqrt{7}-2\sqrt{21}+2\sqrt{21}-6\sqrt{7})\div(-\sqrt{21})=(-4\sqrt{7})\div(-\sqrt{21})=\frac{4}{\sqrt{3}}=\frac{4\sqrt{3}}{3}$

(2) $ax+by=7$と$x-a(y+6)=b-9$に$x=a-2$, $y=-4$を代入すると, $a(a-2)-4b=7\cdots$① $(a-2)-a(-4+6)=b-9$, $a-2-2a=b-9$, $b=-a+7\cdots$②　②を①に代入して, $a(a-2)-4(-a+7)=7$, $a^2+2a-35=0$, $(a+7)(a-5)=0$, $a>0$から, $a=5$　②に$a=5$を代入して, $b=-5+7=2$

(3) a, bを整数とすると, $m=12a+7$, $n=18b+11$と表せる。$mn=(12a+7)(18b+11)=216ab+132a+126b+77=6(36ab+22a+21b+12)+5$　よって, mnを6でわったときの余りは5

(4) $\angle AOD=90°+30°=120°$　△OADは二等辺三角形だから, $\angle OAD=\frac{180°-120°}{2}=30°$　よって, △EAOは$\angle EOA=30°$の二等辺三角形になる。点EからAOへ垂線EHをひくと, $HO=6\div2=3$, $OE=3\times\frac{2}{\sqrt{3}}=2\sqrt{3}$　したがって, $BE=6-2\sqrt{3}$(cm)

2 (図形と関数・グラフの融合問題)

基本 (1) $y=\frac{2}{3}x^2\cdots$①　①に$x=3$, -2, -1を代入して, $y=\frac{2}{3}\times3^2=6$, $y=\frac{2}{3}\times(-2)^2=\frac{8}{3}$, $y=\frac{2}{3}\times(-1)^2=\frac{2}{3}$　よって, $B(3, 6)$, $C\left(-2, \frac{8}{3}\right)$, $D\left(-1, \frac{2}{3}\right)$　BA//CDから, $x-3=$

$(-1)-(-2)$, $x=1+3=4$, $6-y=\frac{8}{3}-\frac{2}{3}$, $y=4$　よって, A(4, 4)

基本　(2)　直線BCの傾きは, $\left(6-\frac{8}{3}\right)\div\{3-(-2)\}=\frac{10}{3}\div5=\frac{2}{3}$　直線BCの式を$y=\frac{2}{3}x+b$として点Bの座標を代入すると, $6=\frac{2}{3}\times3+b$, $b=4$　よって, 直線BCの式は$y=\frac{2}{3}x+4$

重要　(3)　直線ADの式を$y=\frac{2}{3}x+c$として点Aの座標を代入すると, $4=\frac{2}{3}\times4+c$　$c=\frac{4}{3}$　直線BC, ADとy軸との交点をそれぞれF, Gとすると, F=(0, 4), G$\left(0, \frac{4}{3}\right)$　$FG=4-\frac{4}{3}=\frac{8}{3}$　(四角形ABCD)$=2\triangle AFD=2\times\frac{1}{2}\times\frac{8}{3}\times\{4-(-1)\}=\frac{40}{3}$

重要　(4)　点Eを通り直線BCに平行な直線とy軸との交点をHとすると, △BCH=△BCE=(四角形ABCD)となる。$\triangle BCH=\frac{1}{2}\times HF\times\{3-(-2)\}=\frac{5}{2}HF$　$\frac{5}{2}HF=\frac{40}{3}$から, $HF=\frac{40}{3}\times\frac{2}{5}=\frac{16}{3}$　$HO=\frac{16}{3}+4=\frac{28}{3}$　よって, 直線EHの式は, $y=\frac{2}{3}x+\frac{28}{3}$…②　①と②から$y$を消去すると, $\frac{2}{3}x^2=\frac{2}{3}x+\frac{28}{3}$, $x^2=x+14$, $x^2-x-14=0$　二次方程式の解の公式から,

$x=\frac{-(-1)\pm\sqrt{(-1)^2-4\times1\times(-14)}}{2\times1}=\frac{1\pm\sqrt{57}}{2}$　点Eのx座標は負の部分にあるから, $\frac{1-\sqrt{57}}{2}$

3 (統計, 確率)

基本　(1)　①　$\frac{a}{50}=1.00-0.72$　$a=0.28\times50=14$

②　$c=b+7$…(ⅰ)　度数から, $b+c=50-13-14=23$…(ⅱ)　(ⅱ)に(ⅰ)を代入して, $b+b+7=23$, $2b=16$, $b=8$　(ⅰ)に$b=8$を代入して, $c=8+7=15$　$d=\frac{13+15}{50}=\frac{28}{50}=0.56$

(2)　①　X, Yのさいころの目の出かたは全部で, 6×6=36(通り)　そのうち5と書かれたカードが表になっているのは, XとYどちらも5の目が出ない場合とXとYどちらも5の目が出る場合だから, 5×5+1×1=26(通り)　よって, 求める確率は$\frac{26}{36}=\frac{13}{18}$

重要　②　X, Y, Zのさいころの目の出かたは全部で, 6×6×6=216(通り)　そのうち3と書かれたカードが表になっているのは, 3枚のうち1枚も3か6が出ない場合と3枚のうち2枚が3か6が出る場合だから, 4×4×4+2×2×4×3=112(通り)　よって, 求める確率は$\frac{112}{216}=\frac{14}{27}$

4 (平面図形の計量問題ー面積, 三平方の定理, 角の二等分線の定理, 平行線と線分の比の定理)

基本　(1)　点AからBCへ垂線AHをひくと, △ABHは∠ABH=60°の直角三角形だから, $AH=4\times\frac{\sqrt{3}}{2}=2\sqrt{3}$　よって, $\triangle ABC=\frac{1}{2}\times6\times2\sqrt{3}=6\sqrt{3}$ (cm²)

基本　(2)　$BH=4\times\frac{1}{2}=2$　$HC=6-2=4$　△ACHにおいて三平方の定理を用いると, $AC=\sqrt{(2\sqrt{3})^2+4^2}=\sqrt{28}=2\sqrt{7}$ (cm)

(3)　角の二等分線の定理から, AD：DC=AB：CB=4：6=2：3　よって, $DC=2\sqrt{7}\times\frac{3}{5}=\frac{6\sqrt{7}}{5}$ (cm)

重要　(4)　$\triangle ABD=\triangle ABC\times\frac{2}{5}=6\sqrt{3}\times\frac{2}{5}=\frac{12\sqrt{3}}{5}$　$\triangle EBD=\triangle ABD\times\frac{3}{5}=\frac{12\sqrt{3}}{5}\times\frac{3}{5}=\frac{36\sqrt{3}}{25}$　平

行線と線分の比の定理から，ED：BC＝AD：AC，ED：6＝2：5，ED＝$\frac{12}{5}$　BM＝6÷2＝3

DF：FB＝ED：BM＝$\frac{12}{5}$：3＝12：15＝4：5　よって，△DEF＝△EBD×$\frac{4}{9}$＝$\frac{36\sqrt{3}}{25}$×$\frac{4}{9}$＝$\frac{16\sqrt{3}}{25}$ (cm²)

5 (空間図形の計量問題―三平方の定理，面積，体積)

基本 (1) ACとBDの交点をOとすると，四角形ABCDはひし形だから，AC⊥BD，AO＝$\frac{12}{2}$＝6
△BAOにおいて三平方の定理を用いると，BO＝$\sqrt{9^2-6^2}$＝$\sqrt{45}$＝$3\sqrt{5}$　BD＝$3\sqrt{5}$×2＝$6\sqrt{5}$
中点連結の定理から，MN＝$\frac{BD}{2}$＝$\frac{6\sqrt{5}}{2}$＝$3\sqrt{5}$(cm)

基本 (2) AI＝$\frac{6}{2}$＝3，IC＝12－3＝9　△ICJにおいて三平方の定理を用いると，IJ＝$\sqrt{9^2+3^2}$＝$\sqrt{90}$＝$3\sqrt{10}$(cm)

(3) △EIJ＝(四角形AEGC)－△AEI－△JEG－△ICJ＝9×12－$\frac{1}{2}$×3×9－$\frac{1}{2}$×12×6－$\frac{1}{2}$×9×3＝108－$\frac{27}{2}$－36－$\frac{27}{2}$＝45(cm²)

重要 (4) 四面体BEIJの一つの面，△EIJを底面とすると高さはBOになる。よって，四面体BEIJの体積は，$\frac{1}{3}$×45×$3\sqrt{5}$＝$45\sqrt{5}$(cm³)

★ワンポイントアドバイス★

5(3)，(4)は，四角形AEGCを抜き出して考える。四面体BEIJの△EIJを底面としたときの高さはどこになるかを見極めよう。

<英語解答>

1 (1) C　(2) A　(3) B　(4) B　(5) C
2 (1) A　(2) B　(3) C　(4) A　(5) C
3 (1) C　(2) B　(3) A　(4) C　(5) B
4 (1) エ　(2) (3番目，6番目) ア，エ　(3) ウ　(4) エ
(5) (3番目，6番目) カ，ウ　(6) ア　(7) ウ　(8) イ　(9) イ
5 (1) イ　(2) ウ　(3) ウ　(4) ア　(5) エ　(6) エ　(7) ア
(8) イ
6 (1) (3番目，6番目) ウ，ア　(2) ア　(3) エ　(4) エ　(5) ウ
(6) (3番目，6番目) ウ，イ　(7) イ　(8) イ

○配点○
1～3・4(3)・(4)・(6)・(8)・(9)　各2点×20　他　各3点×20　計100点

<英語解説>

1〜3 リスニング問題解説省略。

4 (長文読解問題・説明文:語句補充・指示語・語句整序[分詞・動名詞・不定詞])

(大意) 東京パラリンピック①の前，渋谷の真ん中でエキシビジョンが開催された。混雑している商店街は，60メートルのストリートレースのために閉鎖された。世界トップの義足アスリートが世界最速のアスリートに挑み，興奮した人々が通りを埋め尽くした。②観客は，記録を破ろうとしているパラアスリートを見るのを楽しんだ。選手には，世界パラアスリート選手権の米国200mチャンピオンであるジャリード・ウォレスがいた。彼は「Xiborg」の義足を身に着けていた。

Xiborg は，義肢とランニングブレードを作成する会社だ。代表の遠藤謙さんには，足を失った友人がいて，義足に③興味を持った。その後，マサチューセッツ工科大学で身体性能と義肢を学び，Xiborg を設立した。2つのブランドが占める市場で，遠藤さんの目標は，日本のアスリートにブレードを作成することだった—ヨーロッパ人より小さい日本のアスリートに良いブレードだ。

ウォレスは173cmで，西洋のスプリンターよりも背が低い。リオパラリンピックの100mでヨーロッパ製のブレードで5位に入った後，彼は Xiborg の④ものに変更した。チームはすぐにウォレスの十分なデータを収集し始め，新しいブレードを彼の要求に近づけた。東京パラリンピック2020では，ウォレスは新しいブレードで，男子200mで最初のパラリンピックメダルを獲得した。

遠藤さんのもう一つの目標は，⑤一般の人々のために何かをすることだ。トップアスリートだけでなく四肢のいずれかの切断者とも走る楽しさを分かち合う「ギソクの図書館」を立ち上げる。この図書館は，費用，場所，情報⑥のようなランニングブレードに関する問題を扱っている。わずか500円と競技場の賃借料で，使用者は使い方を学びながらブレードを試すことができる。

遠藤さんは「ランニングはやりたい人なら誰でもできるべきだ。私たちのほとんどにとって，それは⑦簡単に入り込むことができますが，切断者にとっては，状況は非常に⑦異なります」と言う。

2020年遠藤さんのブレードはより日常的に使用されるようになった。10歳の杉本大地は病気で下腿を失い，遠藤さんの会社は彼にランニングブレードを無料で貸した。大地さんも安全な使い方を学んだ。⑧彼らの助けを借りて，彼は自宅や学校でそれを使用することができた。わずか8か月の練習で，彼は障害のないクラスメートと同じくらい自由に走ることができる。

遠藤さんは「誰もがスポーツを楽しめる社会をつくらなければいけない。パラリンピックはその道のりのキーポイントです」と言う。遠藤謙さんのようなエンジニアは，スポーツの楽しさを⑨全ての人にもたらす未来を創り出している。

(1) ahead of 〜「(時間的に)〜より前に」

重要 (2) The crowd enjoyed watching real para-athletes trying to break (the record.) trying to break the record は前の名詞を修飾する分詞の形容詞的用法である。

基本 (3) interested in 〜「〜に興味がある」

(4) ones と複数形となっているので，同じ文の前半にある blades を指している。

重要 (5) (Another goal for Endo) is to do something for the public(.) to do は不定詞の名詞的用法である。

(6) such as 〜「〜のような」

(7) ランニングは，私たちの多くにとって「簡単」なことだが，切断者にとっては状況は「異なる」のである。

基本 (8) with one's help「(人)の助けで」

(9) 最終段落の第1文に「誰もがスポーツを楽しめる社会を作らなければならない」とあることから判断できる。

重要 **5** **(長文読解問題・説明文:指示語・語句解釈・要旨把握)**

(大意) 「火の熱を覚えています」と怪物は言った。「①それから逃げ出したのを覚えています。私は街を走り抜けました。暗くて誰も私を見ませんでした。私は自分が誰であるかを知りませんでした。私は自分がどこに向かっているのかわかりませんでした。何日も経ちました」

「どうやって生きたの?」私は彼に尋ねた。「何を食べたの?」

「時々,木から果物を食べました」と怪物は答えた。「時々私は家から食べ物を取りました。初めてこれをしたとき,男は私を見ました。彼の目の恐怖を決して忘れない。私は②それを理解することができなかった。彼と友達になりたかった。彼に微笑んだが,彼は逃げました」

「数日後,私は小さな水たまりに来ました。腰をかがめて飲んだとき,自分の顔を見ました。なんてひどいことでしょう。他の人の顔とはなんて違うのでしょう。黄色いしわの寄った肌を見ました。黄色い目と薄くて黒い唇を見ました。③私は人々が私から逃げた理由がわかりました。その瞬間から,私は自分が嫌いになりました。そして,私はあなたを憎みました,ビクター・フランケンシュタイン」

「どうして私の名前を知っているの?」私は泣いた。

「実験室は燃えていました」と怪物は答えた。「私は火事から身を守るためにあなたの④マントを拾いました。私はそれを自分を覆うために使用しました。後で,ポケットの中にあなたの名前が書かれた本を見つけました。私は自分に約束をしました。その名前の人は皆私の敵でした。その名前を持つ誰もが死ぬでしょう。私は復讐を求めて世界をさまよいます」

「私は何日も歩き続けました」と怪物は続けた。「ついに,私は美しい谷に来ました。小さなコテージがありました。私は身を隠してコテージを見ました。老人,青年,少女の3人がそこに住んでいました」

「彼らは貧しかったが,とても幸せだった。なぜでしょうか。お互いを愛していたからです。私は数日間彼らを見ました」

「老人はコテージから決して動きませんでした。若者たちは一日中一生懸命働きました。それから彼らは食べ物や木を持って戻ってきました」

「夕方には,彼らは皆一緒に座っていました。私は壁の小さな穴から彼らを見ました。家は本でいっぱいでした。老人は盲目で見えませんでした。少女は声を出して老人に本を読みました。私も聞きました。いろんなことを学びました」

「ある日,私は若者たちが外出するのを見ました。私は彼らが一日中不在であることを知っていました。私はコテージのドアをノックしました。老人が答え,私は中に入りました。⑤彼が私を見ることができないことを私は知っていました」

「私はこの国のよそから来た者です」と言いました。「ひどい事故で顔が醜くなりました。人々は私を恐れていますが,私は誰かと話さなければなりません。話してもいいですか?」

「老人は微笑んで,私に座るように言いました。私は話し始め,私たちはすぐに友達になりました。老人はとても賢かったです」

「彼は私の先生になりました」と怪物は言った。「⑥彼のコテージは私の学校でした。私はこの家族の一員になりたかったのです。しかし,私はいつも若者が戻る前にコテージを出ました」

「それから,ある日,私は遅くまで滞在しました。若い女がコテージに入ってきて,私を見ました。彼女は大声で叫び,私はコテージのドアに駆け寄りました。少女はおびえて地面に倒れました。私は彼女を助けるために⑦かがみました。その瞬間,彼女の兄弟が駆け寄ってきました。彼は私を見て,銃で私を撃ちました。私は痛みで叫び,谷を下って逃げました」

「私の心は怒りでいっぱいでした。私は世界中のすべての人,男性,女性,子供を憎みました。

しかし，何よりも私はあなたが嫌いでした，⑧ビクター・フランケンシュタイン。あなたは私を醜くしました。あなたは私を誰もが恐れる怪物にしました」

(1)　it は the heat of the fire を指している。
(2)　it は前文の the fear を指している。
(3)　水に映った自分のひどい顔を見て，人々が逃げた理由がわかったのである。
(4)　次の文で，自分自身を覆うために使ったとあることから判断できる。
(5)　若い女の子が老人に大きな声で本を読んでいたことから，目が見えないのだとわかったのである。
(6)　目の見えない老人は非常に賢く，私の先生になったので，彼のコテージが学校となったのである。
(7)　地面に倒れた女の子を助けるためにかがんだのである。
(8)　最終文で，「私を誰もが恐れる怪物にした」とあることからわかる。

6　(長文読解問題・物語文：語句整序問題[関係代名詞・間接疑問文]，語句補充，要旨把握)

(大意)　科学者チャールズ・ダーウィンが所有する2冊の行方不明のノートは，ケンブリッジ大学図書館に返還された。盗まれたノートは行方不明だったが，良好な状態で返還された。

チャールズ・ダーウィンは有名な科学者だった。進化についての彼の考えーさまざまな種類の生物が時間とともにゆっくりとどのように変化するかーは，①科学者が自然界を理解する方法を完全に変えた。

ダーウィンはガラパゴス諸島を訪れた後，彼の考えを発展させ始めた。カメと鳥が②どこに住んでいて②何を食べたかによって，どのように異なって発達したかを理解しようとした。

彼はアルファベットの文字でラベル付けされたノートに考えを記録した。ダーウィンが自分の考えを世界を変える本に変えるのに20年以上かかった。それ以来，彼のノートは，彼がどのように考えを発展させたかを示すために非常に重要であると考えられてきた。

ケンブリッジ大学図書館には，ダーウィンのノートがいくつかあった。行方不明の2冊は小さな箱に保管され，その後③写真撮影のために持ち出された。2001年に，箱がないことに気づいた。幸いなことに，図書館はノートのページの写真を撮っていた④ので，情報が完全に失われたわけではない。

2020年，図書館はノートを見つけるために多大な努力をした。職員は図書館にある1000万冊の本を探したが，ノートは見つからなかった。最後に，図書館は世界中の人々にノートを探すのを手伝ってくれるように頼んだ。彼らは行方不明のノートを盗まれたと報告した。彼らは世界中の警察に探してほしいと思った。

ジェシカ・ガードナーは，ダーウィンのノートを取り戻すために⑤後押ししている司書だった。しかし，ノートがどのように返されるかを予想することはできなかった：「司書，ハッピーイースター，X」と書かれたメモが付いたピンクのギフトバッグに入っていた。

ガードナー博士はニューヨークタイムズに「⑥私がどれほど興奮しているかを表現するのは本当に難しい」と語った。図書館の人々は，ノートが保管されていた青い箱を認識した。茶色の封筒の中に，プラスチックで包まれた2冊の行方不明のノートが見つかった。

警察が包みを確認した後，図書館の職員はノートを開いて調べることができた。彼らはノートが⑦良好な状態であることを知って喜んだ。それらは破損しておらず，ページが欠落していなかった。

返還の時機は完璧だ。図書館は「対話するダーウィン展」を計画していた。7月に開幕する予定だった。ガードナー博士は，行方不明のノートがその展示の一部になる可能性があると言う。

警察はまだ事件を調査しており，「これらの貴重なノートが元の場所に戻ったことを大学が喜んでいます」と言った。

重要 (1) (~ completely) changed the way scientists understand the natural world(.) 〈the way 主語＋動詞~〉「~の方法」

基本 (2) 「どこに住むか」「何を食べるか」によって進化について理解しようとした。

(3) 「写真を撮られるために」持ち出された。不定詞の受け身は〈to be ＋過去分詞〉になる。

(4) 情報が完全に失われたわけではない理由が前の部分にあたるので，so が適切である。

(5) behind the push「後押しする」

重要 (6) (It's really hard) to express how excited I am(.) 形式主語の it を用いた英文である。

(7) 彼らは喜んだので，ノートの状態が良かったのだと判断できる。

(8) ノートは20年以上行方不明であったことからイは不適切である。

★ワンポイントアドバイス★

例年文章量の多い長文が3題出題される。素早く読み進める必要があるため，英単語や熟語を多く覚えて語彙力を鍛えたい。そのために同程度の難易度の問題集を何度も解こう。

＜理科解答＞

1 (1) オ (2) 1群 ア 2群 ウ (3) イ
(4) あ 1 い 2 う 1 え 2 (5) ウ

2 (1) ア (2) 1群 ア 2群 ア 3群 イ (3) あ 8 い 0
(4) あ 1 い 5 う 0 (5) あ 2 い 4 う 8

3 (1) ウ (2) エ (3) 1 カ 2 イ 3 エ (4) ウ
(5) あ 1 い 6 う 0

4 (1) あ 7 い 5 う 0 (2) あ 0 い 6 (3) エ
(4) 1 ア 2 イ (5) あ 1 い 5 う 0 え 9

5 (1) ウ (2) 1 ア 2 エ (3) イ (4) カ
(5) あ 6 い 5 う 2

6 (1) ウ (2) エ (3) 1 ア 2 イ (4) 1 イ 2 ウ
(5) あ 5 い 4 う 5

7 (1) ウ (2) エ (3) ウ (4) あ 7 い 3 (5) オ

8 (1) あ 5 い 0 う 0 (2) カ (3) ア
(4) あ 1 い 3 う 6 (5) あ 1 い 1 う 3

○配点○

1 (5) 4点 他 各2点×4((2)・(4)各完答) 2 (1)~(3) 各2点×3((2)・(3)各完答) 他 各4点×2(各完答) 3 (5) 4点(完答) 他 各2点×4((3)完答) 4 (5) 4点(完答) 他 各2点×4((1)・(2)・(4)各完答) 5 (5) 4点(完答) 他 各2点×4((2)完答) 6 (5) 4点(完答) 他 各2点×4((3)・(4)各完答) 7 (5) 4点 他 各2点×4((4)完答) 8 (1)~(3) 各2点×3 他 各4点×2(完答)
計100点

＜理科解説＞

1 (生殖と遺伝―無性生殖と有性生殖)

重要 (1) アメーバ・イソギンチャク・ミカヅキモは分裂，オランダイチゴは走出枝(そうしゅつし)(ランナー)，ジャガイモはいもでふえる。なお，イソギンチャク・オランダイチゴ・ジャガイモは有性生殖でもふえる。

(2) 無性生殖においては，子の遺伝子は親と同じである。なお，有性生殖においては，減数分裂が行われる。

重要 (3) 花粉管の中にあるXの精細胞が，胚珠の中にあるYの卵細胞と合体すると受精卵ができる。また，受精卵は細胞分裂をくり返して胚になる。

(4) 卵や精子のような生殖細胞には，体細胞の半分の染色体が含まれている。

重要 (5) カエルの受精卵は，細胞分裂をくり返すと，1個の細胞の大きさが小さくなり，やがて胚になる。

2 (大地の動き・地震―地震)

基本 (1) 日本列島付近では，陸のプレートの下に海のプレートが沈みこんでいる。

基本 (2) 震度の大きさは，0・1・2・3・4・5弱・5強・6弱・6強・7の10段階に分かれている。

(3) 図1で，P波は，地点Xから地点Yの80(km)－40(km)＝40(km)を25(秒)－20(秒)＝5(秒)で伝わるので，P波の速さは，$\frac{40(\text{km})}{5(\text{秒})}$＝8.0(km/秒)である。

(4) 震源から40km離れている地点Xの初期微動継続時間が5秒なので，震源から120km離れている地点の初期微動継続時間は，5(秒)×$\frac{120(\text{km})}{40(\text{km})}$＝15(秒)である。

やや難 (5) 震源から20kmの地点にP波が届くのに，5(秒)÷2＝2.5(秒)かかり，緊急地震速報が出されたのは，それから，2.5(秒)＋3.7(秒)＝6.2(秒)後である。一方，S波が震源から40km離れている地点Dに伝わるのに，図aから，10秒かかることがわかるので，緊急地震速報が出されたとき，S波が伝わった距離は，40(km)×$\frac{6.2(\text{秒})}{10(\text{秒})}$＝24.8(km)である。

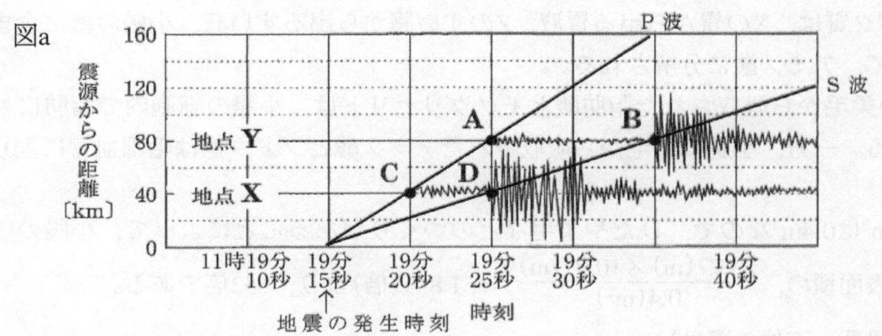

3 (化学変化と質量―酸化と還元)

重要 (1) ガスバーナーの火を消す前に，石灰水からガラス管をぬくことで石灰水が試験管に逆流するのを防ぐ。また，火を消した後にピンチコックを用いてゴム管を閉じることで，試験管の中に新しい空気が入らないようにして，銅の酸化を防ぐ。

重要 (2)・(3) 実験で起きた化学変化を化学反応式で表すと，次のようになる。$2CuO + C \rightarrow 2Cu + CO_2$
また，二酸化炭素は分子をつくるが酸化銅・炭素・銅は分子をつくらない。

(4) 図2のグラフより，4.00gの酸化銅と0.30gの炭素が過不足なく反応して3.20gの銅が生じたことがわかる。したがって，このとき，4.00(g)＋0.30(g)－3.20(g)＝1.10(g)の二酸化炭素が生じたことがわかる。

やや難 (5) 8.00gの酸化銅と0.48gの炭素を使ったとき，炭素と反応した酸化銅は，$4.00(g)\times\frac{0.48(g)}{0.30(g)}=6.40$(g)である。したがって，未反応の酸化銅は，8.00(g)－6.40(g)＝1.60(g)である。

4 (力・圧力ー圧力と浮力)

(1) 150gの物体Aにはたらく重力の大きさは，150(g)÷100＝1.5(N)である。また，物体Aが板と接している面積は，$0.04(m)\times0.05(m)=0.002(m^2)$なので，圧力は，$\frac{1.50(N)}{0.002(m^2)}=750(Pa)$である。

(2) 図3から，水面から底面Xまでのきょりが3cmのとき，ばねばかりが示す値は0.90Nなので，物体Aにはたらく浮力は，1.50(N)－0.90(N)＝0.60(N)である。

やや難 (3) 物体Bにはたらく浮力の大きさは，物体Bが押しのけた水の重さに等しい。したがって，物体Bの体積は，$4(cm)\times5(cm)\times8(cm)=160(cm^3)$なので，160gの水を押しのけたことになる。以上より，水面から底面Yまでのきょりが，物体Bの高さと同じである8cm以上のときは，物体Bはすべて水中に入るので，物体Bにはたらく浮力の大きさは，160(g)÷100＝1.60(N)である。

(4) 図4の物体Cのように，物体が水に浮いているときは，物体にはたらく重力と浮力はつり合っている。一方，物体Dのように，水に沈んでいるときは，物体にはたらく重力は，浮力と容器の底面が物体を押し返す力の合力とつり合っている。

図b

やや難 (5) 180gの物体Cにはたらく重力の大きさは，130(g)÷100＝1.30(N)である。また，図bのように，ばねばかりが0.70Nを示したので，物体Cにはたらく浮力の大きさは，1.30(N)＋0.9(N)－0.7(N)＝1.50(N)である。

5 (ヒトの体のしくみー消化と吸収)

基本 (1) だ液に含まれているアミラーゼはデンプンを麦芽糖に変える。

重要 (2) ヨウ素液はデンプンと反応して青紫色になる。一方，ベネジクト液に麦芽糖を加えて加熱すると赤褐色の沈殿ができる。

(3) タンパク質は，Xの胃から出る胃液，Zのすい臓から出るすい液，小腸の壁に含まれる消化酵素によって，アミノ酸に分解される。

(4) 小腸の柔毛から吸収された脂肪酸とモノグリセリドは，小腸の細胞内で脂肪にもどり，リンパ管に入る。一方，小腸の柔毛から吸収されたアミノ酸とブドウ糖は毛細血管に入り，肝臓に送られる。

(5) $4000cm^2$は$0.4m^2$なので，ひだや柔毛などのつくりがあることによって，小腸の内側の表面積は外側の表面積の，$\frac{23.77(m)\times10.97(m)}{0.4(m^2)}=651.8\cdots$(倍)より，652倍である。

6 (地球と太陽系ー天体の運動)

基本 (1) Aは南，Bは東，Cは西の空の星の動きで，時計回りに動く。また，Dは北の空の星の動きで，反時計回りに動く。

基本 (2) 北極星は地軸の延長線上にあり，ほとんど動かない。

基本 (3) 夏至の日は，日の出の位置も日の入りの位置も北寄りになり，冬至の日は，日の出の位置も日の入りの位置も南寄りになる。

重要 (4) 春分の日は，赤道上では，太陽は天頂を通り，南半球では，太陽は北寄りの空を通る。

やや難 (5) 図3で，Pは日の出の時刻を表し，aは9時，bは11時を表している。したがって，11(時)－9(時)

$=2$(時間)が4.8cmを表しているので，日の出の時刻は，9(時)-2(時間)$\times\frac{7.8(\mathrm{cm})}{4.8(\mathrm{cm})}=5.75$(時)$=5$(時)45(分)

7 (物質とその変化―物質の性質と密度)

(1) 実験1の②で，すべて水にとけたAとDは食塩か砂糖であり，とけ残ったBとCはデンプンか炭酸水素ナトリウムである。また，③で，ガスバーナーで加熱すると，CとDだけが黒くこげたので，Cはデンプン，Dは砂糖である。したがって，Aは食塩，Bは炭酸水素ナトリウムである。

(2) 食塩を加熱しても化学変化は起きないが，炭酸水素ナトリウムを加熱すると，炭酸ナトリウムと水と二酸化炭素に分解する。また，デンプンと砂糖を加熱すると，分解して炭素が生じる。

(3) 鉄などの金属は磁石につくが，アルミニウムや銅などの金属は磁石につかない。

(4) 金属Vの密度は，$\frac{18.28(\mathrm{g})}{2.5(\mathrm{cm^3})}=7.31\cdots(\mathrm{g/cm^3})$より，7.3g/cm³である。

やや難 (5) 図cのように，原点を通る直線を引くと直線の傾きが密度を表す。また，同じ質量である10.0gの体積を比べると，傾きが大きく密度も大きいものほど体積が小さく，反対に，傾きが小さく密度も小さいものほど体積が大きいことがわかる。

図c

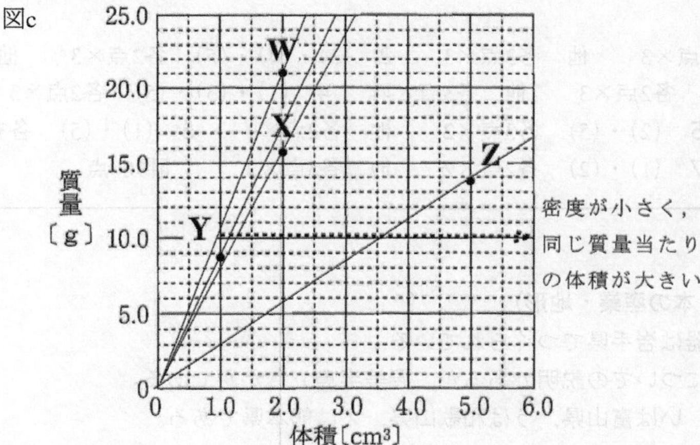

8 (光と音の性質―音の性質)

(1) 図2の①の波形では，4目盛りが1波長になっている。したがって，1波長にかかる時間が，0.0005(秒)$\times4=0.002$(秒)となるので，振動数は，$\frac{1}{0.002(\text{秒})}=500(\mathrm{Hz})$である。

(2) 1回目は，①よりも強くはじいたので，振幅が大きいZとなる。また，2回目は，弦の長さを長くしたので，波長が長いYになる。さらに，3回目は，はじく強さは変わらず，おもりを変えたので，振幅は変わらず，波長が短くなったXになる。

(3) 図5では，図2の①と波長が変わらず，振幅が小さくなっているので，おもりの重さは変わらず，弱くはじいた。

やや難 (4) 実験2の①では，校舎の壁からの反射音なので，音が地点xから校舎の壁までに伝わるのにかかる時間は，0.8(秒)$\div2=0.4$(秒)である。したがって，地点xと校舎の壁までの距離は，340(m)$\times0.4$(秒)$=136$(m)である。

(5) 電子メトロノームは，1分間に180回鳴るので，1回鳴るのに，$\frac{60(\text{秒})}{180(\text{回})}=\frac{1}{3}$(秒)かかる。したがって，地点yと地点zの距離は，340(m)$\times\frac{1}{3}$(秒)$=113.3\cdots$(m)より，113mである。

★ワンポイントアドバイス★
教科書に基づいた基本問題をすべての分野でしっかり練習しておくこと。その上で,計算問題についてもしっかり練習しておこう。

<社会解答>

1 (1) ウ (2) イ (3) エ (4) イ (5) ① ウ ② イ
2 (1) イ (2) オ (3) ウ (4) イ (5) ア (6) イ (7) ウ
3 (1) ウ (2) エ (3) イ (4) ア (5) イ (6) イ (7) ウ
4 (1) ア (2) イ (3) イ (4) オ (5) ウ (6) ア
5 (1) ウ (2) イ (3) イ (4) ウ (5) イ
6 (1) イ (2) ア (3) ア (4) ウ (5) ウ
7 (1) イ (2) ウ (3) イ (4) オ

○推定配点○
1 (1)・(5) 各2点×3 他 各3点×3 2 (3)・(4)・(5) 各2点×3 他 各3点×4
3 (1)・(2)・(3) 各2点×3 他 各3点×4 4 (1)・(3)・(5) 各2点×3
他 各3点×3 5 (2)・(5) 各3点×2 他 各2点×3 6 (1)・(5) 各3点×2
他 各2点×3 7 (1)・(2) 各2点×2 他 各3点×2 計100点

<社会解説>

1 (日本の地理―日本の産業・地形)

基本 (1) ウ 南部鉄器は岩手県でつくられている。
(2) 電照菊栽培についての説明であるが,渥美半島でさかんである。
(3) あは群馬県,いは富山県,うは和歌山県,えは熊本県である。
(4) 町家は11~12世紀にかけて都市中間層が台頭するとともに広くみられるようになった。
(5) ① 8×25000÷100÷1000=2.0(km)となる。 ② ア ほぼ南から北に向かって流れている。 ウ 南東の方向に位置している。 エ C地点の標高はD地点よりも高い。

2 (地理―世界各地域の産業・貿易)

基本 (1) 経度15度差で時差1時間である。
(2) Aはアメリカ合衆国,Bはブラジル,Cは中国,Dはインドとなる。

重要 (3) シリコンバレーは五大湖周辺ではなく,カリフォルニア州サンフランシスコ南東に位置する。
(4) アは石油輸出国機構,ウは北大西洋条約機構,エは東南アジア諸国連合の略称である。
(5) 遊牧は,天然の水や草を求めて定期的,周期的に移動しながら家畜を飼育する形態である。
(6) ア aの緯線上の距離はbの緯線上の距離よりも短い。 ウ アフリカ大陸は太平洋には面してない。 エ ブラジルにも温帯の地域はある。
(7) ア 「3000億」ではなく「300億」である。 イ 肉類と機械類は一次産品ではない。 エ 輸入相手先割合が低下しているのは,オーストラリア以外である。

3 (日本の歴史―古代から江戸時代)

(1) 江戸幕府が開かれた1603年は17世紀である。

基本 (2) Ⅰは1086年,Ⅱは672年,Ⅲは701年の出来事である。

(3)　平清盛は1167年に太政大臣に任命された。

(4)　イは安土桃山時代，ウは鎌倉時代，エは江戸時代の内容である。

(5)　楽市楽座で関所は廃止された。

(6)　Ⅱ　国学ではなく蘭学である。　Ⅳ　伊能忠敬は元禄期の人物ではない。

(7)　大塩平八郎は陽明学者で大坂町奉行の元与力である。

4 (日本と世界の歴史―明治～平成)

(1)　明治期の綿産業は製糸業とともに日本の近代化を牽引した。

(2)　アは1870年代，ウは1860年代，エは1910年代の出来事である。

(3)　日本で婦人参政権が認められたのは第二次世界大戦後のことである。

基本 (4)　Ⅰは1938年，Ⅱは1941年，Ⅲは1933年の出来事である。

(5)　ニューディール政策が行われたのはイギリスではなくアメリカである。

重要 (6)　Ⅰは1993年，Ⅱは1951年の出来事である。

5 (公民―日本の政治の仕組み)

重要 (1)　インターネット投票は日本では行われていない。

(2)　臨時会と特別会は混同しやすいのでしっかり区別する必要がある。

(3)　Ⅱ　公聴会ではなく両院協議会である。Ⅲ　規制を強めすぎると起こる内容である。

(4)　控訴は第一審から第二審への上訴である。

(5)　直接請求については，請求内容・必要署名数・請求先をセットでおさえておく必要がある。

6 (公民―国民生活と経済)

(1)　貯蓄とは，現金・預金・不動産・保険などにより資産を蓄えることで，該当するのはⅡとⅣである。

重要 (2)　Ⅰ　スマートフォンの端末はモノである。Ⅱ　キャッシュレス制度ではなく，クーリングオフ制度である。Ⅲ　消費者基本法ではなく，製造物責任法である。

(3)　消費税は所得税とは異なり，所得の水準に関わらず課される税率は一律なので「逆進性」がある。

(4)　景気が悪いときには，買いオペを行い，マネーサプライを増やす。

(5)　正規労働者と非正規労働者の格差問題の是正はいわゆる「働き方改革」とも関連する。

7 (公民―「日本国憲法」を起点とした問題)

重要 (1)　Ⅰ「教育を受ける義務」ではなく「教育を受けさせる義務」である。Ⅲ　基本的人権は「公共の福祉」に反しない限りで認められている。

(2)　Ⅲ　日本の自衛隊はPKOに参加したことがある。

(3)　プライバシーの権利や環境権等の権利は「新しい人権」といわれるが，日本国憲法には明文化されていない。

(4)　インターネット利用端末の割合が3%以上増加しているCとDがスマートフォンまたはタブレット型端末である。また，インターネット利用端末の割合が関東地方の全ての都県で20%を超えたAとCとDがパソコンまたはスマートフォンまたはタブレット型端末である。さらに，千葉県の利用割合を上回っている都県が三つあるCがスマートフォンとなる。

★ワンポイントアドバイス★

消去法が使えない選択問題が含まれているので，一つ一つの選択肢の内容を慎重に見極めるようにしよう。

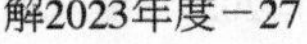

<国語解答>

一 (1) ① エ ② ウ ③ ア ④ エ ⑤ オ (2) キ (3) ウ
(4) エ (5) ア (6) オ (7) イ・カ (8) ウ
二 (1) ア (2) ウ (3) エ (4) オ (5) イ (6) ウ・オ (7) エ
三 (1) ア・ウ (2) エ (3) ア (4) ウ (5) オ

○配点○
一 (1) 各2点×5 (4) 4点 (7) 各3点×2 他 各6点×5
二 (3)・(7) 各5点×2 (6) 各2点×2 他 各4点×4
三 (1) 各2点×2 他 各4点×4 計100点

<国語解説>

一 (論説文―漢字の書き取り，脱文補充，内容吟味，接続語の問題，段落構成，大意)

(1) ① 「均一」とは，価格・量・品質などが，どれも同じこと。「均整」とは，全体的に釣り合いがとれて安定していること。他はア「巾着」，イ「僅差」，ウ「琴線」，オ「謹慎」である。 ② 「狭く」とは，窮屈という意味。「偏狭」とは，自分だけの狭い考えにとらわれること。また，度量の小さいこと。他はア「矯正」，イ「熱狂」，エ「提供」，オ「郷土」である。 ③ 「洞察」とは，物事を観察して，その本質や，奥底にあるものを見抜くこと。「洞窟」とは，崖や岩にできた深い穴。他は，イ「童顔」，ウ「殿堂入り」，エ「銅貨」，オ「胴体」である。 ④ 「侵略」とは，他国に攻め入って，土地や財物を奪いとるという意味。「侵食」とは，他の領域を徐々におかし，食い込むこと。他はア「診療」，イ「慎重」，ウ「激震」，オ「辛抱」である。 ⑤ 「肥沃」とは，土地が肥えて作物がよくできること。「肥大」とは，組織あるいは器官が，通常の容積よりも大きさを増した状態。他はア「卑屈」，イ「疲弊」，ウ「石碑」，エ「罷免」である。

(2) ⅰ 「紙は，混沌から」という段落に，紙は「この世に出現した顕在性と可能性のかたまりであ」り，「それを目の前にした人類はその未発の可能性に触発され，何かをその上に表現したくてたまらなくなったはず」とあり，紙を目の前にした人類が，そこに何かを生み出そうとする気持ちから，様々な進展を生んだとする。 ⅱ 「紙は西洋紀元の前後」から始まる段落で，「そのような白い紙に墨の黒色で文字や図を置く。その劇的なる対比。ここに人類史上最も重要な感覚の覚醒があったはずだ。文化史の中でひときわまばゆい光を放つイメージの特異点がここにある」とある。白に紙の上に有色で書くことで，見やすさやイマジネーションを生み出す特別なものだったのではないかとしている。

(3) 傍線部の前に，「紙の発明は一般的には『書写材』の発明」とあるように，紙は何かを書き映すためにあるとする。よって，書き写した事から，考えの整理や問題解決のために使われていたわけではないので，ウは誤り。

(4) C 空欄の前後に，「たたえられている」「はかなげである」という動詞があり，白をたたえることと，素材のはかなげさの対比と捉えられるので，逆接の接続詞，「しかし」「一方で」が適当。 D 楔形文字を刻んだ粘土板が，膨らんで反り返っている理由について，言葉を言い換えて述べているので，「つまり」が適当。

(5) 段落5で，媒質を持たない電子メディアと媒質を持つ紙を比べ，続く段落6・7・8で，石器，鉄，楔形文字の例を示しつつ，それぞれの物が媒質として人間とどのように関係しているのかを具体的に述べている。

(6) 「今日，電子メディア」からの段落に，「紙は書写・印刷材料である以上に，生命や情報の原像としての『白』を象徴している点で，人類の発想を触発し続けてきた知の触媒」とあり，そして「紙もまた」からの段落に，「紙の白やその物質性と感覚的に対話を続けることで，人間はそこに肥沃な表現の領域を育むことができた。書籍はそのようなもとして文化の中に立ち上がってきた道具である」と述べている。つまり人間の身近に紙が存在することで，色や感覚から人間の発想や表現を刺激するものであったことが書かれている。

(7)　「紙もまた」から続く段落に，「紙は単に文字や写真をのせるための無機質でニュートラルな平面ではない。」とあるので，イは誤り。また，「今日，電子メディア」から始まる段落に，「感覚を意欲させ，創造性をあおる白い枚葉」とあることから，コミュニケーション手段として紙を用いているわけではないので，カも誤り。

重要 (8)　文章の最後に，「今日，電子メディアの意味を考え，掘り下げる上でも，空気のように自分たちの日常に寄り添い，そこに力を与え続けてきた媒介物の意味を，感覚を通して評価し直す必要があるのではないだろうか。」とあり，電子メディアを使う上でも，改めて媒介物としての紙の重要性を考えるべきであると主張している。

二　(小説文一心情，内容吟味，文脈把握)

(1)　傍線部の後，「僕は胸の内で首をかしげた。手術をすることは，担任を通じて水田先生に伝えてもらっている。それを同じ体育科の原島先生が知っていてもおかしくはない。だけど，そのあとのことは，青海学院の先生の誰にも言っていない。」とあるように，手術後のリハビリで，走ってもよいということを，高校の先生には言っていないのに，原島先生が知っていることに疑問を持っている。

(2)　原島先生と村岡先生は，同じ大学の陸上部の先輩後輩にあたる。だから，「三崎中陸上部のユニフォームも，青海学院陸上部のユニフォームも，その大学の陸上部のユニフォームとよく似た，緑色なのか」と納得しつつも，ケガのために陸上部に入ることを断念した僕(町田圭祐)には，何の関係もないことのため，そのことには触れず，だからと言って何も話すことはないのでどうすればよいかと思っている。

(3)　原島先生の話は，レポートの内容から，膝の再手術の話，リハビリのこと，村岡先生との関係のこと，現在は僕が放送部に所属していること，と続きながらその後，「一度下を向いたかと思うと，グッと目を見開いて僕を見」て，陸上部へと誘ってきた。対して，「練習についていけない僕は，他の部員の足を引っ張ることになるのではないだろうか。たとえ，個人競技だとしても。いや，僕は本気でそんなことを案じているのか？思うように走れないもどかしさを，今以上に突きつけられるのが怖いだけではないだろうか。」と，自問自答し，陸上部への思いがありつつも，今の自分ではついていけないことに不安を抱いている。

(4)　傍線部の前に，原島先生に陸上部へ入るよう勧められ，またその理由が自分とフォームが似ており，入学するのを楽しみにしていたと言われ，「聞き間違いだったのではないかと」驚きつつも，余りの嬉しさに「実感が薄れてい」る。何とかもう一人の自分から客観視して，見つめ直そうとしたが，「どちらもまったく地に足がついて」おらず，結局は混乱している様子を読み取る。

(5)　「大切なものを失った主人公が，自分が憧れた仮想現実から戻れなくなってしまうという内容の映画」を観た時，僕は「現実逃避している心の弱い人物だと」思った。しかし，今はそれに準えて，「もう一度，思い切り走れる世界に行くことができるなら，二度と戻ってきたくはない。たとえ，そこがすぐに覚めてしまう夢の世界だとしても。」と，陸上部に入って活動することが夢の世界だとしても，その世界に行きたい，行ってもう一度，頑張りたいと思っている。

(6)　原島先生とフォームが似ている僕が入学することを楽しみにしており，加えて「高校在学中に好成績を出すのは難しいかもしれない。だけど，走ることを少しずつ続けていれば，大学，社会人と，次に繋がる可能性がある」とその先の未来を見据えた提案をしてくれているので，ウは誤り。また，村岡先生の勧めで僕のことを覚えていてくれただけで，実際に走る姿を見たわけではないので，オも誤り。

重要 (7) 「重いドアを開けて中に入ると，ふわふわと浮いていた自分の片方が，しっかりと床に着地して両足で立ったような感覚に囚われた(中略)おい圭祐，ここはおまえの居場所か？立っている僕は，静かに頷いた。」とあることから，僕は落ち着きを取り戻し，放送部の部員としての役割を果たそうと決心している様子を読み取る。

三 (古文―表現技法，内容吟味，口語訳，語句の意味，大意)

〈口語訳〉「良し」「悪し」が指すところが，変わりあるのには理由がある。指すところが変わりあるとは，普通の書に悪しとしていることで，歌・物語では良しとする事があって，歌・物語で悪しとしていることで，普通の書では良しとすることがある。だから(歌・物語で)良き人・悪き人といっても，普通の書にある良き人・悪き人とは定義する意味が異なる。

万事，良し悪しというものは，その道々によって変わり，また何か機会があるごとに，場所に合わせて，物事によって変わるものである。仏教の教えて良しとしていることも，儒教学派では悪しとし，儒教学派で良しとしていることも，仏教者では悪しとすることもあるように，良し悪しが変わることがある。歌・物語は，儒教・仏教のように迷いを離れて悟りに入る道ではなく，身を修め，家をととのえて，国を治める道でもないが，自然とその中でもまた一通りの良し悪しがある。

(1) 主格とは，格助詞の付いた語が主語になることを示す。他はイ「の」は同格，エ・カ「も」は列挙・並列を表す係助詞，オ「の」は連体修飾となる。

(2) 傍線部の前に，普通の書と歌・物語を比較していることに着目し，それぞれ良き人・悪き人とする定義が異なっていると主張している。

(3) 「時に触れて」の「時」は「いい時期」や「いいタイミング」を意味しており，「機会」という意味がある。「所にしたがふ」とは，その所々にという意味。

(4) 「おのづから」とは，自然に，いつのまにか，偶然に，まれにということ。

(5) 儒教・仏教にもそれぞれの良し悪しとしている事があるが，歌・物語にもそれらとは異なった良し悪しの基準があることを述べている。

★ワンポイントアドバイス★

読解力をしっかりつけておこう！ 古語や動作主など古文の基礎知識もたくわえておこう！

2022年度

★★★★★★★★★★★★★★★★★★★★★★★

入　試　問　題

2022年度

芝浦工業大学柏高等学校入試問題（前期第１回）

【数　学】（50分）〈満点：100点〉

1 次の問いに答えよ。

(1) $(\sqrt{2}-\sqrt{10})(\sqrt{10}-5\sqrt{2})-(\sqrt{5}+6)^2=-$［アイ］

(2) $a>0$とする。xについての２次方程式　$x^2+2ax-a^2=0$　の解が　$x=-a\pm10\sqrt{2}$　のとき，$a=$［ウエ］

(3) ある調査で，階級Ａの度数は27人，相対度数は0.09であった。
階級Ｂの相対度数が0.17のとき，階級Ｂの度数は，［オカ］人である。

(4) 下の図のように，平行四辺形ABCDの辺ADの中点をＭとし，対角線ACと線分MBとの交点をＥとする。
平行四辺形ABCDの面積が60 cm^{2}のとき，△ABEの面積は［キク］cm^2

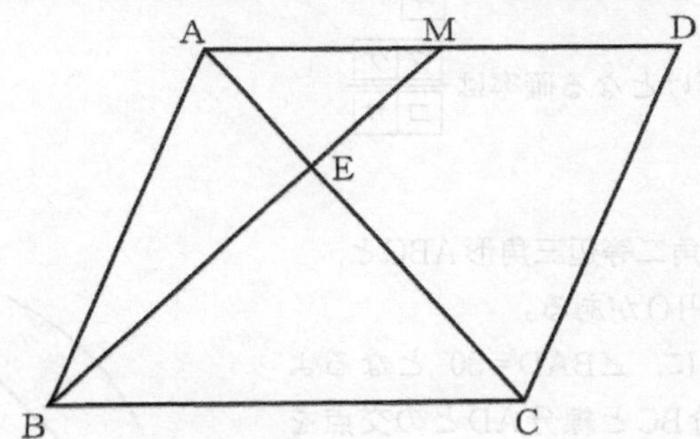

2 放物線$y=\frac{1}{2}x^2$上に，x座標が-2である点Ａがある。
点Ｂはx軸上の点で，x座標は12である。
点Ｃは放物線$y=\frac{1}{2}x^2$上にあり，x座標は正である。
原点をＯとする。
また，△AOBと△AOCの面積は等しい。

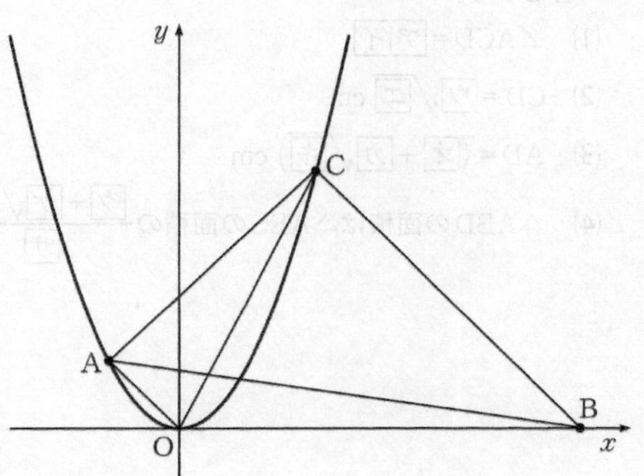

(1) AB＝［アイ］$\sqrt{［ウ］}$

(2) 点Ｃのx座標は［エ］

(3) △ABCの面積は［オカ］

(4) 点Ｃから直線ABに垂直な直線を引く。
この直線と直線ABとの交点をＨとするとき，$\mathrm{CH}=\dfrac{［キク］\sqrt{［ケ］}}{［コ］}$

3 長さ20 cmのひもがある。

1から6までの目が出る3つのさいころX，Y，Zを同時に1回投げ，Xの出た目の数をx，Yの出た目の数をy，Zの出た目の数をzとし，次の手順に従って作業を行う。

手順

① ひもの左端からx cmのところでひもを2つに切り分け，左側のひもを「ひもA」とする。

② ひもAを切り取った残りのひもを，左端からy cmのところでひもを2つに切り分け，左側のひもを「ひもB」とする。

③ ひもBを切り取った残りのひもを，左端からz cmのところでひもを2つに切り分け，左側のひもを「ひもC」，右側のひもを「ひもD」とする。

(1) ひもAとひもBの長さが同じである確率は$\dfrac{\boxed{ア}}{\boxed{イ}}$

(2) ひもBの長さが他のどのひもよりも長くなる確率は$\dfrac{\boxed{ウ}}{\boxed{エ}\boxed{オ}}$

(3) ひもDの長さが10 cmとなる確率は$\dfrac{\boxed{カ}}{\boxed{キ}}$

(4) 2 cmのひもが1本だけとなる確率は$\dfrac{\boxed{ク}\boxed{ケ}}{\boxed{コ}\boxed{サ}}$

4 AB＝AC＝12 cmの直角二等辺三角形ABCと，線分BCを直径とする円Oがある。

点Aを含まない$\overset{\frown}{BC}$上に，∠BAD＝30°となるような点Dをとり，線分BCと線分ADとの交点をEとする。

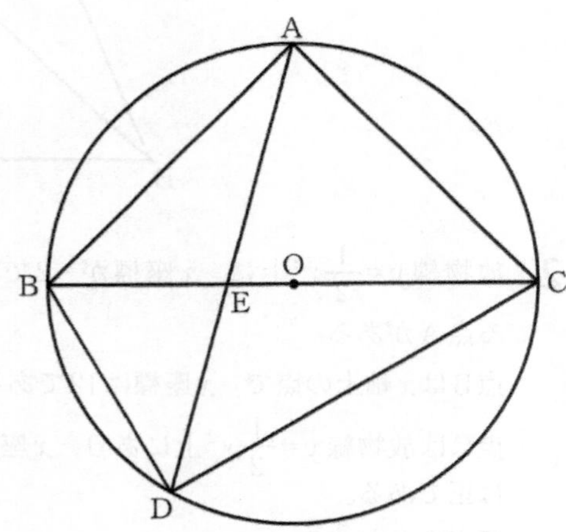

(1) ∠ACD＝$\boxed{ア}\boxed{イ}$°

(2) CD＝$\boxed{ウ}\sqrt{\boxed{エ}}$ cm

(3) AD＝$(\boxed{オ}+\boxed{カ}\sqrt{\boxed{キ}})$ cm

(4) △ABDの面積は△AECの面積の$\dfrac{\boxed{ク}+\boxed{ケ}\sqrt{\boxed{コ}}}{\boxed{サ}}$倍

5 AB＝BC＝6 cm，AE＝4 cmの直方体ABCD－EFGHがある。
線分ACと線分BDとの交点をIとし，辺AEの中点をMとする。
辺BF，DH上に点P，Qを
GP＝GQ＝MP＝MQとなるようにとる。

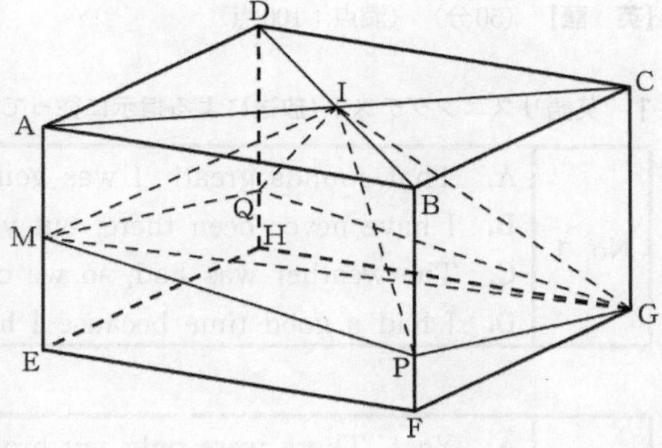

(1) BP＝［ア］cm

(2) MG＝［イ］$\sqrt{［ウエ］}$ cm

(3) △IMGの面積は［オ］$\sqrt{［カ］}$ cm^2

(4) 四角すいI－MPGQの体積は［キク］cm^3

【英　語】（50分）〈満点：100点〉

1　英語リスニングテスト（放送による指示に従って答えなさい。）

No. 1	**A.** That sounds great! I was going to go there by bus this weekend. **B.** I have never been there, but you have been there twice, right? **C.** The weather was bad, so we couldn't enjoy our trip very much. **D.** I had a good time because I had to do my homework at home.

No. 2	**A.** Yes. There were only my brother and me. **B.** Yes. There were about thirty people. **C.** No. There were so many people. **D.** No. There were more than fifty people.

No. 3	**A.** Wow! I hope your dream will come true. **B.** Wow! You could do a lot of things I couldn't do. **C.** Amazing! Please tell me why you like PE. **D.** Amazing! You have two big dreams.

No. 4	**A.** I can't call you in five minutes. **B.** I've been waiting for an hour. **C.** You should call me right now. **D.** Call me at seven, please.

2　英語リスニングテスト（放送による指示に従って答えなさい。）

Question No. **1**：Where will Kumi go to study next month?

No. 1	**A.** She will go to Singapore. **B.** She will go to Sydney. **C.** She will go to Japan. **D.** She will go to London.

Question No. **2**：What does Brian want to do in Japan?

No. 2	**A.** He wants to visit Kyoto. **B.** He wants to take Ted to Kinkaku-ji Temple. **C.** He wants to go to some old temples. **D.** He wants to meet Yuna.

Question No. 3：Where is Mirai Tower?

No. 3	
	A. It is at the third corner from the place they are at.
	B. It is in front of the sixth station from Futaba Station.
	C. It is in front of Futaba Station.
	D. It is between Asahi-machi Station and Naka-machi Station.

Question No. 4：How many people used the international airport in Chris's city last year?

No. 4	
	A. Two hundred people did.
	B. Five hundred million people did.
	C. Fifty million people did.
	D. Forty million people did.

Question No. 5：Whose cats did Clare play with?

No. 5	
	A. She played with Kenji's cats.
	B. She played with Nana's cats.
	C. She played with Akira's cats.
	D. She played with her father's cats.

3　英語リスニングテスト(放送による指示に従って答えなさい。)

Question No. 1：Why were umbrellas used about four thousand years ago?

No. 1	
	A. They were used to protect people from the strong light of the sun.
	B. They were used to stop heavy rain.
	C. They were used to make the light of the sun strong.
	D. They were used to save people from rain.

Question No. 2：Why did men in London start to use umbrellas in the rain?

No. 2	
	A. Because they didn't think it was good for women to use umbrellas.
	B. Because the man who first used an umbrella looked cool.
	C. Because it rained a lot in London at that time.
	D. Because using umbrellas became popular around Europe.

Question No. 3：When did umbrellas come to Japan?

No. 3	
	A. They came to Japan in 1000.
	B. They came to Japan in the 18th century.
	C. They came to Japan over 10 thousand years ago.
	D. They came to Japan over one thousand years ago.

Question No. 4：Why do people in Japan use more umbrellas than people in other countries?

No. 4	**A.** Because they have a lot of rainy days in Japan. **B.** Because most of them leave umbrellas on buses or trains every day. **C.** Because they can buy cheap umbrellas everywhere in Japan. **D.** Because many kinds of umbrellas are sold in stores.

※リスニングテストの音声は，学校のHPをご確認ください。

4 次の英文を読んで，あとの(1)～(9)の問いに答えなさい。

One Sunday in 2016, a young man walked into a pizza shop in Washington, D.C. He was carrying a large gun. He fired at least one shot before giving himself up to police officers. No one was hurt.

The man said he was there（ ① ）of a story he read online. It said there was a secret group hurting children. The pizza shop was also involved, the story said. It was not true. The story was an example of fake news.

Sometimes people share stories which are not true. As the stories spread, more people read them. Some people ②（ア chose イ changed ウ fake news エ they オ the person カ think ）in the election. For example, most people believed that Hillary Clinton would win. But fake news helped Donald Trump to win. It hurt Hillary Clinton.

Filippo Menczer is a computer scientist. He said fake news started to spread across the Internet（ ③ ）2010. At that time, he found several websites with completely fake news. The stories included information which was not true. They were written to change people's minds.

The problem got（ ④ ）in 2014. That year a deadly disease spread across West Africa. One website said that a family in Texas was sick with the disease. The story was not true. But it was shared many times online. The website got money from all the people（ ⑤ ）on the story.

Dannagal Young is a scientist. She does not blame people for spreading fake news. "They cannot help it," she says.

Ms. Young studies how people react to satire. Satire is a common form of fake news. Satire is fake news（ ⑥ ）is used as a joke. It is often used to make fun of a famous person. The reader will get the joke easily.

The brain works differently when it sees satire, Ms. Young said. ⑦<u>It</u> becomes more active. People are more likely to remember something that makes them laugh. That is why they remember fake news.

So, what happens next in the wild world of fake news? Some people think computers can help.（ ⑧ ）, scientists can write programs to tell when something is satire.

But these programs cannot do everything. They cannot always tell when a story is not true. The programs are smarter than people, but not much.

Ms. Young ⑨（ア people イ there ウ be エ said オ should カ who ）could help. For example, experts could choose the trending news on Facebook. They could also stop fake news from spreading.

（注） involved 関わっていた election 選挙 experts 専門家 trending 話題になっている

【出典】 *PBS NewsHour, 2016*

(1) 本文中の（ ① ）に入る最も適当なものを，次のア～エのうちから一つ選びなさい。

ア because イ out ウ in front エ in times

(2) 本文中の②の（ ）の中を正しい語順に並べかえ，（ ）の中で**3番目と6番目**にくるものをそれぞれ選びなさい。

(3) 本文中の（ ③ ）に入る最も適当なものを，次のア～エのうちから一つ選びなさい。

ア on イ over ウ between エ around

(4) 本文中の（ ④ ）に入る最も適当なものを，次のア～エのうちから一つ選びなさい。

ア popular イ worse ウ interesting エ shocked

(5) 本文中の（ ⑤ ）に入る最も適当なものを，次のア～エのうちから一つ選びなさい。

ア click イ to click ウ clicking エ clicked

(6) 本文中の（ ⑥ ）に入る最も適当なものを，次のア～エのうちから一つ選びなさい。

ア what イ that ウ for something エ but anything

(7) 本文中の下線部⑦が指すものとして最も適当なものを，次のア～エのうちから一つ選びなさい。

ア the brain イ satire ウ joke エ fake news

(8) 本文中の（ ⑧ ）に入る最も適当なものを，次のア～エのうちから一つ選びなさい。

ア At last イ However ウ For example エ After that

(9) 本文中の⑨の（ ）の中を正しい語順に並べかえ，（ ）の中で**3番目と6番目**にくるものをそれぞれ選びなさい。

5 次の英文を読んで，あとの(1)～(8)の問いに答えなさい。

Sometimes when you're hungry, you might get upset about the people around you. This thing happens when a person has too little sugar in their blood. Some people call this feeling "hangry." The word is made up of "hungry" and "angry."

But humans aren't the only ones to get "hangry." Other animals feel this, too. Scientists from Florida Atlantic University found that monarch caterpillars get（ ① ）. In November 2020, the scientists published their study in a science magazine.

Monarch caterpillars are usually quiet. Their main food is a plant called milkweed. But when they do not get enough of it, these caterpillars hit each other hard. They jump on each other. They knock each other out of the way.

Alex Keene led the research on the caterpillars. He is a scientist who studies the nerve system of the brain. He says both people ②（ア fight イ the need ウ to エ insects オ feel カ and キ may ）when there is not much food. But ③there's a difference between people and caterpillars. People know they shouldn't hit each other. But caterpillars don't.

Keene says he's always loved monarchs. He decided to study these caterpillars after seeing them push and hit each other in his garden. He could not find any scientific information on this behavior. So, he turned to YouTube. There, he found many videos of caterpillars showing aggression. He suddenly understood that caterpillar aggression is real.

So, Keene and his team of scientists caught wild monarch caterpillars. They put them on milkweed leaves in their lab. Some caterpillars had more than enough to eat, so they were（　④　）. Other caterpillars did not have enough to eat. They turned angry and violent.

Keene wants to study monarch caterpillars because he hopes to understand human brains. He wants to know（　⑤　）people act when they are hungry. It's a lot easier to study this in caterpillars.

The human brain has billions of neurons. ⑥（ア　messages　　イ　and receive　ウ　they　エ　from　　オ　the body　　カ　send ）to the brain and back to the body. Insects have less neurons, only 100,000 to 200,000. So, insects are easier to study. By studying neurons in caterpillars, Keene can learn what each neuron does. But it would be（　⑦　）to use the same way of studying neurons in humans' larger brains because there are too many of them.

This study was the first step. Next, Keene will set up cameras in a garden around his school. That way, he can take a video of monarchs. He'll also start to study the caterpillars' genes. Genes affect how a living thing looks and acts. Keene wants to see which genes have to do with hunger and aggression.

Many people want to help, too. After Keene's study was published, people started sending Keene videos, which show the aggressive behavior of monarch caterpillars. These videos, from all over the country, show monarchs（　⑧　）.

（注）monarch caterpillars　イモムシ　　nerve system　神経系　　behavior　行動　　aggression　攻撃性
billions of neurons　何十億もの神経細胞　　genes　遺伝子　　affect　影響を与える

【出典】*Washington Post, 2021*

(1)　本文中の（　①　）に入る最も適当なものを，次のア～エのうちから一つ選びなさい。
ア　upset　　イ　hungry　　ウ　angry　　エ　hangry

(2)　本文中の②の（　　）の中を正しい語順に並べかえ，（　　）の中で３番目と６番目にくるものをそれぞれ選びなさい。

(3)　本文中の下線部③中のdifferenceの内容として最も適当なものを，次のア～エのうちから一つ選びなさい。
ア　Caterpillars know they shouldn't hit each other, but people don't.
イ　Caterpillars don't know they shouldn't hit each other, but people do.
ウ　People know they should hit each other, but caterpillars don't.
エ　People don't know they shouldn't hit each other, but caterpillars do.

(4)　本文中の（　④　）に入る最も適当なものを，次のア～エのうちから一つ選びなさい。
ア　violent　　イ　hungry　　ウ　peace　　エ　calm

(5)　本文中の（　⑤　）に入る最も適当なものを，次のア～エのうちから一つ選びなさい。
ア　how　　イ　where　　ウ　what　　エ　who

(6)　本文中の⑥の（　　）の中を正しい語順に並べかえ，（　　）の中で３番目と６番目にくるものをそれぞれ選びなさい。なお，文頭の語も小文字で示してあります。

(7)　本文中の（　⑦　）に入る最も適当なものを，次のア～エのうちから一つ選びなさい。
ア　natural　　イ　easy　　ウ　impossible　　エ　convenient

(8) 本文中の（ ⑧ ）に入る最も適当なものを，次のア～エのうちから一つ選びなさい。

ア fighting　　イ moving　　ウ eating　　エ changing

6 次の英文を読んで，あとの(1)～(9)の問いに答えなさい．

Many years ago, there was an Emperor who was very fond of new clothes, so he spent all his money on them. One day, two men calling themselves weavers came to town. They said that they knew how to weave cloth of the most beautiful colors and patterns. The clothes made from this wonderful cloth would be ①invisible to everyone who was not good for the job he held, or who was very ②simple in character. "These must be great clothes!" thought the Emperor. "I would be able to tell the wise men from the foolish! This cloth must be made for me as soon as possible." He gave a lot of money to both the weavers so that they could begin their work at once.

So the two ③pretend weavers set up two looms. They worked very busily, though in fact they did nothing at all. They asked for the finest silk and the cleanest gold line. They put both into their own bags. Then they pretended to work at the empty looms until late at night.

"The Emperor's new clothes are ready!" The Emperor, with all the senior officers of his court, came to the weavers. ④The thieves raised their arms, just like they were holding something up. "Here are the Emperor's trousers! Here is the scarf! Here is the mantle! The whole suit is ⑤as light as a cobweb; you might think you have nothing at all on, when wearing it." "Yes, of course!" said all the officers, although not one of them could see anything of this special cloth. The Emperor took off his clothes for a fitting, and the thieves pretended to put his new suit on him. The Emperor turned round and from side to side before the looking glass. "How great the Emperor looks in his new clothes, and how well they fit!," everyone cried out. "What a design! What colors!" "I am quite ready," said the Emperor. He seemed to be checking his beautiful suit.

The lords of the bedchamber, who were going to carry the Emperor's ⑥train felt about on the ground and they were lifting up the ends of the mantle. Then they pretended to be carrying something because they would not want to look stupid or not fit for their jobs. The Emperor walked under his high cover in the middle of the parade, through the streets of his capital. All the people standing by, and those at the windows, cried out, "Oh! How beautiful our Emperor's new clothes are! What a beautiful ⑥train to the mantle; and how nicely the scarf hangs!" ⑦No one would say that these great clothes could not be seen because, in doing so, he would be said, "You are a simpleton. You are not the right person for your job."

"But the Emperor has nothing at all on!" said a little child. "Listen to the voice of the child!" shouted his father. ⑧The thing that the child had said was told in a low voice from one to another. "But he has nothing at all on!" At last all the people cried out. ⑨The Emperor was upset, for he knew that the people were right. However, he thought the parade must go on now! The lords of the bedchamber took greater pains than ever, to pretend to be holding up a ⑥train, although, in fact, there was no ⑥train to hold, and the Emperor walked on in his underwear.

(注) weavers 織工　weave 織る　looms 織機　mantle マント　lords of the bedchamber 付き人

【出典】 *Lit2Go on the web at fcit.usf.edu*

⑴　本文中の下線部①の意味として最も適当なものを，次のア～エのうちから一つ選びなさい。

ア　not able to be visited
イ　not able to be seen
ウ　not able to be invited
エ　not able to be broken

⑵　本文中の下線部②の意味として適当でないものを，次のア～エのうちから一つ選びなさい。

ア　simpleton　イ　foolish　ウ　stupid　エ　wise

⑶　本文中の下線部③の意味として最も適当なものを，次のア～エのうちから一つ選びなさい。

ア　the weavers who were going to make the finest silk
イ　the weavers who were going to weave real cloth
ウ　the weavers who were not going to make the finest silk
エ　the weavers who were not going to weave real cloth

⑷　本文中の下線部④が指す内容として最も適当なものを，次のア～エのうちから一つ選びなさい。

ア　the weavers
イ　the senior officers
ウ　the lords
エ　the child and his father

⑸　本文中の下線部⑤を象徴する語として最も適当なものを，次のア～エのうちから一つ選びなさい。

ア　stone　イ　iron　ウ　air　エ　wood

⑹　本文中の４か所の下線部⑥はあるものの一部です。それを，次のア～エのうちから一つ選びなさい。

ア　car　イ　mantle　ウ　parade　エ　underwear

⑺　本文中の下線部⑦の理由として最も適当なものを，次のア～エのうちから一つ選びなさい。

ア　He wanted a right person.
イ　He did not want to be a fool.
ウ　He did not want to be an officer.
エ　He wanted a right job.

⑻　本文中の下線部⑧の内容として最も適当なものを，次のア～エのうちから一つ選びなさい。

ア　However, he thought the parade must go on now!
イ　Oh! How beautiful our Emperor's new clothes are!
ウ　But the Emperor has nothing at all on!
エ　Listen to the voice of the child!

⑼　本文中の下線部⑨の理由として最も適当なものを，次のア～エのうちから一つ選びなさい。

ア　He knew that the people were right.
イ　He took greater pains than ever.
ウ　He pretended to be holding up a train.
エ　He walked on in his underwear.

【理　科】（50分）〈満点：100点〉

1　Sさんは，ヒトの体を流れる血液について調べました。これに関する先生との会話文を読んで，あとの(1)～(5)の問いに答えなさい。

Sさん：ヒトの血液中の固形成分について調べたところ，図１のA～Cのような成分があることがわかりました。
先　生：これらの成分にそれぞれどのようなはたらきがあるかわかりますか。
Sさん：はい。Aには体の中に入った細菌などをとらえるはたらき，Bには a 酸素を運搬するはたらき，Cには出血したときに血液を固めるはたらきがあります。
先　生：そのとおりです。それでは，血液がヒトの体の中でどのように循環しているかを見てみましょう。図２は，ヒトの血液循環のようすを模式的に表したもので，矢印は血液の流れる向きを示しています。また，P～Sは肺，小腸，じん臓，肝臓のいずれかの器官を表しています。
Sさん：血液の流れる順番から考えると，Rがブドウ糖やアミノ酸などを吸収するはたらきをもつ［1］で，そのブドウ糖やアミノ酸は⑤の血管を通って［2］であるQに運ばれるということですね。
先　生：よくわかりましたね。このように血液が循環することによって，細胞の活動に必要な栄養分や酸素は全身に運ばれていきます。
Sさん：酸素を多く含む血液を動脈血というのですよね。
先　生：そのとおりです。b 心臓に近い図２の①～④のうち，どの血管を動脈血が流れているか，あとで確認しておいてください。
Sさん：わかりました。血液は栄養分や酸素のほかに，体に不要な物質も運んでいるのですよね。
先　生：はい。たとえば，タンパク質が分解されるときにできる有害な c アンモニアは，尿素に変えられたあと，血液によって運ばれ，体の外に排出されます。
Sさん：なるほど。血液はとても重要なはたらきをしていることがわかりました。血液はヒトの体の中をどのくらいの時間で循環しているのでしょうか。
先　生：面白い点に興味をもちましたね。それについては，d 体内の血液の量や，血液を送り出す心臓の拍動数，１回の拍動によって送り出される血液の量などから大まかに求めることができます。計算してみましょう。

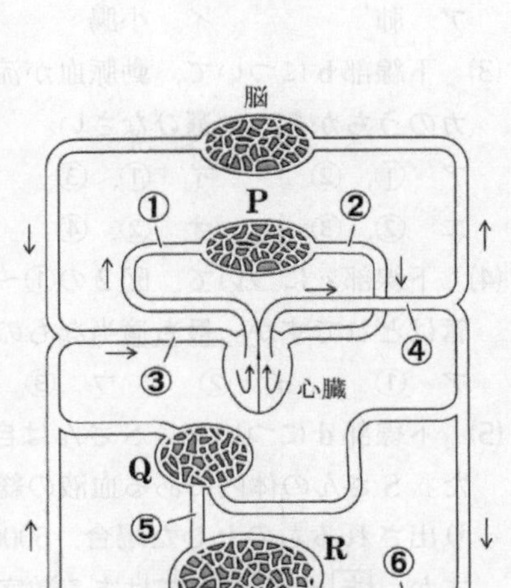

図１

図２

(1)　下線部aについて，図１のBにはヘモグロビンとよばれる物質が含まれており，このヘモグロビンの性質によって酸素を運搬することができます。Bの名称とヘモグロビンの性質について述べた文として最も適当なものを，次のア～エのうちから一つ選びなさい。

ア　Bは白血球で，ヘモグロビンは酸素の多いところでは酸素と結びつき，酸素が少ないところでは酸素の一部をはなす性質をもつ。

イ　Bは白血球で，ヘモグロビンは酸素の多いところでは酸素の一部をはなし，酸素が少ないところでは酸素と結びつく性質をもつ。

ウ　Bは赤血球で，ヘモグロビンは酸素の多いところでは酸素と結びつき，酸素が少ないところでは酸素の一部をはなす性質をもつ。

エ　Bは赤血球で，ヘモグロビンは酸素の多いところでは酸素の一部をはなし，酸素が少ないところでは酸素と結びつく性質をもつ。

(2)　会話文中の[1]，[2]にあてはまるものとして最も適当なものを，次のア～エのうちから一つずつ選びなさい。

ア　肺　　イ　小腸　　ウ　じん臓　　エ　肝臓

(3)　下線部bについて，動脈血が流れている血管の組み合わせとして最も適当なものを，次のア～カのうちから一つ選びなさい。

ア　①，②　　イ　①，③　　ウ　①，④
エ　②，③　　オ　②，④　　カ　③，④

(4)　下線部cについて，図２の①～⑧のうち，含まれる尿素の割合が最も低い血液が流れている血管はどれですか。最も適当なものを，次のア～クのうちから一つ選びなさい。

ア　①　　イ　②　　ウ　③　　エ　④　　オ　⑤　　カ　⑥　　キ　⑦　　ク　⑧

(5)　下線部dについて，Sさんは自分の心臓の拍動数をはかってみたところ，１分間に75回でした。Sさんの体内にある血液の総量を5000 cm^3 とし，１回の拍動で心臓から60 cm^3 の血液が送り出されるものとした場合，5000 cm^3 の血液が心臓から送り出されるのにかかる時間は何秒ですか。[あ]～[う]にあてはまる数字を一つずつ選びなさい。ただし，答えは小数第２位を四捨五入して答えなさい。

[あ][い].[う]秒

2　天体の観察についてのSさんと先生の会話文を読んで，あとの(1)～(5)の問いに答えなさい。

Sさん：ある日の午前６時に南東の空を観察すると，図１の●の位置に月が見え，その近くの☆の位置に金星がありました。図１では月や金星の形は示していませんが，この日の月は常に大きく欠けた形をしていて，真南にあるときは図２のようになっていました。

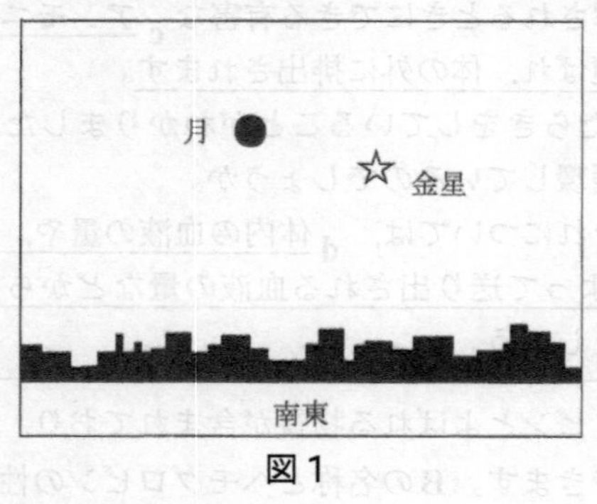

図１

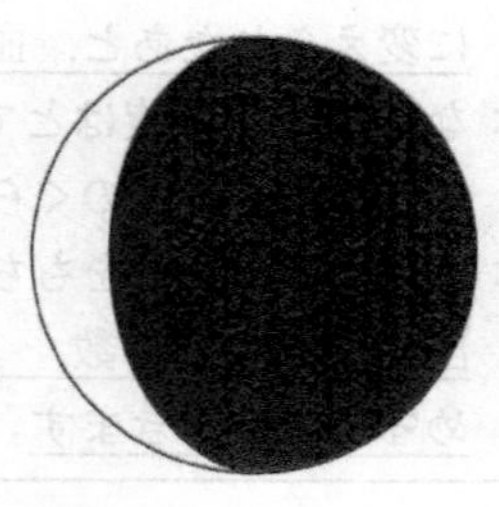
図２

先　生：このように月が欠けて見える理由はわかりますか。

Ｓさん：太陽からの光が当たっている月の表面のうち，一部しか地球上から見えていないからです。a 地球，太陽，月が一直線に並んだときに月が欠けて見える現象もありますが，この現象では月の欠け方が短い時間で変化していくので，今回の場合にはあてはまりません。

先　生：そうですね。図３は太陽からの光の向きと，地球，月の位置関係について，地球の北極側から見たようすをまとめたものです。月は矢印（←）の向きに移動していき，およそ30日で地球のまわりを１周します。この図３から，b 地球からの月の見え方がどのように変わっていくかを考えることができます。

Ｓさん：図１で，月の近くに見えた金星はどのような位置にあるのでしょうか。

先　生：金星は図４のように，地球よりも内側の軌道を矢印の向きに移動しています。このため，地球上からは明け方か 1 にしか見ることができません。図１の場合は，図４の 2 に金星があると考えられます。

Ｓさん：なるほど。これらのことを考えると，図１のときは月と金星が近い位置に見えましたが，このあと月と金星は異なった動き方をするのですね。

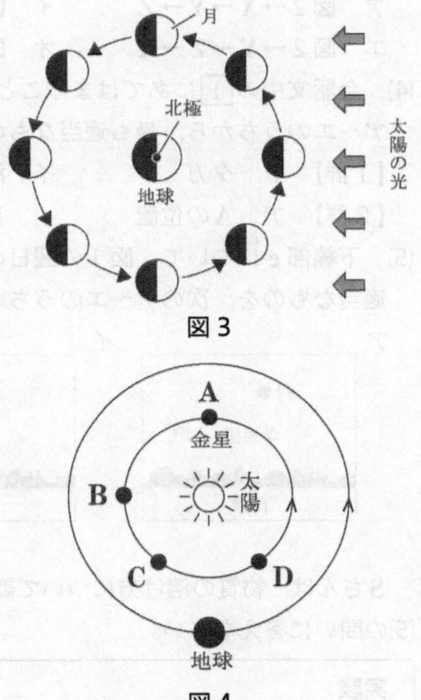

図３
図４

先　生：そのとおりです。c 図１の翌日の同じ時刻に観察を行った場合，月と金星がどのような位置に見えるか考えてみましょう。

(1)　次の文章は，月と金星について述べたものです。 1 にあてはまることばを１群のア，イのうちから， 2 にあてはまることばを２群のア～ウのうちから，最も適当なものをそれぞれ一つずつ選びなさい。

> 月は地球のまわりを，金星は太陽のまわりを 1 している。金星のような天体を 2 という。

【１群】　ア　自転　　イ　公転

【２群】　ア　惑星　　イ　恒星　　ウ　衛星

(2)　下線部 a について，この現象について述べた文として最も適当なものを，次のア～エのうちから一つ選びなさい。

ア　日食といい，地球－月－太陽の順に一直線に並んだときに起こる。

イ　日食といい，月－地球－太陽の順に一直線に並んだときに起こる。

ウ　月食といい，地球－月－太陽の順に一直線に並んだときに起こる。

エ　月食といい，月－地球－太陽の順に一直線に並んだときに起こる。

(3)　下線部 b について，図５の X～Z は，図２とは別の日に観察した月が真南の方角に見えるときのようすを示したものです。月が図２から変化していく順として最も適当なものを，次のア～カのうちから一つ選びなさい。

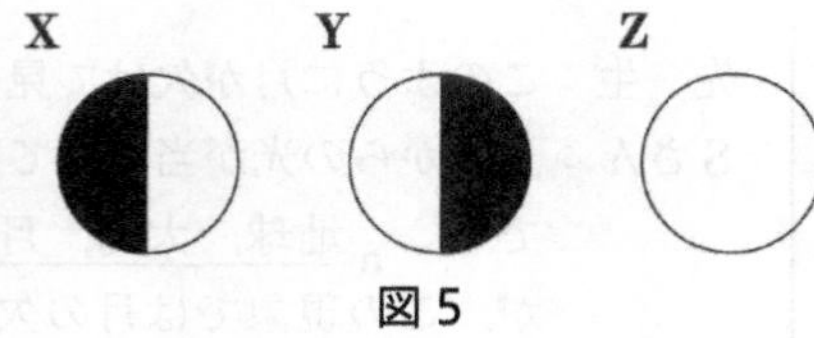

図５

ア　図２→X→Y→Z　　イ　図２→X→Z→Y　　ウ　図２→Y→X→Z
エ　図２→Y→Z→X　　オ　図２→Z→X→Y　　カ　図２→Z→Y→X

(4)　会話文中の 1 にあてはまることばを１群のア，イのうちから， 2 にあてはまるものを２群のア～エのうちから，最も適当なものをそれぞれ一つずつ選びなさい。

【１群】　ア　夕方　　イ　深夜

【２群】　ア　Aの位置　　イ　Bの位置　　ウ　Cの位置　　エ　Dの位置

(5)　下線部 c について，図１の翌日の同じ時刻に行った観察で，月と金星が見えた位置として最も適当なものを，次のア～エのうちから一つ選びなさい。

ア
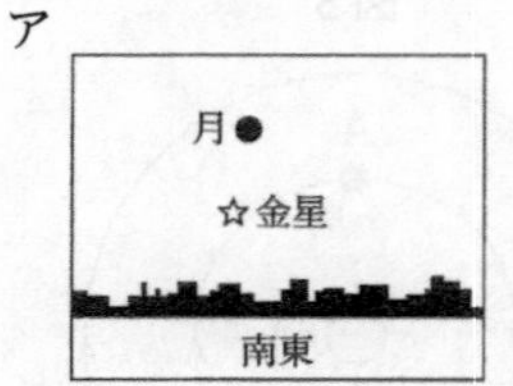

イ
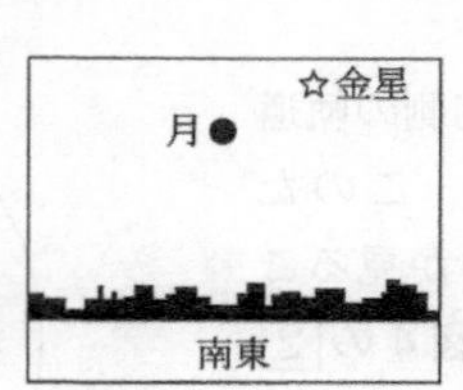

ウ
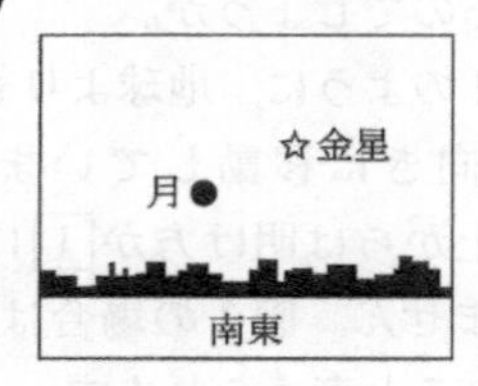

エ
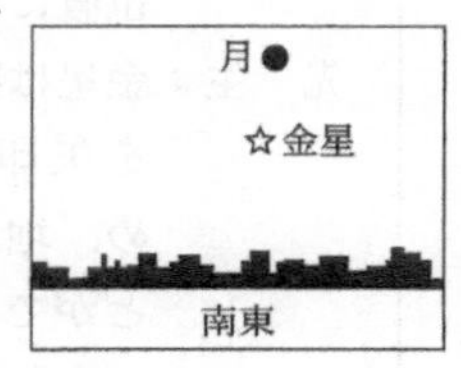

3　Sさんは，物質の溶け方について調べるため，次の**実験**を行いました。これに関して，あとの(1)～(5)の問いに答えなさい。

実験

①　硝酸カリウム，ミョウバン，塩化ナトリウム，ホウ酸の４種類の物質をそれぞれ用意した。図は，100 gの水に溶ける各物質の質量と，水の温度との関係をグラフに表したものである。

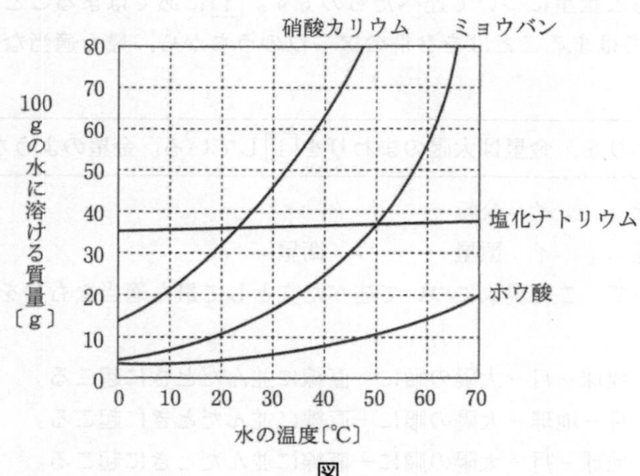

図

② ビーカーＡ～Ｄを用意し，それぞれに40℃の水を100 g入れた。この各ビーカーに，硝酸カリウム，ミョウバン，塩化ナトリウム，ホウ酸のいずれかを30 gずつ加え，温度を40℃に保ったままよくかき混ぜたところ，ビーカーＡ，Ｄではすべて溶けたが，Ｂ，Ｃでは溶け残った。

③ ビーカーＢ，Ｃの液をろ過して，得られた結晶の質量を調べると，Ｂの方がＣよりも質量が大きかった。

④ ビーカーＡ，Ｄの液の温度が10℃になるまで冷やしたところ，Ａの液からは結晶が出てきたが，Ｄの液からは結晶が出てこなかった。

⑤ 以上の実験結果から，Ａは[1]，Ｂは[2]，Ｃは[3]，Ｄは[4]であることがわかった。

(1) **実験**で，物質がすべて水に溶けているとき，液の中の粒子のようすとして最も適当なものを，次のア～エのうちから一つ選びなさい。

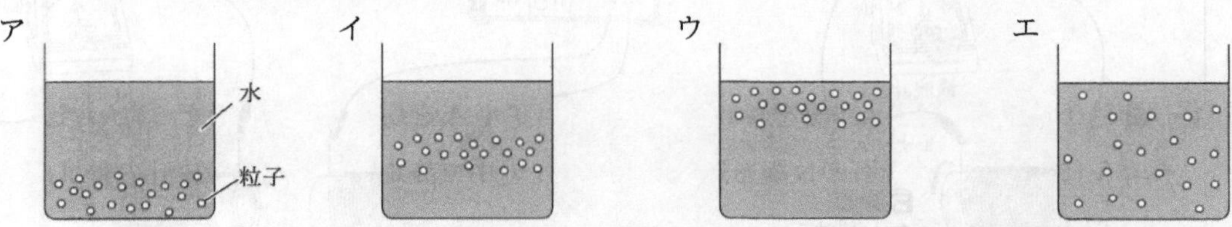

(2) 100 gの水に30 gの物質がすべて溶けているときの水溶液の質量パーセント濃度は何％ですか。[あ]～[う]にあてはまる数字を一つずつ選びなさい。ただし，答えは小数第２位を四捨五入して答えなさい。

[あ][い].[う]％

(3) **実験**の③で，ビーカーＢ，Ｃの液をろ過するときの方法として最も適当なものを，次のア～エのうちから一つ選びなさい。

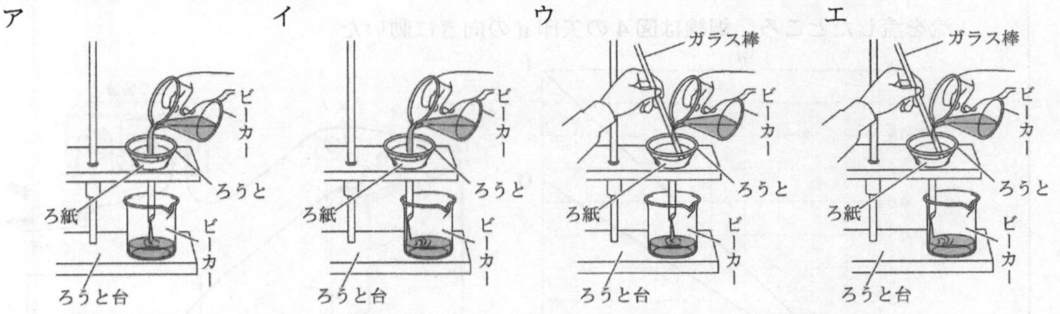

(4) **実験**の⑤の[1]～[4]にあてはまる物質として最も適当なものを，次のア～エのうちから一つずつ選びなさい。

ア　硝酸カリウム　　イ　ミョウバン　　ウ　塩化ナトリウム　　エ　ホウ酸

(5) **実験**で使用したビーカーＤの液から水を30 g蒸発させ，液の温度を30℃にしたところ，液から結晶が出てきました。30℃の水100 gに溶けるＤの物質の質量を**d**〔g〕と表すとすると，このとき出てきた結晶の質量を表したものとして最も適当なものを，次のア～エのうちから一つ選びなさい。

ア　$30-\mathbf{d}\times\frac{70}{100}$　　イ　$30-\mathbf{d}\times\frac{100}{70}$　　ウ　$\mathbf{d}-30\times\frac{70}{100}$　　エ　$\mathbf{d}-30\times\frac{100}{70}$

4　Sさんは，磁界について調べるため，次の**実験１**，２を行いました。これに関して，あとの(1)～(5)の問いに答えなさい。ただし，抵抗器以外の抵抗は考えないものとします。

実験１

①　図１のように，エナメル線を巻いてつくったコイルAを用意し，検流計とつないだ。このコイルAに右側から棒磁石のN極を近づけ，コイルの中で静止させると，検流計の針ははじめ左に振れ，それから０の位置にもどった。

②　図２のように，コイルAと同じ向きにエナメル線を巻いてつくったコイルBを用意し，コイルAの左側に置いた。このコイルBを電源装置とつなぎ，一定の強さの直流電流を流して，検流計の針のようすを調べた。

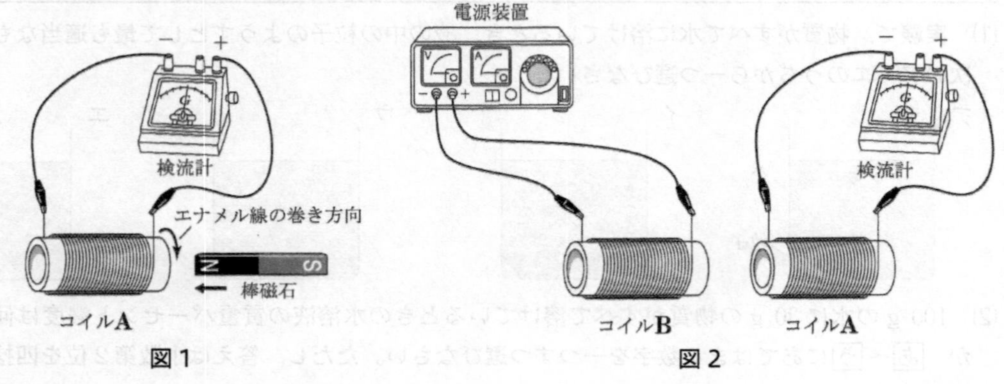

図１　　図２

実験２

①　抵抗の大きさが異なる抵抗器P，Qのそれぞれについて，両端に加える電圧を変えながら，抵抗器に流れる電流との関係を調べて図３のグラフにまとめた。

②　抵抗器Pを用いて図４のような装置を組み立て，電源装置の電圧を6.0 Vにして銅線電流を流したところ，銅線は図４の矢印aの向きに動いた。

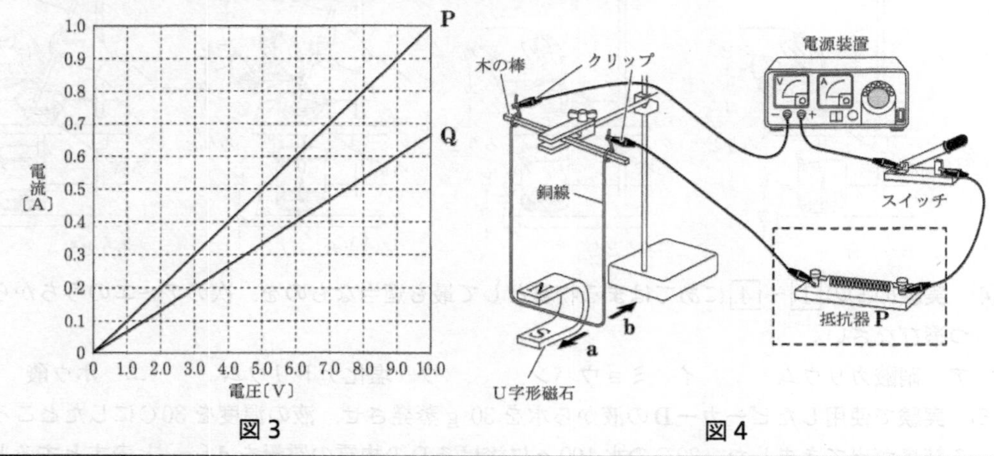

図３　　図４

(1)　次の文章は，**実験１**の①について述べたものです。[1]，[2]にあてはまることばの組み合わせとして最も適当なものを，あとのア～エのうちから一つ選びなさい。

> 図１のコイル**A**の左側に差し込んだＳ極を左向きに遠ざけると，検流計の針は[1]。このとき棒磁石を遠ざける速さを**実験１**の①よりも速くすると，針の振れ方は[2]。

ア　１：左に振れる　　２：小さくなる　　イ　１：左に振れる　　２：大きくなる
ウ　１：右に振れる　　２：小さくなる　　エ　１：右に振れる　　２：大きくなる

(2)　図２のコイル**B**に電流を流したときの検流計の針のようすとして最も適当なものを，次のア～エのうちから一つ選びなさい。

ア　右に振れてから，０の位置にもどる。　　イ　右に振れ，最も振れた位置で止まる。
ウ　左に振れてから，０の位置にもどる。　　エ　左に振れ，最も振れた位置で止まる。

(3)　抵抗器**Q**の抵抗の大きさは何Ωですか。[あ]，[い]にあてはまる数字を一つずつ選びなさい。

[あ][い]Ω

(4)　抵抗器**P**，**Q**を図５の**X**のように直列につないだものと，**Y**のように並列につないだものをつくりました。**X**，**Y**のそれぞれの両端に同じ電圧を加えて，流れる電流の大きさを調べると，**X**の全体に流れる電流は，**Y**の全体に流れる電流の何倍になりますか。[あ]～[う]にあてはまる数字を一つずつ選びなさい。

[あ].[い][う]倍

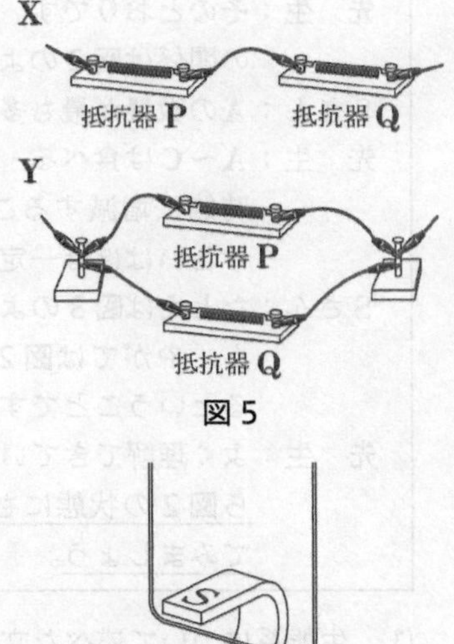

図５

(5)　図６のように，Ｕ字形磁石を図４と上下逆さまにして置き，装置のつなぎ方を変えて実験を行ったところ，銅線は図４の矢印**b**の向きに，**実験２**のときよりも大きく動きました。このときの装置のつなぎ方として最も適当なものを，次のア～エのうちから一つ選びなさい。

図６

ア　電源装置の＋極と－極につなぐ導線をそのままにして，抵抗**P**のかわりに図５の**X**をつなぐ。
イ　電源装置の＋極と－極につなぐ導線をそのままにして，抵抗**P**のかわりに図５の**Y**をつなぐ。
ウ　電源装置の＋極と－極につなぐ導線を反対にして，抵抗**P**のかわりに図５の**X**をつなぐ。
エ　電源装置の＋極と－極につなぐ導線を反対にして，抵抗**P**のかわりに図５の**Y**をつなぐ。

5 生態系についてのＳさんと先生の会話文を読んで，あとの⑴～⑸の問いに答えなさい。

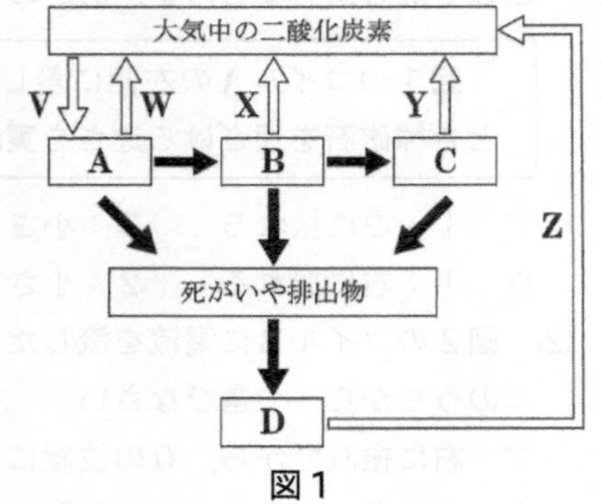

図１

先　生：図１は，陸上生態系における炭素の循環のようすをまとめたものです。図１の➡は有機物，⇨は炭素を含む無機物の流れを表しています。

Ｓさん：Ａ～Ｃには草食動物，肉食動物，植物のいずれかがあてはまるのですね。

先　生：そうです。Ｖ～Ｚの矢印は，それぞれの生物が行うはたらきによる炭素の流れを表しています。では，Ｄには何があてはまるかわかりますか。

Ｓさん：Ｄにあてはまるのは，1とよばれる土の中の小動物や菌類，細菌類などの生物だと思います。これらのうち菌類の例としては，2があります。

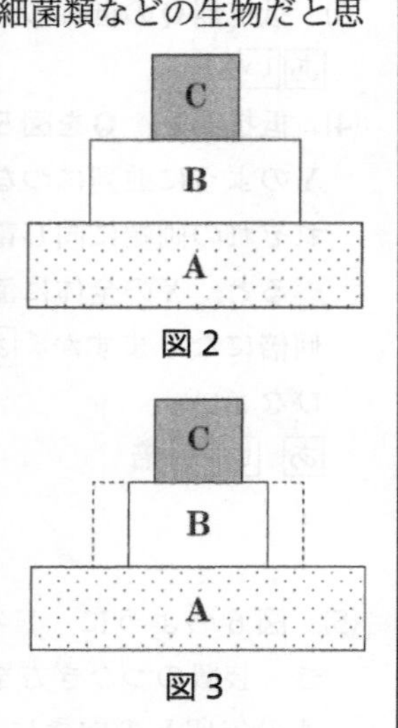

図３

先　生：そのとおりです。図１のＡ～Ｃについてですが，その数量の関係は図２のように表すことができます。

Ｓさん：Ａの数量が最も多く，Ｃの数量が最も少ないのですね。

先　生：Ａ～Ｃは食べる・食べられるの関係でつながっていて，一時的に増減することはあっても，長期的に見ればそのつり合いはほぼ一定に保たれています。

Ｓさん：たとえば図３のようにＢの生物が一時的に減少したとしても，やがては図２のようにつり合いのとれた状態にもどるということですね。

先　生：よく理解できていますね。それでは実際に，図３の状態から図２の状態にもどるまでの数量の変化のようすを考えてみましょう。

⑴　生態系について述べた文として適当ではないものを，次のア～エのうちから一つ選びなさい。

ア　入り組んだ網のように複雑につながっている，食べる・食べられるの関係を食物網という。

イ　図１のＢのような生物は，消費者ともよばれている。

ウ　図１のＣの生物は，無機物から有機物をつくり出すことで活動のためのエネルギーを得ている。

エ　人間の活動によって，もともと生息していなかった地域に持ちこまれて定着した生物を外来種という。

⑵　図１のＡ～Ｃにそれぞれあてはまることばの組み合わせとして最も適当なものを，次のア～カのうちから一つ選びなさい。

	A	B	C
ア	Ａ：草食動物	Ｂ：肉食動物	Ｃ：植物
イ	Ａ：草食動物	Ｂ：植物	Ｃ：肉食動物
ウ	Ａ：肉食動物	Ｂ：草食動物	Ｃ：植物
エ	Ａ：肉食動物	Ｂ：植物	Ｃ：草食動物
オ	Ａ：植物	Ｂ：草食動物	Ｃ：肉食動物
カ	Ａ：植物	Ｂ：肉食動物	Ｃ：草食動物

⑶　図１のV～Zの矢印は，呼吸や光合成による炭素の流れを表しています。呼吸による炭素の流れと，光合成による炭素の流れの組み合わせとして最も適当なものを，次のア～カのうちから一つ選びなさい。

ア　呼吸：V　光合成：W，X，Y，Z
イ　呼吸：V，W　光合成：X，Y，Z
ウ　呼吸：W，X，Y　光合成：V，Z
エ　呼吸：X，Y，Z　光合成：V，W
オ　呼吸：V，W，X，Y　光合成：Z
カ　呼吸：W，X，Y，Z　光合成：V

⑷　会話文中の[1]にあてはまることばを１群のア，イのうちから，[2]にあてはまることばを２群のア～エのうちから，最も適当なものをそれぞれ一つずつ選びなさい。

【１群】　ア　分解者　イ　生産者
【２群】　ア　クモ　イ　ススキ　ウ　ミジンコ　エ　シイタケ

⑸　下線部について，図３のようにBの生物が一時的に減少してから，図２のつり合いがとれた状態にもどるまでのようすを図４のようにまとめました。２～４番目にあてはまるものとして最も適当なものを，次のア～ウのうちから一つずつ選びなさい。

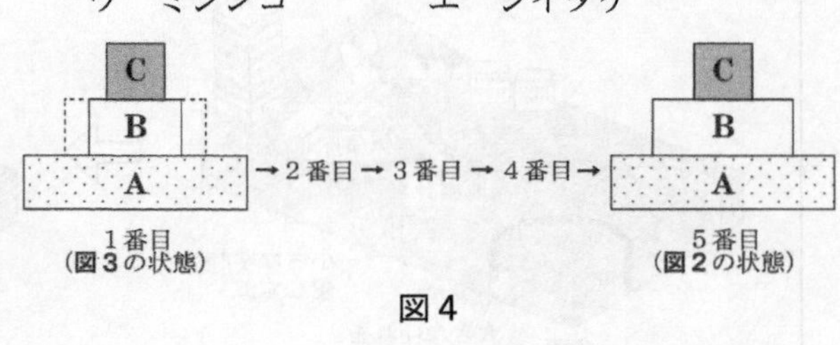

図４

ア　イ　ウ

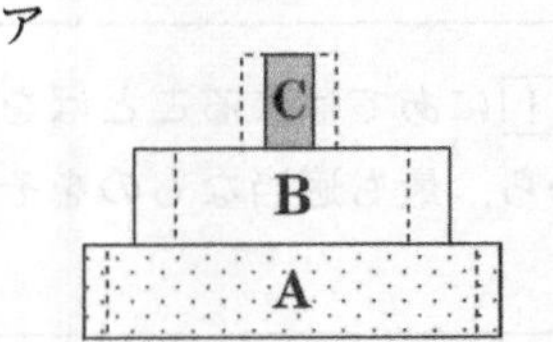

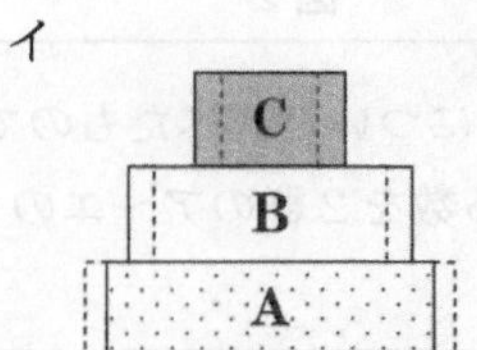

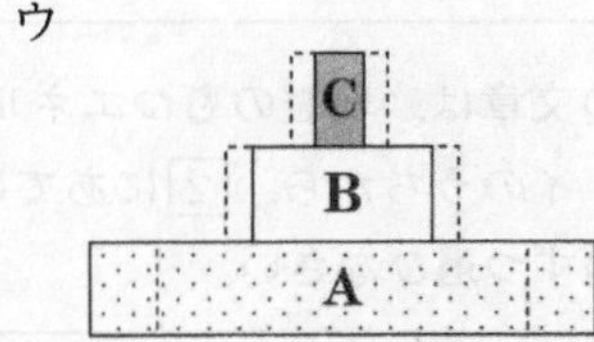

6　Sさんは，ある地震について調べ，資料１，２をまとめました。これに関して，あとの⑴～⑸の問いに答えなさい。ただし，地震のゆれを起こす波の伝わる速さは一定であるものとします。

資料１

①　図１は，ある地震を地点Aで観測したときの地震計の記録である。地震が発生すると，観測地点ではまずXのような小さなゆれが始まり，やがてYのような大きなゆれが始まる。

②　この地震のゆれを観測した地点A～Cの震源からの距離と，各地点でX，Yのゆれが始まった時刻を，表にまとめた。

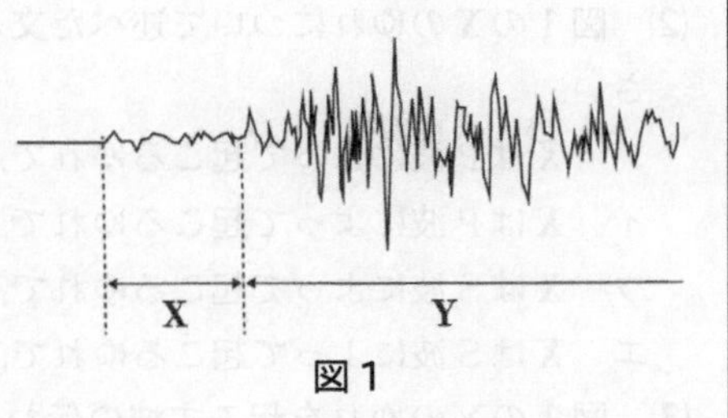

図１

表

	震源からの距離	Xのゆれが始まった時刻	Yのゆれが始まった時刻
A	42 km	8時14分22秒	8時14分28秒
B	84 km	8時14分28秒	8時14分40秒
C	168 km	8時14分40秒	8時15分04秒

資料２

図２は，緊急地震速報の大まかなしくみをまとめたものである。地震が発生したとき，震源に近い観測地点で，先に起こる小さなゆれを観測し，震源の位置や地震の規模を推定する。これにより，各地点でのゆれの大きさや，大きなゆれが始まる時刻などを推定して速報を出している。

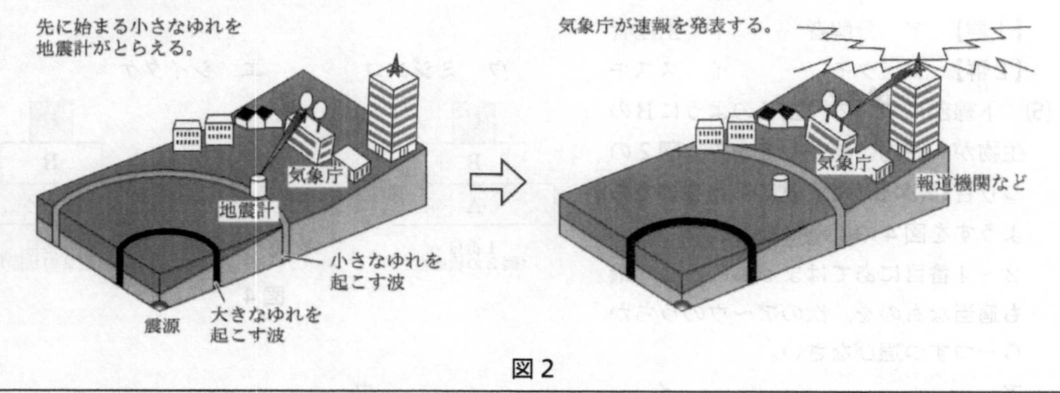

図２

⑴　次の文章は，地震のもつエネルギーについて述べたものです。[1]にあてはまることばを１群のア，イのうちから，[2]にあてはまる数を２群のア～エのうちから，最も適当なものをそれぞれ一つずつ選びなさい。

> 地震そのものの規模は[1]で表される。１の値が１大きくなると，地震のエネルギーの大きさは約[2]倍になる。

【１群】　ア　震度　　　イ　マグニチュード

【２群】　ア　3　　　イ　10　　　ウ　30　　　エ　100

⑵　図１のXのゆれについて述べた文として最も適当なものを，次のア～エのうちから一つ選びなさい。

ア　XはＰ波によって起こるゆれで，初期微動という。

イ　XはＰ波によって起こるゆれで，主要動という。

ウ　XはＳ波によって起こるゆれで，初期微動という。

エ　XはＳ波によって起こるゆれで，主要動という。

⑶　図１のYのゆれを起こす波の伝わる速さは何 km/s ですか。[あ]，[い]にあてはまる数字を一つずつ選びなさい。

[あ].[い] km/s

⑷　資料１の地震が発生した時刻は８時14分何秒ですか。[あ]，[い]にあてはまる数字を一つずつ

選びなさい。

８時14分[あ][い]秒

(5) 資料１の地震では，震源からの距離が21 kmの地点で小さなゆれを観測し，それから５秒後に各地点へ緊急地震速報が届きました。震源からの距離が140 kmの地点では，緊急地震速報が届いてから何秒後に大きなゆれが始まりましたか。[あ]～[う]にあてはまる数字を一つずつ選びなさい。

[あ][い].[う]秒後

7 Sさんは，炭酸水素ナトリウムの性質について調べるため，次の実験を行いました。これに関して，あとの(1)～(5)の問いに答えなさい。

実験

① 試験管Xに炭酸水素ナトリウム4.0 gを入れ，図１のようにして加熱し，発生した気体を水上置換法で別の試験管に集めた。このとき，はじめに集まった試験管１本分の気体は捨てて，続いて発生した気体を２本の試験管A，Bに集めた。

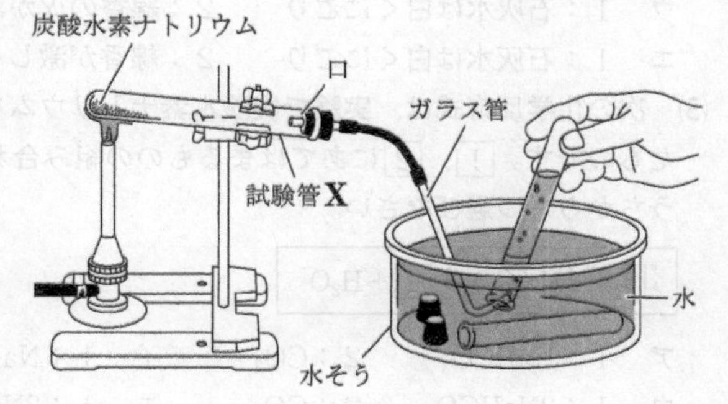

図１

② 気体がガラス管から出てこなくなるまで試験管Xの加熱を続けた後，ガラス管を水そうから抜き，ガスバーナーの火を消した。このとき，試験管Xの口付近の内側には液体がついていた。塩化コバルト紙を使って調べたところ，この液体が水であることがわかった。また，試験管Xに残った固体の物質をじゅうぶんに乾燥させてから質量を測定したところ，2.6 gだった。

③ ①で気体を集めた試験管A，Bについて，図２のような実験を行い，それぞれどのような結果になるか調べたところ，試験管Aでは[1]，試験管Bでは[2]。

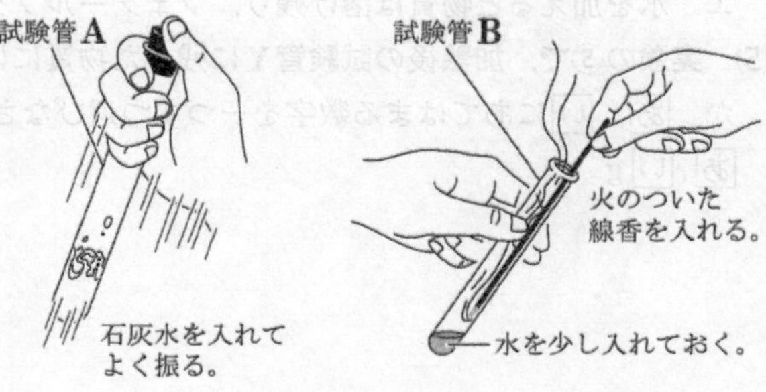

図２

④ 加熱していない炭酸水素ナトリウムを試験管Cに，②で加熱した後に試験管Xに残った固体の物質を試験管Dに，それぞれ0.5 gずつ取り，それぞれの試験管に水を５mLずつ加え，溶け方の違いを調べたところ，一方はすべて溶けたが，もう一方は溶け残った。また，この試験管C，Dにフェノールフタレイン液を加えて，色の変化を調べたところ，一方はうすい赤色になり，もう一方は濃い赤色になった。

⑤ 炭酸水素ナトリウム7.5 gを試験管Yに入れ，図１と同じようにして短い時間加熱し，気体の発生が終わる前に加熱をやめた。このとき試験管Yに残った固体の物質をじゅうぶんに乾燥させ，その質量を測定すると，5.4 gだった。

⑴　実験の②の塩化コバルト紙の色の変化について述べた文として最も適当なものを，次のア～エのうちから一つ選びなさい。

ア　水をつける前は青色で，水をつけた後は赤色に変化した。
イ　水をつける前は青色で，水をつけた後は緑色に変化した。
ウ　水をつける前は赤色で，水をつけた後は青色に変化した。
エ　水をつける前は赤色で，水をつけた後は緑色に変化した。

⑵　実験の③の［1］，［2］にあてはまるものの組み合わせとして最も適当なものを，次のア～エのうちから一つ選びなさい。

ア　１：石灰水に変化はなく　　２：線香の火が消えた
イ　１：石灰水に変化はなく　　２：線香が激しく燃えた
ウ　１：石灰水は白くにごり　　２：線香の火が消えた
エ　１：石灰水は白くにごり　　２：線香が激しく燃えた

⑶　次の化学反応式は，実験で炭酸水素ナトリウムを加熱したことによって起きた化学変化を表したものです。［1］，［2］にあてはまるものの組み合わせとして最も適当なものを，あとのア～エのうちから一つ選びなさい。

［1］→ Na_2CO_3 +［2］+ H_2O

ア　１：$NaHCO_3$　　２：CO_2　　イ　１：$NaHCO_3$　　２：$2CO_2$
ウ　１：$2NaHCO_3$　　２：CO_2　　エ　１：$2NaHCO_3$　　２：$2CO_2$

⑷　実験の④で，試験管Dの結果として最も適当なものを，次のア～エのうちから一つ選びなさい。

ア　水を加えると物質はすべて溶け，フェノールフタレイン液を加えると濃い赤色になった。
イ　水を加えると物質はすべて溶け，フェノールフタレイン液を加えるとうすい赤色になった。
ウ　水を加えると物質は溶け残り，フェノールフタレイン液を加えると濃い赤色になった。
エ　水を加えると物質は溶け残り，フェノールフタレイン液を加えるとうすい赤色になった。

⑸　実験の⑤で，加熱後の試験管Yに残った物質には，炭酸水素ナトリウムは何g含まれていますか。［あ］，［い］にあてはまる数字を一つずつ選びなさい。

［あ］.［い］g

8 運動とエネルギーについて調べるため，次の**実験１**，２を行いました。これに関して，あとの(1)～(5)の問いに答えなさい。ただし，質量 100 g の物体にはたらく重力を１Ｎとし，小球にはたらく摩擦や空気抵抗は考えないものとします。また，レールの厚みは考えないものとします。

実験１

① 水平な台の上で，**図１**のような装置をつくった。

② 質量 10 g の小球**X**を，水平な台の上からの高さが 10 cm, 20 cm，30 cm であるレールの斜面上から静かに手をはなして運動させ，水平面上の軽い木片に当て，それぞれ木片が移動した距離を調べた。

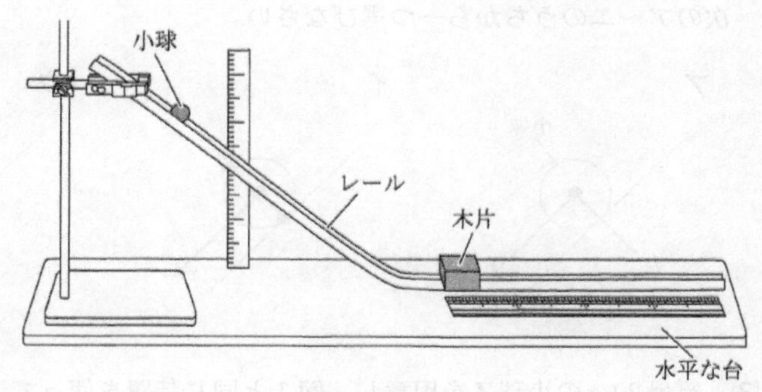

図１

③ 小球**X**のかわりに質量が 30 g の小球**Y**を使って，②と同様の実験を行い，それぞれ木片が移動した距離を調べた。

表は，②，③の結果をまとめたものである。

表

小球の高さ〔cm〕	10	20	30
小球**X**を使ったときの木片の移動距離〔cm〕	2.0	4.0	6.0
小球**Y**を使ったときの木片の移動距離〔cm〕	6.0	12.0	18.0

実験２

① 天井の点**O**から，伸び縮みしない軽い糸で小球をつるした振り子をつくり，糸がたるまないように点**A**の位置まで小球を持ち上げ，静かに手をはなして運動させた。このときの振り子の運動のようすをストロボスコープで撮影したところ，**図２**のようになった。

② **図３**のように，点**O**の真下の点**P**にくぎを打って，振り子の小球が点**B**の位置を通過するとき，振り子の糸がくぎにひっかかるようにした。

③ ①と同じように点**A**から振り子を運動させて，そのようすを調べた。

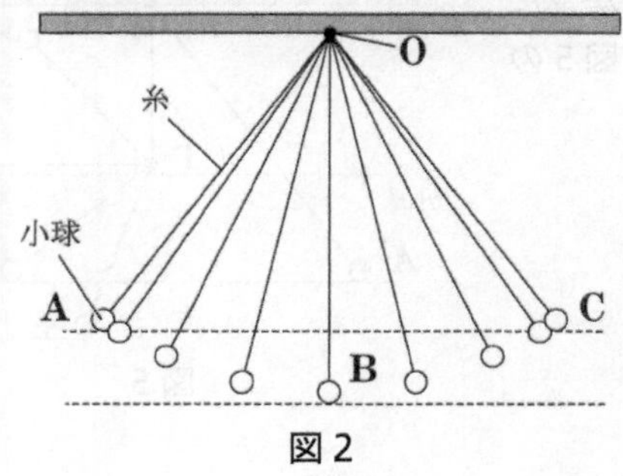

図２

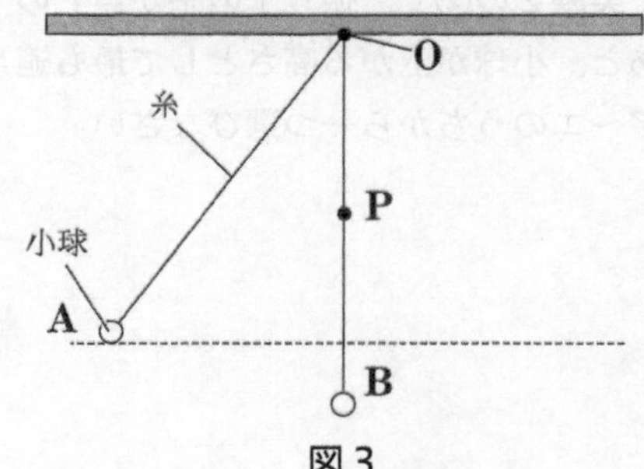

図３

(1) 実験１で，質量 10 g の小球 X を 30 cm の高さまで持ち上げるときの仕事の大きさは何 J ですか。[あ]～[う]にあてはまる数字を一つずつ選びなさい。

[あ].[い][う] J

(2) 実験１で，斜面上を運動する小球にはたらく力を矢印で示したものとして最も適当なものを，次のア～エのうちから一つ選びなさい。

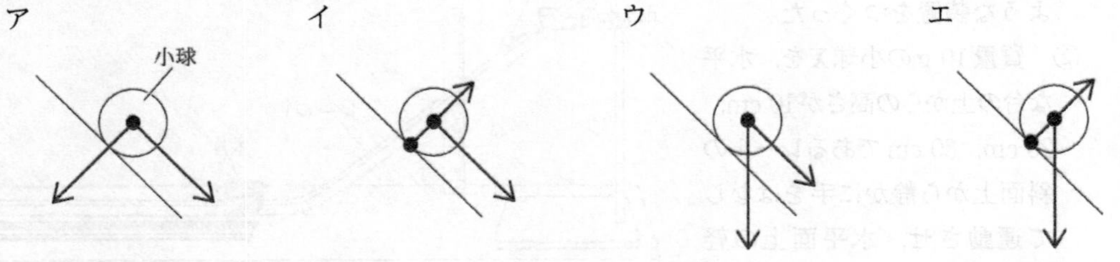

(3) 質量20 g の小球 Z を用意し，図１と同じ装置を使って，25 cm の高さからレールの斜面上を転がし，木片に当ててその移動距離を調べると，何 cm になると考えられますか。[あ]～[う]にあてはまる数字を一つずつ選びなさい。

[あ][い].[う] cm

(4) 実験２の①で，図２の点 A から C まで振り子の小球が運動するときの位置エネルギーの変化は，図４の破線のように表すことができます。このとき，小球の運動エネルギーの変化を実線で表したものとして最も適当なものを，次のア～エのうちから一つ選びなさい。

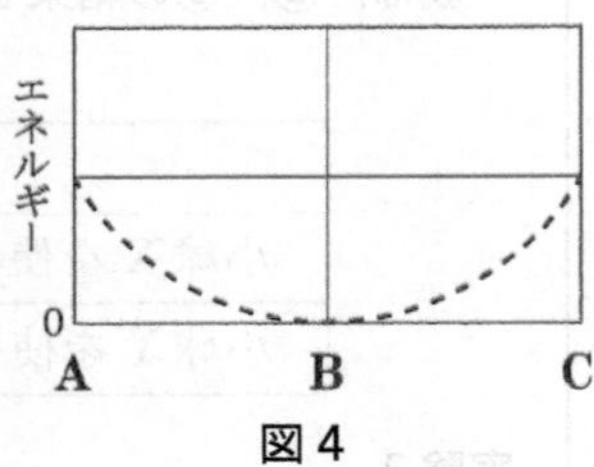

図４

ア

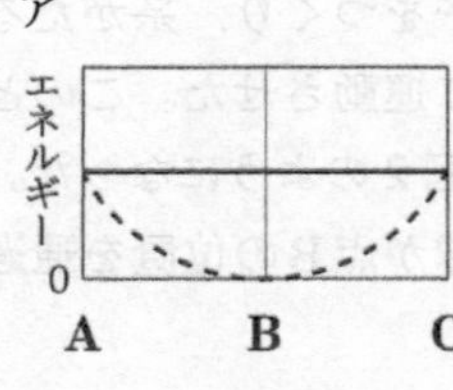

イ

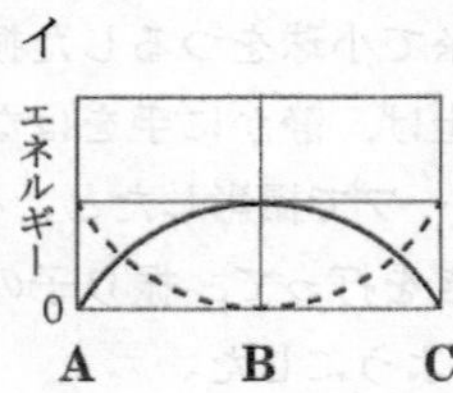

ウ

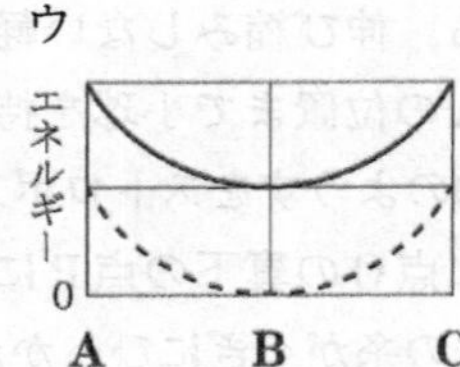

エ

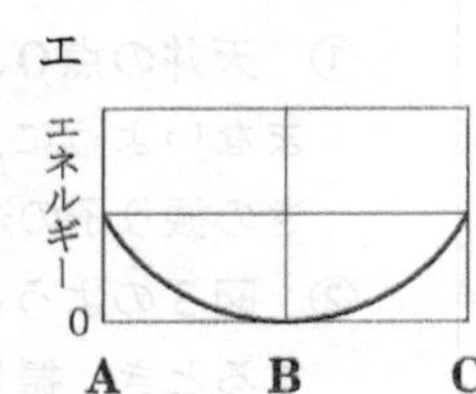

(5) 実験２の②で，振り子の糸が点 P のくぎにひっかかったあと，小球が上がる高さとして最も適当なものを，図５のア～エのうちから一つ選びなさい。

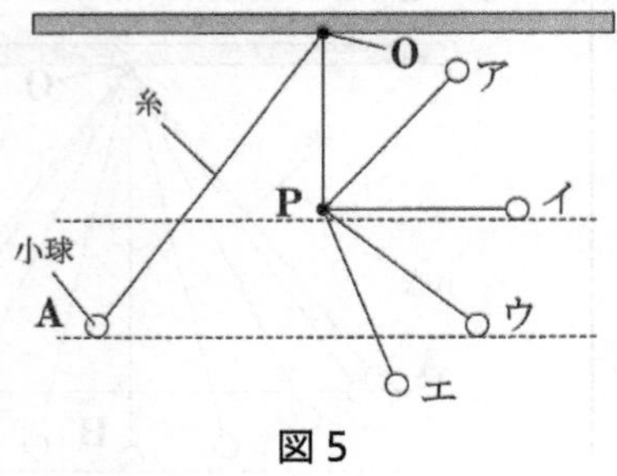

図５

【社　会】（50分）〈満点：100点〉

1　次の図を見て，あとの(1)～(5)の問いに答えなさい。

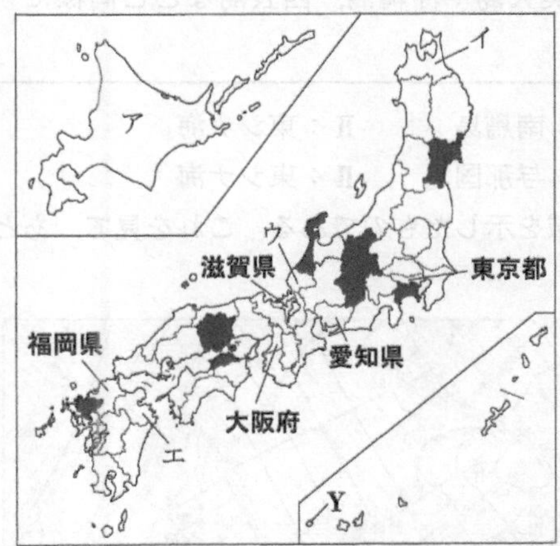

(1)　図中に■■で示した七つの県についての説明として最も適当なものを，次のア～エのうちから一つ選びなさい。

ア　七つの県のうち，県名に「川」が使われている県は，全部で二つある。

イ　七つの県のうち，県名と県庁所在地名が異なる県は，全部で四つある。

ウ　七つの県のうち，県庁所在地の人口が100万人以上の県は，全部で三つある。

エ　七つの県のうち，日本の標準時子午線より西に位置する県は，全部で四つある。

(2)　右の**資料１**は，地熱発電量上位４県と国内の地熱発電の総発電量に占める割合を示したものである。**資料１**中の**X**にあてはまる道県として最も適当なものを，図中のア～エのうちから一つ選びなさい。

資料１　**地熱発電量上位４県と国内の地熱発電の総発電量に占める割合（2019年）**

X	秋田県	鹿児島県	岩手県	その他
41.8%	21.5	14.6	13.1	9.0

（「データでみる県勢2021」より作成）

(3)　次の**資料２**は，図中の東京都，愛知県，大阪府，福岡県の面積と人口および年齢別人口構成の割合を示したものである。下の**Ⅰ～Ⅳ**の文のうち，**資料２**から読み取れることがらについて正しく述べた文はいくつあるか。あとのア～エのうちから一つ選びなさい。

資料２　**４都府県の面積と人口，年齢別人口構成の割合（2019年）**

	面積(km²)	人口(人)	年齢別人口構成の割合(%)		
			0～14歳	15～64歳	65歳以上
東京都	2,194	13,920,663	11.2	65.8	23.1
愛知県	5,173	7,552,239	13.1	61.8	25.1
大阪府	1,905	8,809,363	11.8	60.5	27.6
福岡県	4,987	5,103,679	13.1	58.9	27.9

（「データでみる県勢2021」より作成）

Ⅰ　人口密度は東京都が最も高く，１km^2あたりの人口は5000人をこえる。

Ⅱ　愛知県の面積は，大阪府の面積の４倍以上となっている。

Ⅲ　４都府県の人口を合計すると，4000万人をこえる。

Ⅳ　４都府県の中で，最も０～14歳の人口が少ないのは大阪府である。

ア　一つ　　イ　二つ　　ウ　三つ　　エ　四つ

(4) 次の文は，図中のＹの島について述べたものである。文中の［Ⅰ］，［Ⅱ］にあてはまる語の組み合わせとして最も適当なものを，あとのア～エのうちから一つ選びなさい。

> 図中のＹは日本の西端に位置する［Ⅰ］で，奄美大島や沖縄島，西表島などと同様に［Ⅱ］に面している。

ア　Ⅰ：南鳥島　　Ⅱ：オホーツク海　　イ　Ⅰ：南鳥島　　Ⅱ：東シナ海
ウ　Ⅰ：与那国島　Ⅱ：オホーツク海　　エ　Ⅰ：与那国島　Ⅱ：東シナ海

(5) 次の地形図は，前のページの図中の滋賀県のある地域を示したものである。これを見て，あとの①，②の問いに答えなさい。

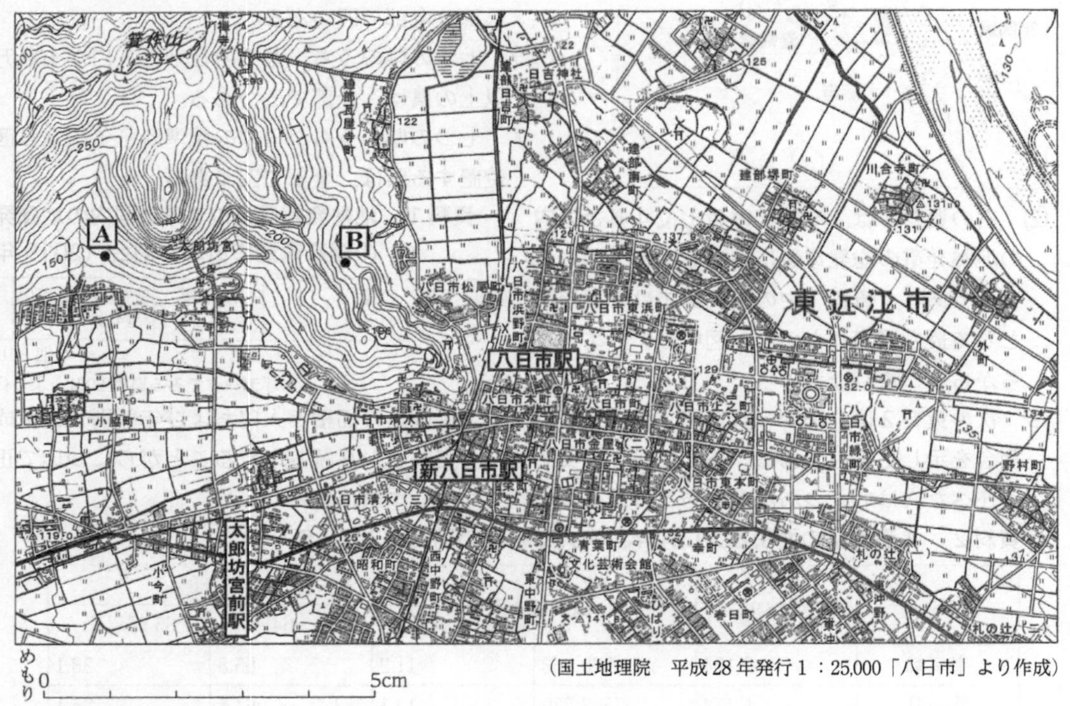

（国土地理院　平成28年発行１：25,000「八日市」より作成）

① 地形図中のＡ地点とＢ地点の標高差として最も適当なものを，次のア～エのうちから一つ選びなさい。

ア　10 m　　イ　20 m　　ウ　30 m　　エ　40 m

② この地形図について述べた文として最も適当なものを，次のア～エのうちから一つ選びなさい。

ア　箕作山には，広葉樹林となっているところが多く見られる。
イ　新八日市駅と八日市駅は，実際の直線距離で約500 m離れている。
ウ　地形図中の駅の中で，東近江市役所の最も近くに位置するのは，新八日市駅である。
エ　八日市駅から見て，太郎坊宮前駅は南東に位置している。

2 次の図を見て，あとの(1)～(7)の問いに答えなさい。

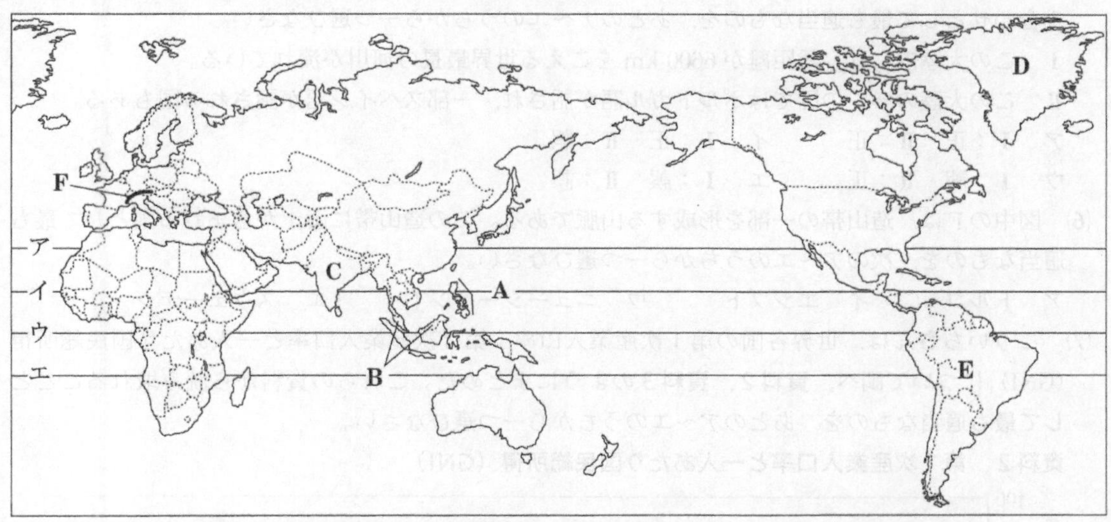

(1) 緯度０度の緯線として最も適当なものを，図中のア～エのうちから一つ選びなさい。

(2) 右のⅠ～Ⅲのグラフは，図中のA～Cのいずれかの国の宗教別人口割合を示したものである。Ⅰ～Ⅲのグラフにあてはまる国の組み合わせとして最も適当なものを，次のア～カのうちから一つ選びなさい。

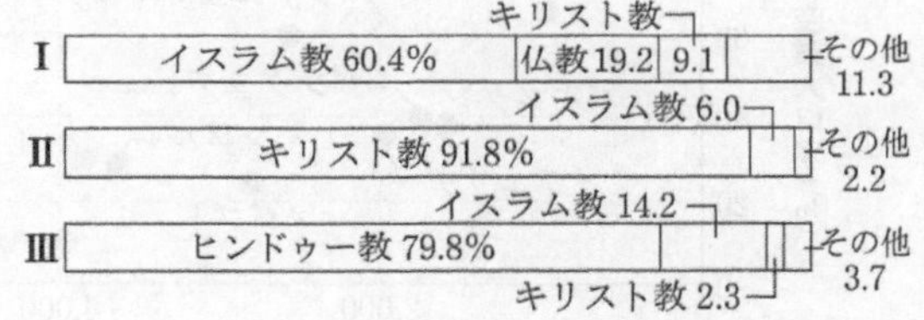

（「CIA World Factbook」ほかより作成）

ア　Ⅰ：Aの国　Ⅱ：Bの国　Ⅲ：Cの国
イ　Ⅰ：Aの国　Ⅱ：Cの国　Ⅲ：Bの国
ウ　Ⅰ：Bの国　Ⅱ：Aの国　Ⅲ：Cの国
エ　Ⅰ：Bの国　Ⅱ：Cの国　Ⅲ：Aの国
オ　Ⅰ：Cの国　Ⅱ：Aの国　Ⅲ：Bの国
カ　Ⅰ：Cの国　Ⅱ：Bの国　Ⅲ：Aの国

(3) 図中のDの島について述べた文として適当でないものを，次のア～エのうちから一つ選びなさい。
ア　この島は，大西洋に面している。
イ　この島全体は，西経の範囲に位置している。
ウ　この島の大部分は，寒帯に属する。
エ　この島は，北アメリカ州の国の一部となっている。

(4) 右の資料１は，ある農産物の生産量上位４か国と世界の総生産量に占める割合を示したものである。資料１にあてはまる農産物として最も適当なものを，次のア～エのうちから一つ選びなさい。
ア　さとうきび　　イ　コーヒー豆
ウ　カカオ豆　　エ　茶

資料１　ある農産物の生産量上位４か国と世界の総生産量に占める割合（2018年）

国　名	総生産量に占める割合(%)
ブラジル	34.5
ベトナム	15.7
インドネシア	7.0
コロンビア	7.0

（「世界国勢図会 2020/21」より作成）

(5)　次のⅠ，Ⅱの文は，前のページのEの大陸について述べたものである。Ⅰ，Ⅱの文の正誤の組み合わせとして最も適当なものを，あとのア～エのうちから一つ選びなさい。

Ⅰ　この大陸内には，総距離が6600 kmをこえる世界最長の河川が流れている。

Ⅱ　この大陸の多くの国ではポルトガル語が話され，一部スペイン語が話される国もある。

ア　Ⅰ：正　Ⅱ：正　　　イ　Ⅰ：正　Ⅱ：誤

ウ　Ⅰ：誤　Ⅱ：正　　　エ　Ⅰ：誤　Ⅱ：誤

(6)　図中のFは，造山帯の一部を形成する山脈である。この造山帯に国土が含まれる国として最も適当なものを，次のア～エのうちから一つ選びなさい。

ア　トルコ　　イ　エジプト　　ウ　ニュージーランド　　エ　スウェーデン

(7)　こういちさんは，世界各国の第１次産業人口率，第３次産業人口率と一人あたり国民総所得（GNI）について調べ，**資料２**，**資料３**のようにまとめた。これらの資料から読み取れることとして最も適当なものを，あとのア～エのうちから一つ選びなさい。

資料２　第１次産業人口率と一人あたり国民総所得（GNI）

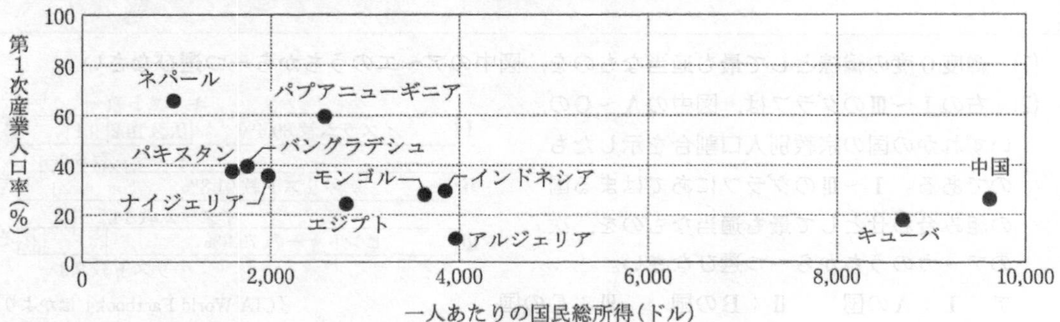

資料３　第３次産業人口率と一人あたり国民総所得（GNI）

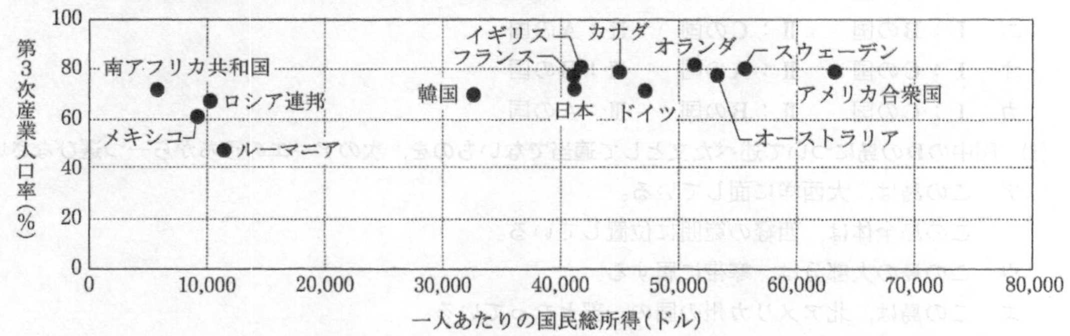

（資料２，資料３は「データブックオブ・ザ・ワールド2021」より作成）

ア　中国は，第１次産業人口率が20％未満で，一人あたり国民総所得が9000ドルを超えている。

イ　一人あたり国民総所得が3000ドル未満の国は，いずれもアジア州に属している。

ウ　イギリスの一人あたり国民総所得は，インドネシアの一人あたり国民総所得の10倍以上である。

エ　ドイツは，ロシア連邦やメキシコよりも第３次産業人口率が小さい。

3 次の略年表を見て，あとの(1)～(7)の問いに答えなさい。

年 代	主なできごと	
紀元前 3000～1500 年ごろ	大河の流域に古代文明がおこる	A
		B
645	大化の改新が行われる	
		C
1232	御成敗式目が定められる	D
1378	足利義満が室町に幕府を移す	E
1615	最初の武家諸法度が制定される	
1639	ポルトガル人の来航が禁止される	F
		G
1867	大政奉還が行われる	

(1) 略年表中のAに関連して，オリエントとよばれる地域として最も適当なものを，右の図中のア～エのうちから一つ選びなさい。

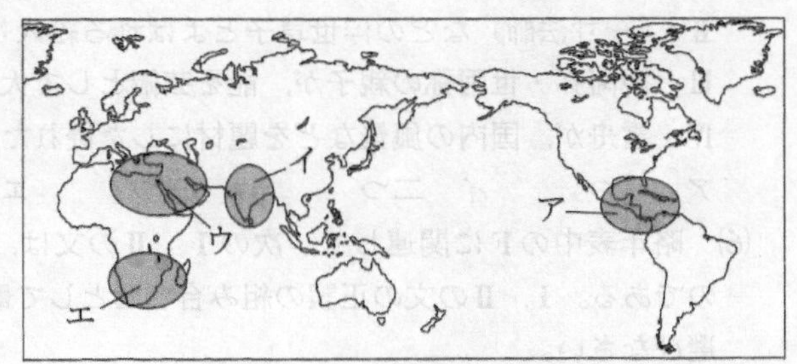

(2) 次のⅠ～Ⅲは，略年表中のBの時期に起こったできごとについて述べたものである。Ⅰ～Ⅲの文を年代の古いものから順に並べたものを，あとのア～カのうちから一つ選びなさい。

Ⅰ イエスがキリスト教をおこした。

Ⅱ ムハンマドがイスラム教をおこした。

Ⅲ シャカが仏教をおこした。

ア Ⅰ→Ⅱ→Ⅲ　　イ Ⅰ→Ⅲ→Ⅱ　　ウ Ⅱ→Ⅰ→Ⅲ

エ Ⅱ→Ⅲ→Ⅰ　　オ Ⅲ→Ⅰ→Ⅱ　　カ Ⅲ→Ⅱ→Ⅰ

(3) 次のⅠ，Ⅱの文は，略年表中のCの時期に起こったできごとについて述べたものである。Ⅰ，Ⅱの文の正誤の組み合わせとして最も適当なものを，あとのア～エのうちから一つ選びなさい。

Ⅰ 聖武天皇は，仏教で国家を守ろうと考え，都に大仏をまつる興福寺を建立した。

Ⅱ 桓武天皇の時代に，坂上田村麻呂が東北地方へ出兵し，これ以後東北は奥州藤原氏により支配された。

ア Ⅰ：正 Ⅱ：正　　イ Ⅰ：正 Ⅱ：誤

ウ Ⅰ：誤 Ⅱ：正　　エ Ⅰ：誤 Ⅱ：誤

(4)　略年表中のＤに関連して，右の**資料１**は御成敗式目の内容の一部を示したものである。**資料１**を読み，次のⅠ，Ⅱの文の正誤の組み合わせとして最も適当なものを，あとのア～エのうちから一つ選びなさい。

資料１

> 一　諸国の［　X　］の職務は，頼朝公の時代に定められたように，京都の御所の警備と，謀反や殺人などの犯罪人の取りしまりに限る。
>
> 一　武士が20年の間，実際にその土地を支配しているならば，その権利を認める。

Ⅰ　資料１の［　X　］には，国ごとに任命された守護があてはまる。

Ⅱ　武士が他人の土地を20年間支配した場合には，自分の領地として認められた。

ア　Ⅰ：正　Ⅱ：正　　イ　Ⅰ：正　Ⅱ：誤

ウ　Ⅰ：誤　Ⅱ：正　　エ　Ⅰ：誤　Ⅱ：誤

(5)　略年表中のＥに関連して，次のⅠ～Ⅳの文のうち，室町時代に栄えた文化について正しく述べた文はいくつあるか。最も適当なものを，あとのア～エのうちから一つ選びなさい。

Ⅰ　本居宣長が『古事記』を研究して『古事記伝』を著し，国学を大成させた。

Ⅱ　『一寸法師』などの浮世草子とよばれる絵入りの物語がさかんに読まれた。

Ⅲ　観阿弥・世阿弥の親子が，能を芸術として大成させた。

Ⅳ　雪舟が，国内の風景などを題材にした優れた水墨画を描いた。

ア　一つ　　イ　二つ　　ウ　三つ　　エ　四つ

(6)　略年表中のＦに関連して，次のⅠ，Ⅱの文は，17世紀に起こったできごとについて述べたものである。Ⅰ，Ⅱの文の正誤の組み合わせとして最も適当なものを，あとのア～エのうちから一つ選びなさい。

Ⅰ　徳川家康は，渡航を許可する朱印状とよばれる証書を用い，東南アジアとの貿易を許可した。

Ⅱ　キリスト教徒の迫害などに対し，天草四郎を大将にして島原・天草一揆が起こった。

ア　Ⅰ：正　Ⅱ：正　　イ　Ⅰ：正　Ⅱ：誤

ウ　Ⅰ：誤　Ⅱ：正　　エ　Ⅰ：誤　Ⅱ：誤

(7)　右の**資料２**は，略年表中のＧの時期に発生した百姓一揆や打ちこわしの発生件数を示したものである。**資料２**中の［　Ⅰ　］～［　Ⅳ　］にあてはまる語の組み合わせとして最も適当なものを，次のア～カのうちから一つ選びなさい。

資料２

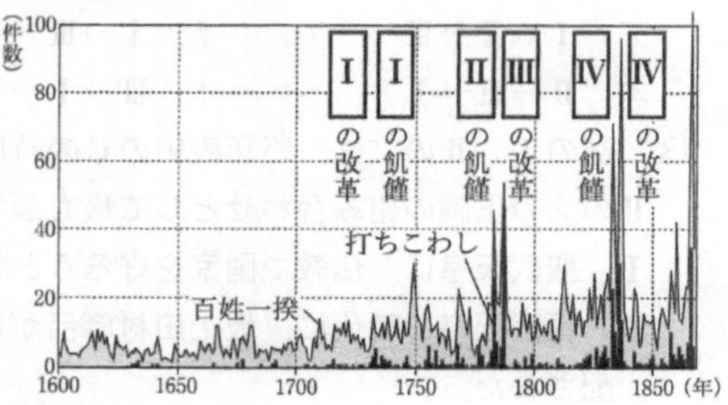

ア　Ⅰ：享保　Ⅱ：天明　Ⅲ：寛政　Ⅳ：天保

イ　Ⅰ：享保　Ⅱ：寛政　Ⅲ：天明　Ⅳ：天保

ウ　Ⅰ：享保　Ⅱ：天保　Ⅲ：寛政　Ⅳ：天明

エ　Ⅰ：天保　Ⅱ：天明　Ⅲ：享保　Ⅳ：寛政

オ　Ⅰ：寛政　Ⅱ：天明　Ⅲ：天保　Ⅳ：享保

カ　Ⅰ：享保　Ⅱ：天明　Ⅲ：天保　Ⅳ：寛政

4 次のＡ～Ｆのカードは，社会科の授業で，太郎さんが，「日本と世界の関わり」というテーマで学習を進め，年代の古い順にまとめたものの一部である。これらを読み，あとの⑴～⑹の問いに答えなさい。

A	明治政府は，欧米諸国が東アジアに勢力を伸ばしつつあったことに危機感を強め，a 欧米列強に対抗できる国づくりをめざした。
B	伊藤博文はヨーロッパへ留学し，君主権の強いドイツ（プロイセン）憲法を中心に，b 国家制度について調査を進めた。
C	日本は欧米各国と交渉を重ね，1894 年に［ c ］外務大臣のもとで治外法権の撤廃に成功し，1911 年には［ d ］外務大臣のもとで関税自主権の回復を果たした。
D	e 第一次世界大戦が始まると，日本は連合国側として参戦し，1917 年には中国とアメリカも連合国に加わった。
E	世界恐慌の影響は日本にも及び，都市では企業の倒産が相次ぎ，農村では作物の価格が低迷するなど，f 1930 年代前半の日本経済は大きく落ち込んだ。
F	吉田茂内閣は，アメリカやイギリスなど 48 か国との間で g サンフランシスコ平和条約を締結し，独立国家として主権を回復した。

⑴ Ａの文中の下線部ａに関連して，次のⅠ，Ⅱの文は，明治政府が富国強兵を進めるのと同時期に国内で見られた文明開化とよばれる風潮について述べたものである。Ⅰ，Ⅱの文の正誤の組み合わせとして最も適当なものを，あとのア～エのうちから一つ選びなさい。

Ⅰ 福沢諭吉は『学問のすゝめ』を著し，人は生まれながらにして平等であると説いた。

Ⅱ 西洋風の文化が国内に取り入れられ，銀座などにはれんが造りの洋館が建造された。

ア Ⅰ：正 Ⅱ：正　イ Ⅰ：正 Ⅱ：誤　ウ Ⅰ：誤 Ⅱ：正　エ Ⅰ：誤 Ⅱ：誤

⑵ Ｂの文中の下線部ｂに関連して，次のⅠ～Ⅳの文のうち，内閣制度の創設準備段階から第一回帝国議会の開会の翌年までのできごとについて正しく述べた文はいくつあるか。最も適当なものを，あとのア～エのうちから一つ選びなさい。

Ⅰ 天皇により発布された大日本帝国憲法にのっとり，内閣創設の準備が進められた。

Ⅱ 内閣制度が創設されると，伊藤博文が初代内閣総理大臣に就任した。

Ⅲ 帝国議会のうち，貴族院は皇族や華族の代表者，天皇が任命した議員などで構成されていた。

Ⅳ 第一回帝国議会が開催された翌年，教育基本法が発令され，忠君愛国などが示された。

ア 一つ　イ 二つ　ウ 三つ　エ 四つ

⑶ Ｃの文中の［ c ］，［ d ］にあてはまる人物名の組み合わせとして最も適当なものを，次のア～エのうちから一つ選びなさい。

ア c：陸奥宗光　d：大隈重信　イ c：大隈重信　d：小村寿太郎

ウ c：陸奥宗光　d：小村寿太郎　エ c：小村寿太郎　d：陸奥宗光

(4)　Dの文中の下線部ｅに関連して，次のⅠ，Ⅱの文は，第一次世界大戦が始まる直前から第一次世界大戦中までの，次の図中のＸとＹの半島について述べたものである。Ⅰ，Ⅱの文の正誤の組み合わせとして最も適当なものを，あとのア～エのうちから一つ選びなさい。

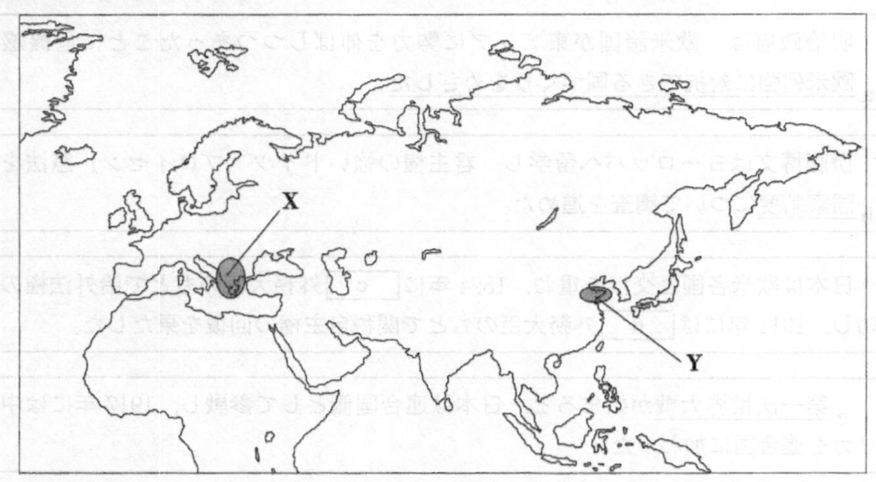

Ⅰ　Ｘの半島は，ヨーロッパ各国の対立に，スラブ民族の問題も絡んでいたことから「ヨーロッパの火薬庫」とよばれていた。

Ⅱ　第一次世界大戦中，日本は中国に二十一か条の要求を示し，日本が大戦中に占領したＹの半島の権益をロシアから引きつぐことなどを要求した。

ア　Ⅰ：正　Ⅱ：正　　　イ　Ⅰ：正　Ⅱ：誤
ウ　Ⅰ：誤　Ⅱ：正　　　エ　Ⅰ：誤　Ⅱ：誤

(5)　Eの文中の下線部ｆに関連して，1933年に日本が国際連盟を脱退するきっかけとなったできごとについて述べた文として最も適当なものを，次のア～エのうちから一つ選びなさい。

ア　治安維持法を制定し，社会主義や共産主義に対する取り締まりを強化した。
イ　北京郊外の盧溝橋（ろこうきょう／ルーコウチアオ）で起こった日中両国軍の武力衝突を機に，日中戦争が始まった。
ウ　五・一五事件，二・二六事件と，青年将校により強力な軍事政権を作ろうとする動きが起こった。
エ　南満州鉄道の線路の爆破を機に軍事行動を開始し，満州国を建国した。

(6)　Fの文中の下線部ｇに関連して，次のⅠ～Ⅲは，サンフランシスコ平和条約が締結された後に起こったできごとについて述べたものである。Ⅰ～Ⅲの文を年代の古いものから順に並べたものを，あとのア～カのうちから一つ選びなさい。

Ⅰ　日中平和友好条約を結び，日中両国の関係発展の指針が示された。
Ⅱ　日韓基本条約を結び，日本は韓国政府を朝鮮半島の唯一の合法的な政府と認めた。
Ⅲ　日ソ共同宣言の調印により，ソ連との国交が回復した。

ア　Ⅰ→Ⅱ→Ⅲ　　　イ　Ⅰ→Ⅲ→Ⅱ　　　ウ　Ⅱ→Ⅰ→Ⅲ
エ　Ⅱ→Ⅲ→Ⅰ　　　オ　Ⅲ→Ⅰ→Ⅱ　　　カ　Ⅲ→Ⅱ→Ⅰ

5 次の文章を読み，あとの(1)～(5)の問いに答えなさい。

国家権力は，aの立法権を持つ bの国会，行政権を持つ cの内閣，dの司法権を持つ裁判所の三つに分けられる。三権が互いを抑制し合い均衡を保つことで，国民の自由と権利を保障しようとしている。これと同時に，私たちは eの地方自治体に住む住民として地域の政治に参加している。

(1) 下線部aに関連して，次の**資料１**は，法律が成立するまでの過程を示したものである。**資料１**中の**A**～**C**にあてはまる語の組み合わせとして最も適当なものを，あとのア～エのうちから一つ選びなさい。

資料１　法律が成立するまでの過程（衆議院から先に審議する場合）

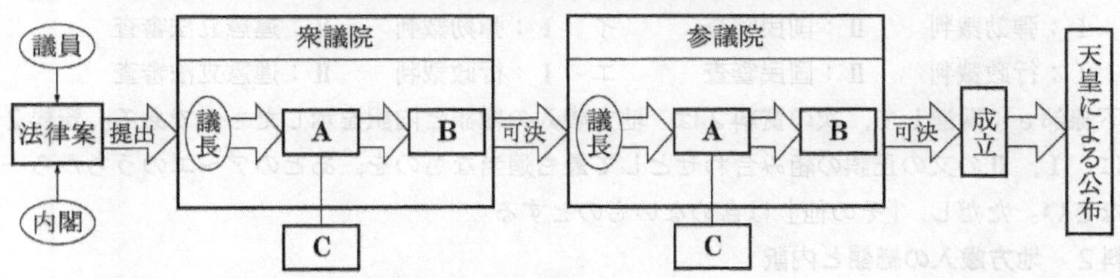

ア　A：委員会　　B：本会議　　C：公聴会
イ　A：本会議　　B：委員会　　C：公聴会
ウ　A：委員会　　B：本会議　　C：両院協議会
エ　A：本会議　　B：委員会　　C：両院協議会

(2) 下線部bに関連して，次のⅠ～Ⅳのうち，国会に関連することがらについて正しく述べた文はいくつあるか。最も適当なものを，あとのア～エのうちから一つ選びなさい。

Ⅰ　日本国憲法では，国会は唯一の立法府で国権の最高機関であり，全国民を代表する選挙された議員でこれを組織すると規定されている。

Ⅱ　臨時会（臨時国会）は，内閣が必要と認めたとき，または衆議院，参議院いずれかの総議員の４分の１以上の要求があったときに召集される。

Ⅲ　2020年３月現在，衆議院は参議院の２倍以上の議員定数を有し，予算の先議権や，内閣不信任決議などが認められている。

Ⅳ　衆議院の解散中，国会の議決を必要とする問題が生じた場合には，内閣の求めに応じて参議院の緊急集会が開かれる。

ア　一つ　　イ　二つ　　ウ　三つ　　エ　四つ

(3) 下線部cに関連して，次のⅠ，Ⅱの文は，内閣について述べたものである。Ⅰ，Ⅱの文の正誤の組み合わせとして最も適当なものを，あとのア～エのうちから一つ選びなさい。

Ⅰ　法律案や予算案の作成のほか，成立した法律を実施するための政令を制定したり，外国と交渉して条約を締結することも内閣の仕事に含まれる。

Ⅱ　内閣総理大臣は，全ての国務大臣を国会議員から選ぶきまりとなっており，国務大臣は各省の長として行政の仕事を分担する。

ア　Ⅰ：正　Ⅱ：正　　イ　Ⅰ：正　Ⅱ：誤
ウ　Ⅰ：誤　Ⅱ：正　　エ　Ⅰ：誤　Ⅱ：誤

(4)　下線部 **d** に関連して，次の文章は，裁判官が辞めさせられる場合のことがらについて述べたものである。文章中の［Ⅰ］，［Ⅱ］にあてはまる語の組み合わせとして最も適当なものを，あとのア～エのうちから一つ選びなさい。

> 日本国憲法で「すべて裁判官は，その良心に従ひ独立してその職権を行ひ，この憲法及び法律にのみ拘束される。」と規定されている。裁判官の身分は保障されており，心身の故障や，国会議員による［Ⅰ］，最高裁判所の裁判官については［Ⅱ］で罷免とされた場合などを除き，辞めさせられることはない。

ア　Ⅰ：弾劾裁判　　Ⅱ：国民審査　　イ　Ⅰ：弾劾裁判　　Ⅱ：違憲立法審査
ウ　Ⅰ：行政裁判　　Ⅱ：国民審査　　エ　Ⅰ：行政裁判　　Ⅱ：違憲立法審査

(5)　下線部 **e** に関連して，次の**資料２**は，地方歳入の総額と内訳を示したものである。**資料２**を参考に，Ⅰ，Ⅱの文の正誤の組み合わせとして最も適当なものを，あとのア～エのうちから一つ選びなさい。ただし，「その他」は含めないものとする。

資料２　地方歳入の総額と内訳

歳入総額	地方税	地方交付税	国庫支出金	地方債	その他
101兆3453億円	40.2%	16.3	14.7	10.4	18.4

（総務省資料より作成）

Ⅰ　国から各地方公共団体へと配分・提供された金額の総額は，約31兆4170億円である。
Ⅱ　教育や道路の整備といった特定の仕事の費用を国が一部負担するのは，地方交付税である。

ア　Ⅰ：正　Ⅱ：正　　イ　Ⅰ：正　Ⅱ：誤
ウ　Ⅰ：誤　Ⅱ：正　　エ　Ⅰ：誤　Ⅱ：誤

6　経済全体のしくみを示した次の図を見て，あとの(1)～(5)の問いに答えなさい。

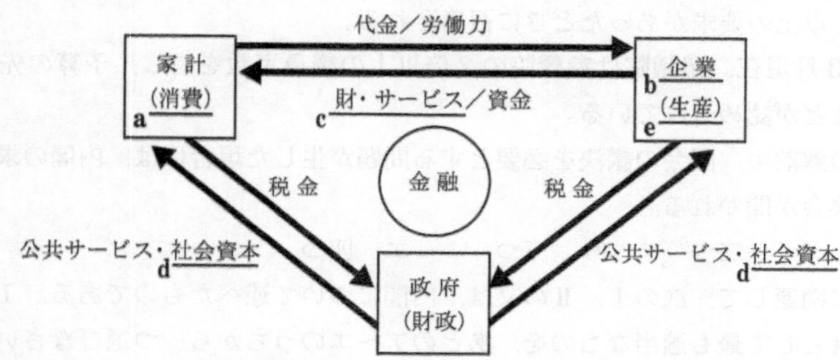

(1)　下線部 **a** に関連して，次のⅠ，Ⅱの文は，消費や流通について述べたものである。Ⅰ，Ⅱの文の正誤の組み合わせとして最も適当なものを，あとのア～エのうちから一つ選びなさい。

Ⅰ　クーリング・オフ制度が導入されたことにより，消費者は購入したあらゆる商品について，購入後一定期間内であれば契約を解除できる。
Ⅱ　流通業には，スーパーマーケットやコンビニエンスストアなどの，財を直接，消費者に販売する卸売業や，生産者と卸売業をつなぐ小売業がある。

ア　Ⅰ：正　Ⅱ：正　　イ　Ⅰ：正　Ⅱ：誤
ウ　Ⅰ：誤　Ⅱ：正　　エ　Ⅰ：誤　Ⅱ：誤

⑵　下線部**b**に関連して，次の**資料１**は，株式会社のしくみを示したものである。**資料１**中の**A**～**C**にあてはまる語の組み合わせとして最も適当なものを，あとのア～エのうちから一つ選びなさい。

資料１　株式会社のしくみ

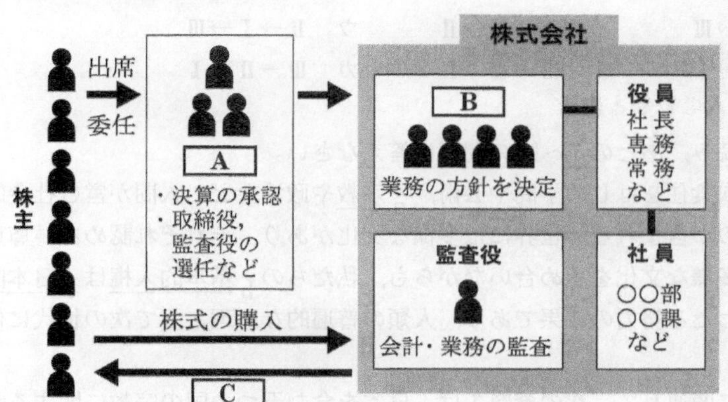

ア　**A**：取締役会　　**B**：株主総会　　**C**：配当
イ　**A**：株主総会　　**B**：取締役会　　**C**：配当
ウ　**A**：取締役会　　**B**：株主総会　　**C**：資本
エ　**A**：株主総会　　**B**：取締役会　　**C**：資本

⑶　下線部**c**と下線部**d**に関連して，次の**Ⅰ**～**Ⅳ**のうち，価格に関連することがらについて正しく述べた文はいくつあるか。最も適当なものを，あとのア～エのうちから一つ選びなさい。

Ⅰ　市場経済において，生産者は質が高く，かつ低価格のサービスや財を提供して売り上げをのばそうとし，そのために競争が行われ，適正な価格が決定される。

Ⅱ　一般に，価格は需要量と供給量のバランスで決まり，供給量が需要量を大きく上回っている場合は，価格が低くなる傾向が見られる。

Ⅲ　競争をうながすことを目的として独占禁止法が制定されており，公正取引委員会がこの法律に基づき監視や指導を行っている。

Ⅳ　電気や水道，ガスなどの公共料金は，国や地方公共団体が認可していたが，2016年に電力自由化が導入されたことにより，電気料金は全て民間の事業者が決定している。

ア　一つ　　イ　二つ　　ウ　三つ　　エ　四つ

⑷　下線部**d**に関連して，次の**Ⅰ**，**Ⅱ**の文は，社会保障について述べたものである。**Ⅰ**，**Ⅱ**の文の正誤の組み合わせとして最も適当なものを，あとのア～エのうちから一つ選びなさい。

Ⅰ　社会保険の制度では，生活に困っている人たちを対象として，生活費や教育費，医療費などが支給される。

Ⅱ　公衆衛生の制度のもとで，感染症対策や結核予防，廃棄物処理や下水道処理などが行われている。

ア　**Ⅰ**：正　**Ⅱ**：正　　イ　**Ⅰ**：正　**Ⅱ**：誤
ウ　**Ⅰ**：誤　**Ⅱ**：正　　エ　**Ⅰ**：誤　**Ⅱ**：誤

⑸　下線部**e**に関連して，次の**Ⅰ**～**Ⅲ**は地球の生産活動や環境問題に関連するできごとを述べたものである。**Ⅰ**～**Ⅲ**の文を年代の**古いものから順に**並べたものを，あとのア～カのうちから一つ選びなさい。

Ⅰ　地球温暖化防止京都会議が開催された。
Ⅱ　国連環境開発会議（地球サミット）が開催された。
Ⅲ　パリ協定が採択された。

ア　Ⅰ→Ⅱ→Ⅲ　　イ　Ⅰ→Ⅲ→Ⅱ　　ウ　Ⅱ→Ⅰ→Ⅲ
エ　Ⅱ→Ⅲ→Ⅰ　　オ　Ⅲ→Ⅰ→Ⅱ　　カ　Ⅲ→Ⅱ→Ⅰ

7　次の文章を読み，あとの⑴～⑷の問いに答えなさい。

文化には，衣食住をはじめ学問や芸術，a宗教や政治など，人間が営む社会的な生活を構成するさまざまなものが含まれる。世界には多様な文化があり，それぞれ認めあい尊重しあっている。また，そうした多様な文化を認め合いながらも，私たちのb基本的人権はc日本国憲法にあるように人類の多年にわたる努力の成果であり，人類の普遍的な原理として次の世代に伝えるべきものである。

⑴　下線部aに関連して，次の**資料１**は，日本を含む五つの国の宗教に関する調査の一部を示したものである。**資料２**は，**資料１**から読み取ったことがらをまとめたものである。**資料１**中の**A**～**D**にあてはまる国名の組み合わせとして最も適当なものを，あとのア～カのうちから一つ選びなさい。

資料１　宗教が日々のくらしの中で心の支えや態度・行動のよりどころになるか

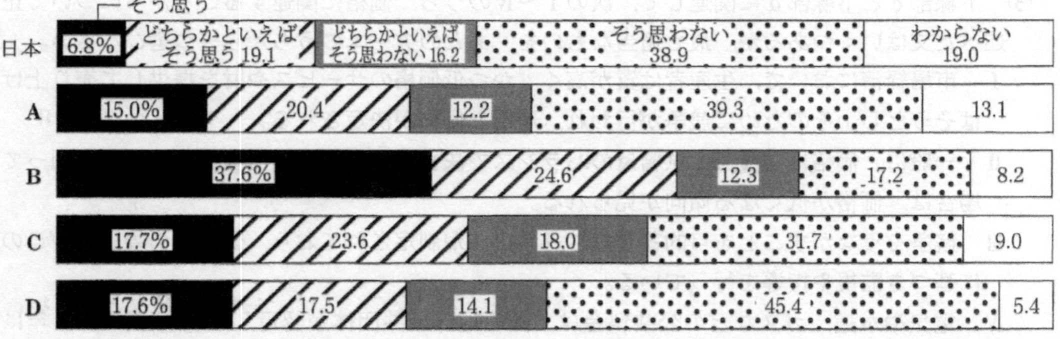

（注）調査対象は13～29歳の男女。（注）割合の合計が100にならない場合がある。（内閣府資料より作成）

資料２

・「そう思う」，「どちらかといえばそう思う」と回答した割合の合計が40％未満だったのは，日本，フランス，韓国の３か国であった。
・「そう思う」，「どちらかといえばそう思う」と回答した割合の合計が，「わからない」の割合の３倍以上だったのは，フランス，アメリカ，スウェーデンの３か国であった。
・「そう思う」，「どちらかといえばそう思う」，「どちらかといえばそう思わない」，「そう思わない」の合計が90％を超えたのは，フランス，スウェーデン，アメリカの３か国であった。
・「そう思う」，「どちらかといえばそう思う」と回答した割合の合計と，「どちらかといえばそう思わない」，「そう思わない」と回答した割合の合計の差が20％以上だったのは，日本，フランス，アメリカの３か国であった。

ア　**A**：韓国　**B**：フランス　**C**：アメリカ　**D**：スウェーデン
イ　**A**：韓国　**B**：アメリカ　**C**：スウェーデン　**D**：フランス
ウ　**A**：フランス　**B**：アメリカ　**C**：スウェーデン　**D**：韓国
エ　**A**：フランス　**B**：韓国　**C**：スウェーデン　**D**：アメリカ
オ　**A**：スウェーデン　**B**：アメリカ　**C**：韓国　**D**：フランス
カ　**A**：韓国　**B**：スウェーデン　**C**：アメリカ　**D**：フランス

⑵　下線部**b**に関連して，世界で初めて社会権が規定された憲法の条文の一部を示したものとして最も適当なものを，次のア～エのうちから一つ選びなさい。

ア
第１条
すべての人間は，生まれながらにして自由であり，かつ，尊厳と権利とについて平等である。人間は，理性と良心とを授けられており，互いに同胞の精神をもって行動しなければならない。

イ
我々は以下のことを自明の真理であると信じる。人類はみな平等に創られ，ゆずりわたすことのできない権利を神によってあたえられていること，その中には，生命，自由，幸福の追求がふくまれている。
（部分要約）

ウ
第151条
経済生活の秩序は，すべての人に人間に値する生存を保障することを目指す，正義の諸原則にかなうものでなければならない。（略）

エ
第１条
人は生まれながらに，自由で平等な権利を持つ。社会的な区別は，ただ公共の利益に関係のある場合にしか設けられてはならない。

⑶　下線部**c**に関連して，次のⅠ，Ⅱの文は，日本国憲法について述べたものである。Ⅰ，Ⅱの文の正誤の組み合わせとして最も適当なものを，あとのア～エのうちから一つ選びなさい。

Ⅰ　日本国憲法は，1946年11月３日に公布され，1947年５月３日に施行された。
Ⅱ　日本国憲法第13条には，幸福追求権に基づく知る権利やプライバシーの権利，自己決定権などが規定されている。

ア　Ⅰ：正　Ⅱ：正　　イ　Ⅰ：正　Ⅱ：誤
ウ　Ⅰ：誤　Ⅱ：正　　エ　Ⅰ：誤　Ⅱ：誤

⑷　下線部**c**に関連して，次のⅠ～Ⅳのうち，請求権に分類されるものはいくつあるか。最も適当なものを，あとのア～エのうちから一つ選びなさい。

Ⅰ　裁判を受ける権利　　Ⅱ　公務員の選定・罷免権
Ⅲ　団体交渉権　　Ⅳ　憲法改正の国民投票権

ア　一つ　　イ　二つ　　ウ　三つ　　エ　四つ

だきました。

イ　うれしいことに、私がその楽器を天皇からいただくことができました。

ウ　私は、無事にその催しを引きうけて成功させることができました。

エ　私は、その演奏は非常にすぐれたできばえだと思いながらお聞きしました。

オ　ありがたいことに、その音楽を天皇がお聞きになられたということでした。

(3)　文章中に B意趣に相叶（あひかな）ひにたり とあるが、どのようなことが博定の意図通りだったのか。その説明として最も適当なものを、次のア～オのうちから一つ選びなさい。

ア　元正にとっては、本来演奏される伝統的な曲よりも少し新しい内容になっていて、できばえは良かったものの、その新しさに慣れるのが大変だったこと。

イ　元正にとっては、曲が初めから終わりまで同じような調子で進んでいた点が好みに合わなくて、もっと抑揚がはっきりしているほうがよいと感じたこと。

ウ　元正のいた場所では、博定の太鼓が本来の間合いよりも少し早めに聞こえていて、打ち始めだけで済まず、結局最後まで早めの間合いになっていたこと。

エ　元正が見たところ、博定が太鼓を打ったびに元あった場所よりも少しずつ動いてしまって、本来の場所とは異なった場所で打ち終わりを迎えていたこと。

オ　元正には太鼓の音が複数聞こえていて、博定が少し早い間合いで太鼓を打つたびに音が続く感じになってしまい、最初から最後まで違和感があったこと。

(4)　文章中の Cされば の意味として最も適当なものを、次のア～オのうちから一つ選びなさい。

ア　まさか　　イ　もしかしたら　　ウ　だから

エ　にもかかわらず　　オ　たとえるのならば

(5)　文章中に Dこの心ばせ、思ひよらざる事なり。めでたし とあるが、この言葉はどのようなことを示しているか。最も適当なものを、次のア～オのうちから一つ選びなさい。

ア　太鼓の良さを感じるには何よりも楽しめなければいけないという考えのもと、博定はあえて太鼓を早く打つことによって違和感を生んで楽しませようとしていたので、元正が驚いたということ。

イ　聴衆に聞こえた音が正しい調子ではなかったことについて、博定がもっともらしい言い訳を考えて正当性を主張したことについて、その機転のきかせ方の素晴らしさを元正がほめたということ。

ウ　太鼓を打つ音が元正に早く聞こえてしまったことをいかし、天皇に太鼓を聞かせるときには万全の状態に仕上げようという博定の準備の仕方について、元正がめったにないと感じたということ。

エ　博定が何も考えずにただ太鼓を打っていたわけではなく、音を発する側と聞く側との距離によって聞こえ方が異なるということまで意識して打っていたことについて元正が感心したということ。

オ　天皇の目の前で演奏することも出来たのに、最も太鼓が良い音に聞こえるように、博定があえて天皇から遠く離れるという調整をしたと知って、そのような人に会えて元正が喜んだということ。

つ選びなさい。

ア　詳しい風景の描写が特徴的です。まゆちゃんと実弥子が捉えた風景を細かく描き分けることによって、それぞれがどのような考えを持ち、どのような考えに変わっていくのかを暗示しています。

イ　実弥子から見たまゆちゃんの様子、ルイから見たまゆちゃんの様子に独特の比喩が用いられています。絵画というテーマとも重なり、まゆちゃんという存在が印象的に浮かび上がってきます。

ウ　登場人物の行動や動きによって、まゆちゃんの成長を描いています。ここにある表現の多くはユーモラスであるため、真面目な出来事を描きながらも、展開の軽快さを感じることができます。

エ　句読点を多く用いることによって、文を効果的に区切っています。こうすることによって登場人物全員の幼さを演出しています。展開に不自然さを感じない説得力のある場面になっています。

オ　主にまゆちゃんと実弥子の内面に焦点を当てながらも、平易でなじみやすい会話を中心に話が展開しています。この構成によって、登場人物が生身の人間としていきいきと感じられます。

三　次の文章を読み、あとの⑴～⑸の問いに答えなさい。

堀河院(注1)の御時、六条院(注2)に朝覲行幸(注3)ありけるに、池の中島に楽屋を構へられたりけるに、御所、水をへだててはるかに遠かりけり。博定(注4)勅をうけたまはりて太鼓をつかうまつりけるが、壺(注5)よりも進めて撥をあてけり。後日に博定、元正(注6)にあひて、「昨日の太鼓はいかがありし」といひければ、元正、「めでたくうけたまはりき。但し、すこし壺より進みてぞ聞こえし」といひければ、また問ひけるは、「壺はうち入れたるたびやまじりたりし。はじめをはり同じほどに進みて侍りしか」といふ。元正、「始終進みて終はりにき」とこたへければ、博定、「さては意趣に相叶ひにたり。そのゆゑは、楽こそ引きはなれぬ事なればかすみわたれ、遠くて物をうつは、ひびきのおそくきたるなり。されば御前にては、壺にうち入りて、よくぞ聞こしめしけん」とぞいひける。「この心ばせ、思ひよらざる事なり。めでたし」とぞ、元正感じける。

（『古今著聞集』による）

（注1）堀河院＝堀河天皇。平安時代の天皇。
（注2）六条院＝白河上皇が造営させた六条内裏（天皇の居所中心の御殿）。
（注3）朝覲行幸＝ここでは、堀河天皇が六条院へ出かけたこと。
（注4）博定＝藤原博定。
（注5）壺＝撥をあてるべき拍。
（注6）元正＝大神元正。鳥羽天皇の笛の師匠。

⑴　文章中の二重傍線部ア～カのうち、動作主が「博定」ではないものを二つ選びなさい。

⑵　文章中のAめでたくうけたまはりきの意味として最も適当なものを、次のア～オのうちから一つ選びなさい。

ア　私は、その品は大変すばらしいものだと思って、天皇からいた自然と頭に浮かんできて、それを絵に反映しようとしたから。

ウ　ルイの顔をこだわって描こうとよく見ていると、目の色や髪の色の特徴が把握できたので、正確にその色を表現したから。

エ　ルイの顔を見ているうちに、彼にぴったりな風景がふと思い浮かんで、その風景の色を使うと絵がよくなると感じたから。

オ　ルイの表情をとらえようとすると、ルイがどこか遠くの世界にいるような気がして、その世界を色にして表したいと思ったから。

(5)　文章中に E絵の道具を片づけながらまゆちゃんは、水に浮かんだゴムボートに乗ってゆられているような、不思議な心地がしていたとあるが、このときのまゆちゃんの心情として最も適当なものを、次のア～オのうちから一つ選びなさい。

ア　ルイの描いた自分の姿は初めて見るものなのに、自分の理想と一致していたことに驚きを感じていて、ルイとともにこれまでとは違う世界へ踏み込めるのだという希望で胸がいっぱいになっている。

イ　ルイと絵を交換しあうことになって緊張を感じつつも、願いがかなったことに有頂天になり、これからも絵を描くことで、これまでの暗い自分から生まれ変われるような明るい気持ちになっている。

ウ　ルイから見た自分の姿を見て、自分のこれまでとは違う姿に強く引き付けられているが、その絵を手に入れるという願いまで実現して、現実味を感じられなくなり、不安でぼうっとした気持ちになっている。

エ　ルイが描いた自分の姿が、実際の自分とは大きく違っていて気恥ずかしさを感じており、その姿に少しでも追いつけるように、勇気をもって新しい世界を見てみようと強く決意している。

オ　ルイの描いた自分の姿を見るという新鮮な経験によって、自分の知らない魅力がまだ自分の中にあることがわかって興奮し、新しい世界が開けていくのだとそわそわと落ち着かない気持ちでいる。

(6)　文章中のルイについて述べたものとして最も適当なものを、次のア～オのうちから一つ選びなさい。

ア　描いた絵を見せたいと言ったりほしがったりすることをまゆちゃんがはずかしがっていることに気づき、絵を見せることをまゆちゃんがはずかしがっていることにより、まゆちゃんに自信を持たせようとした。

イ　他者に上手だと思われるような絵を描いているにもかかわらず、その出来に満足せずにまゆちゃんにあげることにして、まゆちゃんが描いた絵のよさを見極めていた。

ウ　自分だけのものだった絵をみんなに見せることになった見返りとして、まゆちゃんの描いた絵を見せることを要求し、お互いの絵の技術の高さを確かめ合おうとした。

エ　ルイをモデルとしてまゆちゃんが描いた絵をほしがり、まゆちゃんをモデルとして自分が描いた絵はためらわずにあげることにして、まゆちゃんの感情を揺さぶった。

オ　実弥子の大げさなほめ言葉やそれに対するまゆちゃんのあからさまな反応によって、まゆちゃんが描いた、ルイがモデルとなった絵をほしくなるように誘導された。

(7)　この文章の表現についてクラスで話をしている。本文の内容をふまえて最も適当な発言をしているものを、次のア～オのうちから一

エ　ルイの絵やまゆちゃんの言葉で、絵の作者が対象についてより深く関心を持ち、作者と対象が理解し合うことが絵を描く理由になると気づき、それを実現している二人の聡明（そうめい）さに驚かされている。

オ　まゆちゃんの言葉を聞いて、ルイが素直な思いで描いた絵が、初めてまゆちゃんに生きているという実感を与えたことに気づき、子どもである二人の持つ才能や絵を描くことの尊さに感動を覚えている。

(2)　文章中に B まゆちゃん、絵はね、描き上がったときに、描いた人を離れるんだよ　とあるが、実弥子のこの発言の説明として**適当でないもの**を、次のア〜オのうちから一つ選びなさい。

ア　はずかしがるまゆちゃんに、描いた絵を見せることは何もはずかしいことではないと思わせようとしている。

イ　まゆちゃんの絵がすぐれているということを、どんな絵にも性格があるという間接的な言い方で伝えようとしている。

ウ　描いた絵は、鑑賞され、その経験を共有されることで描かれた意味を持つものだということを伝えようとしている。

エ　絵を描く作業は一人では完結できないし、描いた人がその存在を独占してはいけないという実弥子の思いを示している。

オ　まゆちゃんが前向きな気持ちになって絵を見せてくれるように、穏やかな言葉によって促している。

(3)　文章中に C まゆちゃんが、小さな声で言った　とあるが、この場面のまゆちゃんの様子の説明として最も適当なものを、次のア〜オのうちから一つ選びなさい。

ア　実弥子やルイに励まされたため、絵を見せないと申し訳ないような気持ちになって、緊張しながら絵を見せたところ、描いた絵のルイの姿が整っていないことが目に入り、さらに動揺している。

イ　ルイの言葉に気持ちが弾み、絵を見てもらいたいという意欲がわいて、ルイの反応を楽しみにしながら絵を見せたものの、ルイの描いた絵には及ばないみじめさに、いっきに悲しくなっている。

ウ　ルイに促されたうれしさから少し自信がわいて、ルイの反応を気にしながら勇気を出して絵を見せてはみたものの、自分の絵の粗い部分が目に付いて勇気や自信を失い、気持ちが沈んでいる。

エ　実弥子やルイの期待を感じて、雰囲気に押し流されるように絵を見せたものの、人物の絵を描くことが苦手であることを知られてはずかしく、指摘される前に自分で説明しようと深刻になっている。

オ　期待に満ちたルイの言葉を聞いて、ルイに喜んでもらいたいと思いながら強気に自分の絵を見せたところ、みんなが絵を見たまま黙ってしまったので不安になり、自分の力不足を弁解したくなっている。

(4)　文章中に D まゆちゃんの絵の中で、ルイの顔の輪郭からはみ出しそうなほど切れ長に描かれた目の中の瞳と、ふわふわと描かれた髪が、深い緑色をしていた　とあるが、まゆちゃんがこのように描いた理由として最も適当なものを、次のア〜オのうちから一つ選びなさい。

ア　時間をかけてルイを見ているうちに、自分だけが気づいたルイの特徴を絵に写し出してみたいという気持ちになったから。

イ　ルイの表情を観察しているときに、その視線の先にあるものがルイが、こくりと頷いた。

「そっか、それって、やっぱりまゆちゃんの絵が、とってもすてきだからだよね！」

実弥子がまゆちゃんの肩に、ぽんと手を置いた。

「でも、みなさんの描いた絵は、それぞれ一度持ち帰って、お家の人に必ず見せて下さいね。そのあとで、どうするかはお母さんたちにも訊いて、みんなでよく相談して決めて下さい」

「相談ってことは、じゃあ、私の絵をルイくんにあげるかわりに、そのルイくんの絵を、私がもらったりしても、いいってこと？」

まゆちゃんが、ローテーブルの上に広げられたままの、自分が描かれたルイの絵を見た。

「いいよ」

ルイがさらりと返事をした。

まゆちゃんは、どきどきしてきた。ルイが描いた自分の顔が、自分を見ている、とまゆちゃんは思った。ルイが描いた自分。ルイが見ていた自分。自分が、他の人の目に映っているということを初めて知った気がしたのだった。

自分も、ルイを見て、描いた、とまゆちゃんは思う。よおく見ながら描いているうちに、なんとなく見ていたときには気付かなかったことが見えてきた。ルイの、一見どこを見ているかわからないその瞳をじっと見ているうちに、遠いところへ一瞬、一緒に行った気がしたのだ。そこに、風にゆれる草原が見えた、気がした。だから、その瞳を緑色に塗り、草原のような髪にも、同じ色を置いたのだ。

そんなふうに顔には時間をかけてこだわって描いたけれど、身体の形はうまく描けなかった気がして、まゆちゃんは自信がなかった。でも、ルイにこの絵がほしいと言われて、ずいぶんうれしかった。自分も、ルイが描いてくれた自分の絵はとてもきれいだと思った。その絵が、ほしくなった、とても。なんだろう、この感じ。そこには、自分ではない人がいるようで、確かに自分がいる、とも思う。自分が、別の世界にいる……。

E絵の道具を片づけながらまゆちゃんは、水に浮かんだゴムボートに乗ってゆられているような、不思議な心地がしていた。

（東直子『階段にパレット』による）

（注）希一＝亡くなった、実弥子の夫。画家だった。

⑴　文章中にA実弥子ははっとするとあるが、このときの実弥子の心情として最も適当なものを、次のア～オのうちから一つ選びなさい。

ア　ルイの絵を見たまゆちゃんが感動している様子に、絵を描くことは対象を素直にとらえることが本質だと思い至り、絵を描く理由を複雑に考えている自分や親たちの考えは間違っていたと感じている。

イ　ルイの絵やまゆちゃんの言葉から、対象の内面の奥深い部分や本質的なものを具体化し、表現することが絵を描く目的ではないかと気づき、気にかかっていたことが解消され始めている。

ウ　感動するまゆちゃんと、ルイの描いた絵のまゆちゃんの姿が重なり、描かれた人物と絵が一致する様子を初めて見て、絵を描くことはその人物の新たな一面の発見につながるのだと感動を覚えている。

「……ほんとに？」

まゆちゃんの眉が少し下がり、不安そうに数度まばたきをした。

「そうよ。たとえば、今ルイくんの描いたこの絵は、ルイくんだけのものだって思う？　ルイくんだけが見て、満足すればそれでいいと思う？」

実弥子の質問に、まゆちゃんは長い睫毛を伏せてしばらく考えた。

「そりゃあ、ルイくんの絵は、上手だから……みんなで一緒に見たいなあって思うけど……」

「まゆちゃんの絵も、みんなが一緒に見たいなあって思ってるよ」

実弥子がそう言ったとき、ルイがその言葉にかぶせるように「見せてよ」と言った。

まゆちゃんは、少し照れたような表情を浮かべて、ルイにちらりと視線を送ってから背筋を伸ばした。

「わかった。モデルのルイくんが見たいって言うなら、見せないわけにはいかないよね」

まゆちゃんは、絵の上を覆っていたてのひらを滑らせるように引いた。画用紙の中には、こちらをじっと見据えてまっすぐに立つルイが現れた。手も足も細くてやや頼りない身体をしているが、顔はしっかりと大きく描かれていた。

「私、人を描くの、あんまり得意じゃなくて……。バランスが変になっちゃって、なんか、やっぱり、下手だ」

C まゆちゃんが、小さな声で言った。

「そんなことないよ、まゆちゃん。よく描けてる。とてもいいと思う」

実弥子がゆっくりと言った。

「ねえ、なんで緑色なの？」

ゆずちゃんが絵を見ながら訊いた。

D まゆちゃんの絵の中で、ルイの顔の輪郭からはみ出しそうなほど切れ長に描かれた目の中の瞳と、ふわふわと描かれた髪が、深い緑色をしていた。

「なんでって……それは、なんとなく、かな。ルイくんのこと、じっと見ていたら、そんな色をしているような気がしたから」

「そうなのね、まゆちゃんには、ルイくんがこんなふうに見えるんだね」

実弥子が、絵を手に取って持ち上げた。

「ちょっと、ここに置いてみるね」

棚の上に、その絵を立てかけた。レモンイエローで塗られた肌と、緑色の髪と瞳が溶け合って、絵に描かれたルイが、一本ですっと立つ草の花のようだと、実弥子は思った。

「こうしてみると、ほんと、ルイくんと緑色って、似合うね。いいなあ、この絵も、気持ちがいいよ。子どもって、やっぱり自由だね。みんな天才だわ」

俊子が感心するように言うと、まゆちゃんが、棚の上の絵をさっと取って、くるくると丸めた。

「やっぱり、それほどでもないし、はずかしい」

くるくると丸めた画用紙を、ルイがつかんだ。

「これ、ほしい」

「ええっ!?」

まゆちゃんが、目を丸くした。

「ほしいって……、私の、この絵が、気に入った、ってこと？」

イ 他者からアドバイスを受けたときに冷静に対応できないのは、自己が確立していないためだが、内心は他者の判断の正しさに共感しているのだから、感情を抑制することを意識しなくてはいけない。

ウ 自己の内面や能力を充実させれば、自然に自己を尊重する思いになるため、他者からの注意によってみじめな思いをすることも減って、他者との関係を積極的に自分の成長につなげることができる。

エ 親切にアドバイスしているつもりなのに、優位に立とうとしていると受け取られる人間は、アドバイスを拒否する人たちと同様に、他者に対する共感を持たず、相手の人格を否定する傾向がある。

オ 親切なアドバイスを拒絶してしまう人々は、自分自身の能力が優れているという余裕があるため、自分の価値が下がっていくことを恐れ、今の自分のあり方に固執して成長を望めない状態になる。

二 次の文章を読み、あとの(1)～(7)の問いに答えなさい。

〔イラストレーターの実弥子(みやこ)が開いている絵画教室には、少年少女だけではなく、さまざまな年齢の人々が通っている。あるとき、ルイ、まゆちゃん、ゆずちゃんといった子どもたちに、大人の俊子(としこ)さんもまじえて、互いの姿を描き合うことになった。完成した絵をみんなで見せ合ったところ、ルイの描いたまゆちゃんの絵は、今にも絵の中から飛び出してきそうなほどすばらしいものだった。〕

「わあ、すごい……。これが私……？」

「まゆちゃんに、にてる」

ゆずちゃんが、感心して言った。

「なんだろう、これ……。こんなふうに描いてもらうと、自分が今、ちゃんと生きてここにいるんだって、気がついた気がする……」

まゆちゃんがつぶやいた。A実弥子ははっとする。

ルイが、まゆちゃんをモデルに絵を描いた。ただそれだけの、シンプルなこと。でも、描かれた絵の中には、今まで見えていなかったその人が見えてくる。言葉では言えない、不思議な存在感を放つ姿が。

ルイと希一(注)、それぞれの母親がふと口にした「なんのために絵を描くのか」という問いの答えが、もしかするとこうした絵の中にあるのではないかと、実弥子は思った。

「ねえ、ルイくんって、何年生？」まゆちゃんが訊(き)いた。

「三年」

「うわあ、私より二コも下なんだあ。やだなあ、こっちは、見せるのはずかしすぎる」

まゆちゃんが自分の絵を隠すように、覆いかぶさった。

B「まゆちゃん、絵はね、描き上がったときに、描いた人を離れるんだよ」

実弥子がやさしく言った。

「え？　離れる……？　どういうことですか？」

まゆちゃんが、絵の上に手をのせたまま顔を上げた。

「でき上がった絵は、ひとつの作品だから、でき上がった瞬間に、作者の手から離れて、まわりに自分を見てもらいたいな、という意志が生まれるのよ。それは作品自体の心。描いた人の心とは別に、新しく生まれるの」

ことを認めてアドバイスを取り入れ、立場が上である者は自分のアドバイスをできるだけ受け止められるように丁寧に説明するべきだということです。

e　アドバイスされる側は、アドバイスする側の経験や知識が自分よりも豊富であることを知って謙虚に参考にし、アドバイスする側も率直にアドバイスする必要があるということです。

f　立場が下位にある人間は、上位の者のアドバイスを受け入れながら自分の優位さも示して対等な関係を維持し、立場が上位の人間は相手の機嫌を伺わずに自信を持ってアドバイスするべきだということです。

ア　(i) a　(ii) f　　イ　(i) c　(ii) b
ウ　(i) b　(ii) e　　エ　(i) e　(ii) c
オ　(i) e　(ii) d　　カ　(i) d　(ii) e
キ　(i) f　(ii) c　　ク　(i) f　(ii) a

(6)　文章中の D 目上の人物からのアドバイスや意見を「上から目線」と非難するタイプの人 についての説明として最も適当なものを、次のア～オのうちから一つ選びなさい。

ア　ほんとうに自分より力があると判断した人間に対しては、自分の力を見せ付けようとせず逃げ出す。
イ　物事をすべて二つに区分できると考え、他者との関係においても上下の区別をつけたがる。
ウ　漠然と自分の未熟さを認識しているため、他者に強気にふるまうことで弱点を隠そうとする。
エ　他者の優しさは自分を下に見ている表れと判断し、優しくしてくる人間を自分の敵と見なしている。
オ　他者から良い評価を得たいと考えているのに、他者は自分よりも劣る存在だと考えている。

(7)　文章中に F 成熟した人間 とあるが、ここで筆者が想定する「成熟した人間」とは、どのような人間だと考えられるか。その説明として最も適当なものを、次のア～オのうちから一つ選びなさい。

ア　絵が得意なことを他者から評価されたとしても、過剰に自信を持たず、実力がまだ不足していることに気づくことができる人間。
イ　自分が走ることが得意でも、運動が苦手な人間もいることを考慮して、競走ではなくみんなで楽しめるやり方を模索する人間。
ウ　スポーツが得意であっても、他に苦手な分野があることを自覚し、それもスポーツと同じくらいできるようにして自信をつける人間。
エ　走るのが遅い場合に、自分は走ることが苦手だと受け入れつつ、筋肉や心肺機能の向上など、視点を変えて楽しめる人間。
オ　球技が苦手だと感じた場合に、球技を避けるのではなく、他者にうまくなったことを認められるまで努力を続ける人間。

(8)　本文全体の論旨の説明として最も適当なものを、次のア～オのうちから一つ選びなさい。

ア　劣等感を抱いている人間は他者の注意によって、自分自身の全てが価値のないものと判断されたように感じ、考え方や自分のあり方をその時々で都合のいいように変えるため、人間として成長できない。

(4) 文章中の［B］・［E］に入れる語句の組み合わせとして最も適当なものを、次のア～オのうちから一つ選びなさい。

ア　B　あるいは　　E　だから
イ　B　むしろ　　E　だが
ウ　B　要するに　　E　ただし
エ　B　いわば　　E　とはいえ
オ　B　もはや　　E　また

(5) 文章中にC「上から目線」を指摘し批判する側と、いわゆる上の立場からアドバイスをした側と、どちらが「上から」なのか　とあるが、この部分の筆者の意見についてクラスで次のような話し合いが行われた。話し合いの［i］・［ii］には、あとのa～fのいずれかの意見が入る。その組み合わせとして最も適当なものを、あとのア～クのうちから一つ選びなさい。

A　「上から目線」という言葉自体、もともと他人を下に見ていて偉そうにしているという姿勢が表れていると言えますよね。

B　はい。どちらが「上から」なのかという疑問の投げかけには、アドバイスに対して「上から目線」だと批判する側こそ相手より上の立場からの物言いをしていて傲慢であるという指摘が込められているように感じます。

A　筆者は、親切に対してすぐ不満を言う現代の若者の態度を苦々しく感じているのではないでしょうか。

C　「上から目線」を批判する人々と筆者の間では、人間関係における意識が大きく違っているのだと思います。つまり、［i］

D　そうですね。やはり筆者は「上から目線」を口にする人の物事の見方にこそ問題があると感じていると思います。

B　アドバイスする側と、アドバイスされる自分との関係をしっかりと把握しているなら「上から目線」だという考え方は的外れであることがわかるはずだということですよね。

C　はい。筆者は先ほど述べてきたような人間関係の捉え方について、改めるべきだと言いたいのだと思います。つまり、［ii］

A　それが理想的で本来の関係であるといえますね。今一度、見直していかなくてはいけませんね。

a　「上から目線」を批判する側は、仮に経験に差があっても目上の人間とは対等な関係であると思っていますが、筆者は、経験などは関係なく自信を持つものが優位であるのが正しいと考えているのです。

b　筆者は、経験を積んだ目上の人たちが、経験のない若者よりも知識や立場が上なのは当然と捉えていますが、「上から目線」を批判する人々は、自分が下位に置かれる上下の図式を認めたくないのです。

c　筆者は、人間関係は平等なもので上下があるという見方はよくないと考えていますが、「上から目線」を批判する人々は、上位や下位という考えを重視し、下位に置かれることを嫌悪しているのです。

d　能力の点で劣る側は、見下されているわけではないという

⑤　クズれ
ア　ホウショク時代を問題視する。
イ　レイホウとして名高い地を訪れる。
ウ　他国の国王のホウギョを知る。
エ　最上の品をホウノウする。
オ　幼少期からホウガクをたしなむ。

(2)　文章中にA「上から目線」という言葉には、どうも言われた側を不安にさせる何かが含まれているとあるが、「上から目線」という言葉を言われた側はなぜ不安になるのか。その説明として最も適当なものを、次のア～オのうちから一つ選びなさい。

ア　市場経済の原理が浸透しているため、自分に対して好感をもてないという評価を他者から直接受け取らざるを得ない現代社会の状況は、自己の価値も周囲からの人気ですべて決まるという現実を示すから。
イ　市場経済を軸とする社会では自身の考えが多くの人に共有されることに価値があるとされているので、周囲に考え方を拒否されることは自身の評価が下がり、社会から孤立していくことを意味するから。
ウ　現代社会では人間にも市場経済の原理が取り入れられているため、多くから支持される価値観が正しいように思われ、支持しないという指摘によって、自分の考えが間違っているように感じられるから。
エ　自身の価値が交換価値として示されるのが常識化した社会では、周囲の人たちとうまく関係を築くことができていないことで、人間としての品性や対応力がないことを事実として突き付けられるから。
オ　人間が市場における商品と化している現代では、人間の価値は周囲からの人望の高さで決定されているため、疎ましく感じられるという他者からの指摘は、社会的評価が低いことを明らかにするから。

(3)　文章中の段落5～10までの段落相互の関係の説明として最も適当なものを、次のア～オのうちから一つ選びなさい。

ア　段落5・6では「上から目線」と指摘される状況を取り上げながら、指摘する側を批判し、段落7～10で、「上から目線」を指摘する別の場面に視点を移し、指摘する側への批判を繰り返している。
イ　段落5・6では、実際の場面を例示して「上から目線」という批判にとらわれる不自然さを示し、段落7～10では同様の場面について批判する側に視点を当てた論説に話題を転換している。
ウ　段落5・6では「上から目線」と批判される具体的状況を客観的に説明し、段落7～10ではその状況に陥ってしまう原因を分析しながら、批判する側に対する共感と反論を展開している。
エ　段落5・6では、「上から目線」と指摘された場合にどう対応すべきかを具体的に提案し、段落7～10ではその提案を掘り下げるために指摘する側の心情を客観的事実を例示して説明している。
オ　段落5・6では、対話文を用いて「上から目線」が批判される社会のあり方に皮肉を述べ、段落7～10では「上から目線」を批判する状況を取り上げて、それを改善する方法を提言している。

17 ［E］、残念なことに、尊大な態度をとることによって、自信のなさを露呈してしまう。ほんとうに力があり、F成熟した人間は、コンプレックスに振り回されない。ゆえに、自分の力を誇示したり、偉そうな態度をとろうという衝動が湧き上がらない。

18 結局、尊大な態度というのは、自分の中の空虚を見透かされないための虚勢なのではないか。虚勢を張らないと⑤クズれてしまう。それを本人自身どこかで感じていて、それを必死に打ち消そうとするかのように、虚勢を張り、尊大な態度で自分の優位を誇示しようとする。

19 目上の人間から注意を受けたり、アドバイスを受けたりしたときに、「上からですね」と非難がましい反応をする若者は、自信のなさゆえに、攻撃的な反応に出るのであろう。「上から」として相手を非難する姿勢そのものが、不自然に偉そうで攻撃的な印象を与える。

20 もしほんとうに自信があれば、人の意見に素直に耳を傾ける心の余裕があるはずである。アドバイスを取り入れることで、仕事のやり方を改善することができるし、もっと有能な自分になれる。逆説的な言い方に聞こえるかもしれないが、自信のある人物は自分を変えることにそれほど抵抗はないが、自信のない人物は今の自分にこだわる。ここをこう変えた方がよいといった指摘を受けると、自信のない人物は、自分を全否定されたかのように感情的な反応を示す。

（榎本博明『「上から目線」の構造』による）

(1) 文章中の〜〜〜①〜⑤に相当する漢字を含むものを、次の各群のア〜オのうちから、それぞれ一つずつ選びなさい。

① セイシン
ア 新セイヒンの開発にたずさわる。
イ 自分の過去をセイサンしたい。
ウ セイジツな人がらで、有権者の支持を得る。
エ 家族を養うために、セイリョク的に働く。
オ 僕の将来の夢は、セイジ家になることだ。

② ゲンセン
ア 先生からゲンジュウ注意を受ける。
イ レポートの提出キゲンを守る。
ウ 手品師にゲンワクされる。
エ 豊富にある観光シゲンを活かす。
オ 作文に誤字がありゲンテンされる。

③ キュウダン
ア 家計のキュウジョウを訴える。
イ 予算委員会がフンキュウする。
ウ キュウカクを研ぎ澄ませる。
エ 南部にキュウリョウ地帯が広がる。
オ フキュウの名作が放送される。

④ ケイイ
ア ケイロウの日に、祖母に電話をした。
イ ケイホウの音におどろいて飛び起きる。
ウ あの作家は写実主義のケイトウに属する。
エ これまでのケイレキを説明する。
オ 円のチョッケイの求め方を、弟に教える。

べきだろう。［Ｂ］、アドバイスをしてくる相手がこちらより優位に立ってもの言うところが許せないといった感じだろうか。

⑨ つまり、こういうことだ。相手が親切で言ってくれたという解釈よりも、相手が優位に立ってものを言ってくるという解釈に重きを置いている。ゆえに感謝の気持ちなど湧くはずもない。アドバイスをしてくるという姿勢が、こちらに対する優位を誇示しているように感じられてならない。だから、ムカつく。バカにするなと言いたくなる。

⑩ そこには、親切心から言ってくれた相手の思いに対する共感がない。そもそも相手の方が経験も知識もはるかに豊かで、こちらにアドバイスできる立場にあるといった認識や④ケイイが欠けている。

⑪ あえて上位・下位、優位・劣位といった図式を用いるとしたら、アドバイスをしてくれた上司や先輩の方が上位・優位に立っているのは、否定しようのない客観的な現実である。その現実に基づいて、親切心からアドバイスをしてくれた相手に対して、「こちらに対して優位を誇示している」ように感じる。そこに見え隠れしているのは、「見下され不安」である。

⑫ 見下されるのではないかといった不安が強いために、本来は役に立つアドバイスも、こちらに対して優位を誇示する材料と受け止めてしまうのだ。見下され不安の強い心の目には、親切な態度が見下す態度に映る。その結果、感謝どころか、「その上から目線はやめてください」となる。

⑬ ここで疑問に思うのは、Ｃ「上から目線」を指摘し批判する側と、いわゆる上の立場からアドバイスをした側と、どちらが「上から」なのかということである。経験豊かな者がアドバイスするとき、「経験者としての上から目線」に立ってものを言っているというのは確かだろう。だが、アドバイスしてくれた相手を上から目線と非難するときの、「あなたのその上からな物言いはよくありませんよ」とでも言いたげな態度は、まさに「相手を見下す上から目線」に立ったものと言えないだろうか。

⑭ Ｄ目上の人物からのアドバイスや意見を「上から目線」と非難するタイプの人は、なぜそんなに尊大な態度をとるのだろうか。対等なはずの相手が上からものを言ってくるのがしゃくに障(さわ)るというのはわかる。だが、明らかに目上の相手の上から目線が、なぜそれほど気になるのか。そして、感情的になるのか。

⑮ そこに「見下され不安」を想定すると、うまく説明がつく。「上からですね」と反応しがちな人は、見下され不安が強い。人を見下す傾向のある人は、人が自分を見下すのではないかといった恐れを抱きがちだ。したがって、人より優位に立ちたいという思いが強いのに、現実にはなかなか優位に立てない自信のない人物が、相手の上から目線を過度に気にする。そんな事情があるのではないか。

⑯ 世の中を勝ち負けの図式で見ようとする傾向のある人は、人間関係も上下の図式で見ようとする。自分が勝っている、優位に立っていると思えればよいが、そうでないとき、このタイプは不安を強め、何とか優位に立っているかのように見せかけたいと思い、尊大なポーズをとる。自信がないため、人からどう見られるかがやたらと気になる。人の視線を過剰に意識する。そして、尊大な態度で自分の力を誇示しようとする。

【国語】（五〇分）〈満点：一〇〇点〉

一 次の文章を読み、あとの(1)～(8)の問いに答えなさい。なお、1～20は段落番号である。

1 A「上から目線」という言葉には、どうも言われた側を不安にさせる何かが含まれている。ここで思い出されるのが、『自由からの逃走』というベストセラーを出した①セイシン分析学者エーリッヒ・フロムの言うパーソナリティの市場的構えである。

2 フロムは、現代の市場経済の原理が個人の人間的価値にまで及んでいるとした。市場経済の発展により、モノの価値は、それがどれだけ役に立つかという使用価値によって決まるのではなく、それがいくらで売れるかという交換価値で決まるようになった。それと同様に、人間の価値も、どんな能力がありどんな人格を備えているかということよりも、周囲の人たちから気に入られるかどうか、受け入れられるかどうかによって決まる。そこで、多くの現代人は、まるで人気商売のように、人から認められ好感を持たれることを求めるようになった。

3 そこでフロムは、自分自身を商品と見なし、自己の価値を交換価値として体験するパーソナリティの構えを市場的構えとし、パーソナリティ市場の発展により、市場的構えが急速に育ちつつあると指摘した（エーリッヒ・フロム『人間における自由』東京創元社）。

4 市場経済の発展は、その後もとどまるところを知らず、商品の価値が交換価値で決まるのはもはや常識と言ってよい。役に立つ商品が価値があるのではなく、売れる商品が価値があるのだ。内容が充実した本が価値があるのではなく、売れて広く読まれる本が価値があるのだ。そのような見方にいくら異議を唱えたところで、市場経済のもとでは負け犬の遠吠え（とおぼえ）にしか聞こえない。そんな時代である。フロムの言うパーソナリティの市場的構えは、今やだれもが共有していると言ってよいだろう。

5 だからこそ、部下や後輩から「上から目線」を指摘されたりしたら、それはもう心穏やかではいられない。自分の価値の②ゲンセンは、能力や人格そのものではなく、人から気に入られるかどうかなのだから。人からの人気によって自分の価値が決まる。ゆえに、みんな人から良く思われたいという気持ちが強い。上司や先輩としても、部下や後輩から良く思われているかどうかは、大いに気になるところだ。

6 そこで、部下や若手のご機嫌をうかがうような言動も目に付くようになってきた。命令口調、説教口調の言い方がまずいのは当然として、「こうしてください」「そのやり方はダメです」「こんな風にするとよいですよ」のようなていねいな言い方をしても、その姿勢が「上から目線」として③キュウダンされかねない。それなら、「こうしていただけますか」「そのやり方はご遠慮いただけますか」「こんな風にするとよいというように思うのですが」のように、へりくだった言い方をすればよいというのだろうか。これではまるでお客様扱いだ。

7 「上から目線」を口にするとき、その人はどんな目線で相手を見ているのだろうか。

8 先ほど例に挙げた通り、相手は親切心からアドバイスをしてくれたのに、余計なお世話だと言わんばかりに、「その上から目線はやめてください」と口走るケースを考えてみよう。拒否的な態度をとるくらいであるから、相手の親切に感謝する思いなど微塵（みじん）もないと見なす

2022年度

芝浦工業大学柏高等学校入試問題（前期第2回）

【数　学】（50分）〈満点：100点〉

1　次の問いに答えよ。

(1)　$\left(\sqrt{24}-\dfrac{1}{\sqrt{3}}-5\sqrt{2}\div\sqrt{3}\right)\div\dfrac{\sqrt{3}}{3}=\sqrt{\boxed{ア}}-\boxed{イ}$

(2)　$a>0$，$b>0$とする。x，yについての連立方程式 $\begin{cases} ax+by=6 \\ b^2x-ay=36 \end{cases}$ の解が　$x=2$，$y=-4$のとき，$a=\boxed{ウ}$，$b=\boxed{エ}$

(3)　ある自然nを6でわったところ，余りは5であった。
このとき，n^2を12でわったときの余りは$\boxed{オ}$である。

(4)　下の図で，円Oは半径が18 cmの円である。4点A，B，C，Dはこの順に円Oの周上にあり，$\overset{\frown}{AB}=\overset{\frown}{CD}$である。
$\angle ABC=72^\circ$，$\angle ADB=28^\circ$のとき，点Aを含まない$\overset{\frown}{BC}$の長さは，$\boxed{カ}\boxed{キ}\pi$ cmである。

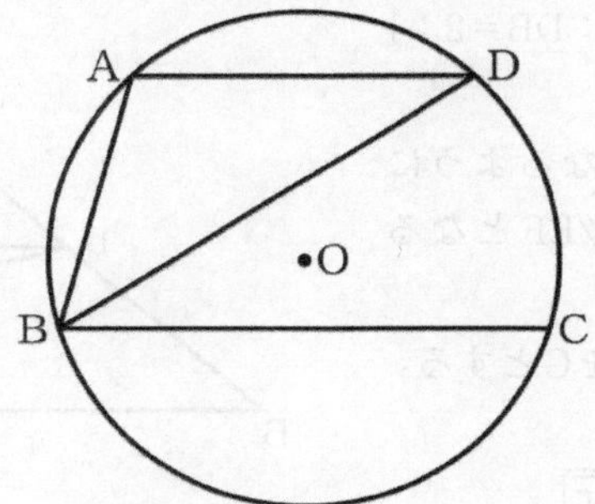

2　放物線$y=\dfrac{1}{4}x^2$上に3点A，B，Cがあり，x座標はそれぞれ-6，-4，4である。
直線ABとx軸との交点をD，直線ACとy軸との交点をEとする。

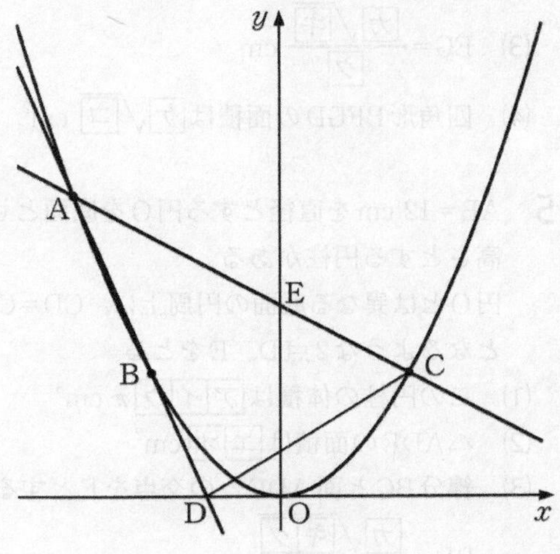

(1)　点Dのx座標は$-\dfrac{\boxed{ア}\boxed{イ}}{\boxed{ウ}}$

(2)　△ACDの面積は$\boxed{エ}\boxed{オ}$

(3)　点Aを通り，△ACDの面積を2等分する直線と線分CDとの交点のx座標は$\dfrac{\boxed{カ}}{\boxed{キ}}$

(4)　点Eを通り，△ACDの面積を2等分する直線の式は$y=\dfrac{\boxed{ク}}{\boxed{ケ}}x+\boxed{コ}$

3 図のように，1辺2 cmの正八角形ABCDEFGHがある。袋の中に，AからHまでの文字が1つずつ書かれた8枚のカードが入っている。

この袋の中から同時に3枚のカードを取り出し，図の正八角形ABCDEFGHの頂点のうち，取り出した3枚のカードに書かれた文字を頂点とする三角形をつくる。

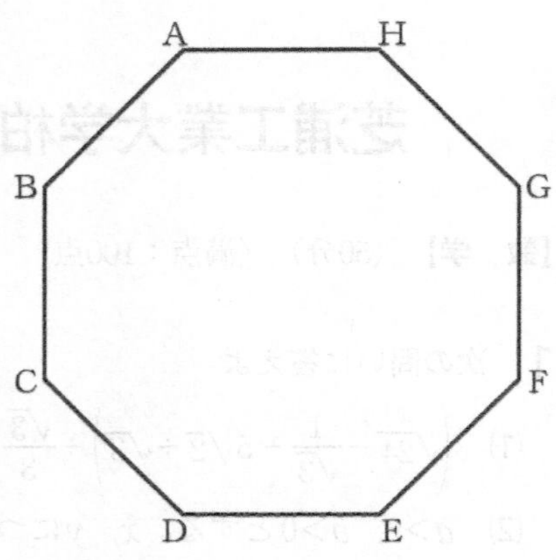

(1) カードの取り出し方は全部で$\boxed{アイ}$通り

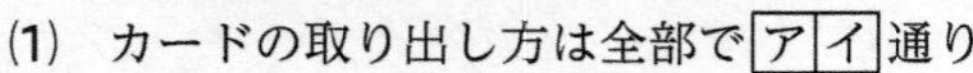

(2) つくった三角形が直角三角形である確率は$\dfrac{\boxed{ウ}}{\boxed{エ}}$

(3) つくった三角形の面積が$\sqrt{2}$ cm^{2}となる確率は$\dfrac{\boxed{オ}}{\boxed{カ}}$

(4) 線分AEが，つくった三角形の内部（周を含まない）を通る確率は$\dfrac{\boxed{キ}}{\boxed{クケ}}$

4 BC＝9 cm，AC＝6 cm，∠ACB＝60°の鋭角三角形ABCがある。

点Dは辺AB上の点で，AD：DB＝2：1である。

辺AC上に点EをBC//DEとなるようにとり，辺BC上に点FをAB//EFとなるようにとる。

線分CDと線分EFとの交点をGとする。

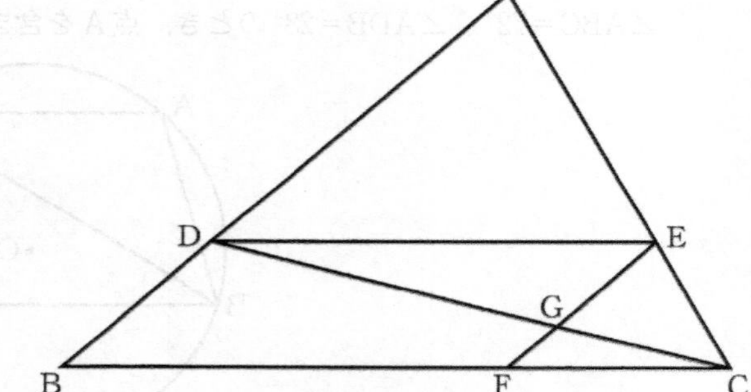

(1) BF＝$\boxed{ア}$cm

(2) △ABCの面積は$\dfrac{\boxed{イウ}\sqrt{\boxed{エ}}}{\boxed{オ}}$ cm^2

(3) EG＝$\dfrac{\boxed{カ}\sqrt{\boxed{キ}}}{\boxed{ク}}$ cm

(4) 四角形BFGDの面積は$\boxed{ケ}\sqrt{\boxed{コ}}$ cm^2

5 AB＝12 cmを直径とする円Oを底面とし，AC＝8 cmを高さとする円柱がある。

円Oとは異なる底面の円周上に，CD＝CE，∠DCE＝90°となるような2点D，Eをとる。

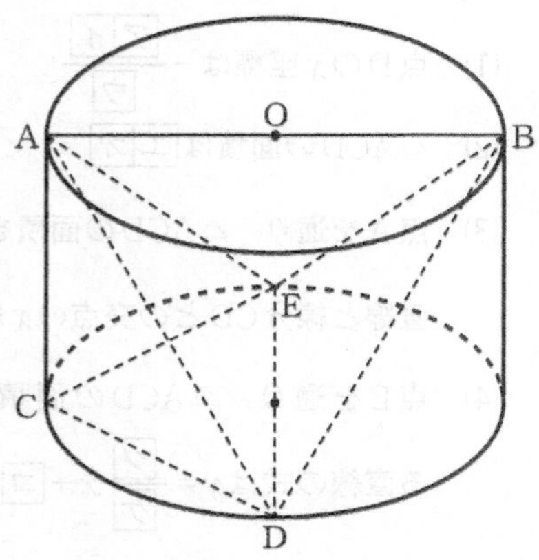

(1) この円柱の体積は$\boxed{アイウ}\pi$ cm^3

(2) △ADEの面積は$\boxed{エオ}$ cm^2

(3) 線分BCと面ADEとの交点をFとするとき，

BF＝$\dfrac{\boxed{カ}\sqrt{\boxed{キク}}}{\boxed{ケ}}$ cm

(4) 四面体ABDEの体積は$\boxed{コサシ}$ cm^3

【英　語】（50分）〈満点：100点〉

1　英語リスニングテスト（放送による指示に従って答えなさい。）

No. 1	**A.** Of course. You can drink anything cold you like. **B.** Yes. It is snowy today and it will be sunny tomorrow. **C.** OK, but you didn't have to go out to buy something to drink. **D.** Sure, but wash your hands and change your clothes before that.

No. 2	**A.** I got three books there. **B.** I bought a Japanese history book. **C.** It was hard for me to get the book. **D.** I bought it for a musician living in my town.

No. 3	**A.** Thanks. I'll go there. **B.** Thanks. He's looking for you. **C.** Did you? He's in the music room. **D.** Did you? He will come there later.

No. 4	**A.** How about using the dictionary? **B.** Why don't you buy a new English dictionary? **C.** Why don't we ask our Japanese teacher? **D.** What about finding the word in it?

2　英語リスニングテスト（放送による指示に従って答えなさい。）

Question No. 1：Which T-shirt will Iris buy at the shop?

No. 1	**A.** She will buy a yellow one with a picture of a train. **B.** She will buy a white one with a picture of a ship. **C.** She will buy a black one with a picture of a lion. **D.** She will buy a black one with a picture of a train.

Question No. 2：Who enjoyed working with Chinese students?

No. 2	**A.** Tony did. **B.** Kei did. **C.** Tony and Kei did. **D.** Aoi and Tony did.

Question No. 3：Why does Ms. Powell use the Internet when she talks to her brother?

No. 3	**A.** Because they feel happy to talk together in English. **B.** Because they can see each other's faces. **C.** Because she doesn't have to write a letter to her brother. **D.** Because she wants to introduce her students to her brother.

Question No. 4：What did Mio's grandfather do for her?

No. 4	**A.** He went to see her family this summer. **B.** He taught his son how to write *hiragana*. **C.** He always smiled when someone took his picture. **D.** He tried to teach her how to make *origami*.

Question No. 5：When did Ralph go to Aiko's house last week?

No. 5	**A.** He went there on Monday and Wednesday. **B.** He went there on Tuesday and Thursday. **C.** He went there on Tuesday and Wednesday. **D.** He went there on Wednesday and Sunday.

3 英語リスニングテスト（放送による指示に従って答えなさい。）

Question No. 1：How long is the Five Stars Train going to run from Green City Station to Orange Town Station?

No. 1	**A.** It is going to run for about one and a half days. **B.** It is going to run for 13 hours. **C.** It is going to run from January 10th to January 20th. **D.** It is going to run from January 6th to January 7th.

Question No. 2：Which is true about the restaurant in the Five Stars Train?

No. 2	**A.** The meals served there are famous for their good taste. **B.** It is open only at dinner time. **C.** People can enjoy eating three kinds of meals there. **D.** It is in Car No. 5 and often full from 6 a.m. to 9 p.m.

Question No. 3：What can people do in Car No. 6?

No. 3	**A.** They can enjoy wonderful music with food. **B.** They can see a beautiful view through big windows. **C.** They can watch some sports programs on TV. **D.** They can enjoy a piano concert at night.

Question No. 4：What should people do in Car No. 7?

No. 4	**A.** They should take lessons for painting pictures. **B.** They should learn about some famous artists. **C.** They should be quiet while they look at the pictures. **D.** They should talk with each other about their favorite artists.

※リスニングテストの音声は，学校のHPをご確認ください。

4 次の英文を読んで，あとの(1)～(9)の問いに答えなさい。

People speak English in different parts of the world. The same words can be used in different ways according to (　①　). People can also have completely different ways of saying the same thing.

The Oxford English Dictionary (OED) is asking people to help to add new words. The editors want to find the local differences in English around the world ②(ア increase　イ to　ウ in　エ its record　オ of　カ order) the language.

Last year, the OED, and the other British companies worked together to find local words in the United Kingdom. Surprisingly, 100 local words and phrases were added to the dictionary. For example, "ee bah gum" is used as "oh" in Yorkshire and "cuddy wifter" is used as "left-handed person" in the northeast.

Now, the OED is doing a (　③　) search to English speakers around the world. Eleanor Maier, an editor at the OED, said the response was great. So editors are listing a lot of suggestions to include in the dictionary.

④These include "brick," which means "very cold" to people in New Jersey and New York City. Another is the word for a swimming wear, "dookers," which is used in Scotland. There is New Zealand's "munted," which means "broken." The dictionary has already found that a picture hanging off-center could be expressed as "agley or "ahoo." (　⑤　), a lover could be called a "doy" or "babber."

"The OED wants to cover all types of English," Maier said. "That includes standard English, words for science and technology, and local language. So it's important to include these words for us to have an image of ⑥it," she also said.

Maier said that it could be difficult for the OED's editors to identify local words. The words are more often spoken than written down. Therefore, she said that websites such as Twitter were a great way ⑦(ア people　イ that　ウ the words　エ find　オ use　カ to).

"Tarzy," for example, is a word meaning a rope used to jump over a river. The editors thought it was used from 2003. However, Maier said that it was used （ ⑧ ） that because her friend's mother remembered using it when she was a child in the 1970s.

"Local words show that their users come from a particular place," said Maier. "You know you are home when you can use the words such as 'tarzy' and know that they are （ ⑨ ）," she said.

(注) editors 編集者　phrase 成句　response 反応　standard 標準の　identify 見分ける

【出典】 *The Guardian, 2018*

(1) 本文中の（ ① ）に入る最も適当なものを，次のア～エのうちから一つ選びなさい。

ア who they are　イ what they do　ウ how old they are　エ where they live

(2) 本文中の②の（　　）の中を正しい語順に並べかえ，（　　）の中で**3番目と6番目**にくるものをそれぞれ選びなさい。

(3) 本文中の（ ③ ）に入る最も適当なものを，次のア～エのうちから一つ選びなさい。

ア earlier　イ wider　ウ smaller　エ heavier

(4) 本文中の下線部④が指すものとして最も適当なものを，次のア～エのうちから一つ選びなさい。

ア speakers　イ editors　ウ suggestions　エ different parts

(5) 本文中の（ ⑤ ）に入る最も適当なものを，次のア～エのうちから一つ選びなさい。

ア Also　イ After　ウ Therefore　エ However

(6) 本文中の下線部（ ⑥ ）が指すものとして最も適当なものを，次のア～エのうちから一つ選びなさい。

ア the dictionary　イ English　ウ local language　エ standard English

(7) 本文中の⑦の（　　）の中を正しい語順に並べかえ，（　　）の中で**3番目と6番目**にくるものをそれぞれ選びなさい。

(8) 本文中の（ ⑧ ）に入る最も適当なものを，次のア～エのうちから一つ選びなさい。

ア before　イ after　ウ in　エ from

(9) 本文中の（ ⑨ ）に入る最も適当なものを，次のア～エのうちから一つ選びなさい。

ア left　イ written down　ウ come from　エ understood

5 次の英文を読んで，あとの(1)～(8)の問いに答えなさい。

Atacama, the small skeleton found in the desert in Chile, is very （ ① ）. Ata, as she is known, has 10 pairs of ribs. The average person has 12. Ata's head comes to a point. Her bones are as hard as a child between 6 and 8 years old. Bones grow harder as people get older. However, Ata would be just 15 cm high if she stood. She was not even tall enough to see over a small plant.

Now the bones of Ata are in the hand of a collector. Hunters of aliens and UFOs became interested in little Ata. They looked for the owner to see the bones of Ata. Steven Greer, one of the hunters, met the owner of Ata at a meeting about UFOs. He asked the owner to give him a small sample of the bones. When Greer held Ata, he ②（ア was　イ couldn't　ウ how　エ believe　オ she　カ small）. Her body fit in his hand. He thought it was possible that Ata was an alien from another planet.

However, scientists proved that Ata was （ ③ ）. Nolan, a scientist at Stanford University, studied Ata and wrote about Ata's story in a science magazine. It tells about Ata's genes. This includes ④the strange things about her.

Ata's story started in northern Chile. It is one of the world's（ ⑤ ）areas. NASA, the U.S. space agency, tests Mars vehicles in the Atacama Desert. They are driven across the land because it is like Mars, which has no rain. Ata's dead body was found in the desert in 2003. The bones were near a church in an old village. Nobody lived there anymore.

Several experts helped Nolan with his study. ⑥（ア of　イ have　ウ bones　エ them　オ studied　カ some）from thousands of years ago. However, the bones were from only about 30 years ago.

Nolan asked Dr. Lachman, one of the world's experts, to help study the bones. Lachman studied Ata's finger bones. The bones are as hard as those of a 6-year-old child, but Ata was not. It was possible she was born dead. In fact, she seemed to have very unusual human bones.

Ata could be good news for people with bone problems. Ata's genes were similar to those of people who have bone illnesses. Nolan believes scientists can use the findings from Ata's bones to help people who have bone problems. They might be able to make people's bones（ ⑦ ）.

Nolan also hopes there is another happy ending to Ata's story. He wants Ata to be buried ⑧where she belongs.

（注） skeleton 骸骨（がいこつ）　ribs 肋骨（ろっこつ）　come to a point 尖（とが）る　prove 証明する　genes 遺伝子

【出典】 *Washington Post, 2018*

⑴ 本文中の（ ① ）に入る最も適当なものを，次のア～エのうちから一つ選びなさい。

ア average　イ narrow　ウ unusual　エ weak

⑵ 本文中の②の（　　）の中を正しい語順に並べかえ，（　　）の中で**3番目と6番目**にくるものをそれぞれ選びなさい。

⑶ 本文中の（ ③ ）に入る最も適当なものを，次のア～エのうちから一つ選びなさい。

ア an alien　イ a human　ウ a bird　エ a plant

⑷ 本文中の下線部④が指すものとして<u>適当でないものを</u>，次のア～エのうちから一つ選びなさい。

ア Her ribs were 10 pairs.

イ Her bones were as hard as those of a 6-year-old child.

ウ Her genes were similar to those of an alien.

エ Her genes were similar to those of people with bone problems.

⑸ 本文中の（ ⑤ ）に入る最も適当なものを，次のア～エのうちから一つ選びなさい。

ア driest　イ lowest　ウ highest　エ wettest

⑹ 本文中の⑥の（　　）の中を正しい語順に並べかえ，（　　）の中で**3番目と6番目**にくるものをそれぞれ選びなさい。なお，文頭の語も小文字で示してあります。

⑺ 本文中の（ ⑦ ）に入る最も適当なものを，次のア～エのうちから一つ選びなさい。

ア smaller　イ bigger　ウ thicker　エ healthier

⑻ 本文中の下線部⑧が指す場所として最も適当なものを，次のア～エのうちから一つ選びなさい。

ア in the U.S.　イ in Chile　ウ on Mars　エ on another planet

6 次の英文を読んで，あとの(1)〜(9)の問いに答えなさい。

Ella was looking at her dirty old dress. Suddenly, a witch appeared in front of her. The witch made a beautiful dress for her with just a touch of her stick. But the ①spell of the witch would be broken at midnight. Ella promised the witch to leave the ②ballroom before midnight. The new dress the witch made would be turned into the old, dirty clothes after midnight.

After Ella arrived at the ball, the king's son was told to meet the fine lady and he led her into the hall. There was a deep silence. Everyone stopped dancing and the violins stopped playing, so everyone in the hall was attracted by the beauty of the stranger. Everyone said in a small voice, "How beautiful she is!"

Ella's two sisters were also at the ballroom. The king's son was always with Ella, and never stopped talking to her nicely. ③All sounded wonderful for her, and, indeed, she quite forgot the promise she made to the witch. She didn't know it was almost twelve o'clock until she looked at the clock. ④She was surprised. She started to run. The prince followed but could not catch up with her. She left behind one of her glass shoes and the prince picked it up most carefully.

She reached home, but quite out of breath, and in her dirty old clothes. The only thing she had in her pocket was one of the little shoes. This was ⑤the mate to the one that she dropped.

When the two sisters returned from the ballroom, Ella asked them if they enjoyed the party, and if the fine lady was there. They said, "Yes, but ⑥she hurried away before midnight. She wore the glass shoes, the prettiest in the world, and she dropped one of them. The king's son picked it up. He looked at her all the time at the ballroom, and he seemed to be very much in love with the beautiful lady."

The thing that they said was very true. A few days. later, the king's son said that he would marry her whose foot this shoe would just fit. The princesses began to try it on, but ⑦in vain. It was brought to the two sisters and they tried to put their foot into the shoe, but they failed.

Ella saw all this, and knew that it was her shoe. She said to them and laughed, "Let me see if it will fit me." ⑧Her sisters laughed at her. The gentleman who was sent to try the shoe looked seriously at Ella, and found her very beautiful. He said that she should try as well, and that he had orders to let everyone try. He told Ella to sit down and put the shoe on her foot. He found that it fit her very easily. Her two sisters were greatly surprised when Ella pulled the other shoe out of her pocket, and put it on her other foot. Then the witch came in and touched her stick to Ella's clothes. She made them richer and more beautiful than any of those Ella wore before.

And now her two sisters found that she was the fine lady they saw at the ballroom. They began to say sorry to her for all the bad things they did to her. Ella gave them a hug. ⑨She accepted their apologies, and she wanted them to love her.

She was taken to the young prince, dressed at her best. He thought she was more attractive than before. A few days later, he married her. Ella gave her two sisters their own rooms in the castle.

【出典】 *Cendrillon*（改）

⑴ 本文中の下線部①の意味として最も適当なものを，次のア～エのうちから一つ選びなさい。

ア ghost　イ alphabet　ウ letter　エ magic

⑵ 本文中の下線部②の意味として最も適当なものを，次のア～エのうちから一つ選びなさい。

ア dance hall　イ baseball stadium　ウ tennis court　エ changing room

⑶ 本文中の下線部③の内容として最も適当なものを，次のア～エのうちから一つ選びなさい。

ア the music the prince played for Ella　イ the music the witch played for Ella

ウ the words the prince said to Ella　エ the words the witch said to Ella

⑷ 本文中の下線部④の理由として最も適当なものを，次のア～エのうちから一つ選びなさい。

ア She noticed that the prince tried to run after her.

イ She noticed that the prince might fall in love with her.

ウ She had to go back home before everything went back to normal.

エ She had to go back home before the witch went back home.

⑸ 本文中の下線部⑤が指す内容として最も適当なものを，次のア～エのうちから一つ選びなさい。

ア one of the glass shoes she had　イ one of the old clothes she wore

ウ one of the close friends she had　エ one of the beautiful dresses she wore

⑹ 本文中の下線部⑥が指す人物として最も適当なものを，次のア～エのうちから一つ選びなさい。

ア the witch　イ one of the two sisters

ウ the prettiest in the world　エ the fine lady

⑺ 本文中の下線部⑦の内容として最も適当なものを，次のア～エのうちから一つ選びなさい。

ア They could not bring the glass shoe because it was broken.

イ They could not find the woman whose foot perfectly fit the glass shoe.

ウ They could not find the woman because the prince already noticed who she was.

エ They could not bring the glass shoe because the owner of it was already found.

⑻ 本文中の下線部⑧の理由として最も適当なものを，次のア～エのうちから一つ選びなさい。

ア Her sisters found that Ella had the other shoe in her pocket.

イ Her sisters noticed that the lady the prince looked for was Ella.

ウ Her sisters were surprised that the witch made Ella beautiful.

エ Her sisters thought that it was very stupid of Ella to say so.

⑼ 本文中の下線部⑨の内容として最も適当なものを，次のア～エのうちから一つ選びなさい。

ア She would like to forgive them for treating her badly.

イ She received their praise for her beauty.

ウ She was satisfied that they noticed she was beautiful.

エ She felt sorry that they had to be punished.

【理　科】(50分)〈満点：100点〉

1　Sさんは，植物が水を吸い上げるしくみについて調べるため，次の実験１，２を行いました。これに関して，あとの(1)～(5)の問いに答えなさい。

実験１

アジサイを用意し，図１のように，赤インクで着色した水につけた。１時間後，図２のように茎の一部を縦に切り，その切断面を観察したところ，断面の一部が赤く染まっていた。

茎
カミソリの刃
アジサイ
赤インクで着色した水

図１　　図２

実験２

① 葉の大きさや枚数，茎の太さがほぼ同じアジサイを４本用意した。

② 30.0 mLの水が入ったメスシリンダーに，それぞれ図３のような異なる処理をしたアジサイの枝を１本ずつさし，A～Dとした。また，アジサイをささずに水だけが入った状態のメスシリンダーを用意し，Eとした。このA～Eのメスシリンダーに油を注いで，水面をおおった。

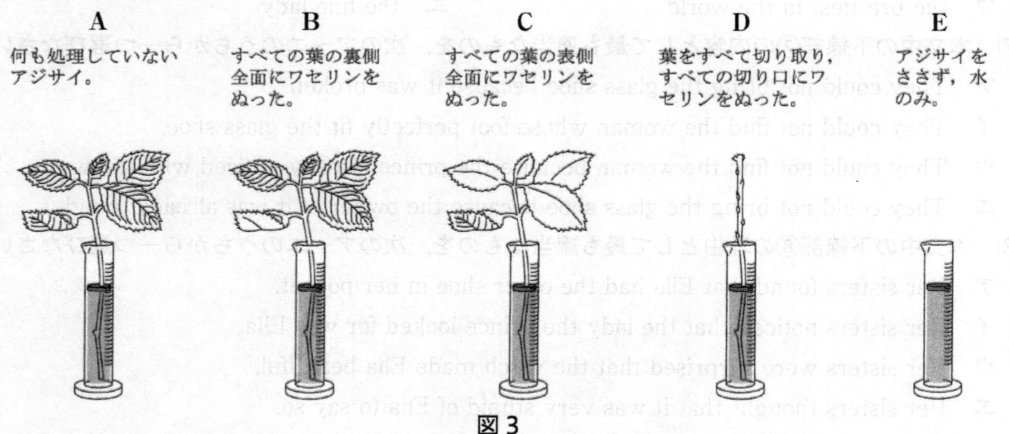
A
何も処理していないアジサイ。
B
すべての葉の裏側全面にワセリンをぬった。
C
すべての葉の表側全面にワセリンをぬった。
D
葉をすべて切り取り，すべての切り口にワセリンをぬった。
E
アジサイをささず，水のみ。

図３

③ A～Eを，光のよく当たる明るい場所に置いて，数時間後にそれぞれのメスシリンダーの水の量を測定した。表は，その結果をまとめたものである。

表

	A	B	C	D	E
③で測定した水の量〔mL〕	23.6	27.9	25.0	X	30.0

(1) アジサイについて述べた文として最も適当なものを，次のア～エのうちから一つ選びなさい。

ア　アジサイは双子葉類で，根のつくりは主根と側根からなる。

イ　アジサイは双子葉類で，根のつくりはひげ根になっている。

ウ　アジサイは単子葉類で，根のつくりは主根と側根からなる。

エ　アジサイは単子葉類で，根のつくりはひげ根になっている。

(2) **実験１**で，観察したアジサイの茎の断面を表した模式図として最も適当なものを，次のア～エのうちから一つ選びなさい。

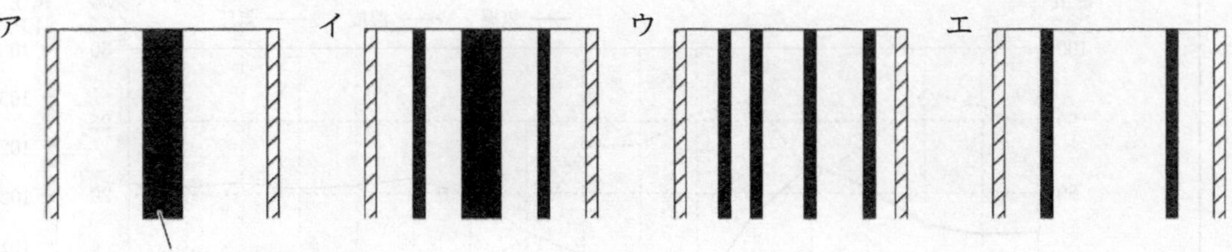

(3) 次の文章は，気孔での物質の出入りについて述べたものです。[1]～[3]にあてはまることばの組み合わせとして最も適当なものを，あとのア～エのうちから一つ選びなさい。

> 植物が根から水を吸い上げると，その水は茎の[1]を通って移動し，気体となって葉の気孔から空気中に出ていく。この気孔は，植物が光合成や呼吸を行うときの気体の出入りにも使われる。植物が呼吸を行うときには，気孔から[2]を取り入れ，[3]を出す。

ア　1：師管　2：酸素　3：二酸化炭素

イ　1：師管　2：二酸化炭素　3：酸素

ウ　1：道管　2：酸素　3：二酸化炭素

エ　1：道管　2：二酸化炭素　3：酸素

(4) **実験２**の表の**X**に入る値は何 mL ですか。[あ]～[う]にあてはまる数字を一つずつ選びなさい。

[あ][い].[う] mL

(5) 次の文章は，**実験２**について述べたものです。[1]～[3]にあてはまることばの組み合わせとして最も適当なものを，あとのア～エのうちから一つ選びなさい。

> **実験２**の結果から，アジサイの葉の表側と裏側では，葉の[1]の方が[2]より盛んに蒸散が行われていることがわかる。このとき，葉の[1]からの蒸散量は[2]からの蒸散量の[3]である。

ア　1：表側　2：裏側　3：約２倍　　イ　1：表側　2：裏側　3：約３倍

ウ　1：裏側　2：表側　3：約２倍　　エ　1：裏側　2：表側　3：約３倍

2 Ｓさんは，気象について調べ，資料１，２をまとめました。これに関して，あとの(1)～(5)の問いに答えなさい。

資料１

図１は，ある年の４月14日から15日にかけて，千葉県のある地点で行われた気象観測の結果である。グラフは気温，湿度，気圧の変化を表しており，各時刻における風向，風力，天気についても記した。

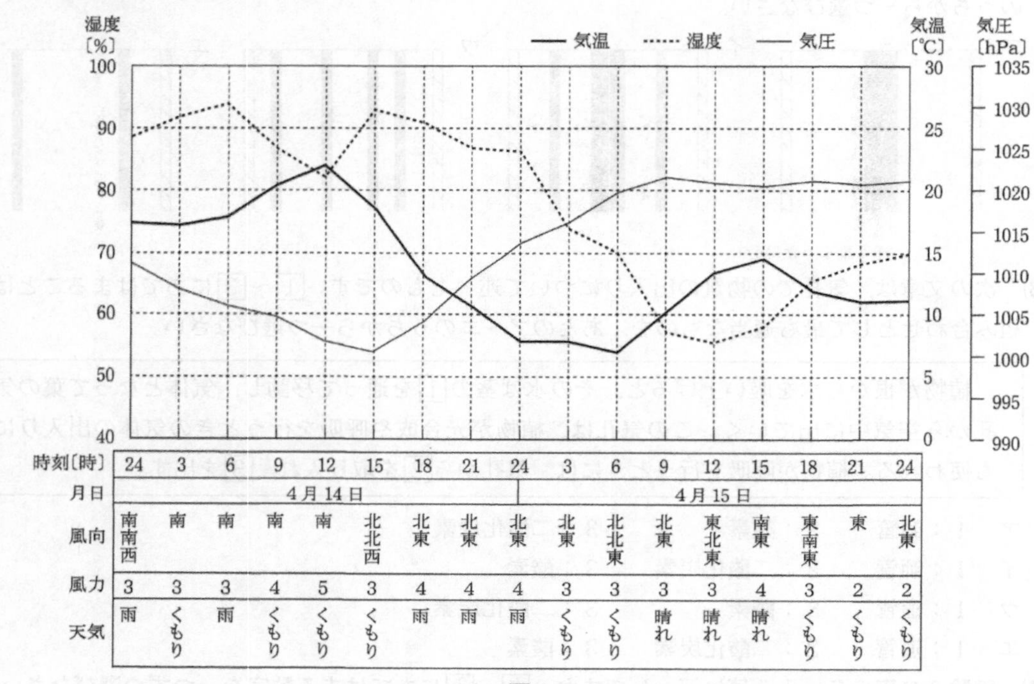

時刻〔時〕	24	3	6	9	12	15	18	21	24	3	6	9	12	15	18	21	24
月日	4月14日								4月15日								
風向	南南西	南	南	南	南	北北西	北東	北東	北東	北東	北北東	北東	東北東	南東	東南東	東	北東
風力	3	3	3	4	5	3	4	4	4	3	3	3	3	4	3	2	2
天気	雨	くもり	雨	くもり	くもり	くもり	雨	雨	雨	くもり	くもり	晴れ	晴れ	晴れ	くもり	くもり	くもり

図１

資料２

図２のＡとＢは，資料１の気象観測を行ったときのある時刻における日本列島付近の天気図である。

気象観測中に，図２に見られる前線ＸとＹが観測地点を通過していた。

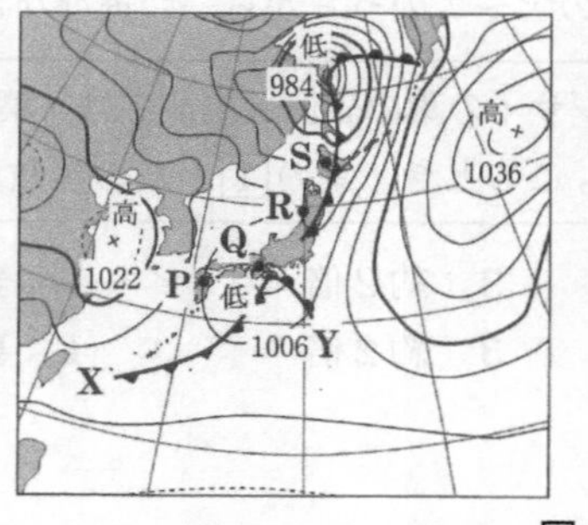

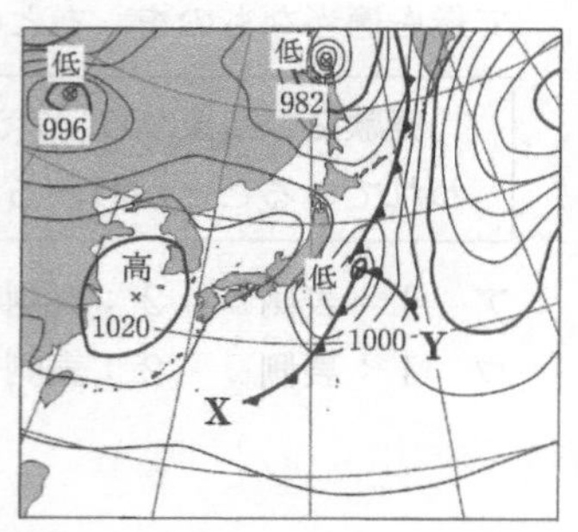

図２

(1) 図１の４月15日９時の天気を表したものとして最も適当なものを，次のア～エのうちから一つ選びなさい。

ア
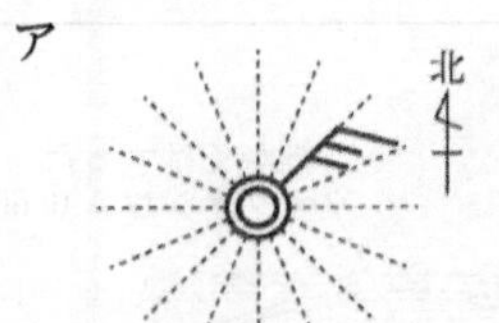

イ
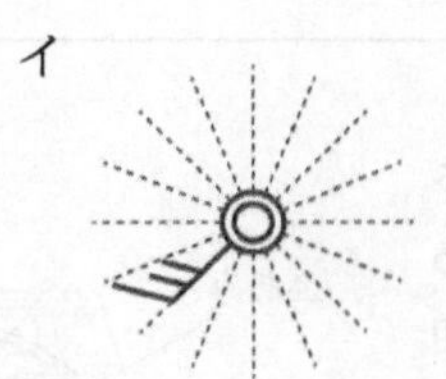
ウ
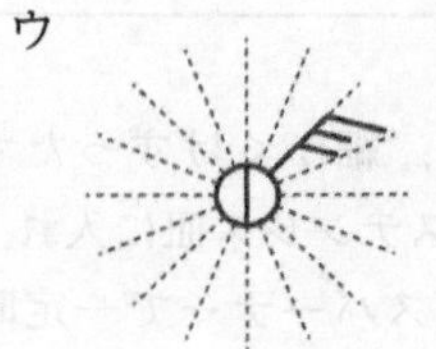
エ
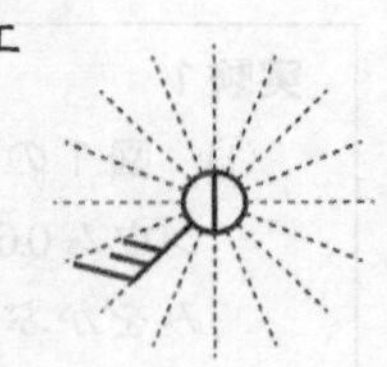

(2) 表は，各温度での飽和水蒸気量をまとめたものです。図１において，４月15日の６時の気温は７℃，湿度は70%でした。このときの空気中に含まれている水蒸気量は何 g/m³ ですか。あ，いにあてはまる数字を一つずつ選びなさい。ただし，答えは小数第２位を四捨五入して答えなさい。

あ．い g/m³

表

気温〔℃〕	飽和水蒸気量〔g/m³〕	気温〔℃〕	飽和水蒸気量〔g/m³〕
6	7.3	11	10.0
7	7.8	12	10.7
8	8.3	13	11.4
9	8.8	14	12.1
10	9.4	15	12.8

(3) 次の文は，図２について述べたものです。①，②にあてはまることばを，あとのア～エのうちからそれぞれ一つずつ選びなさい。

図２のＡの地点Ｐ～Ｓのうち，最も気圧が高いのは①で，最も気圧が低いのは②である。

ア　地点Ｐ　　イ　地点Ｑ　　ウ　地点Ｒ　　エ　地点Ｓ

(4) 図２の前線Ｙ付近の寒気と暖気の動きを，南から見たときの地表面に対する垂直な断面で表したものとして最も適当なものを，次のア～エのうちから一つ選びなさい。

ア
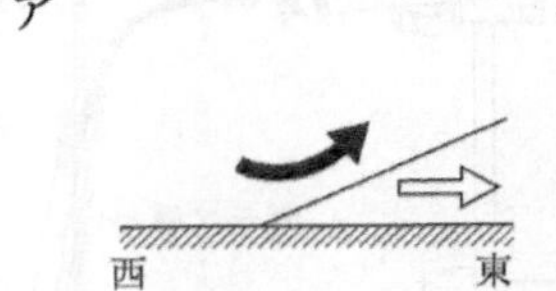

イ
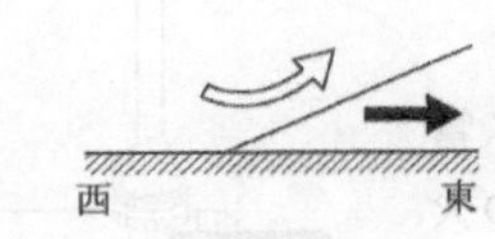

ウ
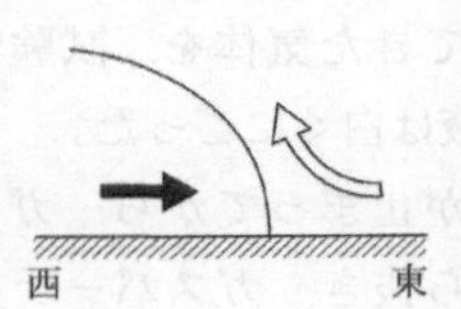

エ
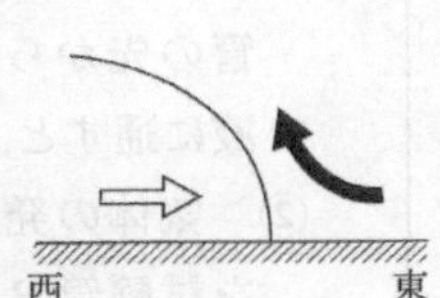

(5) 図２の前線Ｘが観測地点を通過した時刻として最も適当なものを，次のア～カのうちから一つ選びなさい。

ア　４月14日の６～９時　　イ　４月14日の12～15時　　ウ　４月14日の21～24時
エ　４月15日の６～９時　　オ　４月15日の12～15時　　カ　４月15日の21～24時

3　Sさんは，物質の酸化や還元について調べるため，次の**実験１**，**２**を行いました。これに関して，あとの(1)～(5)の問いに答えなさい。

実験１

①　図１のように，細かくけずったマグネシウム0.60 gをステンレス皿に入れ，金あみをかぶせてガスバーナーで一定時間加熱した。

②　ステンレス皿をよく冷ましたあと，加熱後の金あみを含めた皿全体の質量から，金あみとステンレス皿の質量を引いて，加熱後の物質の質量を測定した。

③　測定後，ステンレス皿の中の物質をよくかき混ぜてから，ふたたび金あみをかぶせてガスバーナーで加熱し，冷ましてから物質の質量を測定する操作を繰り返した。

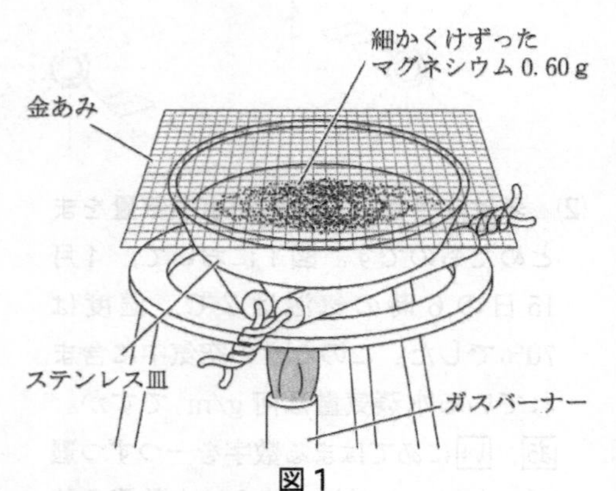

図１

表１は，②，③の結果をまとめたものである。

表１

加熱した回数	１回目	２回目	３回目	４回目	５回目
加熱後の物質の質量〔g〕	0.78	0.90	0.97	1.00	1.00

実験２

①　酸化銅6.00 gと炭素粉末0.15 gの混合物を試験管**A**に入れ，図２のようにガスバーナーで加熱した。このとき，ガラス管の先から出てきた気体を，試験管**B**の液に通すと，液は白くにごった。

②　気体の発生が止まってから，ガラス管を試験管**B**から抜き，ガスバーナーの火を消してピンチコックでゴム管を止め，冷ましてから試験管**A**に残った物質の質量を測定した。

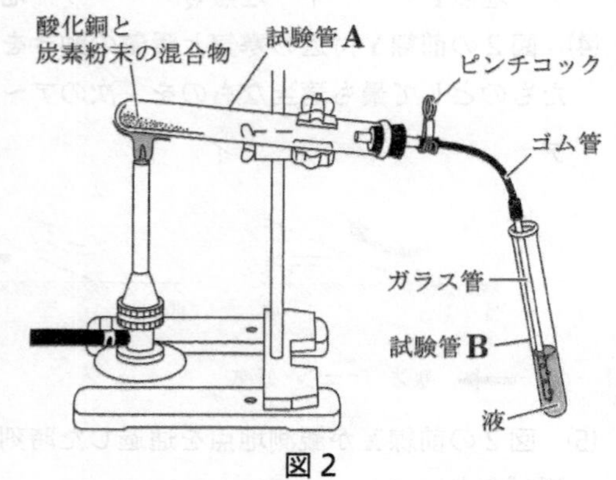

図２

③　炭素粉末の質量を変えながら，それぞれ酸化銅6.00 gと混ぜ合わせ，同様の操作を行った。

表２は，②，③の結果をまとめたものである。

表２

炭素粉末の質量〔g〕	0.15	0.30	0.45	0.60	0.75
試験管**A**に残った物質の質量〔g〕	**X**	5.20	4.80	4.95	5.10

(1)　**実験１**で起きた化学反応を化学反応式で表したものとして最も適当なものを，次のア～エのうちから一つ選びなさい。

ア　$Mg+O_2 \rightarrow MgO$　　　イ　$Mg+O_2 \rightarrow MgO_2$

ウ　$2Mg+O_2 \rightarrow 2MgO$　　　エ　$2Mg+O_2 \rightarrow 2MgO_2$

(2)　**実験１**の結果から，マグネシウムと酸素が結びつく質量の割合を，最も簡単な整数の比で表すとどうなりますか。［あ］，［い］にあてはまる数字を一つずつ選びなさい。

マグネシウム：酸素＝［あ］：［い］

(3)　**実験２**の①で，ガラス管の先から出てくる気体と試験管**B**の液について述べた文として最も適当なものを，次のア～エのうちから一つ選びなさい。

ア　ガラス管の先から出てくるのは二酸化炭素で，試験管**B**の液は石灰水である。

イ　ガラス管の先から出てくるのは二酸化炭素で，試験管**B**の液はフェノールフタレイン液である。

ウ　ガラス管の先から出てくるのは酸素で，試験管**B**の液は石灰水である。

エ　ガラス管の先から出てくるのは酸素で，試験管**B**の液はフェノールフタレイン液である。

(4)　**表２**の**X**にあてはまる値は何ですか。［あ］～［う］にあてはまる数字を一つずつ選びなさい。

X＝［あ］．［い］［う］

(5)　次の文章は，**実験２**について述べたものです。［1］にあてはまるものを１群のア～ウのうちから，［2］にあてはまるものを２群のア～エのうちから，最も適当なものをそれぞれ一つずつ選びなさい。

> **実験２**で，炭素粉末の質量を 0.75 g にして実験したとき，試験管**A**には銅のほかに［1］が残っている。また，このとき発生した気体の質量は，［2］である。

【１群】　ア　酸化銅　　　イ　炭素　　　ウ　炭素，酸化銅

【２群】　ア　0.15 g　　　イ　0.90 g　　　ウ　1.65 g　　　エ　4.35 g

4　Ｓさんは，電流のはたらきについて調べるため，次の**実験１**，**２**を行いました．これに関して，あとの(1)～(5)の問いに答えなさい。ただし，発生した熱量は，すべて水の温度上昇に使われたものとします。

実験１

①　抵抗が 3.0 Ωの電熱線**X**を使って，**図１**のような装置をつくり，水 100 g が入った発泡ポリスチレンのコップに入れた。

②　**図１**の装置に電流計，電圧計，電源装置をつなぎ，電熱線**X**の両端に 6.0 V の電圧を加えて電流を流し，水をガラス棒でゆっくりかき混ぜながら，１分ごとに５分間，水温を測定した。

③　**図１**の電熱線**X**を，抵抗が 4.0 Ωの電熱線**Y**にかえて，②と同様に，両端に 6.0 V の電圧を加えて電流を流し，水をガラス棒でゆっくりかき混ぜながら，１分ごとに５分間，水温を測定した。

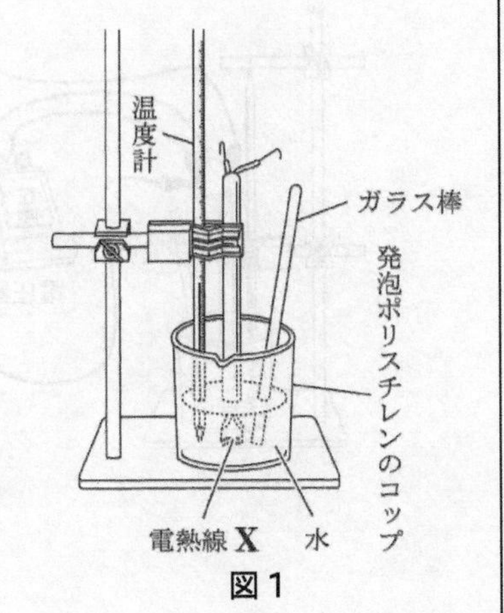

図１

表は，②，③の結果をまとめたものである。

表

時間〔分〕	0	1	2	3	4	5
②の水温の変化〔℃〕	25.0	26.6	28.2	29.8	31.4	33.0
③の水温の変化〔℃〕	25.0	26.2	27.4	28.6	29.8	31.0

実験２

① 実験１の電熱線XとYを，図２のようにつなぎ，水100 gが入った発泡ポリスチレンのコップに電熱線XとYを入れ，点PQ間に6.0 Vの電圧を加えて電流を流した。その５分後，水温を測定したところ，[1]になった。

② ①の電熱線XとYを図３のようにつなぎ，水100 gが入った発泡ポリスチレンのコップに電熱線XとYを入れ，点RS間に6.0 Vの電圧を加えて電流を流した。その５分後，水温を測定したところ，[2]になった。

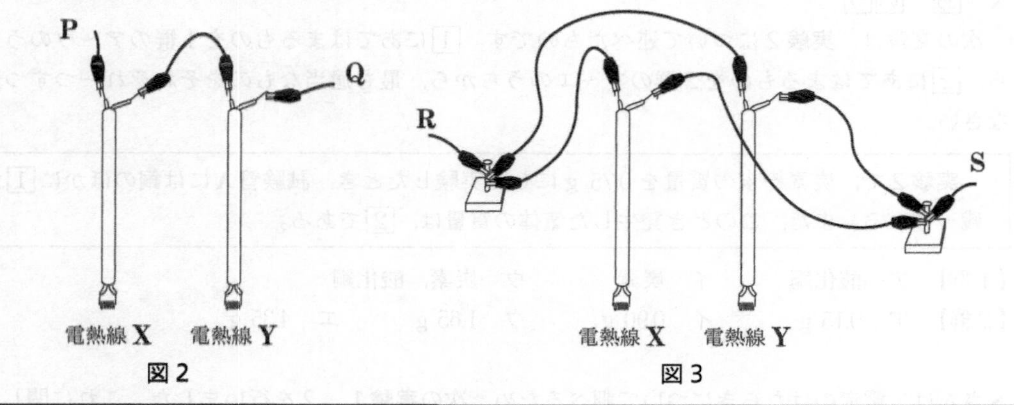

図２　　図３

(1) 図１の装置に電流計，電圧計，電源装置をつないだようすとして最も適当なものを，次のア～エのうちから一つ選びなさい。

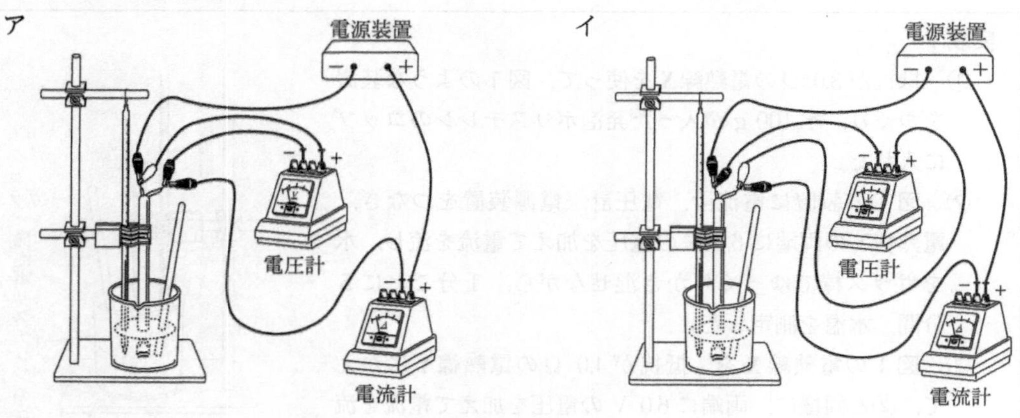

ウ

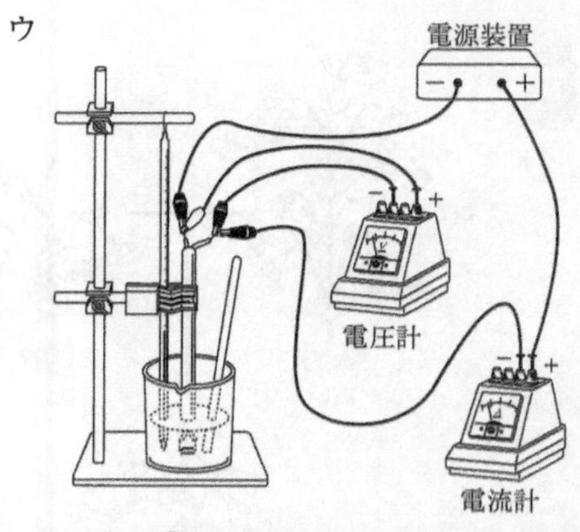

エ

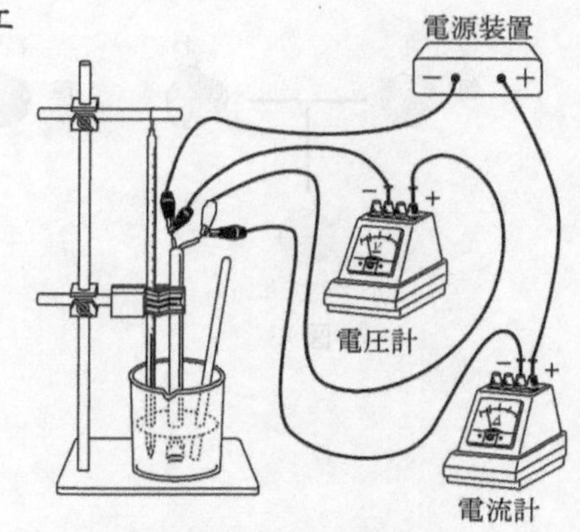

(2)　**実験1**の②で，電熱線**X**に6.0 Vの電圧を加えたとき，**X**の消費電力は何Wですか。[あ]〜[う]にあてはまる数字を一つずつ選びなさい。

[あ][い].[う]W

(3)　**実験1**の③の測定の後，さらに電熱線**Y**に6.0 Vの電圧を加え続け，電流を流し続けた時間が合計で10分間になったとき，水温は何℃になりますか。[あ]〜[う]にあてはまる数字を一つずつ選びなさい。

[あ][い].[う]℃

(4)　**実験2**の[1]，[2]にあてはまるものとして最も適当なものを，次のア〜ウのうちから一つずつ選びなさい。

ア　31.0℃より低い温度

イ　31.0℃〜33.0℃の間の温度

ウ　33.0℃より高い温度

(5)　**実験2**の②で，5分間電流を流し続けたとき，電熱線**X**，**Y**から発生した熱量の合計は何Jですか。[あ]〜[え]にあてはまる数字を一つずつ選びなさい。

[あ][い][う][え]J

5　エンドウの遺伝について調べるため，次の**実験**を行いました。これに関して，あとの(1)〜(5)の問いに答えなさい。

実験

①　図1のように，丸い種子をつくる純系の個体（親）と，しわのある種子をつくる純系の個体（親）をかけ合わせると，すべて丸い種子（子）ができた。

②　図2のように，緑色の種子をつくる純系の個体（親）と，黄色の種子をつくる純系の個体（親）をかけ合わせると，すべて黄色の種子（子）ができた。

③　図3のように，草たけの高い純系の個体（親）と，草たけの低い純系の個体（親）をかけ合わせ，できた種子を育てると，すべて草たけの高い個体（子）となった。

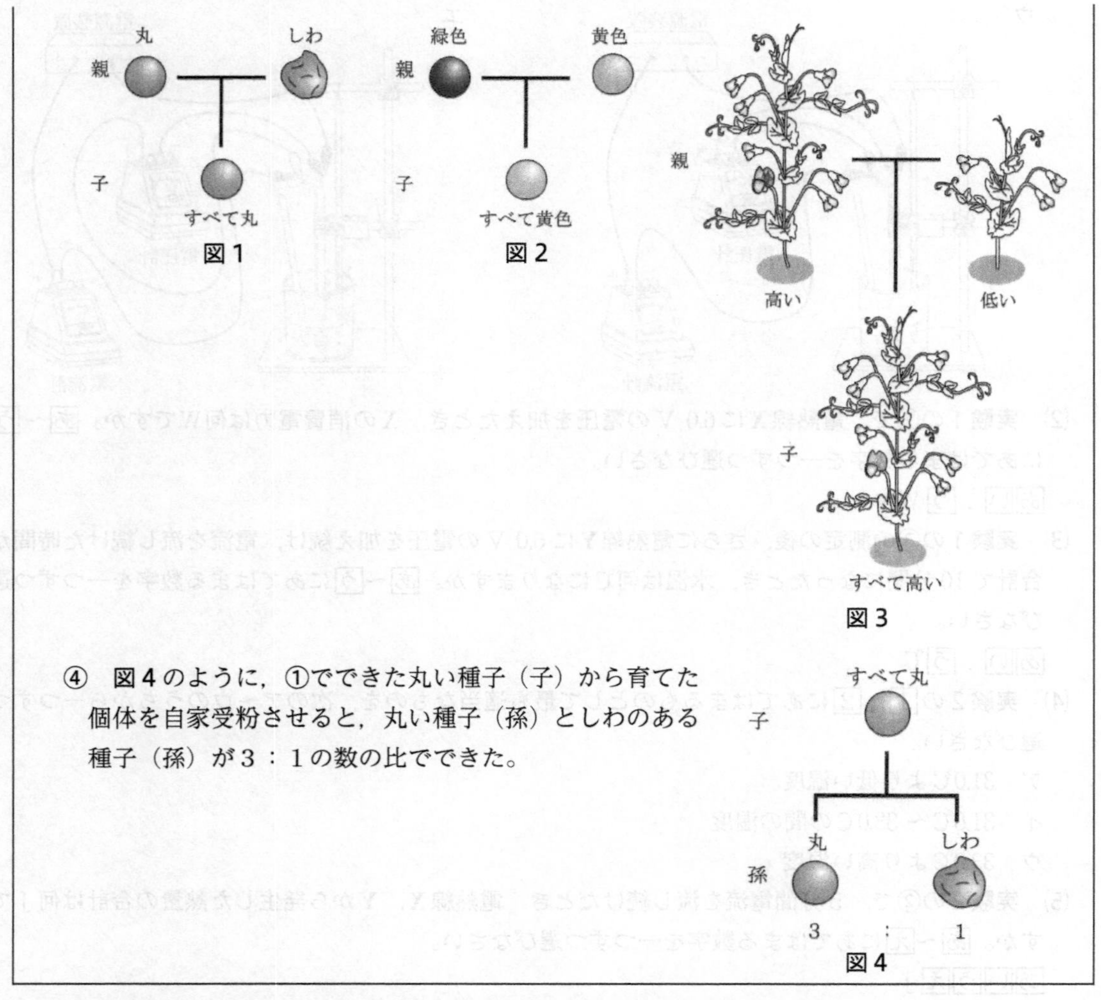

図１　図２　図３

④　図４のように，①でできた丸い種子（子）から育てた個体を自家受粉させると，丸い種子（孫）としわのある種子（孫）が３：１の数の比でできた。

図４

⑴　次の文章は，遺伝子について述べたものです。1～3にあてはまることばの組み合わせとして最も適当なものを，あとのア～エのうちから一つ選びなさい。

> 多くの生物の核の中にはひも状の1があり，2は1上にある。2の本体は3という物質である。

ア　１：遺伝子　　２：染色体　　３：DNA
イ　１：遺伝子　　２：DNA　　３：染色体
ウ　１：染色体　　２：遺伝子　　３：DNA
エ　１：染色体　　２：DNA　　３：遺伝子

⑵　実験の①で，丸い種子をつくる純系の個体（親）のもつ遺伝子を **AA**，しわのある種子をつくる純系の個体（親）のもつ遺伝子を **aa** と表すと，これらをかけ合わせてできた丸い種子（子）のもつ遺伝子を表したものとして最も適当なものを，次のア～オのうちから一つ選びなさい。

ア　**AA**　　イ　**Aa**　　ウ　**aa**　　エ　**A**　　オ　**a**

⑶　実験の②でできた黄色の種子（子）を育ててできた個体を自家受粉させたところ，黄色の種子

（孫）と緑色の種子（孫）ができ，緑色の種子（孫）の個数は約2000個でした。このとき，黄色の種子（孫）の個数として最も適当なものを，次のア～エのうちから一つ選びなさい。

ア　約600個　　イ　約1000個　　ウ　約2000個　　エ　約6000個

⑷　**実験**の③でできた草たけの高い個体（子）と，草たけの低い純系の個体（親）をかけ合わせ，できた種子を育てた結果として最も適当なものを，次のア～オのうちから一つ選びなさい。

ア　草たけの高い個体だけができる。

イ　草たけの高い個体と草たけの低い個体が両方でき，高い個体の数：低い個体の数＝１：１となる。

ウ　草たけの高い個体と草たけの低い個体が両方でき，高い個体の数：低い個体の数＝２：１となる。

エ　草たけの高い個体と草たけの低い個体が両方でき，高い個体の数：低い個体の数＝１：２となる。

オ　草たけの低い個体だけができる。

⑸　**実験**の④でできた個体（孫）のうち，丸い種子のものだけを育て，同じ個体を自家受粉させてできた全ての種子のうち，丸い種子としわのある種子の数の割合を，最も簡単な整数の比で表すとどうなりますか。あ，いにあてはまる数字を一つずつ選びなさい。

丸い種子：しわのある種子＝あ：い

6　星の動きに関するＳさんと先生との会話文を読んで，あとの⑴～⑸の問いに答えなさい。

Ｓさん：日本のある地点で，３月のある日の夜に空を観察したところ，**a** 時間がたつにつれて星の位置が変化していきました。図１は南の空のようすで，この日は真夜中にしし座が見られました。

先　生：春には，このようにしし座を真夜中に南の空に見ることができますね。季節が変わると，このような星座の見え方も変化します。

Ｓさん：どうして季節によって星座の見え方が変化するのでしょうか。

先　生：図２を見てください。これは地球の北極側から見たときの，太陽の位置，そのまわりを動く地球の軌道，しし座，さそり座，みずがめ座，おうし座の位置を模式的に表したものです。**b** 北半球にある日本で，しし座が真夜中の南の空に見えるとき，地球がどの位置にあるかわかりますか。

Ｓさん：なるほど，わかりました。ということは，この観察を行った６か月後の真夜中には，東の空には１が見えて，西の空には２が見えるのですね。

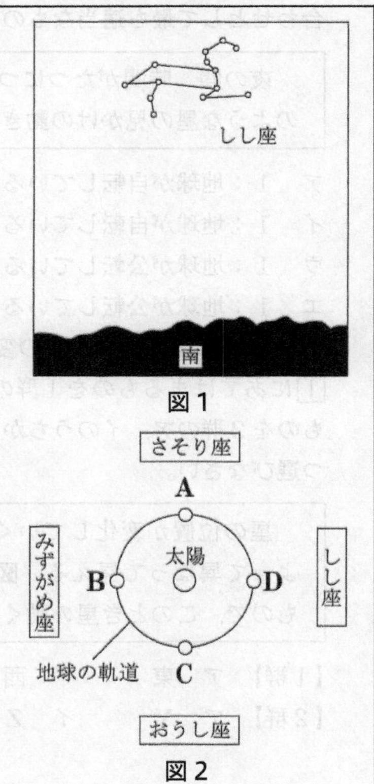

図１
図２

先　生：よく理解できたようですね。それでは，北の空のようすについて考えてみましょう。

Ｓさん：図１とは別の日に，北の空を２時間おきに観察したところ，北極星を中心として反時計回りに，星の位置が時刻によって変化していきました。図３は，そのときのカシオペヤ座の位置の変化を時刻ごとに示したものです。

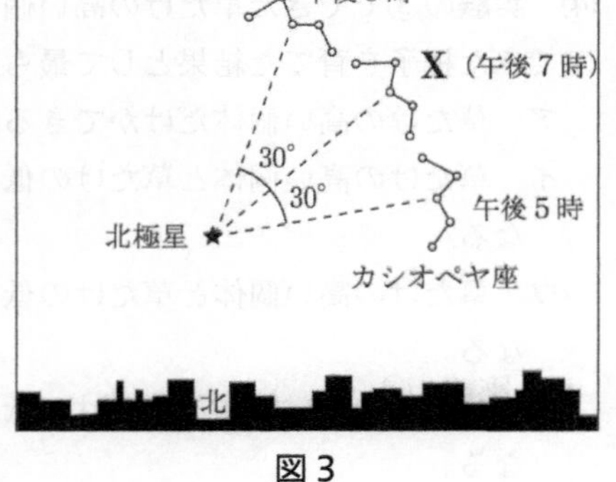

図３

先　生：カシオペヤ座の位置は２時間に30°ずつ変化していたということですね。

Ｓさん：はい。図３では時刻によって北の空の星の位置が変わっていくことがわかりましたが，南の空の星と同じように，季節によっても星の見え方は変化していくのでしょうか。

先　生：そのとおりです。たとえば，$_{\mathbf{c}}$<u>図３の観察を行ってから９か月後にふたたび北の空を観察した場合，図３のＸの位置にカシオペヤ座が見えるのは，午後７時とは異なる時刻になります</u>。

⑴　次の文章は，会話文中の下線部ａについて述べたものです。1，2にあてはまるものの組み合わせとして最も適当なものを，あとのア～エのうちから一つ選びなさい。

> 夜の間，時間がたつにつれて星の位置が変化していくように見えるのは，1である。このような星の見かけの動きを，星の2という。

ア　１：地球が自転しているから　　２：年周運動
イ　１：地球が自転しているから　　２：日周運動
ウ　１：地球が公転しているから　　２：年周運動
エ　１：地球が公転しているから　　２：日周運動

⑵　次の文章は，星の位置の変化と方角について述べたものです。1にあてはまるものを１群のア～ウのうちから，2にあてはまるものを２群のア，イのうちから，最も適当なものをそれぞれ一つずつ選びなさい。

> 星の位置が変化していくようすは，それぞれの方角の空によって異なって見える。図４は，1の空の星の動きを示したもので，このとき星の動く向きは2である。

【１群】　ア　東　　イ　西　　ウ　南
【２群】　ア　Ｙ　　イ　Ｚ

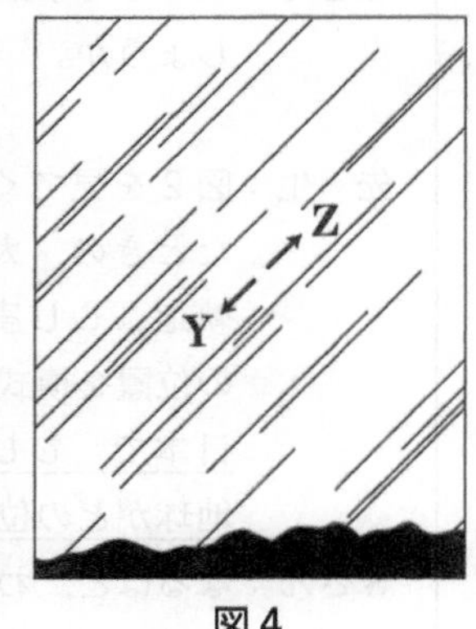

図４

⑶　会話文中の下線部**b**について，北半球にある日本で，しし座が真夜中の南の空に見えるとき，図２での地球の位置として最も適当なものを，次のア～エのうちから一つ選びなさい。

ア　**A**の位置　　イ　**B**の位置　　ウ　**C**の位置　　エ　**D**の位置

⑷　会話文中の［1］，［2］にあてはまるものとして最も適当なものを，次のア～エのうちから一つずつ選びなさい。

ア　さそり座　　イ　しし座　　ウ　みずがめ座　　エ　おうし座

⑸　会話文中の下線部**c**について，図３の観察を行ってから９か月後にふたたび北の空を観察した場合，図３の**X**の位置にカシオペヤ座が見える時刻として最も適当なものを，次のア～カのうちから一つ選びなさい。

ア　午後５時　　イ　午後９時　　ウ　午後11時

エ　午前１時　　オ　午前３時　　カ　午前５時

7　Sさんは，水溶液の性質について調べるため，次の**実験１**，**２**を行いました。これに関して，あとの⑴～⑸の問いに答えなさい。

実験１

①　図１のように，ガラス板の上に食塩水をしみこませたろ紙をのせ，両端をクリップ**X**，**Y**で止めた。このろ紙の上に赤色リトマス紙**A**，**B**と青色リトマス紙**C**，**D**を置き，うすい水酸化ナトリウム水溶液をしみこませた糸を中央に置いた。

②　クリップ**X**，**Y**をそれぞれ電源装置の＋極と－極のいずれかにつなぎ，電圧を加えたところ，赤色リトマス紙**A**だけ色が変化した。

③　図１のうすい水酸化ナトリウム水溶液のかわりにうすい塩酸を使い，それ以外の条件は図１と同じにして，クリップ**X**，**Y**に電圧を加えた。

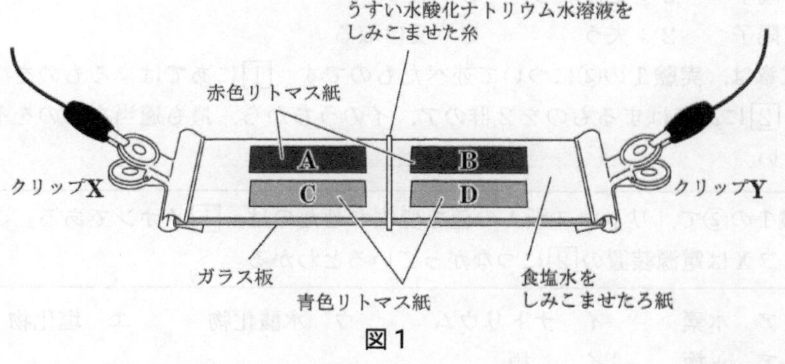

図１

実験２

① **図２**のように，ビーカーにうすい塩酸 10 cm^3 を入れ，緑色のBTB液を数滴加えた。

② ①のビーカーに，こまごめピペットを使ってうすい水酸化ナトリウム水溶液を 3.0 cm^3 ずつ加え，液の色の変化を調べた。**表**は，その結果をまとめたものである。

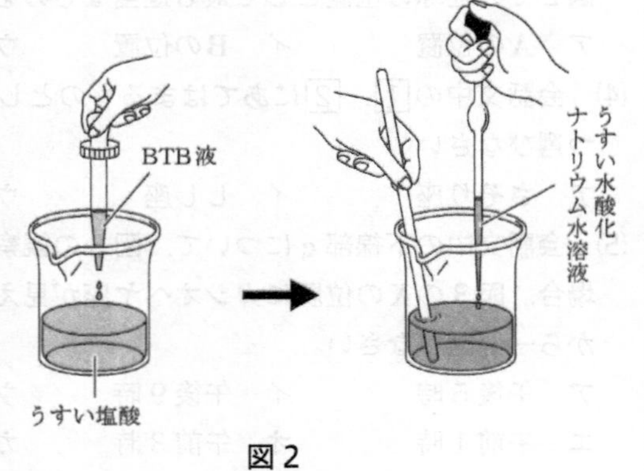

図２

表

うすい水酸化ナトリウム水溶液の体積〔cm^3〕	0	3.0	6.0	9.0	12.0	15.0
液の色	黄色	黄色	黄色	黄色	緑色	青色

⑴ 次の文は，水溶液中のイオンについて述べたものです。[1]〜[3]にあてはまることばの組み合わせとして最も適当なものを，あとのア〜エのうちから一つ選びなさい。

> 陽イオンは，原子が[1]を[2]ことによってでき，陰イオンは，原子が[1]を[3]ことによってできる。

ア　1：電子　2：受け取る　3：失う
イ　1：電子　2：失う　3：受け取る
ウ　1：陽子　2：受け取る　3：失う
エ　1：陽子　2：失う　3：受け取る

⑵ 次の文章は，**実験１**の②について述べたものです。[1]にあてはまるものを１群のア〜エのうちから，[2]にあてはまるものを２群のア，イのうちから，最も適当なものをそれぞれ一つずつ選びなさい。

> **実験１**の②で，リトマス紙**A**の色を変化させたのは，[1]イオンである。このことから，クリップ**X**は電源装置の[2]につながっているとわかる。

【１群】 ア　水素　イ　ナトリウム　ウ　水酸化物　エ　塩化物
【２群】 ア　＋極　イ　−極

⑶ **実験１**の③の結果として最も適当なものを，次のア〜オのうちから一つ選びなさい。

ア　**A**だけ色が変化した。　イ　**B**だけ色が変化した。　ウ　**C**だけ色が変化した。
エ　**D**だけ色が変化した。　オ　**A**〜**D**のどのリトマス紙も色が変化しなかった。

⑷　実験２の②で，加えたうすい水酸化ナトリウム水溶液の体積と，ビーカーの液中の水素イオンの数の関係として最も適当なものを，次のア～エのうちから一つ選びなさい。ただし，この実験で使ったうすい塩酸 10 cm^3 中に存在する塩化物イオンの数を **n** とします。

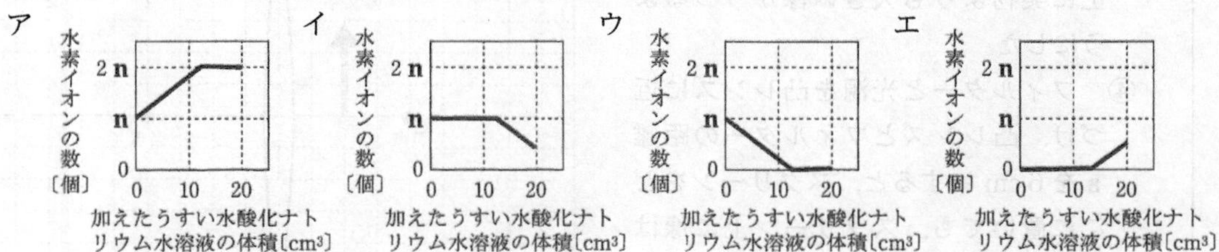

⑸　実験２の②で，うすい水酸化ナトリウム水溶液を 15.0 cm^3 加えて青色になった液を，ふたたび緑色にするためには，この実験で使用したものと同じ濃度のうすい塩酸があと何 cm^3 必要ですか。あ，いにあてはまる数字を一つずつ選びなさい。
あ．い cm^3

8　Ｓさんは，光の性質について調べるため，次の**実験１**，**２**を行いました。これに関して，あとの⑴～⑸の問いに答えなさい。

実験１
　図１のように，厚いガラスの向こう側にチョークを置いたところ，厚いガラスを通さずに見た部分と，厚いガラスを通して見た部分は，ずれて見えた。

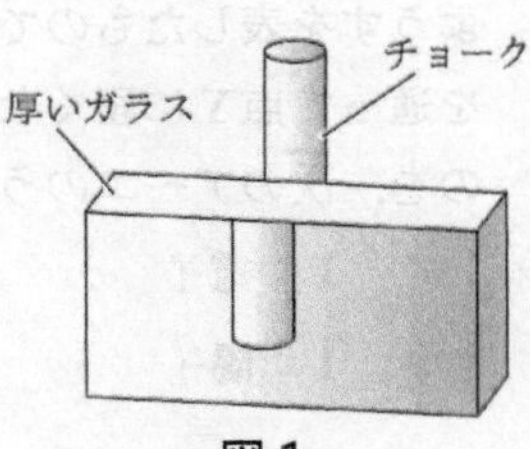

図１

実験２
①　透明なガラスにＰという文字を書いたフィルター，光源，焦点距離が 12 cm の凸レンズ，スクリーンを使って図２のような装置をつくった。
②　フィルターと光源とスクリーンの位置をそれぞれ調整し，スクリーン上に実物と同じ大きさの像がうつるようにした。

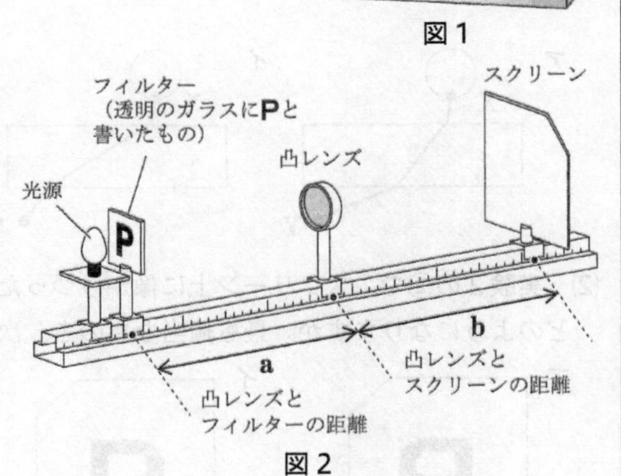

図２

③　フィルターと光源とスクリーンの位置をそれぞれ調整し，スクリーン上に実物よりも大きい像がうつるようにした。

④　フィルターと光源を凸レンズに近づけ，凸レンズとフィルターの距離 **a** を6cm にすると，スクリーンをどこに置いても，スクリーン上に像はうつらなかった。このとき，スクリーンを取りのぞいて，凸レンズを通してフィルターの高さ9cm の文字を見ると，実物よりも大きな像が見えた。図３はこのときの位置関係を横から見て示したもので，方眼の１目もりは3cm を表している。

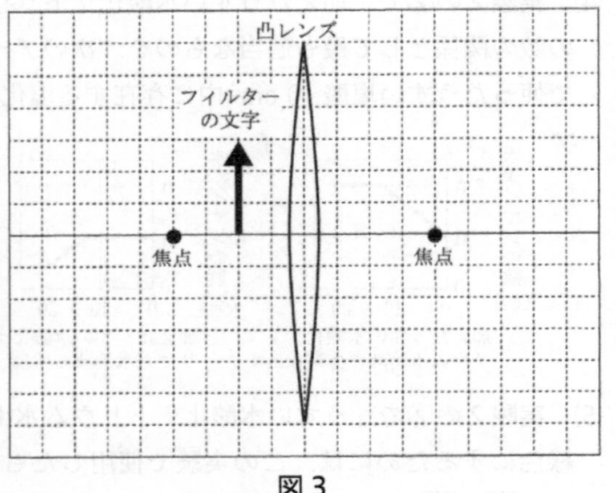

図３

(1)　図４は，実験１で使ったチョークと厚いガラスを上から見たようすを表したものです。チョークの点Xから出た光がガラスを通って点Yに届くとき，その光の道すじとして最も適当なものを，次のア～エのうちから一つ選びなさい。

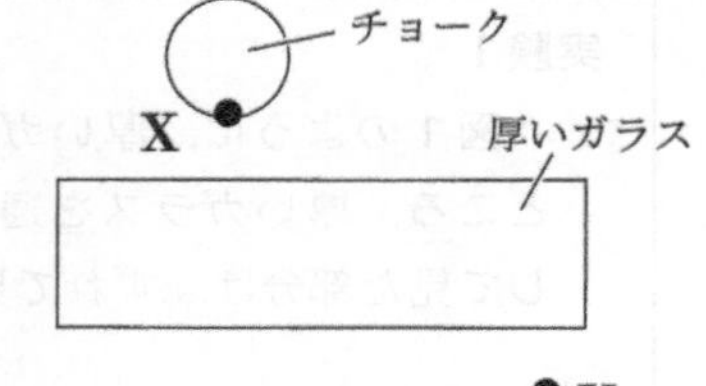

図４

ア

イ
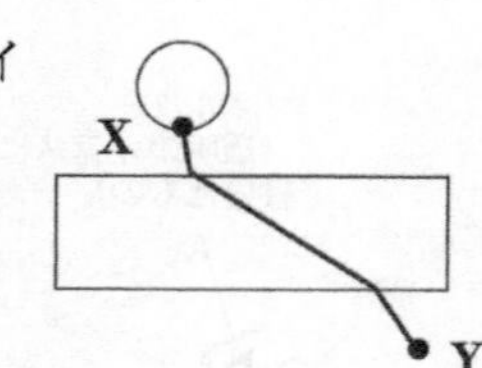

ウ
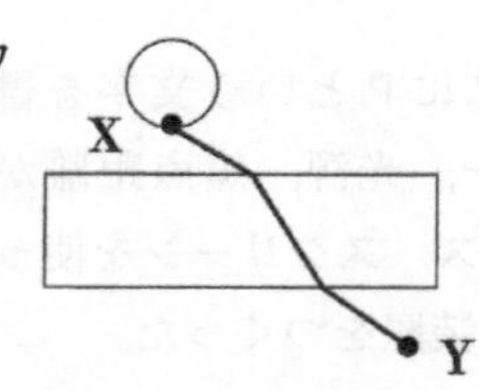

エ
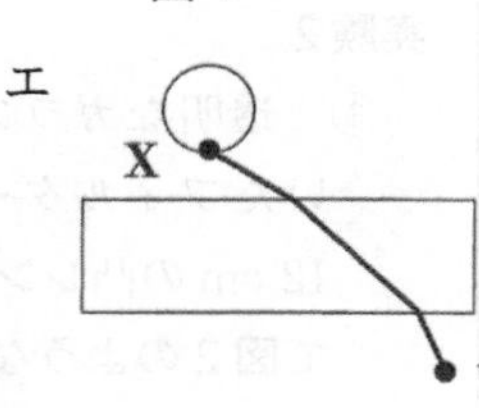

(2)　実験２の②で，スクリーン上に像がうつったとき，スクリーン上の像を凸レンズ側から見るとどのようになりますか。最も適当なものを，次のア～エのうちから一つ選びなさい。

ア

イ
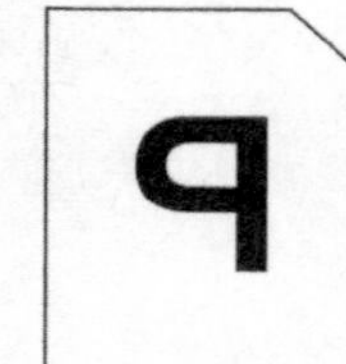
ウ
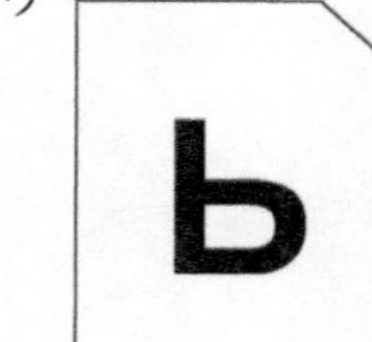
エ
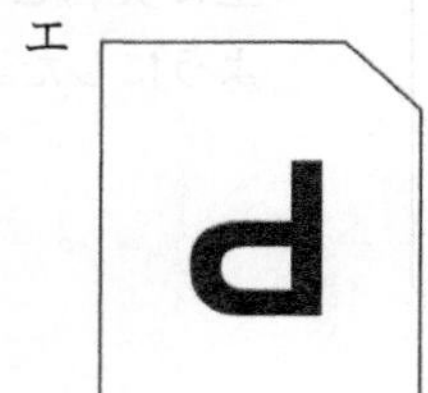

⑶　実験２の②で，スクリーン上に実物と同じ大きさの像がうつったとき，凸レンズとフィルターの距離 **a**，凸レンズとスクリーンの距離 **b** はそれぞれ何 cm ですか。あ～えにあてはまる数字を一つずつ選びなさい。

a：あい cm　　**b**：うえ cm

⑷　次の文は，実験２の③について述べたものです。1にあてはまるものを１群のア～ウのうちから，2にあてはまるものを２群のア～ウのうちから，最も適当なものをそれぞれ一つずつ選びなさい。

> 実験２の③で，スクリーン上に実物よりも大きい像がうつったとき，凸レンズとフィルターの距離 **a** は実験２の②と比べて1，凸レンズとスクリーンの距離 **b** は実験２の②と比べて2。

【１群】　ア　大きくなり　　　イ　小さくなり　　　ウ　変わらず

【２群】　ア　大きくなる　　　イ　小さくなる　　　ウ　変わらない

⑸　実験２の④で，凸レンズを通して見ることができる見かけの像の高さは何 cm ですか。あ，いにあてはまる数字を一つずつ選びなさい。

あい cm

【社　会】（50 分）〈満点：100 点〉

1　次の図を見て，あとの(1)～(5)の問いに答えなさい。

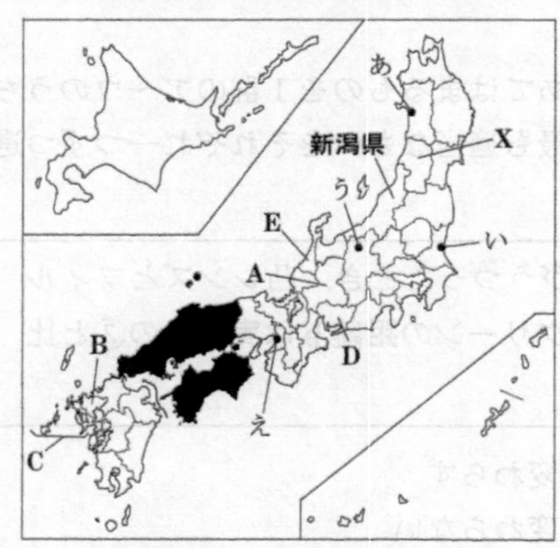

(1)　図中に■■■で示した地方についての説明として最も適当なものを，次のア～エのうちから一つ選びなさい。

ア　域内の本州の部分には，六つの県が位置している。

イ　中国山地の北側を中心とする日本海に面する地域は，山陰とよばれる。

ウ　域内全体が，北緯 40 度から北緯 50 度の範囲に位置している。

エ　フォッサマグナとよばれる地溝帯が域内に広がっている。

(2)　右の資料１は，ある工業製品の 2018 年における出荷額上位５県を示したものであり，資料１中のＡ～Ｅは，図中のＡ～Ｅと同じ県である。この工業製品にあてはまる最も適当なものを，次のア～エのうちから一つ選びなさい。

ア　陶磁器製和飲食器

イ　ピアノ

ウ　顕微鏡，拡大鏡

エ　食卓用ナイフ，フォーク，スプーン

資料１
ある工業製品の出荷額上位５県　（百万円）

県	出荷額
A	12,606
B	5,564
C	5,084
D	1,317
E	1,064

（「データでみる県勢 2021」より作成）

(3)　次の資料２のⅠ～Ⅳのグラフは，それぞれ図中に示したあ～えのいずれかの地点における月平均気温と月降水量の変化の様子を示したものである。Ⅰ～Ⅳのグラフにあてはまる都市の組み合わせとして最も適当なものを，あとのア～カのうちから一つ選びなさい。

資料２　あ～えのいずれかの都市の月平均気温と月降水量の変化

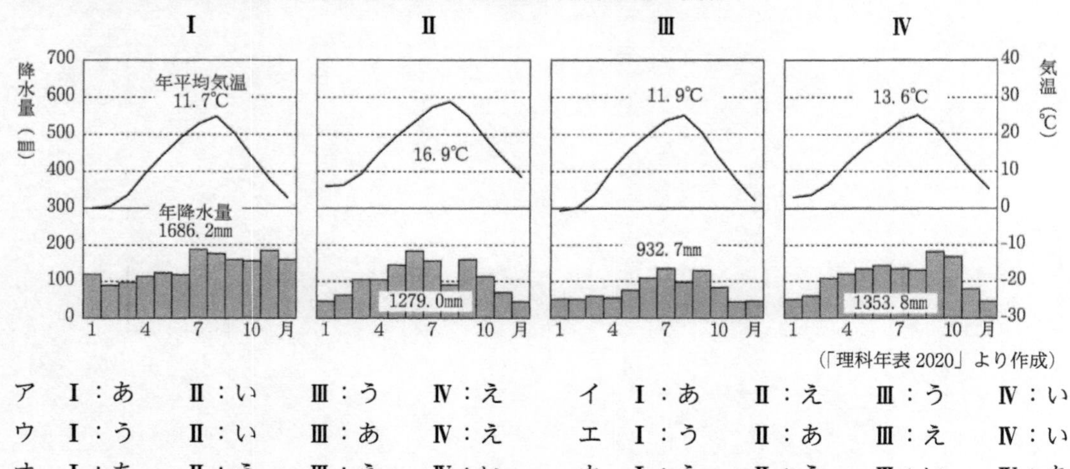

（「理科年表 2020」より作成）

ア	Ⅰ：あ	Ⅱ：い	Ⅲ：う	Ⅳ：え	イ	Ⅰ：あ	Ⅱ：え	Ⅲ：う	Ⅳ：い
ウ	Ⅰ：う	Ⅱ：い	Ⅲ：あ	Ⅳ：え	エ	Ⅰ：う	Ⅱ：あ	Ⅲ：え	Ⅳ：い
オ	Ⅰ：あ	Ⅱ：う	Ⅲ：え	Ⅳ：い	カ	Ⅰ：え	Ⅱ：う	Ⅲ：い	Ⅳ：あ

⑷　次の文章は，図中のＸの県について述べたものである。文章中の［Ⅰ］，［Ⅱ］にあてはまる語の組み合わせとして最も適当なものを，あとのア～エのうちから一つ選びなさい。

> Ｘの県は農業がさかんで，西洋なしや［Ⅰ］の生産量は全都道府県の中で最も多い。また，伝統的に生産されている［Ⅱ］は全国的な知名度をほこり，全国から観光客が訪れる。

ア　Ⅰ：びわ　　Ⅱ：天童将棋駒　　イ　Ⅰ：びわ　　Ⅱ：南部鉄器

ウ　Ⅰ：おうとう　　Ⅱ：天童将棋駒　　エ　Ⅰ：おうとう　　Ⅱ：南部鉄器

⑸　次の地形図は，前のページの図中の新潟県のある地域を示したものである。これを見て，あとの①，②の問いに答えなさい。

（国土地理院　平成 21 年発行 1：25,000「新潟北部」より作成）

①　上の地形図上で，たて 3 cm，横 5 cm の土地の実際の面積として最も適当なものを，次のア～エのうちから一つ選びなさい。

ア　9,375,000 m^2　　イ　937,500 m^2　　ウ　3,750,000 m^2　　エ　375,000m^2

②　この地形図について述べた文として最も適当なものを，次のア～エのうちから一つ選びなさい。

ア　信濃川にかかる橋の中で，最も北に位置しているのは萬代橋である。

イ　地形図中に，標高 20 m をこえる地点は見られない。

ウ　新潟市役所は，新潟大学とマリンピア日本海の間に位置している。

エ　沿岸の自動車専用道路沿いには，針葉樹林となっているところが見られる。

2 北半球と南半球を示した次の**X**と**Y**の図を見て，あとの⑴～⑺の問いに答えなさい。

X

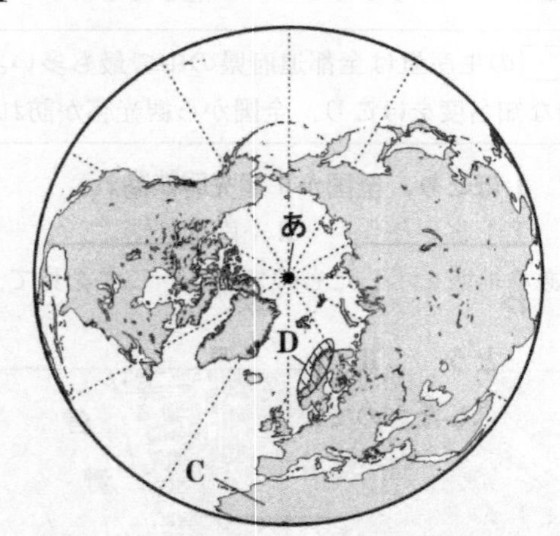

Y

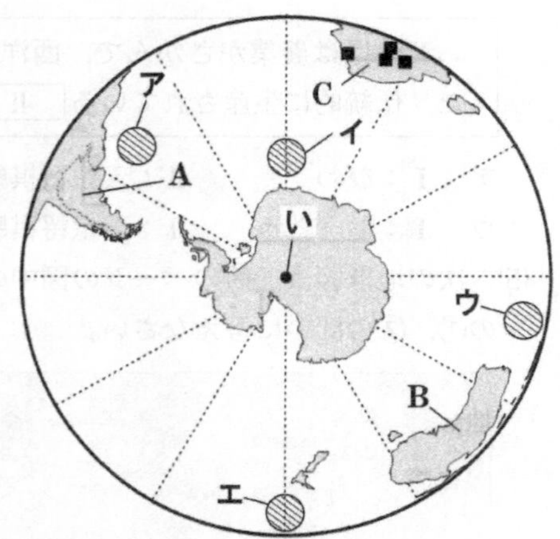

⑴　**X**の図中の**あ**の地点から**Y**の図中の**い**の地点までの，地球の表面を通った実際の距離として最も適当なものを，次のア～エのうちから一つ選びなさい。

ア　5,000 km　　イ　10,000 km　　ウ　15,000 km　　エ　20,000 km

⑵　日本を，地球の正反対の位置に移した場合のおよその位置として最も適当なものを，**Y**の図中のア～エのうちから一つ選びなさい。

⑶　次の**Ⅰ**，**Ⅱ**の文は，**Y**の図中の**A**の国について述べたものである。**Ⅰ**，**Ⅱ**の文の正誤の組み合わせとして最も適当なものを，あとのア～エのうちから一つ選びなさい。

Ⅰ　国内の北東部に，パンパとよばれる大草原が広がっている。

Ⅱ　国内の南部には，サンベルトとよばれる工業地域が広がっている。

ア　**Ⅰ**：正　**Ⅱ**：正　　イ　**Ⅰ**：正　**Ⅱ**：誤

ウ　**Ⅰ**：誤　**Ⅱ**：正　　エ　**Ⅰ**：誤　**Ⅱ**：誤

⑷　右の**Ⅰ**～**Ⅲ**のグラフは，**Y**の図中の**B**の国の主な貿易相手国の推移を示したものである。グラフ中の**a**～**c**にあてはまる国の組み合わせとして最も適当なものを，次のア～カのうちから一つ選びなさい。

ア　**a**：イギリス　**b**：日本　**c**：中国

イ　**a**：イギリス　**b**：中国　**c**：日本

ウ　**a**：中国　**b**：イギリス　**c**：日本

エ　**a**：中国　**b**：日本　**c**：イギリス

オ　**a**：日本　**b**：イギリス　**c**：中国

カ　**a**：日本　**b**：中国　**c**：イギリス

Ⅰ　1965年　合計 63億ドル
a 22.1%　アメリカ合衆国 17.3　**b** 12.9　西ドイツ 4.4　ニュージーランド 3.8　その他 39.5

Ⅱ　1985年　合計 459億ドル
b 24.5%　アメリカ合衆国 14.9　**a** 5.1　西ドイツ 4.5　ニュージーランド 4.1　その他 46.9

Ⅲ　2018年　合計 4,883億ドル
c 29.8%　**b** 12.0　7.0（アメリカ合衆国）　韓国 5.7　インド 3.4　その他 42.1

（「UN Comtrade」より作成）

⑸　**Y**の図中の■は，**C**の大陸における，ある鉱産資源の主な生産地を示したものである。■にあてはまる鉱産資源として最も適当なものを，次のア～エのうちから一つ選びなさい。

ア　石油　　イ　ダイヤモンド　　ウ　銀　　エ　ボーキサイト

(6) Xの図中のDの地域の自然に関連することがらについて述べた文として最も適当なものを，次のア～エのうちから一つ選びなさい。

ア　秋にハリケーンがたびたび発生し，風雨や洪水による被害をもたらすことがある。

イ　域内全体が標高4,000 mをこえる高地で，１日の昼と夜の平均気温差が20度をこえる。

ウ　域内全体に砂漠が広がり，水を得やすいオアシスとよばれる場所が点在している。

エ　夏になると，太陽が沈んでも暗くならない白夜とよばれる現象が見られることがある。

(7) ゆうじさんは，カナダ，ブラジル，トルコ，スペインのGDP（国内総生産），亜鉛鉱の生産量，一次エネルギーの生産量について調べ，資料１～資料３のようにまとめた。下のⅠ～Ⅳの文のうち，これらの資料から読み取れることがらについて正しく述べた文はいくつあるか。最も適当なものを，あとのア～エのうちから一つ選びなさい。

資料１　４か国のGDP（国内総生産）の推移（単位：百万ドル）

国名	1990年	2000年	2010年	2016年	2017年
カナダ	596,076	744,766	1,617,266	1,530,273	1,650,187
ブラジル	406,897	652,360	2,208,838	1,795,085	2,053,602
トルコ	207,421	272,971	771,877	863,712	852,669
スペイン	536,528	596,877	1,420,722	1,232,076	1,312,552

資料２　亜鉛鉱の生産量の推移（単位：千トン）

国名	1990年	2000年	2010年	2016年	2017年
カナダ	1,200	1,002	649	322	344
ブラジル	158	100	211	195	200
トルコ	39	39	196	202	220
スペイン	258	201	17	64	67

資料３　一次エネルギーの生産量の推移（単位：万トン）

国名	1990年	2000年	2010年	2016年	2017年
カナダ	27,646	37,490	39,839	47,974	50,965
ブラジル	10,424	14,781	24,697	28,388	29,270
トルコ	2,483	2,640	3,163	3,610	3,688
スペイン	3,461	3,156	3,443	3,415	3,363

（注）一次エネルギーの生産量は石油換算　　（資料１～３は「世界国勢図会2020/21」より作成）

Ⅰ　トルコとスペインのどちらも，2000年から2010年にかけてGDPが３倍以上に増加している。

Ⅱ　1990年から2017年の間，カナダのGDPは増加し続け，亜鉛鉱の生産量は減少し続けている。

Ⅲ　いずれの年も，ブラジルの一次エネルギーの生産量は，トルコとスペインの一次エネルギーの生産量の合計を上回っている。

Ⅳ　2017年の４か国の一次エネルギーの生産量の合計は，80億トンを超えている。

ア　一つ　　イ　二つ　　ウ　三つ　　エ　四つ

3 次のＡ～Ｆのカードは，社会科の授業で，次郎さんが，「交易の歴史」というテーマで学習を進め，年代の古い順にまとめたものの一部である。これらを読み，あとの(1)～(6)の問いに答えなさい。

A	a 中国の漢の時代には，シルクロード（絹の道）とよばれる交易路を通じ，西方からブドウや仏教が伝えられ，中国からは絹織物などが西方へと運ばれた。
B	大和政権（ヤマト王権）との交流がさかんになると，朝鮮半島から渡来人とよばれる人々が一族でまとまって日本に移り住み，［ b ］。
C	10世紀初め，中国の［ c ］，朝鮮半島の［ d ］がおとろえ，滅亡していく中，自国への関心の高まりから国風文化が生まれた。
D	e 足利義満は，倭寇と区別するために正式な貿易船に勘合を持たせ，中国の明に朝貢する形式で貿易を始め，利益を幕府の財源にあてた。
E	15世紀末，f イベリア半島に位置するポルトガルやスペインは海を越えて領土拡大に乗り出し，日本はこれらの国々と南蛮貿易を行った。
F	g 江戸幕府は，徳川家康のときに対馬藩の仲立ちにより朝鮮との国交を回復し，朝鮮通信使が将軍の代替わりごとに江戸を訪れるようになった。

(1) Ａの文中の下線部ａに関連して，次のⅠ～Ⅲは，古代の中国で起こったできごとについて述べたものである。Ⅰ～Ⅲの文を年代の古いものから順に並べたものを，あとのア～カのうちから一つ選びなさい。

Ⅰ　孔子が，道徳的な心情である「仁」の重要性を説き，儒教を創始した。
Ⅱ　秦の始皇帝が，北方の遊牧民の国内への侵入を防ぐために万里の長城を築いた。
Ⅲ　魏，呉，蜀の三つの国が成立し，互いに争っていた。

ア　Ⅰ→Ⅱ→Ⅲ　　イ　Ⅰ→Ⅲ→Ⅱ　　ウ　Ⅱ→Ⅰ→Ⅲ
エ　Ⅱ→Ⅲ→Ⅰ　　オ　Ⅲ→Ⅰ→Ⅱ　　カ　Ⅲ→Ⅱ→Ⅰ

(2) Ｂの文中の［ b ］にあてはまる文として最も適当なものを，次のア～エのうちから一つ選びなさい。

ア　稲作とともに，銅鐸や銅剣，銅矛などの青銅器を日本に伝えた
イ　須恵器とよばれる土器，機織りの技術や漢字などを日本に伝えた
ウ　仏教の正しい戒律を日本に伝え，唐招提寺の建立に尽力した
エ　西アジアからシルクロードを通じて伝えられた品が持ち込まれ，後に正倉院に納められた

(3) Ｃの文中の［ c ］，［ d ］にあてはまる国名の組み合わせとして最も適当なものを，次のア～エのうちから一つ選びなさい。

ア　c：宋　　d：高句麗　　イ　c：宋　　d：新羅
ウ　c：唐　　d：高句麗　　エ　c：唐　　d：新羅

(4) Dの文中の下線部eに関連して，次のⅠ，Ⅱの文は，室町時代の都市や農村の自治のしくみについて述べたものである。Ⅰ，Ⅱの文の正誤の組み合わせとして最も適当なものを，あとのア～エのうちから一つ選びなさい。

Ⅰ　京都や堺などの都市では，町衆とよばれる有力な商工業者が自治のしくみをつくった。
Ⅱ　農村では有力な農民が土倉とよばれる自治のしくみをつくり，寄合を開いた。

ア　Ⅰ：正　Ⅱ：正　　イ　Ⅰ：正　Ⅱ：誤
ウ　Ⅰ：誤　Ⅱ：正　　エ　Ⅰ：誤　Ⅱ：誤

(5) Eの文中の下線部fに関連して，スペインが派遣したマゼランが率いた船隊は世界一周を果たした。マゼランとその部下が果たした世界一周の航路上にない領域を，次の図中のア～エのうちから一つ選びなさい。

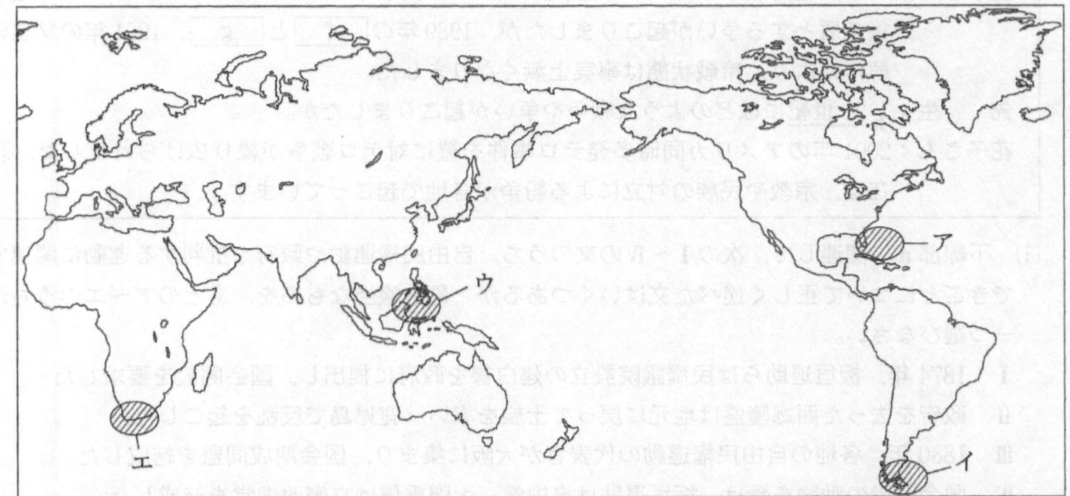

(6) Fの文中の下線部gに関連して，次のⅠ，Ⅱの文は，江戸時代の文化について述べたものである。Ⅰ，Ⅱの文の正誤の組み合わせとして最も適当なものを，あとのア～エのうちから一つ選びなさい。

Ⅰ　曲亭（滝沢）馬琴は，旅の道中をこっけいに描いた「東海道中膝栗毛」を残した。
Ⅱ　尾形光琳は，伝統的な大和絵の技法で町人の暮らしを描き，浮世絵の祖と言われている。

ア　Ⅰ：正　Ⅱ：正　　イ　Ⅰ：正　Ⅱ：誤
ウ　Ⅰ：誤　Ⅱ：正　　エ　Ⅰ：誤　Ⅱ：誤

4　社会科の授業で，花子さんは「近・現代の戦争や争乱」について調べた。調べた結果についての，花子さんと先生の会話文を読んで，あとの(1)～(7)の問いに答えなさい。

先　生：国内では，a 自由民権運動の進展をきっかけに，政府を批判する運動は武力から言論へと変わっていきましたね。
花子さん：はい。しかし19世紀末から，中国を含むアジア各国や，欧米諸国とのかかわりの中で，他地域，他国との武力による大規模な争いが起こるようになりました。
先　生：b 日清戦争や日露戦争などが挙げられますね。当時は，これらの戦争に反対した著名人も多くいました。

花子さん：1914年に始まった c 第一次世界大戦は，欧米各国をはじめ世界中を巻き込み，かつてないほど大規模な総力戦となりました。
先　　生：その後，日本ではどのようなことをきっかけに，軍部が力を伸ばしていきましたか。
花子さん：犬養毅首相が暗殺された五・一五事件が軍部台頭の大きな転換点だったと思います。
先　　生：そうですね。そして，1939年には d 第二次世界大戦が，1941年には太平洋戦争が始まります。
花子さん：1945年のポツダム宣言受諾によりこれらの戦争は終わり， e 日本はアメリカの占領下に置かれ，さまざまな民主化政策が実施されました。
先　　生：第二次世界大戦後は，アメリカとソ連を中心とする冷戦構造が浮かび上がりましたね。
花子さん：はい。朝鮮戦争やキューバ危機，ベトナム戦争など，世界各国でアメリカとソ連を後ろ盾とする争いが起こりましたが，1989年の［ f ］と［ g ］，1991年のソ連の解体により，冷戦状態は事実上無くなりました。
先　　生： h 21世紀にはどのような戦争や争いが起こりましたか。
花子さん：2001年のアメリカ同時多発テロ事件を機に対テロ戦争が繰り広げられました。現在は，宗教や民族の対立による紛争が各地で起こっています。

(1)　下線部 a に関連して，次のⅠ～Ⅳの文のうち，自由民権運動や政府を批判する運動に関連するできごとについて正しく述べた文はいくつあるか。最も適当なものを，あとのア～エのうちから一つ選びなさい。

Ⅰ　1874年，板垣退助らは民撰議院設立の建白書を政府に提出し，国会開設を要求した。
Ⅱ　政府を去った西郷隆盛は地元に戻って士族を率い，鹿児島で反乱を起こした。
Ⅲ　1880年，各地の自由民権運動の代表者が大阪に集まり，国会期成同盟を結成した。
Ⅳ　国会開設の勅諭を受け，板垣退助は自由党，大隈重信は立憲改進党を結成した。

ア　一つ　　イ　二つ　　ウ　三つ　　エ　四つ

(2)　下線部 b に関連して，次のⅠ，Ⅱの文は，日清戦争や日露戦争に関連するできごとについて述べたものである。Ⅰ，Ⅱの文の正誤の組み合わせとして最も適当なものを，あとのア～エのうちから一つ選びなさい。

Ⅰ　江華島に接近した日本の軍艦を朝鮮が砲撃したできごとをきっかけに日清戦争が始まった。
Ⅱ　日露戦争に対して，歌人であった与謝野晶子は戦地におもむいた弟を思う歌を発表した。

ア　Ⅰ：正　Ⅱ：正　　イ　Ⅰ：正　Ⅱ：誤
ウ　Ⅰ：誤　Ⅱ：正　　エ　Ⅰ：誤　Ⅱ：誤

(3)　下線部 c に関連して，第一次世界大戦について述べた文として最も適当なものを，次のア～エのうちから一つ選びなさい。

ア　ドイツはロシア，フランスと三国協商を結び，地中海沿岸地域への進出をもくろんだ。
イ　1914年，セルビアの皇太子夫妻がオーストリアの一青年に暗殺される事件が起こった。
ウ　第一次世界大戦中，ロシアではレーニン率いる社会主義政権が成立した。
エ　1921年，ワシントン会議で講和条約が締結され，第一次世界大戦は終わった。

(4)　下線部 c と下線部 d に関連して，次のⅠ～Ⅲは，第一次世界大戦が終わってから第二次世界大戦が始まるまでの期間に起こったできごとについて述べたものである。Ⅰ～Ⅲの文を年代の古いものから順に並べたものを，あとのア～カのうちから一つ選びなさい。

Ⅰ　ソ連と不可侵条約を結んだドイツが，ポーランドに侵攻した。

Ⅱ　中国では国民政府と共産党が協力して内戦を停止し，抗日民族統一戦線を結成した。

Ⅲ　イタリアで，ムッソリーニ率いるファシスト党が政権をにぎった。

ア　Ⅰ→Ⅱ→Ⅲ　　イ　Ⅰ→Ⅲ→Ⅱ　　ウ　Ⅱ→Ⅰ→Ⅲ

エ　Ⅱ→Ⅲ→Ⅰ　　オ　Ⅲ→Ⅰ→Ⅱ　　カ　Ⅲ→Ⅱ→Ⅰ

⑸　下線部**d**と下線部**e**に関連して，右の資料は，第二次世界大戦前後での自作農と自小作農，小作農の農家の割合の変化を示したものである。資料に関連することがらについて述べた次のⅠ，Ⅱの文の正誤の組み合わせとして最も適当なものを，あとのア～エのうちから一つ選びなさい。

資料　自作農と自小作農，小作農の農家の割合の変化

	自作農	自小作農	小作農
あ	30.4%	42.7	26.9
い	57.1%	35.1	7.8

（「日本農業基礎統計」より作成）

Ⅰ　資料中のあといのうち，連合国軍（最高司令官）総司令部が農地改革を実施した後の自作農と自小作農，小作農の農家の割合を示しているのはあである。

Ⅱ　農地改革のほか，連合国軍（最高司令官）総司令部は財閥の解体，治安維持法の廃止などの民主化政策を実施した。

ア　Ⅰ：正　Ⅱ：正　　イ　Ⅰ：正　Ⅱ：誤

ウ　Ⅰ：誤　Ⅱ：正　　エ　Ⅰ：誤　Ⅱ：誤

⑹　文中の［ f ］，［ g ］にあてはまる語の組み合わせとして最も適当なものを，次のア～エのうちから一つ選びなさい。

ア　**f**：マルタ会談　**g**：ベルリンの壁崩壊　　イ　**f**：マルタ会談　**g**：湾岸戦争

ウ　**f**：EU結成　**g**：ベルリンの壁崩壊　　エ　**f**：EU結成　**g**：湾岸戦争

⑺　下線部**h**に関連して，21世紀に日本国内で起こったできごとについて述べた文として最も適当なものを，次のア～エのうちから一つ選びなさい。

ア　日中共同声明に調印し，中国との国交を正常化した。

イ　自民党，共産党をのぞく党派が連立政権をつくり，55年体制が終わった。

ウ　イラク復興支援特別措置法が可決され，自衛隊がイラク戦争後のイラクに派遣された。

エ　バブル経済が崩壊し，企業の経営が悪化して失業者が増加した。

5　次の文章を読み，あとの⑴～⑸の問いに答えなさい。

日本国憲法は，三権分立という制度を統治の原則としている。権力を**a**司法権，**b**立法権，**c**行政権に分ける三権分立の考え方は，18世紀半ばにフランスの思想家であったモンテスキューが著書「法の精神」の中で打ち出した。**d**三権がお互いに監視しあうことで権力の集中を防ぎ，**e**国民が不利益を被らないようなしくみとなっている。

⑴　下線部**a**に関連して，次の資料は，三審制のしくみを示したものである。資料中の**A**～**D**にあてはまる語の組み合わせとして最も適当なものを，あとのア～エのうちから一つ選びなさい。

資料　三審制のしくみ

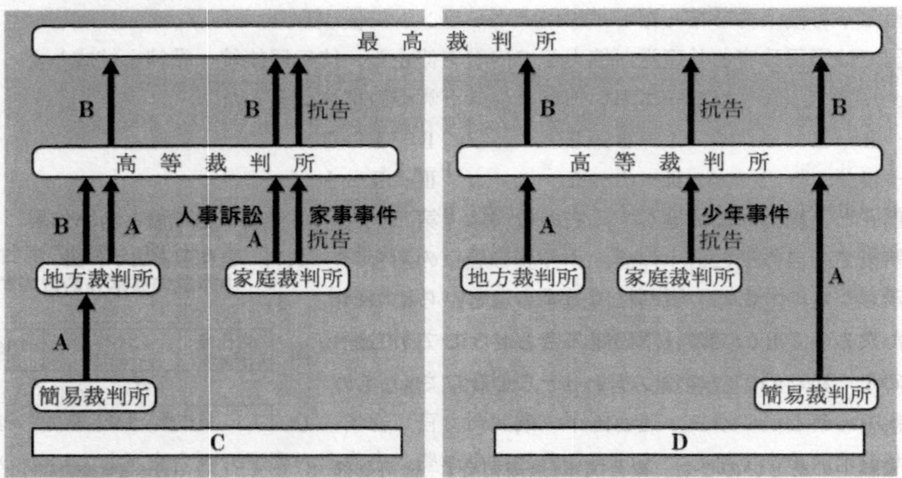

ア　A：控訴　　B：上告　　C：民事裁判　　D：刑事裁判
イ　A：上告　　B：控訴　　C：民事裁判　　D：刑事裁判
ウ　A：控訴　　B：上告　　C：刑事裁判　　D：民事裁判
エ　A：上告　　B：控訴　　C：刑事裁判　　D：民事裁判

(2)　下線部bに関連して，次のⅠ，Ⅱの文は，国会議員を選出するための選挙制度について述べたものである。Ⅰ，Ⅱの文の正誤の組み合わせとして最も適当なものを，あとのア～エのうちから一つ選びなさい。

Ⅰ　衆議院議員の選挙は，一つの選挙区から２～３人を選出する小選挙区制と，政党に投票し，各党の投票率に応じて議席を配分する比例代表制を組み合わせた，小選挙区比例代表並立制を採用している。

Ⅱ　参議院議員の選挙は，原則として都道府県を単位とした選挙区制と，全国を一つの単位とした比例代表制を組み合わせて行われる。

ア　Ⅰ：正　Ⅱ：正　　イ　Ⅰ：正　Ⅱ：誤
ウ　Ⅰ：誤　Ⅱ：正　　エ　Ⅰ：誤　Ⅱ：誤

(3)　下線部cに関連して，内閣は，天皇の国事行為に助言と承認を与える。天皇の国事行為について述べた文として最も適当なものを，次のア～エのうちから一つ選びなさい。

ア　最高裁判所長官を指名する。　　　イ　内閣総理大臣を指名する。
ウ　憲法改正や法律，政令，条例を公布する。　エ　国会を召集する。

(4)　下線部dに関連して，次のⅠ～Ⅳの文のうち，三権分立に関連するできごとについて正しく述べた文はいくつあるか。最も適当なものを，あとのア～エのうちから一つ選びなさい。

Ⅰ　裁判所は内閣に対し，行政の命令や処分の違憲審査を行う。
Ⅱ　内閣は国会に対し，衆議院，参議院を解散する権限を有している。
Ⅲ　国会の衆議院，参議院の両院は，内閣総理大臣の不信任決議を行うことができる。
Ⅳ　最高裁判所の裁判官は着任後５年ごとに，国民審査で適任かどうかを審査される。

ア　一つ　　イ　二つ　　ウ　三つ　　エ　四つ

(5)　下線部 **e** に関連して，私たちは，住民として地方の政治に参加している。2020 年現在の地方政治における選挙権と被選挙権年齢を示したものとして最も適当なものを，次のア～エのうちから一つ選びなさい。

ア

	選挙権	被選挙権
市(区)町村長	20 歳以上	30 歳以上
都道府県の知事	20 歳以上	30 歳以上
都道府県・市(区)町村議会の議員	20 歳以上	25 歳以上

イ

	選挙権	被選挙権
市(区)町村長	20 歳以上	25 歳以上
都道府県の知事	20 歳以上	30 歳以上
都道府県・市(区)町村議会の議員	20 歳以上	25 歳以上

ウ

	選挙権	被選挙権
市(区)町村長	18 歳以上	30 歳以上
都道府県の知事	18 歳以上	30 歳以上
都道府県・市(区)町村議会の議員	18 歳以上	25 歳以上

エ

	選挙権	被選挙権
市(区)町村長	18 歳以上	25 歳以上
都道府県の知事	18 歳以上	30 歳以上
都道府県・市(区)町村議会の議員	18 歳以上	25 歳以上

6　次の文章を読み，あとの(1)～(5)の問いに答えなさい。

a 私たちは「ものを買う」「サービスを受ける」などの形で，消費活動を行う。消費活動は経済における重要な要素の一つで，経済を担う主体は，大きく家計，**b** 企業，政府に分けられる。

各主体が **c** 景気や株価の変動，税制や税率の変更，**d** 為替の動向などに気を配りながら経済活動を行っている。日本国内でもレジ袋が有料化されるなど，**e** 近年は世界各国で環境に配慮した経済活動を推進する動きが見られる。

(1)　下線部 **a** に関連して，次の資料１は，小売業の売り上げの推移を示したもので，資料１中の **A**～**C** にはコンビニエンスストア，大型スーパー，百貨店のいずれかがあてはまる。資料１中の **A**～**C** にあてはまる業態の組み合わせとして最も適当なものを，あとのア～エのうちから一つ選びなさい。

資料１　小売業売り上げの推移

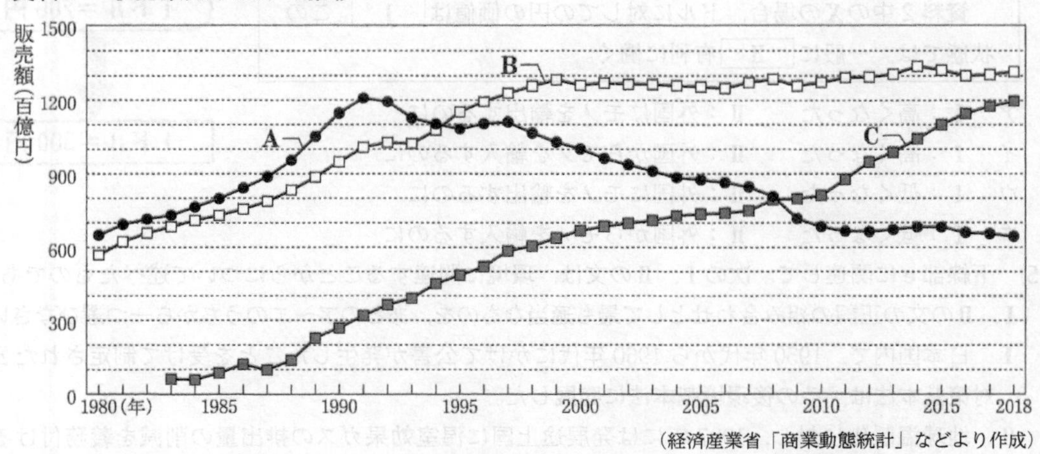

（経済産業省「商業動態統計」などより作成）

ア　**A**：コンビニエンスストア　**B**：大型スーパー　**C**：百貨店
イ　**A**：百貨店　**B**：コンビニエンスストア　**C**：大型スーパー
ウ　**A**：大型スーパー　**B**：百貨店　**C**：コンビニエンスストア
エ　**A**：百貨店　**B**：大型スーパー　**C**：コンビニエンスストア

⑵ 下線部bに関連して，次のⅠ，Ⅱは，企業について述べたものである。Ⅰ，Ⅱの文の正誤の組み合わせとして最も適当なものを，あとのア～エのうちから一つ選びなさい。

Ⅰ 利潤を目的とする企業を私企業，利潤ではなく公共の目的のために活動し，国や地方公共団体の資金で運営される企業を公企業という。

Ⅱ 労働者が企業と対等の立場で交渉するため，労働者には労働組合を結成する権利が認められ，労働時間や休日などの労働条件の基準を定めた労働基準法などが制定されている。

ア Ⅰ：正 Ⅱ：正　　イ Ⅰ：正 Ⅱ：誤

ウ Ⅰ：誤 Ⅱ：正　　エ Ⅰ：誤 Ⅱ：誤

⑶ 下線部cに関連して，次のⅠ～Ⅳのうち，景気や物価の変動，税制などに関連することがらについて正しく述べた文はいくつあるか。最も適当なものを，あとのア～エのうちから一つ選びなさい。

Ⅰ 物価が下落し続けるデフレーションが発生した際に，日本銀行は市中銀行から国債を買い上げるなどして市中の資金量を増やし，貸し出しを活発に行わせようとする。

Ⅱ 一般に，好景気で消費が増え，商品の需要量が供給量を上回ると，価格が高くても購入される状態が続くため，物価が上がり続けるインフレーションが発生する。

Ⅲ 所得が高い人ほど，所得や財産に対する税金の割合が高くなる累進課税は，所得税や相続税，法人税や消費税などで導入されている。

Ⅳ 納税者が生産者や販売者，負担者が消費者という形で，納税者と負担者が異なる税を間接税といい，たばこ税や関税，入湯税などがこれにあたる。

ア 一つ　イ 二つ　ウ 三つ　エ 四つ

⑷ 下線部dに関連して，右の資料２は，為替のしくみを示したものである。資料２について述べた次の文章中の Ⅰ ， Ⅱ にあてはまる語の組み合わせとして最も適当なものを，あとのア～エのうちから一つ選びなさい。

資料２ 為替のしくみ

１ドル＝100円

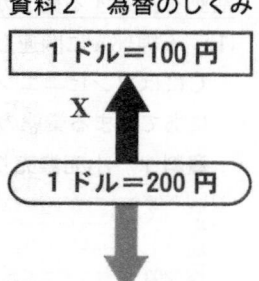

X

１ドル＝200円

１ドル＝300円

> 資料２中のXの場合，ドルに対しての円の価値は Ⅰ 。この状態では，一般に Ⅱ 有利に働く。

ア Ⅰ：高くなった　Ⅱ：外国にモノを輸出するのに

イ Ⅰ：高くなった　Ⅱ：外国からモノを輸入するのに

ウ Ⅰ：低くなった　Ⅱ：外国にモノを輸出するのに

エ Ⅰ：低くなった　Ⅱ：外国からモノを輸入するのに

⑸ 下線部eに関連して，次のⅠ，Ⅱの文は，環境に関連することがらについて述べたものである。Ⅰ，Ⅱの文の正誤の組み合わせとして最も適当なものを，あとのア～エのうちから一つ選びなさい。

Ⅰ 日本国内で，1950年代から1960年代にかけて公害が発生したことを受けて制定された公害対策基本法は，その後環境基本法に発展した。

Ⅱ 地球温暖化に対し，1997年には発展途上国に温室効果ガスの排出量の削減を義務付ける京都議定書が，2015年には先進国も含め世界の平均気温を下げる目標を定めたパリー協定が採択された。

ア Ⅰ：正 Ⅱ：正　　イ Ⅰ：正 Ⅱ：誤

ウ Ⅰ：誤 Ⅱ：正　　エ Ⅰ：誤 Ⅱ：誤

7 次の文章を読み，あとの⑴～⑷の問いに答えなさい。

近年は a インターネット環境が発達し，幼少期から情報通信機器に触れる機会も多くなった。その一方で，b 子どもがインターネットにかかわるトラブルに巻き込まれることも多くなった。情報通信機器を使いこなす能力も重要だが，通信機器から得た情報を正しく取捨選択する能力も必要となる。また，情報通信機器を使う際には，c 社会集団で生きる一員としてきまりやマナーを順守し，他者の d 権利を侵すことが無いよう気を付ける心構えが大切となる。

⑴ 下線部 **a** に関連して，次の**資料１**は，子どものインターネット接続機器に関する調査の一部を示したものである。**資料２**は，**資料１**から読み取ったことがらをまとめたものである。**資料１**中の**Ａ**～**Ｄ**にあてはまる機器名の組み合わせとして最も適当なものを，あとの**ア**～**カ**のうちから一つ選びなさい。

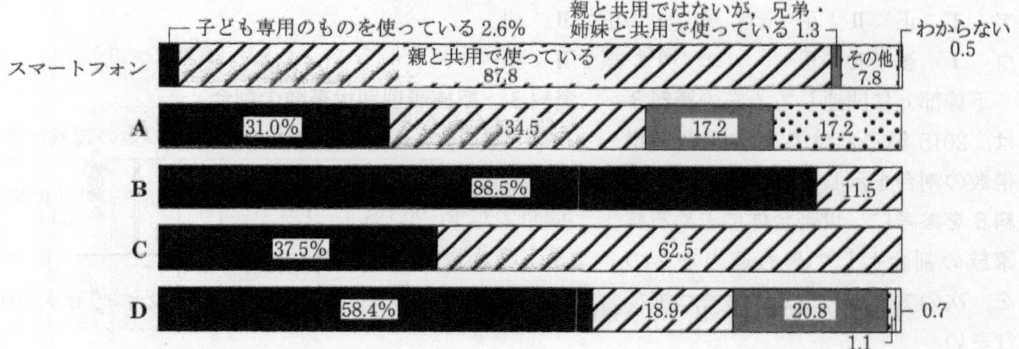

（注）調査対象は０～９歳の子ども。
（注）四捨五入の関係で合計が 100 にならない場合がある。
（内閣府「低年齢層の子供のインターネット利用環境実態調査平成 29 年」より作成）

資料２

・「子ども専用のものを使っている」と回答した割合が 50% 以上だったのは，学習用タブレットと携帯ゲーム機だった。
・「親と共用で使っている」と回答した割合が 50% 以上だったのは，スマートフォンと携帯音楽プレーヤーだった。
・「親と共用で使っている」，「親とは共用ではないが，兄弟・姉妹と共用で使っている」の合計が 30% 以上だったのは，スマートフォン，携帯音楽プレーヤー，携帯電話，携帯ゲーム機であった。

ア　**Ａ**：携帯音楽プレーヤー　**Ｂ**：携帯電話
　　Ｃ：携帯ゲーム機　**Ｄ**：学習用タブレット
イ　**Ａ**：携帯音楽プレーヤー　**Ｂ**：学習用タブレット
　　Ｃ：携帯電話　**Ｄ**：携帯ゲーム機
ウ　**Ａ**：携帯電話　**Ｂ**：学習用タブレット
　　Ｃ：携帯音楽プレーヤー　**Ｄ**：携帯ゲーム機
エ　**Ａ**：携帯電話　**Ｂ**：携帯ゲーム機
　　Ｃ：携帯音楽プレーヤー　**Ｄ**：学習用タブレット

オ　A：学習用タブレット　　　B：携帯音楽プレーヤー
　　C：携帯ゲーム機　　　　　D：携帯電話

カ　A：携帯ゲーム機　　　　　B：携帯電話
　　C：学習用タブレット　　　D：携帯音楽プレーヤー

(2)　下線部bに関連して，次のⅠ，Ⅱの文は，児童の人権保障や子どもの教育に関連することがらについて述べたものである。Ⅰ，Ⅱの文の正誤の組み合わせとして最も適当なものを，あとのア～エのうちから一つ選びなさい。

Ⅰ　国際連合は1989年に子ども（児童）の権利条約を採択したが，2020年現在，日本はまだこの条約を批准していない。

Ⅱ　日本国憲法では，国民の義務として，子どもに普通教育を受けさせる義務のほか，勤労と納税の義務を定めている。

ア　Ⅰ：正　Ⅱ：正　　　イ　Ⅰ：正　Ⅱ：誤
ウ　Ⅰ：誤　Ⅱ：正　　　エ　Ⅰ：誤　Ⅱ：誤

(3)　下線部cに関連して，右の資料３は，2015年における家族類型別世帯数の割合を示したものである。資料３を参考に，世帯全体に占める核家族の割合として最も適当なものを，次のア～エのうちから一つ選びなさい。

資料３　家族類型別世帯数の割合

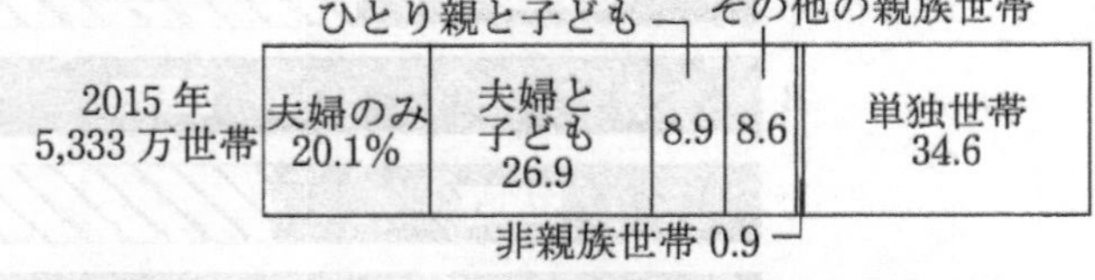

（「国勢調査報告平成27年」ほかより作成）

ア　20.1％　　　イ　47.0％　　　ウ　65.4％　　　エ　55.9％

(4)　下線部dに関連して，自由権に関連する日本国憲法の条文の一部を示したものとして最も適当なものを，次のア～エのうちから一つ選びなさい。

ア　何人も，いかなる奴隷的拘束も受けない。又，犯罪に因る処罰の場合を除いては，その意に反する苦役に服させられない。

イ　何人も，公務員の不法行為により，損害を受けたときは，法律の定めるところにより，国又は公共団体に，その賠償を求めることができる。

ウ　すべて国民は，個人として尊重される。生命，自由及び幸福追求に対する国民の権利については，公共の福祉に反しない限り，立法その他の国政の上で，最大の尊重を必要とする。

エ　すべて国民は，法の下に平等であつて，人種，信条，性別，社会的身分又は門地により，政治的，経済的又は社会的関係において，差別されない。

エ　そのときどきでどういう人が集まるかわからないので、自由にふるまえばよいということがわからない人には、臨機応変の意味を理解させることが難しい。

オ　そのときどきでどういう人が集まり、立場の違いなどでどう並べばよいかなどが捉えられない人には、その場にふさわしい対応を選ぶように教えることが難しい。

(5)　本文から得られる教訓として最も適当なものを、次のア～オのうちから一つ選びなさい。

ア　あらゆる礼儀を知り尽くしている人であれば、その知識をいかすことができるので、人付き合いもうまく進めることができるものだ。

イ　人が気にしないような細かい点に日頃から注意を払うことにより、人の目を驚かせるような大胆な行動もとれるようになるものだ。

ウ　どのようなことであれその道をよくわかっていれば、小さなことにこだわることなく、状況に合った行動をとることができるものだ。

エ　その道を究めるような人物になれば、自分から何かをしようと意識しなくても、自然に自分のやるべきことが見つかっていくものだ。

オ　状況に応じて様々な経験を積んできていれば、間違った行いをしたとしてもその行為を正当化するだけの理由を見つけられるものだ。

あらず。その絵が出来終はれば、ここに押してくれよと絵のかたから待つものなり」といへり。ある人これを聞きて、「よろづの道これにおなじ、譬ば座敷座敷もその客の居やうによりて上中下の居りどころが出来、また人のあいさつもその時々のもやうにあり。臨機応変とも、時のよろしきにしたがふともいへるごとく、一定の相はなきもの。しかし^{D}その時のもやうの見わからぬ人にはこの段さとしがたし。能わかる人はよくその場をしるなれば、琴柱に膠せずとも」とい^{カ}へり。

（大田南畝『仮名世説』による）

（注１）　鶴亭＝江戸時代の画家。

（注２）　隠士＝俗世を離れて生活をする人。

（注３）　たしみ＝たしなみ。

（注４）　琴柱に膠せずとも＝「琴柱に膠す」は、物事にこだわって融通のきかないこと。

(1)　文章中の二重傍線部ア～カのうちから、動作主が「鶴亭隠士」で**はないものを二つ**選びなさい。

(2)　文章中の^{A}ことに、^{B}あはれに　の意味の組み合わせとして最も適当なものを、次のア～オのうちから一つ選びなさい。

ア　A　さまざまに　　B　強く

イ　A　特に　　B　趣深く

ウ　A　さらに　　B　輝かしく

エ　A　それぞれに　　B　容赦なく

オ　A　とりたてて　　B　みすぼらしく

(3)　文章中に^{C}印の押所　とあるが、これについての「鶴亭隠士」の考えの説明として最も適当なものを、次のア～オのうちから一つ選びなさい。

ア　印を入れる場所は決まってはいなくて、絵が完成した後に、絵の依頼者から頼まれて変えるものである。

イ　印を入れる場所は作者が自分自身でその都度決めるべきであり、絵の依頼者はおとなしくしているべきである。

ウ　印を入れる場所は絵が出来上がったときに空いている場所に入れればよいのであって、こだわる必要はない。

エ　印を入れる場所は毎回同じ場所になることはなく、仕上がった絵に合わせると自然に変わるものである。

オ　印を入れる場所に関する決まり事はいくつかあるので、その絵に合わせて適切な場所を選べばよい。

(4)　文章中の^{D}その時のもやうの見わからぬ人にはこの段さとしがたし　の意味として最も適当なものを、次のア～オのうちから一つ選びなさい。

ア　そのときどきで立場が上の人がいることや、適切なあいさつをする必要があると知らない人に対しては、その場の決まりに従うように説得することは難しい。

イ　そのときどきでどういう立場であるのか、どこに座るのがよいのかをすぐに明らかにしてくれない客に対しては、いつどうやって対応すればよいのか察することが難しい。

ウ　そのときどきで周りに合わせて臨機応変に物事を進めることができない客は、自分の思った通りにならないと気が済まないので、注意することが難しい。

ウ　ビブリオバトルを通して、ただ本を紹介するだけにとどまらず、委員同士で話す機会や相手をよく知る機会になったと感じたこと。

エ　本を通した触れ合いがうまれる様子を見る中で、一人だけの行為としてではなく、思いの共有につながる読書のあり方を知ったこと。

オ　銀髪さんと再会して彼の思いに触れたことで、図書館や図書室は多くの人が集まり、気持ちの通い合う場であると感じたこと。

(6)　文章中の詩織の説明として**適当でないもの**を、次のア～オのうちから一つ選びなさい。

ア　図書委員の生徒たちに慕われている、図書室の職員であり、生徒たちからは気さくに話しかけられている。

イ　図書室で働いてはいるがまだ司書ではないことを意識していて、他者からの何気ない敬称も気にしてしまう。

ウ　図書館や図書室で働く中で、ふとした人間関係や他者の人がら、生き方に触れ、自分の成長につなげている。

エ　図書室で働きながら、できるだけ多くの人が本を読むことにつながるように、一人ひとりと接している。

オ　図書委員の生徒たちのことをよく見ていて、特によいところを感じとり、前向きな言葉をかけている。

(7)　この文章の表現についてクラスで話をしている。本文の内容をふまえて最も適当な発言をしているものを、次のア～オのうちから一つ選びなさい。

ア　この文章は、登場人物同士の細やかなやりとりを中心に描いています。その中で、登場人物それぞれの視点が入れかわっていき、それぞれの心情を読者が深く知ることができ、複雑さが感じられます。

イ　この文章は大きく分けて二つの場面から成り、どちらも登場人物同士の関係や出来事を詩織の視点から描いています。前半で文章を通したテーマを暗示し、後半で答えを提示する構造が見られます。

ウ　テンポのよい会話が続く中に、登場人物のいる場所や風景の描写を入れて、登場人物の心情を暗示しています。場所や風景の変化によって、場面の移りかわりも把握することができます。

エ　詩織の心情を詳しく描写することで、場面の出来事が浮かび上がるような描き方をしています。文章全体を通してたとえの表現が多く使われていて、詩織の気持ちが鋭く伝わってきます。

オ　進行中の場面と回想の場面を交互に描写していて、それぞれ詩織と銀髪さんの心情に焦点を当てています。この繰り返しによって、銀髪さんと詩織の心情や互いの関係の変化がわかります。

三　次の文章を読み、あとの(1)～(5)の問いに答えなさい。

長崎の鶴亭(かくてい)(注1)隠士(注2)は少年より画をたしみ(注3)、墨画の花鳥などAことによく得られたるよし。元より人目ア驚かさんとにもあらず、みづから心のうつり行くにイまかせ、或(あるい)は芭蕉(ばせう)葉の風にウやぶれ、或は若竹の雨にきほふなど、Bあはれにやさしくエうつせり。ある時友人来たりて物語のついでにC印の押所(おしどころ)を問ひしに、答へてオいふ。「印はその押所定まれるものにに朗読をしてあげていたのだろうということ。

(3) 文章中に C そう言ってもらえると嬉しいけど…… とあるが、このように言ったときの大木の心情の説明として最も適当なものを、次のア～オのうちから一つ選びなさい。

ア 自分が提案した企画で力を入れていたのに、自分自身の結果がよくなかったことが悔しく、詩織の励ましの言葉に気を取り直しつつも、詩織が本気でそう思っているのか疑わしく感じている。

イ ビブリオバトルで自分は負けたものの小枝は勝ったことに満足していたが、詩織から小枝が勝利したのは自分のおかげだと誉められたので、さらに達成感を抱いている。

ウ いつもより気合いを入れて臨んだビブリオバトルで勝ち進むことができず少し残念に感じていたが、ビブリオバトルが成功し、自分の努力が実ったことに気づかされ、自信を取り戻している。

エ 自分が考えた企画で、小枝が活躍して自分が負けてしまったことを恥ずかしく感じており、詩織から企画の提案に関してお礼を言われたことはうれしいものの、結果に納得できずにいる。

オ しっかりと用意していたのにイベントがうまくいかなかったのではないかと気にかかっていたが、自分のがんばりのおかげで成功したと認められて安心し、前向きな気持ちになっている。

(4) 文章中に D 小枝ちゃんが活躍してるのだって、大木くんの提案がきっかけだったと思うよ とあるが、詩織にこのように言われてからの大木の心情の説明として最も適当なものを、次のア～オのうちから一つ選びなさい。

ア 小枝のやりたいことが実現したことに自分が力になれたのかはよくわからないが、仲間の一人ひとりが力を発揮できるように奮闘していた小枝の姿を思い出し、改めて感心している。

イ 自分の提案が小枝にいい影響を与えたと指摘されて気が引けるような思いだったが、小枝とともに仲間の活躍を支えてきた出来事を思い出し、力になれたことを誇らしく思っている。

ウ 小枝を助けることができたという事実にほっとしていたが、小枝は自分以上に多くの仲間のために動いていたことがわかって、自分の無力さを感じ、小枝を見習おうと反省している。

エ 小枝が今回のイベントについて本当に満足しているのか心配になる思いがあったが、多くの仲間に支えられながら楽しんでいた小枝の様子を思い出して、大丈夫だろうと安心している。

オ 小枝を喜ばせることができたことを照れながらもうれしく感じていたが、仲間がみんな盛り上がれるようにさまざまな苦労を重ねていた小枝の姿を思い出して、自分の思い上がりに気づき悔やんでいる。

(5) 文章中に E そのことに、この図書室で気づけた とあるが、詩織が気づけたきっかけは何だと考えられるか。その説明として**適当でないもの**を、次のア～オのうちから一つ選びなさい。

ア 読んだ本について思いを分かち合う生徒の姿を見て、図書館が人間の精神的なつながりを生むものだという教えを思い出したこと。

イ 読書を行うことの意義は自分の楽しみ以外にも見出（みいだ）せることを、ビブリオバトルでのさまざまな交流で実感することができたこと。

「みんな古典の授業でタイトルくらいは知ってるからさ、お話としてどういうとこが面白いのか話してもらって投票したくなったみたいだよ」

そんな話をしながら、詩織の脳裏をよぎったのは銀髪さんのことだった。——彼が白前図書館で借りていた本も、きっと自分だけで読むためじゃない。氷室冴子を読んだのは、それを声にして他の誰かに聞かせるためだ。詩織が図書館実習の間に垣間見たのは、その「誰かのために」という思いだったのかもしれない。

そんな風に考えたら、図書館員の丸山さんの言葉も浮かんだ。図書館はいろんな魂が集う場所、ということも、こうして大勢のビブリオバトルを見ているとあらためて実感できる。本を紹介したりそれを聞いたりすることで、魂と魂が触れ合っているともいえそうだ。

言葉が誰かに向けられる時、読書は一人の中では終わらない。自分の外に広がって、人と人との楽しみに変わる。——Eそのことに、この図書室で気づけたのが嬉しかった。

（竹内真『図書室のバシラドール』による）

(1) 文章中にA詩織が心の中で「銀髪さん」と呼んでいた人物であるとあるが、詩織が心の中で「銀髪さん」と呼んでいたのはなぜか。その理由として最も適当なものを、次のア～オのうちから一つ選びなさい。

ア　図書館実習で出会ったとき、年上なのに話しかけやすそうな雰囲気だったのが記憶に残り、親しみを覚えていたから。

イ　図書館実習で見かけたとき、自分と同じように本が好きなことがわかったので、仲間になったように感じていたから。

ウ　図書館実習で目にしたとき、華やかな装いで非常に目立つ人だと感じていて、有名人を見るような思いでいたから。

エ　図書館実習で出会ったとき、身なりや物腰に気品があり印象に残っていたことで、憧れの気持ちを持っていたから。

オ　図書館実習で見かけたとき、その態度や話の内容からとても博識な人だと感じたため、尊敬の思いを抱いていたから。

(2) 文章中にB詩織は不意に分かった気がしたとあるが、どのようなことが分かったと考えられるか。その説明として最も適当なものを、次のア～オのうちから一つ選びなさい。

ア　銀髪さんは、体の具合がよくない妻がかつて好んでいた少女小説を何冊も図書館で借りて読むことで、妻の感じていた思いを共有しようと思ったのだろうということ。

イ　銀髪さんは、孫のためだけではなく、体の具合のよくない妻のためにも、図書館で借りてきた少女小説を家族で読み合って、幸せな時間を過ごそうとしていたのだろうということ。

ウ　銀髪さんが、図書館でたくさん少女小説を借りていたのは、孫の瞳に頼まれたからではなく、妻の体の具合が悪いので、自分自身の気持ちを紛らわすためだったのだろうということ。

エ　銀髪さんは、図書館で借りた少女小説を自分で読むことで、体の具合がよくなったときに妻が読める、難しくない本や読んで喜べるような本を探していたのだろうということ。

オ　銀髪さんが、体の具合がよくない妻のために図書館で少女小説をたくさん借りて、苦労しながらも彼女に楽しんでもらえるようしかしまあ、孫の文化祭にやってきた銀髪さんは学校司書やなんちゃって司書の話なんて興味はないだろう。「決勝戦は午後一時半からですので、是非いらしてくださいね」と伝えておいた。

やがて銀髪さんは、瞳ちゃんと一緒に図書室を去った。相変わらず背すじをぴんと伸ばして歩き、廊下に出る時には孫娘をエスコートするように腕を回している姿が素敵だった。

そしてもう一人、詩織に声をかけてきた生徒がいた。Ａテーブルで敗れた大木くんである。

「いやー、負けちゃったよー」

苦笑いで言いながら、手にした本を振ってみせる。『あ、安部礼司』の脚本集は、間近で見ると本当に分厚い本だった。

「大木くんは前に勝ったことあるんだからいいじゃない。小枝ちゃんに花を持たせたって思っときなよ」

たしか、小枝嬢の本がチャンプ本に選ばれたのはこれが初めてである。彼女も嬉しそうだったし、大木くんだってそれに拍手を贈っていたのだ。

「でも、この本こそイチオシだったんだけどな。文化祭の本番用にとっといたんだ」

「それを言ったら、文化祭でこういうイベントができてるのが大木くんの功績だし、それが一番の勲章じゃない？」

C「そう言ってもらえると嬉しいけど……」

大木くんもまんざらではなさそうだ。詩織にはもう一つ、彼を誉めたいことがあった。

「それに、D小枝ちゃんが活躍してるのだって、大木くんの提案がきっかけだったと思うよ」

「そうかな？」

「前にあの子、演劇部では裏方の方が好きだって言ってたことがあるの。きっと――役者の部員が活躍できる場を作って、みんなして盛り上がってていうのが好きなんだよ。ビブリオバトルをやろうって提案のおかげで、図書委員みんなにそういう機会が作れたでしょ？」

だから彼女は委員長に立候補したのだろうし、副委員長に大隈くんを推したのだって彼にスポットライトを当てたかったからだろう。図書室ノートや月曜ビブリオバトル、そして今日の本番と、彼女はみんなの活躍できる舞台を作ってきた。

「そういうとこ、偉いよなあ」

大木くんは周りに視線を動かした。小枝嬢の姿を捜しているのだろうか。

詩織はちょっと前から気付いていた。小枝嬢は一年生の女の子たちと談笑していて、『暗い嵐の夜だった』のページをめくっているところだ。それを推薦した舞鈴ちゃんは大木くん同様に決勝には進めなかったけれど、先輩から興味を持たれて嬉しそうである。

「それに――ビブリオバトルって、本を読むってことを一人の中で終わらせないで、誰かに向けて声にしたり、誰かの声を受け取ったりってゲームでしょ？ 日頃からいっぱい本を読んでる人こそ楽しめる気がする」

「そっか、いっぱい読んでるっていったら小枝ちゃんだもんね」

「でもまさか、『雨月物語』なんて古典で勝負して、しかも決勝に勝ち残るとはねー」

二　次の文章を読み、あとの(1)～(7)の問いに答えなさい。

詩織(しおり)は司書を目指して、高校の図書室で働いている。学校の文化祭で、図書委員主催のビブリオバトル（本を紹介し合って、最も良かったチャンプ本を投票で決める大会）を行うことになった。当日の午前中はAからEのテーブルに分かれてビブリオバトルを行い、午後は決勝戦が行われる。午前の部を終えた参加者や保護者たちが歓談していると、Dテーブルの新田瞳(にったひとみ)に声をかける人物が現れた。

「いやすまん。瞳の発表には間に合わなかった。勝てたようで、おめでとう」

そう言っている老人に見覚えがあったのだ。この夏、白前(しろまえ)市立図書館での図書館実習の時に見かけたお客様――詩織が心の中で「銀髪さん」と呼んでいた人物である。

今日もワイシャツにループタイを締め、ツイードのジャケットを着ている。見事な銀髪がオールバックなのも相変わらずだ。声をかけられた瞳ちゃんは、嬉(うれ)しげに銀髪さんに寄り添っている。

「大丈夫、午後も出ることになったし、同じこと話すから。よかったら聞いていってって」

そう言って『ソフィーの世界』を掲げる姿が誇らしげだった。しかし次の瞬間、その笑顔が引っ込んだ。

「っていうか、お祖母(ばあ)ちゃんは具合どう？」

「うん。最近だいぶいいんだ。体調もいいし、記憶もしっかりしてるし。今日はヘルパーさんの来る日だから、交代して出かけようとしたら見送ってくれたよ。瞳によろしくってさ」

「話したの？　文化祭のこと」

「まあ細かいことは省いて、何か本の紹介で頑張ってるらしいぞって話したよ」

そんな二人のやりとりを耳にした瞬間、詩織は不意に分かった気がした。

彼がどうして、氷室冴子(ひむろさえこ)の少女小説を何冊も借りていたのか。返却された本に染(し)み込んでいた、「なかなか難しい」とか「喜んでもらいたい」という思いはどういう意味か。

かつて詩織は、お孫さんに頼まれて借りた本だろうかと考えた。それが瞳ちゃんだったのかもしれないが、多分そうじゃない。

しかし今、ゆっくり考える暇はなかった。視線に気づいた瞳ちゃんが声をかけてきたのだ。

「高良(たから)さーん。お祖父(じい)ちゃんが来てくれました」

「どうも、孫がお世話になっております」

にっこり会釈(えしゃく)された。詩織が白前図書館で働いていたことは覚えていないようだ。

「いえいえ、こちらこそ」詩織も頭を下げた。「瞳ちゃんの発表、人気だったんですよー」

「瞳は高校に入って読書好きになりまして。この図書室と、高良先生のおかげですね」

「いえ、先生なんてとんでもないです。ただの、図書室で働いてる職員でして――」

慌てて説明した。たまに先生と呼ばれるけれど、詩織にはそう呼ばれる資格はないのだ。

イ　事実と見分けがつかないような嘘を作りこんで人々の関心を引くことが増えたため、人々の感性も敏感で繊細になっている。

ウ　嘘が人に与える影響が大きくなったことで、個人で対応するには限界が来ていて、他人に判断を委ねる人々が増えている。

エ　情報伝達の方法が非常に多いため、伝えられる情報が飽和していて、人々は何が事実かを判断しなくなっている。

オ　ある出来事の概観や説明に巧妙に嘘を取り入れて、実際の状態よりも人々が信じやすいものにしている。

(7)　文章中に F 嘘を知らなくては、嘘に惑わされることになる　とあるが、筆者の考える、嘘との向き合い方の説明として最も適当なものを、次のア～オのうちから一つ選びなさい。

ア　芸術に潜む嘘について注意深く観察することで、嘘というものがどのようにして作られ影響を持つのかを理解し、嘘に自分自身を操作されないように、確固たる意志を持って物事を捉えようとするべきだ。

イ　状況の変化によって嘘がよい方向に働くことがあることをふまえて、それぞれ異なっている嘘をすべて同じであると判断するのではなく、他者と語り合いながらその有用性を判断していくべきだ。

ウ　嘘という概念によって判断するのではなく、それぞれの状況で作られ変化していく嘘について、個人ではなく大勢の視点から議論しながら捉え、人間が嘘に対応可能な世界を築いていくべきだ。

エ　嘘に対処する力を発揮するために根気よく物事を観察した上で、決して変動しない自分というものを持って、見る視点を固定していき、常に変貌するものにある欺瞞に気づこうと努めるべきだ。

オ　嘘か事実かは一方向から見るうちはわからないので、異なる位置からも物事を見るように努め、嘘とは何かという固定的な考え方にとらわれずに、状況を見ながら嘘の実体や影響を見極めようとすべきだ。

(8)　本文全体の論旨の説明として最も適当なものを、次のア～オのうちから一つ選びなさい。

ア　芸術が堂々と語られる一方で、嘘について議論を深めることがないのは、現代社会では嘘が恐ろしい形になっているためであり、将来的には嘘によって現実や芸術が排除されてしまうと考えられる。

イ　私たちは、嘘をあってはならない悪として忌避するあまり、嘘について互いに論じる機会すら持たずにいるが、その結果、嘘が肥大して、芸術の持つ面白さや現実の重みすら失われかねない。

ウ　嘘をつくという行為は、攻撃性の強いものであり、発する本人によってどのようにも変化するものであるため、嘘を芸術のように安定して論じることは難しく、結論が見えないものである。

エ　嘘について論じることを人々が拒否してきた結果として、嘘が衰退していくと、人々が拒絶している害のある嘘だけではなく、芸術さえもこの世界から排除されてしまうことになる。

オ　人間は、嘘がある世界を居心地の悪いものであると考え、嘘を論じることも避けているが、嘘の恐ろしい面だけを見て、その利点を無視するのは非常にもったいないことである。

a　芸術に対する捉え方として、芸術作品の世界と現実世界を区別し、作品から少し離れた位置から、部外者として干渉することなく、作品世界を受け取るあり方も必要であるという説明が展開される。

b　芸術作品に対して素直によいと感じることの大切さを主張し、現代では現実世界ばかりが重視されてしまっていて、芸術作品を客観的な冷めた目でしか見られない人が多いという批判が展開される。

c　芸術のつく嘘ではない本物の嘘が倫理・道徳の観念から嫌われていたことと、それと同時に芸術のつく嘘が好意的に受け取られてきたということを説明し、現代の芸術の問題点を指摘する内容が展開される。

d　芸術についての考え方として、鑑賞者は静かに作品の出来事を受け入れるべきであり、そこに自分自身の想像や願望を入れることは、嘘と変わらず拒絶されてしまうという主張が展開される。

e　多くの人間が嘘を拒絶する一方で、嘘のもつ残虐性を楽しんでいることを理解した人間が、この世界から嘘を根絶することを主張することを説明し、倫理や道徳の必要性を説く内容が展開される。

f　現実の嘘に気がつかない場合、嘘の操り方を熟知している人間が、現実と区別できない嘘をついて人々を自分の理想通りに動かす可能性があることを指摘する内容が展開される。

ア　(i) a　(ii) d　　イ　(i) a　(ii) f

ウ　(i) b　(ii) d　　エ　(i) b　(ii) f

オ　(i) d　(ii) c　　カ　(i) d　(ii) f

キ　(i) e　(ii) d　　ク　(i) e　(ii) c

(5)　文章中に D昨今、芸術の見方は変わりつつある とあるが、本文の内容をふまえて、昨今の芸術の見方の具体例を挙げる場合、**適当でないもの**を、次のア～カのうちから**二つ**選びなさい。

ア　作品を常設している美術館だけではなく、他の美術館や施設に客を移動させて、より多くの場所で鑑賞できるようにすること。

イ　観客も作品の演目に合わせた衣装を着て鑑賞したり、舞台に上がったりする企画を行うこと。

ウ　大きな空間を用意して、通りすがりの人それぞれに自由に絵を描いてもらい、一つの壁画を完成させること。

エ　多くの人々が行き交う路上や広場などの空間に風景と一体となるような造形物を設置すること。

オ　芸術作品に関して、一般市民が勉強したり、作品の一部になったりする場所や時間を設けること。

カ　美術作品を鑑賞し、他者が知らないような知識を身につけて、その知識を語ることを趣味とすること。

(6)　文章中に E嘘もまた姿を変えてゆきつつある とあるが、このことによる影響や状況の説明として**適当でないもの**を、次のア～オのうちから一つ選びなさい。

ア　情報伝達が便利になったことによって、嘘の内容は過激になり、また素早く広い範囲に伝わるようにもなっている。

ア　段落1～3で芸術における嘘のプラス面とマイナス面を提示して本文における主張を説明し、段落4・5で芸術における嘘に関する研究を取り上げ、問題を掘り下げている。
イ　段落1～3で芸術の嘘と現実の嘘の関係性を説明してその危険性を指摘し、段落4・5で芸術の嘘にまず注目し、芸術の嘘に関する具体例を取り上げ、問題を説明している。
ウ　段落1～3で芸術の嘘の様相について、具体例を用いながら説明し、それに対する筆者の主張を述べ、段落4・5でその主張とは異なる研究を取り上げ、別の見方について説明している。
エ　段落1～3で現実の嘘と芸術の嘘の構造を説明した上で問題提起を行って、文章全体の話題を提示し、段落4・5で現実の嘘と芸術の嘘が区別されてきた経緯を補足している。
オ　段落1～3で現実の嘘に注目してその特徴を具体的に説明し、本文で考察していく問いを提示し、段落4・5で現実の嘘と芸術の嘘の違いについて根拠とともに示している。

(3)　文章中の［A］・［C］に入れる語句の組み合わせとして最も適当なものを、次のア～オのうちから一つ選びなさい。
ア　A　だからこそ　　C　もっとも
イ　A　しかしながら　C　もしくは
ウ　A　要するに　　　C　もちろん
エ　A　それゆえ　　　C　すなわち
オ　A　そのうえ　　　C　ただし

(4)　文章中に B 芸術のつく嘘 とあるが、これについてクラスで次のような話し合いが行われ、【意見１】【意見２】のような意見が出された。このあと、それぞれの主張はどのように展開されると考えられるか。本文をふまえて、［ i ］・［ ii ］に入る展開内容をａ～ｆから選び、その組み合わせとして最も適当なものを、あとのア～クのうちから一つ選びなさい。

私たちは、嘘というものを嫌っているのに、芸術のつく嘘についてはむしろ好ましく思っているということを筆者は伝えていますね。「芸術のつく嘘」について考えていきましょう。

【意見１】
筆者は「芸術のつく嘘」として、小説や演劇を具体例として挙げています。私たちは、小説で登場人物の死などの出来事が起こるたびに次の展開に期待をします。それは「嘘」だとわかっているからです。現実に起これば楽しむことなどできません。芸術のつく嘘を楽しむためには、現実との違いを認識しておかなければならないのです。そのため、もともとの芸術に対する姿勢を思い出す必要があります。
↓
［ i ］

【意見２】
現実の中に嘘が入り込んでいることに気づかないと、だまされたり誰かを傷つけたりすることになりかねません。嘘であることが前提となっている芸術においては、嘘であることを私たちは意識から消していますが、現実はそれではいけません。
↓
［ ii ］

は、嘘に惑わされることになる。それに、嘘をじっくり考えないことは、かなりもったいないことのようにも思われる。（樋口桂子『おしゃべりと嘘』による）

（注１）谷崎潤一郎の語った平中の話＝谷崎潤一郎の小説『少将滋幹の母』のこと。平中、国経はこの小説の登場人物。
（注２）陥穽＝落とし穴。人を陥れるたくらみ。
（注３）カント＝ドイツの哲学者。
（注４）衒学的＝学問があることを自慢するような。
（注５）ベクトル＝ここでは、物事や考え方の方向性。
（注６）ビュトールの水道水＝演劇中、あまりにも水道水が冷たくてダンサーが思わず「さむっ」と言ってしまった出来事。図らずも場内の人は、その一言で現実の世界と虚の世界という二つの次元を見ることになった。

(1) 文章中の～～～①～⑤に相当する漢字を含むものを、次の各群のア～オのうちから、それぞれ一つずつ選びなさい。

① タイケイ
ア 数値の変化をジケイレツで把握する。
イ 試合中に審判からケイコクを受ける。
ウ 特定の人物にケイトウする。
エ 一時間ほどキュウケイしてから頑張る。
オ A社とケイゾク的に取り引きを行う。

② ダンザイ
ア データ分析を通して、課題がケンザイ化する。
イ 企業のザイム基盤強化に向けた取り組み。
ウ 建築シザイをホームセンターで購入する。
エ A氏の努力は、コウザイ相半ばする結果となった。
オ 母は病院でヤクザイ師として働いている。

③ トげ
ア クラシック音楽にシンスイする。
イ 難しい事業をカンスイした。
ウ スイジと洗濯をこなす。
エ ブスイなことは言わない。
オ 家にこもってゴスイをむさぼる。

④ メイシ
ア 住民票をシキュウ発行してもらう。
イ 友人の忠告をシンシに受け止める。
ウ 卒業式で歌う曲のサクシを担当する。
エ 世相をフウシした作品を鑑賞する。
オ 熱帯魚の適正なシイク環境を学ぶ。

⑤ ヒンコン
ア 事実と意見がコンドウされている。
イ 荒れ地をカイコンして作物を育てる。
ウ 両親のケッコン記念日を祝う。
エ 何らかのコンセキが残っているはずだ。
オ 生活コンキュウ者を支援する。

(2) 文章中の段落[1]～[5]の役割を説明したものとして最も適切なものを、次のア～オのうちから一つ選びなさい。

か分からないスタイルや、そもそも作品展示という概念が成り立たない美術展が急増している。オブジェを置いて、さあどうぞ中に入って触って遊んでください、というわけである。そこでは人間が参加しないことには、作品は作品とならないわけだから、「芸術家はつくる人、観客は受け入れる人」という分け方は、ここでは成り立たない。古典的な芸術の鑑賞観が急速に変化してきているのである。

[7] 参加型の鑑賞は、作品を見て聞いて直接触れて確かめることを楽しむ点で、芸術の次の広がりを見せてくれる。と同時にこれは、恐ろしい嘘に対する対処の仕方を教えてくれているように見える。遠くから受け身で見るだけでなく、寄って触って確かめて、知るわけである。

[8] E嘘もまた姿を変えてゆきつつある。芸術が変わり、それを見る観客のスタイルが変貌を③トげつつあるように、嘘のつき方も変化している。嘘は注意しないとタチが悪い。「嘘をつく」ことは、場合によって実に恐ろしいものとなる。受動的であることが、場合によっては悪になる。嘘は伝達方法の変革とともに、さらに変異を続けるであろう。とはいえ、嘘の否定的な側面を嫌って、嘘について考えることをやめるのは、さらに恐ろしいことになる。嘘は、過去の事実を隠蔽し、そのイメージを書き換え、とても叶(かな)えられないと分かる期待を人に抱かせ、百害を与えかねない。リアリティの感覚が変化してきている私たちの時代においては、イメージは現実以上に現実的で、嘘はそのことを巧みに操作してゆくことを忘れてはならない。

[9] 嘘は冗談とユーモアで人を笑わせ喜ばせる。笑いを誘う話や芸にはたいてい嘘が関与している。芸術はどれだけ嘘の力に負ってきたことであろう。しかしそうした笑いや芸術作品の傍(かたわ)らで、嘘は不気味に変わることがある。うっかりしていると、嘘はどんどん大きく強く成長してゆき、どうにもならない獰(どう)猛なものとなる。人はそこで落胆し、絶望してしまう。想像力がなくなるとき、人は判断を人任せにしてしまう。こうして、嘘も嘘でないことも、真実も欺瞞(まん)も、ついには分からなくなってゆく。

[10] 大きな嘘の被害を避けるためには、嘘という抽象④メイシをではなく、具体的な嘘の一つひとつを、その変化の中で見て捉えようとする。柔軟な感性の(注5)ベクトルをもつことが必要であろう。(注6)ビュトーの水道水のような偶然が、都合のよいときに起こることはない。しかしそれとなく構え方を変えることで、そしていつもと違うメンバーと語り合うことで、見落としていたことに気づく部分は少なくないと思う。嘘は常に変貌してゆくもので、固定的ではない。情報手段のあふれる中では、嘘はいよいよ変幻の幅を大きくするであろう。大きな嘘は、私たちがものを見る視点を固めて動かさなくしたときに、最も強い力を発動してくるように思われる。情報の過多が、逆に人を閉塞させる。

[11] 嘘の恐ろしさは、人を思考停止にさせてしまうことである。嘘はいったん恐ろしいかたちになったとき、虚や偽善と芸術、現実と非現実との線引きの問題など、排除してしまう。嘘はもっともっと考えるべきテーマなのだろう。芸術を論じることは胸を張って堂々と行われるけれども、嘘を論じるのには、芸術を語るときの居心地の良さを味わえない。芸術を語ることが正々堂々とした市民権を得ている一方で、嘘を正面切って語られることは多いとは言えない。

[12] 嘘が衰退することの危うさを語った人は少なくなかった。けれども嘘の論議の⑤ヒンコン化はさらに危険なことである。F嘘を知らなくて

【国語】（五〇分）〈満点：一〇〇点〉

一　次の文章を読み、あとの(1)～(8)の問いに答えなさい。なお、①～⑫は段落番号である。

①　舞台のただ中にいる人は、徹底的にその世界にいる。(注1)谷崎潤一郎の語った平中(へいじゅう)の話は、私たちは読み手として読むから面白いけれども、平中や国経(くにつね)その人にとっては、仕組まれた(注2)陥穽(かんせい)はどれほど非情なものだったろう。平中は嘘(うそ)で命を落とし、国経は愛する人から引き裂かれるという苦しみに耐えなければならなかった。しかし私たち読者はその嘘を外側から見ているがゆえに、それをひたすら面白いと思って読む。

②　［A］気をつけなければならない。嘘は知らないうちにアハハと笑っている自分の上に仕掛けられて、恐ろしい害を被ることがある。あるいはその反対に、知らないうちに嘘をついていて、気づかぬうちに人を傷つけ、そのつもりでないのに、相手に残酷な仕打ちを与えていた、ということがある。演劇を見に劇場に脚を運ぶときの私たちは、ドラマの中の事件が嘘であると承知した上で、舞台の約束事としての嘘を見ないでいる。しかし本当に身にふりかかる現実の嘘に気がつかないことと、演劇上の約束事をないものとみなすこととは違う。現実の中で仕掛けに気づかないとき、人は嘘の被害者になるとか、あるいは逆に、当事者に転じることになる。嘘は先を見こせない恐ろしさを隠し持っている。嘘を操り、デマの構造に精通している人が、大勢の人をいとも簡単に自分の思う方向に操作してゆくことがあることを忘れてはならない。

③　人は嘘という語に対して本能的に拒絶反応をする。嘘にマイナスのイメージをもつ。しかし同じように嘘による世界であっても、B芸術のつく嘘には肯定的である。

④　芸術作品に対して、鑑賞者はおとなしく見るという態度を取ってきている。芸術の嘘は受動的で、私たちに静かに訴えかける。しかし「嘘をつく」という場合の本家の嘘は、言葉にしてゆくという点で常に積極的に行動する、能動的で、動的なものである。

⑤　［C］、今でこそ一般的とされているこの考え方は、ヨーロッパの啓蒙主義の時代に確立したところが大きい。芸術作品とは、距離をもって、客体として見る対象だった。主体である私たちは、こうして観賞することで、対象である作品を美しいと思ったり、崇高だと感じたりする。(注3)カントは『判断力批判』において、〈美しい〉とは何かを論じる一方で、倫理と道徳について①タイケイ的に考察し、嘘について論じ、嘘を厳しく②ダンザイした。現代人がもっている、嘘についての考え方も、芸術に対する考え方も、実は同じ頃にできあがっているのである。

⑥　しかし昨今、D芸術の見方は変わりつつある。これまでとりわけ現代美術は、難しくて、わけの分からない、(注4)衒学的(げんがくてき)な遊びだ、というふうに考えるのが通り相場だった。それが次第に変化して、参加型の展覧会が増えてきている。所蔵品の豊かな美術館を巡礼してまわるという美術鑑賞の定番の色合いが薄まり、鑑賞の間口が広くなり、陳列された作品に直接触れて戯(たわむ)れて面白がらせるものが多くなっている。造形芸術は今や、ただ前に立って静かに「見る」だけのものではない。作品の展示方法自体が変わってきて、どこからどこまでが展覧会なの

MEMO

大切なことはメモしておこう！

前期第1回

2022年度

解答と解説

《2022年度の配点は解答欄に掲載してあります。》

＜数学解答＞

1　(1)　ア　6　イ　1　(2)　ウ　1　エ　0　(3)　オ　5　カ　1
(4)　キ　1　ク　0

2　(1)　ア　1　イ　0　ウ　2　(2)　エ　4　(3)　オ　4　カ　8
(4)　キ　2　ク　4　ケ　2　コ　5

3　(1)　ア　1　イ　6　(2)　ウ　1　エ　7　オ　2　(3)　カ　1　キ　8
(4)　ク　1　ケ　9　コ　5　サ　4

4　(1)　ア　7　イ　5　(2)　ウ　6　エ　6　(3)　オ　6　カ　6　キ　3
(4)　ク　3　ケ　2　コ　3　サ　6

5　(1)　ア　3　(2)　イ　2　ウ　1　エ　9　(3)　オ　9　カ　2
(4)　キ　3　ク　6

○配点○

各5点×20　　計100点

＜数学解説＞

基本　**1**　（平方根の計算，2次方程式，統計，面積）

(1)　$(\sqrt{2}-\sqrt{10})(\sqrt{10}-5\sqrt{2})-(\sqrt{5}+6)^2=2\sqrt{5}-10-10+10\sqrt{5}-(5+12\sqrt{5}+36)=12\sqrt{5}-20-41-12\sqrt{5}=-61$

(2)　$(-a+10\sqrt{2})(-a-10\sqrt{2})=-a^2$　$a^2-200=-a^2$　$2a^2=200$　$a^2=100$　$a>0$から，$a=10$

(3)　度数の合計は，$27\div0.09=300$　よって，階級Bの度数は，$0.17\times300=51$（人）

(4)　BE：EM＝BC：AM＝2：1から，BE：BM＝2：3

$\triangle ABE=\frac{2}{3}\triangle ABM=\frac{2}{3}\times\frac{1}{2}\triangle ABD=\frac{1}{3}\times\frac{1}{2}\times$（平行四辺形ABCD）$=\frac{1}{6}\times60=10$(cm²)

2　（図形と関数・グラフの融合問題）

基本　(1)　$y=\frac{1}{2}x^2\cdots$①　①に$x=-2$を代入して，$y=\frac{1}{2}\times(-2)^2=2$　よって，A$(-2,\ 2)$　点Aからx軸へ垂線ADを引くと，D$(-2,\ 0)$　AD＝2，BD＝$12-(-2)=14$　△ABDにおいて三平方の定理を用いると，$AB=\sqrt{AD^2+BD^2}=\sqrt{2^2+14^2}=\sqrt{200}=10\sqrt{2}$

(2)　直線AOの傾きは，$\frac{-2}{2}=-1$　△AOB＝△AOCより，AO//CB　よって，直線CBの傾きは-1になるから，直線CBの式を$y=-x+b$として点Bの座標を代入すると，$0=-12+b$　$b=12$　よって，直線CBの式は，$y=-x+12\cdots$②　①と②からyを消去すると，$\frac{1}{2}x^2=-x+12$　$x^2=-2x+24$　$x^2+2x-24=0$　$(x+6)(x-4)=0$　$x=-6,\ 4$　点Cのx座標は正だから，4

(3)　②に$x=4$を代入して，$y=-4+12=8$　よって，C$(4,\ 8)$　AO//CBから，△ABC＝△OBC＝

$\frac{1}{2}\times12\times8=48$

重要 (4)　△ABCのABを底辺とすると面積は，$\frac{1}{2}\times AB\times CH=\frac{1}{2}\times10\sqrt{2}\times CH=5\sqrt{2}CH$　$5\sqrt{2}CH=48$から，$CH=48\times\frac{1}{5\sqrt{2}}=\frac{48\sqrt{2}}{10}=\frac{24\sqrt{2}}{5}$

3 (確率)

基本 (1)　さいころX，Yの目の出方は全部で，6×6=36(通り)　そのうち，$x=y$となる場合は，6通り　よって，求める確率は，$\frac{6}{36}=\frac{1}{6}$

重要 (2)　さいころX，Y，Zの目の出方は，6×6×6(通り)　ひもBが5cm以下の場合，ひもDはBより長くなってしまうので，ひもBの長さは6cm　ひもBが6cmのとき，ひもA，B，Dの長さは5cm以下でかつA+B+D=14cm　よって，A，B，Dのうち一つが4cm，残りは5cmになる。A=B=5になる場合は1通り　A，Bのうちどちらかが4になる場合は2通り　したがって，求める確率は，$\frac{1+2}{6\times6\times6}=\frac{3}{6\times6\times6}=\frac{1}{72}$

(3)　ひもDの長さが10cmとなるとき，$x+y+z=20-10=10$　$x+y+z=10$となる場合は，(x, y, z)=(1, 3, 6)，(1, 4, 5)，(1, 5, 4)，(1, 6, 3)，(2, 2, 6)，(2, 3, 5)，(2, 4, 4)，(2, 5, 3)，(2, 6, 2)，(3, 1, 6)，(3, 2, 5)，(3, 3, 4)，(3, 4, 3)，(3, 5, 2)，(3, 6, 1)，(4, 1, 5)，(4, 2, 4)，(4, 3, 3)，(4, 4, 2)，(4, 5, 1)，(5, 1, 4)，(5, 2, 3)，(5, 3, 2)，(5, 4, 1)，(6, 1, 3)，(6, 2, 2)，(6, 3, 1)の27通り　よって，求める確率は，$\frac{27}{6\times6\times6}=\frac{1}{8}$

重要 (4)　Dが2cmになる場合は，20−2=18より，A，B，Cはすべて6cmになるので，1通り　Aが2cmになる場合は，B，Cがそれぞれ5通りで，5×5=25(通り)　BまたはCが2cmになる場合もそれぞれ25通り　よって，求める確率は，$\frac{1+25\times3}{6\times6\times6}=\frac{76}{6\times6\times6}=\frac{19}{54}$

4 (平面図形の計量問題―円の性質，角度，面積)

基本 (1)　BCは直径だから，∠BAC=90°　△ABCは直角二等辺三角形になるので，∠ACB=45°　円周角の定理から，∠BCD=∠BAD=30°　よって，∠ACD=45°+30°=75°

(2)　$BC=AB\times\sqrt{2}=12\sqrt{2}$　△BCDは∠BCD=30°の直角三角形になるから，$CD=BC\times\frac{\sqrt{3}}{2}=12\sqrt{2}\times\frac{\sqrt{3}}{2}=6\sqrt{6}$(cm)

(3)　∠CAD=90°−30°=60°　∠ADC=∠ABC=45°　点CからADへ垂線CHを引くと，△ACHは∠CAH=60°の直角三角形になるので，$AH=\frac{AC}{2}=\frac{12}{2}=6$　△DCHは直角二等辺三角形になるので，$CH=\frac{DC}{\sqrt{2}}=\frac{6\sqrt{6}}{\sqrt{2}}=6\sqrt{3}$　よって，$AD=AH+CH=6+6\sqrt{3}$(cm)

重要 (4)　点BからADへ垂線BIを引くと，△ABIは∠BAI=30°の直角三角形なので，$BI=\frac{AB}{2}=\frac{12}{2}=6$　$\triangle ABD=\frac{1}{2}\times AD\times BI=\frac{1}{2}\times(6+6\sqrt{3})\times6=18(1+\sqrt{3})$　∠BDA=∠BCA=45°　よって，∠ADC=∠BDA　角の二等分線の定理から，$CE:EB=DC:DB=\sqrt{3}:1$　$CE=BC\times\frac{\sqrt{3}}{\sqrt{3}+1}=12\sqrt{2}\times\frac{\sqrt{3}}{\sqrt{3}+1}=\frac{12\sqrt{6}(\sqrt{3}-1)}{(\sqrt{3}+1)(\sqrt{3}-1)}=\frac{36\sqrt{2}-12\sqrt{6}}{3-1}=18\sqrt{2}-6\sqrt{6}=6\sqrt{2}(3-\sqrt{3})$

$\triangle AEC = \frac{1}{2} \times CE \times AO = \frac{1}{2} \times 6\sqrt{2}(3-\sqrt{3}) \times \frac{12}{\sqrt{2}} = 108 - 36\sqrt{3} = 36(3-\sqrt{3})$ $\frac{18(1+\sqrt{3})}{36(3-\sqrt{3})} = \frac{(1+\sqrt{3})(3+\sqrt{3})}{2(3-\sqrt{3})(3+\sqrt{3})} = \frac{3+4\sqrt{3}+3}{2(9-3)} = \frac{6+4\sqrt{3}}{12} = \frac{3+2\sqrt{3}}{6}$ よって，△ABDの面積は△AECの面積の$\frac{3+2\sqrt{3}}{6}$倍

5 (空間図形の計量問題一三角形の合同，三平方の定理，面積，体積)

(1) 点MからBFへ垂線MJを引くと，斜辺と他の1辺が等しい直角三角形より，△MPJ≡△GPF よって，JP=FP　$JP = \frac{JF}{2} = \frac{2}{2} = 1$　BP=BJ+JP=2+1=3(cm)

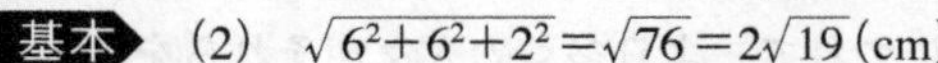

基本 (2) $\sqrt{6^2+6^2+2^2} = \sqrt{76} = 2\sqrt{19}$ (cm)

(3) $AC = EG = 6\sqrt{2}$　$AI = IC = 3\sqrt{2}$　△IMG=(長方形AEGC)−△AMI−△EMG−△CIG=$4 \times 6\sqrt{2} - \frac{1}{2} \times 3\sqrt{2} \times 2 - \frac{1}{2} \times 6\sqrt{2} \times 2 - \frac{1}{2} \times 3\sqrt{2} \times 4 = 24\sqrt{2} - 3\sqrt{2} - 6\sqrt{2} - 6\sqrt{2} = 9\sqrt{2}$ (cm²)

重要 (4) (四角すいI−MPHQ)=(三角すいP−IMG)+(三角すいQ−IMG)=$\frac{1}{3} \times$△IMG$\times PQ = \frac{1}{3} \times 9\sqrt{2} \times 6\sqrt{2} = 36$ (cm³)

★ワンポイントアドバイス★

2 (4)は，△ABCの面積は△OBCの面積と等しくなることに気づくことがポイントである。等積移動をうまく使いこなせるようにしておこう。

<英語解答>

1 (1) C　(2) B　(3) A　(4) D

2 (1) D　(2) C　(3) B　(4) D　(5) A

3 (1) A　(2) B　(3) D　(4) C

4 (1) ア　(2) (3番目，6番目) イ，ア　(3) エ　(4) イ　(5) ウ　(6) イ　(7) ア　(8) ウ　(9) (3番目，6番目) オ，カ

5 (1) エ　(2) (3番目，6番目) キ，ウ　(3) イ　(4) エ　(5) ア　(6) (3番目，6番目) イ，オ　(7) ウ　(8) ア

6 (1) イ　(2) エ　(3) エ　(4) ア　(5) ウ　(6) イ　(7) イ　(8) ウ　(9) ア

○配点○

1・2　各2点×9　3　各3点×4　4 (1)・(3)・(6)　各2点×3　他　各3点×6

5 (5) 2点　他　各3点×7　6 (1)・(2)・(4)・(6)　各2点×4　他　各3点×5

計100点

＜英語解説＞

1～3 リスニング問題解説省略。

4 (長文読解問題・説明文：語句整序[関係代名詞]，語句補充，指示語)

(大意) 2016年のある日曜日，一人の若い男性がワシントンD.C.のピザ屋に足を踏み入れた。彼は大きな銃を持っていた。彼は警察官に身をゆだねる前に少なくとも1発発砲した。けが人はいなかった。

その男性は，彼がオンラインで読んだ物語①のせいでそこにいたと言った。それには，子供たちを傷つけている秘密のグループがあったと書いてあった。ピザ屋も関与していた，と話には書いてあった。それは真実ではなかった。この話はフェイクニュースの一例だ。

時々，人々は真実ではない物語を共有する。物語が広がるにつれて，より多くの人々がそれらを読むようになる。②フェイクニュースが選挙で選んだ人物を変えたと考える人もいる。ほとんどの人はヒラリー・クリントンが勝つと信じていた。しかし，フェイクニュースはドナルド・トランプが勝つのを助けた。それはヒラリー・クリントンを傷つけた。

フィリッポ・メンツァーはコンピュータ科学者だ。彼は，偽のニュースが2010年③頃にインターネット上に広がり始めたと言った。当時，彼は完全に偽のニュースがあるいくつかのウェブサイトを見つけた。物語には真実ではない情報が含まれていた。それは人々の心を変えるために書かれた。

問題は2014年に④悪化した。その年，致命的な病気が西アフリカ全土に広がった。あるウェブサイトによると，テキサス州の家族がこの病気にかかっているという。その話は真実ではなかった。しかし，それはオンラインで何度も共有された。ウェブサイトは，その話を⑤クリックしたすべての人々からお金を得た。

ダナガル・ヤングは科学者だ。彼女は偽のニュースを広めた人々を責めない。

ヤング氏は，人々が風刺にどのように反応するかを研究している。風刺はフェイクニュースの一般的な形態だ。風刺は⑥冗談として使われる偽のニュースだ。それはしばしば有名人をからかうために使用される。読者は簡単に冗談を言うだろう。

脳は風刺を見ると違った働きをする，とヤング氏は言う。⑦それはより活発になる。人々は笑わせる何かを覚えている可能性が高くなります。だからこそ，彼らは偽のニュースを覚えているのだ。

では，フェイクニュースの世界で次に何が起こるのか？一部の人々は，コンピュータが助けることができると考えている。⑧たとえば，科学者は，何かが風刺であるときに見分けるためのプログラムを書くことができる。

しかし，これらのプログラムはすべてを行うことはできない。プログラムは，物語が真実でないときを常に伝えることはできない。プログラムは人よりも賢いが，それほどではない。

ヤング氏は，⑨助けることができる人がいるべきだと言った。たとえば，専門家はフェイスブックで話題になっているニュースを選ぶ。彼らはまた，フェイクニュースが広がるのを止めることができた。

(1) because of ～「～のせいで」

重要 (2) (Some people) think fake news changed the person they chose (in the election.)
they chose in the election は前の名詞 the person を修飾している。目的格の関係代名詞が省略された英文である。

(3) 「年」を続けることができるのは around のみ。around 2010 で「2010年頃」となる。

(4) get worse「悪化する」

(5) clicking on the story は前の名詞を修飾する分詞の形容詞的用法である。

基本 (6) 空欄の後に動詞があるので，主格の関係代名詞 that が適切である。

(7) 前の文の the brain を指している。

基本 (8) for example「たとえば」

(9) (Ms. Young) said there should be people who (could help.) who could help は前の名詞を修飾する主格の関係代名詞である。

5 (長文読解問題・物語文:語句補充,語句整序[不定詞],語句解釈)

(大意) お腹が空いているとき,あなたはあなたの周りの人々に怒るかもしれない。これは,血液中の糖分が少なすぎるときに起こる。この感覚を "hangry" と呼ぶ人もいる。この言葉は "hungry" と "angry" から成り立っている。

"hangry" になるのは人間だけではない。科学者たちは,イモムシが ①hangry になることを発見した。科学者たちは科学雑誌に研究を発表した。

イモムシはたいていおとなしい。主な食べ物は唐綿と呼ぶ植物だ。十分に手に入れないと,イモムシはお互いに激しくぶつかり,飛び跳ねる。

アレックス・キーンはイモムシの研究を主導した。彼は,②人と昆虫の両方が,食べ物があまりないときに戦う必要性を感じるかもしれないと言う。しかし,③人とイモムシの間には違いがある。人々はお互いにぶつかってはいけないことを知っている。しかし,イモムシはそうではない。

キーンは、イモムシを愛してきたと言う。イモムシがぶつかり合うのを見た後,研究することに決めた。彼はこの行動に関する科学的情報を見つけることができなかった。そこで,彼は YouTube に目を向けた。彼は攻撃性を示すイモムシの多くのビデオを見つけた。彼はイモムシの攻撃性が本物であることがわかった。

キーンと彼のチームは野生のイモムシを捕まえ,研究室で唐綿の葉に置いた。あるイモムシは十分すぎる食料があったので,④落ち着いていた。あるイモムシは食料が十分ではなかった。それらは怒りと暴力に燃え上がった。

キーンがイモムシを研究したいのは,人間の脳を理解したいからだ。人々が空腹のときに⑤どのように行動するかを知りたいのだ。イモムシでこれを研究することは簡単だ。

人間の脳には何十億もの神経細胞がある。⑥それらは身体から脳へ,そして身体へとメッセージを送受信する。昆虫は神経細胞が少なく,100,000~200,000しかない。だから,昆虫は研究するのが簡単だ。イモムシの神経細胞を研究することで,キーンは各神経細胞が何をするのかを学ぶことができる。しかし,人間の大きな脳の神経細胞は多すぎるので,同じ方法を使用することは⑦不可能だ。

この研究は第一歩だった。次に,キーンはカメラを設置した。そうすれば,彼はイモムシのビデオを撮ることができる。また,イモムシの遺伝子の研究も始める。遺伝子は,見た目や行動に影響を与える。キーンは,どの遺伝子が飢餓と攻撃性と関係があるかを見たいと思っている。

多くの人々も助けたいと思っている。研究が発表された後,人々はイモムシの攻撃的な行動を示すキーンのビデオを送り始めた。これらのビデオは、イモムシが⑧戦っている様子を映し出している。

(1) 人間だけではなくイモムシなどの他の動物も「空腹で攻撃的になる」 hangry になる。

重要 (2) (He says both people) and insects may feel the need to fight (when there is not much food.) both A and B「AもBも両方とも」

(3) 「違い」の内容についてはこの後に書かれている。人々は攻撃すべきではないことを知っているが,イモムシは知らないのである。

(4) 十分な食料がある場合には,イモムシは攻撃的ではないので,calm「落ち着いている」が適切。

(5) how people act は間接疑問文である。「人々がどのように行動するのか」という意味になる。

(6) They send and receive messages from the body (to the brain and back to the body.) send and receive「送受信」, from A to B「AからBへ」の表現を用いた文になる。

(7) it would be impossible to ～「～することは不可能だ」 but をヒントにして考える。イモムシの場合は神経細胞が何をするかがわかるが，人間の場合には同じ方法ではわからないと判断できる。

(8) ビデオには攻撃的なイモムシが映っていることから判断する。

6 (長文読解問題・物語文：語句解釈，要旨把握)

(大意) 何年も前，新しい服が好きだった皇帝がいたので，彼はお金をそれらに費やした。ある日，織り手と名乗る二人の男が町にやって来た。彼らは，最も美しい色と模様の布を織る方法を知っていると言った。このすばらしい布から作られた服は，自分の仕事にふさわしくない人や，②性格が単純な人には①見えない。「これは素晴らしい服に違いない！」と皇帝は思った。「私は賢者と愚か者を見分けることができるだろう！この布は一刻も早く私のために作られなければならない。彼は二人の織り手がすぐに仕事を始められるように，たくさんのお金を渡した。

そこで，二人の③うその織り手が織機を二台設置した。彼らは忙しく働いていたが，実際には何もしなかった。彼らは最高級の絹と最もきれいな金の糸を求めた。彼らは両方をバッグに入れた。それから彼らは夜遅くまで空の織機で働くふりをした。

「皇帝の新しい服の準備ができました！」皇帝は，上級将校たち全員を連れて，織り手のところにやって来た。④泥棒たちは，何かをかざすように腕を上げた。「ここに皇帝のズボンがあります！ここにスカーフがあります！ここにマントがあります！スーツ全体は⑤クモの巣のように軽いです。それを身に着けているとき，あなたはまったく何も着ていないと思うかもしれません」この特別な布は誰にも見えなかったが，「ええ，もちろんです！」と士官たちは皆言った。皇帝は服を脱いで，泥棒たちは新しいスーツを着せるふりをした。皇帝は振り向いて，鏡の前で左右に回った。「新しい服を着た皇帝はなんて素晴らしく見え，なんて似合っているんでしょう！」みんなが叫んだ。「素晴らしいデザイン！素晴らしい色！」「準備は万端だ」と皇帝は言った。彼は自分の綺麗なスーツをチェックしているようだった。

付き人は，地面につきそうな⑥裾を持ち，マントの端を持ち上げていた。彼らは，愚かに見えたり，仕事に適していないように見えたりしたくないので，何かを持っているふりをした。皇帝はパレードの真ん中で，首都の通りを歩いた。人々は皆「ああ！私たちの皇帝の新しい服はなんと美しいことでしょう！」と叫んだ。⑦服が見えないとは誰も言わないだろう。なぜなら，そうすることで，彼は「あなたは単純な人です。あなたは自分の仕事に相応しい人間ではない」と言われるからだ。

「でも皇帝は何も身につけてないよ！」と小さな子供が言った。「子供の声に耳を傾けろ！」と父親は叫んだ。⑧子供が言ったことは，低い声で次から次へと語られた。「しかし，彼はまったく何も身につけていない！」ついにすべての人々が叫んだ。⑨皇帝は動揺した。というのも人々が正しいことを知っていたからだ。しかし，彼はパレードを続けなければならないと思った！付き人は裾を掲げているふりをするために，これまで以上に苦労したが，実際には持つ裾はなく，皇帝は下着姿で歩き続けた。

(1) invisible「目に見えない」

基本 (2) 「賢者と愚か者を見分けることができる」服なので，wise が不適切。

(3) pretend「うその」という意味なので，「実際には織らない織り手」のことである。

(4) 織り手は，最高級の絹と金の糸を求め，自分たちのバッグに入れてしまったので「泥棒」と表現している。

(5)　「クモの巣のように軽い」とあるのでairが適切。

やや難　(6)　train「裾」という意味なので，マントの一部であるとわかる。

(7)　人々が「服が見えない」というと「自分の仕事にふさわしくない人や，性格が単純な人」と思われてしまうのである。

基本　(8)　子どもは「皇帝は何も身につけていない」と言ったのである。

(9)　,for～「～だから」という理由を表す表現がこの後に書かれていることから判断できる。

★ワンポイントアドバイス★

長文読解問題中心で文章量が多いが，設問自体は解きやすいものが多い。長文読解に数多く触れ，すばやく読めるようにするために，過去問や問題集を繰り返し解きたい。

＜理科解答＞

1　(1) ウ　(2) 1 イ　2 エ　(3) オ　(4) キ
(5) あ 6　い 6　う 7

2　(1) 1 イ　2 ア　(2) エ　(3) イ　(4) 1 ア　2 エ　(5) ウ

3　(1) エ　(2) あ 2　い 3　う 1　(3) エ
(4) 1 ア　2 エ　3 イ　4 ウ　(5) ア

4　(1) エ　(2) ア　(3) あ 1　い 5　(4) あ 0　い 2　う 4
(5) イ

5　(1) ウ　(2) オ　(3) カ　(4) 1 ア　2 エ
(5) 2番目 ウ　3番目 ア　4番目 イ

6　(1) 1 イ　2 ウ　(2) ア　(3) あ 3　い 5　(4) あ 1　い 6
(5) あ 3　い 2　う 0

7　(1) ア　(2) ウ　(3) ウ　(4) ア　(5) あ 1　い 5

8　(1) あ 0　い 0　う 3　(2) エ　(3) あ 1　い 0　う 0
(4) イ　(5) ウ

○配点○

1　(1)～(3)　各2点×3((2)完答)　他　各4点×2((5)完答)　2　(4)　4点(完答)　他　各2点×4((1)完答)　3　(5)　4点　他　各2点×4((2)・(4)各完答)　4　(4)　4点(完答)　他　各2点×4((3)完答)　5　(5)　4点(完答)　他　各2点×4((4)完答)　6　(5)　4点　他　各2点×4((1)・(3)・(4)各完答)　7　(5)　4点(完答)　他　各2点×4　8　(1)・(4)　各4点×2((1)完答)　他　各2点×3((3)完答)　計100点

＜理科解説＞

重要 **1 (ヒトの体のしくみ―血液と血液循環)**

(1) Aは白血球，Bは赤血球，Cは血小板である。

(2) Pは肺，Qは肝臓，Rは小腸，Sはじん臓である。また，小腸から吸収されたブドウ糖やアミノ酸などの養分は⑤の門脈を通って，肝臓に送られる。

(3) ②の肺静脈と④の大動脈には動脈血が流れている。一方，①の肺動脈と③の大静脈には静脈血が流れている。

(4) じん臓では，二酸化炭素以外の不要物である尿素や余分な塩分などがこし取られる。

(5) 1回の拍動で60cm^{3}の血液が送り出される。また，1分間に75回拍動するので，1分間に送り出される血液は，全部で，60(cm^3)×75＝4500(cm^3)である。したがって，5000(cm^3)の血液が送り出されるのにかかる時間は，$\frac{5000(\mathrm{cm^3})}{4500(\mathrm{cm^3})}\times 60$(秒)＝66.66…(秒)より，66.7秒である。

重要 **2 (地球と太陽系―天体の観測)**

(1) 太陽のように自ら光る天体を恒星といい，地球や金星のように恒星のまわりを回る天体を惑星という。また，月のように惑星のまわりをまわる天体は衛星である。

(2) 月－地球－太陽の順に一直線に並ぶ満月のとき，月が地球の本影に入り，欠ける現象を月食という。

(3) 図2の月から約4日後には新月になる。また，その後，三日月→上弦の月(X)→満月(Z)→下弦の月(Y)の順に満ち欠けする。

(4) Dの金星は，明け方の東の空に見える。また，BとCの金星は，夕方の西の空に見える。

(5) 金星の位置は，ほぼ変わらないが，月は，1日に約12°東の方に移動する。

3 (溶液とその変化―物質の溶け方)

重要 (1) 物質が水に溶けているときは，水の中に均一に散らばっている。

(2) 100gの水に30gの物質をすべて溶かすと，100(g)＋30(g)＝130(g)になる。したがって，水溶液の質量パーセント濃度は，$\frac{30(\mathrm{g})}{130(\mathrm{g})}\times 100$＝23.07…(%)より，23.1%である。

基本 (3) ろ過するときは，ビーカーから液をガラス棒を伝わらせる。また，ろうとの足の長い方をビーカーの壁につけて液を伝わらせる。

(4) 実験②で，40℃の水100gに30g入れたときにすべて溶けたAとDは塩化ナトリウムか硝酸カリウムであり，溶け残ったBとCはミョウバンかホウ酸である。また，実験③で，ろ過したときに，得られた結晶の質量が大きいBがホウ酸，質量が小さいCがミョウバンである。一方，実験④で，10℃に冷やしたときに結晶が出てきたAは硝酸カリウム，結晶が出てこないDは塩化ナトリウムである。

やや難 (5) 水を30g蒸発させ，液の温度を30℃にすると，水の質量が，100(g)－30(g)＝70(g)になるので，溶ける質量は，$d\times\frac{70(\mathrm{g})}{100(\mathrm{g})}$(g)である。したがって，出てきた結晶の質量は，$30-d\times\frac{70}{100}$(g)である。

4 (磁界とその変化―電磁誘導，オームの法則，フレミングの左手の法則)

(1) コイルAの右側からN極を近づけると，検流計の針は左に振れた。したがって，コイルAの(右側の反対の)左側から(N極の反対の)S極を(近づけるのと反対の)遠ざけるので，コイルAには，反対向きの電流が流れ，検流計の針は右に振れる。また，棒磁石を速く近づけるので，検流計の針は大きく振れる。

(2) 図2のようにコイルBをつなぐと，コイルBの右側がN極側になる。したがって，コイルAの(右側の反対の)左側に向かってN極が近づくので，検流計の針は右に振れる。

(3) 抵抗器Pに1.0Vの電圧がかかると，0.1Aの電流が流れるので，抵抗の大きさは，$\frac{1.0(V)}{0.1(A)}=10$(Ω)である。一方，抵抗器Qに3.0Vの電圧がかかると，0.2Aの電流が流れるので，抵抗の大きさは，$\frac{3.0(V)}{0.2(A)}=15(\Omega)$である。

やや難 (4) 抵抗器Pと抵抗器Qを直列につなぐと，回路全体の抵抗の大きさは，10(Ω)＋15(Ω)＝25(Ω)である。一方，抵抗器Pと抵抗器Qを並列につないだときの回路全体の抵抗の大きさをRΩとすると，$\frac{1}{R}=\frac{1}{10}+\frac{1}{15}$より，R＝6(Ω)である。したがって，直列につながった回路Xに流れる電流は，並列につながった回路Yに流れる電流の，$\frac{6(\Omega)}{25(\Omega)}=0.24$(倍)である。

やや難 (5) U字型磁石のN極とS極を反対にしたところ，銅線はaとは反対のbに動いたので，銅線に流れる電流の向きは同じであったことがわかる。また，銅線は実験2のときよりも大きく動いたことから，二つの抵抗をYのように並列につないだことがわかる。

5 (生物どうしのつながり―生態系)

基本 (1)・(2) 図1のAは植物，Bは草食動物，Cは肉食動物，Dはバクテリアである。また，植物は生産者，草食動物と肉食動物は消費者，バクテリアは分解者である。

重要 (3) すべての生物は呼吸を行うので，酸素を取り入れ，二酸化炭素を放出する。また，植物だけは光合成を行い，二酸化炭素を取り入れ，酸素を放出する。

重要 (4) シイタケのような菌類は，有機物を無機物に分解する分解者である。

やや難 (5) (ウ)Bが減るとCは減り，Aは増える。→(ア)Bが増え，Aは減る。→(イ)Cが増え，AとBは減る。

6 (大地の動き・地震―地震)

重要 (1) マグニチュードが1大きくなると，地震のエネルギーの大きさは約32倍になり，マグニチュードが2大きくなると，地震のエネルギーの大きさは約1000倍になる。

重要 (2) XのゆれはP波による初期微動，YのゆれはS波による主要動である。

重要 (3) A地点とB地点の距離の差が，84(km)－42(km)＝42(km)であり，S波が伝わるのにかかる時間の差が，40(秒)－28(秒)＝12(秒)である。したがって，S波の速さは，$\frac{42(km)}{12(秒)}=3.5$(km/秒)である。なお，P波が伝わるのにかかる時間の差が，28(秒)－22(秒)＝6(秒)である。したがって，P波の速さは，$\frac{42(km)}{6(秒)}=7$(km/秒)である。

重要 (4) 震源から42km離れたA地点に，P波が伝わるのに6秒かかるので，地震が発生した時刻は，8時14分22秒の6秒前の8時14分16秒である。

やや難 (5) 震源から140kmの地点にS波が届く時間は，140(km)÷3.5(km/秒)＝40(秒)である。また，震源から21kmの地点にP波が届く時間は，21(km)÷7(km/秒)＝3(秒)である。したがって，緊急地震速報は，地震が発生してから，3(秒)＋5(秒)＝8(秒後)に出されているので，震源から140km離れた地点では，緊急地震速報が届いてからS波が届くのは，40(秒)－8(秒)＝32(秒後)である。

7 (化学変化と質量―炭酸水素ナトリウムの分解)

重要 (1)～(3) 炭酸水素ナトリウムを加熱すると，炭酸ナトリウムと水と二酸化炭素に分解される。このとき起きた化学変化を化学反応式で表すと，次のようになる。$2NaHCO_3 \rightarrow Na_2CO_3 + H_2O + CO_2$ 発生した水を青色の塩化コバルト紙につけると，赤色になる。また，発生した二酸化炭素と石灰水が反応すると炭酸カルシウムが生じて白く濁る。さらに，二酸化炭素中では，線香は燃え続けることはできない。

重要 (4) 炭酸水素ナトリウムに水を加えると，溶け残り，フェノールフタレイン液を加えるとうすい赤色になる。一方，炭酸ナトリウムに水を加えると，すべて溶け，フェノールフタレイン液を加えるとこい赤色になる。

やや難 (5) 4.0gの炭酸水素ナトリウムから2.6g炭酸ナトリウムが生じて，4.0(g)−2.6(g)=1.4(g)の水と二酸化炭素が発生した。したがって，7.5gの炭酸水素ナトリウムを加熱した時に5.4gの固体が残ったので，7.5(g)−5.4(g)=2.1(g)の水と二酸化炭素が発生したことになる。このとき，分解した炭酸水素ナトリウムは，$4.0(g)\times\frac{2.1(g)}{1.4(g)}=6.0(g)$である。以上より，加熱後の個体中に残っている炭酸水素ナトリウムは，7.5(g)−6.0(g)=1.5(g)である。

8 (運動とエネルギー―小球の運動とふりこ)

(1) 10gの小球Xにはたらく重力の大きさは0.1Nであり，30cmは0.3mなので，仕事の大きさは，0.1(N)×0.3(m)=0.03(J)である。

重要 (2) 小球には鉛直下向きの重力と斜面からの垂直抗力がはたらき，この二つの力の合力が斜面に平行な力となる。

(3) 10gの小球Xを10cmの高さから落とすと，木片は2.0cm移動する。したがって，20gの小球Zを25cmの高さから転がすと，木片の移動距離は，$2.0(cm)\times\frac{20(g)}{10(g)}\times\frac{25(cm)}{10(cm)}=10.0(cm)$である。

重要 (4) 位置エネルギーと運動エネルギーの合計は一定である。

重要 (5) 小球は反対側の同じ高さまで上がる。

★ワンポイントアドバイス★

教科書に基づいた基本問題をすべての分野でしっかり練習しておくこと。その上で，計算問題や思考力を試す問題についてもしっかり練習しておこう。

<社会解答>

1 (1) イ (2) エ (3) ア (4) エ (5) ① ウ ② イ

2 (1) ウ (2) ウ (3) エ (4) イ (5) エ (6) ア (7) ウ

3 (1) ウ (2) オ (3) エ (4) ア (5) イ (6) ア (7) ア

4 (1) ア (2) イ (3) ウ (4) イ (5) エ (6) カ

5 (1) ア (2) ウ (3) イ (4) ア (5) イ

6 (1) エ (2) イ (3) ウ (4) ウ (5) ウ

7 (1) イ (2) ウ (3) イ (4) ア

○配点○

1 (1)・(2) 各2点×2 他 各3点×4 2 (1)・(4) 各2点×2 他 各3点×5

3 (1)・(4) 各2点×2 他 各3点×5 4 (1)・(4) 各2点×2 他 各3点×4

5 (5) 3点 他 各2点×4 6 (5) 3点 他 各2点×4 7 各2点×4

計100点

<社会解説>

1 (日本の地理—地形図・都道府県の特徴など)

重要 (1) 北から宮城(仙台),石川(金沢),長野(長野),神奈川(横浜),岡山(岡山),香川(高松),佐賀(佐賀)の7県。100万人以上は仙台と横浜,標準時子午線が通るのは兵庫。

(2) 九重連山に囲まれた大分の八丁原(はっちょうばる)発電所は日本最大の地熱発電所として知られている。

(3) 東京の人口密度は約6300人。愛知の面積は大阪の約2.7倍,4都府県の合計は約3500万人,0~14歳の人口が最も少ないのは福岡の約66万人で大阪は約103万人。

(4) 日本の最西端は晴れた日には台湾の山々が望める与那国島。南鳥島は最東端の島。

(5) ① A地点は150m,B地点は180m。 ② 約2cm×25000=500m。箕作山山麓は針葉樹林(Λ),市役所は◎,太郎坊宮前駅は南西方向。

2 (地理—地形・アジアの国々・南米の自然など)

基本 (1) 赤道はアフリカ大陸中央部からユーラシア大陸最南端,南アメリカ北部を通過する。

(2) Aのフィリピンは植民地支配のもとでキリスト教が普及,Bのマレーシアはマレー系のイスラム教,華人系の仏教,インド系のヒンドゥー教,Cのインドは民族宗教であるヒンドゥー教。

(3) 世界最大の島であるグリーンランド(日本の約5.7倍)はデンマークの領土。

(4) コーヒーの生産は赤道を挟(はさ)んだ南北の回帰線(南北23度27分)の間に集中している。

(5) 世界最長の河川はアフリカのナイル川,南米はポルトガル語のブラジル以外はスペイン語。

(6) アルプス・ヒマラヤ造山帯は地中海からインドネシアまでユーラシア大陸を東西に走っている。

(7) イギリスの一人当たりのGNIは4万ドル強,インドネシアは4千ドル弱。

3 (日本と世界の歴史—原始~近世の政治・社会・文化史など)

(1) オリエントとはローマから見て「日出ずるところ」を意味する。

(2) 仏教は紀元前5世紀ごろ,キリスト教は1世紀,イスラム教は7世紀。

(3) 聖武天皇の建立は東大寺,奥州藤原氏は11世紀の前九年・後三年合戦を経て勢力を拡大した。

(4) 守護は国,地頭は荘園や公領に配置。20年の時効取得は現在の民法にも採用されている。

(5) 観阿弥親子は足利義満の保護のもと能楽を,明から帰国した雪舟は日本独自の水墨山水画を大成した。本居宣長は江戸中期の国学者,一寸法師などは御伽草子(おとぎぞうし)と呼ばれる。

重要 (6) 朱印船貿易は鎖国で消滅,島原・天草一揆は鎖国完成の契機となった事件。

(7) 天明の飢饉は浅間山の噴火などで多くの餓死者も発生,田沼意次失脚の一因ともなった。

4 (日本の歴史—近・現代の政治・社会・文化史など)

(1) 「天は人の上に人を造らず…」(学問のすゝめ)。煉瓦(れんが)建築や鉄道は文明開化を代表するもの。

(2) 1885年,太政官制を廃して内閣制度を創設。貴族院は封建的特権階級を代表する機関で衆議院とほぼ対等の権限を持った。大日本帝国憲法は1889年,教育基本法は戦後の1947年。

(3) 陸奥宗光はイギリス,小村寿太郎はアメリカとの間で条約改正に成功した。

(4) オスマン帝国の弱体化に伴い列強間の争いが活発化,民族構成も複雑なことからしばしば戦争の引き金となってきた。山東半島に権益を持っていたのはドイツ。

重要 (5) 満州国に対し国際連盟は日本の撤退を要求。アは1925年,イは1937年,2・26事件は1936年。

(6) 日ソ共同宣言(1956年)→日韓基本条約(1965年)→日中平和友好条約(1978年)の順。

5 (公民—政治のしくみなど)

重要 (1) 法律案は担当の委員会で審議,必要に応じて公聴会を開き専門家や利害関係者の意見を聴取,委員会で採決をされてから本会議に回される。予算や重要法案では公聴会が義務付けられている。

(2) 最高機関とは政治的美称,4分の1以上の請求でも現実にはなかなか召集されないことも多い,緊急集会での議決は後日衆議院の同意を要する。衆議院は465名，参議院は248名。

(3)　条約の締結は内閣，承認は国会の役割。国務大臣の過半数は国会議員であることが必要。

(4)　弾劾裁判所は衆参各7名の国会議員が裁判官となって審議。国民審査は任命後初めて行われる総選挙の際に審査され，その後10年を経過するごとに実施される。

(5)　国からの資金は地方交付税と国庫支出金。地方交付税は地方公共団体間の財政不均衡を是正するためのもので使い道は限定されていない。一部を負担するのは国庫支出金。

6　(公民―経済活動・社会保障など)

(1)　通販やネットショッピングなどには適用されない。スーパーやコンビニは小売業。

(2)　株式会社の最高意思決定機関は株主総会で，そこで業務執行の取締役を選出する。株主総会での議決権や利益が出た場合の配当は株数に応じて権利が与えられる。

(3)　電力自由化は電力会社や料金プランを選択できる制度で値上げなどには認可が必要となる。

(4)　社会保険は健康保険や年金保険で原則加入者が保険料を支払う必要がある。

やや難　(5)　地球サミット(1992年)→京都会議(1997年)→パリ協定(2015年)の順。

7　(公民―人権・憲法など)

(1)　「そう思う」と「どちらかと言えばそう思う」が40％未満はA・D，「わからない」の3倍以上はB・C・D，90％を超えているのはB・C・D，差が20％以上はB・D。

(2)　1919年に制定されたドイツのワイマール憲法。当時としては最も民主的な憲法といわれた。アは世界人権宣言，イはアメリカ独立宣言，エはフランス人権宣言。

(3)　憲法に明文の規定はなく，13条などを根拠に主張されている新しい人権。

重要　(4)　請求権は裁判以外には国家賠償・刑事補償請求権。Ⅱ・Ⅳは参政権，Ⅲは社会権。

★ワンポイントアドバイス★

地理分野の学習には地図帳の存在が不可欠である。わかっていると思っても必ず自分でもう一度チェックするという習慣で日々の学習に臨んでいこう。

＜国語解答＞

一　(1)　① エ　② エ　③ イ　④ ア　⑤ ウ　(2) オ　(3) イ
(4) イ　(5) ウ　(6) ウ　(7) エ　(8) ウ

二　(1) イ　(2) イ　(3) ウ　(4) イ　(5) オ　(6) エ　(7) オ

三　(1) ア・オ　(2) エ　(3) ウ　(4) ウ　(5) エ

○配点○

一　(1)　各2点×5　(4)・(6)　各5点×2　他　各6点×5　二　(1)・(5)　各5点×2　他　各4点×5　三　(1)・(4)　各2点×3　(2)　4点　他　各5点×2　計100点

＜国語解説＞

一　(論説文―漢字の読み書き，文脈把握，内容吟味，脱語補充，接続語，文章構成，要旨)

(1)　①　精神　ア　製品　イ　清算　ウ　誠実　エ　精力的　オ　政治家
②　源泉　ア　厳重　イ　期限　ウ　幻惑　エ　資源　オ　減点
③　糾弾　ア　窮状　イ　紛糾　ウ　嗅覚　エ　丘陵　オ　不朽

④ 敬意　ア 敬老　イ 警報　ウ 系統　エ 経歴　オ 直径
⑤ 崩れ　ア 飽食　イ 霊峰　ウ 崩御　エ 奉納　オ 邦楽

(2) オは，②段落に「フロムは，現代の市場経済の原理が個人の人間的価値にまで及んでいるとした」「市場経済の発展により，モノの価値は，それがどれだけ役に立つかという使用価値によって決まるのではなく，……交換価値で決まるようになった。それと同様に，人間の価値も，……周囲の人たちから気に入られるかどうか，受け入れられるかどうかによって決まる」とあり，⑤段落に「だからこそ，部下や後輩から『上から目線』を指摘されたりしたら，それはもう心穏やかではいられない。……みんな人から良く思われたという気持ちが強い。上司や先輩としても，部下や後輩から良く思われているかどうかは，大いに気になるところだ」とあることと合致する。アは「自分に対して好感を持てない」，イは「自分の考えが多くの人に共有されることに価値がある」，ウは「自分の考えが間違っているように感じられる」，エは「人間としての品性や対応力がない」という部分が合致しない。

(3) 本文は①段落で「上から目線」というテーマを提示し，②〜④段落で「フロム」の論を紹介し，⑤・⑥段落で，「言われた側を不安にさせる何か」について具体的に説明し，「これではまるでお客様だ」と不自然さを示し，⑦段落で「『上から目線』を口にするとき，その人はどんな目で相手を見ているのだろうか」と，「批判する側」に視点を移し，⑧〜⑩段落でその説明をしているのでイが適切。

(4) Bは，直前の「相手の親切に感謝する気持ちなど微塵もないと見なす」と，直後の「アドバイスをしてくる相手がこちらより優位に立ってものを言うところが許せない」をつなぐ言葉として，どちらかといえば，という意味の「むしろ」が適切。Eは，直前に「自分の力を誇示しようとする」とあるのに対し，直後には「自信のなさを露呈してしまう」とあるので，逆接を表す語が入るから，イの組み合わせが適切。

(5) Cの直後に「経験豊かな者がアドバイスするとき，『経験者としての上から目線』に立ってものを言っているというのは確かだろう。だが，アドバイスしてくれた相手を上から目線と非難するときの『あなたのその上からな物言いはよくありませんよ』とでも言いたげな態度は，まさに『相手を見下す目線』に立ったものと言えないか」とあり，これが筆者の考えである。経験豊かな者が上からものを言うことは確かにあるが，アドバイスしてくれた相手を「上から目線」だと非難するのは「相手を見下す目線」である，としているので，(ⅰ)には，bが入る。(ⅱ)は，直前の「人間関係の捉え方について，改めるべき」を「つまり〜」と言い換えているので，eが入る。

(6) 直後の⑮・⑯段落に「人を見下す傾向のある人は，人が自分を見下すのではないかといった恐れを抱きがちだ」「自信がないため，人からどう見られるかがやたらと気になる。人の視線を過剰に意識する。そして，尊大な態度で自分の力を誇示しようとする」と説明されているのでウが適切。

やや難 (7) 直後に「コンプレックスに振り回されない。ゆえに，自分の力を誇示したり，偉そうな態度をとろうという衝動が湧き上がらない」と説明されているので，「走るのが遅い」というコンプレックスを「受け入れつつ」とあるエが適切。

やや難 (8) ウは，⑳段落に「もしほんとうに自信があれば，人の意見に素直に耳を傾ける心の余裕があるはずである。アドバイスを取り入れることで，仕事のやり方を改善することができるし，もっと有能な自分になれる。……自信のない人物は今の自分にこだわる。ここをこう変えた方がよいといった指摘を受けると，自身のない人物は，自分を全否定されたかのような感情的な反応を示す」とあることと合致する。アは「その時々で都合のいいように変える」，イは「感情を抑制する」，エは「アドバイスを拒否する人たちと同様に」，オは「余裕があるため」が適切でない。

二 (小説一情景・心情，文脈把握，内容吟味，表現，大意)

(1) 実弥子の心情は，直後に「ルイが，まゆちゃんをモデルに絵を描いた。ただそれだけの，シンプルなこと。でも，描かれた絵の中には，今まで見えていなかったその人が見えてくる。……それぞれの母親がふと口にした『なんのために絵を描くのか』という問いの答えが，もしかするとこうした絵の中にあるのではないか」と表現されているので，イが適切。アの「間違っていた」，ウの「描かれた人物と絵が一致する」，エの「作者と対象が理解し合う」，オの「二人の才能」が適切でない。

(2) この後に「『出来上がった絵は，ひとつの作品だから，でき上がった瞬間に，作者の手から離れて，まわりに自分を見てもらいたいな，という意志が生まれるのよ。それは作品自体の心。描いた人とは別に，新しく生まれるの』」「『まゆちゃんの絵も，みんなが一緒に見たいなあって思ってるよ』」と言っているので，「まゆちゃんの絵がすぐれていることを，……伝えようとしている」とするイはあてはまらない。

(3) 直前に「『私，絵を描くの，あんまり得意じゃなくて……。バランスが変になっちゃって，なんか，やっぱり，下手だ』」とある。「『わかった。モデルのルイくんが見たいって言うなら，見せないわけにいかないよね』」と，見せたものの，やはり自信がなく，気持ちが沈んでいる様子が読み取れるので，「勇気や自信を失い，気持ちが沈んでいる」とするウが適切。アは「さらに動揺」，イは「みじめさ」，エは「自分で説明しようと」，オは「みんなが絵を見たまま黙ってしまった」が適切でない。

(4) 直後で「『なんでって……それは，なんとなく，かな。ルイくんのこと，じっと見ていたら，そんな色をしているような気がしたから』」と説明しているので，「自然と頭に浮かんできて，それを絵に反映させようとしたから」とするイが適切。

(5) 直前に「なんだろう，この感じ。そこには，自分ではない人がいるようで，確かに自分がいる，とも思う。自分が，別の世界にいる……」とあるので，「新しい世界が開けていく」とするオが適切。

やや難 (6) ルイの言動とは，自分の絵に自信がなく見せるのをはずかしがるまゆに「『これ，ほしい』」と言い，「『……じゃあ，私の絵をルイくんにあげるかわりに，そのルイくんの絵を，私がもらってもいい，いいってこと？』」というまゆの申し出に「『いいよ』」と応じるものである。そのやりとりを通して，「まゆちゃんは自信がなかった。でも，ルイにこの絵がほしい言われて，ずいぶんうれしかった。自分も……その絵がほしくなった，とても。なんだろう，この感じ。そこには，自分ではない人がいるようで。確かに自分がいる，とも思う。自分が，別の世界にいる……」と，まゆに新しい感情をもたらしているのでエが適切。

(7) アの「詳しい風景の描写」，イの「独特の比喩」，ウの「表現の多くはユーモラス」，エの「句読点を多く用いる」はあてはまらない。本文は，「まゆちゃん」と「実弥子」の会話が多く，登場人物の様子が臨場感をもって伝わってくることが特徴といえるので，オが適切。

三 (古文一動作主，口語訳，文脈把握，内容吟味，語句の意味)

〈口語訳〉 堀河天皇の時代に，(堀河天皇が)六条院に出かけたが，池の中島に楽屋が建てられていたので，御所は，(池の)水を隔ててはるかに遠かった。藤原博定は勅命を承って太鼓を演奏したが，撥をあてるべき拍よりも早く撥を当てた。後日，博定は元正に会って，「昨日の太鼓はいかがでしたでしょうか」と言うと，元正は「その演奏は非常にすぐれたできばえだと思いながらお聞きしました。けれども，少し壺よりも早く聞こえました」と言い，(博定は)再び「壺は(撥を)打ち入れるごとに(音が)やむでしょうか。はじめと終わりは同じ速さで進みますか」と言う。元正は「絶えず進んで終わるでしょう」と答えると，博定は「それで，(私の演奏の)意趣はかなうのです。それは，音楽は，引き離れなければぼんやりと聞こえます。遠くで打てば，響きが遅くなります。だから，(遠く離れた)御前では，(ちょうどよい)拍に打ち入って，よく聞こえるでしょう」と言った。「この心遣いは，(普通は)思いつかないことである。すばらしい」と，元正は感動した。

(1) アは，楽屋が中島に建てられている，という意味なので，動作主は「博定」ではない。イ・ウ・エ・カの動作主は「博定」。オは，直前の会話文の前に「元正」とあるので，動作主は「元正」。

(2) 前の「『昨日の太鼓はいかがありし』」という博定の問いかけに対する返答なので，「すぐれたできばえだと思いながらお聞きしました」とするエが適切。「めでたし」には，たいへんすばらしい，という意味がある。

やや難 (3) 直後に「そのゆゑは……」と理由が示されている。「楽こそ引きはなれぬ事なればかすみわたれ，遠くて物をうつは，ひびきのおそくきたるなり。されば御前にては，壺にうち入りて，よくぞ聞こしめしけん」とあるので，ウが適切。離れた場所でよく聞えるためには，拍を早めて打つことが効果的であるが，近くにいる元正には早すぎるように聞こえるというのである。アの「新しさ」，イの「抑揚」，エの「異なった場所」，オの「音が複数聞えて」は合致しない。

(4) 「されば」は，だから，それゆえ，と順接で後につなげる意を持つので，ウが適切。

(5) 「この心ばせ」は，直前の「遠くて物をうつは，ひびきのおそくきたるなり。されば御前にては，壺にうち入りて，よくぞ聞こしめしけん」という工夫を指す。遠くにいる堀河天皇によく聞こえるよう，太鼓を打つ拍を早めていたことを「めでたし」とたたえているのでエが適切。

★ワンポイントアドバイス★

現代文は，論説文・小説文ともに，一歩踏み込んだ高度な読解力を身につけよう！
古文は，さまざま文章にあたり，大意を読み解く力をつけよう！

前期第2回　2022年度

解答と解説

《2022年度の配点は解答欄に掲載してあります。》

＜数学解答＞

1 (1) ア 2 イ 1 (2) ウ 7 エ 2 (3) オ 1 (4) カ 1 キ 6
2 (1) ア 1 イ 2 ウ 5 (2) エ 3 オ 6 (3) カ 4 キ 5
(4) ク 3 ケ 2 コ 6
3 (1) ア 5 イ 6 (2) ウ 3 エ 7 (3) オ 1 カ 7
(4) キ 9 ク 1 ケ 4
4 (1) ア 6 (2) イ 2 ウ 7 エ 3 オ 2 (3) カ 2 キ 7 ク 3
(4) ケ 4 コ 3
5 (1) ア 2 イ 8 ウ 8 (2) エ 6 オ 0
(3) カ 8 キ 1 ク 3 ケ 3 (4) コ 1 サ 9 シ 2

○配点○
各5点×20　計100点

＜数学解説＞

基本 1 (平方根の計算，連立方程式，数の性質，円の性質)

(1) $\left(\sqrt{24}-\frac{1}{\sqrt{3}}-5\sqrt{2}\div\sqrt{3}\right)\div\frac{\sqrt{3}}{3}=2\sqrt{6}\times\frac{3}{\sqrt{3}}-\frac{1}{\sqrt{3}}\times\frac{3}{\sqrt{3}}-\frac{5\sqrt{2}}{\sqrt{3}}\times\frac{3}{\sqrt{3}}=6\sqrt{2}-1-5\sqrt{2}=\sqrt{2}-1$

(2) $ax+by=6$と$b^2x-ay=36$の式に$x=2$，$y=-4$を代入すると，$2a-4b=6$　$a-2b=3$　$a=2b+3$…①　$2b^2+4a=36$　$b^2+2a=18$…②　②に①を代入すると，$b^2+2(2b+3)=18$　$b^2+4b+6-18=0$　$b^2+4b-12=0$　$(b+6)(b-2)=0$　$b>0$から，$b=2$　これを①に代入して，$a=2\times2+3=7$

(3) mを整数として，$n=6m+5$　$n^2=(6m+5)^2=36m^2+60m+25=12(3m^2+5m+2)+1$　よって，nを12でわったときの余りは1

(4) $\angle AOB=2\angle ADB=2\times28°=56°$　$\overset{\frown}{AB}=\overset{\frown}{CD}$から，$\angle COD=\angle AOB=56°$　$\angle ABD=\angle ABC-\angle DBC=72°-28°=44°$　$\angle AOD=2\angle ABD=2\times44°=88°$　$\angle BOC=360°-56°\times2-88°=160°$　よって，$BC=2\pi\times18\times\frac{160°}{360°}=16\pi$ (cm)

2 (図形と関数・グラフの融合問題)

基本 (1) $y=\frac{1}{4}x^2$…①　①に$x=-6$，-4を代入して，$y=\frac{1}{4}\times(-6)^2=9$，$y=\frac{1}{4}\times(-4)^2=4$　よって，A$(-6, 9)$，B$(-4, 4)$　直線ABの傾きは$\frac{4-9}{-4-(-6)}=-\frac{5}{2}$　$y=-\frac{5}{2}x+b$に点Bの座標を代入すると，$4=-\frac{5}{2}\times(-4)+b$　$b=-6$　よって，直線ABの式は，$y=-\frac{5}{2}x-6$…②　②の式に$y=0$を代入すると，$0=-\frac{5}{2}x-6$　$\frac{5}{2}x=-6$　$x=-6\times\frac{2}{5}=-\frac{12}{5}$　したがって，

点Dのx座標は，$-\frac{12}{5}$

(2)　点Cはy軸に関して点Bと対称な点になるから，C(4, 4)　　BC$=4-(-4)=8$　　△ACD＝△ABC＋△DBC$=\frac{1}{2}\times8\times(9-4)+\frac{1}{2}\times8\times4=20+16=36$

(3)　点Aを通り，△ACDの面積を2等分する直線は線分CDの中点を通る。よって，求めるx座標は，$\left\{\left(-\frac{12}{5}\right)+4\right\}\times\frac{1}{2}=\frac{8}{5}\times\frac{1}{2}=\frac{4}{5}$

重要 (4)　点Eを通り，△ACDの面積を2等分する直線とADとの交点をFとする。△AFE＝$\frac{\triangle ACD}{2}=\frac{36}{2}=18$　　ACの傾きは，$\frac{4-9}{4-(-6)}=\frac{-5}{10}=-\frac{1}{2}$　　$y=-\frac{1}{2}x+e$に点Cの座標を代入すると，$4=-\frac{1}{2}\times4+e$　　$e=6$　　E(0, 6)　　よって，直線ACの式は，$y=-\frac{1}{2}x+6$　　点Fを通り直線ACに平行な直線とy軸との交点をGとすると，△AGE＝△AFE＝18　　$\frac{1}{2}\times$EG$\times6=18$から，EG＝6　　$6-6=0$から，G(0, 0)　　よって，直線FGの式は，$y=-\frac{1}{2}x$…③　　②と③からyを消去すると，$-\frac{5}{2}x-6=-\frac{1}{2}x$　　$2x=-6$　　$x=-3$　　これを③に代入して，$y=-\frac{1}{2}\times(-3)=\frac{3}{2}$　　よって，F$\left(-3, \frac{3}{2}\right)$　　直線EFの式を$y=fx+6$として点Fの座標を代入すると，$\frac{3}{2}=f\times(-3)+6$　　$3f=\frac{9}{2}$　　$f=\frac{9}{2}\times\frac{1}{3}=\frac{3}{2}$　　したがって，求める直線の式は，$y=\frac{3}{2}x+6$

3 (図形と確率の融合問題)

基本 (1)　$\frac{8\times7\times6}{3\times2\times1}=56$(通り)

(2)　つくった三角形が直角三角形になる場合は，3点のうち2点が向かい合った位置にあるときである。たとえば，∠Aが直角になるとき斜辺はBF，CG，DHの3通りあるので，場合の数は，$3\times8=24$(通り)　　よって，求める確率は，$\frac{24}{56}=\frac{3}{7}$

重要 (3)　直線HAとCBの交点をIとすると，∠IAB$=360°\div8=45°$　　よって，△AIBは直角二等辺三角形になるので，AI$=\frac{2}{\sqrt{2}}=\frac{2\sqrt{2}}{2}=\sqrt{2}$　　△ABC$=\frac{1}{2}\times2\times\sqrt{2}=\sqrt{2}$　　同様にして，△BCD，△CDE，△DEF，△EFG，△FGH，△GHA，△HABの面積も$\sqrt{2}$になる。よって，場合の数は8通りになるので，求める確率は，$\frac{8}{56}=\frac{1}{7}$

(4)　内部を通らない三角形は，△ABC，△ABD，△ABE，△ACD，△ACE，△ADE，△BCD，△BCE，△BDE，△CDE，△AHG，△AHF，△AHE，△AGF，△AGE，△AFE，△HGF，△HGE，△HFE，△GFEの20通り　　よって，求める確率は，$\frac{56-20}{56}=\frac{36}{56}=\frac{9}{14}$

4 (平面図形の計量問題—三角形の比の定理，面積，三平方の定理，三角形の相似)

基本 (1)　三角形の比の定理から，DE：BC＝AD：AB　　DE：9＝2：3　　DE$=\frac{9\times2}{3}=6$
四角形DEFBは平行四辺形だから，BF＝DE＝6cm

(2)　点AからBCへ垂線AHを引くと，△ACHは∠ACH$=60°$の直角三角形だから，AH$=6\times\frac{\sqrt{3}}{2}=$

$3\sqrt{3}$　よって，$\triangle ABC=\frac{1}{2}\times BC\times AH=\frac{1}{2}\times 9\times 3\sqrt{3}=\frac{27\sqrt{3}}{2}(cm^2)$

(3)　AE：EC＝AD：DB＝2：1　$EC=6\times\frac{1}{3}=2$　点EからFCへ垂線EIを引くと，△ECIは∠ECI＝60°の直角三角形だから，$IC=\frac{EC}{2}=\frac{2}{2}=1$，$EI=IC\times\sqrt{3}=1\times\sqrt{3}=\sqrt{3}$　FC＝9－6＝3　FI＝3－1＝2　△EFIにおいて三平方の定理を用いると，$EF=\sqrt{(\sqrt{3})^2+2^2}=\sqrt{7}$　EG：GF＝DE：FC＝6：3＝2：1　$EG=\sqrt{7}\times\frac{2}{3}=\frac{2\sqrt{7}}{3}$(cm)

重要 (4)　$\triangle DBC=\frac{1}{3}\triangle ABC=\frac{1}{3}\times\frac{27\sqrt{3}}{2}=\frac{9\sqrt{3}}{2}$　△GFC∽△DBCで，相似比は3：9＝1：3だから，面積比は，$1^2：3^2$＝1：9　よって，四角形BFGDの面積は，$\frac{9\sqrt{3}}{2}\times\frac{8}{9}=4\sqrt{3}(cm^2)$

5 (空間図形の計量問題―体積，面積，三平方の定理，平行線と線分の比の定理)

基本 (1)　$\pi\times 6^2\times 8=288\pi(cm^3)$

(2)　∠DCE＝90°から，DEは底面の円の直径になる。△DCEは直角二等辺三角形だから，DEの中点をPとすると，CP＝DP＝6　△ACPにおいて三平方の定理を用いると，$AP=\sqrt{8^2+6^2}=\sqrt{100}=10$　よって，$\triangle ADE=\frac{1}{2}\times DE\times AP=\frac{1}{2}\times 12\times 10=60(cm^2)$

(3)　$BC=\sqrt{12^2+8^2}=\sqrt{208}=4\sqrt{13}$　平行線と線分の比の定理から，BF：FC＝AB：CP＝2：1　$BF=BC\times\frac{2}{3}=4\sqrt{13}\times\frac{2}{3}=\frac{8\sqrt{13}}{3}$(cm)

重要 (4)　BP＝AP＝10　点BからAPへ垂線BHを引き，PH＝xとすると，AH＝$10-x$　$BP^2-PH^2=BA^2-AH^2$から，$10^2-x^2=12^2-(10-x)^2$　$100-x^2=144-100+20x-x^2$　$20x=56$　$x=\frac{56}{20}=\frac{14}{5}$　$BH=\sqrt{100-\left(\frac{14}{5}\right)^2}=\sqrt{\frac{2500-196}{25}}=\sqrt{\frac{2304}{25}}=\frac{48}{5}$　よって，(四面体ABDE)＝$\frac{1}{3}\times\triangle ADE\times BH=\frac{1}{3}\times 60\times\frac{48}{5}=192(cm^3)$

★ワンポイントアドバイス★

5 (3)，(4)は，円柱を点A，B，Cが通る面で切断したときの切断面を作図して，考えよう。

＜英語解答＞

1 (1) D　(2) B　(3) A　(4) C

2 (1) D　(2) B　(3) B　(4) D　(5) C

3 (1) A　(2) C　(3) B　(4) C

4 (1) エ　(2) (3番目，6番目) イ，オ　(3) イ　(4) ウ　(5) ア　(6) イ
(7) (3番目，6番目) ウ，オ　(8) ア　(9) エ

5 (1) ウ　(2) (3番目，6番目) ウ，ア　(3) イ　(4) ウ　(5) ア
(6) (3番目，6番目) エ，ウ　(7) エ　(8) イ

6 (1) エ　(2) ア　(3) ウ　(4) ウ　(5) ア　(6) エ　(7) イ

(8) エ　(9) ア

○配点○

1・2　各2点×9　3　各3点×4

4 (5)・(6)・(9)　各2点×3　他　各3点×6((2)・(7)各完答)

5 (5)　2点　他　各3点×7((2)・(6)各完答)

6 (1)・(2)・(5)・(6)　各2点×4　他　各3点×5　計100点

<英語解説>

1～3 リスニング問題解説省略。

4 (長文読解問題・説明文：語句補充・指示語・語句整序[不定詞・関係代名詞])

(大意) 人々は世界のさまざまな地域で英語を話す。同じ言葉は，①住んでいる場所に応じて異なる方法で使用することができる。人々はまた，同じことを言うのに全く異なる方法を持つことができる。

オックスフォード英語辞典(OED)は，新しい単語を追加するのを手伝ってくれるよう求めている。編集者は，言語②の記録を増やすために，英語の地域の違いを見つけたいと思っている。

昨年，OEDと他の企業は協力して，イギリスで地元の言葉を見つけた。100の地元の単語が辞書に追加された。たとえば，ヨークシャーでは「ee bah gum」は「oh」として使用され，北東部では「cuddy wifter」は「左利きの人」として使用される。

現在，OEDは世界中の英語の話し手を③幅広く探している。OEDの編集者エレノア・マイヤーは，反応は素晴らしかったと語った。そのため，編集者は辞書に含める提案をリストアップしている。④これらには，ニュージャージー州とニューヨーク市の人々にとって「非常に寒い」ことを意味する「brick」が含まれる。もう1つは，スコットランドで使用されている水着「ドゥーカー」という言葉だ。ニュージーランドには「壊れた」という意味の「munted」がある。辞書は，中心から外れてぶら下がっている絵が「agley」または「ahoo」と表現できることをすでに発見している。⑤また，恋人は「doy」または「babber」と呼ぶことができる。

「OEDはあらゆる種類の英語をカバーしたいと考えています」とマイヤー氏は述べた。「それには，標準的な英語，科学技術のための単語，現地語が含まれます。ですから，私たちが⑥そのイメージを持つためには，これらの言葉を含めることが重要です」と彼女はまた言った。

マイヤー氏は，OEDの編集者が地元の単語を特定することは難しいかもしれないと述べた。言葉は書き留めるよりも頻繁に話される。したがって，彼女はTwitterなどのウェブサイトは，⑦人々が使用する言葉を見つけるのに最適な方法であると言った。

例えば，「Tarzy」は，ロープを意味する言葉だ。編集者は2003年から使われたと考えていた。しかし，マイヤーは，彼女の友人の母親が1970年代に子供の頃にそれを使用したことを覚えていたので，それ⑧以前に使用されていたと言った。

「地元の言葉は，使用者が特定の場所から来ていることを示しています」とマイヤー氏は言う。「『tarzy』などの言葉を使うことができ，それらが⑨理解されていることを知ることができると，あなたは自分が故郷にいるとわかります」と彼女は言った。

(1) この文章は，場所による言語の違いについて述べていることから判断する。

基本 (2) (~ around the world) in order to increase its record of (the language.)　in order to ~「～するために」目的を表す不定詞の副詞的用法である。

(3) 次の段落に，ニュージャージー州やニュージーランド，スコットランドなどの例が挙げられているので,「幅広く」探したのだとわかる。

(4) この後に,辞書に載せる単語の例が書かれているので,suggestions を指している。

(5) 例を並べているので,「また」の also が適切。

(6) 英語のイメージを持つために,あらゆるタイプの英語をカバーするのである。

重要 (7) (~ a great way) to find the words that people use(.) that people use は前の名詞を修飾する目的格の関係代名詞である。

(8) 1970年代に使われていたので,それ「以前」から使われていたと言ったのである。

(9) 地元の言葉が使われ,「理解される」と故郷にいるのだとわかるのである。

5 (長文読解問題・説明文:語句補充,指示語,語句整序[間接疑問文・現在完了])

(大意) チリの砂漠で見つかった小さな骸骨であるアタカマは①珍しい。アタは,彼女が知られているように,10対の肋骨を持っている。平均的な人は12対だ。アタの頭は先が細くなっている。彼女の骨は6歳から8歳の子供と同じくらい硬い。骨は年をとるにつれて硬くなる。しかし,アタは立ったら身長15cmにすぎない。

今,アタの骨はコレクターの手の中にある。エイリアンやUFOのハンターは,小さなアタに興味を持つようになった。彼らは所有者を探した。ハンターの一人であるスティーブン・グリアは,UFOに関する会議でアタの所有者に会った。彼は所有者に骨の小さなサンプルを与えるように頼んだ。グリアがアタを持ったとき,②彼女はどれほど小さいのか信じられなかった。彼女の体は彼の手に収まった。彼は,アタが別の惑星から来た可能性を考えた。

科学者たちは,アタが③人間であることを証明した。スタンフォード大学の科学者であるノーランはアタを研究し,科学雑誌にアタの話について書いた。それはアタの遺伝子について語っている。これには,④彼女についての奇妙なことが含まれる。

アタの物語はチリ北部で始まった。世界で最も⑤乾燥した地域の1つだ。アメリカの宇宙機関であるNASAは,アタカマ砂漠で火星の車両をテストしている。アタの遺体は2003年に砂漠で発見された。骨は古い村の教会の近くにあった。

何人かの専門家がノーランの研究を手伝った。彼らの中には,⑥何千年も前の骨を研究している人もいる。しかし,骨はわずか30年ほど前のものだ。

ノーランは,世界の専門家の一人であるラックマン博士に,骨の研究を手伝ってくれるように頼んだ。ラックマンはアタの骨を調べた。骨は6歳の子供の骨と同じくらい硬いが,アタはそうではなかった。彼女が死んで生まれた可能性はあった。実際,彼女は非常に珍しい人間の骨を持っているようだった。

アタは骨の問題を抱える人々にとって朗報かもしれない。アタの遺伝子は骨疾患を持つ人々の遺伝子に似ていた。ノーランは,科学者がアタの骨からの発見を骨の問題を抱える人々を助けるために使うことができると信じている。彼らは人々の骨を⑦より健康にすることができるかもしれない。

ノーランはまた,アタの物語に別のハッピーエンドがあることを望んでいる。彼はアタが⑧彼女がいるべき場所に埋葬されることを望んでいる。

(1) アタの骨はとても珍しい(unusual)ものであったのである。

重要 (2) (he) couldn't believe how small she was(.) 〈how +形容詞+主語+動詞〉「どれほど~か」

(3) However が用いられていることから,エイリアンやUFOのハンターはアタを他の惑星から来た可能性を考えたが,科学者たちは人間である証明をしたと判断できる。

基本 (4) アタの遺伝子がエイリアンの遺伝子に似ているという記述はない。

(5) アタは砂漠で発見されたので,driest が適切である。

(6) Some of them have studied bones (from thousands of years ago.) 〈have +過去分詞〉で現在完了の文になる。

(7) 骨に問題を抱えている人を助けるとあるので，アタの骨を調べることで，骨を「より健康にする」ことができる可能性がある。

(8) 彼女がいるべき場所は，もともとアタがいたチリの砂漠である。

基本 **6** (長文読解問題・物語文：語句解釈，要旨把握，指示語)

(大意) エラは汚れた古いドレスを見ていた。彼女の前に魔女が現れた。魔女はつえを触れるだけで美しいドレスを作った。しかし，魔女の①魔法は真夜中に破られるだろう。エラは魔女に真夜中前に②ダンスホールを出ると約束した。魔女が作ったドレスは，真夜中過ぎに古い汚れた服に変わるだろう。

エラが舞踏会に着いた後，王の息子は立派な女性に会うように言われ，彼女をホールに連れて行った。会場のみんなは見知らぬ人の美しさに魅了された。みんなが小さな声で「なんて美しいの！」と言った。

エラの二人の姉妹もダンスホールにいた。王様の息子はいつもエラと一緒にいて，エラと優しく話すのを止めなかった。③すべてが彼女にとって素晴らしく聞こえ，彼女は彼女が魔女にした約束を忘れていた。彼女は時計を見るまで，12時だとわからなかった。④彼女は驚いた。彼女は走り始めた。王子は後を追ったが，彼女に追いつくことはできなかった。彼女はガラスの靴の1つを置き去りにし，王子はそれを拾った。

彼女は家に着いたが，汚れた古い服を着ていた。ポケットに入っていたのは小さな靴の一つだけだった。これは彼女が落とした⑤もう片方だった。

二人の姉妹がダンスホールから戻ると，エラは二人にパーティーを楽しんでいるか，立派な女性がそこにいるかと尋ねた。彼女らは「えぇ，でも⑥彼女は真夜中前に急いで立ち去ったの。彼女は世界で最も美しいガラスの靴を履いていて，そのうちの1つを落としたわ。王様の息子がそれを拾ったのよ。彼はダンスホールでいつも彼女を見て，美しい女性に恋をしているようだったわ」と言った。

彼女らが言ったことは真実だった。数日後，王様の息子は，この靴が合う彼女と結婚すると言った。王女はそれを試着し始めたが，⑦無駄だった。それは二人の姉妹に持って来られ，彼女らは靴に足を突っ込もうとしたが，失敗した。

エラはこれらすべてを見て，それが彼女の靴であることを知った。「それが私に合うかどうか見てみましょう」⑧姉妹たちは彼女を笑った。靴を試すために派遣された紳士はエラを見て，彼女がとても美しいと感じた。彼は，彼女も試してみるべきであり，みんなに試させるように命令されたと言った。彼はエラに，座って靴を足に履くように言った。彼はそれが彼女に非常に簡単に合うことを発見した。二人の姉妹は，エラがポケットからもう片方の靴を取り出し，もう片方の足に履いたとき，大いに驚いた。そこへ魔女が入ってきて，エラの服に彼女のつえを触れた。彼女はエラが以前に身に着けていたどのものよりも豊かで美しいものにした。

そして今，彼女の二人の姉妹は，彼女が素晴らしい女性であることに気付いた。彼女らは彼女にしたすべての悪いことについて彼女に謝罪した。エラは二人を抱きしめた。⑨彼女は彼女らの謝罪を受け入れ，彼女らに自分を愛してほしかったのだ。

彼女は最高の服を着た若い王子のところに連れて行かれた。彼は彼女が以前よりも魅力的だと思った。数日後，彼は彼女と結婚した。エラは二人の姉妹に城の部屋を与えた。

(1) spell「呪文，魔法」

(2) この後，舞踏会に参加しているので，「ダンスホール」だと判断できる。

(3) 王子はエラに話すのを止めず，その言葉が彼女にとって素晴らしかったのである。
(4) 第1段落第4文参照。真夜中になると，魔法がとけてしまうからである。
(5) mate はもう片方を指す場合に使うことがある。
(6) 真夜中前に急いで立ち去ったのは，舞踏会にいた美しい女性のことである。
(7) in vain「むだに，効果なく」
(8) 彼女の姉妹たちは，汚れた古い服を着たエラにはふさわしくないので笑ったのである。
(9)「謝罪」は，彼女にしたすべての悪いことに対してである。

★ワンポイントアドバイス★

長文読解問題が3題あるが，難易度の高い語句が多く出題されている。過去問や問題集を用いて同難易度の問題を数多く解きたい。

＜理科解答＞

1 (1) ア (2) エ (3) ウ (4) あ 2 い 9 う 3 (5) エ
2 (1) ウ (2) あ 5 い 5 (3) 1 ア 2 エ (4) イ (5) イ
3 (1) ウ (2) あ 3 い 2 (3) ア (4) あ 5 い 6 う 0
(5) 1 イ 2 ウ
4 (1) イ (2) あ 1 い 2 う 0 (3) あ い 7 う 0
(4) 1 ア 2 ウ (5) あ 6 い 3 う 0 え 0
5 (1) ウ (2) イ (3) エ (4) イ (5) あ 5 い 1
6 (1) イ (2) 1 ア 2 イ (3) エ (4) 1 エ 2 ア (5) エ
7 (1) イ (2) 1 ウ 2 ア (3) エ (4) ウ (5) あ 2 い 5
8 (1) ウ (2) エ (3) あ 2 い 4 う 2 え 4 (4) 1 イ 2 ア
(5) あ 1 い 8

○配点○

1 (4) 4点(完答) 他 各2点×4 2 (5) 4点 他 各2点×4((2)・(3)各完答)
3 (4)・(5) 各4点×2(各完答) 他 各2点×3((2)完答) 4 (5) 4点(完答)
他 各2点×4((2)～(4)各完答) 5 (5) 4点(完答) 他 各2点×4
6 (1)～(3) 各2点×3((2)完答) (4)・(5) 各4点×2((4)完答) 7 (5) 4点(完答)
他 各2点×4((2)完答) 8 (5) 4点(完答) 他 各2点×4((3)・(4)各完答) 計100点

＜理科解説＞

1 (植物の体のしくみ―蒸散)

基本 (1) アジサイは双子葉植物で，根のつくりは主根と側根，葉は網状脈である。

基本 (2)・(3) アジサイの茎には形成層がある。また，図1のように，形成層の内側には道管があり，根から吸収した水が通る。

やや難 (4) ワセリンをぬった部分からは蒸散をしないので，Aは葉の表・葉の裏・茎，Bは葉の表・茎，Cは葉の裏・茎，Dは茎からの蒸散が行われている。また，それぞれの蒸散量を求めると，Aは，30.0(mL)－23.6(mL)＝6.4(mL)，Bは，30.0(mL)－27.9(mL)＝2.1(mL)，Cは，30.0(mL)－25.0

(mL)＝5.0(mL)である。したがって，葉の表からの蒸散量は，A－C＝6.4(mL)－5.0(mL)＝1.4(mL)，葉の裏からの蒸散量は，A－B＝6.4(mL)－2.1(mL)＝4.3(mL)，茎からの蒸散量は，B－葉の表＝2.1(mL)－1.4(mL)＝0.7(mL)であることがわかる。以上より，X＝30.0(mL)－0.7(mL)＝29.3(mL)である。なお，Eの結果から，今回の実験では，水面からの蒸発は考えなくても良いことがわかる。これらの結果をまとめる，表1のようになる。

図1

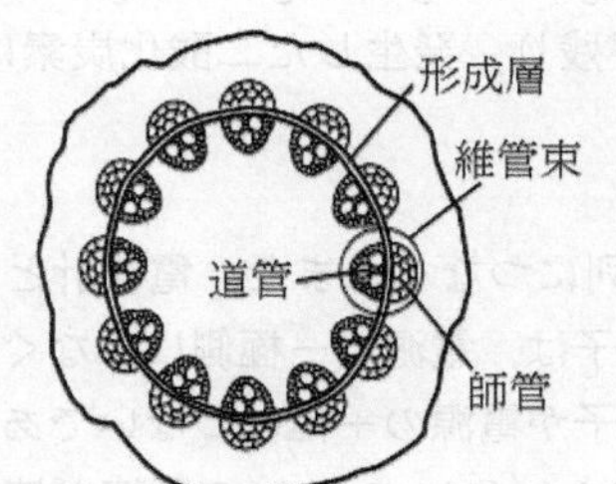

表1

	葉の表	葉の裏	茎	全体
A	1.4	4.3	0.7	6.4
B	1.4	×	0.7	2.1
C	×	4.3	0.7	5.0
D	×	×	0.7	0.7

(単位はすべてmLである。)

やや難 (5)　葉の裏からの蒸散量は葉の表からの蒸散量の，4.3(mL)÷1.4(mL)＝3.0…(倍)より約3倍である。

2 (天気の変化－気象の観測と天気図)

基本 (1)　4月15日の9時の天気は，北東の風，風力3，晴れである。

(2)　7℃の飽和水蒸気量が7.8g/m^{3}なので，湿度が70%のときの水蒸気量は，7.8(g/m^3)×0.7＝5.46(g/m^3)より，約5.5g/m^{3}である。

(3)　高気圧の中心に最も近い地点Pの気圧が最も高く，低気圧の中心に最も近い地点Sが最も低い。

重要 (4)　前線Yは温暖前線であり，西側に暖気があり，東側にある寒気の上に上がることで，広い範囲に乱層雲が発生し，しとしと雨が降る。

重要 (5)　前線Xは寒冷前線であり，通過後に気温が下がり，南寄りの風から北寄りの風に変わる。したがって，4月14日の12時から15時が当てはまる。

3 (化学変化と質量－酸化と還元)

基本 (1)　銀白色のマグネシウムMgが燃焼すると，白色の酸化マグネシウムMgOになる。

(2)　0.60gのマグネシウムから1.00gの酸化マグネシウムが生じるので，結びついた酸素の質量は，1.00(g)－0.60(g)＝0.40(g)である。したがって，マグネシウムと酸素の質量の比は，0.60：0.40＝3：2である。

(3)　実験2で，酸化銅と炭素の間に起きた化学変化を化学反応式で表すと，次のようになり，二酸化炭素が発生する。$2CuO + C \rightarrow 2Cu + CO_2$

やや難 (4)　6.00gの酸化銅に炭素を0.15gずつ増やしながら加えていくと，表2のような結果になった。このとき，試験管Aに残った固体の質量の変化を調べると，炭素の質量を0.45g以上加えたときは，0.15gずつ増えることがわかる。したがって，6.00gの酸化銅は0.48gの炭素と過不足なく反応して，4.80gの銅が生じたことがわかる。このとき，炭素の質量を0.45gを加えるまでは，銅と酸化銅の混合物であり，炭素の質量を0.45gよりも多く加えると，銅と炭素の混合物であることがわかる。以上より，X＝5.20(g)＋0.40(g)＝5.60(g)である。

表2

	+0.15g	+0.15g	+0.15g	+0.15g	
炭素粉末の質量(g)	0.15	0.30	0.45	0.60	0.75
試験管Aに残った物質の質量(g)	×	5.20	4.80	4.95	5.10
		−0.40g	−0.40g	0.15g	0.15g

(5) 炭素を0.75g加えたときには，銅と炭素の混合物が残り，発生した二酸化炭素は，6.00(g)＋0.75(g)−5.10(g)＝1.65(g)である。

4 (電力と熱―電力と水温の変化)

(1) 電流計は回路に直列につなぎ，電圧計は回路に並列につなぐ。また，電流計と電圧計の＋端子は，電源の＋極側につなぎ，電流計と電圧計の−端子は，電源の−極側につなぐ。なお，アの回路は，電圧計の＋端子が電源の−極，電圧計の−端子が電源の＋極につないである。

(2) 3.0Ωの電熱線Xに6.0Vの電圧をかけると，6.0(V)÷3.0(Ω)＝2.0(A)の電流が流れるので，消費電力は，6.0(V)×2.0(A)＝12.0(W)である。

(3) 実験1の③においては，はじめの水温が25.0℃であり，1分間で，26.2(℃)−25.0(℃)＝1.2(℃)上昇しているので，10分後の水温は，25.0(℃)＋1.2(℃)×10＝37.0(℃)である。

(4) 実験2の①では，電熱線Xと電熱線Yが直列につながっているので，回路全体の抵抗が，3.0(Ω)＋4.0(Ω)＝7.0(Ω)になり，回路全体の消費電力が小さくなる。したがって，5分後の水温は，電熱線Yだけのときよりも低くなる。一方，実験2の②では，電熱線Xと電熱線Yが並列につながっているので，回路全体の抵抗が，3.0(Ω)よりも小さくなり，回路全体の消費電力が大きくなる。したがって，5分後の水温は，電熱線Xだけのときよりも高くなる。

(5) 6.0Vの電圧を，5分間電熱線Xと電熱線Yにかけると，発生した熱量は，

$6.0(\mathrm{V})\times\left(\frac{6.0(\mathrm{V})}{3.0(\Omega)}+\frac{6.0(\mathrm{V})}{4.0(\Omega)}\right)\times5\times60(秒)=6300(\mathrm{J})$ である。

5 (生殖と遺伝―エンドウの遺伝)

重要 (1) 遺伝子とは，DNA(デオキシリボ核酸)上にある遺伝情報のことである。

基本 (2) 純系どうしをかけ合わせると，子の遺伝子には両親の遺伝子が受け継がれる。

(3) 黄色の種子をつくる遺伝子をY，緑色の種子をつくる遺伝子をyとすると，純系どうしをかけ合わせた子の遺伝子はYyとなり，黄色の種子だけができる。さらに，子を自家受粉させると，孫では，黄色の種子：緑色の種子＝3：1の割合になる。したがって，黄色の種子の個数は，2000(個)×3＝6000(個)である。

やや難 (4) 草たけの高い個体をつくる遺伝子をT，草たけの低い個体をつくる遺伝子をtとすると，実験③でできた草たけの高い個体の遺伝子はTtであり，草たけの低い純系の個体の遺伝子はttである。したがって，これらをかけ合わせてできた子の遺伝子は，表3のようになり，草たけの高い個体：草たけの低い個体＝2：2＝1：1となる。

やや難 (5) 実験④でできた個体(孫)は，表4のようになる。したがって，AA：Aa：aa＝1：2：1になるので，丸い種子の個体だけを育てて自家受粉させると，AAからは丸い種子のみ，Aaからは，丸い種子：しわの種子＝3：1の割合になるので，丸い種子としわの種子の割合は，丸い種子：しわの種子＝(4＋3×2)：1×2＝5：1となる。

表3

	草たけが高い個体	
草たけが低い個体	T	t
t	Tt	tt
t	Tt	tt

表4

	A	a
A	AA	Aa
a	Aa	aa

6 (地球と太陽系一星の動き)

基本 (1)・(2) 地球は地軸を中心にして，1日に1回転，西から東に自転している。そのため，星の位置は，東から西に，1時間に15°ずつ動くように見える。

(3) 地球のDの位置からは，しし座は，夕方に東の空に見え，真夜中に南中し，明け方に西の空に見える。

(4) 6か月後の地球の位置はBである。また，Bの位置では，真夜中には，東の空におうし座，南の空にみずがめ座，西の空にはさそり座が見える。

やや難 (5) カシオペヤ座の9か月後の位置は，図2のように12(か月)−9(か月)＝3(か月)前の位置と同じである。したがって，カシオペヤ座は時計回りに，30(°)×3＝90(°)動いた位置にあるので，9か月後にXの位置にカシオペヤ座が見えるのは，午後7時の，90(°)÷15(°)＝6(時間)後の午前1時である。

図2

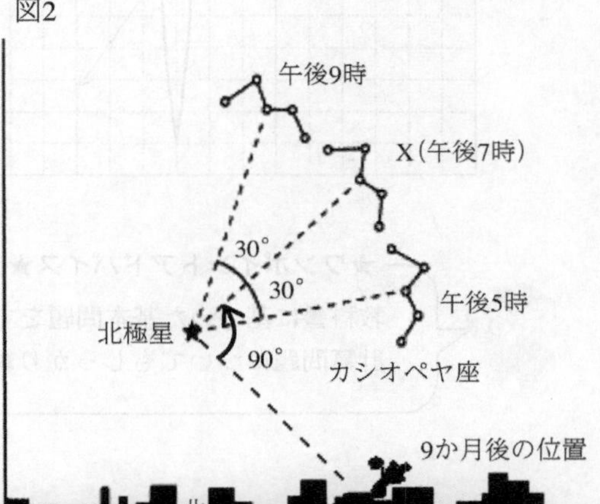

7 (電気分解とイオン，酸とアルカリ・中和一水溶液とイオン，塩酸と水酸化ナトリウム水溶液の中和)

基本 (1) 原子が電子を失うことで陽イオンになり，原子が電子を受け取ることで陰イオンになる。

(2) 水酸化ナトリウムは次のように電離する。$NaOH \rightarrow Na^+ + OH^-$ また，このときに生じた水酸化物イオンOH^-は，＋極側に引かれ，赤色リトマス紙Aを青色に変える。

(3) 塩酸は次のように電離する。$HCl \rightarrow H^+ + Cl^-$ また，このときに生じた水素イオンH^+は，−極側に引かれ，青色リトマス紙Dを赤色に変える。

やや難 (4) うすい塩酸10cm³中に含まれている水素イオンの数は塩化物イオンの数と同じnである。また，実験2の表の結果から，うすい水酸化ナトリウム水溶液を12.0cm³を加えたときに完全に中和して，溶液中の水素イオンの数は0になる。

やや難 (5) うすい塩酸とうすい水酸化ナトリウム水溶液が完全に中和するときの体積の比は，10：12＝5：6である。一方，うすい水酸化ナトリウム水溶液を15cm³加えたときには，うすい水酸化ナトリウム水溶液が，15(cm³)−12(cm³)＝3(cm³)あまっているので，これを完全に中和するのに必要なうすい塩酸の体積は，$3.0(cm^3) \times \frac{5}{6} = 2.5(cm^3)$である。

8 (光と音の性質一厚いガラスと凸レンズによる光の屈折)

重要 (1) 厚いガラスに斜めに入った光は，2回屈折した後に，ガラスに入った光と平行に出ていく。

重要 (2) 凸レンズによる実像を実物と同じ側から見ると，上下左右が反対に見える。

(3) スクリーン上に実物と同じ大きさの像が見えたので，実物は焦点距離の2倍の12(cm)×2＝24

(cm)の位置に置いてある。また，そのときに実像ができる位置も焦点距離の2倍のところである。

(4)　実物を焦点と焦点距離の2倍の間に置いた時は，実像は焦点距離の2倍よりも遠い位置に，実物よりも大きい実像ができる。反対に，実物を焦点距離の2倍よりも遠い位置に置いた時は，焦点と焦点距離の2倍の間に，実物よりも小さい実像ができる。

やや難 (5)　凸レンズによりできる虚像を作図してみると，図3のように，実物の2倍の大きさの9(cm)×2＝18(cm)の虚像が見える。

図3

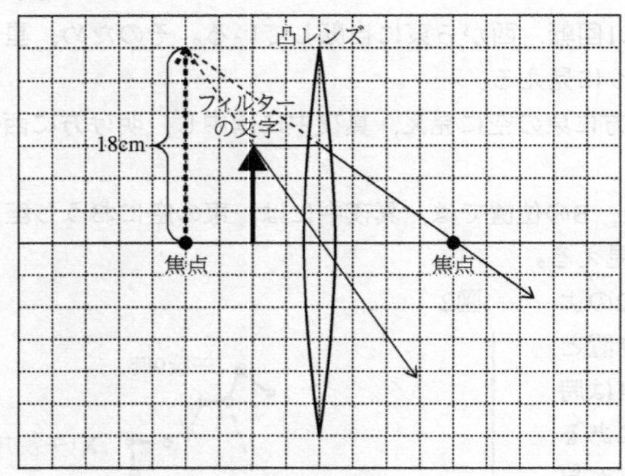

★ワンポイントアドバイス★

教科書に基づいた基本問題をすべての分野でしっかり練習しておくこと。その上で，計算問題についてもしっかり練習しておこう。

<社会解答>

1	(1) イ	(2) ア	(3) イ	(4) ウ	(5) ① イ　② エ		
2	(1) エ	(2) ア	(3) イ	(4) ア	(5) イ	(6) エ	(7) ア
3	(1) ア	(2) イ	(3) エ	(4) イ	(5) ア	(6) エ	
4	(1) エ	(2) ウ	(3) ウ	(4) カ	(5) ウ	(6) ア	(7) ウ
5	(1) ア	(2) ウ	(3) エ	(4) ア	(5) エ		
6	(1) エ	(2) ア	(3) ウ	(4) イ	(5) イ		
7	(1) ウ	(2) ウ	(3) エ	(4) ア			

○配点○

1 (5)　各2点×2　他　各3点×4　2 (1)・(2)・(5)・(6)　各2点×4
他　各3点×3　3 (1)・(3)・(5)　各3点×3　他　各2点×3
4 (1)・(3)・(4)・(7)　各3点×4　他　各2点×3　5 (1)・(3)・(6)　各2点×3
他　各3点×2　6 (1)～(3)　各2点×3　他　各3点×2　7 (1)・(3)　各3点×2
他　各2点×2　計100点

＜社会解説＞

1 （日本の地理ー地形図・自然・産業など）

(1) 中国山地の北側は律令時代の山陰道，南側は山陽道。中国地方は全部で5県，北緯40度は東北地方の秋田を通過，フォッサマグナは中部地方。

(2) 美濃焼で知られる東濃地方は日本最大の陶磁器生産地帯。イは静岡，ウは長野，エは新潟。

(3) 秋田は冬季の雪，長野は降水量が少なく気温の年較差が大きい内陸性気候，大阪は降水量の少ない瀬戸内の気候，水戸は寒さがやや厳しいが比較的温和な気候。

(4) サクランボは山形が全国の4分の3を生産。ビワは長崎，南部鉄器は岩手。

重要 (5) ① 25000分の1では3cm＝750m，5cm＝1250m。 ② 海岸沿いの砂丘には針葉樹林(Λ)，最北の橋は柳都大橋，新潟大学付近には29.5mの三角点，市役所は◎。

2 （地理ー気候・産業・世界の国々など）

(1) 地球の1周は約40000km。

(2) 正反対の地点は対蹠点(たいせきてん)と呼ばれ，北緯と南緯が逆，東経と西経も逆で180度異なる。

(3) パンパでは小麦などの栽培と牧畜が盛んに行われている。サンベルトはアメリカの南部。

重要 (4) かつては旧宗主国のイギリスとの結びつきが強かったが，その後は日本などアジアとの関係が強化され，近年は経済発展の著しい中国が最大の貿易相手国となっている。

(5) 19世紀のダイヤ発見から100年以上にわたってダイヤ採掘の中心となっていた南アフリカ。

(6) 高緯度地方では太陽が沈まない白夜や反対に1日中沈んだままの極夜がみられる。

(7) ブラジルのエネルギー生産量はトルコ・スペインを大きく上回っている。トルコ・スペインのGDPは3倍以下，カナダのGDPは2016年に減少，4か国の合計は約9億トン。

3 （日本と世界の歴史ー古代～近世の政治・社会・文化史など）

(1) 孔子(紀元前5～6世紀)→始皇帝(紀元前3世紀)→三国時代(3世紀)の順。

(2) 5・6世紀ごろ渡来人により仏教や漢字，様々な新技術が半島を経由して伝えられた。稲作は縄文末期，金属器は弥生，唐招提寺，正倉院は奈良。

重要 (3) 唐の末期には各地で反乱が発生，10世紀初頭に20代290年で滅亡した。一方，唐の援助の下で7世紀に半島を統一した新羅も10世紀前半に高麗により滅ぼされた。

(4) 土倉は鎌倉～室町の金融業者で，質物保管のため土蔵を持っていたことから起こった名。

(5) 南米から太平洋を横断，本人はフィリピンで殺害されたが部下がインド洋からアフリカを回って世界1周を完成させた。アはコロンブスの到達した西インド諸島。

(6) 東海道中膝栗毛は十返舎一九，浮世絵の祖と言われているのは菱川師宣。

4 （日本と世界の歴史ー近・現代の政治・外交史など）

(1) 征韓論で敗れた板垣らの民撰議院設立建白書を契機に自由民権運動が活発化した。

(2) 江華島事件(1875年)をきっかけに日朝修好条規を結び鎖国政策をとる朝鮮を開国させた。日露戦争では旅順で戦う弟の身を案じて与謝野晶子が「君死にたまふこと勿(なか)れ」を発表した。

(3) ロシアの3月革命で皇帝は退位，11月革命でレーニンが権力を握った。ドイツは三国同盟，暗殺されたのはオーストリアの皇太子夫妻，講和会議はパリ。

(4) ムッソリーニの政権獲得(1922年)→抗日民族統一戦線(1937年)→ポーランド侵攻(1939年)。

(5) 農地改革は自作農創出が目的で政治・経済・教育など様々な民主化が実施された。

やや難 (6) 東欧で社会主義独裁が否定されると11月には象徴であったベルリンの壁が崩壊，12月にブッシュ（父）・ゴルバチョフ会談で冷戦が終結。湾岸戦争は1991年，EU結成は1993年。

(7) イラク戦争は大量破壊兵器疑惑と9・11のテロに関係があるとして2003年に発生。

5 (公民―憲法・選挙制度・地方自治など)

(1) 国民の自由や権利を守るための制度で，第1審に不服であれば控訴・上告できる。

(2) 小選挙区は1つの選挙区から1名を選出する制度。衆議院の小選挙区は289人，比例代表は176人，参議院の選挙区は148人で比例代表は100人。

(3) 天皇の国事行為(憲法7条2項)。アは内閣，イは国会の働き。ウは条約の公布。

(4) 参議院には解散や内閣不信任決議はない。国民審査は就任後初の総選挙とその後10年ごと。

基本 (5) 被選挙権は参議院議員と都道府県知事のみ30歳であとはすべて25歳。

6 (公民―小売り・企業・為替・環境問題など)

(1) 消費の王様といわれていたデパートの売り上げはバブル崩壊後激減，それに代わってコンビニが小売りだけでなく文字通り便利なお店として消費の中核になりつつある。

(2) 私企業の中心が株式会社。労働基準法・労働組合法・労働関係調整法を労働3法という。

(3) デフレでは通貨量の増大，インフレでは通貨量を縮小する政策が実施される。間接税とは商品やサービス価格の中に税が含まれる。法人税と消費税は一定の税率が課される。

重要 (4) 円高になると円の購買力が上がるため輸入には有利に働く。

(5) 京都議定書では先進国だけに削減義務が課されたが，パリ協定ではすべての締約国に義務付け。

7 (公民―家族生活・憲法など)

(1) 学習用タブレットは子ども専用が圧倒的で携帯音楽プレーヤーは50%以上が親と共用。

(2) 子どもの権利条約は1994年に批准。教育(26条)，勤労(27条)，納税(30条)は国民の3大義務。

(3) 夫婦または未婚の子どもからなる世帯でひとり親も含まれる。近年は単独世帯が増えており，中でも高齢化に伴う独居老人が大きな社会問題となっている。

重要 (4) 人身の自由。イは請求権，ウは幸福追求権，エは平等権。

★ワンポイントアドバイス★

分野を問わず各種資料の読み取り問題はなかなか手間のかかるものである。時間配分に注意し，もし迷う問題などがあれば後回しにするなどの工夫をしよう。

＜国語解答＞

一 (1) ① ア ② エ ③ イ ④ ウ ⑤ オ (2) エ (3) ア (4) イ (5) ア・カ (6) イ (7) オ (8) イ

二 (1) エ (2) オ (3) ウ (4) ア (5) オ (6) エ (7) イ

三 (1) ウ・カ (2) イ (3) エ (4) オ (5) ウ

○配点○

一 (1) 各2点×5 (3) 4点 (5) 各3点×2 他 各6点×5

二 (3)・(4) 各5点×2 他 各4点×5

三 (1) 各2点×2 他 各4点×4 計100点

＜国語解説＞

一　（論説文―漢字の読み書き，段落構成，脱語補充，接続語，文脈把握，内容吟味，要旨）

(1)　①　体系　ア　時系列　イ　警告　ウ　傾倒　エ　休憩　オ　継続
②　断罪　ア　顕在　イ　財務　ウ　資材　エ　功罪　オ　薬剤師
③　遂げ　ア　心酔　イ　完遂　ウ　炊事　エ　無粋　オ　午睡
④　名詞　ア　至急　イ　真摯　ウ　作詞　エ　風刺　オ　飼育
⑤　貧困　ア　混同　イ　開墾　ウ　結婚　エ　痕跡　オ　困窮

やや難　(2)　[1]～[3]段落では，演劇世界に描かれる嘘と，現実世界の嘘について論じ，[4]・[5]段落では，現実の嘘と芸術の嘘の違いについて説明しているのでエが適切。アの「プラス面」，イの「危険性」，ウの「筆者の主張」，オの「現実の嘘に注目」は合致しない。

(3)　A　直前の「私たち読者はその嘘を外側から見ているがゆえに，それをひたすら面白いと思って読む」と，直後の「気をつけなければいけない」をつなぐ言葉としては，「だからこそ」が適切。面白いからこそ気をつけなければいけない，とする文脈である。C　直前に述べられている内容を受けて「今でこそ一般的とされているこの考え方は……」と付け加えているので，前の内容に条件を付加する意味の「もっとも」が入る。

(4)　ⅰは，直前の「もともとの芸術に対する姿勢」を言い換えているので，aが適切。[2]段落に「演劇を見に劇場に脚を運ぶときの私たちは，ドラマの中の事件が嘘であると承知した上で，舞台の約束事としての嘘を見ないでいる」とある。ⅱは，直前の「現実」の説明なのでfが適切。[2]段落には，さらに「現実の中で仕掛けに気づかないとき，人は嘘の被害者になるとか，あるいは逆に，当事者に転じることになる。嘘は先を見こせない恐ろしさを持っている，嘘を操り，デマの構造に精通している人が，大勢の人をいとも簡単に自分の思う方向に操作してゆくことがある」と述べられている。

(5)　直後に「参加型の展覧会が増えてきている。……鑑賞の間口が広くなり，陳列された作品に直接触れて戯れて面白がらせるものが多くなっている」と説明されているので，「参加型」にあてはまるイ・ウ・エ・オは合致する。アの「客を移動させて」，カの「他者が知らないような知識を身につけて」は合致しない。

やや難　(6)　直後に説明があることをおさえる。アは，「嘘は伝達方法の変革とともに，さらに変異を続けるであろう。……嘘は，……そのイメージを書き換え，……百害を与えかねない」とあることと合致する。イは，「事実と見分けがつかないような嘘を作りこんで人々の関心を引く」という内容は本文にないのであてはまらない。ウは，次の段落に「うっかりしていると，嘘はどんどん大きく強く成長してゆき，……絶望してしまう。想像力がなくなるとき，人は判断を人任せにしてしまう」とあることと合致する。エは，「こうして，嘘も嘘でないことも，真実も欺瞞も，ついには分からなくなってゆく」とあることと合致する。オは，「リアリティの感覚が変化してきている私たちの時代においては，イメージは現実以上に現実的で，嘘はそのことを巧みに操作してゆくことを忘れてはならない」とあることと合致する。

(7)　同様のことは[10]段落に「大きな嘘の被害を避けるためには，……その変化の中で見て捉えようとする，柔軟な感性のベクトルをもつことが必要である」「そしていつもと違うメンバーと語り合うことで，見落としていたことに気づく部分は少なくないと思う」「嘘は常に変貌してゆくもので，固定的ではない」と説明されているのでオが適切。

(8)　筆者の考えは，[12]段落に「けれども嘘のヒンコン化はさらに危険なことである。……それに，嘘をじっくり考えないことには，かなりもったいないことのようにも思われる」と述べられているので，イが適切。

二　（小説一情景・心情，文脈把握，内容吟味，大意，表現）

(1)　「銀髪さん」については，直後に「今日もワイシャツにループタイを締め，ツイードのジャケットを着ている。見事な銀髪のオールバックも相変わらずだ」とあり，後には「相変わらず背筋をピンと伸ばして歩き，廊下に出る時には孫娘をエスコートするように腕を回しているのが素敵だった」とある。品の良いきちんとした身なりや洗練された振る舞いを「素敵だった」としているので，「憧れの気持ち」とするエが適切。

(2)　直後に「彼がどうして，氷室冴子の少女小説を何冊も借りていたのか」とあり，「かつて詩織は，お孫さんに頼まれて借りた本だろうかと考えた……多分そうじゃない」とある。前に「『お祖母ちゃんは具合どう？』」「『うん，最近だいぶいいんだ。……瞳によろしくってさ』」とあることから，孫の「瞳」ではなく，「お祖母ちゃん」つまり「銀髪さん」の妻のために借りていたのではないかと気づいたと考えられる。また，本文後半には「彼が白前図書館で借りていた本も，きっと自分だけで読むためじゃない。氷室冴子を読んだのは，それを声にして他の誰かに聞かせるためだ」とあるのでオが適切。

(3)　直前に「『それを言ったら，文化祭でこういうイベントができてるのが大木くんの功績だし，それが一番の勲章じゃない？』」とある。ビブリオバトルで敗れて苦笑いしている「大木くん」だったが，「功績」「勲章」と言われ喜んでいることがわかるので，「自信を取り戻している」とするウが適切。

(4)　直後に「『前にあの子，演劇部では裏方の方が好きだって言ってたことがあるの。きっと——役者の部員が活躍できる場を作って，みんなして盛り上がってっていうのが好きなんだよ。ビブリオバトルをやろうって提案のおかげで，図書委員みんなにそういう機会が作れたでしょ？』」「だから彼女は委員長に立候補したのだろうし，……彼女はみんなの活躍できる舞台を作ってきた」とあり，「『そういうとこ，偉いよなあ』」と感心しているので「改めて感心している」とするアが適切。

やや難　(5)「そのこと」が指すのは，直前の「読書は一人の中では終わらない。自分の外に広がって，人と人との楽しみに変わる」，その前の「図書館はいろんな魂が集う場所」「本を紹介したりそれを聞いたりすることで，魂と魂が触れ合っている」という部分なので，アの「精神的なつながりを生む」，イの「自分の楽しみ以外にも見出せる」，ウの「委員同士で話す機会や相手をよく知る機会になった」，エの「思いの共有につながる読書」はあてはまる。オの「銀髪さんと再会して彼の思いに触れたこと」は，ここで「気づけた」ことにはあてはまらない。

やや難　(6)　アは，「瞳ちゃん」や「大木くん」に気さくに話しかけられているので合致する。イは，「『いえ，先生なんてとんでもないです。ただの，図書室で働いている職員でして——』」「たまに先生と呼ばれるけれど，詩織にはそう呼ばれる資格はないのだ」とあることと合致する。ウは，本文最後に「言葉が誰かに向けられる時，読書は一人の中では終わらない。自分の外に広がって，人と人との楽しみに変わる。——そのことに，この図書室で気づけたのが嬉しかった」とあることと合致する。オは，「詩織はちょっと前から気づいていた。……それを推薦した舞鈴ちゃんは大木くん同様に決勝に進めなかったけれど，先輩から興味を持たれて嬉しそうである」とあることと合致する」。エは，「できるだけ多くの人が本を読むことにつながるよう」という働きかけは描かれていないのであてはまらない。

(7)　アは「登場人物それぞれの視点が入れかわっていき」，ウは「場所や風景の描写を入れて，登場人物の心情を暗示」，エは「たとえの表現が多く」，オは「場面を交互に描写」があてはまらない。イは本文が，ビブリオバトルの当日，「銀髪さん」との再会のシーンと，「大木くん」や「小枝ちゃん」との交流を通して，図書館や読書に対する考えを深めて行く場面に分かれ，前半で

「しかし今，ゆっくり考えている暇はなかった」とあり，後半で「氷室冴子を読んだのは，それを声にして他の誰かに聞かせるためだ」と答えを出していることと合致する。

三 (古文一動作主，文脈把握，語句の意味，口語訳，大意，主題)

〈口語訳〉　長崎の鶴亭隠士は少年のころから画をたしなみ，水墨画の花鳥の画などは，特に上手であった。元々，人の目を引こうとするものでもなく，自分の心の動きに合わせ，あるいは芭蕉の葉が風に破れ，あるいは若竹が雨に散る様子など，趣深くやさしく描いた。ある時，友人が来て，話のついでに印の押し所を聞くと，「印は，その押し所が決まっているものではない。その絵が出来上がれば，ここに押してくれと，絵の方から待つものである」と言った。ある人がこれを聞いて「すべての道はこれと同じだ。たとえば，各座敷も，その客の居ようによって，上座・中座・下座の居場所ができ，また，人のあいさつも，その時々の様子による。臨機応変とも，時に応じてともいうように，一定の決まりごとはない。しかし，その時の様子がわからない人にこれを教えるのはむずかしい。よくわかる人は，よくその場を理解するので，(わからない人のことを)琴柱に膠せずとも(と言った)」と話したという。

(1)　ウの動作主は，直前の「芭蕉葉」，カの動作主は，直前の会話文の直前の「ある人」。

(2)　A 「ことに」は，ほかと違って，とりわけ，特に，という意味。　B 「あはれ」には，しみじみとした情趣，感動，風情，などの意味がある。

(3)　直後に「印の押所定まれるものにもあらず。その絵が出来終はれば，ここに押してくれよと絵のかたから待つものなり」と説明されているのでエが適切。絵が仕上がった時に，絵の方から押し所を求めてくるように，その都度，押し所は変わるというのである。

やや難 (4)　「その時のもやう(その時の様子)」とは，直前の「座敷座敷もその客の居やうによりて上中下の居りどころが出来，また人のあいさつもその時々のもやうにあり」を指すのでオが適切。それがわからない人に臨機応変に対応することを教えるのはむずかしい，というのである。アは「その場の決まりに従う」，イは「明らかにしてくれない客」，ウは「臨機応変に物事を進めることができない客」，エは「自由にふるまえばよい」が合致しない。

(5)　ウは，「『印はその押所定まれるものにあらず。その絵が出来終はれば，ここに押してくれよと絵のかたから待つものなり』」の後に「よろづの道これにおなじ」とあることと合致する。アは「あらゆる礼儀を知り尽くしている」，イは「細かい点に日頃から注意を払う」，エは「その道を極めるような人物になれば」，オは「正当化するだけの理由」が合致しない。

★ワンポイントアドバイス★

論説文・小説文ともに，本文をすみずみまで丁寧に読んで解答することを心がけよう！　古文は，口語訳して大意をすばやくとらえる練習をしておこう！

大切なことはメモしておこうネ！

解答用紙集

◆ご利用のみなさまへ

＊解答用紙の公表を行っていない学校につきましては、弊社の責任において、解答用紙を制作いたしました。

＊編集上の理由により一部縮小掲載した解答用紙がございます。

＊編集上の理由により一部実物と異なる形式の解答用紙がございます。

人間の最も偉大な力とは、その一番の弱点を克服したところから生まれてくるものである。――カール・ヒルティ――

東京学参株式会社

芝浦工業大学柏高等学校(前期第1回)　2024年度　◇数学◇

※ 125%に拡大していただくと，解答欄は実物大になります。

問題番号			マーク欄									
			0	1	2	3	4	5	6	7	8	9
1	(1)	ア	0	1	2	3	4	5	6	7	8	9
		イ	0	1	2	3	4	5	6	7	8	9
		ウ	0	1	2	3	4	5	6	7	8	9
	(2)	エ	0	1	2	3	4	5	6	7	8	9
		オ	0	1	2	3	4	5	6	7	8	9
	(3)	カ	0	1	2	3	4	5	6	7	8	9
		キ	0	1	2	3	4	5	6	7	8	9
	(4)	ク	0	1	2	3	4	5	6	7	8	9
		ケ	0	1	2	3	4	5	6	7	8	9
		コ	0	1	2	3	4	5	6	7	8	9

問題番号			マーク欄									
			0	1	2	3	4	5	6	7	8	9
2	(1)	ア	0	1	2	3	4	5	6	7	8	9
		イ	0	1	2	3	4	5	6	7	8	9
	(2)	ウ	0	1	2	3	4	5	6	7	8	9
		エ	0	1	2	3	4	5	6	7	8	9
		オ	0	1	2	3	4	5	6	7	8	9
	(3)	カ	0	1	2	3	4	5	6	7	8	9
		キ	0	1	2	3	4	5	6	7	8	9
	(4)	ク	0	1	2	3	4	5	6	7	8	9
		ケ	0	1	2	3	4	5	6	7	8	9
		コ	0	1	2	3	4	5	6	7	8	9

問題番号				マーク欄									
				0	1	2	3	4	5	6	7	8	9
3	(1)	①	ア	0	1	2	3	4	5	6	7	8	9
			イ	0	1	2	3	4	5	6	7	8	9
		②	ウ	0	1	2	3	4	5	6	7	8	9
			エ	0	1	2	3	4	5	6	7	8	9
			オ	0	1	2	3	4	5	6	7	8	9
	(2)	①	カ	0	1	2	3	4	5	6	7	8	9
			キ	0	1	2	3	4	5	6	7	8	9
			ク	0	1	2	3	4	5	6	7	8	9
			ケ	0	1	2	3	4	5	6	7	8	9
			コ	0	1	2	3	4	5	6	7	8	9
		②	サ	0	1	2	3	4	5	6	7	8	9
			シ	0	1	2	3	4	5	6	7	8	9
			ス	0	1	2	3	4	5	6	7	8	9
			セ	0	1	2	3	4	5	6	7	8	9
			ソ	0	1	2	3	4	5	6	7	8	9

問題番号			マーク欄									
			0	1	2	3	4	5	6	7	8	9
4	(1)	ア	0	1	2	3	4	5	6	7	8	9
		イ	0	1	2	3	4	5	6	7	8	9
	(2)	ウ	0	1	2	3	4	5	6	7	8	9
		エ	0	1	2	3	4	5	6	7	8	9
	(3)	オ	0	1	2	3	4	5	6	7	8	9
		カ	0	1	2	3	4	5	6	7	8	9
	(4)	キ	0	1	2	3	4	5	6	7	8	9
		ク	0	1	2	3	4	5	6	7	8	9
		ケ	0	1	2	3	4	5	6	7	8	9

問題番号			マーク欄									
			0	1	2	3	4	5	6	7	8	9
5	(1)	ア	0	1	2	3	4	5	6	7	8	9
		イ	0	1	2	3	4	5	6	7	8	9
	(2)	ウ	0	1	2	3	4	5	6	7	8	9
		エ	0	1	2	3	4	5	6	7	8	9
		オ	0	1	2	3	4	5	6	7	8	9
	(3)	カ	0	1	2	3	4	5	6	7	8	9
		キ	0	1	2	3	4	5	6	7	8	9
		ク	0	1	2	3	4	5	6	7	8	9
		ケ	0	1	2	3	4	5	6	7	8	9
	(4)	コ	0	1	2	3	4	5	6	7	8	9
		サ	0	1	2	3	4	5	6	7	8	9
		シ	0	1	2	3	4	5	6	7	8	9

良い例	
悪い例	

芝浦工業大学柏高等学校(前期第1回)　2024年度　◇英語◇

※ 122%に拡大していただくと，解答欄は実物大になります。

問題番号			マーク欄					
1	1		A	B	C			
	2		A	B	C			
	3		A	B	C			
	4		A	B	C			
	5		A	B	C			
2	1		A	B	C			
	2		A	B	C			
	3		A	B	C			
	4		A	B	C			
	5		A	B	C			
3	1		A	B	C			
	2		A	B	C			
	3		A	B	C			
	4		A	B	C			
	5		A	B	C			
4	(1)		ア	イ	ウ	エ		
	(2)		ア	イ	ウ	エ		
	(3)		ア	イ	ウ	エ		
	(4)		ア	イ	ウ	エ		
	(5)	1つ目	ア	イ	ウ	エ	オ	カ
		2つ目	ア	イ	ウ	エ	オ	カ

問題番号		マーク欄			
5	(1)	ア	イ	ウ	エ
	(2)	ア	イ	ウ	エ
	(3)	ア	イ	ウ	エ
	(4)	ア	イ	ウ	エ
	(5)	ア	イ	ウ	エ
	(6)	ア	イ	ウ	エ
	(7)	ア	イ	ウ	エ
6	(1)	ア	イ	ウ	エ
	(2)	ア	イ	ウ	エ
	(3)	ア	イ	ウ	エ
	(4)	ア	イ	ウ	エ
	(5)	ア	イ	ウ	エ
	(6)	ア	イ	ウ	エ
	(7)	ア	イ	ウ	エ

良い例	悪い例

芝浦工業大学柏高等学校(前期第1回)　2024年度　◇理科◇

※ 128%に拡大していただくと，解答欄は実物大になります。

問題番号			マーク欄
1	(1)		ア イ ウ エ
	(2)		ア イ ウ エ
	(3)	1	ア イ ウ エ オ カ
		2	ア イ ウ エ オ カ
	(4)		ア イ ウ エ
	(5)	1群	ア イ
		2群	ア イ
		3群	ア イ
2	(1)	1	ア イ ウ エ
		2	ア イ ウ エ
		3	ア イ ウ エ
		4	ア イ ウ エ
	(2)		ア イ ウ エ
	(3)	1群	ア イ
		2群	ア イ ウ
	(4)	1群	ア イ
		2群	ア イ
	(5)		ア イ ウ エ
3	(1)		ア イ ウ エ オ カ
	(2)		ア イ ウ エ
	(3)	あ	1 2 3 4 5 6 7 8 9 0
		い	1 2 3 4 5 6 7 8 9 0
	(4)	1群	ア イ
		2群	ア イ ウ エ
	(5)		ア イ ウ エ オ

問題番号			マーク欄
4	(1)	1群	ア イ
		2群	ア イ ウ
	(2)		ア イ ウ エ
	(3)	あ	1 2 3 4 5 6 7 8 9 0
		い	1 2 3 4 5 6 7 8 9 0
		う	1 2 3 4 5 6 7 8 9 0
	(4)	1	ア イ ウ エ
		2	ア イ ウ エ
	(5)	あ	1 2 3 4 5 6 7 8 9 0
		い	1 2 3 4 5 6 7 8 9 0
		う	1 2 3 4 5 6 7 8 9 0
5	(1)		ア イ ウ エ
	(2)	1	ア イ ウ エ
		2	ア イ ウ エ
		3	ア イ ウ エ
		4	ア イ ウ エ
	(3)		ア イ ウ エ
	(4)		ア イ ウ エ オ カ
	(5)		ア イ ウ エ オ カ
6	(1)		ア イ ウ エ
	(2)		ア イ ウ エ
	(3)	あ	1 2 3 4 5 6 7 8 9 0
		い	1 2 3 4 5 6 7 8 9 0
		う	1 2 3 4 5 6 7 8 9 0
		え	1 2 3 4 5 6 7 8 9 0

問題番号			マーク欄
6	(4)		ア イ ウ エ
	(5)	あ	1 2 3 4 5 6 7 8 9 0
		い	1 2 3 4 5 6 7 8 9 0
		う	1 2 3 4 5 6 7 8 9 0
		え	1 2 3 4 5 6 7 8 9 0
7	(1)	1	ア イ ウ エ
		2	ア イ ウ エ
		3	ア イ ウ エ
		4	ア イ ウ エ
	(2)		ア イ ウ エ
	(3)		ア イ ウ エ
	(4)		ア イ ウ エ
	(5)	1群	ア イ
		2群	ア イ ウ エ オ カ
8	(1)		ア イ ウ エ
	(2)	あ	1 2 3 4 5 6 7 8 9 0
		い	1 2 3 4 5 6 7 8 9 0
		う	1 2 3 4 5 6 7 8 9 0
		え	1 2 3 4 5 6 7 8 9 0
		お	1 2 3 4 5 6 7 8 9 0
		か	1 2 3 4 5 6 7 8 9 0
	(3)		ア イ ウ エ
	(4)	あ	1 2 3 4 5 6 7 8 9 0
		い	1 2 3 4 5 6 7 8 9 0
	(5)	1群	ア イ ウ
		2群	ア イ ウ

良い例	
悪い例	

芝浦工業大学柏高等学校(前期第1回)　2024年度　◇社会◇

※解答欄は実物大になります。

問題番号			マーク欄
1	(1)		ア イ ウ エ
	(2)		ア イ ウ エ
	(3)		ア イ ウ エ
	(4)		ア イ ウ エ
	(5)	①	ア イ ウ エ
		②	ア イ ウ エ

問題番号		マーク欄
2	(1)	ア イ ウ エ
	(2)	ア イ ウ エ オ カ
	(3)	ア イ ウ エ
	(4)	ア イ ウ エ オ
	(5)	ア イ ウ エ
	(6)	ア イ ウ エ
	(7)	ア イ ウ エ

問題番号		マーク欄
3	(1)	ア イ ウ エ
	(2)	ア イ ウ エ
	(3)	ア イ ウ エ
	(4)	ア イ ウ エ オ カ
	(5)	ア イ ウ エ
	(6)	ア イ ウ エ
	(7)	ア イ ウ エ

問題番号		マーク欄
4	(1)	ア イ ウ エ
	(2)	ア イ ウ エ
	(3)	ア イ ウ エ
	(4)	ア イ ウ エ
	(5)	ア イ ウ エ
	(6)	ア イ ウ エ

問題番号		マーク欄
5	(1)	ア イ ウ エ
	(2)	ア イ ウ エ オ カ
	(3)	ア イ ウ エ
	(4)	ア イ ウ エ
	(5)	ア イ ウ エ オ カ

問題番号		マーク欄
6	(1)	ア イ ウ エ
	(2)	ア イ ウ エ
	(3)	ア イ ウ エ
	(4)	ア イ ウ エ
	(5)	ア イ ウ エ オ カ

問題番号		マーク欄
7	(1)	ア イ ウ エ
	(2)	ア イ ウ エ
	(3)	ア イ ウ エ オ カ
	(4)	ア イ ウ エ

良い例	
悪い例	

芝浦工業大学柏高等学校（前期第1回）　2024年度

◇国語◇

※解答欄は実物大になります。

一													
(1)					(2)	(3)	(4)		(5)	(6)	(7)	(8)
①	②	③	④	⑤			一つ目	二つ目				
[ア] [イ] [ウ] [エ] [オ]	[ア] [イ] [ウ] [エ] [オ]	[ア] [イ] [ウ] [エ] [オ]	[ア] [イ] [ウ] [エ] [オ]	[ア] [イ] [ウ] [エ] [オ]	[ア] [イ] [ウ] [エ] [オ]	[ア] [イ] [ウ] [エ] [オ]	[ア] [イ] [ウ] [エ] [オ] [カ]	[ア] [イ] [ウ] [エ] [オ] [カ]	[ア] [イ] [ウ] [エ] [オ]	[ア] [イ] [ウ] [エ] [オ]	[ア] [イ] [ウ] [エ] [オ]	[ア] [イ] [ウ] [エ] [オ]

二						
(1)	(2)	(3)	(4)	(5)	(6)	(7)
[ア] [イ] [ウ] [エ] [オ]	[ア] [イ] [ウ] [エ] [オ]	[ア] [イ] [ウ] [エ] [オ]	[ア] [イ] [ウ] [エ] [オ]	[ア] [イ] [ウ] [エ] [オ]	[ア] [イ] [ウ] [エ] [オ]	[ア] [イ] [ウ] [エ] [オ]

三					
(1)		(2)	(3)	(4)	(5)
一つ目	二つ目				
[ア] [イ] [ウ] [エ] [オ] [カ]	[ア] [イ] [ウ] [エ] [オ] [カ]	[ア] [イ] [ウ] [エ] [オ]	[ア] [イ] [ウ] [エ] [オ]	[ア] [イ] [ウ] [エ] [オ]	[ア] [イ] [ウ] [エ] [オ]

良い例	悪い例
▬	[/] [●] [▬] [—] [⬤]

芝浦工業大学柏高等学校(前期第2回)　2024年度　◇数学◇

※ 125%に拡大していただくと，解答欄は実物大になります。

問題番号			マーク欄									
			0	1	2	3	4	5	6	7	8	9
1	(1)	ア	0	1	2	3	4	5	6	7	8	9
		イ	0	1	2	3	4	5	6	7	8	9
		ウ	0	1	2	3	4	5	6	7	8	9
	(2)	エ	0	1	2	3	4	5	6	7	8	9
	(3)	オ	0	1	2	3	4	5	6	7	8	9
		カ	0	1	2	3	4	5	6	7	8	9
	(4)	キ	0	1	2	3	4	5	6	7	8	9
		ク	0	1	2	3	4	5	6	7	8	9

問題番号			マーク欄									
			0	1	2	3	4	5	6	7	8	9
2	(1)	ア	0	1	2	3	4	5	6	7	8	9
		イ	0	1	2	3	4	5	6	7	8	9
		ウ	0	1	2	3	4	5	6	7	8	9
		エ	0	1	2	3	4	5	6	7	8	9
	(2)	オ	0	1	2	3	4	5	6	7	8	9
		カ	0	1	2	3	4	5	6	7	8	9
	(3)	キ	0	1	2	3	4	5	6	7	8	9
		ク	0	1	2	3	4	5	6	7	8	9
		ケ	0	1	2	3	4	5	6	7	8	9
	(4)	コ	0	1	2	3	4	5	6	7	8	9
		サ	0	1	2	3	4	5	6	7	8	9
		シ	0	1	2	3	4	5	6	7	8	9
		ス	0	1	2	3	4	5	6	7	8	9

問題番号				マーク欄									
				0	1	2	3	4	5	6	7	8	9
3	(1)	①	ア	0	1	2	3	4	5	6	7	8	9
		②	イ	0	1	2	3	4	5	6	7	8	9
	(2)	①	ウ	0	1	2	3	4	5	6	7	8	9
			エ	0	1	2	3	4	5	6	7	8	9
			オ	0	1	2	3	4	5	6	7	8	9
		②	カ	0	1	2	3	4	5	6	7	8	9
			キ	0	1	2	3	4	5	6	7	8	9

問題番号			マーク欄									
			0	1	2	3	4	5	6	7	8	9
4	(1)	ア	0	1	2	3	4	5	6	7	8	9
		イ	0	1	2	3	4	5	6	7	8	9
	(2)	ウ	0	1	2	3	4	5	6	7	8	9
		エ	0	1	2	3	4	5	6	7	8	9
		オ	0	1	2	3	4	5	6	7	8	9
	(3)	カ	0	1	2	3	4	5	6	7	8	9
		キ	0	1	2	3	4	5	6	7	8	9
	(4)	ク	0	1	2	3	4	5	6	7	8	9
		ケ	0	1	2	3	4	5	6	7	8	9
		コ	0	1	2	3	4	5	6	7	8	9
		サ	0	1	2	3	4	5	6	7	8	9

問題番号			マーク欄									
			0	1	2	3	4	5	6	7	8	9
5	(1)	ア	0	1	2	3	4	5	6	7	8	9
		イ	0	1	2	3	4	5	6	7	8	9
	(2)	ウ	0	1	2	3	4	5	6	7	8	9
		エ	0	1	2	3	4	5	6	7	8	9
		オ	0	1	2	3	4	5	6	7	8	9
	(3)	カ	0	1	2	3	4	5	6	7	8	9
		キ	0	1	2	3	4	5	6	7	8	9
	(4)	ク	0	1	2	3	4	5	6	7	8	9
		ケ	0	1	2	3	4	5	6	7	8	9
		コ	0	1	2	3	4	5	6	7	8	9
		サ	0	1	2	3	4	5	6	7	8	9

良い例	▮
悪い例	

芝浦工業大学柏高等学校(前期第2回)　2024年度　◇英語◇

※ 122％に拡大していただくと，解答欄は実物大になります。

問題番号			マーク欄				
1	1		[A]	[B]	[C]		
	2		[A]	[B]	[C]		
	3		[A]	[B]	[C]		
	4		[A]	[B]	[C]		
	5		[A]	[B]	[C]		
2	1		[A]	[B]	[C]		
	2		[A]	[B]	[C]		
	3		[A]	[B]	[C]		
	4		[A]	[B]	[C]		
	5		[A]	[B]	[C]		
3	1		[A]	[B]	[C]		
	2		[A]	[B]	[C]		
	3		[A]	[B]	[C]		
	4		[A]	[B]	[C]		
	5		[A]	[B]	[C]		
4	(1)		[ア]	[イ]	[ウ]	[エ]	
	(2)		[ア]	[イ]	[ウ]	[エ]	
	(3)		[ア]	[イ]	[ウ]	[エ]	
	(4)		[ア]	[イ]	[ウ]	[エ]	
	(5)	1つ目	[ア]	[イ]	[ウ]	[エ]	[オ]
		2つ目	[ア]	[イ]	[ウ]	[エ]	[オ]

問題番号		マーク欄			
5	(1)	[ア]	[イ]	[ウ]	[エ]
	(2)	[ア]	[イ]	[ウ]	[エ]
	(3)	[ア]	[イ]	[ウ]	[エ]
	(4)	[ア]	[イ]	[ウ]	[エ]
	(5)	[ア]	[イ]	[ウ]	[エ]
	(6)	[ア]	[イ]	[ウ]	[エ]
	(7)	[ア]	[イ]	[ウ]	[エ]
6	(1)	[ア]	[イ]	[ウ]	[エ]
	(2)	[ア]	[イ]	[ウ]	[エ]
	(3)	[ア]	[イ]	[ウ]	[エ]
	(4)	[ア]	[イ]	[ウ]	[エ]
	(5)	[ア]	[イ]	[ウ]	[エ]
	(6)	[ア]	[イ]	[ウ]	[エ]
	(7)	[ア]	[イ]	[ウ]	[エ]

良い例	
悪い例	

芝浦工業大学柏高等学校（前期第2回）　2024年度　◇理科◇

※ 128%に拡大していただくと，解答欄は実物大になります。

問題番号			マーク欄
1	(1)	1	ア イ ウ エ
		2	ア イ ウ エ
		3	ア イ ウ エ
		4	ア イ ウ エ
	(2)		ア イ ウ エ
	(3)		ア イ ウ エ オ カ
	(4)		ア イ ウ エ
	(5)	1群	ア イ
		2群	ア イ
2	(1)		ア イ ウ エ
	(2)	あ	1 2 3 4 5 6 7 8 9 0
		い	1 2 3 4 5 6 7 8 9 0
	(3)	1群	ア イ
		2群	ア イ ウ エ
	(4)	1	ア イ ウ エ
		2	ア イ ウ エ
	(5)		ア イ ウ エ
3	(1)	1群	ア イ ウ
		2群	ア イ ウ
	(2)		ア イ ウ エ オ
	(3)		ア イ ウ エ
	(4)		ア イ ウ エ
	(5)	1群	ア イ
		2群	ア イ ウ エ

問題番号			マーク欄
4	(1)	あ	1 2 3 4 5 6 7 8 9 0
		い	1 2 3 4 5 6 7 8 9 0
	(2)		ア イ ウ エ
	(3)		ア イ ウ エ
	(4)	1	ア イ ウ エ オ カ
		2	ア イ ウ
	(5)		ア イ ウ エ オ カ
5	(1)		ア イ ウ エ
	(2)		ア イ ウ エ
	(3)		ア イ ウ エ
	(4)		ア イ ウ エ
	(5)	あ	1 2 3 4 5 6 7 8 9 0
		い	1 2 3 4 5 6 7 8 9 0
		う	1 2 3 4 5 6 7 8 9 0
6	(1)		ア イ ウ エ
	(2)	1群	ア イ
		2群	ア イ
		3群	ア イ
	(3)		ア イ ウ エ
	(4)		ア イ ウ エ
	(5)	1	ア イ ウ
		2	ア イ ウ
		3	ア イ ウ

問題番号			マーク欄
7	(1)	1	ア イ ウ エ
		2	ア イ ウ エ
		3	ア イ ウ エ
	(2)		ア イ ウ エ
	(3)		ア イ ウ エ
	(4)	1群	ア イ ウ エ
		2群	ア イ ウ
	(5)	あ	1 2 3 4 5 6 7 8 9 0
		い	1 2 3 4 5 6 7 8 9 0
8	(1)	あ	1 2 3 4 5 6 7 8 9 0
		い	1 2 3 4 5 6 7 8 9 0
	(2)		ア イ ウ エ
	(3)	あ	1 2 3 4 5 6 7 8 9 0
		い	1 2 3 4 5 6 7 8 9 0
	(4)	あ	1 2 3 4 5 6 7 8 9 0
		い	1 2 3 4 5 6 7 8 9 0
		う	1 2 3 4 5 6 7 8 9 0
	(5)		ア イ ウ エ オ

良い例	悪い例

芝浦工業大学柏高等学校（前期第2回）　2024年度　◇社会◇

※解答欄は実物大になります。

問題番号			マーク欄
1	(1)		ア イ ウ エ
	(2)		ア イ ウ エ
	(3)		ア イ ウ エ
	(4)		ア イ ウ エ
	(5)	①	ア イ ウ エ
		②	ア イ ウ エ

問題番号		マーク欄
2	(1)	ア イ ウ エ
	(2)	ア イ ウ エ
	(3)	ア イ ウ エ
	(4)	ア イ ウ エ
	(5)	ア イ ウ エ
	(6)	ア イ ウ エ
	(7)	ア イ ウ エ

問題番号		マーク欄
3	(1)	ア イ ウ エ
	(2)	ア イ ウ エ オ カ
	(3)	ア イ ウ エ
	(4)	ア イ ウ エ
	(5)	ア イ ウ エ
	(6)	ア イ ウ エ
	(7)	ア イ ウ エ

問題番号		マーク欄
4	(1)	ア イ ウ エ
	(2)	ア イ ウ エ
	(3)	ア イ ウ エ オ カ
	(4)	ア イ ウ エ
	(5)	ア イ ウ エ
	(6)	ア イ ウ エ

問題番号		マーク欄
5	(1)	ア イ ウ エ
	(2)	ア イ ウ エ
	(3)	ア イ ウ エ
	(4)	ア イ ウ エ
	(5)	ア イ ウ エ

問題番号		マーク欄
6	(1)	ア イ ウ エ
	(2)	ア イ ウ エ
	(3)	ア イ ウ エ
	(4)	ア イ ウ エ
	(5)	ア イ ウ エ オ カ

問題番号		マーク欄
7	(1)	ア イ ウ エ
	(2)	ア イ ウ エ
	(3)	ア イ ウ エ
	(4)	ア イ ウ エ

良い例	悪い例

芝浦工業大学柏高等学校（前期第2回）　2024年度

◇国語◇

※解答欄は実物大になります。

一

(1) ①	(1) ②	(1) ③	(1) ④	(1) ⑤	(2)	(3)	(4)	(5) 一つ目	(5) 二つ目	(6)	(7)	(8)
ア	ア	ア	ア	ア	ア	ア	ア	ア	ア	ア	ア	ア
イ	イ	イ	イ	イ	イ	イ	イ	イ	イ	イ	イ	イ
ウ	ウ	ウ	ウ	ウ	ウ	ウ	ウ	ウ	ウ	ウ	ウ	ウ
エ	エ	エ	エ	エ	エ	エ	エ	エ	エ	エ	エ	エ
オ	オ	オ	オ	オ	オ	オ	オ	オ	オ	オ	オ	オ
								カ	カ			

二

(1)	(2)	(3)	(4)	(5)	(6)	(7)
ア	ア	ア	ア	ア	ア	ア
イ	イ	イ	イ	イ	イ	イ
ウ	ウ	ウ	ウ	ウ	ウ	ウ
エ	エ	エ	エ	エ	エ	エ
オ	オ	オ	オ	オ	オ	オ

三

(1) 一つ目	(1) 二つ目	(2)	(3)	(4)	(5)
ア	ア	ア	ア	ア	ア
イ	イ	イ	イ	イ	イ
ウ	ウ	ウ	ウ	ウ	ウ
エ	エ	エ	エ	エ	エ
オ	オ	オ	オ	オ	オ
カ	カ				

良い例	悪い例
▬	⊏/⊐　⊏●⊐　▬　⊏—⊐　⊏●⊐

芝浦工業大学柏高等学校(前期第1回)　2023年度　◇数学◇

※ 125%に拡大していただくと，解答欄は実物大になります。

問題番号			0	1	2	3	4	5	6	7	8	9
1	(1)	ア	0	1	2	3	4	5	6	7	8	9
		イ	0	1	2	3	4	5	6	7	8	9
	(2)	ウ	0	1	2	3	4	5	6	7	8	9
		エ	0	1	2	3	4	5	6	7	8	9
	(3)	オ	0	1	2	3	4	5	6	7	8	9
		カ	0	1	2	3	4	5	6	7	8	9
		キ	0	1	2	3	4	5	6	7	8	9
	(4)	ク	0	1	2	3	4	5	6	7	8	9
		ケ	0	1	2	3	4	5	6	7	8	9

問題番号				0	1	2	3	4	5	6	7	8	9
3	(1)	①	ア	0	1	2	3	4	5	6	7	8	9
			イ	0	1	2	3	4	5	6	7	8	9
		②	ウ	0	1	2	3	4	5	6	7	8	9
			エ	0	1	2	3	4	5	6	7	8	9
	(2)	①	オ	0	1	2	3	4	5	6	7	8	9
			カ	0	1	2	3	4	5	6	7	8	9
		②	キ	0	1	2	3	4	5	6	7	8	9
			ク	0	1	2	3	4	5	6	7	8	9
			ケ	0	1	2	3	4	5	6	7	8	9

問題番号			0	1	2	3	4	5	6	7	8	9
5	(1)	ア	0	1	2	3	4	5	6	7	8	9
		イ	0	1	2	3	4	5	6	7	8	9
		ウ	0	1	2	3	4	5	6	7	8	9
	(2)	エ	0	1	2	3	4	5	6	7	8	9
		オ	0	1	2	3	4	5	6	7	8	9
		カ	0	1	2	3	4	5	6	7	8	9
	(3)	キ	0	1	2	3	4	5	6	7	8	9
	(4)	ク	0	1	2	3	4	5	6	7	8	9
		ケ	0	1	2	3	4	5	6	7	8	9

問題番号			0	1	2	3	4	5	6	7	8	9
2	(1)	ア	0	1	2	3	4	5	6	7	8	9
		イ	0	1	2	3	4	5	6	7	8	9
	(2)	ウ	0	1	2	3	4	5	6	7	8	9
		エ	0	1	2	3	4	5	6	7	8	9
		オ	0	1	2	3	4	5	6	7	8	9
	(3)	カ	0	1	2	3	4	5	6	7	8	9
		キ	0	1	2	3	4	5	6	7	8	9
	(4)	ク	0	1	2	3	4	5	6	7	8	9
		ケ	0	1	2	3	4	5	6	7	8	9
		コ	0	1	2	3	4	5	6	7	8	9

問題番号			0	1	2	3	4	5	6	7	8	9
4	(1)	ア	0	1	2	3	4	5	6	7	8	9
		イ	0	1	2	3	4	5	6	7	8	9
		ウ	0	1	2	3	4	5	6	7	8	9
	(2)	エ	0	1	2	3	4	5	6	7	8	9
		オ	0	1	2	3	4	5	6	7	8	9
		カ	0	1	2	3	4	5	6	7	8	9
	(3)	キ	0	1	2	3	4	5	6	7	8	9
		ク	0	1	2	3	4	5	6	7	8	9
		ケ	0	1	2	3	4	5	6	7	8	9
	(4)	コ	0	1	2	3	4	5	6	7	8	9
		サ	0	1	2	3	4	5	6	7	8	9

良い例	悪い例

芝浦工業大学柏高等学校(前期第1回)　2023年度　◇英語◇

※ 122%に拡大していただくと，解答欄は実物大になります。

問題番号			マーク欄
1	1		A B C
	2		A B C
	3		A B C
	4		A B C
	5		A B C
2	1		A B C
	2		A B C
	3		A B C
	4		A B C
	5		A B C
3	1		A B C
	2		A B C
	3		A B C
	4		A B C
	5		A B C
4	(1)		ア イ ウ エ
	(2)		ア イ ウ エ
	(3)	3番目	ア イ ウ エ オ カ
		6番目	ア イ ウ エ オ カ
	(4)		ア イ ウ エ
	(5)		ア イ ウ エ
	(6)		ア イ ウ エ
	(7)		ア イ ウ エ
	(8)		ア イ ウ エ

問題番号			マーク欄
4	(9)	3番目	ア イ ウ エ オ カ
		6番目	ア イ ウ エ オ カ
5	(1)		ア イ ウ エ
	(2)		ア イ ウ エ
	(3)		ア イ ウ エ
	(4)		ア イ ウ エ
	(5)		ア イ ウ エ
	(6)		ア イ ウ エ
	(7)		ア イ ウ エ
	(8)		ア イ ウ エ
6	(1)		ア イ ウ エ
	(2)		ア イ ウ エ
	(3)		ア イ ウ エ
	(4)		ア イ ウ エ
	(5)		ア イ ウ エ
	(6)		ア イ ウ エ
	(7)		ア イ ウ エ
	(8)	3番目	ア イ ウ エ オ カ キ
		6番目	ア イ ウ エ オ カ キ

良い例	悪い例

芝浦工業大学柏高等学校(前期第1回)　2023年度　◇理科◇

※ 128%に拡大していただくと，解答欄は実物大になります。

問題番号			マーク欄
1	(1)	1群	ア イ ウ
		2群	ア イ ウ
	(2)		ア イ ウ エ オ
	(3)		ア イ ウ エ
	(4)		ア イ ウ エ オ カ
	(5)	あ	1 2 3 4 5 6 7 8 9 0
		い	1 2 3 4 5 6 7 8 9 0
		う	1 2 3 4 5 6 7 8 9 0
		え	1 2 3 4 5 6 7 8 9 0
		お	1 2 3 4 5 6 7 8 9 0
		か	1 2 3 4 5 6 7 8 9 0
2	(1)		ア イ ウ エ
	(2)	1	ア イ ウ エ
		2	ア イ ウ エ
	(3)	あ	1 2 3 4 5 6 7 8 9 0
		い	1 2 3 4 5 6 7 8 9 0
	(4)		ア イ ウ エ オ カ
	(5)		ア イ ウ エ オ カ
3	(1)		ア イ ウ エ
	(2)		ア イ ウ エ
	(3)	あ	1 2 3 4 5 6 7 8 9 0
		い	1 2 3 4 5 6 7 8 9 0
		う	1 2 3 4 5 6 7 8 9 0
	(4)		ア イ ウ エ

問題番号			マーク欄
3	(5)	あ	1 2 3 4 5 6 7 8 9 0
		い	1 2 3 4 5 6 7 8 9 0
		う	1 2 3 4 5 6 7 8 9 0
		え	1 2 3 4 5 6 7 8 9 0
		お	1 2 3 4 5 6 7 8 9 0
		か	1 2 3 4 5 6 7 8 9 0
4	(1)		ア イ ウ エ
	(2)	あ	1 2 3 4 5 6 7 8 9 0
		い	1 2 3 4 5 6 7 8 9 0
	(3)	1	ア イ ウ
		2	ア イ ウ
	(4)		ア イ ウ エ
	(5)	あ	1 2 3 4 5 6 7 8 9 0
		い	1 2 3 4 5 6 7 8 9 0
		う	1 2 3 4 5 6 7 8 9 0
5	(1)		ア イ ウ エ
	(2)		ア イ ウ エ
	(3)		ア イ ウ エ
	(4)	1	ア イ ウ
		2	ア イ ウ
	(5)	あ	1 2 3 4 5 6 7 8 9 0
		い	1 2 3 4 5 6 7 8 9 0
6	(1)		ア イ ウ エ
	(2)	1群	ア イ
		2群	ア イ
		3群	ア イ

問題番号			マーク欄
6	(3)	1	ア イ ウ エ
		2	ア イ ウ エ
	(4)		ア イ ウ エ オ
	(5)	あ	1 2 3 4 5 6 7 8 9 0
		い	1 2 3 4 5 6 7 8 9 0
7	(1)		ア イ ウ エ オ カ
	(2)	1	ア イ ウ
		2	ア イ ウ
		3	ア イ ウ
	(3)		ア イ ウ エ
	(4)	1群	ア イ ウ エ
		2群	ア イ ウ エ
		3群	ア イ ウ
	(5)	あ	1 2 3 4 5 6 7 8 9 0
		い	1 2 3 4 5 6 7 8 9 0
8	(1)	あ	1 2 3 4 5 6 7 8 9 0
		い	1 2 3 4 5 6 7 8 9 0
	(2)	あ	1 2 3 4 5 6 7 8 9 0
		い	1 2 3 4 5 6 7 8 9 0
		う	1 2 3 4 5 6 7 8 9 0
		え	1 2 3 4 5 6 7 8 9 0
	(3)		ア イ ウ エ
	(4)	1	ア イ ウ
		2	ア イ ウ
	(5)	あ	1 2 3 4 5 6 7 8 9 0
		い	1 2 3 4 5 6 7 8 9 0

良い例	悪い例

芝浦工業大学柏高等学校(前期第1回)　2023年度　◇社会◇

※解答欄は実物大になります。

問題番号			マーク欄
1	(1)		ア イ ウ エ
	(2)		ア イ ウ エ
	(3)		ア イ ウ エ
	(4)		ア イ ウ エ
	(5)	①	ア イ ウ エ
		②	ア イ ウ エ

問題番号		マーク欄
2	(1)	ア イ ウ エ
	(2)	ア イ ウ エ オ カ
	(3)	ア イ ウ エ
	(4)	ア イ ウ エ
	(5)	ア イ ウ エ
	(6)	ア イ ウ エ
	(7)	ア イ ウ エ

問題番号		マーク欄
3	(1)	ア イ ウ エ
	(2)	ア イ ウ エ オ カ
	(3)	ア イ ウ エ
	(4)	ア イ ウ エ
	(5)	ア イ ウ エ
	(6)	ア イ ウ エ
	(7)	ア イ ウ エ

問題番号			マーク欄
4	(1)		ア イ ウ エ
	(2)		ア イ ウ エ
	(3)	①	ア イ ウ エ
		②	ア イ ウ エ
	(4)		ア イ ウ エ
	(5)		ア イ ウ エ オ カ

問題番号		マーク欄
5	(1)	ア イ ウ エ オ カ
	(2)	ア イ ウ エ
	(3)	ア イ ウ エ
	(4)	ア イ ウ エ
	(5)	ア イ ウ エ

問題番号		マーク欄
6	(1)	ア イ ウ エ
	(2)	ア イ ウ エ
	(3)	ア イ ウ エ
	(4)	ア イ ウ エ
	(5)	ア イ ウ エ

問題番号		マーク欄
7	(1)	ア イ ウ エ
	(2)	ア イ ウ エ
	(3)	ア イ ウ エ
	(4)	ア イ ウ エ

良い例	
悪い例	

芝浦工業大学柏高等学校（前期第1回）　2023年度

◇国語◇

※解答欄は実物大になります。

一

(1) ①	(1) ②	(1) ③	(1) ④	(1) ⑤	(2)	(3)	(4)	(5)	(6)	(7)	(8)
アイウエオ	アイウエオ	アイウエオ	アイウエオ	アイウエオ	アイウエオ	アイウエオ	アイウエオ	アイウエオカキク	アイウエオ	アイウエオ	アイウエオ

二

(1)	(2)	(3)	(4)	(5)	(6)	(7)
アイウエオ	アイウエオ	アイウエオ	アイウエオ	アイウエオ	アイウエオ	アイウエオ

三

(1) 一つ目	(1) 二つ目	(2)	(3)	(4)	(5)
アイウエオカ	アイウエオカ	アイウエオ	アイウエオ	アイウエオ	アイウエオ

良い例	悪い例
▬	⁄ ● ▬ ─ ●

芝浦工業大学柏高等学校(前期第2回)　2023年度　◇数学◇

※ 125%に拡大していただくと，解答欄は実物大になります。

問題番号			マ	ー	ク	欄						
			0	1	2	3	4	5	6	7	8	9
1	(1)	ア	0	1	2	3	4	5	6	7	8	9
		イ	0	1	2	3	4	5	6	7	8	9
		ウ	0	1	2	3	4	5	6	7	8	9
	(2)	エ	0	1	2	3	4	5	6	7	8	9
		オ	0	1	2	3	4	5	6	7	8	9
	(3)	カ	0	1	2	3	4	5	6	7	8	9
	(4)	キ	0	1	2	3	4	5	6	7	8	9
		ク	0	1	2	3	4	5	6	7	8	9
		ケ	0	1	2	3	4	5	6	7	8	9

問題番号			マ	ー	ク	欄						
			0	1	2	3	4	5	6	7	8	9
2	(1)	ア	0	1	2	3	4	5	6	7	8	9
		イ	0	1	2	3	4	5	6	7	8	9
	(2)	ウ	0	1	2	3	4	5	6	7	8	9
		エ	0	1	2	3	4	5	6	7	8	9
		オ	0	1	2	3	4	5	6	7	8	9
	(3)	カ	0	1	2	3	4	5	6	7	8	9
		キ	0	1	2	3	4	5	6	7	8	9
		ク	0	1	2	3	4	5	6	7	8	9
	(4)	ケ	0	1	2	3	4	5	6	7	8	9
		コ	0	1	2	3	4	5	6	7	8	9
		サ	0	1	2	3	4	5	6	7	8	9
		シ	0	1	2	3	4	5	6	7	8	9

問題番号				マ	ー	ク	欄						
				0	1	2	3	4	5	6	7	8	9
3	(1)	①	ア	0	1	2	3	4	5	6	7	8	9
			イ	0	1	2	3	4	5	6	7	8	9
		②	ウ	0	1	2	3	4	5	6	7	8	9
			エ	0	1	2	3	4	5	6	7	8	9
			オ	0	1	2	3	4	5	6	7	8	9
			カ	0	1	2	3	4	5	6	7	8	9
			キ	0	1	2	3	4	5	6	7	8	9
	(2)	①	ク	0	1	2	3	4	5	6	7	8	9
			ケ	0	1	2	3	4	5	6	7	8	9
			コ	0	1	2	3	4	5	6	7	8	9
			サ	0	1	2	3	4	5	6	7	8	9
		②	シ	0	1	2	3	4	5	6	7	8	9
			ス	0	1	2	3	4	5	6	7	8	9
			セ	0	1	2	3	4	5	6	7	8	9
			ソ	0	1	2	3	4	5	6	7	8	9

問題番号			マ	ー	ク	欄						
			0	1	2	3	4	5	6	7	8	9
4	(1)	ア	0	1	2	3	4	5	6	7	8	9
		イ	0	1	2	3	4	5	6	7	8	9
	(2)	ウ	0	1	2	3	4	5	6	7	8	9
		エ	0	1	2	3	4	5	6	7	8	9
	(3)	オ	0	1	2	3	4	5	6	7	8	9
		カ	0	1	2	3	4	5	6	7	8	9
		キ	0	1	2	3	4	5	6	7	8	9
	(4)	ク	0	1	2	3	4	5	6	7	8	9
		ケ	0	1	2	3	4	5	6	7	8	9
		コ	0	1	2	3	4	5	6	7	8	9
		サ	0	1	2	3	4	5	6	7	8	9
		シ	0	1	2	3	4	5	6	7	8	9

問題番号			マ	ー	ク	欄						
			0	1	2	3	4	5	6	7	8	9
5	(1)	ア	0	1	2	3	4	5	6	7	8	9
		イ	0	1	2	3	4	5	6	7	8	9
	(2)	ウ	0	1	2	3	4	5	6	7	8	9
		エ	0	1	2	3	4	5	6	7	8	9
		オ	0	1	2	3	4	5	6	7	8	9
	(3)	カ	0	1	2	3	4	5	6	7	8	9
		キ	0	1	2	3	4	5	6	7	8	9
	(4)	ク	0	1	2	3	4	5	6	7	8	9
		ケ	0	1	2	3	4	5	6	7	8	9
		コ	0	1	2	3	4	5	6	7	8	9

良い例	
悪い例	

芝浦工業大学柏高等学校（前期第2回）　2023年度　◇英語◇

※ 122%に拡大していただくと，解答欄は実物大になります。

問題番号			マーク欄
1	1		[A] [B] [C]
	2		[A] [B] [C]
	3		[A] [B] [C]
	4		[A] [B] [C]
	5		[A] [B] [C]
2	1		[A] [B] [C]
	2		[A] [B] [C]
	3		[A] [B] [C]
	4		[A] [B] [C]
	5		[A] [B] [C]
3	1		[A] [B] [C]
	2		[A] [B] [C]
	3		[A] [B] [C]
	4		[A] [B] [C]
	5		[A] [B] [C]
4	(1)		[ア] [イ] [ウ] [エ]
	(2)	3番目	[ア] [イ] [ウ] [エ] [オ] [カ]
		6番目	[ア] [イ] [ウ] [エ] [オ] [カ]
	(3)		[ア] [イ] [ウ] [エ]
	(4)		[ア] [イ] [ウ] [エ]
	(5)	3番目	[ア] [イ] [ウ] [エ] [オ] [カ]
		6番目	[ア] [イ] [ウ] [エ] [オ] [カ]
	(6)		[ア] [イ] [ウ] [エ]
	(7)		[ア] [イ] [ウ] [エ]

問題番号			マーク欄
4	(8)		[ア] [イ] [ウ] [エ]
	(9)		[ア] [イ] [ウ] [エ]
5	(1)		[ア] [イ] [ウ] [エ]
	(2)		[ア] [イ] [ウ] [エ]
	(3)		[ア] [イ] [ウ] [エ]
	(4)		[ア] [イ] [ウ] [エ]
	(5)		[ア] [イ] [ウ] [エ]
	(6)		[ア] [イ] [ウ] [エ]
	(7)		[ア] [イ] [ウ] [エ]
	(8)		[ア] [イ] [ウ] [エ]
6	(1)	3番目	[ア] [イ] [ウ] [エ] [オ] [カ]
		6番目	[ア] [イ] [ウ] [エ] [オ] [カ]
	(2)		[ア] [イ] [ウ] [エ]
	(3)		[ア] [イ] [ウ] [エ]
	(4)		[ア] [イ] [ウ] [エ]
	(5)		[ア] [イ] [ウ] [エ]
	(6)	3番目	[ア] [イ] [ウ] [エ] [オ] [カ]
		6番目	[ア] [イ] [ウ] [エ] [オ] [カ]
	(7)		[ア] [イ] [ウ] [エ]
	(8)		[ア] [イ] [ウ] [エ]

良い例	悪い例

芝浦工業大学柏高等学校(前期第2回)　2023年度　◇理科◇

※ 128%に拡大していただくと，解答欄は実物大になります。

問題番号			マーク欄
1	(1)		ア イ ウ エ オ カ
	(2)	1群	ア イ
		2群	ア イ ウ エ オ
	(3)		ア イ ウ エ
	(4)	あ	1 2 3 4 5 6 7 8 9 0
		い	1 2 3 4 5 6 7 8 9 0
		う	1 2 3 4 5 6 7 8 9 0
		え	1 2 3 4 5 6 7 8 9 0
	(5)		ア イ ウ エ オ カ
2	(1)		ア イ ウ エ
	(2)	1群	ア イ
		2群	ア イ
		3群	ア イ
	(3)	あ	1 2 3 4 5 6 7 8 9 0
		い	1 2 3 4 5 6 7 8 9 0
	(4)	あ	1 2 3 4 5 6 7 8 9 0
		い	1 2 3 4 5 6 7 8 9 0
		う	1 2 3 4 5 6 7 8 9 0
	(5)	あ	1 2 3 4 5 6 7 8 9 0
		い	1 2 3 4 5 6 7 8 9 0
		う	1 2 3 4 5 6 7 8 9 0
3	(1)		ア イ ウ エ オ カ
	(2)		ア イ ウ エ
	(3)	1	ア イ ウ エ オ カ
		2	ア イ ウ エ オ カ
		3	ア イ ウ エ オ カ

問題番号			マーク欄
3	(4)		ア イ ウ
	(5)	あ	1 2 3 4 5 6 7 8 9 0
		い	1 2 3 4 5 6 7 8 9 0
		う	1 2 3 4 5 6 7 8 9 0
4	(1)	あ	1 2 3 4 5 6 7 8 9 0
		い	1 2 3 4 5 6 7 8 9 0
		う	1 2 3 4 5 6 7 8 9 0
	(2)	あ	1 2 3 4 5 6 7 8 9 0
		い	1 2 3 4 5 6 7 8 9 0
	(3)		ア イ ウ エ
	(4)	1	ア イ ウ
		2	ア イ ウ
	(5)	あ	1 2 3 4 5 6 7 8 9 0
		い	1 2 3 4 5 6 7 8 9 0
		う	1 2 3 4 5 6 7 8 9 0
		え	1 2 3 4 5 6 7 8 9 0
5	(1)		ア イ ウ エ
	(2)	1	ア イ ウ エ
		2	ア イ ウ エ
	(3)		ア イ ウ エ オ カ
	(4)		ア イ ウ エ オ カ
	(5)	あ	1 2 3 4 5 6 7 8 9 0
		い	1 2 3 4 5 6 7 8 9 0
		う	1 2 3 4 5 6 7 8 9 0

問題番号			マーク欄
6	(1)		ア イ ウ エ
	(2)		ア イ ウ エ
	(3)	1	ア イ ウ
		2	ア イ ウ
	(4)	1	ア イ ウ エ
		2	ア イ ウ エ
	(5)	あ	1 2 3 4 5 6 7 8 9 0
		い	1 2 3 4 5 6 7 8 9 0
		う	1 2 3 4 5 6 7 8 9 0
7	(1)		ア イ ウ エ
	(2)		ア イ ウ エ
	(3)		ア イ ウ エ
	(4)	あ	1 2 3 4 5 6 7 8 9 0
		い	1 2 3 4 5 6 7 8 9 0
	(5)		ア イ ウ エ オ カ
8	(1)	あ	1 2 3 4 5 6 7 8 9 0
		い	1 2 3 4 5 6 7 8 9 0
		う	1 2 3 4 5 6 7 8 9 0
	(2)		ア イ ウ エ オ カ
	(3)		ア イ ウ エ
	(4)	あ	1 2 3 4 5 6 7 8 9 0
		い	1 2 3 4 5 6 7 8 9 0
		う	1 2 3 4 5 6 7 8 9 0
	(5)	あ	1 2 3 4 5 6 7 8 9 0
		い	1 2 3 4 5 6 7 8 9 0
		う	1 2 3 4 5 6 7 8 9 0

良い例	悪い例

芝浦工業大学柏高等学校（前期第2回）　2023年度　◇社会◇

※解答欄は実物大になります。

問題番号		マーク欄
1	(1)	ア イ ウ エ
	(2)	ア イ ウ エ
	(3)	ア イ ウ エ オ カ
	(4)	ア イ ウ エ
	(5) ①	ア イ ウ エ
	(5) ②	ア イ ウ エ

問題番号		マーク欄
2	(1)	ア イ ウ エ
	(2)	ア イ ウ エ オ カ
	(3)	ア イ ウ エ
	(4)	ア イ ウ エ
	(5)	ア イ ウ エ
	(6)	ア イ ウ エ
	(7)	ア イ ウ エ

問題番号		マーク欄
3	(1)	ア イ ウ エ
	(2)	ア イ ウ エ オ カ
	(3)	ア イ ウ エ
	(4)	ア イ ウ エ
	(5)	ア イ ウ エ
	(6)	ア イ ウ エ
	(7)	ア イ ウ エ

問題番号		マーク欄
4	(1)	ア イ ウ エ
	(2)	ア イ ウ エ
	(3)	ア イ ウ エ
	(4)	ア イ ウ エ オ カ
	(5)	ア イ ウ エ
	(6)	ア イ ウ エ

問題番号		マーク欄
5	(1)	ア イ ウ エ
	(2)	ア イ ウ エ
	(3)	ア イ ウ エ
	(4)	ア イ ウ エ
	(5)	ア イ ウ エ

問題番号		マーク欄
6	(1)	ア イ ウ エ
	(2)	ア イ ウ エ
	(3)	ア イ ウ エ
	(4)	ア イ ウ エ
	(5)	ア イ ウ エ

問題番号		マーク欄
7	(1)	ア イ ウ エ
	(2)	ア イ ウ エ
	(3)	ア イ ウ エ
	(4)	ア イ ウ エ オ カ

良い例	
悪い例	

芝浦工業大学柏高等学校（前期第2回）　2023年度　◇国語◇

※解答欄は実物大になります。

一

(1) ①	(1) ②	(1) ③	(1) ④	(1) ⑤	(2)	(3)	(4)	(5)	(6)	(7) 一つ目	(7) 二つ目	(8)
ア	ア	ア	ア	ア	ア	ア	ア	ア	ア	ア	ア	ア
イ	イ	イ	イ	イ	イ	イ	イ	イ	イ	イ	イ	イ
ウ	ウ	ウ	ウ	ウ	ウ	ウ	ウ	ウ	ウ	ウ	ウ	ウ
エ	エ	エ	エ	エ	エ	エ	エ	エ	エ	エ	エ	エ
オ	オ	オ	オ	オ	オ	オ	オ	オ	オ	オ	オ	オ
					カ					カ	カ	
					キ							
					ク							

二

(1)	(2)	(3)	(4)	(5)	(6) 一つ目	(6) 二つ目	(7)
ア	ア	ア	ア	ア	ア	ア	ア
イ	イ	イ	イ	イ	イ	イ	イ
ウ	ウ	ウ	ウ	ウ	ウ	ウ	ウ
エ	エ	エ	エ	エ	エ	エ	エ
オ	オ	オ	オ	オ	オ	オ	オ
					カ	カ	

三

(1) 一つ目	(1) 二つ目	(2)	(3)	(4)	(5)
ア	ア	ア	ア	ア	ア
イ	イ	イ	イ	イ	イ
ウ	ウ	ウ	ウ	ウ	ウ
エ	エ	エ	エ	エ	エ
オ	オ	オ	オ	オ	オ
カ	カ				

良い例	悪い例
▬	⊏/⊐ ⊏●⊐ ▬ ⊏—⊐ ⊏●⊐

芝浦工業大学柏高等学校(前期第1回)　2022年度　◇数学◇

※ 125%に拡大していただくと，解答欄は実物大になります。

問題番号			0	1	2	3	4	5	6	7	8	9
1	(1)	ア	0	1	2	3	4	5	6	7	8	9
		イ	0	1	2	3	4	5	6	7	8	9
	(2)	ウ	0	1	2	3	4	5	6	7	8	9
		エ	0	1	2	3	4	5	6	7	8	9
	(3)	オ	0	1	2	3	4	5	6	7	8	9
		カ	0	1	2	3	4	5	6	7	8	9
	(4)	キ	0	1	2	3	4	5	6	7	8	9
		ク	0	1	2	3	4	5	6	7	8	9

問題番号			0	1	2	3	4	5	6	7	8	9
2	(1)	ア	0	1	2	3	4	5	6	7	8	9
		イ	0	1	2	3	4	5	6	7	8	9
		ウ	0	1	2	3	4	5	6	7	8	9
	(2)	エ	0	1	2	3	4	5	6	7	8	9
	(3)	オ	0	1	2	3	4	5	6	7	8	9
		カ	0	1	2	3	4	5	6	7	8	9
	(4)	キ	0	1	2	3	4	5	6	7	8	9
		ク	0	1	2	3	4	5	6	7	8	9
		ケ	0	1	2	3	4	5	6	7	8	9
		コ	0	1	2	3	4	5	6	7	8	9

問題番号			0	1	2	3	4	5	6	7	8	9
3	(1)	ア	0	1	2	3	4	5	6	7	8	9
		イ	0	1	2	3	4	5	6	7	8	9
	(2)	ウ	0	1	2	3	4	5	6	7	8	9
		エ	0	1	2	3	4	5	6	7	8	9
		オ	0	1	2	3	4	5	6	7	8	9
	(3)	カ	0	1	2	3	4	5	6	7	8	9
		キ	0	1	2	3	4	5	6	7	8	9
	(4)	ク	0	1	2	3	4	5	6	7	8	9
		ケ	0	1	2	3	4	5	6	7	8	9
		コ	0	1	2	3	4	5	6	7	8	9
		サ	0	1	2	3	4	5	6	7	8	9

問題番号			0	1	2	3	4	5	6	7	8	9
4	(1)	ア	0	1	2	3	4	5	6	7	8	9
		イ	0	1	2	3	4	5	6	7	8	9
	(2)	ウ	0	1	2	3	4	5	6	7	8	9
		エ	0	1	2	3	4	5	6	7	8	9
	(3)	オ	0	1	2	3	4	5	6	7	8	9
		カ	0	1	2	3	4	5	6	7	8	9
		キ	0	1	2	3	4	5	6	7	8	9
	(4)	ク	0	1	2	3	4	5	6	7	8	9
		ケ	0	1	2	3	4	5	6	7	8	9
		コ	0	1	2	3	4	5	6	7	8	9
		サ	0	1	2	3	4	5	6	7	8	9

問題番号			0	1	2	3	4	5	6	7	8	9
5	(1)	ア	0	1	2	3	4	5	6	7	8	9
	(2)	イ	0	1	2	3	4	5	6	7	8	9
		ウ	0	1	2	3	4	5	6	7	8	9
		エ	0	1	2	3	4	5	6	7	8	9
	(3)	オ	0	1	2	3	4	5	6	7	8	9
		カ	0	1	2	3	4	5	6	7	8	9
	(4)	キ	0	1	2	3	4	5	6	7	8	9
		ク	0	1	2	3	4	5	6	7	8	9

良い例	
悪い例	

芝浦工業大学柏高等学校(前期第1回)　2022年度　◇英語◇

※ 122%に拡大していただくと，解答欄は実物大になります。

問題番号			マーク欄
1	No1		[A] [B] [C] [D]
	No2		[A] [B] [C] [D]
	No3		[A] [B] [C] [D]
	No4		[A] [B] [C] [D]
2	No1		[A] [B] [C] [D]
	No2		[A] [B] [C] [D]
	No3		[A] [B] [C] [D]
	No4		[A] [B] [C] [D]
	No5		[A] [B] [C] [D]
3	No1		[A] [B] [C] [D]
	No2		[A] [B] [C] [D]
	No3		[A] [B] [C] [D]
	No4		[A] [B] [C] [D]
4	(1)		[ア] [イ] [ウ] [エ]
	(2)	3番目	[ア] [イ] [ウ] [エ] [オ] [カ]
		6番目	[ア] [イ] [ウ] [エ] [オ] [カ]
	(3)		[ア] [イ] [ウ] [エ]
	(4)		[ア] [イ] [ウ] [エ]
	(5)		[ア] [イ] [ウ] [エ]
	(6)		[ア] [イ] [ウ] [エ]
	(7)		[ア] [イ] [ウ] [エ]
	(8)		[ア] [イ] [ウ] [エ]
	(9)	3番目	[ア] [イ] [ウ] [エ] [オ] [カ]
		6番目	[ア] [イ] [ウ] [エ] [オ] [カ]

問題番号			マーク欄
5	(1)		[ア] [イ] [ウ] [エ]
	(2)	3番目	[ア] [イ] [ウ] [エ] [オ] [カ] [キ]
		6番目	[ア] [イ] [ウ] [エ] [オ] [カ] [キ]
	(3)		[ア] [イ] [ウ] [エ]
	(4)		[ア] [イ] [ウ] [エ]
	(5)		[ア] [イ] [ウ] [エ]
	(6)	3番目	[ア] [イ] [ウ] [エ] [オ] [カ]
		6番目	[ア] [イ] [ウ] [エ] [オ] [カ]
	(7)		[ア] [イ] [ウ] [エ]
	(8)		[ア] [イ] [ウ] [エ]
6	(1)		[ア] [イ] [ウ] [エ]
	(2)		[ア] [イ] [ウ] [エ]
	(3)		[ア] [イ] [ウ] [エ]
	(4)		[ア] [イ] [ウ] [エ]
	(5)		[ア] [イ] [ウ] [エ]
	(6)		[ア] [イ] [ウ] [エ]
	(7)		[ア] [イ] [ウ] [エ]
	(8)		[ア] [イ] [ウ] [エ]
	(9)		[ア] [イ] [ウ] [エ]

良い例	▮
悪い例	⁄ ● ▯ ⊢ ⬤

芝浦工業大学柏高等学校(前期第1回)　2022年度　◇理科◇

※ 128%に拡大していただくと，解答欄は実物大になります。

問題番号			マーク欄
1	(1)		ア イ ウ エ
	(2)	1	ア イ ウ エ
		2	ア イ ウ エ
	(3)		ア イ ウ エ オ カ
	(4)		ア イ ウ エ オ カ キ ク
	(5)	あ	1 2 3 4 5 6 7 8 9 0
		い	1 2 3 4 5 6 7 8 9 0
		う	1 2 3 4 5 6 7 8 9 0
2	(1)	1	ア イ
		2	ア イ ウ
	(2)		ア イ ウ エ
	(3)		ア イ ウ エ オ カ
	(4)	1	ア イ
		2	ア イ ウ エ
	(5)		ア イ ウ エ
3	(1)		ア イ ウ エ
	(2)	あ	1 2 3 4 5 6 7 8 9 0
		い	1 2 3 4 5 6 7 8 9 0
		う	1 2 3 4 5 6 7 8 9 0
	(3)		ア イ ウ エ
	(4)	1	ア イ ウ エ
		2	ア イ ウ エ
		3	ア イ ウ エ
		4	ア イ ウ エ
	(5)		ア イ ウ エ

問題番号			マーク欄
4	(1)		ア イ ウ エ
	(2)		ア イ ウ エ
	(3)	あ	1 2 3 4 5 6 7 8 9 0
		い	1 2 3 4 5 6 7 8 9 0
	(4)	あ	1 2 3 4 5 6 7 8 9 0
		い	1 2 3 4 5 6 7 8 9 0
		う	1 2 3 4 5 6 7 8 9 0
	(5)		ア イ ウ エ
5	(1)		ア イ ウ エ
	(2)		ア イ ウ エ オ カ
	(3)		ア イ ウ エ オ カ
	(4)	1	ア イ
		2	ア イ ウ エ
	(5)	2番目	ア イ ウ
		3番目	ア イ ウ
		4番目	ア イ ウ
6	(1)	1	ア イ
		2	ア イ ウ エ
	(2)		ア イ ウ エ
	(3)	あ	1 2 3 4 5 6 7 8 9 0
		い	1 2 3 4 5 6 7 8 9 0
	(4)	あ	1 2 3 4 5 6 7 8 9 0
		い	1 2 3 4 5 6 7 8 9 0
	(5)	あ	1 2 3 4 5 6 7 8 9 0
		い	1 2 3 4 5 6 7 8 9 0
		う	1 2 3 4 5 6 7 8 9 0

問題番号			マーク欄
7	(1)		ア イ ウ エ
	(2)		ア イ ウ エ
	(3)		ア イ ウ エ
	(4)		ア イ ウ エ
	(5)	あ	1 2 3 4 5 6 7 8 9 0
		い	1 2 3 4 5 6 7 8 9 0
8	(1)	あ	1 2 3 4 5 6 7 8 9 0
		い	1 2 3 4 5 6 7 8 9 0
		う	1 2 3 4 5 6 7 8 9 0
	(2)		ア イ ウ エ
	(3)	あ	1 2 3 4 5 6 7 8 9 0
		い	1 2 3 4 5 6 7 8 9 0
		う	1 2 3 4 5 6 7 8 9 0
	(4)		ア イ ウ エ
	(5)		ア イ ウ エ

良い例	
悪い例	

芝浦工業大学柏高等学校(前期第1回)　2022年度　◇社会◇

※解答欄は実物大になります。

問題番号			マーク欄
1	(1)		ア イ ウ エ
	(2)		ア イ ウ エ
	(3)		ア イ ウ エ
	(4)		ア イ ウ エ
	(5)	①	ア イ ウ エ
		②	ア イ ウ エ

問題番号		マーク欄
2	(1)	ア イ ウ エ
	(2)	ア イ ウ エ オ カ
	(3)	ア イ ウ エ
	(4)	ア イ ウ エ
	(5)	ア イ ウ エ
	(6)	ア イ ウ エ
	(7)	ア イ ウ エ

問題番号		マーク欄
3	(1)	ア イ ウ エ
	(2)	ア イ ウ エ オ カ
	(3)	ア イ ウ エ
	(4)	ア イ ウ エ
	(5)	ア イ ウ エ
	(6)	ア イ ウ エ
	(7)	ア イ ウ エ オ カ

問題番号		マーク欄
4	(1)	ア イ ウ エ
	(2)	ア イ ウ エ
	(3)	ア イ ウ エ
	(4)	ア イ ウ エ
	(5)	ア イ ウ エ
	(6)	ア イ ウ エ オ カ

問題番号		マーク欄
5	(1)	ア イ ウ エ
	(2)	ア イ ウ エ
	(3)	ア イ ウ エ
	(4)	ア イ ウ エ
	(5)	ア イ ウ エ

問題番号		マーク欄
6	(1)	ア イ ウ エ
	(2)	ア イ ウ エ
	(3)	ア イ ウ エ
	(4)	ア イ ウ エ
	(5)	ア イ ウ エ オ カ

問題番号		マーク欄
7	(1)	ア イ ウ エ オ カ
	(2)	ア イ ウ エ
	(3)	ア イ ウ エ
	(4)	ア イ ウ エ

良い例	
悪い例	

※解答欄は実物大になります。

一

(1)①	(1)②	(1)③	(1)④	(1)⑤	(2)	(3)	(4)	(5)	(6)	(7)	(8)
ア	ア	ア	ア	ア	ア	ア	ア	ア	ア	ア	ア
イ	イ	イ	イ	イ	イ	イ	イ	イ	イ	イ	イ
ウ	ウ	ウ	ウ	ウ	ウ	ウ	ウ	ウ	ウ	ウ	ウ
エ	エ	エ	エ	エ	エ	エ	エ	エ	エ	エ	エ
オ	オ	オ	オ	オ	オ	オ	オ	オ	オ	オ	オ
								カ			
								キ			
								ク			

二

(1)	(2)	(3)	(4)	(5)	(6)	(7)
ア	ア	ア	ア	ア	ア	ア
イ	イ	イ	イ	イ	イ	イ
ウ	ウ	ウ	ウ	ウ	ウ	ウ
エ	エ	エ	エ	エ	エ	エ
オ	オ	オ	オ	オ	オ	オ

三

(1)一つ目	(1)二つ目	(2)	(3)	(4)	(5)
ア	ア	ア	ア	ア	ア
イ	イ	イ	イ	イ	イ
ウ	ウ	ウ	ウ	ウ	ウ
エ	エ	エ	エ	エ	エ
オ	オ	オ	オ	オ	オ
カ	カ				

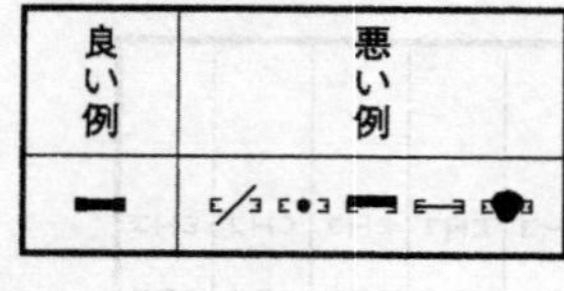

芝浦工業大学柏高等学校（前期第2回）　2022年度　◇数学◇

※ 112％に拡大していただくと，解答欄は実物大になります。

問題番号			マーク欄									
			0	1	2	3	4	5	6	7	8	9
1	(1)	ア	0	1	2	3	4	5	6	7	8	9
		イ	0	1	2	3	4	5	6	7	8	9
	(2)	ウ	0	1	2	3	4	5	6	7	8	9
		エ	0	1	2	3	4	5	6	7	8	9
	(3)	オ	0	1	2	3	4	5	6	7	8	9
	(4)	カ	0	1	2	3	4	5	6	7	8	9
		キ	0	1	2	3	4	5	6	7	8	9

問題番号			マーク欄									
			0	1	2	3	4	5	6	7	8	9
2	(1)	ア	0	1	2	3	4	5	6	7	8	9
		イ	0	1	2	3	4	5	6	7	8	9
		ウ	0	1	2	3	4	5	6	7	8	9
	(2)	エ	0	1	2	3	4	5	6	7	8	9
		オ	0	1	2	3	4	5	6	7	8	9
	(3)	カ	0	1	2	3	4	5	6	7	8	9
		キ	0	1	2	3	4	5	6	7	8	9
	(4)	ク	0	1	2	3	4	5	6	7	8	9
		ケ	0	1	2	3	4	5	6	7	8	9
		コ	0	1	2	3	4	5	6	7	8	9

問題番号			マーク欄									
			0	1	2	3	4	5	6	7	8	9
3	(1)	ア	0	1	2	3	4	5	6	7	8	9
		イ	0	1	2	3	4	5	6	7	8	9
	(2)	ウ	0	1	2	3	4	5	6	7	8	9
		エ	0	1	2	3	4	5	6	7	8	9
	(3)	オ	0	1	2	3	4	5	6	7	8	9
		カ	0	1	2	3	4	5	6	7	8	9
	(4)	キ	0	1	2	3	4	5	6	7	8	9
		ク	0	1	2	3	4	5	6	7	8	9
		ケ	0	1	2	3	4	5	6	7	8	9

問題番号			マーク欄									
			0	1	2	3	4	5	6	7	8	9
4	(1)	ア	0	1	2	3	4	5	6	7	8	9
	(2)	イ	0	1	2	3	4	5	6	7	8	9
		ウ	0	1	2	3	4	5	6	7	8	9
		エ	0	1	2	3	4	5	6	7	8	9
		オ	0	1	2	3	4	5	6	7	8	9
	(3)	カ	0	1	2	3	4	5	6	7	8	9
		キ	0	1	2	3	4	5	6	7	8	9
		ク	0	1	2	3	4	5	6	7	8	9
	(4)	ケ	0	1	2	3	4	5	6	7	8	9
		コ	0	1	2	3	4	5	6	7	8	9

問題番号			マーク欄									
			0	1	2	3	4	5	6	7	8	9
5	(1)	ア	0	1	2	3	4	5	6	7	8	9
		イ	0	1	2	3	4	5	6	7	8	9
		ウ	0	1	2	3	4	5	6	7	8	9
	(2)	エ	0	1	2	3	4	5	6	7	8	9
		オ	0	1	2	3	4	5	6	7	8	9
	(3)	カ	0	1	2	3	4	5	6	7	8	9
		キ	0	1	2	3	4	5	6	7	8	9
		ク	0	1	2	3	4	5	6	7	8	9
		ケ	0	1	2	3	4	5	6	7	8	9
	(4)	コ	0	1	2	3	4	5	6	7	8	9
		サ	0	1	2	3	4	5	6	7	8	9
		シ	0	1	2	3	4	5	6	7	8	9

良い例	悪い例

芝浦工業大学柏高等学校(前期第2回)　2022年度　◇英語◇

※ 122%に拡大していただくと，解答欄は実物大になります。

問題番号			マーク欄
1	No1		[A] [B] [C] [D]
	No2		[A] [B] [C] [D]
	No3		[A] [B] [C] [D]
	No4		[A] [B] [C] [D]
2	No1		[A] [B] [C] [D]
	No2		[A] [B] [C] [D]
	No3		[A] [B] [C] [D]
	No4		[A] [B] [C] [D]
	No5		[A] [B] [C] [D]
3	No1		[A] [B] [C] [D]
	No2		[A] [B] [C] [D]
	No3		[A] [B] [C] [D]
	No4		[A] [B] [C] [D]
4	(1)		[ア] [イ] [ウ] [エ]
	(2)	3番目	[ア] [イ] [ウ] [エ] [オ] [カ]
		6番目	[ア] [イ] [ウ] [エ] [オ] [カ]
	(3)		[ア] [イ] [ウ] [エ]
	(4)		[ア] [イ] [ウ] [エ]
	(5)		[ア] [イ] [ウ] [エ]
	(6)		[ア] [イ] [ウ] [エ]
	(7)	3番目	[ア] [イ] [ウ] [エ] [オ] [カ]
		6番目	[ア] [イ] [ウ] [エ] [オ] [カ]
	(8)		[ア] [イ] [ウ] [エ]
	(9)		[ア] [イ] [ウ] [エ]

問題番号			マーク欄
5	(1)		[ア] [イ] [ウ] [エ]
	(2)	3番目	[ア] [イ] [ウ] [エ] [オ] [カ]
		6番目	[ア] [イ] [ウ] [エ] [オ] [カ]
	(3)		[ア] [イ] [ウ] [エ]
	(4)		[ア] [イ] [ウ] [エ]
	(5)		[ア] [イ] [ウ] [エ]
	(6)	3番目	[ア] [イ] [ウ] [エ] [オ] [カ]
		6番目	[ア] [イ] [ウ] [エ] [オ] [カ]
	(7)		[ア] [イ] [ウ] [エ]
	(8)		[ア] [イ] [ウ] [エ]
6	(1)		[ア] [イ] [ウ] [エ]
	(2)		[ア] [イ] [ウ] [エ]
	(3)		[ア] [イ] [ウ] [エ]
	(4)		[ア] [イ] [ウ] [エ]
	(5)		[ア] [イ] [ウ] [エ]
	(6)		[ア] [イ] [ウ] [エ]
	(7)		[ア] [イ] [ウ] [エ]
	(8)		[ア] [イ] [ウ] [エ]
	(9)		[ア] [イ] [ウ] [エ]

良い例	▮
悪い例	⧸ ● ▯ ⊢ ⬤

芝浦工業大学柏高等学校(前期第2回)　2022年度　◇理科◇

※ 128%に拡大していただくと，解答欄は実物大になります。

問題番号			マーク欄
1	(1)		ア イ ウ エ
	(2)		ア イ ウ エ
	(3)		ア イ ウ エ
	(4)	あ	1 2 3 4 5 6 7 8 9 0
		い	1 2 3 4 5 6 7 8 9 0
		う	1 2 3 4 5 6 7 8 9 0
	(5)		ア イ ウ エ
2	(1)		ア イ ウ エ
	(2)	あ	1 2 3 4 5 6 7 8 9 0
		い	1 2 3 4 5 6 7 8 9 0
	(3)	1	ア イ ウ エ
		2	ア イ ウ エ
	(4)		ア イ ウ エ
	(5)		ア イ ウ エ オ カ
3	(1)		ア イ ウ エ
	(2)	あ	1 2 3 4 5 6 7 8 9 0
		い	1 2 3 4 5 6 7 8 9 0
	(3)		ア イ ウ エ
	(4)	あ	1 2 3 4 5 6 7 8 9 0
		い	1 2 3 4 5 6 7 8 9 0
		う	1 2 3 4 5 6 7 8 9 0
	(5)	1	ア イ ウ
		2	ア イ ウ エ

問題番号			マーク欄
4	(1)		ア イ ウ エ
	(2)	あ	1 2 3 4 5 6 7 8 9 0
		い	1 2 3 4 5 6 7 8 9 0
		う	1 2 3 4 5 6 7 8 9 0
	(3)	あ	1 2 3 4 5 6 7 8 9 0
		い	1 2 3 4 5 6 7 8 9 0
		う	1 2 3 4 5 6 7 8 9 0
	(4)	1	ア イ ウ
		2	ア イ ウ
	(5)	あ	1 2 3 4 5 6 7 8 9 0
		い	1 2 3 4 5 6 7 8 9 0
		う	1 2 3 4 5 6 7 8 9 0
		え	1 2 3 4 5 6 7 8 9 0
5	(1)		ア イ ウ エ
	(2)		ア イ ウ エ オ
	(3)		ア イ ウ エ
	(4)		ア イ ウ エ オ
	(5)	あ	1 2 3 4 5 6 7 8 9 0
		い	1 2 3 4 5 6 7 8 9 0
6	(1)		ア イ ウ エ
	(2)	1	ア イ ウ
		2	ア イ
	(3)		ア イ ウ エ
	(4)	1	ア イ ウ エ
		2	ア イ ウ エ
	(5)		ア イ ウ エ オ カ

問題番号			マーク欄
7	(1)		ア イ ウ エ
	(2)	1	ア イ ウ エ
		2	ア イ
	(3)		ア イ ウ エ オ
	(4)		ア イ ウ エ
	(5)	あ	1 2 3 4 5 6 7 8 9 0
		い	1 2 3 4 5 6 7 8 9 0
8	(1)		ア イ ウ エ
	(2)		ア イ ウ エ
	(3)	あ	1 2 3 4 5 6 7 8 9 0
		い	1 2 3 4 5 6 7 8 9 0
		う	1 2 3 4 5 6 7 8 9 0
		え	1 2 3 4 5 6 7 8 9 0
	(4)	1	ア イ ウ
		2	ア イ ウ
	(5)	あ	1 2 3 4 5 6 7 8 9 0
		い	1 2 3 4 5 6 7 8 9 0

良い例

悪い例

芝浦工業大学柏高等学校(前期第2回)　2022年度　◇社会◇

※解答欄は実物大になります。

問題番号			マーク欄
1	(1)		ア イ ウ エ
	(2)		ア イ ウ エ
	(3)		ア イ ウ エ オ カ
	(4)		ア イ ウ エ
	(5)	①	ア イ ウ エ
		②	ア イ ウ エ

問題番号		マーク欄
2	(1)	ア イ ウ エ
	(2)	ア イ ウ エ
	(3)	ア イ ウ エ
	(4)	ア イ ウ エ オ カ
	(5)	ア イ ウ エ
	(6)	ア イ ウ エ
	(7)	ア イ ウ エ

問題番号		マーク欄
3	(1)	ア イ ウ エ オ カ
	(2)	ア イ ウ エ
	(3)	ア イ ウ エ
	(4)	ア イ ウ エ
	(5)	ア イ ウ エ
	(6)	ア イ ウ エ

問題番号		マーク欄
4	(1)	ア イ ウ エ
	(2)	ア イ ウ エ
	(3)	ア イ ウ エ
	(4)	ア イ ウ エ オ カ
	(5)	ア イ ウ エ
	(6)	ア イ ウ エ
	(7)	ア イ ウ エ

問題番号		マーク欄
5	(1)	ア イ ウ エ
	(2)	ア イ ウ エ
	(3)	ア イ ウ エ
	(4)	ア イ ウ エ
	(5)	ア イ ウ エ

問題番号		マーク欄
6	(1)	ア イ ウ エ
	(2)	ア イ ウ エ
	(3)	ア イ ウ エ
	(4)	ア イ ウ エ
	(5)	ア イ ウ エ

問題番号		マーク欄
7	(1)	ア イ ウ エ オ カ
	(2)	ア イ ウ エ
	(3)	ア イ ウ エ
	(4)	ア イ ウ エ

良い例	悪い例

芝浦工業大学柏高等学校（前期第2回）　2022年度

◇国語◇

※解答欄は実物大になります。

一

(1) ①	ア イ ウ エ オ
(1) ②	ア イ ウ エ オ
(1) ③	ア イ ウ エ オ
(1) ④	ア イ ウ エ オ
(1) ⑤	ア イ ウ エ オ
(2)	ア イ ウ エ オ
(3)	ア イ ウ エ オ
(4)	ア イ ウ エ オ カ キ ク
(5) 一つ目	ア イ ウ エ オ カ
(5) 二つ目	ア イ ウ エ オ カ
(6)	ア イ ウ エ オ
(7)	ア イ ウ エ オ
(8)	ア イ ウ エ オ

二

(1)	ア イ ウ エ オ
(2)	ア イ ウ エ オ
(3)	ア イ ウ エ オ
(4)	ア イ ウ エ オ
(5)	ア イ ウ エ オ
(6)	ア イ ウ エ オ
(7)	ア イ ウ エ オ

三

(1) 一つ目	ア イ ウ エ オ カ
(1) 二つ目	ア イ ウ エ オ カ
(2)	ア イ ウ エ オ
(3)	ア イ ウ エ オ
(4)	ア イ ウ エ オ
(5)	ア イ ウ エ オ

良い例	悪い例
━	⁄ • ━ ⊖ ●

〈ダウンロードコンテンツについて〉

本問題集のダウンロードコンテンツ、弊社ホームページで配信しております。現在ご利用いただけるのは「2025年度受験用」に対応したもので、**2025年3月末日**までダウンロード可能です。弊社ホームページにアクセスの上、ご利用ください。
※配信期間が終了いたしますと、ご利用いただけませんのでご了承ください。

高校別入試過去問題シリーズ

芝浦工業大学柏高等学校　2025年度

ISBN978-4-8141-2990-4

[発行所] 東京学参株式会社
〒153-0043　東京都目黒区東山2-6-4

書籍の内容についてのお問い合わせは右のQRコードから　⇒ 

※書籍の内容についてのお電話でのお問い合わせ、本書の内容を超えたご質問には対応できませんのでご了承ください。

2024年6月14日　初版